SDHRSS

山东人力资源和社会保障年鉴 2019

Shandong Human Resources and Social Security Yearbook

山东省人力资源和社会保障厅 编

中国文史出版社

《山东人力资源和社会保障年鉴（2019）》编纂委员会

《山东人力资源和社会保障年鉴（2019）》编辑人员

主　　　编：侯复东

副　主　编：王　莹　赵盈瑞　胥　玮

执行副主编：戚　成　田　涛

撰　稿　人：韩　林　贾莹莹　蒋大海　范　粟　范红艳　姜　慧

张连军　孔令珂　马莉亚　唐　娟　王　伟　鄢　鸣

钱　屹　郭　赛　刘　婷　孙　栋　吴爱梅　王　娟

宋扬威　高进华　齐婧妍　程兴国　王冠英　韩志方

张　羽　杨树佳　王义林　戚　成　田　涛　滕　腾

毛凯程　张　杰　于真真　王春晓　张延体　慈　磊

曹　庄　王　忠　魏兆芳　王洪举　魏　振　毛可超

阮查来　安之凯　张立伟　赵子松　任建平　刘先谨

蒋红星　徐文锋　沈红叶　丛海平　丛　瑜　张梅花

牟永来　赵胜利　张可卿　魏芳芳　王立浩

摄　　　影：戚　成　王春晓　鞠秀斌　孔维杰　毛可超　张馨元

安之凯　张立伟　赵子松　杜抗抗　郝连兵　徐文锋

杜　倩　卢　晶　宋　春　王兴强　卜晓珊　孙来彬

徐跃亮　赵胜利　张可卿　魏芳芳　陈瑞芝　王立浩

编辑说明

一、《山东人力资源和社会保障年鉴》（以下简称《年鉴》）由山东省人力资源和社会保障厅编纂，是山东省人力资源社会保障领域唯一一部专业性年鉴。《年鉴》内容系统全面，资料翔实可靠，是了解和研究山东省人力资源社会保障事业发展状况的权威性、资料性年刊。

二、《年鉴》（2019 卷）共分七部分，全面系统地记录 2018 年全省人力资源社会保障各项事业发展状况。

（一）“文献”部分。选录省委省政府领导重要批示 13 篇，省政府领导讲话 1 篇，厅主要领导讲话 10 篇。

（二）“全省人力资源社会保障”部分。全面系统地介绍 2018 年度全省就业创业、失业保险、职工养老保险、职工医疗和生育保险、工伤保险、居民养老保险、居民医疗保险、社会保险基金监督、社会保险经办、人力资源市场与人力资源流动配置、人才开发、职业能力建设、专业技术人员管理、引进外国智力、公务员管理、事业单位人事管理、军队转业干部安置、工资福利、劳动关系、调解仲裁管理、劳动保障监察、新闻宣传与政策研究、法制工作、规划统计、人事考试、人力资源社会保障科学研究、信息化建设等方面的工作。

（三）“各市人力资源保障工作”部分。按照山东省行政区划排定的顺序，分别介绍 16 市 2018 年度人力资源社会保障工作。

（四）“政策法规”部分。选录 2018 年山东省委、省政府与山东省人力资源和社会保障厅印发的关于就业、社会保障、人才队伍建设、人事制度改革、劳动关系、工资收入分配改革、规划财务、法制建设等八个方面的重要文件 66 件。

（五）“全省人力资源社会保障大事记”部分。记录 2018 年度全省人力资源社会保障工作中的大事和重要活动。

（六）“全省人力资源社会保障统计资料”部分。以统计数据形式，全面反映 2018 年度全省就业和社会保障发展情况。

（七）“附录”部分。收录 2018 年度“齐鲁友谊奖”专家名单、2018 年度齐鲁首席技师名单、2018 年度山东省有突出贡献的中青年专家名单、2017 年度山东省突出贡献技师名单、2018 年度山东省突出贡献技师名单和山东省留学人员回国创业奖获奖人员名单。

《山东人力资源社会保障年鉴（2019）》的编辑出版是在全省人力资源社会保障系统的共同努力下完成的，在此向所有参加编辑出版工作的领导和同志表示衷心感谢。

2019 年 8 月

人力资源社会保障部副部长邱小平（左一）在德州市调研

人力资源社会保障部副部长汤涛（左二）在日照市技师学院调研

省领导出席中国山东第十届海内外高端人才交流会暨威海国际英才创新创业大会

省领导与山东省人民政府"齐鲁友谊奖"获奖专家合影

山东省人民政府党组成员、副省长于杰（右一）出席 2018 年“山东一名校人才直通车”活动

于杰与山东省第四届创业大赛获奖选手合影

中共山东省委组织部副部长，山东省人力资源和社会保障厅党组书记、厅长于富华在第十二届中美工程技术研讨会“生物制药”专题论坛开幕式致辞

于富华在第 45 届世界技能大赛山东选拔赛现场调研

于富华会见参加人才专项课题研讨会专家

于富华会见住鲁院士专家休假团

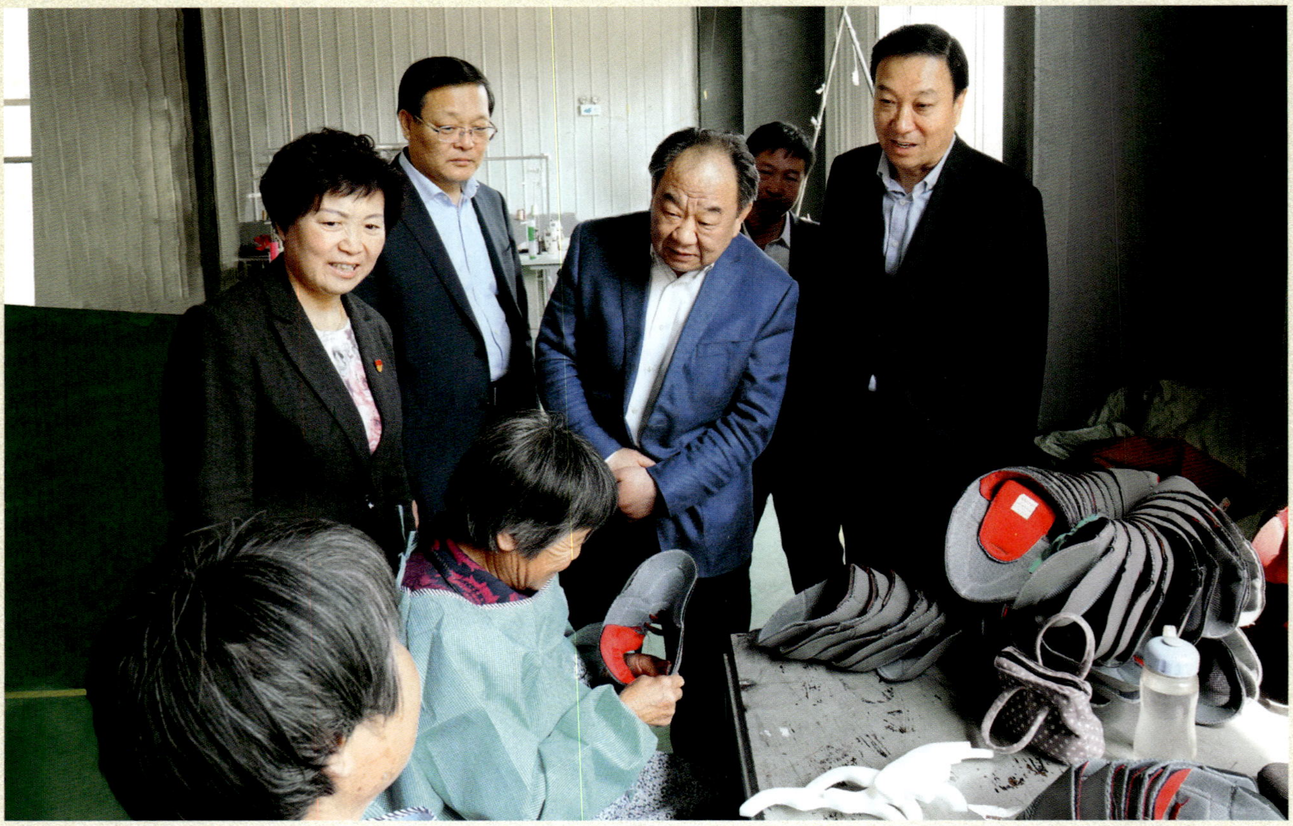

山东省人力资源和社会保障厅党组副书记、副厅长夏鲁青（右二）在沂南县调研就业扶贫

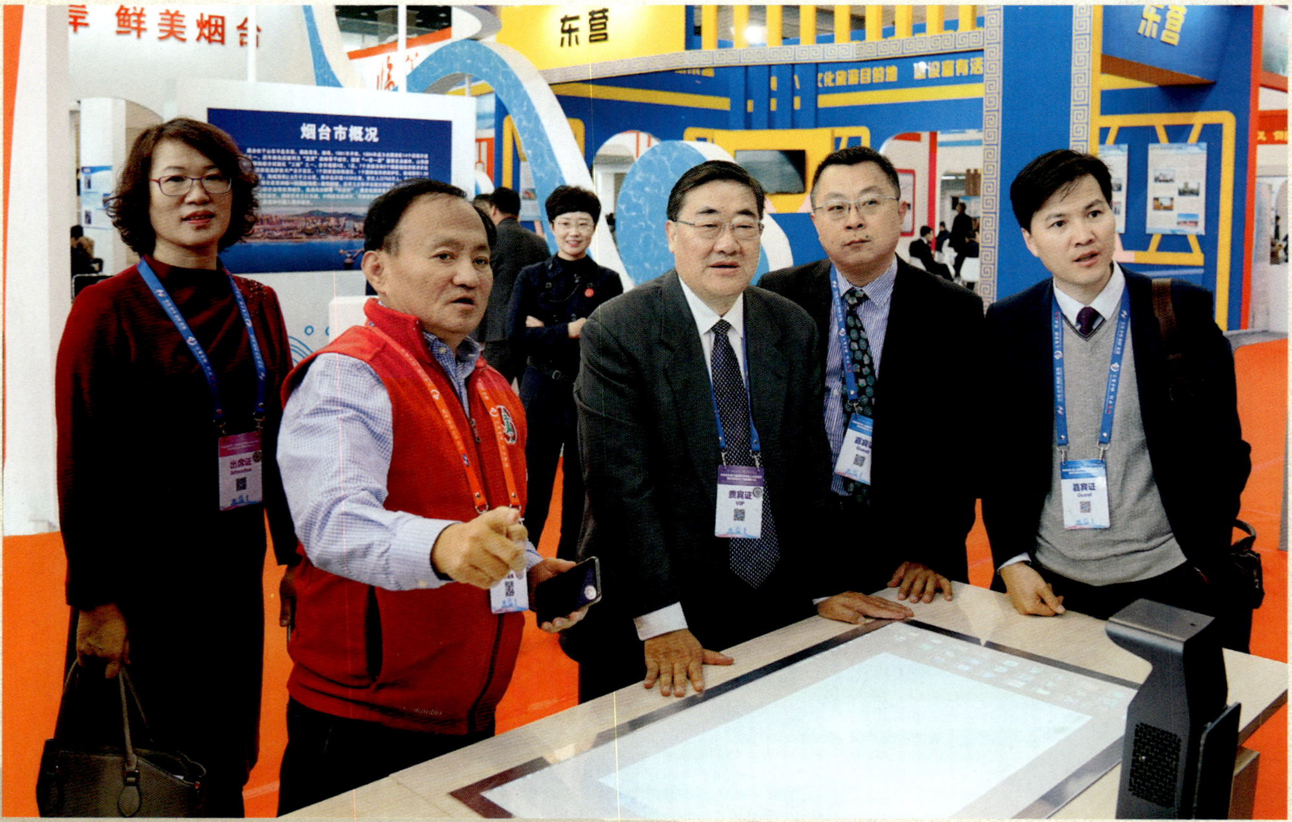

山东省人力资源和社会保障厅一级巡视员李伯平（中）出席第十届“海洽会”

山东省人力资源和社会保障厅副厅长房波（右三）在平邑县调研

山东省人力资源和社会保障厅副厅长周春艳（中）在第三届山东省技工教育成果展现场调研

中共山东省纪律检查委员会驻山东省人力资源和社会保障厅纪检组组长梁永军（左三）在德州市调研

山东省外国专家局局长张祝秀（右）向外国专家颁发山东省首批《外国高端人才确认函》

山东省公务员局局长侯复东（中）在青岛市调研

山东省社会保险事业局局长亓军（左三）在临沂市调研

山东省公共就业和人才服务中心主任赵振国（左二）在菏泽市调研

山东省人力资源和社会保障厅二级巡视员徐国钧（中）在烟台市调研

积极推进行风建设和“一次办好”改革

开展失业保险援企稳岗“护航行动”

2018 年全省“春风行动”在济宁市启动

高校毕业生就业形势总体平稳、稳中向好

将返乡创业与招商引资、乡村振兴、脱贫攻坚等工作深度融合，大力发展“归雁经济”

开展鲁渝劳务协作扶贫，重庆务工人员来鲁就业

支持激励青年人才创新创业

加强技能人才队伍建设，探索培养新模式

推进人才评价机制改革和职称制度改革

开展技能人才双元培养试点，提高技工院校专业建设水平

持续加强调解仲裁法制化、规范化、标准化、专业化和信息化建设

全国第一张电子社保卡在山东落地，首批第三代社保卡在山东试点，在全国率先开展人社电子签单应用

目 录
Contents

文献
Literatures

一、批示
I. Instructions

二、讲话
II. Speeches

山东省人力资源和社会保障工作
Human Resources and Social Security Work in Shandong Province

就业创业、失业保险和农民工工作
Work on Employment, Entrepreneurship, Unemployment Insurance and Migrant Workers

职工养老保险
Endowment Insurance of Employees

医疗保险
Medical Insurance

工伤保险
Occupational Injury Insurance

居民养老保险
Endowment Insurance of Residents

社会保险基金监督
Supervision of Social Insurance Funds

社会保险经办
Social Insurance Agency

人力资源市场管理与人力资源流动配置
Human Resources Market Management and Human Resources Flow Configuration

人才开发
Talents Development

职业能力建设
Vocational Ability Construction

专业技术人员管理
Management of Professionals

引进国外人才智力
Introducing Foreign Talents and Intelligence

公务员管理
Management of Civil Servants

事业单位人事管理
Human Resources Management in Public Institutions

军队转业干部安置
Placement of Officers and Civil Cadres Transferred to Civilian Work

工资福利
Salary and Welfare

劳动关系
Labor Relations

劳动人事争议调解仲裁管理
Labor and Personnel Dispute Mediation and Arbitration Management

劳动保障监察
Labor Security and Supervision

新闻宣传与政策研究
News Propaganda and policy research

法治建设
Rule of Law

规划统计
Planning and Statistics

人事考试
Personnel Testing

人力资源社会保障科学研究
Scientific Research on Human Resources and Social Security

信息化建设
Informatization Construction

各市人力资源和社会保障工作
Human Resources and Social Security Work in Various Municipalities

济南市
Jinan City

青岛市
Qingdao City

淄博市
Zibo City

枣庄市
Zaozhuang City

东营市
Dongying City

烟台市
Yantai City

潍坊市
Weifang City

济宁市
Jining City

泰安市
Tai'an City

威海市
Weihai City

日照市
Rizhao City

德州市
Dezhou City

临沂市
Linyi City

聊城市
Liaocheng City

滨州市
Binzhou City

菏泽市
Heze City

政策法规
Polices and Regulations

一、就业创业
I. Employment and Entrepreneurship

二、社会保障
II. Social Security

三、人才队伍建设
III. Talents Team Construction

四、人事制度改革
IV. Reform on Personnel System

五、劳动关系
V. Labor Relations

六、工资收入分配改革
VI. Reform on Wage Income Distribution

七、规划财务
VII. Finance Planning

八、法治建设
VIII. Legal Construction

大事记
Chronicle of Events

统计资料
Statistics

附录
Annexes

索引
Index

文　献

一、批示

（一）省委书记、省人大常委会主任刘家义批示

5月22日，山东省委书记、省人大常委会主任刘家义同志在《中共山东省人力资源和社会保障厅党组关于贯彻落实刘家义同志到省人力资源社会保障厅调研时讲话精神情况的报告》上批示：一是抓政策落实落地；二是抓机制创新完善，营造更好环境。

8月2日，山东省委书记、省人大常委会主任刘家义同志在省人力资源社会保障厅《关于对标苏浙粤高校人事制度改革的报告》上批示：好！持续抓落实。

9月3日，山东省委书记、省人大常委会主任刘家义同志在省人力资源社会保障厅高层次人才服务工作推进情况汇报上批示：好！贵在抓落实，在落实中不断完善。

10月1日，山东省委书记、省人大常委会主任刘家义同志在省人力资源社会保障厅《关于贯彻落实刘家义书记人事人才工作批示、指示要求有关情况的报告》上批示：好！贵在持之以恒抓落实。

10月24日，山东省委书记、省人大常委会主任刘家义同志在省人力资源社会保障厅《关于企业社会保险费率有关问题的汇报》上批示：工作有成效。国务院常务会议近日研究出台了新的要求，请及时组织学习。另：一定要“养鸡下蛋”，千万不可竭泽而渔。

12月18日，山东省委书记、省人大常委会主任刘家义同志在省人力资源社会保障厅党组《关于做好农民工工资支付保障工作的报告》上批示：几条措施必须狠抓落实，确保农民工工资支付。政府性拖欠，坚决清零，没有任何价钱可讲、理由可推。

（二）省委副书记、省长龚正批示

3月18日，山东省委副书记、省长、省政府党组书记龚正同志对全省就业和农民工工作作出批示：近年来，全省各级各部门主动作为、攻坚克难，就业持续增长，农民工市民化步伐不断加快，为促进经济稳中向好和民生不断改善作出了积极贡献。我省是人口大省，做好就业和农民工工作始终是一件事关全省经济发展和民生福祉的大事。各级各部门要深入学习贯彻习总书记在十三届全国人大一次会议参加山东代表团审议时重要讲话精神，牢固树立以人民为中心的发展思想，围绕实施乡村振兴战略，统筹做好农民工、高校毕业生、去产能职工、就业困难人员等重点群体就业工作，推动实现更加公平、更加充分的就业。要加大对拖欠农民工工资问题的治理力度，着力维护农民工劳动保障权益，不断改善面向农民工的基本公共服务，提高农民工获得感、幸福感、安全感。

9月5日，山东省委副书记、省长、省政府党

组书记龚正同志在省人力资源社会保障厅《关于持续优化全省高层次人才服务环境工作进展情况的汇报》上批示：很好。要持续推进落实，不断改进完善。把评价权交给我们所服务的人才。

（三）省委副书记杨东奇批示

4月12日，山东省委副书记杨东奇同志在省人力资源社会保障厅《关于绘制“齐鲁英才地图（院士）”有关情况的汇报》上批示：利用好“齐鲁英才地图”，吸引更多的院士为山东发展贡献聪明才智。

（四）省政府党组成员、副省长于杰批示

3月30日，山东省人民政府党组成员、副省长于杰同志在省人力资源社会保障厅《关于2018年调整退休人员基本养老金有关情况的汇报》上批示：按照国家要求，抓紧制定出我省养老金方案，报人社部预审前，先报送省委省政府主要领导审示，进一步完善后再正式报。

4月10日，山东省人民政府党组成员、副省长于杰同志在省人力资源社会保障厅《关于绘制“齐鲁英才地图（院士）”有关情况的汇报》上批示：很好，建议对有关信息进一步核准完善后，将有关信息提供相关部门及单位用好。同时参照本地图模式，抓紧绘制千人、万人、杰青、长江特别是“独角兽企业”领导人的齐鲁英才地图，为山东新旧动能转化和人才强省做好基础工作。

11月30日，山东省人民政府党组成员、副省长于杰同志在省人力资源社会保障厅《关于国有企业负责人薪酬制度改革专项督查情况的汇报》上批示：督查工作很有成效。针对问题，完善制度政策。加强督导，确保政策落地。需要审议的文件抓紧完善后尽快按程序出台。

12月20日，山东省人民政府党组成员、副省长于杰同志在省人力资源社会保障厅《关于2018年“山东一名校人才直通车”活动情况的报告》上批示：工作取得较好成果，做好落地服务工作。进一步总结今年工作，精准谋划明年的工作安排，为山东聚集人才，助力新旧动能转化，“十强”产业发展。

二、讲话

（一）省领导讲话

在省就业和农民工工作联席会议2018年第一次会议上的讲话

（于杰 2018年3月）

同志们：

这是我到山东工作后，主持召开的第一个就业、农民工方面的会议。从与会情况看，我们这个联席会议的成员单位比较多，来自方方面面，有党群部门、省政府工作机构，还有中央驻鲁单位，充分体现了我省对就业工作、对农民工工作的高度重视。

刚才，鲁青同志通报了2017年工作情况、2018年主要工作考虑，传达了国务院就业工作部际联席会议、国务院农民工工作领导小组第六次全体会议精神，振国同志对2018年工作要点作了简要说明，大家进行了讨论。会议原则通过两个工作要点，请联席会议办公室会后按照大家的意见建议抓紧修改完善，尽快印发实施。下面，我再讲几点意见。

第一，牢牢把握“走在前列”目标定位，2017年就业、农民工工作取得新成绩

过去一年，全省上下认真贯彻落实党中央、国务院和省委、省政府决策部署，紧紧围绕“走在前列”目标定位，聚焦聚力新旧动能转换重大工程，深入实施就业优先战略和农民工三项3年行动计划，全省就业和农民工工作取得新进展、迈上新台阶。概括起来，主要有五条：一是主要目标任务超额完成。城镇新增就业、失业人员再就业、就业困难人员就业等主要目标任务均超额完成年度计划，其中城镇新增就业为五年来最好。这也从一个侧面，反映了我省经济发展的上行态势。二是就业局势保持稳定。城镇登记失业率处在低位，高校毕业生总体就业率稳中有升，分流安置去产能企业职工2.13万人，顺利完成济钢产能调整近2万名职工安置工作，为顺利推进供给侧结构性改革、保持全省稳定和谐局面作出重大贡献。三是农民工权益得到更好维护。农民工职业技能提升、权益保障、公共服务三项3年行动计划顺利收官，农民工就业质量显著提高，月均收入达到3735元，比上年增长244元。280万农业转移人口获得市民待遇，面向农民工的基本公共服务进一步改善。四是整体工作走在全国前列。去年，国务院开展第四次大督查，我省“建设创业大学，加快创新人才培养”作为22项典型经验做法之一，受到国务院通报表扬。根据人社部公示信息，继2016年之后，2017年我省就业工作将再次受到国务院表扬激励。这些，都是对我们工作的充分肯定。五是成功承办了首届全国创业就业服务展示交流活动。作为东道主，我们在时间紧、任务重的情况下，成功打造了一届精彩难忘的盛会，载入全国就业创业工作史册，得到国务院领导同志、人社部等有关部委领导、各省（区、市）参会同志的一致赞誉，为山东赢得了荣誉。

这些成绩的取得，是认真贯彻落实党中央、国务院决策部署的结果，是省委、省政府正确领导的结果，也是在座的联席会议各成员单位通力配合、主动作为、扎实工作的结果。在此，我代表省政府，向大家表示感谢！

第二，紧扣主要矛盾变化，准确把握就业、农民工工作面临的新形势

党的十九大提出，“中国特色社会主义进入新时代，我国社会主要矛盾已经转化为人民日益增长的美好生活需要和不平衡不充分的发展之间的矛盾”，指出“群众在就业、教育、医疗、居住、养老等方面面临不少难题”，强调“就业是最大的民生”，要求“坚持就业优先战略和积极就业政策，实现更高质量和更充分就业”。这些新思想、新论断、新提法、新要求，既为我们做好就业和农民工工作指明了方向，同时也为我们出了一份时代答卷，作为人口大省，如何适应社会主要矛盾变化，解决好群众在就业方面面临的难题？如何满足人民日益增长的美好生活需要，实现更高质量和更充分就业？另外，实施新旧动能转换重大工程，建设现代产业体系，人力资源如何协同？这些问题，都需要大家认真思考，群策群力，努力交出一份让时代、让全省人民满意的答卷。

当前，我省正在全面展开新旧动能转换重大工程，加快高质量发展，这为我们做好就业和农民工工作提供了重大机遇。但也要清醒地看到，我省就业总量压力不减的局面还没有根本改变，就业形势依然复杂严峻。具体来说：

*一是总量压力仍然居高不下。*综合有关部门数据，2018年，我省需要在城镇就业的新成长劳动力约102万人，其中高校毕业生近63万人，中职毕业生30万人，技工院校毕业生9万人。除新成长劳动力外，需要安置的退役士兵预计4.5万人左右，上年末城镇登记失业人员将近46万人，加在一起算，就业的总量压力仍然是很大的。

*二是失业风险需要高度关注。*推进供给侧结构性改革，实施新旧动能转换，将会收窄传统产业、过剩产能企业就业空间。从去年全省失业动态监测情况看，作为钢城的莱芜，80家监测企业净减7226人，在岗人数同比下降11%；作为传统支柱产业的纺织业，115家监测企业净减9326人，在岗人数同比下降7.56%。今年，我省将压减粗钢产能355万吨、生铁产能60万吨、煤炭产能465万吨，涉及12户企业，需要分流安置职工总数大约在1.5万人左右。我省还将深入推进化工产业安全生产转型升级，基本完成城市密集区危险化学品生产企业搬迁、转产和关闭任务。这些，都可能带来规模性失业风险，对就业产生挤出压力，需要我们高度关注，采取有效措施加以预防和应对。

*三是新旧动能转换对人力资源协同提出更高要求。*实施新旧动能转换重大工程，离不开人才支撑，需要大量高素质劳动者。从我省劳动力受教育情况看，2015年我省主要劳动年龄人口平均受教育年限10.5年，低于广东的11.4年、江苏的11.13年，江苏新增劳动力平均受教育年限达到14.5年。从劳动生产率看，劳动生产率在一定程度上反映劳动者的平均熟练程度和职业技能水平，2016年，我省劳动生产率为10.08万元，仅是全国平均水平的68.5%，广东、江苏、浙江分别达到12.66万元、15.99万元和12.57万元，均高于我省。从去年全省公共人力资源市场供求分析看，对技能人才和专业技术人员的求人倍率均在2以上，而没有技术等级、没有专业技术职称的求职者达到求职总数的近60%。深入实施新旧动能转换重大工程，发展现代优势产业集群，我们亟须在推动高等教育、职业教育、技工教育融合发展上狠下功夫，在大规模开展职业技能培训上做足文章，不断提高我省的人力资本质量。

*四是实现更高质量就业还存在短板。*随着经济社会的发展、人民生活水平不断提高，劳动者对美好生活的向往也在不断提高，对实现更高质

量就业的要求越来越强。在这方面，我省还有一些短板。从经济结构看，我省的一产比重比广东、江苏、浙江分别高3.3个、2.2个、3.6个百分点，一产就业比重分别高7.2个、10.3个、16.1个百分点，无论是一产比重，还是一产就业比重，都比较高，生产性服务业总体水平较低，就业增长路径过度依赖传统产业。从就业环境看，性别歧视、身份歧视的问题仍然存在，今年省“两会”上，有三个提案均反映“二孩”政策后女性就业权益保障问题；拖欠工资等侵害劳动者权益的问题时有发生，去年全省受理劳动人事争议8.51万件，查处违法案件2.25万件。从就业群体看，我省是人力资源大省，就业人口众多，每年城镇新增就业在120万人以上，农民工总量达2337万人，虽然近年来各类群众总体就业质量在不断提高，但就业环境、保障水平、基本公共服务供给能力等还有待改善和提高。这些，需要我们既尽力而为，又量力而行，一件事情接着一件事情办、一年接着一年干，努力把短板补齐。

以上，多重压力叠加，新老问题并存，我们必须高度重视，持续关注，做到心中有数、应对有方。

第三，聚焦聚力新旧动能转换重大工程，扎实做好2018年就业和农民工工作

今年是贯彻党的十九大精神的开局之年，是改革开放40周年，也是启动建设新旧动能转换综合试验区的第一年。做好就业和农民工工作，对于贯彻落实十九大提出的以人民为中心的发展思想，提高保障和改善民生水平，助推新旧动能转换重大工程，具有十分重要的意义。对今年的工作，工作要点都作了安排，请大家抓好落实。我在这里，强调四点：

一要保障最大民生，实施好就业优先战略。民生包含很多方面，这次十九大明确提出，就业是最大的民生，体现了党中央对新时代就业问题认识上的升华，对我们如何在更高水平上推动就业优先，提出了新要求。要把握好三点：一是把促进就业作为政府工作的优先方向，健全就业目标责任考核制度，加强督查考核，强化政府责任。在这方面，既要激励先进，对促进就业成效明显的，予以表扬激励；又要鞭策后进，对工作不力、目标任务落实不到位的，进行问责追责，树立就业优先、大抓就业的工作导向。二是把扩大就业作为经济发展的优先目标，完善有利于扩大就业的宏观调控措施，把稳定和扩大就业作为区间调控的下限，加强经济政策、产业政策与就业政策的协同，完善多元化产业体系，增强经济发展创造就业岗位特别是高质量就业岗位的能力。当前，要重点推动产业结构优化升级，大力发展第三产业，特别是现代服务业，加快发展新技术、新产业、新业态、新模式，扩大非农就业比重，优化我省就业结构，摆脱过度依赖传统产业的就业增长路径。三是把就业支出作为公共财政的优先保障。要建立就业资金兜底保障、稳定增长机制，保障就业工作需要。需要注意的是，今年国家将修订《失业保险条例》，《条例》修订后，我们省的失业保险扩大支出资金、创业带动就业扶持资金将停止使用，这意味着我们省就业创业资金会削减五成以上，将对落实现行就业创业政策带来巨大影响。财政、人社部门要未雨绸缪、提前考虑，做好应对工作，加大资金筹集力度，保障就业创业工作需要，确保不因条例修订影响资金投入和积极就业政策落实。

二要聚焦重大工程，发挥好就业支撑作用。实施新旧动能转换重大工程，建设新旧动能转换综合试验区，是山东发展的重大历史机遇，是当前我省经济社会发展的一号工程。就业是经济发展最基本的支撑。要最大限度地发挥好就业的支撑作用，全力助推新旧动能转换重大工程。一是提高人力资本质量。要适应供给侧结构性改革、新旧动能转换重大工程对人力资源的需求变化，发挥我省教育大省优势，统筹推进高等教育、职业教育、技工教育改革，推动专业设置、课程内容、人才培养模式与生产实践对接，与发展现代优势产业集群对接，推动校企合作、校地合作，提高人力资源素质，厚植人力资源优势。要实施大规模职业技能培训，运用职业培训补贴、失业保险技能提升补贴政策，加强对毕业学年高校毕业生、新生代农民工、企业在职职工的培训，加快建设知识型、技能型、创新型劳动者大军。要学习借

鉴“职业培训包”模式，创新培训模式，规范培训管理，提高培训质量。要增强职业培训的针对性，现在哪些人比较短缺，怎么培训，如何与劳动力资源、就业衔接，培训哪些行业，要认真做好调研。要发挥技能大赛的作用，通过组织技能竞赛，促进技能提升。这方面，可以围绕一些就业面宽、劳动力需求旺盛、与产业结构升级比较紧密的领域，对接国家的技能大赛、世界的技能大赛，有计划地组织举办一些技能比赛。二是促进人力资源优化配置。建立与新旧动能转换需求相适应的人力资源供求调查预测和信息发布制度，加强公共就业和人才服务，大力发展人力资源服务业，努力破除妨碍人才、劳动力社会性流动的体制机制弊端，促进人力资源在地区、行业、企业之间自由流动、合理配置，提高人力资源供求匹配度。高校毕业生是宝贵的人才资源。要引导和帮助毕业生主动对接我省新旧动能转换重大工程，到高技术产业、战略新兴产业、现代服务业等重点领域就业创业，为做优做强做大“十强”产业、建设现代优势产业集群提供人才支撑。继续实施高校毕业生基层成长计划，拓宽就业领域，引导鼓励高校毕业生到基层工作。三是以更大力度扶持创业。大众创业、万众创新，是推动新旧动能转换的重要力量。要继续推进“放管服”改革、商事制度改革，降低市场准入门槛，降低制度性交易成本，打造领先的营商环境。要加快完善适应新就业形态特点的用工和社会保险制度，支持以“四新”促“四化”。要总结推广菏泽返乡创业经验，研究制定鼓励支持返乡下乡创业的政策措施，打造“齐鲁乡创”品牌。要积极发展市场化、专业化的创业孵化基地、创业园区、众创空间等创业载体，推进双创示范基地、山东创业大学建设，促进创业要素集聚、创业服务集成，打造创业高地，增强辐射带动能力。要发挥好大企业作用，鼓励大企业建设创业载体、提供市场化的创业孵化服务。要研究创业载体持续发展问题，最近杭州市出台加强众创空间建设的《意见》，提出孵化与投资相结合，突出对众创空间投资能力的评价，这是创业孵化载体未来的发展方向。要发挥好工商部门小微企业名录的作用，全面落实各项创业扶持政策，加大创业担保贷款支持。要健全差异化政策，鼓励支持青年人才、事业单位专业技术人员、留学回国人员、农民工等各类群体创业创新，催生更多的创客。要办好“双创周”、第四届创业大赛，开展创业典型评选，推进创业型城市创建，促进形成大众创业浓厚氛围。对以前评选的各类创业典型，要加强跟踪评估，好的要大力宣传，对他们创业过程中遇到的问题要提供帮助，扶持他们成功创业、发挥更大作用。

三要瞄准更高质量，维护好劳动者合法权益。就业是实现美好生活的基础。十九大报告提出，“提高就业质量，实现更高质量和更充分就业”，体现了新时代对就业工作的新要求，顺应了广大劳动者对美好生活的新期待。促进就业，离不开经济发展。发展的快，就业岗位就多，发展的好，就业质量就高。总体上看，我们还处于社会主义初级阶段，在经济社会发展过程中，劳动者对高质量就业的需求与不平衡不充分的发展之间的矛盾突出，需要我们进一步加大工作力度。要立足我省发展阶段，坚持“既不降低标准，也不吊高胃口”，采取有力措施，提高就业质量。一是健全指标评价体系。就业质量，涵盖很多内容。从宏观上讲，就业质量反映一个地区全体劳动者劳动条件的优劣程度，可以通过劳动条件的诸要素来衡量，比如说社会平均工资、社会保险覆盖面和待遇水平、平均工作时间、劳动争议发生率和处理率。从微观上说，就业质量反映单个劳动者在从事社会劳动中所得到的劳动条件的优劣程度，比如说劳动报酬的高低、有没有社会保障、工作时间长短、劳动强度大小、劳动权益能否得到保障、对所从事工作的满意度、职业发展空间，等等。推动更高质量就业，必须建立健全指标评价体系。要学习借鉴国际国内关于更高质量就业的研究成果和实践探索，结合我们省的实际，探索建立更高质量就业指标评价体系，进而对全省就业质量进行跟踪测评，指导推动就业工作开展，为实现更高质量就业提供路径引领。二是聚焦解决突出问题。要坚持问题导向，围绕就业歧视、拖欠工资、非法职介等侵害劳动者权益的突出问题，加大执法监察力度，加强劳动人事争议调解仲裁，维护好劳动者合法权益，营造更加公平、更加和谐的就业环境。要突出抓好农民工工作，针对拖欠农民工工资的“顽症”，深入开展“治欠保支”三年行动计划，加强对拖欠农民工工资问题高发频发、举报投诉量大的地区及重大违法案件的督查，落实责任追究制度。对监管责任不落实、工作措施不到位导致拖欠农民工工资的，严格追究有关领导和人员责任。按照国务院办公厅对省级政府保障农民工工资支付工作年度考核要求，前段时间，我们组织对我省保障农民工工资支付工作进行了全面自查，从自查情况看，2017 年度有两项指标未达到国家规定的比例要求。住房建设、交通、水利等相关责任部门要抓紧健全完善相关制度，采取切实有效的整改措施，尽快整改到位，确保 2018 年完成年度工作目标任务。要以子女教育、住房、落户为重点，着力推动农民工平等享受城镇基本公共服务和在城镇落户，加强对农民工的人文关怀和帮扶服务。要坚持治标与治本相结合，深入开展和谐劳动关系创建活动，认真组织实施激发重点群体活力带动城乡居民增收相关激励计划，督促引导企业不断改善工作条件。三是兜牢就业底线。要发挥公共就业服务机构的作用，以落实政策、扶弱助困为重点，以精准服务、品牌服务、标准服务、智慧服务、满意服务为方向，着力提供全方位公共就业服务。要扎实做好以高校毕业生为主的青年就业工作，对今年的高校毕业生就业工作要早研究、早部署，加强对离校未就业高校毕业生就业服务，确保今年全省高校毕业生总体就业水平不降低。要积极稳妥推进新旧动能转换职工安置工作，坚持职工安置工作早研究、先解决，加强去产能职工实名制管理，落实失业保险援企稳岗补贴，拓展多元化安置渠道，加大对困难地区、困难企业就业援助，确保分流职工就业有出路、生活有保障，确保不出现较大规模的失业风险和群体性事件。加大就业困难人员、残疾人等困难群体就业帮扶。继续做好就业扶贫工作，进一步提升打造好“就业扶贫车间”“互助扶贫公益岗位”“创业扶贫工坊”“劳务扶贫合作社”等我省特色扶贫模式。要高度重视军队转业干部和退役士兵安置，提高安置质量。要坚持底线思维，健全风险防控机制，加强就业形势分析研判，盯住关键指标和重点地区、重点群体的就业失业状况，主动防范、及时化解规模性失业风险，确保就业局势持续稳定。

四要形成工作合力，发挥好联席会议作用。建立联席会议的目的，在于发挥成员单位作用，形成推动工作的合力。根据人社厅提供的情况，我们这个联席会议成立 15 年了，最早是就业再就业工作联席会议，后来更名为就业工作联席会议，2013 年就业和农民工两个联席会议合并，形成了现在的格局。成员单位也由 20 个扩大到 38 个。应该说，我们省就业、农民工工作能够走在前列，与联席会议的设立、与各成员单位的扎实工作是分不开的。做好新时代的就业和农民工工作，需要继续发挥好联席会议的作用，需要各成员单位继续履职尽责、担当作为。一是增强靶向性。联席会议的主要任务是抓大事、议大事，抓重点、促难点。要加强对就业和农民工领域主要矛盾、重点任务的研究，密切关注经济社会发展热点问题对就业和农民工工作的影响，增强工作的前瞻性、系统性、针对性。二是提高协同性。就业和农民工工作涉及很多领域，不只是人社部门一家的事。各成员单位要增强大局意识，加强协同配合，推进信息共享，出台规划、制定政策，都要考虑是不是有利于扩大就业、有利于提高就业质量、有利于服务农民工。只有这样，我们才能形成合力，联席会议才能发挥作用。否则，联席会议只能是形同虚设。联席会议办公室要充分发挥牵头协调作用，健全运行机制。三是发挥主动性。各成员单位要对照工作要点，认真梳理各自承担的任务，积极主动开展工作，发挥好职能优势，把该办的事办好。要聚焦推动实现更高质量和更充分就业、加强农民工基本公共服务，立足部门职责，积极探索创新，在完成规定动作的同时，做好自选动作，推动创新发展、持续发展、领先发展。要建立联席会议成员单位述职制度，加强工作调度，推动各项工作任务落地落实。

同志们，习近平总书记指出，新时代是奋斗者的时代，要求我们“把奋斗精神贯彻到进行伟大斗争、建设伟大工程、推进伟大事业、实现伟大梦想全过程”。奋斗，是为达到目标而奋发努力、艰苦创业的过程。弘扬奋斗精神，要求我们必须坚定目标、狠抓落实，克难攻坚、争创一流。希望大家以奋斗精神，抓好今年的就业和农民工工作，为实施新旧动能转换重大工程，建设物质富裕、精神富有、和谐美丽现代化强省作出积极贡献。

（二）厅领导讲话

在厅党组扩大会议上的讲话

（于富华　2018 年 4 月 8 日）

同志们：

刚才，我们传达学习了习近平总书记参加全国“两会”期间的系列重要讲话和省委书记刘家义同志在全省领导干部会议上的讲话精神。此前，金峰主席已经带领大家学习了，这次学习是过去学习的进一步深化。今后，机关党委安排学习时，可以结合学习内容，结合处室重点工作搞一些发言交流，进一步深化学习成果，学以致用。各处室、单位要进一步抓好政治理论学习，及时跟进学习中央、省委省政府重要决策部署以及重大改革、重要会议精神，强化理论武装，准确把握好中央、省委省政府一系列决策部署，牢牢把握稳中求进的工作总基调，按照“在全面建成小康社会进程中走在前列，在社会主义现代化建设新征程中走在前列”目标要求，全面落实高质量发展的工作要求，解放思想、深化改革，敢于创新、敢于担当，努力完成 2018 年工作要点确定的各项任务，切实把中央决策部署和省委省政府工作要求落到实处。下面，我结合个人的一些学习体会，谈谈想法。我认为，贯彻落实好习近平总书记两会期间系列重要讲话精神，必须坚持“五个强化”，实现“五个新”。

一、强化政治建设，在旗帜鲜明讲政治上提升新境界

党的十八大以来，以习近平同志为核心的党中央就进一步加强党的建设，特别是就加强党的政治建设，提出了一系列的重要论述、重要判断。家义书记历次讲话也都把讲政治摆在首要的位置上，强调做好每项工作，必须首先旗帜鲜明讲政治。人社部门的业务既涉及人事人才、又涉及就业和社会保障，既关系民生改善、又关系平稳发展，必须把政治建设摆在首要位置，自觉做到理论上成熟、思想上清醒、政治上坚定、行动上自觉。

一是坚持用习近平新时代中国特色社会主义思想武装头脑。坚持以习近平新时代中国特色社会主义思想为指导，写进了党章，也是新时代的新要求，更是我们每一位在座同志必须牢牢把握的头等大事。要深入学习领会习近平新时代中国特色社会主义思想的丰富内涵、精神实质、重大意义和历史地位，深刻理解贯穿其中的坚定信仰信念、鲜明人民立场、强烈历史担当、求真务实作风、勇于创新精神和科学方法论，真正做到武装头脑、指导实践、推动工作。特别是要在学习中提高政治站位，提高理论修养，找到工作中的方法、观点，在全面深化改革进程中打造人社部门的新使命、新定位。

二是坚持与以习近平同志为核心的党中央保持高度一致。工作中，必须牢牢把握一个最基本，也是最重要的思想，就是做到“两个维护”：坚决维护习近平总书记在党中央和全党的核心地位，坚决维护以习近平同志为核心的党中央的权威和集中统一领导，进一步筑牢“四个意识”，坚定“四个自信”，做到“四个服从”。这是讲政治的最根本问题，我们一定要时刻与以习近平同志为核

心的党中央保持高度的一致。

三是不折不扣地落实好中央的决策部署和省委的各项要求。学理论、提高政治素养与事业发展、业务工作紧密相关。学习政治理论，能够明确工作方向和发展目标，才能使我们的工作沿着正确的方向前进，工作重点才会不偏、不虚。工作中，我们必须牢牢把握住一个根本的核心，就是必须坚持习近平总书记的核心地位、核心作用，这是根本，一定要精准地把握。我们必须时刻与党中央对标对表，按照省委的部署，做好我们人社部门的工作，把旗帜鲜明讲政治的要求落实到人社事业改革发展的各领域、全过程。

二、强化目标定位，在走在前列上开启新征程

习近平总书记在参加十三届全国人大一次会议山东代表团审议时指出，山东要“在全面建成小康社会进程中走在前列，在社会主义现代化建设新征程中走在前列，全面开创新时代现代化强省建设新局面”。过去，习近平总书记来山东视察或者对山东工作的重要指示、重要批示中都要求山东“走在前列”，但这一次讲得更具体，要求我们无论是在全面建成小康社会进程中，还是在社会主义现代化建设新征程中，都要走在前列，努力开创“一个新局面”，就是全面开创新时代现代化强省建设新局面。上次厅党组理论学习中心组学习时，对此进行了专门学习。从山东情况看，和全国的情况差不多，人口多、经济规模也大，但是平均水平不高，发展不平衡，东西之间差距跟我国国情也很相似。习近平总书记提出的“走在前列”的目标定位，既是对山东讲的，也是对全国典型省份的要求，应该说，这个要求非常高。对山东来讲，实现“走在前列”，目标非常明确，任务非常艰巨，为做好山东工作提供了总遵循，也等于在新时代建设现代化强省中发出了新的动员令，吹响开启新征程的号角。在座的各位在实现“走在前列”目标中责任重大。大家一定要把习近平总书记提出的“走在前列”作为奋斗目标，作为凝聚人社各方面力量的一面旗帜，进一步提升工作标杆，提高工作标准，努力争创一流工作业绩，为实现“走在前列”作出应有的贡献。

首先，要坚持高点定位，在工作定位上走在前列。我来省人社厅工作前，从看到的材料、听到的反映看，我省很多人社工作已经走在了全国前列，开创了发展的新局面，工作起点非常高。成绩来之不易。我们一定要保持好，并在原有良好工作基础上，进一步发扬优良传统、好作风、好经验，解放思想，改革创新，在新的起点上，树立更高目标，建立更高工作标准，加快推进人社事业健康发展。要把习近平总书记提出的“走在前列”目标，实现高质量发展要求，作为提升境界、提高目标总遵循，高点定位，高端谋划，树立国内人社工作发展的新坐标。各个方面的业务都要瞄准国内先进水平，主动与江苏、浙江、上海等先进省市比较，并积极追赶，努力进入全国发展的第一方阵。要下大力气解决事业发展中的不充分、不平衡问题，积极努力地出主意、想办法、定措施，切实消除发展的短板和不足。

其次，坚持攻坚克难，在全面深化改革上走在前列。学习全国两会精神、贯彻落实习近平总书记的重要讲话精神，最重要的就是要解放思想，全面深化改革，这也是山东人社走在前列的必由之路、动力所在。我们要进一步增强改革创新意识，攻坚克难，敢于啃硬骨头，集中力量制定改革政策方案，完善配套政策，扎扎实实突破一些重点难点问题。

再次，坚持精准发力，在推进重点领域工作上走在前列。学习贯彻全国两会精神特别是习近平总书记的重要讲话，把握好关键点，精准施策，重点发力，要注重以下四点：第一，要对照习近平总书记和中央对山东的总要求确定工作重点，明确目标导向，把握关键点，找准突破口，特别是围绕习近平总书记提出的乡村振兴战略，创新政策，完善机制，优化服务，打造事业发展的新亮点。第二，要紧紧围绕省委省政府的中心工作确定工作重点，寻求突破。我们厅业务包涵六大板块、八个方面，很多材料都是按照这个框架来写的，内容很全，但是感觉比较散。最近，山东贯彻落实中央精神，出台了很多重大部署。我们要对表对标省委省政府的重要部署，聚焦乡村振兴、新旧动能转换等重大决策，研究措施，出台

方案，确保省委省政府重大部署落地生根。比如说实施新旧动能转换重大工程，关键是做强做优“5+5”产业群，促进产业群更加聚集。我们要从人才、就业、社会保障等方面，出台具体政策措施，提高针对性、实效性。还有实施乡村振兴战略，我们要超前谋划，有针对性地细化工作任务，出台接地气的政策措施。其他方面，比如收入分配、劳动关系等工作也要紧紧围绕省委、省政府的重点工作，出实招，措施做的再细一点、抓的再实一点，提高政策的针对性和实效性。在起草有关材料时，要打破过去六大板块、八个方面的条条框框，把突出亮点写出来，真正把工作做亮、做出特色。第三，从厅里面的工作讲，把握关键，关键要有特色、有亮点、有响声。有时候，政策出了一大堆，执行得怎么样，执行成效怎么样，怎么执行、执行成效往往比制定文件或者制定措施更重要。我们有些处室经常加班加点，理思路、定措施，措施执行效果到底怎么样，有些可能存在层层递减的现象。另外，有些工作我们忙活了半天，如果有的省份做得比我们好，我们就奉行拿来主义，认真学习先进省份的做法。我们要把工作重心放在做好具有山东特色的工作上，围绕着山东特色出台各方面政策，解决实际问题，形成自己的优势，打造工作亮点。很多面上的政策也好、措施也好、做法也好，既要有面上的东西，但重点是在特点和亮点上下实招，比如出台六条、八条或者十几条政策，再或者一项工作出台三条政策都可以，只要管用就行。家义书记在跟我们谈话时讲，大力实施新旧动能转换重大工程，如果你们24个部门，每个部门出台一条政策，就能出台二十多条政策。这些政策必须是实实在在的政策，有特点、有亮点、有山东特色。如果我们能够真正解决山东的问题，形成成熟经验，那么也可能为解决全国问题提供了一个基本的参照。第四，一定要坚持依法、依宪做好工作。这一次宪法修改内容，上一次厅党组理论中心组专门进行了学习，我到厅里第一天下午省委理论中心组也集中进行了学习。今天，我们中心组学习贯彻“两会”精神，特别要注重依法行政、依宪行政。在按照中央要求，按照法律法规特别是宪法做好工作的基础上，我们一定要牢固树立以人民为中心的发展理念。习近平总书记讲，一定要坚持以人民为中心，把维护最广大人民群众根本利益作为一切工作的出发点和落脚点。做好人社工作，也一定要把以人民为中心的发展思想体现在每个处室、单位的每一项工作中，为老百姓能办的事，只要不违法、不违规，必须积极服务，主动办理。当然，也不是所有的事情都这么做，在民生方面，我们讲坚持以人民为中心的发展思想，就是要尽力而为、量力而行，按照稳中求进的工作总基调，有多大能力，办多大的事情，不好高鹜远，也不办脱离时代发展实际的事情。坚持把握关键，还涉及民生福祉、收入分配、和谐劳动关系等很多工作，2018年工作要点也提出了明确要求，这里我就不展开讲了，我今天主要讲一些宏观的、基本的东西。

最后，坚持优质高效，在提供人社公共服务上走在前列。人力资源社会保障工作全部涉及人，大部分涉及民生，关系群众切身利益，是政府公共服务的重要内容。提供优质高效人社公共服务的有些内容，我在前面已经讲了，比如坚持以人民为中心的发展思想，坚持便民利民，简化程序，强化服务，提高质量，坚持依法依规，努力增强人民群众的获得感、幸福感。要坚持公开透明，尽量地让每项工作做到公平公正、公开透明，可追溯、可核查。特别是涉及到民生的事情很多，我们必须坚持公平公正，能够公开的，尽量公开，让权力和服务在阳光下运行，既减少一些不必要的麻烦，也让老百姓和全社会对人社工作有更加客观、更加直接的认识，尽量减少不必要的误解和非议。另外，在召开厅人才工作述职会时，我强调，要坚持科学谋划，提高工作的科学化水平。我们各个处室、各个单位都要认真思考。要按照科学管理的要求，认真搞好法律评估、风险评估，加强分析预测，加快推进“互联网＋人社”行动计划，努力提高为民服务水平。

三、强化重点突破，在服务全省大局上实现新作为

围绕中心、服务大局，一直是人社部门的特色，也是我们的好传统。我的基本想法就是要重点突

出，围绕中心、服务大局。

一是在服务乡村振兴战略上下功夫。这次习近平总书记到山东团，讲得最多的就是乡村振兴。实施乡村振兴中，人才振兴是其中的重要支撑。最近几天，省委省政府都在研究人才服务乡村振兴战略，上周省政府常务会刚刚原则通过规划，昨天省委就部署乡村振兴的人才计划，要一周之内交稿，要求很急。昨天中午 12 点多开会的时候，我接到电话，家义书记要求一周内完成任务。在为乡村振兴提供人才支撑方面，我们有较好的基础，我们已经出台加强基层人才建设的政策，再吸收教育、卫生、文化等部门的好经验、好做法，进一步充实完善，就能完成省委交给我们的任务。人才处昨天就开始加班加点，争取尽早出台有关意见。在服务乡村振兴战略上下功夫，不仅是习近平总书记的要求，不仅是省委最关切的事情之一，也是厅里重中之重的任务。除了人才工作外，我们还必须做好就业创业工作，为服务乡村振兴战略作出新贡献。厅里各处室、单位都要把服务乡村振兴作为今年重中之重的工作之一，打破过去人才、就业、社保条条框框限制，认真履行职能，加强配合协作，共同完成好这项重点任务。厅党组还要对这个问题进行专门研究。

二是在服务新旧动能转换重大工程上下功夫。新旧动能转换重大工程是我省经济社会发展的“牛鼻子”，也是家义书记最关心的事情。从去年开始，我们就研究支持新旧动能转换的政策，今年春节后上班第一天，我们参加省里的会议就是全面展开这一重大工程的动员部署会。我们厅也开展了专门学习，组建了一个专门的工作班子推动这项工作。牵头处室要发挥好牵头作用，相关处室要无条件地配合好。当然，除了乡村振兴和新旧动能转换，实际上我们还有很多工作。习总书记到山东团讲到的，除了乡村振兴作为第一大事以外，海洋、文化、红色文化等都涉及我们的工作。要先把这两件重中之重的事情做起来，作为当前和今后一个时期人社工作的重中之重，切实抓紧抓好。另外，围绕服务新旧动能转换重大工程，厅里面好几个处室都在推进，怎样整合，怎样形成合力，要认真加以研究，关键要突出重点、亮点，解决好面面俱到、重点不够突出、实效性不强的问题。

三是在服务打好脱贫攻坚战上下功夫。脱贫攻坚既是我们的重点任务，也是难点任务，现在又成了热点任务。习总书记对这项工作的要求非常高。过去，我们一些做法很好，在人社部也创造了很多亮点，在国务院一些会议上也做过典型发言，现在看，必须把好事办好。因为作为脱贫攻坚，应该更加突出尽力而为、量力而行的原则，更加突出稳中求进的原则。我觉得，无论是人才工作、服务新旧动能转换还是其他人社工作，要解放思想、改革创新，以突破为主，而脱贫攻坚则要讲究稳中求进。最近，中美贸易摩擦出现了一些新情况。目前，根据形势发展，出现了一些新情况、新问题，我们在认真研究。但是，乡村振兴、新旧动能转换，还有过去一直讲的脱贫攻坚，都要聚焦聚力，认真研究好政策措施，切实加以推进。

四是在落实“大学习、大调研、大改进”上下功夫。这件事情和全厅各项工作都有关系。从党的组织体系上看，怎样做好引领、做好结合，通过调研发现问题，改进工作，这都是一个很重要的抓手。要按照省委“大学习、大调研、大改进”的安排，深化学习讨论、深入调研排查、深度改进提升，切实增强活动的整体效果。这件事情很重要，无论从提高理论水平来讲，还是从突出问题导向、结果导向、结果评价来讲，还是从促进今后工作的角度来看，这都是一个很重要的抓手。

五是在落实家义书记来我厅调研时的指示要求上下功夫。去年 5 月 23 日，省委书记刘家义同志来我厅调研，我们有幸成为家义书记调研的第一个省政府部门。家义书记在我厅讲了很多事情，但是讲得最多还是人才工作，这充分说明了人才工作的重要性。我讲工作，一般不想按六大块、八个方面，我觉得无论是围绕新旧动能转换、乡村振兴，还是今后的很多工作，我们的重点一个是人才，一个是就业。最近一段时间，包括领导跟我谈话，包括参加的很多会议，几乎都让我汇报人才，昨天的汇报，也是这个情况。我们汇报人才工作，都是围绕新旧动能转换、实施乡村振兴战略来展开的，将来推进海洋强省建设，也需要人才支撑。目前，家义书记来我厅调研马上就要到一年了，办公室要牵头梳理一下贯彻落实情况。

四、强化作风建设，在树立正确政绩观上展现新风貌

对于作风建设和干部队伍建设，总书记在参加山东代表团审议时讲得非常明确，家义书记在全省领导干部会议上也重点强调了提高干部队伍素质的问题。我到任之前，家义同志在同我谈话时讲了很多，其中最重要的一块就是加强领导班子建设，提高干部队伍的作风和素质。总体来看，我厅干部队伍在政治素质、业务能力、作风纪律、精神状态等方面是好的，要把这些优势和成绩保持好。要深刻领会习总书记的谆谆教诲和家义书记的指示要求，努力实现精神状态一流、工作业绩一流、干群关系一流、发展环境一流。

一是解放思想，强化担当作为。近年来，在金峰副主席的带领下，我厅解放思想，主动作为，许多工作走在了全国前列。这些在长期实践中形成的好经验、好做法、好规矩，我们要继续保持好、发扬好，能不破的就不破。同时，要破除自满的观念，始终保持清醒的头脑和开拓进取的锐气，提高工作标准，创新发展思路。面对新形势新任务，要进一步推进观念的大更新，勇于打破条条框框，勇于打破利益的藩篱，以更加开阔的视野、更加扎实的作风、更加有力的措施，不断突出特色，打造亮点，树立品牌。要按照走在前列、高点站位的思路，勇于破除保守观念，特别是一些狭隘的部门观念，在全省一盘棋的大格局下谋划工作，在全省发展大局中找准自身发展定位，主动加强与其他部门的合作，加强与服务对象的沟通交流，注重学习推广基层鲜活经验，进一步打开眼界，推陈出新，推动人社事业在更高水平上高质量发展。

二是久久为功，厚植发展优势。习近平总书记多次强调，要树立“功成不必在我”的理念，正确处理好“显绩”和“潜绩”的关系。家义书记也多次指出，要耐得住寂寞，着眼于长久。去年，我省化解几百个亿的过剩产能，GDP 达到 7.4%。如果按照过去的做法，仅仅追求高速度，把那几百亿加进来，我省的经济数据或许会光鲜亮眼。但家义书记从大局着眼，从实际出发，大力推进新旧动能转换，为我省实现高质量发展打下了坚实基础，这就是“前人栽树后人乘凉”的政绩观。做好人社工作，我们也要有这种格局和胸怀，甘于做铺垫性的工作，甘于抓未成之事，善做善成，久久为功，一届接着一届干，为促进人社事业持续健康发展贡献力量。

三是抢抓机遇，提升工作效率。前面，我讲了一些，这里我就不展开讲了。我来到省人社厅，跟大家接触的时间都不长。借这个机会，我介绍一下自己，第一，我性格比较直，讲话也很直，不喜欢拐弯抹角。希望大家和我研究工作、探讨思路的时候，要实事求是，有什么想法，直接说就行，我没有什么框框。但是有时候，我可能性格太急、太直，讲话比较冲，大家千万不要受不了，也要多理解我。第二，我这个人工作要求高，对于工作时限、工作标准要求比较高，但工作之余我很随和，我一直倡导，干就像个干样，玩就像个玩样，工作之余一定要放开，营造一个团结紧张、严肃活泼的工作氛围。我与大家相处，包括同事之间、部门之间，一直友好合作、坦诚相待，真诚帮助。我个人的性格特点造成，在批评同志时，有的时候不讲究方式方法，有的时候不讲究场合，但我不是批评你这个人，我批评的是事情。这里，我先向同志们澄清一下。同时，我也很谦和，大家对我有什么意见或者建议，随时都可以和我交流，千万别不好意思。工作中，要把握精简高效的原则，进一步提高工作效率，强化时效观念，提倡立说立行、马上就办的工作作风，树立良好的风貌。

四是团结协作，营造良好的氛围。刚才，讲了一些这方面的内容，一定要认真贯彻习近平总书记提出的树立“功成不必在我”理念，多搭台，多协作。第一，发挥好每位班子成员的作用。作为党组书记，我将坚持党的民主集中制原则，发挥好班子每一位同志的作用，坚持好集体决策的

制度，与班子成员坦诚相待、精诚合作。各分管的厅（局）领导同志，要大胆负责，敞开手脚管好自己分管领域内的事情。作为党组书记、作为厅长，我表个态，需要班子集体研究决定的事项，比如三重一大等事项，分管厅领导尽管跟我讲，我们将及时提交相应的会议集体研究决策；分管领导能够自主决定的事情，希望大家放手大胆地做，如果有什么困难和问题需要党组或我来研究，大家尽管提出来。具体的事情，我赞成分管领导具体负责，大胆地开展工作，否则一个人精力再大，也顾不过来。做得好，你出彩，如果感觉有风险或者比较敏感，或者是老百姓关心的一些热点问题，分管厅（局）领导一定提前和我说。如果分管厅（局）领导感觉有些事情需要跟我沟通，那么必须形成一致意见。需要多处室协调配合的事情，如果还没有形成一致的意见，一般情况不要报分管厅（局）领导，特别是不要报给我。各处室单位之间一定要加强协调配合，坚持分工不分家，加强协调配合，形成合力，不能互相指责或者推诿扯皮，共同营造风清气正的政治生态和干事创业的和谐氛围。第二，确保政令畅通。凡是涉及大局的事情，特别是一些重大事项，必须听招呼，做到政令畅通、令行禁止。尤其是对省委省政府或者有关省领导交办的事情，要雷厉风行，有交代、有结果、有回复。要规范行文程序，由办公室一个头对上，即使业务处室联系了省委、省政府办公厅，也要由办公室统一汇总，并且上报前要与分管厅领导沟通好，不能随便报送。要严格履行厅内的请示报告程序，坚持科学管理、分级管理，进一步提高效率。处室要跟分管厅（局）领导多沟通、多协调，尽量不要跨级或者越级做事情。处长是我们事业发展的业务骨干和中坚力量，无论哪方面的工作，最终都主要由处长负责推动和落实，作用非常重大、责任非常重大。希望大家一定要恪尽职守、履行好职责，做好各项工作的谋划和落实。

五、强化勤政廉洁，在全面从严治党上取得新突破

全面从严治党永远在路上。要始终坚持党要管党、全面从严治党，层层压紧、压实主体责任，大力推进管党治党宽松软走向严硬实，为人社事业“走在前列”提供坚强的政治和组织保障。一是落实好“一岗双责”。压紧压实主体责任是全面从严治党的关键。各级党组织要牢固树立“抓好党建就是最大政绩”的思想，全面落实主体责任。主要负责人要落实第一责任人的责任，做到全面从严治党与业务工作同研究、同部署、同落实、同检查。要加快构建确责、履责、问责的责任体系，加强全面从严治党责任履行情况的监督检查，层层传导压力，推动党建工作延伸到基层、责任落实到基层。二是抓好“关键少数”。各位厅（局）领导和处室主要负责人是厅内“关键少数”中的“关键少数”。大家要谨言慎行，模范遵守党章、党规、党纪，发挥“头雁”效应，做全厅干事创业的表率、党风廉政建设的表率。驻厅纪检组和机关纪委要加强对“关键少数”的监督，多设置一些监督“探头”，多了解下级“关键少数”日常的思想、工作、生活状况，把“关键少数”置身于党组织、党员、群众监督之下。三是加强纪律约束。要严格按党章和有关法律、法规严格要求自己，知边界、明底线，把他律要求转化为内在追求，做严于律己、廉洁用权、遵纪守法的表率。要全面加强纪律建设，强化纪律教育，用严明的纪律管全党治全党，使铁的纪律转化为党员、干部的日常习惯和自觉遵循。

习近平总书记指出，世界上没有坐享其成的好事，要幸福就要有奋斗。新时代属于每一个人、每一个人都是新时代的见证者、开拓者和建设者。人社事业的发展和每位同志个人的发展都是奋斗的结果。进入新的时代，只要我们上下精诚团结，共同奋斗，人社工作就会在过去良好的基础上，不断取得持续健康有序发展，为山东的经济社会发展，为新时代现代化强省建设作出我们应有的贡献。

在全省人社系统人才工作座谈会上的讲话

（于富华　2018 年 4 月 10 日）

这次会议的主要任务是，以习近平新时代中国特色社会主义思想为指导，深入学习贯彻党的十九大精神和习近平总书记关于人才工作重要讲话精神，总结工作，交流情况，部署今年人社系统人才工作任务。刚才，淄博、威海、日照三市人社局和济南高新区、青岛市人才服务中心、山东大学等单位分别介绍了各自的典型经验，讲得都很好，听后很受启发，很有收获，请大家相互学习借鉴。

2017 年，全省人社系统坚持以习近平新时代中国特色社会主义思想为指导，聚焦聚力省委、省政府重大战略部署，统筹布局、精准发力，全省人社系统人才工作迈出实质性步伐、取得突破性发展。一是高层次人才队伍规模不断壮大。2017 年，新增两院院士 6 名、国务院政府特殊津贴专家 124 名、国家百千万人才工程人选 14 名、海外科技创业和产业技能类泰山产业领军人才 28 名；新增高技能人才 10 万人、全国技术能手 59 人。2 名选手在第 44 届世界技能大赛中分获金牌和优胜奖，实现了历史性突破。首次评审通过专业技术二级岗位人选 166 人，直接认定 15 人。首次评审“外专双百计划”团队项目和个人项目各 20 个。二是人才体制机制改革步伐进一步加快。有针对性对基层人才、博士后青年创新人才、高层次创新型领军人才、高技能人才、离岸创新人才等量身打造人才新政，推动各类高端人才整体开发、统筹发展。出台《关于深化职称制度改革的实施意见》，人才评价指挥棒作用得到更好发挥。出台事业单位高层次急需紧缺人才特聘办法等政策，人才创新创造活力充分迸发。研究制定了事业单位高层次人才收入分配激励机制的意见，加大对高层次人才的薪酬激励力度。三是人才平台载体建设稳步推进。2017 年，新增国家级专家服务基地 1 家、国家级继续教育基地 1 家、国家级高技能人才培训基地 5 家、国家级技能大师工作室 5 家、国家级人力资源服务产业园 1 家；新建省级留学人员创新创业示范园 4 家、省技师工作站 20 家、齐鲁技能大师特色工作站 25 家、山东省技工教育特色名校 7 家；建成 4 家省级以上人力资源服务产业园，4 个山东省国际人才海外联络处，25 家省级引智基地。四是人才发展环境更趋优化。研究制定了《关于加快推进高层次人才服务体系建设的实施意见》等人才服务政策，基本建立起全省高层次人才服务体系的主体框架。积极落实党委联系服务专家制度，开展高层次人才新春走访慰问、休假疗养等专项服务活动。分五批次向 198 位高层次人才发放“服务绿卡”。核拨 148 个单位的 3708 人次的政府岗位津贴，为高层次人才在山东工作生活营造良好服务环境。成绩的取得，是省委、省政府坚强领导的结果，是各市各单位协作配合、共同努力的结果。借此机会，我代表省人力资源社会保障厅，对大家的辛勤努力和付出表示衷心的感谢！下面，结合做好 2018 年人才工作，我讲几点意见。

一、提高政治站位，精准把握新时代人才工作的战略地位

习近平总书记高度重视人才工作，先后作出一系列重要指示，提出一系列关键命题，为人才事业发展指明了前进方向。特别是今年“两会”期间，习近平总书记深刻指出，“发展是第一要务，创新是第一动力，人才是第一资源”“强起来靠创新，创新靠人才”“要把人力资本开发放在首要位置，强化乡村振兴人才支撑”。去年省委书记刘家义同志到省人社厅调研时，谈得最多的就

是人才。我省要实现走在前列、由大变强、全面求强的建设目标，最重要的还是人才。我们要进一步提高政治站位，强化责任担当，全面掌握新时代人才工作发展的客观规律，不断提高人才工作的科学化、规范化、制度化水平。

（一）深刻领会党的十九大对人才工作提出的总体要求。党的十九大报告对人才工作进行了新的定位，指出“人才是实现民族振兴、赢得国际竞争主动的战略资源”，把人才资源的重要性提高到了前所未有的历史新高度。这一表述，充分体现了我们党对人才发展规律的深刻把握，释放出党和国家进一步加大人才工作力度的强烈信号，是谋划新时代人才工作必须始终坚持的政治站位和时代要求。报告提出了“一个加快、三个更加”的具体要求，明确了新时代人才工作应该坚持的基本原则、战略目标和实施路径。“更加积极”，解决的是以什么样的时代定位抓人才，体现了战略资源主动服务战略大局的责任担当，这是新时代人才工作的高姿态；“更加开放”，解决的是以什么样的视野格局抓人才，体现了聚天下英才而用之的笃定自信，这是新时代人才工作的大气魄；“更加有效”，解决的是以什么样的科学方法抓人才，体现了我们党对人才发展规律的深刻洞悉，这是新时代人才工作的方法论。我们要认真领会、准确把握这一变化，牢牢把握“三个更加”的政策导向，把人才工作摆到更加重要的位置，以战略的眼光、开放的姿态、创新的思维，理直气壮做强做大做优做好人才事业，把更多优秀人才集聚到经济文化强省建设的伟大奋斗中来。

（二）牢牢把握习近平总书记关于山东走在前列、打造乡村振兴“齐鲁样板”的指示要求。今年“两会”期间，习近平总书记亲临山东代表团参加审议并发表重要讲话，从战略和全局高度，进一步提出了新时代山东工作走在前列的总要求，特别就实施乡村振兴战略作出重要指示，提出山东要充分发挥优势，打造乡村振兴的“齐鲁样板”。“戏好要靠唱戏人”，当前制约我省乡村发展不平衡不充分的根本原因，就是城乡二元体制以及由此导致的人才及劳动力流失。因此，实施乡村振兴战略，首要任务是破解乡村振兴的人才“瓶颈”制约。我们要认真落实好习近平总书记的重要讲话精神，按照省委决策部署，进一步强化乡村振兴的人才支撑，把人力资本开发放在首要位置，让乡村人才留得安心、更有信心，激励各类人才在农村广阔天地大施所能、大展才华、大显身手，打造一支强大的乡村振兴人才队伍。要深入推进农业农村人才发展体制机制改革，畅通智力、技术、管理下乡渠道，努力培养造就一支懂农业、爱农村、爱农民的乡村人才队伍。

（三）清醒认识当前人才工作面临的严峻形势。与兄弟省份相比，我省人才现状不容乐观，最突出的表现就是“大而不强”“山多峰少”。我省人才资源总量达1477万人，位居全国前列，但高端人才严重匮乏。现有在鲁两院院士48人，仅占全国院士总量的2.34%，不到江苏的一半；现有国家“千人计划”专家230人，占全国2.91%，不足浙江省的三分之一。人才发展载体的支撑作用发挥还不充分，产业结构以传统产业为主，高新技术企业偏少，2017年中国“独角兽”企业山东无一家上榜。面对当前白热化的人才竞争态势，我们必须树立时不我待的危机意识和唯恐不及的竞争意识，拿出“三顾茅庐”的姿态和诚意，伸长手臂引人才、虎口夺食抢人才。要进一步提高服务大局的政治站位，解放思想，勇于创新，围绕对新旧动能转换“十强产业”紧缺人才超前谋划，突出重点，打造特色，做到紧贴发展谋人才，围绕事业用人才，为全面实施新旧动能转换等重大工程打牢人才之基。

二、坚持高质量发展要求，推动人社系统人才工作高水平发展

2018年是贯彻落实党的十九大精神的开局之年，是改革开放40周年，是决胜全面建成小康社会、实施“十三五”规划承上启下的关键一年，做好本年度人社系统人才工作意义重大。今年工作总的要求是：以习近平新时代中国特色社会主义思想为指导，全面贯彻落实党的十九大精神和习近平总书记在第十三届人大山东代表团的讲话精神，紧紧围绕我省新旧动能转换重大工程以及总书记提出的乡村振兴齐鲁样板工程，以深化人才发展体制机制改革为核心，坚持思想再解放、改革再

深入、工作再抓实，着力优化人才“引得进、留得住、用得好”的体制机制、社会氛围和生态环境，最大限度激发人才创新创造创业活力，为加快推进我省由大到强转变和实现“走在前列”的目标提供坚实人才支撑。重点推动以下工作：

（一）**在思想观念上再解放，积蓄推进人才工作高质量发展新动能。**没有思想上的破冰，就难言行动上的突围。家义书记多次提到，“解决山东的问题，首先是观念问题，其次是体制机制问题”。山东是孔孟之乡，受儒家文化影响非常深。山东的干部实在能干听话，但相对来说，思想解放程度不够，求稳怕乱的情况比较多。我们要进一步强化思想解放、理论创新、改革突破，高度警惕思维固化、“向来如此”的陈旧逻辑，以新一轮思想大解放推动新一轮人社事业大发展。要牢牢把握“三个坚持”。一是坚持责任担当，在解放思想中升华认识。当前，面对当前人才竞争愈演愈烈的态势和新时代经济文化强省建设对人才的迫切需求，我们必须树立“不干事也是一种腐败”的责任意识，以时不我待的责任担当和自我革新的勇气锐气，跳出条条框框限制，勇于破除制约人才发展的思想观念，解放思想、开拓创新，找准顶层设计与工作实际、人才期待的结合点，出新招、出高招、出实招，创造性开展工作，用新思想迎接新挑战、以新理念抢抓新机遇，实现全面深化改革再突破。二是坚持放权松绑，在解放思想中推进改革。要进一步深化人才领域的“放管服”改革，加大力度推动政府职能转变，向用人主体放权，为人才松绑，充分激发人才创新创造活力。要充分发挥市场在人力资源配置中的决定性作用，充分发挥用人单位主体作用，推动形成更加浓厚、更有活力的改革创新氛围。三是坚持问题导向，在解放思想中破题开路。要把“大学习、大调研、大改进”相关要求纳入人才工作总体安排，紧紧围绕中央和省委重大决策部署，聚焦我省亟须突破的重点、难点、热点问题，特别是“十强”产业、乡村振兴、经略海洋等对人才的需求，深入基层一线开展专题调研，主动服务好基层用人单位，及时总结基层首创精神，对具有普遍性的经验，在总结提炼基础上进一步深化推广。

（二）**在改革创新上再下功夫，着力构建人才制度新优势。**要进一步加大人才政策创新力度，在人才评价、人才激励、人才流动机制改革等方面有新作为、新突破。一是推进人才评价机制改革。抓好我省《关于深化职称制度改革的实施意见》的贯彻落实，修订完善各项配套政策，加快形成新的职称政策法规体系；分系列、专业修订完善职称标准条件，继续向条件成熟的市下放部分系列高级职称评审权，畅通特殊人才、复合型人才、基层人才、非公领域人才职称评审通道，稳步推进职称评审信息化建设。研究制定我省分类推进人才评价机制改革的实施意见，加快形成以品德、能力、业绩为重点，导向明确、科学合理、公平公正、竞争择优的科学化、社会化、市场化人才评价机制。推进技能类职业资格和技能人才评价改革，建立适应市场需要、完善科学的技能人才评价制度。二是推进事业单位人事制度改革。研究制定我省事业单位管理岗位职员等级晋升制度，开展县以下事业单位管理岗位职员等级晋升制度改革试点。深入调研，尽快制定创建全国事业单位人事制度改革综合试验区意见和工作方案，以新旧动能转换综试核心区为重点，推动事业单位人事管理制度改革创新突破。三是推动形成更加灵活高效的乡村振兴引才聚才用才机制。围绕我省实施乡村振兴战略，深化基层人才体制机制改革，广泛开展调研，切实摸清乡村振兴战略对人才的迫切需求，研究制定人才支撑乡村振兴战略的实施意见，在体制机制改革上拿出真招实招，切实化解乡村振兴中的人才短缺等突出问题。

（三）**在人才培养引进上再聚焦，着力打造人才集聚新高地。**人才的培养、引进与使用，是一个有机整体，人才培养是基础，人才引进是重点，用好用活人才是关键。培养和引进人才的最终目的，都是为了更好地使用人才。在人才培养引进上，要树立目标导向，坚持人才以用为本，重点做好“四个聚焦”。一是聚焦高端领军人才。主动瞄准新旧动能转换重大工程，围绕科技链、产业链打造人才链，组织实施国家百千万人才工程、泰山学者攀登计划、泰山产业领军人才工程、齐鲁首席技师等高端领军人才工程的推荐选拔工作，引进培养一大批具有国际水平的战略科技人才、科技领军人才、青年科技人才和高水平创新团队。二是聚焦乡村振兴人才。在乡镇医疗卫生机构实行“定向评价、定向使用”制度的基础上，逐步向农技、水利、乡村教师等领域拓展，引导人才向基层流动。鼓励掌握传统技能、民间绝技和非物质文化遗产的技能大师申办齐鲁技能大师特色工作站，引导“三支一扶”大学毕业生到乡镇服务，切实加强乡村人才队伍建设，为实施“乡村振兴”战略提供强力人才支撑。三是聚焦青年创新人才。贯彻落实《山东省支持青年人才创新创业的若干措施》，着力培养青年创新创业人才。实施“千名博士进企业”行动，5年内组织1000名博士到企业挂职服务，联合开展科研攻关。实施“企业博士（后）集聚计划”，为企业博士后创造更好工作、生活条件。实施“青年人才海外留学计划”，出台《山东省非教育系统政府公派出国留学项目管理办法》，计划每年选派300名优秀科技工作者、医务工作者以及企业经营管理人员到国（境）外留学、修学。深入推进专业技术人才知识更新工程，围绕新旧动能转换“十强”产业、扶贫攻坚及经济社会发展的重点领域、关键技术，举办高级研修班，加快培养急需紧缺和骨干专业技术人才。四是聚焦引才载体平台建设。举全系统之力办好第十届“海洽会”，按照“多元化、专业化、精准化、国际化”的办会理念，与威海市紧密合作，办出一届精彩、创新、实效的人才盛会，最大限度放大“海洽会”的引才品牌效应。深入实施“外专双百计划”，突出“高精尖缺”导向，引进20名具有重大原始创新能力的国际知名科学家、科技领军人才、具有战略开拓能力的企业家和20个创新团队。加强各类引智试验区和基地等载体建设，推动形成“一区一业、一业一品”的试验区建设新局面，深化国际交流合作，加大国外人才智力引进力度。实施事业单位“优秀青年人才引进计划”，通过“山东一名校人才直通车”，面向世界知名大学和“双一流”高校，采用专家评价、组织考察等方式直接招聘博士、硕士和本科毕业生。实施“齐鲁英才汇集计划”，梳理山东籍或曾在山东学习、工作过的各领域标志性人才分布情况，绘制“齐鲁英才”地图，加强联系走访，广泛开展推介活动，吸引在外人才回鲁创新创业。

（四）在人才环境上再优化，着力打造人才服务的山东品牌。当前，地区间的人才竞争，已经从单纯拼支持政策、拼资金待遇，转变为发展环境的综合较量。加快全省创新发展，必须营造人才成长的良好环境。2018年，要把人才发展环境建设摆在更加重要的位置，围绕“六化”建设，打造人才服务的山东品牌。一是推进人才公共服务体系标准化、一体化。要转变职能，推动政府人才管理职能向创造良好环境、提供优质服务、营造创新生态转变。要更新发展理念，创新服务方式，拓展服务内容，依托人社领域公共服务平台，推动平台共建、资源共享、信息互通、服务互联，构建一站式、一体化服务网络，加强流动人员的人事档案服务，完善人才公共服务地方标准，为各类人才提供优质服务。要进一步完善“引进高层次人才服务窗口”建设，推行精准服务、精细服务，全面建立服务专员制度，为高层次人才提供“一对一”“保姆式”服务。二是积极推进人才服务市场化、社会化。大力发展人力资源服务业，加快建设一批省级和国家级的人力资源服务产业园，培育以人力资源服务产业为主体的优势产业集群，争取到2020年，建成2家以上国家级标准人力资源服务产业园，建成15家左右省级人力资源服务产业园。加快培育骨干企业，强化支持力度，鼓励跨省、跨国经营，支持通过创新、合作、融资、上市等方式做大做强，加快培育一批实力雄厚、影响力大、核心竞争力强的人力资源服务企业集团。加快培育行业组织，明确政府、人才服务机构和行业协会的职责分工，提升行业自律发展能力，推动我省人力资源服务业跨越式发展。三是尽快实现人才服务数据化、信息化。要依托山东人社门户网站、山东国际人才网等健全完善网上人才办事系统，加快开发人才服务手机APP，让高层次人才随时随地了解人才政策、人才发展动态，享受快捷、高效的服务。要开发建设人才数据库，充分运用大数据，全面提升人才服务质量。

三、强化措施，狠抓落实，确保圆满完成各项工作任务

当前，全省人社系统人才工作的目标任务已经确定。圆满完成这些目标任务，加快推进人社系统人才工作高质量发展，关键在队伍，关键在落实。全省人社系统要以更加务实的作风、更加进取的心态、更加振奋的精神，不折不扣地把人才工作的各项目标任务落到实处。

一是进一步加强人才统筹协调力度，加快形成人才工作整体合力。人才工作涉及部门利益多、工作事项杂散、矛盾问题集中，单靠某一个或某几个部门都很难做好。各级人社部门要进一步提高站位，坚持党管人才原则，牢固树立"一盘棋"思想，跳出具体工作局限，既要各司其职，各负其责，做好分内的工作，又要打破部门界限，加强合作，努力形成工作协同机制。要树立"功成不必在我"的政绩观，把涉及人才的各项工作都放在大局下谋划、大势中推进、大事上作为，心往一处想，劲往一处使，拧成一股绳，构建分工合作、运转协调、服务周到、快捷高效的人才工作机制，更好推动人才工作整体前进。各市县人社系统要结合自身实际和特点，各尽其责，真正把人才工作放在心上，落实在行动上，形成统筹推进人才工作的强大合力，共同推动我省人才工作取得新成效。

二是进一步加强人才工作研究力度，切实提高做好人才工作的科学化水平。人才工作既是一份重要的事业，也是一门精深的学问。作为人才工作者，要勤学善思，深谋远虑，真正把人才工作当学问做，干一行，钻一行，精一行，努力成为人才工作的行家里手。要自觉养成研究问题、思考问题的习惯，把全面系统、深入细致的思考贯穿于人才工作调查研究、作出决策、抓好落实的全过程、各方面，做到不动脑子不出手，不想明白不迈步。要扎实做好人才理论研究和科学预测工作，聚焦国家和省委重大战略要求，有针对性地对相关行业高层次人才需求进行摸底，在了解基础数据的基础上，客观预测，精准发力，始终以正确的思路、周密的计划、严格的要求、规范的程序推进落实各项人才工作，保证高质量、高标准、高效率完成各项工作任务。

三是进一步加强人才工作宣传力度，努力营造全社会尊才爱才的良好氛围。人才工作开放程度高、社会关注度高。做好宣传工作，有利于我们扩大人才政策知晓度、增强人才服务的主动性，营造全社会尊才爱才的良好氛围。全省各级高层次人才服务机构要把宣传人才政策措施作为做好人才工作的重要抓手，建立宣传工作的联动机制，出台人才政策、举办人才活动、发现人才先进典型，都要同步制订宣传工作方案，同步跟进宣传。要注重宣传实效，统筹用好传统媒体和新兴媒体，开展形式多样的宣传解读活动，把人才政策和相关事项向用人单位和相关人才讲清楚、讲透彻。要定期开展"政策宣传月""政策下基层"等活动，发动社会力量共同做好宣传工作，进一步提高宣传的实效性、知晓度。要加强舆情的收集和研判，引导媒体客观公正地报道热点问题，为人才工作营造良好的舆论氛围。

同志们，新时代要有新气象，新思想引领新征程，让我们在省委、省政府的坚强领导下，进一步解放思想，创新攻坚，砥砺前行，奋力推动人才工作再上新台阶，为谱写新时代中国特色社会主义的山东篇章作出新的更大贡献！

在厅党组专题务虚会上的讲话

（于富华 2018年5月2日）

同志们：

今天召开专题务虚会的主要任务是，按照省委“大学习、大调研、大改进”的部署要求，学习贯彻习近平新时代中国特色社会主义思想，围绕助推“乡村振兴”“经略海洋”“脱贫攻坚”和“新旧动能转换重大工程”，按照工作分工，深入查摆差距和不足，进一步统一思想，践行初心和使命，推动人社事业高质量发展。

刚才，有关厅领导围绕服务乡村振兴战略、新旧动能转换重大工程，结合职责分工，分析不足，查摆问题，明确改进措施，作了很好的发言。总的看，大家准备充分，讲得到位，很深刻，也很有针对性，听后很受启发。下一步，机关党委要按照“大学习、大调研、大改进”的要求，结合大调研，进一步梳理问题，列出问题整改清单，建立整改台账，明确整改措施、整改时限等。下面，我讲四方面意见。

一、牢牢树立宗旨意识，积极践行以人民为中心的思想

以人民为中心的发展思想，是新时代中国特色社会主义思想的重要内容。党的十九大明确指出，我们的初心和使命，首要的一条就是为中国人民谋幸福。因此坚持以习近平新时代中国特色社会主义思想为指导，贯彻落实十九大报告，一个很重要的方面就是看各项工作是不是体现以人民为中心的发展理念，是不是把人民群众冷暖作为最为关注的方面，是不是把满足广大人民群众的根本需要作为我们工作的出发点和落脚点。从我们厅的工作看，无论是人才、人力资源、就业、创业、社会保障、劳动关系等等，都与人民群众的生活息息相关。从这个角度上讲，做好人社工作，是践行不忘初心的历史使命和全心全意为人民服务根本宗旨的体现，也是检验人社部门的政治意识和政治担当的试金石。家义书记、龚正省长对这方面的要求很多，也很具体。我们想问题、出政策、定措施一定要牢固树立宗旨意识，坚持“民生为本”的理念，真正把人民群众放到心中最高的位置，一切为了人民群众，一切依靠人民群众，满足人民群众日益增长的美好生活需要，这既是坚持“以人民为中心”发展理念的根本要求，也是讲政治的必然要求。要善于从政治上看问题，自觉从政治上去考量，坚持在政治大局上去行动，全面提高服务大局的能力和水平。要把为人民群众多办好事、多办实事作为提高政治站位、旗帜鲜明讲政治的一个重要检验，作为我们工作的出发点和落脚点，按照省委走在前列的目标要求，做好我们自身的工作。这里，我再强调一下，按照有关规定，凡是我们能办的事情，一定要办；凡是能早办的事情，一定不要拖延；能往好处办的事情，无论是为基层单位还是为老百姓，尽量不要瞻前顾后、畏首畏脚。要按照龚正省长提出的“换位思考、主动服务、有求必应、无需不扰、结果评价”的原则，做好管理、服务和决策。

二、进一步解放思想，以改革创新的精神推进高质量发展

如果没有思想的解放，就不可能有真正的创新，也不可能有事业的大发展。刚才，鲁青同志、伯平同志围绕两项推进高质量发展最重要的工作，即人社服务新旧动能转换重大工程、人社服务乡村振兴战略，作了很好的发言，无论是思路上，还是举措上都体现了解放思想、改革创新的精神；房波、春艳、永军同志不谋而合，都阐述了解放思想、更新观念问题，讲得都很好。但我们也清醒地看到，一些党员干部思想解放程度还不够，

存在着一些惯性思维、习惯做法，比如，有的习惯四平八稳、按部就班，沉稳有余，创新不足，局限于各类条条框框，看似成熟稳健，实际是缺乏改革创新精神。又如，有的同志思想站位不够高，不善于察大势、观大局、谋大事，缺乏战略思维和宽广眼界，整天忙于事务性工作，工作老是贴不紧大局，创新的思路也不多，既无重点，更无亮点。再比如，有的存在自满情绪，自我感觉良好，对过去的成绩看得过高，对存在的问题和不足看得过少，导致有些工作只求过得去、不求过得硬，遇到新矛盾、新问题，总是千方百计强调困难，存在得过且过的思想。

我们必须进一步解放思想，改革创新，打破体制机制障碍，打破条条框框限制，大力推进人社事业高质量发展。要按照习近平总书记提出的"两个走在前列、一个全面开创"的目标要求，思想再解放、改革再深入、工作再抓实，进一步解放思想、大胆改革创新，敢于打破制度、体制、机制障碍和各种条条框框限制，大胆地改、大胆地试，努力创造一流的工作业绩。各位厅（局）领导和各处室单位主要负责同志，一定要认真反思工作中还存在哪些问题，全面加强对标对表，加强与先进省市的比较，认真反思各项工作是不是真正走在了前列，是不是存在锐气不足、闯劲不够的问题，是不是还存在需要改进的地方，切实增强责任感、使命感，以只争朝夕的精神，敢于啃硬骨头，敢于走前人没有走过的路，推动工作真正走在全国前列。厅党组将认真贯彻省委、省政府《关于激励干部担当作为、干事创业的意见》，为干事创业的干部保驾护航、撑腰鼓劲。

解放思想的问题，大家谈了很多，也很具体，这里，我就不多谈了。总的想法，就是胆子要再大一点、步子要再快一点。

三、突出工作重点，开拓创新求突破

人社工作头绪多、任务重，工作涉及面广、敏感性强。越是在这种情况下，我们越应该突出工作重点。要紧盯省委、省政府中心工作，按照走在前列的目标要求，突出工作重点，确定主攻方向，集中时间和力量，推动重点工作任务迅速取得突破，努力向省委、省政府交上一份满意的答卷。要勇于创新人才工作，积极稳妥地推进就业创业，稳步开展社会保障和收入分配制度改革，深化人事制度改革，大力构建和谐劳动关系，促进人力资源服务业转型升级，重点是突出"四件大事"，加强"一个统筹"。

（一）突出抓好深化人才发展体制机制改革这件大事。无论是推进新旧动能转换重大工程、实施乡村振兴战略，还是经略海洋，每一项工作都必须依靠人才支撑。过去，我们讲人才，从领导同志到我们人社部门，往往讲高层次人才多一点。但实事求是地说，实施乡村振兴战略，我们要更加注重职业农民和传统艺人发挥的作用。从国内外情况看，现在的人才竞争不仅仅是高层次人才的竞争，也包涵高技能人才的竞争、一般技能人才的竞争，外省市抢人才，不仅抢博士、硕士，也抢本科生、专科生，有的省市包括中专生都抢。比如西安、武汉等城市，对大学生落户放得很宽，这是一个巨大的转变。为什么会发生这么大的转变，主要是这些地方看到，人力资源特别是人口红利的问题太突出了，即使引进一个中专生，对这个城市的贡献也比一个没上过学的人要大。比如西安市通过放宽大学生落户政策，三个月就引进了 20 多万人，既引进了人才，又拿到了人口红利，这些人才都是青年劳动力，经济社会发展的活力也提高了，为什么我们还局限于仅仅引进高层次人才？如果我们不早早关注这个问题，不采取相应措施的话，人口红利的问题很可能要显现，尽管不会是今天，但是时间会很快，可能严重影响经济社会发展的后劲。请有关处室单位认真研究人口红利的问题，仔细分析西安、武汉、杭州，包括西南几个城市的政策措施，进一步做大人力资源，做大人力资源市场。这次大调研工作中，也算是重点调研题目，加强前瞻性研究，给省委、省政府当好参谋。同时，要做好以下几项重点工作：一是抓紧开展人才工作大调研。人才工作调研，也是我们确定的四大重点调研课题之一。要围绕新时代现代化强省建设需求，树立特色意识和亮点意识，着眼找问题、补短板、解难事、求突破。要以战略的眼光、开放的姿态、创新的思维，跳出条条框框的限制，研究提出破除制约人才发展的思想障碍、推进人才政策改革创新、加强人才工作统筹协调、打造山东人才工作亮点的对策措施，为全面深化人才体制机制改革打好基础。也可以召开几个座谈会，听听基层教师、科研人员、医生、企业的意见，同时推介人社工作的进展情况，并加强政策解读。二是着力构建人才制度新优势。围绕人才的培养、引进与使用，深化人才领域的“放管服”改革，重点抓好事业单位人事制度改革、人才分类评价机制改革、外国人才和技能人才体制机制改革等工作，加大力度推动政府职能转变，向用人主体放权，为人才松绑，充分激发人才创新创造活力。总的原则，能放的，尽量放下去；该管的，一定要管好；服务要实，提高主动性、时效性。制定制度政策后，要全力推动制度、政策的落实、落地，进一步释放政策红利。要建立公平、均等的人才发展政策，我们可以制定特殊的引进人才政策，但是对于人才的评价、使用、奖励、奖惩等政策，内外都要一样，建立一样的贡献、一样的待遇奖励新机制。要积极鼓励社会力量参与人才工作，特别是要充分发挥市场在人力资源配置中的决定性作用，充分发挥用人单位主体作用，推动形成更加浓厚、更有活力的改革创新氛围。三是着力优化人才服务体系。要在优化人才发展软环境上多下点功夫，建立健全人才发展的各种载体和平台，打造人才服务合力，激发人才的创新创业活力。要以打造人才发展最优生态环境为目标，落实《山东省高层次人才服务绿色通道规定》，建立高层次人才服务专员队伍，构建全方位高层次人才服务体系，解决高层次人才在就医、子女上学等方面的后顾之忧。推进人才服务市场化、社会化，突出市场驱动力，推动人力资源服务业发展提质增效。加强人才前瞻性问题研究，科学预测，全面掌握山东籍或曾在山东学习、工作过的各领域高端人才分布情况，建立高层次人才库，加快绘制“齐鲁英才地图”，定期联系走访，吸引在外人才回鲁创新创业。

（二）突出抓好人社工作服务新旧动能转换重大工程这件大事。新旧动能转换重大工程是我省经济社会发展的“牛鼻子”，也是省委、省政府的中心工作。我们必须把服务新旧动能转换作为全厅工作的重中之重，全力以赴抓紧、抓实、抓好，努力为新旧动能转换贡献人社部门的力量。重点抓好以下两方面工作：

一方面，要深入开展调查研究。前期，我们已经制定比较详细的调研方案，细化了调研内容。要抓紧启动调研工作，认真听取基层的意见建议，深入总结基层行之有效的好经验、好做法，发掘人社工作优势，梳理制约瓶颈，结合人社工作实际，选准助推新旧动能转换的切入点和突破口，为下步工作打下坚实基础。要强化问题意识，坚持问题导向，把解决问题贯穿于调查研究的全过程，对调研中发现的问题逐项梳理、逐步聚焦，做到边调研边解决问题，以发现问题、研究问题、解决问题的成果检验调查研究的成效。

另一方面，要加快制定人社工作服务新旧动能转换重大工程的行动方案。我们必须集中全厅智慧和力量，全力以赴制定出台一个既立足当前、又着眼长远，既改革创新、又务实管用，既有针对性、又有可操作性的高质量、高水平的行动方案，5 月中旬出台。在制定行动方案中，要坚持突出重点、强化特色、围绕人才支撑、培育创业、优化服务三个方面，着力解放思想、深化改革、开拓创新，努力创造政策、制度和服务新优势，打造人社工作新亮点，树立人社事业发展新品牌。人才支撑方面，要全面落实《关于做好人才支撑新旧动能转换工作的意见》，做好 23 项牵头任务和 11 项参与任务，同时梳理近期出台的一系列政策，并进一步创新思路、细化措施，拿出真正管用的实招、硬招。培育创业方面，要进一步制定鼓励创业的新政策、新措施，在全社会形成大众创业、万众创新的良好氛围。优化政务服务方面，要重点围绕建设包容创新、审慎监管、运行高效、法治规范的服务型政府，加大简政放权力度，加强事中事后监管，改进优化政务服务。同时，抓好去产能职工安置工作，保护下岗失业人员的合法权益，促进下岗失业人员社会保险关系的顺畅转移接续，为淘汰落后产能提供稳定的社会环境。

同时，要加强与人社部的沟通协调，争取尽早签署部省合作协议，助推新旧动能转换重大工程。

（三）突出抓好人社工作服务乡村振兴这件大事。实施乡村振兴战略，打造乡村振兴的“齐鲁样板”，是习近平总书记对山东的殷切期望，也是一项事关全局、事关长远、事关广大农民群众切身利益的系统工程。我们必须把人社工作服务乡村振兴战略摆上重要日程，举全厅、全系统之力，全面谋划好、推进好、落实好，努力在实施乡村振兴战略中实现新作为。关于这项工作，除了广泛调查研究和制定人社工作服务乡村振兴战略行动方案外，要重点谋划好四篇大文章：一是谋划好乡村创业的大文章。我省是农业大省，农村人口众多，市场潜力巨大，创业空间广阔。要大力打造“齐鲁乡创”品牌，构建创业助推乡村振兴的政策体系，实施劳务支撑服务计划、乡村创业金融扶持计划和“创业齐鲁训练营”行动，支持外出农民工、高校毕业生、退役军人、高层次高技能人才和企业家返乡、下乡、归乡创业，形成政策激励创业、社会支持创业、农民勇于创业、各方参加创业的新机制。二是谋划好人才振兴的大文章。长期以来，人才问题是制约乡村振兴的突出问题。我们必须从人才振兴上入手，认真履行部门职责，在制定、落实人才振兴政策上出实招、下真功、见实效，绝不辜负省委、省政府的信任和重托。要根据部门职责，加快出台《乡村人才振兴的实施意见》，打好人才政策组合拳，构建更加灵活的乡村人才智力引进机制，促进各路人才“上山下乡”投身乡村振兴。要建立高校毕业生“下得去、留得住、干得好、流得动”的长效机制，加大乡村引进外国智力扶持，引导广大留学人员回乡创业，制定高端人才服务乡村的具体办法，让优秀人才加速向乡村流动。三是谋划好社会保障的大文章。目前，我省乡村的社会保障已经实现了制度的全覆盖，但离人群全覆盖差距仍然很大。下一步，要深入推进全民参保计划，对农村未参保人员和“断保”人员进行精确分类，精准发力，精准施策，让广大农民享受到社会保障制度带来的政策红利，不断增强农民的获得感、幸福感。要提升农村社会保险经办服务水平，主动开展参保登记及代缴保费等经办服务，大力开辟参保“绿色通道”，为农民参保提供各种便利。四是谋划好基层干部队伍建设的大文章。实现乡村振兴，关键靠一支能打硬仗、敢担当、善作为的基层干部队伍。我们必须配合组织部门，做好分内的工作，全面推进基层公务员考录、职务与职级并行、提高乡镇工作补贴、加大基层表彰力度、加强基层公务员培训等工作，确保基层干部有资源、有条件、有能力为农村农民服务，安心、安然在乡村干事创业。

（四）突出抓好人社扶贫这件大事。人社扶贫，是涉及民生的重大事情，这里再强调一下，一定要尽力而为，也一定要量力而行。人才问题不仅仅是尽力而为，而是全力以赴，大胆地闯，大胆地试；但是涉及民生问题，要处理好量力与尽力的关系，既要尽力而为，也要量力而行，绝不能超越现实，绝不能不顾自身能力和山东现状往前推。这也是总书记的要求，我们把它摆到重要的位置，但不能超越我们的实际，做好这方面的涉及民生的事。你们讲有些项目升级的事很重要，关键是质量和效益。我们一定要把扶贫工作作为重中之重，切实把思想和行动统一到习近平总书记关于精准扶贫、精准脱贫的指示要求上来，按照省委、省政府确定的“2018年基本完成、2019年巩固提升、2020年全面完成”的工作部署，把握稳中求进的工作总基调，尽力而为、量力而行，更加注重现有扶贫政策的精准落实，更加注重已有脱贫成效的巩固提升，更加注重脱贫项目的长效运转，圆满完成人社脱贫攻坚的各项任务。一是完善工作机制。为加强对精准扶贫工作的组织领导，厅里调整了精准扶贫（黄河滩区居民迁建）工作领导小组，统筹人社领域脱贫攻坚工作，文件即将下发。各位厅（局）领导要把扶贫工作列为重点任务，各司其职、各负其责，全面做好分管领域内的扶贫工作。牵头处室主要负责同志要当好第一责任人，切实履行主体责任，勇于承担工作任务，务求工作实效。就业、社保、人才等工作机构要打破“业务板块”的壁垒，紧紧围绕人社扶贫的工作大局，主动作为，协调配合，群策群力，形成工作合力，共同做好人社扶贫这篇大文章。要加强与扶贫、发改、财政等部门的沟通协调，定期向省委、省政府和省扶贫开发领导小组办公室汇报工作进展情况，努力为人社扶贫营造良好的外部环境。二是打造人社精准扶贫的政策升级版。要在抓好已有政策措施的基础上，更加注重问题导向，更加聚焦深度贫困地区和重度贫困人口，在提质增效、扶志扶智、社会保障、脱贫攻坚与乡村振兴深度融合等方面，创新举措、狠抓落实，全力打造人社精准扶贫政策的升级版。特别是要把提升质量作为根本，作为当前的重点，按照稳中求进的原则，适当扩大数量和规模，但要把质量和效益摆在首位，全力提高项目的入驻率。三是改进扶贫工作作风。脱贫攻坚，越是到抓落实的紧要关头，越要打好作风攻坚战。《人力资源和社会保障扶贫领域作风问题专项治理实施方案》中列举的“四个”意识不强、责任落实不到位、工作措施不精准、资金管理不规范、工作作风不扎实、考核监督从严要求不够等问题，我省也不同程度地存在。要紧紧围绕重点扶贫任务，坚持问题导向，聚焦六方面问题，狠抓突出问题的专项治理，坚决杜绝形式主义、官僚主义和弄虚作假等行为，严防资金、项目等出现问题，坚决打好作风攻坚战与脱贫攻坚战“两个战役”。

（五）统筹做好其他领域的重点工作。关于其他领域的重点工作，《2018年全省人力资源社会保障工作要点》已经确定。由于时间关系，我就不再展开讲了，希望大家对照《工作要点》，抓好贯彻落实。重点强调三个问题：一是关于应对中美贸易摩擦的问题。当前，中美贸易摩擦热度不减，如果中美不能最终达成协议，必将对我省出口产生较大冲击，最终将会波及就业。经初步调度测算，我省大约有30万个就业岗位受到影响，如果贸易摩擦继续升级，还有可能导致更多的就业岗位流失。我们必须引起高度重视。一方面，要做好各项常规统计监测预警和分析研判，特别是要加强就业失业、重大劳动争议、社会保险参保缴费以及就业市场大数据等情况的比对分析，建立多维度的就业风险监测机制。另一方面，要坚持积极预防和全力帮扶并重，制定详细的应对预案，制定全面的应急政策，建立一揽子应对就业风险的政策措施，做到随时应对、随时出招。同时，坚持正确的舆论导向，及时主动发声，客观解读就业形势，积极回应社会关切，牢牢把握工作的主动权。二是关于应对社保基金支付能力的问题。当前，我省企业职工养老保险基金收支压力不断加大，总体呈现基金收入增速放缓、支出快速增加、支撑能力持续下降的趋势。刘家义书记、于杰副省长先后作出批示，要求尽快研究对策方案，超前解决风险。我们要根据省领导的指示要求，加强社保基金的风险评估，加强基金的精算分析，拓宽基金增收和保值增值渠道，防患于未然。要加强动态实时监测，摸清底数，摸清每个县的情况，明确各级财政的责任，大力争取中央的政策支持，确保社保基金的绝对安全。要深入实施全民参保计划，适时开展全省推进参保缴费专项行动，以农民工、非公经济从业人员、灵活就业人员等为重点，加快实现法定人员全覆盖。要完善缴费政策，加大征缴力度，严格待遇支出项目和标准管理，努力做到“开源”“节流”两促进。三是关于筹办第十届“海洽会”的问题。这次“海洽会”，是十九大后我省举办的第一个人才盛会，社会关注度高，人才期待值大，一定要办出水平、办出特色、办出实效。大家要按照总体方案的部署安排和分工要求，加快工作推进力度，以更严、更实的标准，狠抓各项工作的落实。人才处要充分发挥牵头作用，细化任务分工，将每项工作明确到处室，明确到责任人，并列出具体的时间表、路线图，一项一项地抓好分解落实。各有关处室、单位要主动协调配合，不得拖延、推诿、扯皮。

四、持续改进作风，树立人社部门的良好形象

今年全国“两会”期间，习近平总书记在参加山东代表团审议时专门强调了作风建设问题，他要求各级领导班子和广大党员干部始终保持昂扬向上的精神状态，自觉锤炼忠诚干净担当的优良品质，不断增强服务群众的意识和本领。家义书记、龚正省长也多次就干部作风提出了明确要求。大学习、大调研、大改进的一个重要内容就是要改进作风。我到任之前，家义书记同我谈话时讲了很多，其中，很重要的一条，就是加强领导班子建设，提高干部队伍的作风和素质。经过一个多月的观察、交流，我感到，我们厅的干部

作风总体上是好的。但是，我们也要清醒地看到，作风建设永远在路上，与中央和省委作风建设的高标准、严要求相比，与人社部门承担的任务相比，与人民群众的热切期盼相比，我们的作风还有不少差距。我们一定要在思想上再解放、领导上再带头、工作上再夯实、廉洁上再拧紧，不断巩固和拓展作风建设的成果，为实现走在前列目标提供坚强有力的保障。

（一）领导要发挥带头作用，努力营造以上率下的良好氛围。领导干部的精神面貌、行为作风决定着一个单位的风气，领导方法千条万条，以上率下是第一条。在座各位，都是我们厅的“关键少数”，如果大家能够身体力行、行为示范，就是无形的力量、无声的命令，也是最生动、最有说服力的教材。工作实践中，有的同志在以上率下、防治“四风”上，做得还不够好。比如，形式主义方面，有的领导干部过于注重活动的形式，过于讲究规格，过分追求仪式感，但没有深入总结，没有深入思考，召开的会议、举办的活动流于形式，只是造了场子，活动和会议的效果不去及时总结，实效性大大打了折扣。官僚主义方面，有的领导干部自我要求不够严格，只会交待工作，不会研究工作，只会看结果，不会教思路、教方法，以上率下、以身作则做得不够好。有的同志好大喜功、尾大不掉，只愿谈成绩多，不愿谈问题，只愿听正面声音，不愿触及矛盾。担当作为方面，有的同志敬业精神不够高，工作拈轻怕重，甚至推诿扯皮，不愿做劳神费脑、吃苦受累、费心出力和存在风险的工作；有的对安排的事口头上答应，思想上不重视，行动上拖延，敷衍塞责，如此等等。

对于这些问题，领导干部必须高度重视、正确对待，坚持以上率先，做到“五个带头”，为全厅党员干部作出榜样。一要带头讲团结。厅领导班子成员要有全局观念，既要讲分工，又要淡化分工，多从全厅角度思考、推进工作。要多做一些相互补台的事情，工作中多沟通、多交流、多担待，形成风清气正的良好氛围。处室主要负责人要自觉维护厅党组权威，坚决执行厅党组决策部署，时刻与厅党组保持步调一致。要树立全厅一盘棋的观念，大事讲原则，小事讲风格，形成干事创业的合力。今后，凡是重大事项，都要组建工作专班，相对固定人员，进行集中办公。二要带头讲标准。要始终坚持高点定位，着眼于全国大局，树立更大的抱负，担当更大的作为，明确更高的定位，瞄准更高的目标，自我加压，扬长避短，推动各项工作真正走在全国的前列。三要带头讲奉献。习近平总书记曾经指出，奉献有大奉献和小奉献之分，而大奉献就是心中始终装着事业，从不计较个人得失的奉献。希望大家自觉弘扬这种无私奉献的精神，不左顾右盼、不瞻前顾后，心无旁骛地做好各项工作。四要带头下基层。厅（局）一定要带头沉得下基层去，多了解基层情况，多听基层的意见和建议，真正把基层的情况摸准摸透，为科学决策打下坚实基础。五要带头坚持求实效。我们一定要务求实效，坚决杜绝形式主义，以求得实效作为重要的工作原则和工作标准，在求实效上持续发力，任何工作都要做到不见实效绝不罢休。

（二）工作上要再夯实，以主动作为、敢于担当的劲头“撸起袖子加油干”。工作作风是衡量党员干部宗旨意识和工作能力的重要标准。对照习近平总书记提出的作风建设新要求，部分党员干部的工作作风还不同程度存在这样或那样的问题。比如，有的工作落实力度不够大，对厅党组的工作部署，表态快、落实慢，用习总书记的话说，叫做“只见楼梯响，不见人下来”。有的抓工作针对性、精准度不够高，抓重点、补短板、强弱项的方法论掌握得还不够好。厅内也有些工作，体制机制不顺，机构设置不够精简高效，职能交叉、效率低下。有的同志担当不足、拈轻怕重、推诿扯皮，工作中专拣省劲的干，对那些不显山不露水、费力费时的基础性工作不屑一顾。有的宣传意识不够强，千辛万苦出台一个好政策，却不懂得“主动发声”，或者在网上简单地“一挂了之”，政策宣传解读的主动性和时效性不够。

希望每名党员干部都要牢记党的宗旨，强化“守土有责”的责任意识，敬畏责任，忠诚履职，进一步改进工作作风，踏踏实实做实事，兢兢业业干工作。一要抢抓机遇，提质增效。机遇稍纵即逝，很多工作因为节奏慢，机遇意识不强，就耽误了时机。我们一定要倡导雷厉风行、干事创业的作风，该干的事一定要抓紧时间，第一时间干起来。对于重点工作、省领导批示关注的事项，要优先安排、尽早落实，加快工作进度，全力以赴完成工作任务。对于紧急工作，要特事特办、急事急办，办理结果也要第一时间反馈。比如，我们当前开展的人才工作、推进新旧动能转换、实施乡村振兴战略、全面从严治党等四项调研，要加快工作进度，及时研究提出符合实际的措施和建议。二要提高精准性和针对性。我们做工作、做事情，一定要提高针对性，没用的事不用说。长的话、无关的话不要往里放，光显示你自己干的那些事、那些工作，不是人家想听的。我们无论是在具体工作中，还是在回答和处理有关问题的时候，一定要提高针对性，问什么答什么，而且问的问题，要答全、答对，没有问的问题也不要往上写。制定政策、确定主攻方向，都要围绕省委、省政府的中心工作，围绕社会关注，精准发力，精准施策，提高精准性，这是我们提高质量、提高效率最重要的方面。三要抓督导落实。要抓好厅里重点工作任务的督导落实，各位厅（局）领导要按照职责分工，抓好分管领域重点工作的督导落实，各位处长作为厅里的骨干和中坚力量，要抓好重点工作的推进，特别要进一步解放思想、推进工作、改变作风，抓好相应的工作。各级领导干部一定要发挥带头作用，真正地起到头雁的作用，以上率下，做好表率。办公室要定期调度重点工作落实情况，该通报的通报，该批评的批评。四要加强宣传，营造氛围。在近日火爆的人才争夺战中，贵州兴义师范学院一则招贤纳士信息发出后，迅速引爆网络，成为“网红”。原因很简单，第一，招聘内容朴实、诚恳、接地气；第二，宣传策划到位，形式新颖，不乏幽默诙谐。人社工作也是如此，一要会干，二要会写、会说。要突出重点，创新形式，主动发声，在提升宣传层次上上台阶，在扩大宣传效果上求突破，在提高政策知晓度上下功夫，进一步提升人社工作的社会影响力。

（三）廉洁自律上再拧紧，切实做到自警自省自律。党的纪律是党员干部的生命线。上星期，省纪委通报了6起民生领域腐败和作风典型问题，其中一起涉及基层人社部门，就是滕州市姜屯镇人社所所长刘家斌利用职务便利，挪用养老保险金916万元，购买银行理财获利6.5万元，已被“双开”，并追究刑事责任。希望大家要深刻汲取教训，把严守纪律作为修身做人的基本遵循、作为为官用权的警示箴言、作为干事创业的行为准则，牢固树立党章、党规和党纪意识，拧紧廉洁从政的思想、行为开关，做一名清正廉洁的“恪守者”。干事创业，底线不能突破，各处室、各单位一定要把底线思维摆到更加重要的位置，上好这个弦，坚决不触底线、红线，这个事要切记切记。要落实好“一岗双责”，牢固树立“抓好党建就是最大政绩”的思想，全面落实主体责任，做到全面从严治党与业务工作同研究、同部署、同落实、同检查。厅（局）领导和处室主要负责人作为厅内“关键少数”中的“关键少数”，要谨言慎行，模范遵守党章、党规、党纪，做全厅干事创业的表率、党风廉政建设的表率。驻厅纪检组要落实监督责任，机关纪委密切配合，加强重点领域、重点环节的监督，把“关键少数”置身于党组织、党员、群众监督之下。

在全省人事人才创新政策研讨班上的讲话

（于富华　2018 年 5 月 29 日）

同志们：

今天，省人力资源社会保障厅举办这次全省人事人才创新政策研讨班，邀请全省部分高校、科研院所、医疗卫生服务机构、国有及重点民营企业的负责同志、人事人才部门负责人参加研讨，主要目的是深入学习领会习近平总书记关于人才工作重要论述，宣传我省人事人才政策，引导广大用人单位发挥在人才工作中的主体作用，提高人才工作服务新旧动能转换、乡村振兴、海洋强省等重大战略的能力和水平，为推动我省高质量发展提供坚强有力的人才保障。这次研讨班得到了众多高校、科研院所和重点企业的积极响应。会前，我看了下参会人员名单，很多单位的负责同志乃至主要负责同志，抽出宝贵时间参加研讨，这充分体现了在日趋激烈的人才争夺背景下，广大用人单位对人才工作、人社工作的重视和支持，体现了大家求贤若渴的信心和决心。借此机会，我代表省人力资源社会保障厅，感谢各用人单位，社会各有关方面，包括人力资源的中介机构对山东人才工作的关心和支持，也特别感谢今天在座的各位能在百忙之中，来参加这个会议。

省委、省政府高度重视人才工作，我到省人社厅工作之前，省委书记刘家义同志跟我任职谈话，强调一定要把人才工作放在首要位置，敢于打破过去人才工作中的一些陈旧观念和条条框框限制，进一步解放思想，大胆探索，积极创新，为用人单位创造一个更为宽松、良好的人才发展环境，为推动山东实现高质量发展和“走在前列”目标作出突出贡献。去年，刘家义同志来厅里调研，对人才工作也进行了再三嘱咐。来到厅里后，召开的第一个会议是人才方面的会议，全省人社系统召开的第一个会也是人才工作座谈会，出差干的第一件事，是陪同于杰副省长赴北京参加“山东一名校人才直通车”重大引才活动，也是人才方面的事情。总的想法，就是要把人才工作放到更加重要的位置，把精力更加集中到引进、培养、留住、用好各类人才上，为促进山东经济社会发展提供有力的人才支撑。我们常常讲要围绕中心、服务大局，首要的就是把人才工作作为重中之重，积极协调有关部门，在人才发展方面出硬招、出实招，为广大人才和用人单位提供最优政策、最优环境、最优服务。我们举办这次研讨班，也是为了在人社部门与用人单位间建立平台、纽带，更好地宣传、解读人才政策，推动政策落实，同时，也是为了更好地向大家学习求教，研究出台提高人才竞争力的有力举措。这里，请大家积极沟通交流，为人才工作多提宝贵意见和建议，共同营造引得进、留得下、用得好的人才新生态。下面，我重点与大家交流三个方面的内容。

一、解放思想，勇于创新，我省人才培养引进使用工作取得显著成效

去年以来，在省委、省政府的坚强领导下，各级人社部门积极适应广大高校、院所和企业等用人单位对人才的渴求，充分发挥政策优势和服务优势，解放思想、勇于创新，聚焦问题“对症下药”、靶向施策，坚决打破人才发展上的条条框框，着力向用人单位放权、为人才松绑，取得了显著成效。

（一）大力推进人才发展体制机制创新。配合省委组织部制定出台《关于做好人才支撑新旧动能转换工作的意见》，推出了山东人才新政20条。同时，认真履行部门职能，创新人才发展体制机制，近一年来出台的创新政策达20多项，对推动建立更具竞争力的人才制度框架体系具有重要促

进作用。人才引进方面，在引进高层次外国专家、柔性引才、利用市场机制引才等方面探索创新，大力打造具有国际竞争力的人才引进制度优势。实施外专“双百计划”，引进20名外国专家和20个外国专家团队，其中引进国外院士10人，特别是引进诺贝尔奖获得者阿丽耶·瓦舍尔来鲁工作，实现了零的突破。鼓励社会力量引进高层次人才，首次投入260万元，奖励作出突出贡献的社会自然人和相关引才机构。正式启动离岸创新人才认定工作，鼓励用人单位不求所有、但求所用，不拘一格引进人才。人才培养方面，加强博士等青年人才培养，实施“博士后创新人才支持计划”，每人资助40万元，鼓励青年人才创新创造；实施“企业博士（后）集聚计划”，对企业博士后工作站新招收的博士后研究人员，给予15万元生活补贴，出站后留鲁工作的，再给予15万元一次性补贴。优化“山东省非教育系统政府公派出国留学”项目，选派名额由原来每年30名增加至300名，每年给予10万—15万元经费资助。实施高技能人才“双特建设工程”，重点建设20所技工教育特色名校和100所齐鲁技能大师特色工作站，去年新增技能人才86万人，其中高技能人才22万人。我省培养的袁强、曲笛两名技校学生，在第44届世界技能大赛中分获金牌和优胜奖，实现了历史性突破。人才使用方面，今年刚刚出台政策，明确采取企业挂职、离岗创业等7种形式，鼓励事业单位专业技术人员创新创业。目前，政策实施开局良好，省直单位已有6名高层次人才离岗创业，促进了科研成果转化。引导人才到基层建功立业，满足基层对人才的迫切需求，去年先后组织14次专家服务基层活动，邀请300多位高层次专家到基层服务，解决经济技术难题近3000个，辅导培训基层骨干技术人才5000多人次。人才评价方面，深化职称制度改革，推出25项重大改革措施，全面下放职称评审权限，我们召开了新闻发布会进行宣传。建立“定向评价、定向使用”的基层职称制度，在经济、统计等系列首次设置正高级职称，开展非公组织职称评审绿色通道试点，不断拓展人才职业发展空间。

（二）**积极服务省委重大战略部署**。紧紧围绕省委中心任务，精准施策，重点发力，为重大战略提供了人才支撑。服务新旧动能转换重大工程方面，聚焦“十强”产业发展，配合省委组织部出台引进顶尖人才“一事一议”实施办法，最高给予5000万元综合资助或6000万元股权投资支持，这个力度是过去没有的。2017年，全省引进顶尖人才7人，其中海外院士2人，发达国家重点项目首席科学家2人，世界500强企业总部首席工程师2人。实施知识更新工程向“十强”产业倾斜的政策，培训“十强”产业急需紧缺人才4744人。加强新旧动能转换人才国际化培训，培训项目占全部培训项目的80%以上，为“十强”产业发展培养了一批具有国际化视野的优秀人才。服务乡村振兴方面，加快乡村振兴人才培养步伐，实施专业技术人才高级研修项目向乡村振兴的政策，培训乡村振兴人才1994人。加强乡村振兴人才科技成果的推广，组织实施省级引智成果示范推广项目43个，累计资助1040万元，促进了乡村振兴科技人才成果的转化。改革县乡事业单位公开招聘办法，调整“三支一扶”政策，鼓励和引导优秀人才到乡村基层干事创业。近期，我们正在深入调研，准备专门出台人社部门助推新旧动能转换重大工程和乡村振兴战略的人才政策，为省委中心工作提供强有力的人才支撑。

（三）**全面优化人才发展环境**。健全人才发展平台，促进人才成果转化，新增国家级专家服务基地1家、国家级继续教育基地1家、国家级高技能人才培训基地5家、国家级技能大师工作室5家、国家级人力资源服务产业园1家，新增省级留学人员创新创业示范园4家、省技师工作站20家、省级以上人力资源服务产业园4家、省级引智基地25家。加快高层次人才服务体系建设，向402位高层次人才发放“服务绿卡”，联合教育、公安、税务等多个部门，在出入境、工作许可和居留、就医、子女入学、家属就业等29个方面提供专属服务；建立高层次人才服务专员制度，提供“一对一”服务方式，打造了以“保姆式”“零跑腿”为标志的人才服务新模式。

经过用人单位和人社部门的共同努力，截至目前，我省人才资源总量超过1500万，其中，住鲁院士 48 人，“千人计划”专家 230 人，国家百千万人才工程人选 176 人，中国政府“友谊奖”获奖专家 66 人，享受国务院政府特殊津贴专家 3260 人，省有突出贡献的中青年专家 1297 人，齐鲁首席技师 1359 人，高技能人才 290.6 万人。

二、提高站位，认清形势，进一步增强做好人才工作的责任感紧迫感

总结成绩、经验是为了鼓舞信心，提高站位、把握好形势是为了保持清醒头脑。进入新时代，以习近平同志为核心的党中央对推动人才事业兴旺发展，提出了许多富有前瞻性的新思想、新观点、新论断。各地区纷纷把人才作为第一资源，国际国内人才竞争和人才政策、投入的比拼日趋白热化。广大用人单位既要充分认识人才工作的重大意义，增强信心决心，也要分析把握好人才形势，牢牢把握住引才用才的主动权。

（一）深刻领会党的十九大对人才工作作出的新部署。党的十九大报告先后 14 次提到人才，广泛涉及党政人才、科技人才、教育人才、医疗卫生人才、文化人才、企业家人才、技能人才、青年人才、军事人才等多个方面。比如，将实施人才强国战略作为决胜全面建成小康社会的七大战略之一，提出了“人才是实现民族振兴、赢得国际竞争主动的战略资源”的重要论断。过去谈人才工作的重要性，更多的是从经济社会发展方面来认识，强调人才是第一资源。十九大首次把人才进一步上升到了战略资源高度，赋予了人才工作更加崇高的使命。又如，提出“三个更加”：实行更加积极、更加开放、更加有效的人才政策，这是对推进人才发展体制机制改革、创新人才政策的新要求。再比如，提出要把各类人才聚集到党和国家的事业中来，形成人人渴望成才、人人努力成才、人人皆可成才、人人尽展其才的良好局面，这赋予了人才工作更加崇高的使命。我们一定要全面贯彻落实党的十九大关于人才工作的新部署，进一步解放思想，深化人才发展体制机制改革，以战略的眼光、开放的姿态、创新的思维，做强做大做优各类人才，汇聚起推动经济社会发展的强大力量。

（二）努力适应高质量发展对人才工作的新期盼。今年全国“两会”期间，习近平总书记参加山东代表团审议时，对山东提出“两个走在前列、一个全面开创”的新要求（即：山东要在全面建成小康社会进程中、在社会主义现代化建设新征程中走在前列，全面开创新时代现代化强省建设新局面），对推动高质量发展，特别是实施乡村振兴战略、经略海洋等提出了明确要求。牢记总书记的殷切嘱托，紧紧抓住实施新旧动能转换重大工程这个高质量发展的“牛鼻子”，大力实施乡村振兴战略和海洋强省战略，特别需要一批规模宏大、素质优良的人才队伍，可以说，关键在人才，切入点在人才，突破点也在人才。我们要坚定不移地把人才作为推动经济社会发展的战略资源，聚焦省委中心任务，打出培养、引进、留住、用好人才的“组合拳”，为我省经济高质量发展提供强大动力。

（三）积极应对日趋激烈的人才“争夺战”。大家知道，2017 年以来，特别是最近以来，全国 50 多座城市包括山东的济南、青岛等出台了系列人才新政，在落户、住房补贴、生活补贴等方面纷纷提出优惠措施，加快人才引进力度。过去，人才争夺的对象主要是高层次、高学历人才，而现在，西安、武汉、南京等区域中心城市掀起的“人才、人口争夺战”，争夺对象不再局限于高层次、高技能人才，而是从人才的争夺转向了人力资源的争夺。如天津实施新政后，几天内就有几十万有一定知识水平、年轻的优质人力资源落户。“人才争夺战”背后，是中国人口红利消减和经济动能转换的新动向。从 2012 年开始，中国 15—59 岁劳动年龄人口下滑，人口红利开始下降，而以大学生为主的人力资源储备不仅会带来就业、消费和税收，而且会带来创新技术、新产业，是提升城市经济活力的重要力量。可以说，当前的“人才争夺战”，可能会直接影响区域在未来经济版图上的位置。在这种形势下，谁转变观念早、行动快，谁就能把握主动，争得先机。面对当前白热化的人才竞争态势，我们必须树立时不我待的危机意识和唯恐不及的竞争意识，紧贴发展谋人才，围绕事业用人才。要从传统的人才观念上解

放出来，以“坐不住”“等不起”的紧迫感和责任感，积极突破体制机制障碍，创新人才工作思路，努力在新一轮的“人才争夺战”中有所作为。

三、真抓实干，主动作为，推动形成人才工作高质量发展的强大合力

人才工作涉及方方面面，纵向层面，从中央到县乡村都很重视人才，横向层面，教育、文化、卫生等各个部门都有人才工作。下一步，从政府层面，我们将重点做好三个方面：一是继续简政放权。我们出台的一系列人才新政，就是要突破体制机制改革，能放就放，能简就简，目的就是调动用人单位的积极性。二是加强服务。进一步打破条条框框的限制，针对各用人单位的需求，能解决的问题尽量解决，做到有求必应，一定要有回应，能办好的，争取一次办好；一时尚不能解决的问题，也要认真做好解释工作。三是强化监管。在推进放权松绑的同时，进一步加强监管服务，规范各单位的政策落实情况，防止人才的无序竞争、恶意竞争。

近年来，我们出台大量人才政策，根本目的就是通过政策创新，在人才服务部门和用人单位之间建立沟通桥梁。由于这些政策出台时间还比较短，充分发挥作用，还需要一定的时间。高校、院所、企业等广大用人单位，处于人才工作的第一线，直接与人才打交道，对于人才的引进、培养、评价、使用等，有着非常敏锐的眼光和最准确的判断。从一定程度上讲，用人单位的主体作用发挥得是否充分，决定了全省人才工作能否实现高质量发展。因此，我们一定要充分发挥用人单位的主体作用，把用人单位的主体作用和政府的作用有机结合起来，形成推动人才工作高质量发展的强大合力，把人才工作做大、做强。

（一）坚持责任担当，在推进人才创新政策落实上更好发挥用人单位主体作用。近年来，我们出台的人才政策措施，大部分是对标全国先进省市最新做法制定出来的，为我们引进人才、留住人才、用好人才提供了良好的制度保障。这些政策好不好，效果怎么样，关键看政策能否落实落地，而这需要政府、高校、院所和企业全员参与、协调联动、层层落实、形成合力。为提高人才政策知晓度，充分发挥人才政策在集聚各类人才，助推新旧动能转换重大工程方面的引领作用，我们决定在全省开展人才政策落实专项活动，梳理人才发展体制机制改革创新政策，加强政策宣传，强化督导检查，这也是我们打通人才政策落实“最后一公里”的重要方式。这次培训班，省人社厅相关处室的负责同志，就有关人才工程、人才政策等做重点解读。希望大家在理解改革意图、吃透政策精神的基础上，结合各自实际，创造性地抓好政策落实。同时，希望大家在回去之后，要积极宣传讲解，让更多人才知晓政策、理解政策、享受政策红利。

（二）坚持解放思想，在服务中心大局上更好地发挥用人单位主体作用。做好人才工作最重要的是解放思想。刘家义书记在多次讲话中都提道：“解决山东的人才问题，首先是观念问题，其次是体制机制问题”。因此，进一步深化改革，迫切需要我们跳出条条框框限制，转变观念，真正破除制约人才发展的思想观念。要坚持“眼光向上”，把人才工作融入全省、全国发展大布局。我省人才资源总量达 1477 万人，位居全国前列，但“山多峰少”。现有在鲁两院院士 48 人，仅占全国院士总量的 3%，不到江苏的一半；现有国家“千人计划”专家 230 人，占全国 2.92%，仅为浙江省的三分之一。因此，一定要紧紧围绕我省新旧动能转换重大工程、乡村振兴、经略海洋等重大战略对人才的需求，大力培养引进高层次人才，补齐高端领军人才存量短板，促进人才与经济社会发展深度融合。请各位回去积极汇报，在这方面有需要人社部门牵线搭桥、提供支持的地方，请尽管提出来，我们一定会全力以赴做好支持配合工作。要坚持“眼光向下”，在大力引进高层次领军人才的同时，将引才的重点向博士、硕士等基础性人才延伸，大力引进培养人才后备力量。要坚持“眼光向外”，树立国际眼光，根据单位定位和特色建设需要，将人才引进的目光更多地聚焦海外和国内先进地区，不鼓励、不支持省属单位之间、省内地域之间互挖人才。要坚持“眼光向内”。根据各单位的发展情况、重点专业、人才基础等不同情况，立足于自身的人才结构和

实际需求“量体裁衣”，围绕重点，打造亮点，树立具有本单位特色的人才工作品牌。

（三）坚持突破创新，在探索“更加灵活开放”的人才机制上更好发挥用人单位主体作用。在人才引进上，进一步发挥政策和平台的叠加效应。近年来，省级层面重点打造了泰山学者、泰山产业领军人才、“外专双百计划”等人才工程特色品牌，各市也都有自己的人才工程。各单位要充分借助这些人才品牌，发挥政策叠加效应，提升政策吸引力。另外，省里搭建了“齐鲁之约”“中国山东海内外高端人才交流会”“山东一名校人才直通车”等引才平台，也发挥了重要作用。比如，今年 4 月，首次以省委省政府名义在清华大学开展 2018 年山东一名校人才直通车活动，于杰副省长带队宣讲政策，省科学院等 114 家重点企事业单位现场揽才，达成引才意向 736 人，其中博士 313 人。大家可以主动搭乘这些政府平台的“顺风车”，充分利用，积极参与，共同开展重大引才活动。在人才培养上，进一步促进人才发展与产业深度融合。我在高校工作时发现，很多学生都没有从事所学专业的工作。一方面大学生就业难，另一方面岗位比需求多，大量企业招聘不到合适的人才。这种供需脱节的问题，主要原因是人才培养与社会需求没有很好的对接，造成了人才的浪费。培养人才，最终是为了使用，因此从高校、院所角度讲，学科专业、研究方向，要紧紧围绕国家和省里发展战略需求来设置，着力构建与经济社会发展互动的学科专业体系及动态调整机制。同时，高校、科研院等承担的科研任务比较多。要重点推进科研成果转化，尤其是针对经济社会发展的重大项目，集中人力物力财力重点突破，把论文写在大地上，真正把科研成果转化为经济社会发展的动力。从企业角度讲，要加大科研投入力度，强化职工培训统筹规划，通过校企合作、继续教育等多种渠道深化产教融合，加强人才梯队建设。在人才使用上，要进一步形成人才资源共享机制。现在推行共享经济，其实人才资源也可以共享，而且与有形物品相比，人才的智力在使用过程中不但不会被消蚀，而且具有越使用，价值越大的特点。比如，中关村近年来对标硅谷的发展，构建了由领军的企业、高校院所、多层次合作平台等多种要素构成的创新创业生态系统，各类人才生态要素相互交叉、协同、分享，形成了整合和溢出效应，取得了“一加一大于二”的成效。这次研讨班，也为在座的各大高校、院所和企业提供了一个交流的机会。希望大家创新思路，在开放创新资源、发展平台和人才共享等方面进行广泛的交流，也希望未来能有更多的单位加强协同联动，加强校企合作、校地合作，共同组建技术协同创新联盟或者创新基地，合力打造创新创业人才“生态圈”，最大限度地激发人才效应，形成产学研协同创新的新格局。

（四）坚持市场导向，在促进人力资源合理配置中更好发挥用人单位主体作用。一是借助市场机制引才。大部分猎头公司都拥有丰富的高端人才资源，许多人才是我们急需紧缺的，个别先进省市早就开始通过天使投资、风险投资机构等创业投资机构、人力资源服务机构引才，建立市场化引才机制，取得了很好的效果。山东人力资源市场虽然起步较晚、发展快，但是发展规模与先进省市还有一定差距，目前也是人力资源服务机构进入山东的大好时机。今年 4 月，我们利用参加第十六届中国国际人才交流大会的时机，与 60 多家人才资源服务机构达成合作意向，共引进外国专家 110 余人，其他高层次人才 640 余人。下步，我们将着力在市场引才方面进一步加大探索力度，积极与国际国内人力资源服务机构搞好对接，通过政府购买服务方式联合开展全省人才状况调查，根据用人单位需求建设人才数据库并形成动态调整机制，为精准引进培养使用人才提供依据。人才地图我们已经做得差不多了，人才库正在筹备建设中。这次研讨班上，我们也邀请了人力资源服务机构的同志介绍市场化引才的经验做法。各单位要积极利用好市场机制，按照市场规则引进高层次人才，提高引才的精准性、专业性。二是运用市场机制评才。过去人才评价，主要由政府主管部门或政府授权的机构承担，用人单位、市场评价不够。国内有些地方如武汉，在引进“城市合伙人”产业领军人才时，发挥市场作用，专门建立了由市场、专业组织、用人单位等多元评价主体共同参与的评审机制，把人才的推荐认定授权放给行业协会、行业领军企业等。通过这种方式，武汉已经引进了116名“城市合伙人”，其中包含3名院士和55名国家“千人计划”专家。我省在这方面的尝试还比较少。目前，我们正在研究制定《关于分类推进人才评价机制改革的实施意见》。下一步，将积极培育发展各类人才评价社会组织和专业机构，充分发挥好市场、社会等多元评价主体作用。三是利用市场机制奖才。人才发展，以用为本。要充分运用市场机制实现人才价值回报，激发人才创新创业活力。省里出台了《关于加快实行以增加知识价值为导向分配政策的实施意见》，实行以增加价值为导向的分配政策，鼓励企事业单位试行人才协议，工资年薪制，鼓励企业对人才进行股权激励，市场分红，旗帜鲜明地鼓励和支持人才通过创造性劳动获得较高的合法收入，让作出贡献的人才“名利双收”。各单位要结合自身实际，出台具体的激励措施，让人才根据贡献能拿、敢拿、拿得安心、拿得光荣，充分激发人才的积极性、主动性和创造性，鼓励人才多出成果、快出成果、出好成果。

（五）坚持服务保障，在优化人才发展生态环境中更好发挥用人单位主体作用。人才“引得进，留得住，用得好”，环境、平台和服务是关键。要充分发挥生态环境在吸引、集聚人才方面的重大作用。一是要关心人才，扎扎实实做好服务保障工作。做好人才工作，不单是拼政策、拼资金，更重要的是抓好对人才的服务、环境的优化，这需要政府、用人单位的共同努力，上下形成合力。政府层面，我们已建成省市县三级联动的高层次人才专窗体系，今年修订完善了《山东省高层次人才服务绿色通道办法》，将绿色通道的服务范围由引进人才扩大为所有符合条件的培养和引进人才，目前正在建立由用人单位、服务部门、服务窗口工作人员共同组成的高层次人才服务专员队伍，为人才提供29个方面的全程代办服务。在这方面，各用人单位要积极对接，为高层次人才提供“一对一”“保姆式”服务，让他们来得放心、干得专心、过得舒心。二是要尊重人才，进一步加强与人才的联系。人才工作，归根结底是做人的工作。要充分尊重、支持人才，拿出真心实意，把人才当做自己人来看，善于与人才交朋友。今年，省里设立了“齐鲁杰出人才奖”，以省委、省政府名义表彰奖励为经济社会发展作出突出贡献的杰出人才，奖金300万元。这么做，就是要树立“尊重人才、尊重创造”的鲜明导向。请各用人单位积极跟上，旗帜鲜明地奖励真正做出突出贡献的人才，让他们感受到实实在在的成就感和归属感。三是要包容人才，充分给予人才自由发挥的空间。人才的发展和成长有其特殊规律，欲速则不达。要给予人才更多自由发挥的空间，给予人才更大的技术路线决策权、更大的经费支配权、更大的资源调动权，为他们干事创业搭建舞台。同时，还要建立有效的纠错容错机制，理性看待人才创新创业中的失败，多一分理解、多一分包容，鼓励人才勇于创新、勇于担当。

同志们，推进全省人才工作更高质量创新发展，任务艰巨，使命光荣。我们要深入学习贯彻习近平新时代中国特色社会主义思想和党的十九大精神，在省委、省政府的坚强领导下，戮力同心，开拓进取，为实现我省“走在前列”目标和开创经济文化强省建设新局面提供坚强的人才支撑！

在2018年全省就业创业和农民工工作电视会议上的讲话

（于富华　2018年6月8日）

同志们：

这次会议是省政府同意召开的。会议的主要任务是以习近平新时代中国特色社会主义思想为指导，深入贯彻落实全国有关会议精神，进一步突出重点、明确任务，安排部署今后一个时期的就业创业工作任务，大力推动就业创业工作高质量发展。刚才，振国同志传达了全国就业创业工作电视电话会议、全国农民工工作暨家庭服务业工作办公室主任座谈会议精神，青岛、烟台、潍坊、泰安、菏泽五市作了典型经验交流，讲得都很好，希望大家认真学习借鉴，努力把就业创业工作提高到一个新水平。

党的十九大以来，特别是今年以来，各级各部门聚焦聚力省委、省政府重大战略部署，突出重点、强化措施、精准发力，就业创业和农民工工作不断取得新进展，2018年工作实现良好开局。5月4日，我省就业工作再次受到国务院的督查激励，山东成为唯一一个就业工作连续两年受到国务院督查激励的省份。不久前，人社部副部长邱小平同志来我省调研，对我省的就业、农民工等工作给予充分肯定和高度评价。一是就业形势稳中向好。前5个月，城镇新增就业56.3万人，完成年度计划51.8%；一季度末，城镇登记失业率为3.37%，同比下降0.06个百分点，低于全国平均水平和年度控制目标。二是重点群体就业保持稳定。截至5月底，非师范类高校毕业生就业28.53万人，总体就业率为49.01%，同比提高7.37个百分点；全省农民工总量达2337万人，同比增长1%，其中，本地就业农民工1368万人，同比增长1.3%。三是重大措施成效显著。坚持底线思维，积极应对中美贸易摩擦对就业形势的影响，成立由10个部门组成的工作协调机制。巩固提升就业扶贫质量，下大力气提高就业扶贫车间的项目入驻率，累计实现贫困人口转移就业40万人。开展农民工三项3年行动的绩效评估，全面打造齐抓共促的工作格局，农民工就业质量有了新提高。四是就业对接专项活动深入开展。相继开展就业援助月、春风行动、民营企业招聘周、高校毕业生集中招聘会等系列活动，人力资源市场岗位需求保持供不应求的良好态势。一季度，人力资源市场求人倍率为1.27，高于全国0.04。这些成绩的取得，是省委、省政府坚强领导的结果，是各级各部门密切配合、大力协作的结果。借此机会，我代表联席会议办公室，向各有关部门和从事就业创业工作的同志们表示衷心的感谢！

下面，我就做好当前和今后一个时期的就业创业工作，讲三点意见。

一、提高站位、强化使命，准确把握新时代就业创业和农民工工作的重要定位

从我省情况看，实现走在前列、由大到强、全面求强的新时代现代化强省建设目标，最关键的一点就是，要立足我省人力资源优势，全面做好就业创业和农民工工作，释放人力资本红利，实现从人力资源大省到人力资本强省的转变。我们必须提高政治站位，强化使命担当，进一步认清形势，明确任务，切实增强做好就业创业和农民工工作的紧迫感、责任感和使命感。

（一）深刻领会十九大以来党中央关于就业创业和农民工工作的新思想。党的十九大以来，习近平总书记对就业创业和农民工工作提出了许多新思想、新论断，系统阐释了就业工作是什么、为什么、怎么干等问题，科学回答了做好就业创业工作的重大理论和实践问题。党的十九大报告明确指出：“就业是最大的民生。”这是党中央

对新时代就业工作的新定位。同时，提出“实现更高质量和更充分就业”“大规模开展职业技能培训”“鼓励创业带动就业”“提供全方位公共就业服务”“促进高校毕业生等青年群体、农民工多渠道就业创业”等一系列新部署、新举措。习近平总书记关于就业创业和农民工工作的重大判断、重大论述，为我们做好下步工作指明了前进方向，提供了根本遵循。我们必须全面贯彻习近平总书记关于就业创业工作的重要思想，牢固树立“四个意识”，强化“四个自信”，切实把思想和认识统一到总书记的重要思想上来，把行动和智慧统一到总书记的要求和部署上来，确保习近平新时代中国特色社会主义思想在就业创业领域得到有效落实，更好地担负起保障最大民生的重要使命。

（二）全面把握省委、省政府关于就业创业和农民工工作的新部署。省委、省政府始终高度重视做好就业创业和农民工工作。刘家义同志到省人社厅调研时着重指出，“就业是民生之本，要继续实行积极的就业政策，创造更多就业机会，改善就业结构，提高就业质量”。龚正同志对全省就业和农民工工作专门作出批示，提出“做好就业和农民工工作始终是一件事关全省经济发展和民生福祉的大事”。于杰同志在全省就业和农民工工作联席会议2018年第一次会议上强调，“要实施好就业优先战略，守住就业的基本盘”。我们必须全面贯彻省领导的指示和要求，紧紧结合新旧动能转换、乡村振兴、海洋强省、精准脱贫等重大战略，树立就业优先思维，进一步明确目标任务，细化分解工作措施，以抓铁有痕、踏石留印的劲头，确保就业创业和农民工工作的落实落地，为新时代现代化强省建设贡献力量。

（三）清醒认识全省就业创业和农民工工作面临的新形势。目前，我省常住人口突破1亿人。在这么大的人口总量下，就业创业问题始终是影响经济社会发展的重大问题。我们既要看到，当前，我省经济运行稳中向好，经济结构更趋优化，发展活力持续释放，特别是随着新旧动能转换重大工程和乡村振兴战略的实施，支撑我省经济中高速增长的有利条件不断增多，这些有利因素为促进就业创业和农民工工作奠定了坚实基础。但是我们也要清醒地看到，就业创业和农民工工作总量矛盾和结构性矛盾长期并存，新的就业问题不断凸显，主要表现在：就业人口对经济社会发展的贡献不高，社会劳动生产率偏低，全省劳动生产率为10.08万元，仅为全国平均水平的68.5%；就业创业层次偏低，就业岗位集中在低端产业和产业的低端，创业方向偏于传统服务行业，新经济、新业态就业创业规模不大；新的群体性就业问题突出，高校毕业生“慢就业”现象增多，青年群体劳动参与率呈下降趋势，农村青壮年劳动力流失严重，贫困劳动力就业意愿偏低；就业质量整体不高，农民工劳动合同签订率、企业职工保险参保率偏低，劳动者就业满意度不高；等等。我们必须坚持问题导向，针对工作中的薄弱环节和短板，深入分析，积极应对，进一步强优势、补短板，大力促进就业创业和农民工工作持续走在前列。

二、聚焦问题、聚力攻坚，扎实推进今年的就业创业和农民工工作

今年省政府工作报告将“城镇新增就业110万人、城镇登记失业率控制在4%以内”作为全省经济社会发展重要预期目标，这是省政府对全省人民的庄严承诺。我们要按照省委、省政府的决策部署，坚持问题导向，瞄准重点目标、重点群体、重点任务，选好切入点和突破口，确保就业形势的总体稳定。

（一）坚决打好就业脱贫攻坚战。今年，是中央确定的脱贫攻坚三年行动的第一年，做好就业扶贫至关重要。我们要把脱贫攻坚摆在更加重要位置，进一步提高政治站位，细化措施，真抓实干，注重实效，坚持尽力而为、量力而行，既要加大政策倾斜力度，坚决打好脱贫攻坚战，又要实事求是，不能好高骛远，吊高各方面胃口。一方面，确保基本完成省内就业扶贫任务。目前，全省还有17.2万未脱贫人口，劳动年龄内的占30%。要严格对照省委“八个精准”的工作要求，狠抓整改落实，巩固脱贫成效，杜绝“数字脱贫”“虚假脱贫”。要下决心解决“就业扶贫车间”规范运营和长效管护问题，推广好“互助扶贫公益岗

位”“劳务扶贫合作社”等新模式，全面提升脱贫攻坚工作水平。另一方面，确保顺利完成东西部劳务扶贫协作任务。5月31日，刘家义书记在对口支援和扶贫协作工作领导小组会议上强调，要“抓住稳定就业这个最有效、最直接的方式，助力精准脱贫”。根据国务院的安排，今年我省东西部劳务扶贫协作任务6万人，其中，对口重庆劳务扶贫协作任务3万人，济南市对口湖南省湘西土家族苗族自治州1.5万人，青岛市对口贵州省安顺市、甘肃省陇南市1.5万人。完成上述目标，难度很大。我们必须从党和国家事业全局的高度，自觉把做好对口支援和扶贫协作工作作为分内之事、应尽之责，全面完成东西部劳务扶贫协作任务。各市人社局“一把手”要亲自抓、靠上抓，亲临对口援助地，出思路、想办法、拿措施。要创新工作方式，尊重受援地贫困人口意愿，采用上门援助等方式，变“引进来”为“送过去”，打造“输出式”援助模式，充分调动受援地的积极性。

（二）多渠道促进高校毕业生就业。5月24日国务院召开电视会议，安排部署2018届高校毕业生就业工作，李克强总理专门作出批示。今年我省高校毕业生达62.7万人，创历史新高。要高度重视高校毕业生就业工作，针对高校毕业生就业的新形势、新特点，多措并举，确保高校毕业生就业总体平稳。一是突出重点领域。深入实施高校毕业生就业创业促进计划，精准对接、精准帮扶，引导毕业生主动到新动能、先进制造业、现代服务业等重点领域就业创业，巩固就业的基本面。对于慢就业毕业生和长期失业青年，要综合运用一揽子扶持政策，帮助他们尽快融入就业市场。二是突出创业引领。要顺应创业创新潮流，用好创业担保贷款、税费减免、一次性创业补贴等政策，加快设立高校毕业生就业创业基金，提供创新创业平台，鼓励有意愿的毕业生自主创业。三是突出基层导向。完善激励保障体系，拓宽晋升渠道，实施高校毕业生基层成长计划，组织实施好今年“三支一扶”计划，在待遇、保障等方面加大支持力度，鼓励更多毕业生到城乡基层建功立业，更好地服务于乡村振兴、脱贫攻坚等重大战略。

（三）全力打造创业升级版。创业是就业之源。要挖掘返乡下乡创业的潜在优势，支持鼓励各类人员返乡下乡创业，大力培育“双创”的新增长点。一是总结推广返乡创业典型模式。认真总结提升菏泽市“筑巢归雁”的返乡创业新模式，适时召开全省返乡创业大会，做强返乡创业的特色品牌。二是创新返乡创业扶持政策。认真贯彻国务院常务会议研究确定的返乡创业系列扶贫政策，结合我省返乡创业实际，尽快制定具有我省特点的具体政策，为返乡创业人员开辟绿色通道。三是搭建返乡创业服务平台。依托山东创业服务发展联盟，整合利用好各级创业大学、创业园区、孵化基地，建立返乡创业服务平台，提供低成本场地支持和“一站式”“全过程”综合配套服务，培养扶持一批返乡创业带头人。同时，要持续推进“双创”活动，办好第四届山东省创业大赛，打造好山东创业大学、山东创业服务云平台，完善创业担保贷款等创业扶持政策，营造大众创业、万众创新的良好氛围。

（四）着力推进就业培训转型发展。就业培训是提升劳动生产率、破解结构性矛盾的重要途径。当前，就业培训工作还存在培训层次偏低、培训质量不高，管理不规范、监管不到位等问题。就业培训工作已经到了转型发展的“十字关口”。我们必须解放思想，勇于创新，全面推进就业培训转型发展。一是在“扩面”上下功夫。抓住国务院颁布实施《关于推行终身职业技能培训制度的意见》有利契机，尽快建立终身职业技能培训制度，为城乡劳动者提供普惠性、均等化、贯穿学习和职业生涯全过程的技能培训，完善终身职业技能培训政策体系和组织实施体系，努力扩大职业培训的覆盖面。二是在“提质”上下功夫。要瞄准就业创业需求，适应不同领域、不同层次培训需求，创新培训内容，开发优质课程，开展特色培训。要推广“互联网+职业培训”新模式，围绕新旧动能转换重大工程和乡村振兴战略，采取整建制购买培训项目等方式，推动培训入企入校入村，进一步提高培训针对性。三是在“增效”上下功夫。要持续强化培训绩效管理，从制度入手，抓紧制定出台《山东省就业创业培训管理办法》，强化实名管理、信息公开、社会监督、绩效考评“四个制度”，努力把就业培训打造成一项深得民心的阳光工程。

（五）全面做好农民工工作。我省是农民工大省，农民工总量约占全国的8%。要群策群力，综合施策，全面做好农民工工作，维护农民工的各项合法权益。一是抓好治理工资拖欠这一当务之急。在去年12月份的国务院保障农民工工资支付工作检查中，我省“在建工程项目中由分包企业委托总承包企业直接向农民工代发工资”和“实现农民工工资专用账户制度”两项指标，没有达到国家规定标准，于杰副省长反复强调要切实加以解决。各级各有关部门要抓住解决农民工工资拖欠问题这个切入点，注重系统治理、源头治理、依法治理、综合治理，进一步夯实属地监管责任，将保障农民工工资支付纳入劳动保障监察巡视检查、专项检查、书面审查等检查活动中，依法依规打击各种拖欠农民工工资问题。要加大问责力度，对问题严重的地区和部门，严肃追究有关人员责任，并及时曝光一些重大案件和影响较大的案件，力争到2020年实现农民工工资基本无拖欠。二是抓好稳定扩大就业这一关键举措。稳定就业，既是农民工生存和发展的基础，也是农民工市民化的重要前提。要坚持统筹城乡就业，结合乡村振兴和新型城镇化，大力开发适合农民工的就业岗位，统筹开展农民工职业培训，创新开展针对新生代农民工群体的专项招聘，促进农民工实现更加充分、更加稳定的就业。三是抓好农民工市民化这一根本任务。要督促用人单位与农民工依法签订劳动合同，促进农民工工资水平合理增长，提高农民工社会保险覆盖面，增强农民工的获得感、幸福感。要大力支持农民工平等地享受子女教育、住房、卫生医疗、文化等城镇基本公共服务，引导有条件有意愿的农民工在城镇落户，促进农民工顺利融入城市。

（六）积极防范集中失业风险。我省正处在新旧动能转换的过渡期，产业结构调整、化解过剩产能、生态环境整治、对外贸易摩擦等不确定因素日益增多，都有可能挤压就业空间、增加失业风险。各市要把防范集中失业风险作为重大责任，坚持预防和应对并重，采取有效措施，确保不出现影响社会稳定的重大群体性失业事件。一是稳定企业职工就业岗位。要密切关注各种因素对就业的影响，完善多元化的监测分析手段，加强对重点地区、重点行业和重点企业的监测，及时掌握就业形势发展变化，适时启动政策储备和应急预案，确保失业率不发生较大波动。二是做好去产能职工分流安置工作。要高度重视去产能职工分流安置工作，坚持职工安置与去产能工作早研究、同部署、先解决，摸清人员底数，强化就业安置。要加强裁员管理，落实企业规模裁员报告制度，避免企业将职工集中推向社会，形成规模性失业风险。三是加大失业人员就业帮扶力度。要根据区域、行业和企业失业状况，实施失业人员再就业计划，开展专项就业服务活动，帮助失业人员尽快实现就业。对于就业困难人员，要提供一对一的就业援助，确保“零就业家庭”动态清零。要发挥失业保险的防失业、促就业、保生活功能，落实失业保险待遇和稳岗补贴、技能提升补贴等政策，从源头上减少失业风险。

这里，我再强调一下发展家庭服务业促进就业工作。家庭服务业是就业创业的重要载体，是农民工就业的重要渠道。今年3月8日，习近平总书记在参加全国人大山东代表团审议时指出，“家政业是朝阳产业，要把这个互利共赢的工作做实做好，办成爱心工程。”要认真贯彻习近平总书记的重要指示，依托省发展家庭服务业促进就业联席会议制度，充分发挥发展改革、民政、财政、人社、商务等各成员单位的职能优势，做大做强家庭服务业。联席会议办公室要搞好统筹协调，加强家庭服务行业诚信体系建设，着手建立从业人员实名制管理数据库。要督导落实家政服务从业人员意外伤害保险补贴、职业培训补贴、税收扶持政策，鼓励支持家庭服务企业专业化、规模化、网络化发展。要研究制定省级家庭服务业职业培训基地管理办法，加大家庭服务职业培训力度，提高从业人员的岗位技能。要组织开展“千户百强”家庭服务企业成果展示活动，壮大家庭服务业龙头企业，提高家庭服务业的核心竞争力。

三、振奋精神、再接再厉，确保顺利完成全年各项工作任务

做好就业创业和农民工工作，涉及范围广，影响面大。各市、各有关部门要把这项工作摆上重要议事日程，勇于创新、勇于担当，加强协作配合，大力提高服务能力和水平，全面加强作风建设，努力树立良好的社会形象。

（一）凝聚工作合力。要强化“一盘棋”理念，最大限度调动各方积极性，在出台重大政策、推进重点任务、应对重大危机中，进一步凝聚共识，形成合力。人社部门要发挥好牵头抓总作用，把各项目标任务作为硬约束，逐项逐级分解落实，一级抓一级，层层抓落实。省里专门制定落实就业目标任务的工作方案，近日即将下发。各市要结合实际，抓紧制定实施办法，对标重点任务，列出清单，挂图作战，一项一项抓好落实。各有关部门也要多关心、多支持，共同把党委、政府交给我们的这项任务完成好。

（二）全面优化服务。就业创业和农民工工作，涉及每位劳动者切身利益，要发挥公共就业创业服务的基础性作用，让我们的每项政策、每项措施、每笔资金都能够不折不扣地落实到劳动者身上。要创新服务理念，全面推行精准服务、品牌服务、标准服务、智慧服务、满意服务，构建覆盖全民、贯穿全程、辐射全域、便捷高效的公共就业创业服务体系。要深化服务制度改革，大力破除劳动力、人才流动的体制机制障碍，提高劳动力资源的市场配置效率。要整合各类资源，加强服务平台建设，充实基层服务力量。要广泛应用以“互联网＋”、大数据为代表的新理念、新技术、新模式，推行“一号申请、一网办理”服务制度，让更多服务事项能够一次办好，实现“零跑腿”，切实提高群众的满意度。

（三）狠抓作风建设。近一个时期，省委、省政府专门对解决民生领域的突出问题进行了安排部署。要加强治理就业创业和农民工领域的作风问题，持续纠治“四风”，加大形式主义、官僚主义新表现的纠治力度。要加强就业资金监管，认真落实资金风险防控和监督办法，确保不出现任何问题。要针对个别地区就业资金落实中存在的拿不出、用不动、花不好、管不住等四方面问题，认真分析查找原因，梳理政策落实情况，找准问题症结，切实加以解决。要注重政策宣传，统筹用好传统媒体和新兴媒体，大力宣传就业创业和农民工政策，提高政策的社会知晓度。要注重青年劳动者的就业观念引导，大力宣传“大学生十大创业之星”“十大返乡创业农民工”等先进典型，让“劳动光荣”的理念深入人心。要加强舆论引导，采取新闻发布会、专家解读等方式，客观解读就业形势，及时回应社会关切，营造良好的舆论氛围。

同志们，做好就业创业和农民工工作，意义重大，使命光荣。我们要在省委、省政府的坚强领导下，深入贯彻落实习近平新时代中国特色社会主义思想，以高度的政治责任感和强烈的使命担当，解放思想，改革创新，全力做好就业创业和农民工工作，为新时代现代化强省建设做出新的更大的贡献。

在厅精准扶贫工作领导小组成员单位会议上的讲话

（于富华　2018 年 6 月 12 日）

这次会议是我厅精准扶贫工作领导小组调整后，召开的第一次全体会议。会议的主要任务是，深入学习习近平总书记近期关于脱贫攻坚的重要指示精神，全面贯彻打赢脱贫攻坚战三年行动电视电话会议精神，按照人社部、省委省政府关于脱贫攻坚的决策部署，进一步统一思想，主动作为，敢于担当，动员大家坚决打赢人社领域脱贫攻坚战。刚才，振国同志传达了习近平总书记对脱贫攻坚工作的重要指示，国务院扶贫开发领导小组打赢脱贫攻坚战三年行动电视电话会议精神，刘家义书记在省委农村工作领导小组暨省扶贫开发领导小组全体会议、省对口支援和扶贫协作工作领导小组会议上的讲话精神，邱小平副部长关于人社扶贫工作的讲话精神。对于这些重要讲话、重要会议精神，我们一定要认真学习，深刻领会，切实抓好贯彻落实。厅精准扶贫工作领导小组的 6 个成员单位，结合各自职能，讲成效、讲问题、讲打算，作了很好的发言，听后，很受教育，很受启发；其他成员单位也做了大量卓有成效的工作，由于时间关系，就不再逐一发言了。下面，我强调四个问题：

一、政治站位上要再提高，进一步增强打赢脱贫攻坚战的责任感紧迫感

党的十八大以来，以习近平总书记为核心的党中央，把脱贫攻坚作为三大攻坚战之一，摆在党和国家事业发展前所未有的高度。仅今年春节后，从 3 月到 6 月，无论从高层次会议上还是专项工作部署上，都把脱贫攻坚工作摆到非常重要的位置，专门作出重要的批示、指示。昨天，习总书记又作出了重要批示。这充分说明了这项工作任务在我们党和国家的建设发展中的重要位置。打赢脱贫攻坚战对于全面建成小康社会，实现两个一百年的奋斗目标具有十分重要的意义。到 2020 年，全国范围内能不能实现“真脱贫、脱真贫”，这切切实实关系到我们能不能实现第一个一百年目标。从中央到国务院到省委、省政府，包括人社部都把这项工作摆到了十分重要的位置，所以我们各成员单位要提高思想认识、政治站位，把这项工作摆到更加重要的位置上来，让精力、措施和办法更加有利于促进山东人社扶贫工作。

习总书记 5 年来走遍全国 14 个集中连片特困地区，每次安排行程时都要突出看真贫、访真贫，不打招呼、不看“盆景”；每逢重要节点、重要会议、重大场合都反复强调脱贫攻坚工作，为全党作出了表率。

昨天，打赢脱贫攻坚战三年行动电视电话会议提出，“要把脱贫攻坚作为头等重要政治任务来抓。”人社部部长张纪南同志主持召开的第一个理论学习中心组专题学习，就是围绕脱贫攻坚，去安徽省调研也是关注扶贫工作；邱小平副部长上月来我省调研，也对人社脱贫攻坚提出了明确要求。我们人社部门作为重要民生部门，在脱贫攻坚中扮演着重要角色，承担着重要职责。要提高政治站位、增强政治自觉，把做好人社精准扶贫作为重大政治任务，筑牢“四个意识”、坚定“四个自信”，时刻与中央保持一致，立足人社部门职能，不折不扣地坚决落实好人社部和省委、省政府的工作要求，贯彻精准扶贫精准脱贫基本方略，以更加昂扬的工作状态、扎实的工作作风，

坚决打好、打赢人社扶贫这场攻坚战。

二、工作责任上要再压实，凝心聚力做好人社扶贫这篇大文章

脱贫攻坚与人社部门的各个业务板块息息相关。近年来，我厅人社扶贫做了卓有成效的大量工作，一些典型经验做法得到了国务院、省委的充分认可。打造了“就业扶贫车间”“技工院校服务脱贫攻坚行动”“社会保险专项扶贫政策体系”“公务员脱贫攻坚轮训”“百企万岗进重庆”等许多典型经验，推动我省人社扶贫取得积极进展。脱贫攻坚如此重要的工作，有了这些走在全国前列的典型，是我省人社部门的光荣。一定要把这项工作摆在重要位置，敢于创新思路、创新举措，重点在突出山东特色、打造典型经验上下功夫，为全国扶贫作出贡献。同时，我们也要清醒地看到，脱贫攻坚时间紧、任务重，越往后越是难啃的“硬骨头”。全省尚未脱贫人口达17.2万，呈花式分布在14个市、117个县（市、区），其中菏泽、临沂二市占59.9%，60岁及以上老年人占48.6%，无劳动能力和丧失劳动能力的占72%，绝大多数是老弱病残人员，这部分人是贫中之贫、坚中之坚，如期脱贫的难度很大。实现脱贫的253.1万人中，如果取消优惠政策，还存在返贫风险。到底风险有多大？能不能搞一个测算。如果10%的人返贫，结果比现存的贫困人口数还要大。这其中，因病致贫、因病返贫是最主要的。在与重庆市的劳务协作中，我省平均工资水平低于重庆市，每年大约低6000元左右，引导重庆籍人口来鲁就业缺乏吸引力。而且山东、重庆两地风俗习惯差异较大，但对重庆的劳务扶贫协作是中央下给我省的硬任务，必须完成好，还要让协作地认可。

全面完成省委、省政府交给我们的任务，必须进一步明确工作目标，压实工作责任，狠抓工作成效。要积极争取省委、省政府的重视支持，加强与扶贫、发改、财政等部门的沟通协调，努力为人社扶贫营造良好的外部环境。就业和人才服务中心作为牵头单位，要勇于担当、主动作为，紧紧围绕人社扶贫工作大局，着力打破“业务板块”的壁垒，充分调动起各成员单位的积极性、主动性和创造性。各成员单位要把扶贫工作作为“一把手”工程，凡是职责范围内的事项，一定要尽职尽责，全力抓好落实；凡是需要配合协作的事项，一定要积极主动，决不能推诿拖延。各成员单位主要负责人就是第一责任人，要亲自领头研究部署，真抓实干，埋头苦干，共同做好人社扶贫这篇大文章。

三、脱贫成效上要再提升，把精准的要求贯穿于脱贫攻坚的全过程各领域

刚才，我们学习了习总书记关于脱贫攻坚的重要指示精神，其中，一条很重要的要求，就是要求我们要坚持党中央确定的脱贫攻坚目标和扶贫标准，贯彻落实好精准扶贫、精准脱贫的基本方略。在去年我省召开的脱贫攻坚推进会议上，家义书记结合我省实际，提出了“八个精准”的具体要求。我们要结合推动“八个精准”的要求，全面落实好习总书记最新指示精神，精准施策、精准发力，下足绣花功夫，把扶贫工作的各个方面、各个环节做得精准、精准再精准。一是始终把握稳中求进总基调。做好人社精准扶贫，首先要尽力而为、量力而行。这就要求我们，在尊重客观规律的基础上，充分发挥好我们的主观能动性，一切从实际出发，实事求是，既不急躁蛮干，也不消极拖延，既不降低标准，也不吊高胃口，不能超越现实，稳步地往前推，千万不要敞开口子，什么都答应。二是精准对接扶贫对象。要重点关注菏泽和临沂深度贫困地区和重度贫困人口，集中力量完成17.2万贫困人口脱贫任务。三是精准落实扶贫政策。要深度融合乡村振兴战略，综合实施就业创业、技能培训、社会保障、人才支撑等各类扶贫政策，打好政策“组合拳”，确保各项扶贫政策取得扎实成效。四是精准实施扶贫项目。要巩固提升“就业扶贫车间”等已有经验，虽然运行中出现了使用率不高等问题，但不能否定这项工作在我省扶贫工作中发挥的作用，要积极推动转型升级发展，坚持质量和效益第一，稳步地扩大数量和规模。同时，要积极发现和总结我省在扶贫工作中的新经验和新做法，提升打造“技工院校服务脱贫攻坚行动”“公务员脱贫攻坚轮训”“百企万岗进重庆”等工作品牌，全面提升人社扶贫脱贫质量。

四、作风纪律上要再强化，为夺取脱贫攻坚战全面胜利提供坚强保障

脱贫攻坚任务很重，而且越是到最后工作的难度越大，作风建设更显得尤为重要。当前脱贫攻坚工作中的形式主义、官僚主义、弄虚作假以及消极腐败现象仍然存在。我们要汲取我省和外省在扶贫方面违纪违法的经验教训，狠抓扶贫领域作风建设，深刻汲取外省市人社扶贫领域违纪违规案件的教训，引以为戒，自觉抵制形式主义、官僚主义的问题。要不断深化扶贫领域腐败和作风问题专项治理，持续推动问题整改，真正的把扶贫这项工作做细做实，确保不出问题。

同志们，习近平总书记讲，“打赢脱贫攻坚战，中华民族千百年来存在的绝对贫困问题，将在我们这一代人的手里历史性地得到解决，这是我们人生之大幸。”我们一定要牢记总书记嘱托，以“功成不必在我，功成必定有我”的境界和担当，善始善终，善做善成，坚决打好人社精准脱贫攻坚战，为全省脱贫攻坚大局作出新的更大贡献。

在全省人社系统行风建设暨“一次办好”改革推进会议上的讲话

（于富华　2018年8月8日）

同志们：

这次全省人社系统行风建设暨“一次办好”改革推进会的主要任务是，贯彻全国人社系统行风建设会议、全省推进“一次办好”改革优化营商环境视频会议精神，分析形势、明确任务、压实责任，部署推进行风建设和“一次办好”改革。刚才，两个市作了经验交流，四个处室、单位作了表态发言，听了很受启发。希望大家认真学习借鉴，全面抓好落实。下面，我讲四点意见。

一、提高政治站位，充分认识行风建设和“一次办好”改革的紧迫性、重要性

习近平总书记强调，要始终坚持以人民为中心的发展思想，任何时候都必须把人民利益放在第一位，把人民对美好生活的向往作为我们的奋斗目标。这是我们加强行风建设、推进“一次办好”改革的根本出发点。大家要提高政治站位，进一步统一思想，凝聚共识，切实增强加强行风建设、推进“一次办好”改革的紧迫感、责任感。

（一）推进行风建设和“一次办好”改革，是旗帜鲜明讲政治的必然要求。中央和省委、省政府都对行风建设和“一次办好”提出了很高的要求。习近平总书记强调，作风建设永远在路上，要推动全面深化改革在新起点上实现新突破。李克强总理把转变政府职能作为“当头炮、先手棋”，多次部署“放管服”工作，为“一次办好”改革擘画了新坐标。7月3日，人社部召开系统行风建设电视电话会议，张纪南部长指出“抓行风建设是做好当前和今后一段时期人社工作的战略支点，是破解人社领域重大问题的一把金钥匙。”6月7日，省委省政府印发《关于深化“一次办好”改革深入推进审批服务便民化实施方案》，制定“一次办好”改革的时间表、路线图。刘家义书记强调，要把人民满不满意、社会有没有创新力、企业有没有活力作为解决问题的着力点。7月24日，在全省推进“一次办好”改革优化营商环境视频会议上，龚正省长强调，“一次办好”是“放管服”改革的山东实践，是我省实现“走在前列”目标、加快新旧动能转换的迫切要求。于杰副省长也对行风建设、“一次办好”改革多次作出批示、指示。我们必须提高政治站位，将行风建设和“一次办好”改革作为重要而紧迫的政治任务，牢固树立“四个意识”，增强政治敏锐性，真正把政治纪律和政治规矩挺在前面，认真把握、全面落实中央的决策部署，深入贯彻省委、省政府的工作安排，不打折扣、不搞变通，推进行风建设与“一次办好”改革互促共进、同步提升，真正把行风的根本好转、“一次办好”的全面实施，作为我们旗帜鲜明讲政治的重要检验。

（二）推进行风建设和“一次办好”改革，是全面深化人社事业改革的重要举措。勇于自我革命，是我们党最鲜明的品格，也是党最大的优势。中央多次提出，要勇于自我革命，加大转变政府职能和简政放权力度，以更快、更好地方便企业和群众办事创业为导向，推动审批服务理念、制度、作风全方位深层次变革，不断优化办事创业环境。进入新时代，人民群众美好生活需要的内涵不断丰富、层次不断提升，对人社事业改革发展提出了一系列新要求，改革攻坚任务非常繁重。加强行风建设、推进“一次办好”，是改进工作作风、优化职能配置的一场自我革命，也是全面深化改革的重要内容，是一场从理念到体制的变革、从效率到效能的变革、从面上推开到纵深推进的变革。我们必须应势而为、顺势而行、乘势而上，以“壮士断臂”的勇气，大胆闯、大胆试、大胆改，变“路径依赖”为“模式创新”，解放思想，转变观念，创新思路，推动行风建设和“一次办好”改革不断向纵深推进。

（三）推进行风建设和“一次办好”改革，是提升为民服务水平的迫切需要。近年来，各级人社部门按照中央、省委省政府决策部署，持续推进简政放权，降低群众办事门槛，切实转变作风，取得积极成效。但与中央要求、与先进省份以及群众期待相比，还有不少差距。去年浙江推出了“最多跑一次”改革，涵盖了政府权力事项的 80%；江苏大力推行“不见面”审批服务，80% 以上的事项实现了网上办理；贵州推出“人在干、云在看”，广东和北京、上海、天津、重庆的推进力度也很大。从我省情况看，还存在很大的差距：思想观念上，有的同志存在“不愿放”“不想放”的思想，出现了“边减边增、名减实不减、有减有不减”的新问题；管理方式上，个别单位重监管、轻服务，有的基层窗口服务不周到、不主动；服务手段上，内部信息共享程度有待提高，网办深度不够，不能彻底解决群众“多次跑腿”的问题。尤其是近段时间以来，省委、省政府组成多个暗访组，到各地暗访窗口服务情况，我们人社系统窗口单位的一些不良作风也被不断曝光，隔三差五出现在新闻媒体。7 月 26 日，《大众日报》报道了暗访 17 市政务中心情况，其中暴露了人社政务服务中的很多问题，涉及 4 家人社服务窗口，占问题窗口单位的 23.5%，问题严重，教训深刻。这些问题的出现，反映了行风建设的“痛点”和“堵点”，充分体现了推进“一次办好”改革的必要性、紧迫性。我们必须坚持问题导向，把解决问题作为谋划工作的切入点和发力点，作为改革的出发点和落脚点，树立“不进则退、慢进也是退”的责任意识、忧患意识，精准发力、靶向施策，持续改进为民服务水平，让群众拥有更多获得感、幸福感。

二、突出重点，抓住关键，推进人社领域“一次办好”改革向纵深发展

改革就是要抓住主要矛盾，主动创新求变。推进“一次办好”改革，要按照“换位思考、主动服务、有求必应、无需不扰、结果评价”的要求，持续强化“走在前列”的责任担当，从机械的政策依赖中解放出来，变“劣势”为“优势”，变“跟跑”为“领跑”，不断释放“放管服”改革红利。

（一）聚焦简政放权，攻克改革难点。“一次办好”底线是“一”、根本在“减”，要重点做好“减”的文章。一要减事项。7 月 31 日，省厅公布第一批 88 项“一次办好”事项清单，公开热线电话，征集“一次办好”问题线索，“一次办好”改革迈出了坚实的一步。8 月中旬，我们将公布所有“一次办好”事项清单。这是我们的庄重承诺，是向社会立下的“军令状”，来不得半点虚假。大家回去后，要重新审视、梳理行政审批事项、权力事项和公共服务事项，力争再砍掉一批审批事项，再砍掉一批烦琐程序，再砍掉一批办事关卡，能整合归并的，坚决整合归并，能联动办理的，坚决联动办理，切实降低创业创新的门槛，切实方便企业和群众办事。二要减次数。按照“流程驱动”要求，重塑业务流程，坚决打

破分散、割裂的管理体制和封闭的工作机制，加强跨部门、整体性业务的协同，让群众跑“一次腿”办“多件事”。加强互联网技术运用，把群众“现场办”变成“网上办”，最好“移动办”，让数据在网上多跑腿，让群众尽量“不跑腿”，或者“只跑一次腿”，推动实现人社事业改革创新、转型升级。三要减材料。前期，省厅梳理了四级人社部门服务事项的材料清单，涉及事项 199 项，须提交材料 910 份，其中证明材料 516 份。要按照中央“四个一律”要求，应该取消的，坚决取消，坚决杜绝各种奇葩证明，绝不能让百姓饱受跑腿之累。要大力推进互认共享，减少不必要的重复举证，年底前实现申请材料精简 30% 以上、压缩办理时限 20% 以上。

（二）聚焦“互联网 + 人社”，根治改革痛点。“互联网 + 人社”是具有杠杆效应和裂变反应的系统性变革，必须进一步深化互联网技术的应用。一是推进全程网办。要采用多种形式，让服务事项尽量实现网上办理，力争年底前，省级服务事项网上办理率不低于 80%，市县级网上办理率不低于 50%。暂不具备全程上线的事项，要以在线咨询、在线预约等方式，及时答疑解难，实现线上、线下服务的有效衔接。要大力发展移动客户端、微信等多种网上服务渠道，实现线上服务集成。二是推进数据共享。要按照先急后缓、急用先办的原则，加强数据清洗、优化和整理，不断提升数据质量。2020 年底前，要实现 90% 数据的同人、同城、同库和准确、唯一。要聚集整合个人的就业经历、技能培训、参保缴费、工资收入、权益保障、表彰奖励等数据，构建“人社电子档案袋”，形成系统内部数据共享平台。要向省政务信息共享交换平台“无条件归集”，加大跨部门数据共享力度，不断拓展数据共享的广度和深度。三要推进数据开发。“数据大”并非“大数据”。要充分利用新一代信息技术手段，全面掌握不同地区、不同行业、不同人员的共性、个性需求，创新服务模式，构建集成多领域的大数据应用平台，提高智能化服务水平。要用大数据发现隐含的客观事实和发展规律，实现“用数据说话、用数据决策、用数据创新”，为社会公众提供更为个性化、更具针对性的服务。

（三）聚焦事中事后监管，培育改革亮点。加强事中事后监管是顺利推进简政放权的关键，只有科学有效的“管”，才能促进更大力度的“放”。重点做好以下几点：一要建立监管体制机制。改变重审批、轻监管的管理方式，按照“谁审批谁监管、谁主管谁监管”原则，厘清审批和监管权责边界，强化落实监管责任，健全联合核验、业务协同、信息互通的审管衔接机制，形成事中监管、事后检查、违法查处的“大监管”体系。二要加强事中监管。加强对取消、下放和委托事项的监管，加强业务指导、制度保障和人员培训，防止权力下放“自由落体”“消化不良”。加大对容缺受理、告知承诺办理事项的抽查力度，追究提供虚假材料者的法律责任，降低改革风险。三要加强事后监管。要全面推行“双随机、一公开”监管，推进一体执法，强化信用监管。归集整合就业、社会保险、人事人才、劳动关系、工资收入分配等方面的信用信息，对各类服务对象守信失信行为进行分析，构建“人社信用体系”，加大失信联合惩戒和守信联合激励力度。

三、精准发力，持之以恒，切实推动人社系统行风建设各项部署落地生根

加强人社系统行风建设总的要求是：以全面贯彻习近平新时代中国特色社会主义思想和党的十九大精神为指针，以百日攻坚行动、百佳窗口建设、百名先锋培育、百分百群众满意“四百工程”为统领，抓住彻底打通为民服务“最后一公里”这个“牛鼻子”，争取用两年左右的时间，构建全员讲政治、权责拉清单、领导上一线、干部下基层、群众得实惠的人社服务新格局，全面展现人社部门新形象、新作为、新贡献。

（一）明确目标，把握重点，实现各项工作良好开局。加强行风建设要抓住列清单、减程序、理数据、强监管等关键环节，规范标准流程，提高能力素质，考核督查倒逼，进一步治痛点、疏堵点、树亮点。要充分明确阶段性的目标任务和工作举措：今年，重点是统一认识，清理证明，梳理流程，公布清单，转变作风，有效提高人民群众满意度；明年，重点是推进办理事项标准化、

信息化、一体化，实现“一站式”办理和“一窗通办”，基本实现业务事项“全程网办”，培树一批行风建设先进典型，明显提高人民群众满意度；到2020年底，全面实现“马上办”“就近办”“一次办”，基本形成平稳有序、运转高效的行风建设工作机制，显著提高群众满意度。大家要迅速行动起来，积极开展“百日攻坚行动”，积极组织开展进社区、进家庭、进企业调研走访活动，建立问题、原因和整改“三张清单”，实现行风建设良好开局。

（二）固本强基，创新服务，推动窗口建设换档升级。近年来，各地先行先试，大胆探索，打造了一批各具特色的窗口单位。要通过开展“百佳人社示范窗口”等创建活动，打造全省行风建设的“样板间”，持续发挥先进典型的示范效应。一要建立一体化服务平台。加速整合人力资源社会保障业务实体大厅，建立实体大厅、网上大厅、电话服务、信访投诉等一体化工作平台，加快推进服务标准化建设。要延伸服务便民化网络，对量大面广的服务事项，要坚持服务前移，加快完善人社乡村便民服务体系，打造群众满意的“服务之家”。二要建立规范化服务制度。推行综合柜员制，优化窗口功能布局，真正实行一窗受理、集成服务，提高办事效率。落实首问负责制，一旦受理业务，要“一跟到底”，打通群众办事“最先一步”到“最后一步”。三要创新便捷化服务模式。要推广绿色通道、告知承诺、快递送达等便利化服务手段，合理配置便民设施，增强智能引导，大力提供“保姆式”服务，切实解决排队等号、来回跑等突出问题，推动窗口服务提档升级。四要培育一流窗口管理服务队伍。行风建设是检验窗口干部队伍的“试金石”，窗口服务是检验行风建设成效的“放大镜”。近期，要汇集各地窗口出现的作风问题，组织开展窗口管理人员定向专业培训，在制度建设、服务方式上来一次大提升、大改进。要实施百名先锋培育工程，带动、牵引窗口服务水平的提高，着力弥补服务群众的能力短板、经验盲区。

（三）立足长远，构建机制，确保行风建设提质增效。民心是最大的政治，民生体现民心。要大力构建行风建设长效机制，从长远和根本上解决行风问题。一要构建简约高效的基层管理机制。大力推动治理重心下移，持续加强基层人社服务平台建设，健全行业服务标准，完善服务网点，实现服务事项“下得去”“接得住”。要坚持严管与厚爱相结合，加强教育培训和职业保障，加大对窗口一线评选表彰、考核评优的倾斜力度，引导大家更好地为民服务。二要全面建立服务反馈机制。依托12333热线、政务大厅、门户网站、手机APP网站等资源，建立人社政务服务事项回访制度，做到每个事项随机回访，重点事项重点回访。创建人社系统行风建设网络平台，实时了解百姓呼声心声，并及时改正。三要建立人社系统行风建设评价机制。盯住人社服务平台零距离、服务零投诉、流程零障碍、问题零容忍“四个标准”，全面加强行风评价制度建设，并定期跟踪问效，营造一流的服务环境。建立健全群众参与、科学决策、政务公开、服务评价和责任追究制度体系，从细处入手，向实处发力，推进行风建设不断向纵深发展。

（四）正风肃纪，强化监督，推进行风建设持续向好。发挥监督检查“利器”作用是加强行风建设的保障。要较真碰硬，加强监督检查，确保行风建设不走形、不变样，取得真正的实效。一要加大明察暗访和查处曝光力度。聚焦群众关心的事项，每年至少开展两次明察暗访，以服务对象的身份，走流程、摸实情、找堵点。严肃查处“吃拿卡要”“奇葩证明”及办理结果严重偏颇、失实等问题，坚决查处影响系统形象的重大问题，并曝光一些负面典型，发挥警醒作用。二要建立投诉举报和约谈制度。要设立行风问题投诉举报专区、专线，畅通投诉举报渠道，主动接受群众监督和舆论监督，做到有举必应、有诉必查、查必有果，纠必到位。建立人社系统行风问题约谈制度，对行风问题比较突出的单位，厅党组将对主要责任人进行约谈；对发生重大问题的，除通报市局外，还将责成市人社局主要负责人到省厅说明情况。三要加大监督执纪问责力度。各市局党委要切实履行好行风建设的主体责任，驻市局纪检部门要履行好监督责任，做到主体责任、监督责任同时、同向发力。要加强行风建设的专项监督，加大日常监督和教育惩治力度，特别是对近期出现的典型案例，大家要引起足够的警醒，如果一犯再犯，将严肃追究单位和个人的责任。

四、强化责任担当，确保行风建设和“一次办好”改革各项任务落实落地

加强行风建设、推进“一次办好”改革，体现了系统上下的责任担当，是对我们工作能力和作风的重大考验。各级人社部门、各处室单位要坚持严字当头、实字托底，狠抓各种改革措施的落实，务求取得实效。

（一）加强组织领导，落实工作责任。行风建设和“一次办好”都是“一把手”工程。主要负责同志是第一责任人，要带头推进行风建设，带头研究“一次办好”改革，真正承担领导责任。要将改革任务清单化、项目化，细化施工图、时间表、责任链，把任务分解到位、落实到人。目前，省厅成立加强行风建设领导小组，我任组长，鲁青、伯平、永军同志为副组长，其他党组同志任成员。领导小组下设办公室和4个工作组，抽调8位同志作为工作人员。各市也要参照省厅做法，建立相应工作机制，压实责任，构建上下贯通、协调一致的工作格局。

（二）坚持问题导向，创新方式方法。要坚持问题导向，善于发现问题、解决问题，找准老百姓急的、盼的问题，找准工作中的矛盾、短板、弱项，并分门别类出台务实管用的硬招实招。要紧紧扭住社保、就业、人才等痛点问题，上下协同联动，实施重点突破。要注重着眼长远，统筹规划、建章立制，盯住突出问题重点整治，形成长效机制。要注重借势、借机、借力，善于运用“外脑”和“第三方”，不断汇聚工作合力。注重“眼睛向下、脚步向下”，尊重基层首创精神，推进行风建设“接地气”“聚人气”“提士气”，不断激发改革活力。

（三）严格考核奖惩，广泛宣传引导。省厅将制定行风建设考核评价办法，细化指标任务，对各市人社局和厅属各单位进行考核，考核结果将作为评优评先的重要依据。要落实省委省政府激励干部担当作为、干事创业的要求，按照“三个区分开来”的原则，对工作到位、积极作为的典型，通报表扬、给予奖励；对不担当、不作为、慢作为的，要严肃问责。尤其是明察暗访中发现的问题，我们绝不护短遮丑，必须严肃处理。要正确引导社会预期，回应社会关切，广泛凝聚社会共识。建立省市县协作工作机制，争取年内推出一批改革实践样本，营造良好氛围。

同志们，人社系统行风建设和“一次办好”改革已经全面启动。希望大家在省委省政府坚强领导下，以永远在路上的恒心和韧劲，以刀刃向内的勇气和决心，解放思想、勇于担当，改革创新、脚踏实地，正行风、树新风，为新时代现代化强省建设贡献更大的力量。

在年中务虚会上的讲话

（于富华　2018 年 8 月 9 日）

同志们：

这次务虚会开得很好。各市人社局长从不同侧面，深入分析了人社事业发展面临的形势，全面研讨了工作中存在的突出矛盾和问题，并对下步工作提出了很好的意见和建议。各位厅（局）领导围绕分管工作，结合省委省政府的一系列决策部署，特别是对标对表南方三省的先进经验，认真查找自身工作中存在的问题和不足，认真地研究下步工作的思路和打算，对促进全省人社事业持续健康发展，尤其是下半年的工作任务提出了符合发展实际、也符合未来发展方向的想法和措施。大家讲得很好，我都同意。

政研处给我准备的稿子很好，我都赞成。由于时间所限，我就不念稿子了，希望大家结合各自工作，抓好贯彻落实。这次会议是一次务虚会，务虚会就是说实话，不讲大话，不讲虚话，我主要围绕来人社厅工作四个月的想法和感受，谈点认识和体会。

一、在人社工作定位上要深入学习和全面把握习近平总书记重要讲话精神的精髓，真正做到武装头脑，指导实践，推进工作

学习贯彻十九大精神，也要求我们真正做到武装头脑，指导实践，推进工作，这都是一脉相承。人社工作涉及改革发展的各个方面，涉及大部分民生工作，任何一项改革，任何一项民生工作，几乎都与人社工作有关系。我们必须把握好大势，围绕习近平总书记的重要讲话精神和中央的决策部署，做好人社工作，这是我们做好人社工作的根本和前提。2013 年以来，习近平总书记多次到山东视察，对山东工作提出了非常明确的指导。2013 年，习近平总书记就提出“山东工作要走在全国前列”的目标定位。今年 3 月 8 日，在全国“两会”期间山东代表团座谈时，习近平总书记又专门提出了“两个走在前列，一个全面开创”的目标定位。山东各项工作包括人社工作，必须按照“走在前列”这个目标去定位、去规划，并按照“走在前列”的要求去谋划思路、制定措施，认真地加以实施。

实现“走在前列”的目标，首先要提高政治站位，把思想认识统一到习近平总书记对山东工作的总要求上来，这是我们的根本遵循。人社工作一定要主动地适应形势的发展，认真地落实好习近平总书记对山东的殷切希望和总体的要求，一切工作都要围绕贯彻习近平总书记的重要讲话、重要指示批示精神做文章。习近平总书记对山东工作提出“走在前列”的目标，但我们很多方面没有真正走在前列，尤其是最近 8—10 年间，我们被南方先进省份在相当的程度上抛在了后面。这次习近平总书记到山东来视察时发表了重要讲话，当时我在现场。习近平总书记提出，过去，山东发展得不错，创造了很多经验，比如山东的路过去不错，但是现在落后了，我们的高速公路已经远远落后于其他省份，一些新兴产业更落后，因此现在的山东没有勇立在改革的潮头，没有处在全国排头兵的位置，离“走在前列”的目标和要求还有相当的距离。过去的经验，不一定适应今天的形势；过去的成功，不等于今天的成功。为进一步对标对表南方先进省份，7 月，省委专门组成包括省委书记、省长和有关省领导，包括 17 个市的市委书记和市长，包括省人社厅在内的有关省直部门，到南方先进省份学习考察，主要是学习南方省份的先进经验，真正按照走在前列的要求去取经，去找差距，找不足，明确努力方向。如果认不清面临的严峻形势，人社工作就很难贯彻落实好习近平总书记“走在前列”的要求，也跟不上时代的发展要求。我们必须学懂、弄透、做实习近平总书记的重要讲话精神，认真落实好习近平总书记“走在前列”的工作要求，真正把习近平总书记的重要讲话精神作为指导人社各项工作的行动指南，落实到每一个处室，每一个单位和人社系统各方面的工作上。习近平总书记视察山东时，对山东的工作明确提出“四个扎实”的工作要求，其中第三个就是扎实推进改善和保障民生，提到了就业，提到了社会保障，讲得非常具体。我们一定要对标南方先进省份，真正找到自己的差距，把习近平总书记对山东工作的总要求落实到我们人社系统每一位工作人员的思想之中、行动之中，真正与党中央，与习近平总书记保持一致，坚决维护习近平总书记的核心地位。

二、紧紧围绕山东发展的大局，谋划人社事业发展

习近平总书记提出了“走在前列”的目标定位，为我们明确了方向。下一步，关键要沿着这个方向来集中发力，精准发力，精准施策。省委、省政府出台一系列解放思想方面的文件，家义书记在许多会议上都强调，要推动思想再解放，改革再深入，工作再抓实。本质上是要求我们落实习近平总书记的重要讲话精神，进一步解放思想、深化改革，扎实做好各项工作。今年，为推进解放思想，省委、省政府出台一系列的重大战略和部署，包括新旧动能转换、乡村振兴、海洋强省以及打造对外开放新高地等等。这些重大战略、重大部署关系山东未来发展，关系山东各行各业未来的竞争力。各项人社工作一定要紧紧围绕省委、省政府的重大部署，尤其是围绕新旧动能转换、乡村振兴、海洋强省战略以及打造对外开放新高地，扎实做好各项工作。要真正围绕“十强产业”，出台人社政策措施，进一步助推新旧动能转换；围绕乡村振兴方面，出台包括乡村振兴人才政策等一系列的配套政策，为实施乡村振兴战略贡献力量。

我来省人社厅工作时间较短，过去对涉及高校、事业单位和医保等人社领域政策了解得还比较多，对其他领域接触还比较少。今天，国际国内环境发生很大变化，进入了新时代，必须坚持以习近平新时代中国特色社会主义思想作为我们各项工作的指导思想。刚才，贵卿同志说，外部环境发生了很大变化。随着中美贸易摩擦的逐步升级，我们都要思考如何主动应对这种变化对经济持续健康发展的冲击。7 月 31 日，总书记在中央政治局的会议和政治局第七次集体学习时进一步明确，上半年经济发展保持总体平稳，稳中向好，但外部环境发生明显变化，经济运行稳中有变，总书记强调要促进六个方面的“稳定”，即稳就业、稳金融、稳外贸、稳外资、稳投资、稳预期。六个方面的“稳定”与人社工作密切相关。对于就业工作来说，总书记讲的第一条，就是稳就业，强调要把稳定就业放到更加突出的位置，确保包括工资、教育、社保等基本民生的支出，切实做细、做深社会稳定工作。我们一定要紧紧围绕习近平总书记的重要指示。落实好省委的决策部署，紧紧抓住改革开放这个关键一招，做好发展、创新、人才“三个第一”的文章。大家一定要站在全局的角度去考虑问题，善于观察大方向，善于观察整个国家发展的大方向，绝不能单纯地局限于自己的职能。

新的形势下，习近平总书记 4 月到南方视察时，释放了大量加大对外开放力度的信号，也出台了很多政策。新形势下的对外开放，除扩大对外经济技术文化交流外，还要进一步健全完善社会主义市场经济。面对国际形势的复杂变化，扩大对外开放，必须把发展作为第一要务，在发展中扩大对外开放。我们在制定改革政策、协调推进改革措施的过程中，一定要把握好这个大势，把发展作为最根本的任务，紧紧扭住省委省政府确定的重大改革事项，围绕全省中心任务和重点工作，推进人社事业改革发展，做到与全省中心工作同频共振，贡献更大的力量。

三、对标南方先进经验做法，进一步解放思想

刚才，各位厅（局）领导，包括各市局的主要负责同志都讲，实现高质量发展，真正推动人社工作“走在前列”，必须解放思想，更新观念，敢于打破过去的惯性思维，敢于打破条条框框，坚决摒弃过去那种求稳怕乱、墨守成规、官本位、

慢作为、不作为等方面的问题。

全省党政考察学习团去南方三省学习前后，我们也组成由厅（局）领导带队的考察学习团赴南方三省考察学习，有的处室采取多种方式，与南方三省进行了对接，积极学习南方三省的先进做法和经验。有的处室思想非常解放，行动十分迅速，很快就推出改革举措，得到用人单位、社会各界的广泛好评。尤其是事业单位管理工作，我们在较短的时间内出台高校岗位设置管理制度改革的实施意见，政策实施效果不错。下步重点做好以下工作：一是进一步解放思想、简政放权。“放”，看似下放一些权力事项，实际上是工作重点发生了转移。我们下放权力，不是推卸责任，而是要调动用人单位的自主权、主动权，进一步深化改革，激发事业发展活力，推动高质量发展。在下放权力的同时，要进一步加强事中、事后监管，坚决防止一管就死、一放就乱，这是政府部门应该做好的事情。二要进一步增强危机感、紧迫感。南方之所以发展快，最主要的是思想解放；第二个就是保持永不懈怠的精神状态，有一种时刻等不起、慢不得的危机感，勇于自我加压，不断地前进。面对国内形势的深刻变化，先进省市已经出台很多应对举措。前两天，我们在研究制度创新时看到，北京、上海、广东等省市已经出台一系列对外开放的举措，北京出台对外开放 100 条，上海出台对外开放 117 条，广东出台进一步扩大对外开放、积极利用外资 10 条政策措施，山东也正在研究出台。我们工作的起点与南方先进省市有差距，现在必须奋起直追，时刻保持一种永不懈怠的精神状态和一往无前的奋斗姿态，付出更加艰辛的努力，真抓实干、埋头苦干，勇做新时代的泰山挑山工，努力赶上南方先进省份的发展步伐。三要学习南方的主动服务意识。山东是孔孟之乡，历史悠久，文化也非常深厚。但是受传统文化和思想观念的影响，同南方先进省份相比，官本位的思想比较重，思想不够解放，主动服务意识不强，不能像南方省份一样在意识上、行动上破除官本位思想，不能真正的放下身段走进用人单位，主动服务企事业单位。要放下身段，当好店小二，企业负责点单，我们做好服务，真正实现政府部门负责“阳光雨露”，企业负责“茁壮成长”。要打破过去相对保守的思想，勇于对标先进，敢于解放思想，敢于深化改革，敢于精简办事程序，尽心尽力服务好企业和群众，营造亲商、重商、安商、友商的氛围，真正学习好南方三省先进经验，落实到人社工作的具体工作部署中去。

四、紧紧抓住制度创新的良好契机，勇于改革创新

最近，省委在学习南方三省经验后，接着召开学习考察经验交流会，第二天召开招商引资暨招才引智工作会议，人社厅作为六个部门之一，进行了大会发言。在学习考察经验交流会上，家义同志核心只讲了一条，就是要推进制度创新。实际上，制度创新包涵体制、机制等各个方面的创新。上个礼拜，清宪同志又专门主持召开专题会议，专题调度安排各个厅局的制度创新工作，要求所有的厅（局）至少出台十条制度创新措施。省厅拿出十三条制度创新措施，主要是围绕就业、人事人才、社会保障等方面，进一步解放思想，从制度上面建章立制，促进事业发展。这是深化改革的突破口，也是倒逼人社事业加快改革的一个总抓手。

刚才，永军同志在激励干部担当作为时，讲了“三个有利于”。现在，省委明确，凡是有利于全面从严治党、凡是有利于推进高质量发展、凡是有利于实现以人民为中心发展思想的，在守住底线的前提下，都可以大胆地做、大胆地试、大胆地改，省委做后盾。在全省学习考察经验交流会上，家义书记讲，这“三个有利于”我在这里说了，我是代表省委讲的，你们大胆试、大胆改，出了问题省委负责；龚正省长在主持会议时明确表示“法不禁止则可为”。省委、省政府主要领导同志这么讲，就是要给大家营造一个敢于解放思想、改革创新、加快发展的大环境。

这次制度创新与过去的做法不同。过去，进行制度创新，主要是由部门负责制定一些规章制度，可以是 13 条，也可以是 15 条。这次制度创新，要明确三点：首先是推进什么样的制度创新，提出问题；二要解决什么样的矛盾；三要提出什么

样的思路。为搞好这次制度创新，省委办公厅成立由省委常委、省委秘书长王清宪同志总牵头的一个班子，负责汇总各个厅（局）制度创新题目。比如说省人社厅牵头负责的13项制度创新，省人社厅主要负责人、班子全体成员到省委制度创新办公室确定的会场，面对省委省政府的有关领导，面对改革涉及的用人主体或者是改革对象，面对改革相关厅（局），另外再聘请一些第三方代表（主要是南方先进省份的一些代表），听取主办厅（局）主要负责同志汇报，其他所有同志都可以提问，在这个会议上解决所有的问题，形成统一意见后，上省委常委会审定。我们要抓住这个机会，大力研究出台一批具有突破性的改革事项和措施，争取在全国率先出台一批创新性举措。希望大家围绕走在全国前列的目标，敢于创新，敢于打破过去的体制机制限制，下大力气抓好制度创新。现在，我们已经有了厅内的榜样，比如高校岗位设置管理制度改革，比如向省委报送的基层公务员激励保障机制改革四条措施。其他各方面工作也要紧紧对标南方先进经验，对标厅内走在前列处室的做法，抢抓机遇，奋力拼搏，真正把制度创新这项工作抓紧、抓好、抓实。

五、突出重点任务，推进人社持久高质量发展

人社工作涉及的面很宽，主要有六大板块、八个方面。到人社厅刚三个月的时候，我算了一下，在外头开会达180多次，现在可能超过200多次了，可见人社工作涉及面很广，涉及的事情也非常多。我们必须抓住重点，争取在重点领域和关键环节率先取得突破。关于下步重点工作，各位厅（局）领导、各市的局长都讲得很好，我不再展开了，重点强调一下个别事项。

要把就业作为当前最重要的事情。到省人社厅前，我对就业尤其是大学生就业了解比较多。面对国际国内形势的深刻发展变化，稳就业是首要任务。当前，中美贸易摩擦愈演愈烈，我们要认识到中美贸易摩擦的必然性、长期性，既要出台一些应急措施，消除负面影响，更要坚定必胜的信念，看到中国有中国特色社会主义制度的优势。比如说发展，哪怕美国GDP发展速度达到4%，保守估计我们也能达到6.5%以上的发展速度，年终发展速度可能还要高一些。另外，要看到，中国自身市场需求很广，哪怕中美贸易摩擦到了更高的水平，对GDP、对中国发展有影响，但这种影响不可能是根本性的影响，大家一定要有信心。要主动应对。7月6日，我们已经制定应对工作预案，上报省政府决策，也研究制定一批储备政策、储备措施。当前，人社部门最重要的工作是摸清底数。要认真调查分析各种数据，坚持用数据说话，并善于利用同一组数据进行前后比较，这样的比较，也更有说服力。要根据形势的发展变化，及时出台社保费延缴、缓缴，或者免除滞纳金政策，帮助企业渡过难关。要加快制定各方面的工作预案，加强监测预警，及时掌握信息，了解动态。要规范企业裁员行为，实行提前备案制度，让我们提前了解企业的裁员情况，提前制定应对措施。在应对中美贸易摩擦，主动适应国际环境变化方面，要把就业摆到非常重要的位置，特别是发挥好创业对就业的带动作用。

关于社会保障方面的工作，刚才，房波同志讲得非常清楚，中央调剂金制度已经开始施行。中央调剂金制度的建立，对完善企业养老保险省级统筹制度提出了新的要求，没有实现市级统筹的7个市，要加快工作进度，今年底实现市级统收统支，到2019年底实现全省统收统支。今天，烟台市提出的调用委托全国社保理事会投资运营资金问题，请有关处室单位提前考虑，采取措施，分步实施。关于社会保障基金风险防控问题，我们准备得比较早，动作比较快，已经开展了调研，制定了工作预案。

关于人才工作。习近平总书记强调，人才资源是第一资源，要聚天下英才而用之。我们学习借鉴南方三省先进经验，在人才人事方面推出了一些改革措施。刚才，国良同志回应时，分析了当前人才工作中存在的一些问题，比如人才政策碎片化、部门化等等问题，我们正在制定相应措施，抓紧时间完善政策。人才工作的原则是党管人才，政府部门要做好配合、参谋、落实等工作。做好人才工作更需要全社会参与，尤其需要用人单位、市场机制发挥作用。伯平同志谈了很多，春艳同志就发挥人力资源市场作用也讲了意见。下一步，

要进一步整合现有政策，真正让现有政策落实到位。要把人才工作和创业工作结合起来，真正把人才用好，把创新创业搞好，真正把人才链、创新链、资金链、产业链四链结合好，建立全链条、全要素的人才发展新机制，这是人社部门推进人才发展体制机制改革的重要方向。各市人社局要结合新区改造，给地方党委政府多提点这方面的意见建议。放权等方面的工作，做得已经很好，我就不再讲了。

关于机构改革，大家比较关心。今天，人社部的“三定”方案出来了，改革根本方向是协同高效。关于军转安置工作，今天发了一封信。刚才，春艳同志要求把这封信发给17个市。大家一定要高度重视军转安置工作，最近孙春兰同志多次召开会议，研究这项工作，并且多次作出批示，其中有些批示涉及山东。近期，退役军人事务部要到各地督查，请各位局长回去后调度一下，参照省厅做法，成立专门的工作领导小组。

另外，要做好机关事业单位人事制度管理、工资收入分配、劳动关系等方面的工作。

这里，我强调一下迎接国务院大督查的有关工作。现在，督查准备工作已经就绪，下周就要来我省督查，大家要做好准备工作。这次督查采取明查、暗访等多种形式，涉及人社部门的就业创业、高校毕业生就业、退役军人就业、农民工工作、去产能职工分流安置、治欠保支、医保、跨省异地就医等。要做好人社领域有关事项的再梳理、再排查，既要发现问题、查找短板，又要总结成绩、发现典型，主动展示成果，争取工作主动。

六、敢于担当作为，努力营造干事创业的良好氛围

当前，人社事业发展已经进入新时代，面临着很多新情况、新问题。但我们有些同志还不能适应新形势、应对新挑战，在担当作为上存在许多问题和不足：有些同志思想解放不够、观念变革不深，工作的目标定位不高，出台政策力度不大，离省委、省政府的要求和人民群众的期盼，还有较大的差距；有些同志弱化了争先创优的劲头和奋发有为的闯劲，有的甚至躺在自以为是的“功劳簿”上“睡眼惺忪”，导致工作推进速度不快，事业发展质量效益不高；有些同志落实中央决策部署和省委、省政府决议决定缺乏创造性，落实厅党组各项工作要求平推平庸，没有特色和亮点，甚至抓落实的效率低，执行厅党组安排部署总是慢半拍，习惯于等一等、拖一拖、放一放，甚至有的存在“中梗阻”现象等等。现在，人社领域的工作标准高、任务重、要求严，而且人社系统涉及的矛盾很多，比如发展和稳定的矛盾，劳资之间的矛盾，这些矛盾都是相对对立的。因此，做好人社工作，必须在强化廉洁自律的基础上，变压力为动力，变被动为主动，服从发展大局，敢于负责，敢于作为，积极作为，大胆地想，大胆地改，否则不主动作为，就可能被别人逼着作为。要引领大家主动作为，打造担当作为的部门榜样，而不要让上级领导推着作为，也不要让相关部门推着作为。如果我们被别人逼着作为，就可能成为乱作为，甚至不作为的典型。要围绕省委、省政府重大事项去思考，去谋划，超前考虑，主动作为，提速增效。

敢于担当作为，还要会担当、会作为，打好各项工作的提前量。凡是涉及我们的改革发展重点事项，必须主动作为，比如人社工作服务新旧动能转换、服务乡村振兴的具体措施，要早出台，早主动，只有这样想问题，这样做事情，才能跟上时代的发展，才能体现担当作为的要求。做好人社工作，绝不能基于过去的一些思路，基于过去的一些框框，基于过去的工作节奏。过去，有的文件拖段时间不办，问题可能不大，现在一个月不办肯定不行，一周不办可能就有人督促。因此必须主动作为，提质增效，打好提前量，主动谋划，超前谋划。

要加强部门之间的沟通，形成工作合力。涉及到厅内部的事项，分管厅长召开调度会，不管涉及哪个处室，不管是不是分管，只要分管厅长调度，就要按照分管厅长的要求，按照党组的要求，抓紧时间解决，既不要等，也不要靠，防止部门之间出现扯皮现象，防止内部矛盾暴露到外面。处室内部之间一定要加强沟通协调，树立主动配合意识。

要狠抓落实。有时候，我们存在重内容、轻落实的问题，制定出台了许多有开创性的政策，

但由于宣传不够，政策落实效果不够好，用人单位和个人并不了解这些政策。几次会议上，包括前天参加的青年企业家峰会，家义书记专门强调了人才政策落地。他说，省里已经出台了这个人才政策，市里也出台了配套政策，但是为什么还没有真正落实落地呢？家义书记曾经批示过一件事，省人社厅和有关部门虽然已经制定了政策，但人才的户籍还是落不了，因为服务窗口不知道这项政策。为推进政策落实落地，我们想了很多办法，要举办培训班，召开用人单位参加的专题对接会、政策解释会，利用新闻媒体开展政策宣讲，真正把政策利用好。最近，我们要举行齐鲁人才大讲堂，开展人才政策培训，狠抓政策落实落地，狠抓政策的宣传，让全社会、让用人单位、让人才知晓政策，用好政策。

到省人社厅工作已经四个多月了，我感受特别深的是，政研处给我写了上百个材料，有些处室加班加点，有时我晚上八点开会，还看到厅里好多处室在加班。有些我批评比较多的处室，也是加班比较多的处室，工作任务很重。在这四个多月里，我个人感觉压力很大，有时候忙得一天当做两天用，还是觉得不够用。在这段时间里，整个省人社厅、整个人社系统没有出现任何这样或者那样的问题，人社事业继续保持持续健康的发展态势。即使工作中存在的一些问题，也是改革发展中的问题，或者是过去的一些存量问题。最近，在调度工作时，我明显感觉到，不管是哪个处室，不管是处长，还是副处长，大家的思想状态、工作状态都很好，都保持着昂扬向上的劲头。在工作任务这么繁杂的情况下，在面临机构改革的特殊时期，大家能保持这样良好的精神状态，我非常感动，非常受教育。借这个机会，我代表厅党组，向厅全体干部职工，向人社系统各位局长表示衷心的感谢。

站在新的历史起点上，我们一定要在省委、省政府的坚强领导下，进一步解放思想，改革创新，跟上新时代，在新时代有新作为、新气象，为人社工作高质量发展做出应有的贡献。

在首期“齐鲁人才大讲堂”启动仪式上的讲话

（于富华　2018年9月6日）

同志们：

经过精心筹备，今天，全省首期“齐鲁人才大讲堂”政策宣讲培训活动正式开班了。在此，我代表省人力资源和社会保障厅，向大家表示热烈的欢迎！借此机会，我讲几点意见。

一、肯定成绩，进一步坚定做好人才工作的信心和决心

去年以来，我省认真学习贯彻习近平总书记关于人才工作的重要论述，坚决贯彻党管人才原则，始终把人才工作摆在重要位置，解放思想，改革创新，着力打破人才发展上的条条框框，营造了引得进、留得住、用得好的人才发展环境。主要表现在：

（一）高层次人才数量再创新高。2017年，我省新增两院院士3人，住鲁院士达48名，创历史新高；新增国家“千人计划”专家28人，总数达230名；新增国家“万人计划”专家90人，总数达203人，创历史最好水平；新增国务院政府特殊津贴专家124名、国家百千万人才工程人选14名。共遴选泰山学者111名、泰山产业领军人才175名，泰山系列人才工程总人数达1695名，打造了支撑山东新旧动能转换的领军力量。实施外专“双百计划”，引进20名外国专家和20个外国专家团队，其中引进国外院士10人，特别是

引进诺贝尔奖获得者来鲁工作，实现了零的突破。实施“海归创新创业在山东”人才计划，建立4家省级留学人员创业示范园，启动“留学人员来鲁创业启动支持计划”，新增留学回国人员7060人。新增技能人才86万人，其中高技能人才22万人，我省培养的袁强、曲笛两名技校学生，在第44届世界技能大赛中分获金牌和优胜奖，实现了历史性突破。

（二）持续推进人才发展体制机制改革。制定出台《引进顶尖人才“一事一议”实施办法》《支持重点企业加快引进高层次产业人才实施办法》《关于深化高等学校岗位管理制度改革的若干意见》等40多个含金量高的政策文件，有效增强了人才发展的比较优势。

（三）人才发展生态进一步优化。健全联系专家制度，完善省市县三级联系专家体系，全省县级以上党员领导干部联系各领域专家人才5659名。实行高层次人才服务绿色通道，探索建立一体化高层次人才服务体系，向402位高层次人才发放“服务绿卡”，在出入境、工作许可和居留等29个方面提供专属服务。建立高层次人才服务专员制度，提供“一对一”服务方式，打造了以“保姆式”“零跑腿”为标志的人才服务新模式。

二、解放思想，更新观念，坚决打破人才工作中的条条框框限制

思想是行动的先导。对于我们广大人才工作者来说，推动人才事业高质量发展，首要的一点，就是要解放思想，坚决破除各种陈旧观念、打破各种条条框框，牢固确立人才引领发展的战略地位，做到聚天下英才而用之。要着力破除五方面观念：

（一）破除陈旧保守、求稳怕乱的观念，树立敢闯敢试、敢为人先的思想。创新既是人才的标签，也是做好人才工作的标签。家义书记指出，制度创新首先要解放思想，必须敢为人先。多年来，思想观念陈旧保守、循规蹈矩一直是我省人才工作的“拦路虎”，不少地区、单位习惯用管理的思维看待人才、推进人才工作，遇到新事、难事习惯于“向上看”“向后看”，重评审、重审批，轻监管、弱服务的问题尤为突出。我们要冲破这些有悖于高质量发展的落后观念，自觉把人才工作融入全省高质量发展大局中去思考、去谋划，解放思想、敢为人先，不循旧例、不囿常规，用适应新时代的新思维、新理念、新方法，奋力攻克艰关险隘，推动人才事业的创新发展。

（二）破除“外来和尚会念经”的观念，树立培育人才、引进人才并重的思想。不可否认，短期内通过金钱、户籍的优惠政策，能够让一个地区快速集聚人才。但正像古人所讲“以利相交，利尽则散”，如果在引进人才中利字当头、急功近利，很容易造成人才哄抢和资源浪费，产生地区间攀比，甚至造成“招来女婿气走儿”。因此，比起一拥而上抢人才，更可贵、更难得的是一如既往爱护人才、支持人才、服务人才。我们要坚持“培育”“引进”两手抓、两手都要硬，对本土的、引进的每一位人才，都要一视同仁、平等对待，让来自不同地域、不同渠道的“千里马”在齐鲁大地竞相驰骋。

（三）破除重头衔、重帽子的观念，树立以用为本的思想。引进人才，不是装点“门面”，根本目的是为现代化强省建设服务。过去，各地引进人才看重“头衔”“帽子”，不惜重金引进院士、长江学者等拥有一定头衔和帽子的老专家、老学者。统计分析，自然科学家发明的最佳年龄段是25—45岁，峰值37岁。所以，在引进人才时，我们要树立以用为本的思想，不图虚名、不骛虚声，不过分看重各种人才头衔和帽子，既要引进院士、长江学者等老专家、老学者，也要重视引进青年人才，优化青年人才发展环境，吸引一大批青年来鲁创新创业；既要“刚性”引才，大力引进各种全职人才，也要“柔性”引才，不求所有、但求所用，不求所在、但求所为，通过项目合作、技术入股、选派挂职、兼职引进等方式，柔性引进国内外人才资源。

（四）破除重科技人才、轻管理人才的观念，树立“科技人才、管理人才皆是人才”的思想。优秀的经营管理人才是关系市场主体成败兴衰的关键因素。著名管理学家彼得·德鲁克曾经说过，中国社会和经济的发展，关键是管理人才的问题，因为管理一定要在当地文化中才能生根发芽，这

是难以从国外引进的。长期以来，各地普遍存在“重科技人才、轻管理人才”的观念，高度重视科技人才，却忽视了经营管理人才的培养引进。据《世界竞争力年鉴》分析，我国企业综合管理水平在50多个国家中排名第37位，我省企业的人才结构也是以低技术人员为主力、中等技术人员为辅助、高级技术人才为骨干，经营管理人才比较匮乏。因此，要彻底破除“重科技人才、轻管理人才”的观念，牢固树立“科技人才、管理人才皆是人才”的思想，一手抓科技人才，一手抓管理人才，加快建设一支懂经营、善管理的现代管理人才队伍，在激烈的市场竞争中立于不败之地。

（五）破除技能人才不是人才的观念，树立高层次人才、高技能人才并重的思想。我省是制造大省，正在向制造强省迈进，但社会上“重学历，轻能力”的观念根深蒂固，高技能人才待遇偏低、社会地位不高的问题仍然存在。从发达国家发展经验看，他们既高度重视高层次创新型人才培养，又纷纷把加强高技能人才队伍建设作为提升经济竞争力的“秘密武器”，大力发展职业教育，积极培育高素质劳动者，德国、日本两国高级技术工人占产业工人的比重分别为50%、40%。因此，实施新旧动能转换、乡村振兴、经略海洋等重大战略，既要培育一批高层次的科技和管理人才，也要加快培育一大批具有专业技能与工匠精神的技术工人。要着力营造尊重技能、尊重劳动的良好社会氛围，不断提高技术工人的地位和待遇，推行终身职业技能培训制度，发挥好技能人才在现代化强省建设中的战略支撑作用。

三、精心组织，切实增强人才政策宣讲培训的针对性和实效性

“齐鲁人才讲堂”政策系列宣讲培训活动，以“人才支撑动能转换，做优做强‘十强’产业”为宗旨，以整合各方资源、优化服务方式、打造人才政策宣传培训新平台为手段，提高广大人才、用人主体和各级各部门的政策知晓度，这对于推动人才工作思想大解放、打造人才政策核心竞争力、释放人才政策红利，具有十分重要的意义。要把宣讲培训效果放在首位，在培训内容、对象、形式等方面狠下功夫，切实提高宣讲质量，确保人才政策的落实落地。

（一）在培训内容上求“准”，精准聚焦省委省政府中心工作。我们开展宣讲培训的根本目的，就是通过人才政策宣讲培训推动各项政策落实落地，使我省经济社会发展急需的人才引得来、留得住、用得好，更好为高质量发展提供人才智力支撑。所以，内容上要以服务省委、省政府中心工作为主线，围绕新旧动能转换、乡村人才振兴和经略海洋等不同方向，精心安排宣讲培训内容。要对接“十强”产业，针对新一代信息技术、高端装备、新能源新材料、现代海洋、医养健康、高端化工、现代高效农业、文化创意、精品旅游和现代金融服务，分别设立专场宣讲培训。要精准对接对不同群体、不同地域的多样化需求，分门别类确定培训主题和培训内容，进行有针对性的解读和培训，坚决避免大水漫灌、大而化之。

（二）在培训对象上求“全”，努力实现人才工作者全覆盖。广大人才工作者，是我省人才工作的主力军，是推动人才政策创新和政策落实的中坚力量。要不断扩大培训对象，让培训覆盖全省各市、县、街道（乡镇）人才服务机构负责人和业务经办人员，高校、科研院所、企业等用人单位组织人事或人力资源部门负责人和业务经办人员，园区负责人和具体工作人员，人力资源服务中介机构负责人和具体工作人员等等，对全省各级各类人才工作者进行全员式培训，推动全省人才政策知晓度和工作水平整体提升。

（三）在培训机制和方式方法上求“新”，以形式的创新保障培训取得实实在在的效果。在培训机制上，要采取“主课堂＋分课堂”培训模式，省人社厅联合省直有关部门牵头设立主课堂，负责省直有关部门、单位及所属人才的培训；各市人社局设立分课堂，并指导各县（市、区）人社局在当地设立课堂，负责本地部门、单位及所属人才的培训，构建省、市、县（区）三级联动、有关部门协同互动的“组合式”培训新格局。在培训方式上，要杜绝填鸭式的宣讲培训方式，采用政策解读与实务操练结合、线上宣传与线下授课并行、集中面授与平时自学同步的培训方式，在宣讲政策的同时，着重实务操作训练；要充分

利用信息化的手段，推行“互联网 +”培训方式，在采取面授的同时，依托山东人社网站、山东人社 APP、公众号等新媒体平台和广大社会媒体，及时推送和发布最新人才信息和网课，提高培训的便利度和可及性。

（四）在宣讲力量上求“精”，打造专兼职结合的宣讲队伍。要坚持精干专业、宁缺毋滥的原则，面向全省范围筛选师资，安排省委组织部、省人力资源社会保障厅和其他省直部门政策制定者、“十强”产业领域专家、高校学者、科研院所研究人员和具体经办机构负责人等担任培训讲师，建立一支数量庞大的多层次、多部门、多领域、专兼职相结合的宣讲队伍。要把政策制定者宣讲、专家学者宣讲、基层典型宣讲结合起来，变个人讲为团队讲，变少数人讲为多数人讲，逐步形成政策制定者讲政策、专家学者讲理论、基层典型讲经验，以讲带学、上下互动的大讲堂宣讲格局，架起一座政策通往服务对象的桥梁。

四、几点希望和要求

一要珍惜机会，安心学习。这次培训班，省委组织部、省人社厅高度重视，为这次培训班做了大量的筹备工作。现在，大家离开繁忙的工作岗位来到这里学习，机会非常难得。希望大家把这次培训作为汲取知识营养、提升理论水平、掌握实践本领的良好机会，把学习当成第一位的任务，增强学习的责任感，提高学习的主动性和自觉性，静下心来，聚精会神，心无旁骛，把全部心思用在学习上，学有所获，真正取到“真经”。

二要积极思考，主动参与。这次培训课程安排比较紧凑，希望大家要认真听、认真学、认真记，结合自己的工作实践，积极思考，主动提出问题，踊跃参与讨论互动，学深悟透，融会贯通，提高对人才新政的知晓度、理解力和创新性，努力成为行家里手。要紧密联系人才工作实际，运用科学理论深入研究和分析工作中的重大问题，不断提高我们推进人才工作的能力和水平。同时，这次培训也为大家提供了互相了解、增进交流的机会，大家可以利用课余时间多多交流各地好的做法，互相学习、共同提高。

三要学以致用，推动实践。这场培训活动，既是政策宣讲会，也是业务交流会，同时还是新政实施动员会。希望大家在理解改革意图、吃透政策精神基础上，结合各自实际，提出好的人才政策建议，共同呵护好、维护好、发展好山东人才环境。更为重要的是，人人当好我省人才新政的“播种机”、宣传员，原汁原味地宣传讲解、创造性地抓好政策落实，让更多人才知晓政策、理解政策、享受政策红利，共同营造引得进、留得下、用得好的人才新生态。

四要严守纪律，树好形象。所有参加培训的同志，都是普通学员。希望大家按照省委组织部的培训要求，自觉讲规矩守纪律，认真执行中央八项规定，自觉遵守作息制度和培训纪律，不搞特殊化，服从工作人员安排，争做遵纪模范、守法榜样和学习标兵。

同志们，推进人才工作更高质量发展，任务艰巨，使命光荣。希望大家在省委、省政府的坚强领导下，解放思想，更新观念，改革创新勤奋工作，扎实做好人才宣讲培训工作，为人才工作走在前列作出更大贡献！

在第十届“海洽会”总结会议上的讲话

（于富华 2018 年 11 月 30 日）

同志们：

今天，我们召开这次会议，主要是总结第十届“海洽会”的经验和做法，通报表扬为“海洽会”作出贡献的先进单位和先进个人，激励系统上下勇于担当，甘于奉献，深化招才引智工作成果，助推我省高质量发展。刚才，春艳同志宣读了通报表扬的决定。在此，我代表厅党组和“海洽会”组委会，向大家表示祝贺。下面，我讲两方面的意见：

一、充分肯定第十届“海洽会”取得的丰硕成果

第十届“海洽会”以“聚全球英才智力，助推高质量发展”为主题，全面贯彻全省招商引资招才引智工作会议、儒商大会精神，聚焦新旧动能转换工程、乡村振兴、经略海洋等重大发展战略，搭建了一个高端人才和技术项目的交流平台、人才项目和技术成果的交易平台、创新要素的协作共享平台，吸引了大批海内外人才来鲁创新创业，成为继儒商大会之后我省又一场大规模海内外人才交流盛会。参加本届大会的海内外高层次人才达 858 人，其中两院院士 5 人，海外院士 14 人，国家级人才工程专家 112 人，为我省经济社会发展引进、集聚了一批海内外高端人才；全省提交人才与技术项目需求 5526 个，成功对接 3661 个，为新旧动能转换提供了新动力、新动能。总结起来，在五方面实现了新突破：

一是以提高办会效果为重点，在丰富办会内容、创新办会形式上实现了新突破。这次“海洽会”精心安排了洽谈交流、创新创业成果展、项目路演、人才招聘等八大核心版块，25 项活动，既包括人才项目洽谈交流，又包括人才工作成果展示；既包括创新创业大赛、项目路演，又包括人才科技成果竞拍、项目签约活动；既举办 3 场高峰论坛，又举办 3 场院士、专家建言献策活动，内容丰富程度创历届之最。开幕式上，我们邀请 17 市政府负责同志发布了《人才支撑新旧动能转换威海宣言》，既展现了科技山东、进步山东、创新山东的良好形象，又彰显了山东聚力人才支撑新旧动能转换的坚定信念，为打造人才新高地营造起浓厚氛围。

二是以促进人才项目落地为重点，在提高人才成果转化上实现了新突破。这届“海洽会”立足解决人才成果转化难的痼疾，创造性举办 3 个项目的路演活动，遴选 40 个即将进入产业化的项目进行路演洽谈，邀请 12 位国内知名投融资专家现场竞拍，在人才引进、创投跟进、成果转化等方面进行制度创新，实现了从源头创新到新技术、新产品的快速转换，打通了从“人才”到“技术”，从“技术”到“产品”的转化通道。举办中高端人才招聘洽谈会，达成人才引进意向 378 人，为我省机械制造、生物制药、新能源、新材料、食品加工等产业，提供了坚实的人才支撑和保障。特别是首次开设“青年优秀人才引进计划”招聘专区，引进 21 名海外名校博士和 42 名国内名校博士。举办重点项目签约活动，现场签约 30 个，将对我省新技术、新项目、新产业产生示范引领作用。

三是以精准化为重点，在助推新旧动能转换重大工程上实现了新突破。这次“海洽会”聚焦新旧动能转换重大工程，牢牢把握新一轮科技革命和产业变革的发展方向，着力引进数字经济、人工智能、纳米技术等前沿领域的人才和项目，大会期间，成功对接“十强”产业人才项目 3045 个，占全部对接项目的 90% 以上，其中医养健康

项目949个，信息产业项目941个，能源原材料项目309个，现代农业项目239个，高端装备制造项目213个，引进了一批引领产业发展的人才和技术项目。我们还积极开展新旧动能转换重大工程的建言献策活动。省委常委、组织部部长王可同志，副省长于杰同志分别主持召开院士座谈会和外国专家建言会，5位两院院士、14位齐鲁友谊奖获得者、30个海外机构负责人积极为新旧动能转换重大工程建言献策，提出了许多宝贵的意见和建议。大会邀请孙冶方经济学奖获得者、华夏新供给经济学研究院首席经济学家贾康等专家学者，深入研讨、献计献策。据统计，我省400多名企业家参加论坛峰会活动，现场与专家学者交流互动，成功搭建了创业大众与创业大咖、企业家与专家学者深度交流、直接对话的宽广平台，凝聚了加快新旧动能转换的强大合力。

四是以国际化为重点，在打造对外开放新高地上实现了新突破。我们坚持以全球化的视野，找准对接点，架起连通线，织密合作网，协调德新社、法新社、路透社、日本共同社、韩联社、澳联社等全球顶级新闻通讯社，播发《龚正省长致海外留学生的一封信》和《“海洽会”公告》，委托我国驻外使领馆及有关机构，广泛招揽海外高层次人才，大力促进外部创新人才、先进技术与我省强大的制造能力、低成本优势的结合，把“海洽会”打造成了吸引全球高端生产要素的重要载体、参与国际合作的重要平台。坚持高层对接、高效融合、高端发展，全球33个国家和地区的600多名海外留学人才报名，478人获邀参会，参会外籍院士14人，外国专家98人，拥有博士以上学位的人才超过90%，人员涵盖经济、文化、教育、科技等各行各业，推动实现全方位、宽领域、高层次对外开放。

五是以提高影响力、美誉度为重点，在宣传山东、推介山东上实现了新突破。“海洽会”得到了广大媒体的广泛关注，新华网、人民网、《中国组织人事报》、《中国劳动保障报》、《大众日报》、山东卫视等主流媒体，今日头条、凤凰、网易、新浪、腾讯、搜狐等社会媒体，新锐大众、山东24小时、闪电新闻、一点资讯等客户端，给予了大量报道，新闻报道达5000多条，新媒体点击量达1200多万，参与讨论50多万人次。特别是英国、法国、德国、日本、韩国等发达国家对海洽会也进行了大量报道，总发稿量达200多篇。通过宣传报道，我们向全国，乃至全球展示了山东人才工作的发展成就，展示了改革开放的崭新面貌，彰显了一个充满活力的齐鲁大地正在蓬勃崛起，极大地提高了山东的知名度和美誉度。更为重要的是，通过“海洽会”这个平台，海内外高端人才领略了山东人民热情好客、淳朴守信的传统美德，感受到了齐鲁大地施展才华、开创事业的广阔空间，为今后招才引智奠定了坚实的基础。

同志们，“海洽会”的成功举办，离不开威海市和组委会办公室各工作组的精心谋划和辛勤工作。威海市对办好本届大会高度重视，举全市之力做好各项筹办工作，配强领导，配齐队伍，主动作为，超前谋划，投入了大量人力、物力、精力，组织开展了一系列特色活动，为活动的成功举办做了大量卓有成效的工作。策划协调组等8个工作组各司其责，认真工作，有力保障了活动的顺利举办。在此，我代表厅党组和大会组委会，向参与这次大会组织筹备、付出辛勤劳动、作出突出贡献的威海市和组委会办公室全体同志们，表示衷心的感谢！

二、深刻总结“海洽会”成功举办的宝贵经验，推动我省招才引智工作再上新水平

通过成功举办“海洽会”，我们全面锻炼了队伍，形成了不怕吃苦、勇于奉献的实干精神，严谨细致、精益求精的敬业精神，追求卓越、勇攀高峰的创新精神，团结协作、鼎力相助的团队精神，也为我们举办类似大型活动积累了宝贵经验。主要有：第一，必须明确责任，健全机制。我们把举办这次大会，作为全省人才工作的一件大事，摆在突出位置，举全厅、全系统之力做好筹备工作。厅里成立由伯平同志牵头、相关工作人员组成的组委会办公室，明确工作任务，健全工作机制，严格工作要求，充分调动了大家的积极性，确保了工作任务的有效落实。工作中，我们强化信息共享和工作协调，确保了步调一致、行动一致，防止出现工作真空和落实死角。特别是，

我们与威海市人社局加强协调合作，心往一处想、劲往一处使，形成了强大的工作合力，为活动的成功举办奠定了坚实基础。实践证明，众人拾柴火焰高，任何工作都不能单打独斗，必须牢固树立一盘棋意识，服从指挥，密切配合，协同推进。第二，必须勇于担当、甘于奉献。今年，国际引才形势发生重大变化。组委会全体同志坚决执行省委、省政府和厅党组的工作部署，积极克服困难，主动按照分工做好各项工作，做到了人员、时间和精力“三个到位”。很多同志埋头苦干，任劳任怨，主动牺牲休息时间，自觉加班加点，按时保质保量地完成了各项工作任务。特别是威海市人社局的同志们，整个十一假期都在加班，全身心投入到活动筹备工作中。应当说，没有同志们的勤勤恳恳、兢兢业业，就没有大会的圆满成功。第三，必须发挥专业思维，善于借助外力。本次大会，我们根据工作需要，合理搭配工作力量，引入专业团队，一方面，我们安排具有大型会议筹备工作经验的同志，参与本次会议的筹备，充分发挥他们的经验优势；另一方面，我们勇于创新，引导社会力量支持、参与办会，通过政府购买服务的形式，引入有责任心、专业性强的第三方社会机构，发挥他们的专业、人才和资源优势，参与会议整体设计、峰会论坛组织、展览展示等工作，既避免了资源浪费，又提高了工作效率，圆满完成了各项工作任务。第四，必须坚持正确导向，推动形成良好的舆论氛围。我们坚持以习近平新时代中国特色社会主义思想为指导，牢牢把握正确的舆论导向，有效整合各方力量，加强舆论引导，整体推进新闻舆论宣传，不断掀起宣传的热潮。特别是会议期间，我们协调中外各家媒体做了大量的精彩报道，既为活动的成功举办，提供了强大的舆论支持，也为今后高质量招才引智，奠定了坚实基础。

总结成效和经验，是为了更好地推进招才引智工作。家义书记多次强调，“双招双引”抓得好不好，关键取决于落实得怎么样。下一步，我们要抓好“海洽会”结束后人才项目的落实工作，吸引更多好项目和高层次人才汇聚山东，为高质量发展提供坚强的人才智力支撑。一是做好签约项目的落地服务工作。组委会办公室要对“海洽会”这些签约项目进行认真调度、梳理，建立工作台账，安排人员及时跟进。对签约项目落地涉及到的问题，要积极协调有关部门，依法依规简化程序、提高效率，搭建“绿色通道”，促成项目早日落地。二是加强与参会人才的联络。本次大会邀请到的人才，既有两院院士等国内顶尖专家，也有齐鲁友谊奖获奖嘉宾等国际友人，既有创业多年的留学归国人员，也有有志于来鲁发展的海外学子，我们要以“海洽会”为契机，与这些参会人才定期联络、加强合作、紧密联系。同时，要引导用人单位主动上门对接，寻求技术转化、成果应用等方面的合作，吸引更多人才项目落地山东。三是建立招才引智长效机制。要更好地发挥市场在招才引智中的决定性作用，更好地发挥政府作用，推动招才引智工作从依靠活动驱动，转变到靠制度、靠机制上来，努力打造永不落幕的人才盛会。

同志们，当前，全省上下正在深入贯彻落实习近平总书记视察山东重要讲话和对山东工作重要指示批示精神，打造山东对外开放新高地，推动高质量发展。我们要在省委、省政府的坚强领导下，凝心聚力，主动作为，一步一个脚印地把招才引智各项任务推向前进，为山东高质量发展再添动力、活力，作出人社部门应有的贡献。

山东省人力资源和社会保障工作

就业创业、失业保险和农民工工作

2018年，山东省就业创业工作聚焦聚力新旧动能转换、乡村振兴、脱贫攻坚等重大战略、重大工程，积极应对中美经贸摩擦影响，扎实做好就业创业、失业保险和农民工工作，全省就业形势持续稳定，就业目标任务圆满完成。城镇新增就业136.82万人，完成年度任务的124.38%，增长6.7%。城镇登记失业率控制在3.35%，同比下降0.05个百分点，低于4%的年度目标任务和全国平均水平。全省失业保险参保人数1318.5万人，失业保险费征缴收入66.18亿元。发放稳岗补贴7.8亿元、技能提升补贴6425万元，分别惠及职工359.9万人、4万人，从源头上减少失业风险。创业载体建设实现新突破，评估认定33家省级创业示范平台和1家省级示范创业大学，省级创业示范平台达到194家，省级示范创业大学达到12家。完成山东创业服务云平台论证，启动设计开发工作。

【就业创业】 *政策文件*。提请省政府印发《关于进一步稳定和扩大就业的若干意见》（鲁政发〔2018〕30号），在全面落实国家政策基础上，围绕支持企业稳定就业、发展经济扩大就业、鼓励创业带动就业、扩大培训改善就业、聚焦重点群体促进就业、压实责任保障就业，提出近10项突破性政策，打出稳就业“组合拳”。提请省政府第26次常务会议研究通过，印发《山东省人民政府关于表扬奖励山东省就业工作先进集体和先进个人的通报》（鲁政字〔2018〕294号），对99个先进集体进行通报表扬，对29名先进个人记一等功。印发《山东省人力资源和社会保障厅关于给予山东省就业工作先进个人记功奖励的通报》（鲁人社字〔2018〕429号），对59名同志记二等功、99名同志记三等功。在全国率先印发《山东省就业创业资金风险防控和监督暂行办法》（鲁人社发〔2018〕21号），有效防范和避免就业创业资金管理使用违规违纪问题发生，人力资源社会保障部对山东省做法转发并在全国予以推广。为贯彻国务院、人力资源社会保障部文件精神，进一步做好港澳台人员在鲁就业工作，制定印发《山东省人力资源和社会保障厅关于转发人社厅函〔2018〕218号文件做好山东省人力资源社会保障系统贯彻落实〈港澳台居民居住证申领发放办法〉的通知》（鲁人社字〔2018〕298号）和《山东省人力资源和社会保障厅关于做好香港澳门台湾居民在鲁就业有关事项的通知》（鲁人社规〔2018〕11号）。会同省财政厅印发《山东省就业补助资金管理办法》（鲁财社〔2018〕86号），明确资金的支出范围、分配下达、申请使用、管理监督等问题。开展支持“温比亚”台风灾区稳定就业保障民生工作，制定《支持“温比亚”台风灾区稳定就业保障民生工作实施办法》（鲁人社字〔2018〕309号），并每天调度各市工作情况，促进灾区群众就业创业，稳定就业形势。

就业活动。组织收听收看全国就业创业工作电视电话会议，山东省分会场设在山东省人力资源市场，全国共有5个省市作典型发言，山东省是其中之一。组织开展2017年度就业目标责任考核，通过集中考核、社会抽样调查等方式，对各市2017年度就业工作开展情况进行科学评价。召开省就业和农民工工作联席会议2018年第一次会议，传达国务院就业工作部际联席会议和农民工工作领导小组会议精神，总结2017年全省就业、

农民工工作，研究分析当前工作形势，安排部署2018年就业和农民工工作任务。组织召开全省就业创业和农民工工作电视会议，传达全国就业创业工作电视电话会议、全国农民工工作暨家庭服务业工作办公室主任座谈会、省就业和农民工工作联席会议2018年第一次会议精神，总结工作，研究分析当前形势，部署推进2018年就业创业和农民工工作。省政府组织召开全省就业工作座谈会，表扬奖励全省就业工作先进集体和先进个人，安排部署全省就业工作。开展“十三五”促进就业规划中期评估，形成评估报告。组织开展就业补助资金管理使用情况专项检查、就业补贴资金绩效评价，督促各市加强就业资金管理。

创业活动。组织开展2018年度省级创业示范平台评估认定工作，经过组织报名、材料初审、集中答辩、实地评审和确认公示，认定省级创业孵化示范基地15家、省级创业示范园区4家、省级大学生创业孵化示范基地9家、省级大学生创业示范园区1家、省级留学人员创新创业示范园4家、省级示范创业大学1家。全省省级创业示范平台达到194家，省级示范创业大学达到12家。完成山东创业服务云平台论证，通过政府招投标确定第三方机构，启动设计开发工作。

【失业保险】 **政策文件**。经省政府同意，印发《山东省人力资源和社会保障厅 山东省财政厅关于建立失业保险金标准与最低工资标准挂钩联动机制的通知》（鲁人社发〔2018〕60号），探索建立失业保险金标准与最低工资标准挂钩联动机制。印发《山东省人力资源和社会保障厅 山东省财政厅关于继续阶段性降低社会保险费率的通知》（鲁人社发〔2018〕37号），继续执行1%的失业保险费率。印发《山东省人力资源和社会保障厅关于实施失业保险援企稳岗“护航行动”的通知》（鲁人社办发〔2018〕9号），举行援企稳岗“护航行动”启动暨稳岗补贴发放仪式，抓好政策宣传落实。印发《山东省人力资源和社会保障厅关于转发人社厅发〔2018〕36号文件做好失业保险技能提升“展翅行动”的通知》（鲁人社字〔2018〕210号），完善失业保险职工技能提升补贴网上经办，实现职工办理补贴“零跑腿”。印发《山东省人力资源和社会保障厅关于印发失业保险助推新旧动能转换重大工程相关工作的通知》（鲁人社字〔2018〕367号），部署“十强”产业企业推荐工作。会同省工商联印发《山东省人力资源和社会保障厅 山东省工商业联合会关于联合开展“失业保险惠企政策进民企”专项宣传活动的通知》（鲁人社字〔2018〕385号），助力民营经济发展。

基金征缴管理。落实《社会保险法》《社会保险费征缴暂行条例》《失业保险条例》和《山东省失业保险规定》，全省失业保险参保人数1318.5万人，同比增加50.1万人，增幅3.8%，完成计划的101.7%；全省失业保险费征缴收入66.18亿元，失业保险金支出24.98亿元，职工基本医疗保险费7.28亿元，稳岗补贴支出7.8亿元。印发《山东省人力资源和社会保障厅 山东省财政厅关于拨付2017年度失业保险调剂金的通知》，下达失业保险省级调剂金合计5亿元。

待遇发放。按照国务院《失业保险条例》和《山东省失业保险规定》，为34.14万名失业人员发放失业保险金等待遇，并为其缴纳基本医疗保险费。

失业保险活动。举办失业保险政策和动态监测培训班，进一步提升基层工作人员政策熟悉度和业务水平。对国务院修订《失业保险条例》配套文件提出意见建议，撰写并印发《2017年度全省失业保险工作概况》。完成2018年失业动态监测样本调整工作，在原每月1次失业动态监测基础上，对济南、青岛和烟台三市增加2次旬报工作，按季形成分析报告。举行援企稳岗“护航行动”启动暨稳岗补贴发放仪式，抓好政策宣传落实，发放稳岗补贴7.8亿元，涉及企业职工359.9万人。启动失业保险支持技能提升“展翅行动”，将国家职业资格证书全国联网查询系统中的证书全部纳入补贴范围，明确经办机构、鉴定机构、信息中心职责。全省发放技能提升补贴6425万元，惠及企业职工4.01万人。

【农民工工作】 **农民工活动**。开展农民工3年三项行动计划绩效评估，在各市认真自查基础上，委托第三方集中1个月左右时间，通过走访企业、实地考察、召开农民工座谈会、组织农民工问卷调查、电话访问等多种形式，对各市、各部门农民工工作进行终期绩效评估，形成总结评估报告。促进农民工市民化，按照国务院农民工工作领导小组办公室要求，经过认真对比筛选，最终确定济南、青岛、德州为山东省农民工市民化工作突出典型城市，上报国务院农民工办。抓好农民工工作宣传，按照国务院农民工工作领导小组办公室要求，及时将农民工市民化宣传画发到省有关部门和各市，利用农民工集中返乡的有力时机，切实做好农民工工作宣传。

【高校毕业生就业】 高校毕业生就业工作认真对照年初目标任务，攻坚克难、开拓进取、主动作为，取得显著成效。

高校毕业生就业局势稳定。山东省2018届高校毕业生数量再创历史新高，达到62.01万人，其中非师范类高校毕业生57.66万人。全省非师范类高校毕业生总体就业率为94.67%，同比增长0.35个百分点，连续6年超过90%，高校毕业生就业形势总体平稳、稳中向好。在全国高校毕业生就业创业工作电视电话会议上，山东省作大会发言。高校毕业生就业处被山东省政府授予全省就业工作先进集体荣誉称号。

高校毕业生面向基层就业。全面贯彻落实《关于进一步引导和鼓励高校毕业生到基层工作的实施意见》（鲁办发〔2017〕37号），研究起草高校毕业生基层成长计划实施方案，畅通高校毕业生面向基层工作渠道，构建引导和鼓励高校毕业生到基层工作的长效机制。充分发挥中小企业吸纳高校毕业生就业主渠道作用，到企业就业的毕业生占已就业毕业生总数的65.34%，其中到非国有企业的占56.4%。圆满完成山东省2018年“三支一扶”人员招募工作，共招募1190人，报考人数4.87万人，同比增长108%，为近年之最；本次招募笔试首次采用卷卡合一变换卷技术，在竞争类考试中属山东省首创；开展“三支一扶”人员能力提升专项计划，分别在临沂、曲阜和烟台举办三期培训班，培训1184人。

大学生创新创业。强化政策落实。自主创业大学生2.21万人，超出年度计划1119人。指导各地贯彻落实一次性创业补贴、一次性创业岗位开发补贴、创业场所租赁补贴和创业担保贷款及贴息等政策，最大限度降低大学生创业成本，有效缓解创业资金短缺难题；修订《山东省省级大学生创业引领计划专项扶持资金管理暂行办法》（鲁人社字〔2018〕460号），进一步加大创业资金扶持力度，提高资金使用的安全性、规范性和有效性。加强载体建设，评估认定10家省级大学生创业孵化示范平台，并对2017年度11家省级创业孵化示范平台进行复评。国务院第十五督察组来山东省实地督查时指出“山东省大学生创业平台建设具有典型意义”。提升师资力量，开展第二期大学生创新成果孵化和创业能力提升培训项目，组织19所高校创业指导教师赴美开展创新创业培训，组织四期全省高校创新创业师资培训班，共培训1250人。塑造活动品牌，开展第四届“山东大学生十大创业之星”评选活动，组织山东大学生创业之星报告会；举办第四届山东省大学生创业大赛，推荐的大学生项目荣获第三届“中国创翼”创业创新大赛全国总决赛三等奖一项；会同省委统战部、团省委、省教育厅等部门分别开展“泛海扬帆山东大学生创业行动”“创青春”海尔大学生创业大赛、“互联网+”大学生创新创业大赛等系列活动，营造良好的创新创业氛围；组织开展“筑梦未来·与你同行”高校毕业生就业创业政策宣传推介活动，提高政策知晓度。注重典型引领。评选22所省级创新创业典型经验高校。4所高校获评全国创新创业典型经验高校，总数达到11家，位居全国前列，为全省高校创新创业工作树立标杆。

大学生就业服务。顺利完成山东高校毕业生就业信息网升级改造，健全五大板块，开发七大平台，提高招聘服务实效与求职成功率，实现信息服务的新跨越。积极协调，定期与市场监管、民政、公安、社会保险等部门信息数据进行核查比对，提高监管效率。联合省教育厅印发《关于进一步规范高校毕业生就业市场的通知》（鲁人社发〔2019〕5号），规范招聘活动，维护毕业生及用人单位合法权益。为1.88万名特困家庭毕业生和4.49万名获得助学贷款高校毕业生发放求职创业补贴4572万元。特困家庭毕业生总体就业率为95.21%，高于全省总体就业率0.54个百分点。全年实名登记2018届离校未就业高校毕业生7万余人，实名登记率96.58%、服务率93.49%。

【就业服务】 **打造高校毕业生就业服务平台**。依托高校毕业生省级集中招聘、大中城市高校毕业生招聘、省内外知名企业“校地企”三方合作、“大学毕业生名企直聘会”等平台，积极开展高校毕业生就业服务。

扎实推进城乡就业服务。全面开展就业援助专题活动，走访就业困难人员和零就业家庭14532户，帮助零就业家庭至少一人实现就业2252户。评估认定省级“四型就业社区”400家。推广就业失业登记“证卡合一”经验，简化办事流程。

人力资源社会保障脱贫攻坚。牵头厅精准扶贫（黄河滩区居民迁建）工作领导小组办公室工作，不断健全人力资源社会保障扶贫长效机制。转型升级“就业扶贫车间”，总结推广“互助扶贫公益岗位”经验，推行“创业企业＋贫困家庭＋创业扶贫贷款”模式，全省未脱贫贫困人口实现转移就业13335人。

【创业服务】 **成功举办山东省第四届创业大赛系列活动**。圆满完成山东省第四届创业大赛，决出3个特等奖、6个一等奖、9个二等奖、12个三等奖。组织山东省就业创业服务暨人社扶贫摄影大赛、首届山东省退役军人创新创业大赛等配套活动，参加全国第三届“中国创翼”创业创新大赛，获得一等奖1名、二等奖1名、三等奖3名、优秀项目奖（决赛项目奖）6名和“中国创翼”之星奖9名，实现山东省一等奖奖项“零的突破”。

创业资金支持。落实《关于进一步做好创业担保贷款财政贴息工作的通知》（鲁财金〔2018〕30号），完善山东省创业担保贷款资金系统，为创业者提供高效服务。发放创业担保贷款79.98亿元。

完善创业服务体系。完成全省22个省级创业型城市（县、区）、59个省级创业型街道（乡镇）创建综合评估工作。组建山东省创新创业发展联合会，加强各类创新创业服务平台和载体之间的交流与合作。建立完善创业导师库和规范建设创业项目库，开通“创业在山东”微信公众号，扩大社会影响。

推进返乡下乡创业。将农村自主创业农民纳入创业担保贷款支持范围，组织召开全省返乡下乡创业工作现场推进会，总结推广返乡下乡创业先进典型经验，推动打造全省“双创”工作的升级版。

【人才服务工作】 **深化人才公共服务**。开展全省流动人员人事档案管理服务规范年活动，按照“放管服”和《关于编制“零跑腿”和“只跑一次”事项清单的通知》要求，创新服务方式，简化优化办事流程，将“一事一流程”整合为“多事一流程”，共梳理出“一次办好”服务事项13个、“零跑腿”服务事项1个。

开展中高层次人才引进活动。成功举办2018年“山东—名校人才直通车”活动7场，组织筛选企事业单位518家，提供岗位12028个，需求人数36426人，收到简历10305份，达成初步意向3294人。配合做好中国山东第十届海内外高端人才交流会现场洽谈和省人力资源社会保障厅“应对人才争夺战”专题课题研究。

流动人员人事管理。研究制定《山东省流动人员人事档案基本公共服务体系建设方案》，建设联网数据库，逐步推动三级联网。大力推进省本级流动人员人事档案数字化项目建设，组织完成全省流动人员人事档案问卷调查统计工作。

【职业培训考核】 **“五年规划”实施情况绩效考评**。委托4家会计师事务所开展2017年度全省加强就业培训提高就业与创业能力五年规划绩效考评工作，对培训任务完成情况、政策落实情况、定点培训机构建设与管理情况、培训资金使用管理情况进行实地复查。

终身职业技能培训制度。在调研的基础上，起草推行终身职业技能培训制度建设新时代技能强省实施意见、职业培训管理办法等，探索“职业培训直补个人”新模式和“互联网＋职业培训”体系，推进职业培训工作转型发展。

强化“创业齐鲁训练营”成果。在做好“创业齐鲁训练营”成果展示交流的同时，委托第三方机构对2016—2018“创业齐鲁训练营”活动开展进行绩效评估，增强活动实效。

【市场服务】 公益招聘联盟推进计划。通过“春风行动”“民营企业招聘周”“金秋招聘月”等专项活动和省级人力资源市场定期招聘，进一步优化和提升人力资源市场招聘服务。

跨区域劳务协作。赴重庆市开展就业鲁渝行“春风送岗助脱贫”等活动，帮助渝籍贫困人口来鲁就业972人，就近就地就业2913人。举办就业援藏专场招聘活动，助力藏籍高校毕业生更高质量更充分就业，制定赴贵州安顺、甘肃陇南、湖南湘西州三地劳务对接工作方案。

推进家庭服务业促进就业。印发《山东省发展家庭服务业促进就业工作联席会议2018年工作要点》，开展家庭服务职业培训省级示范基地认定，年底前认定5家示范基地。

【就业和人才服务基础性工作】 数据统计分析。探索系统提取数据模式，提高数据可靠性。开展统计人员业务培训，提升统计人员素质。加大就业形势分析力度，向省委、省政府提供就业形势方面的信息和专题分析报告达10余篇，为领导决策提供依据。

就业监测调查。开展农村劳动力转移就业监测和重点企业用工监测，动态监测中美经贸摩擦对山东省就业影响。开展企业调查分析，为新旧动能转换重大工程做好决策参考和数据支撑。

省级集中业务系统。将济南市纳入省级集中系统管理，实现内外网协同经办和跨市业务协同，开发省集中人才服务功能和证卡合一业务系统。

〔就业促进与失业保险处（农民工工作处）、高校毕业生就业处、省公共就业和人才服务中心〕

职工养老保险

2018年，山东省职工养老保险工作按照兜底线、织密网、建机制的基本要求，聚焦建成覆盖全民、城乡统筹、权责清晰、保障适度、可持续的多层次社会保障体系，遵循坚守底线、突出重点、完善制度、引导预期的基本原则，主动担当作为，全面深化改革，促进民生改善，预防化解风险，持续构建与新时代相适应、更加成熟的基本养老保险制度，职工养老保险工作总体呈现出参保缴费提质增效、改革任务深入推进、事业发展稳中有进的良好态势，多项工作走在全国前列，为促进经济社会发展、保障和改善民生、维护社会和谐稳定发挥积极作用。

【企业养老保险基金中央调剂制度】 在提前研究测算、做好政策储备的基础上，按照国家政策精神，结合山东省实际，研究起草山东省贯彻实施方案，经省委常委会议、省政府常务会议审议通过，省政府印发《关于贯彻企业职工基本养老保险基金中央调剂制度的实施意见》（鲁政字〔2018〕292号）。会同省财政厅印发山东省贯彻企业养老保险基金中央调剂制度的配套实施办法，创新建立基金省内上解下拨机制，采取差额缴拨的办法，简化资金往来程序。应上解中央调剂基金39.4亿元，全部按时足额归集并划转到位。

【企业养老保险省级统筹制度】 按照2018年底前全面实现企业养老保险基金市级统收统支的总体要求，提出统一的市级统收统支指导标准，召开全省企业养老保险基金市级统收统支工作会议，指导各市加快推进企业养老保险基金市级统收统支工作。全省17个市全部制定实施方案，实现基金市级统收统支。为推进企业养老保险基金省级统收统支工作奠定坚实基础。下拨省级调剂金11亿元，均衡市级收支缺口，确保全省退休人员养老金按时足额发放。

【机关事业单位养老保险制度改革】 坚持边改革、边完善的工作思路，将机关事业单位养老保险制度改革推向深入，继续走在全国前列。针对计发待遇过程中新办法高于老办法的情况进行分析测算，对改革深入推进过程中遇到的新问题进行深入研究，为后续完善相关配套政策提供支持。指导推动各地加快实现人员全覆盖。全省纳入新制度参保人数达 363.2 万人，覆盖率达 90% 以上，启动部分中央驻鲁单位参保缴费，加快推进省直驻济以外单位属地参保工作，开展参保情况调查统计，为税务系统近 6 万余人纳入新制度范围做好前期准备工作。着力推进按新制度计发待遇，全省当期退休人员全部实现按新制度计发养老金，2014 年 10 月以来退休人员待遇重新核定工作已完成 70% 以上，更好释放改革红利。

【调整退休人员基本养老金】 按照国家统一部署要求，坚持“保持我省调整办法总体稳定、适当对部分政策进行优化完善”的思路，精密测算论证，科学制定方案，经省政府同意，印发《关于 2018 年调整退休人员基本养老金的通知》（鲁人社发〔2018〕28 号）等文件，召开全省会议部署，精心组织落实，养老金调整工作平稳顺利完成，新增养老金全部发放到位。这是自 2005 年以来连续第 14 次调整企业退休人员基本养老金，也是企业与机关事业单位退休人员第 3 次同步按基本养老金的调整办法调整待遇，山东省总体调整水平为 5.05%，共惠及 637 万退休人员。省人力资源社会保障厅、省财政厅、省总工会等部门印发文件，适当增加精减退职人员、企业职工遗属生活困难补助费标准，确保各类群体更好地共享经济社会发展成果。

【完善补充养老保险政策】 贯彻落实《企业年金办法》，印发《关于进一步做好企业年金方案报送工作有关事项的通知》（鲁人社字〔2018〕407 号），规范全省企业年金方案报送范围、材料、时限，简化优化报送流程，做好政策宣传解读和方案备案工作，企业年金呈现加速发展的良好态势。

（职工养老保险处）

医疗保险

【职工医疗保险】 2018 年，职工医疗保险工作按照“全覆盖、保基本、多层次、可持续”的方针，围绕健全全民医保体系，强化措施、狠抓落实，实现全省职工医保参保人数 2050.6 万人、基金收入 588.2 亿元，同比均保持稳定增长，各项工作取得明显成效。

职工大病保险制度。综合考虑国家基本医保药品目录调整情况以及各地职工大病保险制度运行实际，合理调整职工大病保险合规费用范围。开展特药谈判工作，印发《关于将瑞戈非尼等 14 种药品纳入大病保险支付范围的通知》（鲁人社字〔2018〕230 号），将 14 种谈判药品纳入支付范围。考虑到医疗年度计算问题，2018 年度药品费用支付起付线调整为 1 万元，封顶线、支付比例不变，2019 年起，按山东省大病保险政策执行。

职工长期护理保险。结合国家医养结合示范省建设，指导各市进一步扩大长期护理保险实施范围。青岛市升级原有长期医疗护理保险，创新实施“全人全责”的新型长期护理保险制度。济南、东营、潍坊、日照、聊城 5 市根据省指导意见，进一步完善政策标准。其他 11 市均确定试点县（市、区），并制定实施方案。各市从参加职工基本医疗保险的人群起步，并探索扩大到失智人员和参保居民。青岛市制度覆盖参保职工和居民，并将重度失智老人纳入长期护理保障范围，对患有阿尔兹海默症、血管性痴呆等疾病导致生活不能自理的重度失智人员，符合条件的纳入“失智专区”管理。东营市印发《关于开展东营市城乡居民长期照护保险试点的实施方案》的通知。参保人数稳步增长，有效缓解失能老人及其家庭的经济和事务性负担，促进医疗和养老产业融合发展，拉动就业。

医保支付制度改革。提请省政府办公厅印发《认真贯彻落实〈关于进一步深化基本医疗保险支付方式改革的指导意见〉的通知》（鲁政办字〔2018〕49号），明确山东省医保支付方式改革的任务目标和重点内容。各市在实行付费总额控制基础上，积极推行按病种、按人头、总额预付等复合式支付方式，扩大按病种付费数量。

加强医疗服务管理。按照人力资源社会保障部部署，周密组织，顺利完成医保药品目录调整工作，同步评审确定拟纳入大病保险报销范围的特药谈判品种。经人力资源社会保障部审核同意，向社会发布新版医保药品目录，共2819个药品，包括西药1456个、中成药1363个，其中山东省新增药品290余种。会同省卫生计生委印发《关于将17种抗癌药纳入山东省基本医疗保险工伤保险和生育保险药品目录乙类范围有关问题的通知》（鲁人社字〔2018〕357号），统一将国家谈判的阿扎胞苷等17种抗癌药纳入医保药品目录乙类范围，并明确对经国家和省谈判纳入医保支付范围的药品不再纳入医疗机构药占比考核，实行单独核算。

医药卫生体制改革。密切配合省委改革办、省医改办，制定山东省《关于进一步深化医药卫生体制改革的意见》。各市结合医联体建设和家庭医生签约服务等，完善医保支付政策，引导参保人员到基层医疗机构就医，推动形成分级诊疗机制。扩大中医优势病种付费方式改革范围，济南、烟台、济宁、菏泽、潍坊、滨州等市将7种中医优势病种纳入单病种控制范围，济宁中医优势病种达到17种。配合省医改办做好国家医改督导评估考核工作。

行业、企业社会保险移交地方管理。按照省政府统一部署，齐鲁石化、兖矿集团、莱钢集团、肥矿集团、新矿集团和枣矿集团封闭运行社会保险先后移交属地管理。

调整完善省直医保政策。印发《关于调整省级直管单位医疗保险有关政策的通知》（鲁人社字〔2018〕243号），进一步提高保障水平。对参保人员心脏、肝、肺移植和心肺联合移植发生的符合基本医疗保险规定的医疗费用，纳入省级直管单位医疗保险支付范围。将参保人员发生的门（急）诊医疗费用基本医疗保险统筹基金年度支付限额由5000元提高到6000元。适当增加慢性病患者门诊处方量，根据医师确定的治疗方案，每次可按一个月处方量取药。适当提高工伤人员医疗待遇和生育医疗待遇定额支付标准。适当降低补充医疗保险筹资比例，2019年起，机关事业单位补充医疗保险缴费比例由4%改为3%。

【生育保险】 全省生育保险参保人数为1235.4万人，同比增加48.9万人，基金总收入64.1亿元，同比增长21.7%。印发《关于贯彻人社部发〔2018〕15号文件做好当前生育保险有关工作的通知》（鲁人社字〔2018〕169号），指导各市完善生育保险基金监测和风险预警机制，加强生育保险服务管理，完善协议管理措施，加强费用审核，将生育医疗费纳入医疗保险支付方式改革范围，妥善解决基金收支不平衡问题。配合人力资源社会保障部完成威海市生育保险与职工医保合并实施试点总结评估。

【居民医疗保险】 2018年，山东省居民医疗保障工作整体运行平稳有序，基本医保和大病保险制度进一步完善，医保精准扶贫工作扎实推进，各项工作取得明显成效。

居民基本医疗保险。参保人数和筹资标准稳定增长。居民基本医保参保人数达7364.9万人，同比增加82.34万人。居民人均筹资最低标准670元，其中财政补助人均最低标准490元，同比增加40元；个人缴费人均最低标准180元，同比增加30元。随着新版药品目录的实施，纳入医保支付的药品增加到2836种。基本医保连同大病保险年最高支付限额达到55万元以上。会同省财政厅等部门印发《山东省人力资源和社会保障厅等6部门关于贯彻落实医保发〔2018〕2号文件进一步做好居民医疗保险工作的通知》（鲁人社规〔2018〕13号），进一步完善居住证参保、新生儿落地参保、补缴等政策，明确2019年度筹资标准。

居民大病保险。调整完善政策，印发《关于进一步健全完善居民大病保险制度的通知》（鲁人社规〔2018〕2号），进一步规范保障范围，完善资金盈亏动态调整机制。筹资标准提高到每人66元，分段报销比例最高提高到75%，封顶线提高到40万元。指导各市合理确定2018年起付标准，全省各地控制在1.2万—1.8万元之间。完成2019年度筹资测算，2019年度居民大病保险筹资标准为70元。组织国家抗癌药落地，会同省卫生计生委印发《关于将17种抗癌药纳入山东省基本医疗保险工伤保险和生育保险药品目录乙类范围有关问题的通知》（鲁人社字〔2018〕357号），统一将国家谈判的阿扎胞苷等17种抗癌药纳入医保药品目录乙类范围，并明确对经国家和省谈判纳入医保支付范围的药品不再纳入医疗机构药占比考核，实行单独核算。

医保精准扶贫。山东省基本医保、大病保险和医疗救助扶贫政策逐步完善，积极引导贫困人口参加居民医疗保险，将低保对象、特困人员、重度残疾人纳入居民大病保险扶贫倾斜政策保障范围。积极推进贫困患者出院各项医疗保障待遇“一站式”即时结算，提高医疗保障时效，减轻医疗费用垫支负担。各项基本医保、大病保险和医疗救助政策得到较好落实。全省累计对建档立卡贫困人口补偿医疗费用44.88亿元，其中基本医保补偿40.73亿元、大病保险补偿4.15亿元，医保扶贫取得良好社会效果。

【医疗保险经办】 **医疗、生育保险参保**。全省参加基本医疗保险人数达到9437.1万人，同比增加141.4万人，增幅1.52%。参加职工基本医疗保险人数2072.1万人，同比增加59万人，增幅2.9%。参加城乡居民基本医疗保险的人数达到7364.9万人，同比增加82.3万人，增幅1.1%，其中成年人参保5438万人，中小学生儿童1784.2万人，大学生142.7万人。参加生育保险的人数为1235.4万人，同比增加48.9万人，增幅4.1%。

协议医药机构医疗保险管理服务。组织各市对全省优秀医保医师进行考核评选，省人力资源社会保障厅、省卫生计划生育委员会联合印发《关于公布2017年度全省基本医疗保险协议管理医疗机构优秀医保医师名单的通知》（鲁人社字〔2018〕211号），对全省200名优秀医保医师进行表彰。印发《关于公布2017年度全省基本医疗保险协议管理医疗机构先进医保科室及先进个人的通知》（鲁社保发〔2018〕20号），对81个定点医疗机构先进科室和86名先进个人予以通报表彰。

跨省异地就医联网结算集中宣传。一季度在全省集中开展跨省异地就医集中宣传活动，省社保中心制作《快来看，跨省住院报销很方便》宣传动漫片，组织全省各级经办机构开展异地就医宣传进社区、进农村、进医院、进单位、进车站“五进”活动，提高参保人员对政策和办事流程的知晓率。

表彰跨省异地就医工作先进单位和先进个人。省人力资源社会保障厅印发《关于对跨省异地就医直接结算工作先进单位和先进个人进行通报表扬的通知》（鲁人社字〔2018〕208号），对83个先进经办机构、信息中心和医疗机构，200名先进个人进行通报表扬。

跨省异地就医联网医疗机构县区全覆盖。全省开通跨省医疗机构876家。各市在实现县级行政区全覆盖的基础上，将更多的符合条件的一级及以下基层医疗机构纳入联网范围，90%以上区县开通2家以上跨省异地定点机构，进一步方便参保人员就近就医、择优就医。2018年跨省异地就医直接结算10.4万人次，山东省作为参保省，到外省住院联网结算6.9万人次，发生总费用21.3亿元；山东省作为就医省，直接结算3.4万人次，总费用5.5亿元。省内异地就医直接结算44.8万人次，总费用93.9亿元。

（省医疗保障局）

工伤保险

2018年，山东省工伤保险工作以加强工伤保险体系建设为主线，以完善各项工伤保险制度为重点，以改善民生为着力点，深化改革、完善制度、创新机制、提升能力、夯实基础，在全面启动工伤预防、推进工程建设项目参保、落实阶段性降低工伤保险费率、提高待遇水平、推进省级统筹、推进工伤认定劳动能力鉴定便民化、开展集中宣传等方面取得突出成绩，各项工作取得显著成效。

【工程建设项目按项目全部参加工伤保险】 在提前完成建筑业“同舟计划”的基础上，山东省扎实推进铁路、公路、水运、水利、能源、机场等工程建设项目参加工伤保险工作。会同省发展改革委等十部门联合印发《关于印发山东省推进铁路公路水运水利能源机场等工程建设项目参加工伤保险工作方案的通知》（鲁人社发〔2018〕16号），全面启动交通运输等行业按项目参加工伤保险。省十部门联合坚持季度通报，重点节点实施周调度，将按项目参保率列入省经济社会发展考核内容，采取多种措施提高参保质量，确保政策落地落实。全省新开工项目11448个、在建项目7866个，全部按项目参加工伤保险，将在各类工程建设项目中流动就业的农民工纳入工伤保险保障。全省工伤保险参保人数达到1633万人。

【工伤预防】 积极贯彻落实人力资源社会保障部等四部委印发的《工伤预防费使用管理暂行办法》，会同省财政厅等四部门印发《关于印发山东省工伤预防费使用管理实施办法的通知》（鲁人社规〔2018〕3号），细化工伤预防费的使用、管理和监督，具有较强的可操作性和针对性，标志着山东省工伤预防工作全面启动。同时，加强调度，精准指导，工伤预防工作顺利推进，支出工伤预防费1642万元。

【阶段性降低工伤保险费率】 为进一步减轻企业负担，增强企业活力，促进就业稳定，助力新旧动能转换和乡村振兴战略，按照《人力资源社会保障部、财政部关于继续阶段性降低社会保险费率的通知》（人社部发〔2018〕25号）要求，经省政府同意，会同财政厅印发《关于继续阶段性降低社会保险费率的通知》（鲁人社发〔2018〕37号），符合条件的统筹地区按规定下调工伤保险基准费率。符合条件的13个市均按规定下调工伤保险费率。全省工伤保险平均费率为0.59%，同比降低0.13个百分点，进一步为用人单位减轻负担10.3亿元。

【调整工伤保险三项定期待遇】 基金规模进一步扩大，工伤保险三项定期待遇标准不断提高。全省工伤保险基金征缴收入达到57.3亿元，同比增长2.4%，累计结余116.9亿元，基金支撑能力和保障水平进一步增强。会同省财政厅联合印发《关于2018年调整一级至四级工伤职工伤残津贴、生活护理费和工亡职工供养亲属抚恤金标准的通知》（鲁人社发〔2018〕39号），连续第14年调整工伤保险三项定期待遇。符合条件一级至四级工伤职工伤残津贴每人每月分别按180元、170元、160元、150元的标准增加。生活护理费和工亡职工供养亲属抚恤金月人均分别增加170元、51.3元。

【工伤保险省级调剂金制度】 为使省级调剂金制度落实到位，采取有力措施，摸清底数，与省财政厅联合印发《关于下达2018年度工伤保险省级调剂金上解计划的通知》（鲁人社字〔2018〕318号），下达各市上解数额，督促按时上解。各市上解工伤保险省级调剂金1.57亿元。

【规范工伤认定】 组织开展工伤认定案卷评查活动。对各市2017年度工伤认定案卷采取随机抽样、样本查看、分组评审的方式，按照“一次办好”改革要求更新的案卷评查标准进行评查。评查活动结束后，印发《关于2017年度工伤认定案卷评查情况的通报》(鲁人社字〔2018〕386号)，对评查情况进行通报，要求各市进行认真总结，有效地规范认定鉴定程序和案卷文书，提高认定鉴定质量。全省申请工伤认定64058人，其中受理工伤认定申请63586人，认定(视同)工伤63028人。省人力资源社会保障厅受理省属驻济机关事业单位工伤认定申请143人，作出工伤认定决定143人，组织对52名工伤职工进行劳动能力鉴定。

【工伤认定劳动能力鉴定便民化】 为深入推进“放管服”改革，将山东省委、省政府深化“一次办好”改革要求落到实处，印发《关于进一步做好工伤认定和劳动能力鉴定工作的通知》(鲁人社字〔2018〕433号)。全面下放省级人力资源社会保障部门工伤认定和劳动能力初次鉴定事项，推进工伤认定和劳动能力鉴定受理事项进驻大厅，探索工伤认定、劳动能力鉴定部分职责下沉，建立劳动能力鉴定工作专家共享机制，取消重复提交的证明材料，统一规范文书样式，加强信息化建设，保障工伤认定、鉴定工作便民化顺利开展，为工伤职工享受待遇提供坚实保障。

【巩固工伤保险】 随着机构改革的深入实施，工伤保险工作格局发生变化，经办管理工作受到不同程度的影响。为保障工伤保险工作平稳有序进行，制定印发《关于转发人社厅函〔2018〕317号文件切实做好当前工伤保险有关工作的通知》(鲁人社函〔2018〕259号)。要求各市充分认识做好当前工伤保险工作的重要性，切实加强工伤保险队伍建设，积极推进工伤保险便民化服务，进一步加强组织领导，共同推动山东省工伤保险事业稳定发展。

【工伤保险集中宣传、调研活动】 在全省开展工伤保险主题普法集中宣传活动。印发《关于加强工伤保险普法宣传工作暨做好2018年主题普法集中宣传活动的通知》(鲁人社函〔2018〕147号)，将8月7日定为“工伤保险进企业”主题普法宣传日，全省各地同步开展集中宣传。重点走进交通运输等行业及建设企业、工程项目，宣传按项目参保政策，推进按项目参保工作。全省各级深入项目工地、建筑企业和农民工工棚，进行上门宣传，参与群众7万多人次，发放宣传材料46万余份，发送公益短信近60万条。在全省范围内开展工伤保险省级统筹的调查研究，起草《山东省工伤保险省级统筹暂行办法》，为全面实现工伤保险省级统筹奠定基础。

【全面做好安全生产工作】 贯彻落实省委、省政府《关于深入推进安全生产领域改革发展的实施意见》(鲁发〔2018〕5号)，制定《关于印发鲁发〔2018〕5号文件涉及省人力资源社会保障厅任务贯彻落实分工方案的通知》(鲁人社办字〔2018〕7号)，确保各项任务落实落地。深入贯彻落实省委、省政府和省安委会的决策部署，牢固树立安全发展理念，依法履行安委会成员单位工作职责，坚持一岗双责、齐抓共管，进一步强化公务员安全生产知识培训，加强对农民工安全培训教育的指导，开展全省技工院校安全素质教育，积极发挥工伤保险对安全生产促进作用，全面做好安全生产相关工作。积极参与省安委会组织的包市督查、专项督查活动，完成上合组织青岛峰会等重要时间节点、关键时期的安全生产工作任务。参与指导龙郓煤矿冲击地压事故善后处理家属接待工作，指导有关市做好遇难职工工伤认定、工亡职工供养亲属资格确认相关工作，确保其遗属尽快享受到工伤保险待遇。

(工伤保险处、省劳动能力鉴定中心)

居民养老保险

2018年，按照人力资源社会保障部工作部署，山东省坚持体制机制创新，突出工作重点、解决工作难点、化解工作风险点，建立居民养老保险“两个机制”，推动被征地农民社会保障政策落实，落实新老农保有序衔接。人力资源社会保障部书面表彰山东省在落实城乡居民养老保险待遇确定和基础养老金正常调整机制方面的突出成绩。

【居民基本养老保险】 *居民养老保险持续平稳运行*。山东省居民养老保险参保人数4551.9万人（居全国第2位），待遇领取人数1524.6万人（居全国第1位），基金累计结余985.8亿元（居全国第1位）。

完善居民养老保险制度。落实党中央国务院和省委省政府完善居民养老保险制度的决策部署，经省政府第18次常务会议、省委全面深化改革领导小组第九次会议审议通过，会同省财政厅联合印发《关于建立居民基本养老保险待遇确定和基础养老金正常调整机制的实施意见》（鲁人社规〔2018〕17号，以下简称《实施意见》），从明确65岁及以上参保居民倾斜政策、确定基础养老金最低标准每5年至少调整1次、建立缴费年限养老金激励机制、确定最低缴费档次标准每5年调整1次、提高居民养老保险个人缴费补贴档次、实现个人账户基金保值增值6个方面健全完善居民养老保险制度。《实施意见》印发后，召开新闻发布会，发布政策宣传动漫，举办全省专题业务培训班，进行宣传解读。

居民养老保险待遇。按照国家有关要求，结合山东省实际，联合省财政厅提请省政府同意，印发《关于提高全省居民基本养老保险基础养老金最低标准的通知》（鲁人社发〔2018〕25号），山东省居民养老保险基础养老金最低标准由每人每月100元提高到118元。这是山东省第6次提高居民养老保险基础养老金最低标准，高于国家最低标准30元。

居民养老保险扶贫。通过落实《山东省打赢人力资源社会保障扶贫攻坚战三年行动实施方案》（鲁人社发〔2018〕50号）、《关于印发就业扶贫、技能扶贫、社会保险扶贫三年行动工作方案的通知》（鲁人社办发〔2018〕44号）等文件，进一步细化、实化社会保险扶贫三年行动工作措施。印发《山东省人力资源和社会保障厅关于转发人社厅发〔2018〕111号加快实现贫困人员城乡居民基本养老保险应保尽保的通知》（鲁人社办发〔2018〕37号），将年满60周岁、未领取国家规定的基本养老保险待遇的贫困人员纳入居民养老保险制度，按月为其发放居民养老保险待遇。继续抓好居民养老保险扩面工作，把符合参保条件的贫困人口纳入居民基本养老保险范围，严格落实代缴养老保险费、重度残疾人提前5年领取居民养老保险待遇等政策。

【被征地农民养老保险】 按照“重点突破，整体推进”的思路，进一步强化措施，加强季调度督导，发挥典型引领作用，召开被征地农民社会保障工作推进会，推动政策落实落地。印发《关于切实做好被征地农民养老保险工作的通知》，要求各地提高政治站位，切实做好被征地农民养老保险工作。各地主动加强与国土资源、财政等部门对接协作，组织开展梳理排查活动，建立工作台账，挂图作战、挂牌督导，有效推动被征地农民社会保障政策落实，全省平均资金落实率持续提升。

【其他工作】 *积极稳妥推进原农保遗留问题清零*。根据山东省老农保基数大、情况复杂的特点，实行分类指导，按照人力资源社会保障部新老农保衔接原则和要求，采取合并、清退、封存后动态管理等措施，建立季报表和工作情况上报制度，对清零任务较重的部分市，进行重点调度，清理工作取得明显进展。时刻关注被征地农民社会保障历史遗留问题的处理和舆情，稳步开展原民办教师、老放映员、乡村医生三项补助代发工作，加强调度，并到菏泽、济宁、泰安、临沂进行专项调研，确保三项补助按时足额发放到位。

党务工作。提高政治站位，严格落实“一岗双责”，在思想上、行动上、政治上与党中央保持高度一致。以争创“五好”党支部、争做“四讲四有”模范党员活动为抓手，提高党支部党建质量。发挥党建引领作用，充分发挥党支部战斗堡垒作用和党员先锋模范作用，全面落实重大任务，增强底线思维，做好反腐倡廉工作。

（居民养老保险处）

社会保险基金监督

2018年，山东省社会保险基金监督工作紧紧围绕重点工作任务，积极谋划、主动作为，扎实推进各项具体工作。

【企业自行管理社会保险纳入地方管理】 为贯彻国家决策部署，落实省委省政府工作要求，持续加大研究督导力度，攻坚克难，圆满完成山东省企业社会保险纳入地方管理工作，解决多年来未能解决的难题。齐鲁石化、兖矿集团、莱钢集团、枣矿集团、新矿集团、肥矿集团6家企业分别与所在市政府或人力资源社会保障部门签订移交协议，完成移交任务。

【职业年金委托投资运营】 会同省财政厅印发《山东省职业年金基金管理及投资运营实施办法》（鲁人社发〔2018〕7号），确立山东省职业年金基金管理及投资运营基本框架，协调组建职业年金基金监管和管理机构评选委员会，确定委员会办公室内部分工。牵头组织完成职业年金受托人评选，监督受托人完成托管人、投管人评选等。根据人力资源社会保障部要求，进一步指导规范山东省职业年金基金收支管理，完成职业年金归集账户托管协议备案180件。该项工作走在全国前列，得到人力资源社会保障部基金监管局的好评并多次在座谈会上做经验介绍，多个省份来山东省实地考察学习。

【工伤保险基金专项检查及养老保险重点指标核查】 按照人力资源社会保障部统一安排，印发文件部署全省开展工伤保险内控专项检查，对济南、东营等8个市进行省级抽查。全省检查经办机构177个次，检查工伤保险服务机构279个。印发《关于进一步深化养老保险四项指标专项查核工作的通知》，要求各级进一步提高思想认识，坚持有疑必核、有案必查，有针对性地研究提出防止重复参保、重复领取、死亡冒领等问题发生的办法措施，提前预防各类问题的发生。

【社会保险基金监管】 落实人力资源社会保障部《关于加强社会保险基金管理风险防控工作的意见》（人社部发〔2018〕43号）。印发《山东省人力资源和社会保障厅关于报送社会保险基金管理风险防控工作进展的通知》，调度各级进展情况，督促各级全面取消现金业务、手工办理和社银人工报盘。印发《山东省人力资源和社会保障厅关于转发人社部函〔2018〕136号文件开展社会保险基金管理风险警示教育活动的通知》，部署各市结合本地实际制定警示教育活动方案，扎实开展警示教育活动。印发《山东省人力资源和社会保障厅关于开展“风险防控·硬招实招”征文活动的通知》，组织全省围绕社会保险基金管理的风险点，从政策、经办、信息和监督等方面研究提出防控风险的硬招实招。积极应用基金监管软件系统，主动发现并核查疑点信息，堵塞管理漏洞。落实人力资源社会保障部社会保险基金要情报告制度，建立要情分析模式，发挥警示教育作用，通报典型案例，督促各市落实内控机制，强化基金风险防控。认真受理企业年金基金管理合同备案，进一步规范企业年金基金管理运营。

【社会保险基金审计】 督导落实2017年全省养老保险审计发现问题整改，按市、单位分类逐条列明清单，调度汇总全省整改情况，按照省领导批示精神，不断细化整改事项，持续多次反复调度各市深化整改情况，将整改事项压紧压实。配合审计署特派办开展全省医疗保险基金审计，协调提供审计所需办公环境，协调各市、单位按时提供审计所需资料、数据，协调审计取证相关事项，组织对审计报告征求意见稿反馈意见，督促发现问题立查立改。

【打击和防范社会保险欺诈】 为有效打击和防范社会保险欺诈行为，印发《山东省人力资源和社会保障厅 山东省公安厅关于建立省级查处和防范社会保险欺诈工作联席会议制度的通知》（鲁人社字〔2018〕65号），健全行政执法和刑事司法有效衔接机制。

（社会保险基金监督处）

社会保险经办

2018年，山东省社会保险经办机构全面深化改革，强化责任担当，狠抓工作落实，各项工作都取得积极进展和明显成效，较好地完成了各项工作任务。

【社会保险重点改革任务】 **“一次办好”改革**。成立“一次办好”暨行风建设领导小组，从各处抽调骨干力量组成“专班”开展工作。制定工作方案，印发相关文件，开展“解民忧转作风”专项行动，组织全省社保经办系统认真梳理群众办事堵点、难点、痛点和业务风险点，积极排查整改。制定切实可行的便民服务措施，推行异地业务“不用跑”，无谓证明材料“不用交”，重复表格信息“不用填”。聚焦人力资源社会保障部社保中心梳理的19类35项办理社保事项精简材料清单，加强数据共享、流程优化，圆满完成部中心下达的任务。

社会保险费征管职责划转。按照省委、省政府的部署要求，与省税务部门成立联合工作组，稳步推进各项工作任务落实落地。完成1000余家单位近25万条数据信息维护，按国家规定时间节点先后三次向税务部门移交，人力资源社会保障、医疗保险和税务三部门联合编印《社会保险费政策业务文件汇集》，供各级税务部门使用，先后两次派人为全省各级税务部门开展社会保险征缴业务培训，提升税务系统经办人员的政策和业务能力。开发山东省省级社会保险费信息共享平台，通过对接各市社会保险经办系统，实现社会保险费征收各类信息在人力资源社会保障和税务部门之间的双向传输。人力资源社会保障部门负责的社会保险费征管职责划转税务部门的各项准备工作如期完成。

职业年金投资运营和中央驻鲁单位改革。精心制定方案，严格评审程序，周密组织实施，在全国率先完成职业年金计划受托人、托管人和投资人评选工作，率先制定印发《山东省机关事业单位基本养老保险关系和职业年金转移接续业务经办规程》（鲁人社规〔2018〕4号）和《山东省职业年金经办规程（暂行）》（鲁人社规〔2018〕10号），明确山东省职业年金经办管理各项工作的具体操作规范，切实维护参保人员权益。中央驻鲁单位信息采集和经办启动压茬进行，完成1.4万名改革前退休人员的养老保险信息申报审核工作。试点启动部分符合条件的单位参保缴费，完成9家在职人员缴费和退休人员统筹内待遇发放工作。

社会保险标准化建设。淄博、潍坊、聊城三市顺利通过人力资源社会保障部社会保险标准化建设“先行城市”评估验收。淄博、威海被人力资源社会保障部社保中心批准参与社会保险行业标准制定工作。提出健全社会保险经办服务标准化体系的“山东方案”，编印《社会保险标准化汇编》第三册，部署开展“服务流程标准化”专项行动，山东省标准化工作取得明显成效，人民群众对社会保险公共服务的满意度进一步提高。

【社会保险经办工作平稳运行】 **完成全省社会保险参保征缴年度计划任务**。克服经济下行带来的不利影响，大力实施全民参保计划，强化中断补缴、基数稽核和征缴清欠等措施，参保征缴任务全面完成。职工基本养老、失业、工伤保险参保人数分别达2762.7万人、1318.5万人、1633万人，居民养老保险参保4551.9万人。基金总收入4898.4亿元，总支出4355.2亿元，累计结余5084.5亿元，同比分别增长21.4%、13.0%、12.0%。

及时准确兑现各项社会保险待遇。坚持“高效、便捷、及时、准确”原则，积极协调调度发放资金，进一步优化待遇核定程序，缩短待遇审批时限，落实提高待遇标准，确保各项社会保险待遇按规定支付。为全省符合条件的企业、机关事业单位退休人员677.1万人调整发放养老保险待遇，1524.6万居民按时领取养老保险待遇。

严格规范基金管理。在全省统一会计科目体系，更新升级基金财务管理系统和财务软件，确保新老会计制度有效衔接和平稳过渡。开发应用基金管理信息平台和财务业务一体化软件，基金管理信息化水平不断提高。开发全省统一的职业年金财务管理系统，通过招标方式选定基金归集账户合作银行，为实现职业年金基金归集和投资运营打下良好基础。

社会保险精准扶贫。严格落实扶贫代缴政策，主动对接扶贫部门，将符合条件的贫困人口全部纳入居民基本养老保险保障范围，动态掌握建档立卡贫困人员参保及待遇发放情况。为38.11万名贫困人员代缴居民基本养老保险费4330.43万元，为114.4万名困难群体发放居民基本养老保险待遇，为8.66万名重度残疾人办理提前5年领取居民基本养老保险待遇手续。

取消领取社会保险待遇资格集中认证。打造山东特色“静默认证＋漫游认证”新模式。开展与公安、民政、卫生和计划生育、银行等部门的业务协作，将养老保险待遇发放数据与人口管理、殡葬、就医等信息共享，实现定期比对核查。异地居住人员可使用手机APP、电脑端，登录社会保险个人网上服务系统，通过人脸识别进行认证，真正实现即时便捷、便民利民。

【省本级社保经办水平全面提升】 **基金管理**。迎接审计署济南特派办对省本级医疗保险基金审计，基金管理工作经受住检验。开展基金中长期收支状况预测，为领导决策和经办服务提供强有力的科学依据。认真开展省直机关事业单位准备期清算工作，积极推进机关养老保险制度改革落实落地。

退休审核及待遇核定。建立完善退休资格纵向双审的预审机制、资格预审和待遇核定一条龙办理、基本养老金预发等工作机制，更新优化社保信息平台企业端功能，实现业务网上受理，退休审核速度和质量均得到提升。

社会化服务。在全国率先印发省属企业退休人员纳入社区实行属地化管理的政策性文件，所有养老金发放业务均实现“一网通办”“零跑腿”，利用综合评估的方式督促代发银行提升服务水平，对高龄离退休人员以走访慰问的方式进行温情认证，养老保险待遇领取资格认证率稳步提升。

经办服务模式创新。加强社保服务大厅管理，建立健全大厅运行情况通报、处长值班、AB角补位等12项服务大厅工作制度。对省本级68项服务事项进行梳理，共减少证明材料32项，材料精简率达到23%。积极推行综合柜员制，开启一体化服务新模式，实现各类参保业务“一窗受理、一条龙服务、一站式办结”，提高经办工作效率，提升群众的经办体验度。优化完善省本级参保单位终端服务系统、省直社会保险个人网上服务系统、省直单位社保网上经办系统、山东人社服务手机APP，社会保险经办服务从前台向网上办、掌上办过渡，参保人充分享受到智能化经办服务带来的便捷。

宣传调研及档案工作。不断改进社会保险经办宣传调研工作，全面提升宣传调研工作指导性。在《山东政务信息》等媒体上发表信息50余篇。

完善省本级社会保险电子档案系统，保障系统持续稳定运行。稳妥地完成机构改革中的档案处置和管理工作。接收整理各类档案6600卷，省本级文书和业务档案全部实现计算机管理。在人力资源社会保障部社保中心有关业务年度评比中，山东省业务经办、社保宣传、基金报表、社保统计、窗口作风等多项工作荣获全国先进。

（省社会保险事业中心）

人力资源市场管理与人力资源流动配置

2018年，人力资源市场管理与人力资源流动配置工作按照全省人力资源社会保障工作会议部署要求，积极推进人力资源市场建设、人力资源服务业发展和人力资源流动配置等各项工作，取得良好成效。

【人力资源服务业发展】 **贯彻落实《山东省人力资源服务业转型升级实施方案》，引领推动产业发展。**结合大学习、大调研、大改进，开展专题督导调研，与一线管理人员、代表性人力资源服务机构深入座谈交流，并将园区建设、能力提升、市场拓展等方面建议融入工作之中。

人力资源服务产业园建设。产业集聚发展能力大幅提升。新增泰安、日照、临沂、东营及威海5家省级人力资源服务产业园，以园区建设带动产业发展和升级。全省已建有1家国家级和16家省级人力资源服务产业园，省内外优质人力资源服务机构入驻踊跃，山东省人力资源服务业吸引力进一步增强。

强化行业人才队伍建设。统筹安排人力资源服务从业人员培训项目，注重提高培训质量和效果。举办培训班25期，培训人力资源服务从业人员和高级管理人员4000余人。会同省国资委举办省属企业人力资源高级管理人才培训班，邀请顶尖专家授课，传递先进理念，更新思维方式，助推企业动能转换。举办全省人社系统管理人员培训班，强化产业发展意识和专业化、市场化、规范化管理思维，提升管理队伍的能力水平。

全省人力资源服务业发展资金重点扶持项目。印发《关于组织开展2018年度省级人力资源服务业发展资金重点扶持项目申报工作的通知》（鲁人社字〔2018〕329号），组织开展2018年度重点扶持项目申报、评审工作，共确定73个项目为2018年度省级人力资源服务业发展扶持资金资助项目，资助经费1974万元。

【人力资源市场建设管理】 **举办论坛展洽活动。**成功举办第十届“海洽会”国际人才发展暨人力资源服务业高峰论坛及人力资源服务机构展洽活动，指导支持烟台、济南、威海、日照市依托产业园举办论坛展会，为各类企业组织和人力资源服务机构搭建高端交流平台，传递人力资源流动配置新理念，产业发展共识进一步增强。

推进诚信体系建设。结合人力资源社会保障部工作安排，组织开展全省人力资源诚信服务示范机构和全省人力资源服务业十大品牌评选工作。10家机构入选全国人力资源诚信服务示范机构，与江苏、浙江并列全国首位。全省人力资源服务机构的诚信自律意识和社会影响力显著增强。

发挥中国海洋人才市场（山东）延揽人才作用。支持中国海洋人才市场（山东）成功举办“山东半岛蓝色经济区引进高层次人才洽谈会”。现场共发布招聘岗位700余个，吸引600余名高层次人才前来应聘，其中硕博人才占95%。与青岛光谷联合发展公司合作，注册海创中心实体，引进专业化服务机构，提升海洋人才创新创业服务水平。海创中心各基地共规划1.6万平方米海洋人才创业孵化专区，配备服务专员90人，入驻实体221个，实现就业2200余人。中国海洋人才市场（山东）影响力和公共服务水平不断提升。

【挂职研修项目】 **2017年度基层人才挂职研修期满考核。**会同省教育厅、农业农村厅、文化旅游厅、卫生健康委，对2017年选派的160名基层人才为期1年的挂职研修情况进行全面考核。

组织2018年度基层人才挂职研修推荐选派工作。会同省教育厅、农业农村厅、文化旅游厅、卫生健康委四部门联合印发《关于组织推荐2018年度基层人才挂职研修人选的通知》（鲁人社函〔2018〕162号），选派西部经济隆起带、省级扶贫开发重点区域、重点革命老区县域范围内160名中青年业务骨干，到山东省范围内的高校、科研院所、医疗机构、文化单位进行为期1年的挂职研修，发挥省级人才和科教资源优势，服务基层人才队伍建设。

【人力资源流动配置】 **各项重大改革人员管理相关工作**。2018年稳妥开展省级党政机构改革、全省盐业体制改革、全省事业单位公车改革、全省国企办教育医疗机构移交地方管理、省以下环保机构监测监察执法垂直管理制度改革、省级后勤服务管理改革、济莱区划调整、黄三角农高示范区工作机构组建、全省行业协会商会与行政机关脱钩等各项改革所涉人员转隶划转、分流安置任务，相关工作有序平稳开展。

（人力资源市场处）

人才开发

【人才发展体制机制改革和政策创新】 **深入开展人才专题调研**。围绕“大学习、大调研、大改进”活动开展问题排查，牵头组织人才工作专题调研、人才支撑乡村振兴调研以及苏浙粤人才工作调研，及时总结推广基层首创经验，学习先进省份工作经验，形成三份翔实可靠的高质量调研报告，为下步工作决策和政策创新提供重要的依据和参考。

印发《推进乡村人才振兴若干措施》（鲁人社发〔2018〕40号）。瞄准山东农村发展不足和短板，破除陈旧观念，打破条框限制，在乡村人才评价、培育、引进、激励、保障、服务等方面，有针对性地推出20条“高含金量”、务实管用的创新举措，建立更加灵活高效的乡村振兴引才聚才机制。尤其是在建立职业农民职称制度、实行乡镇专业技术人才直评直聘政策、实施高校毕业生基层成长计划等方面，政策突破力度大，走在全国前列。

制定《山东省支持青年人才创新创业的若干措施》（鲁人社发〔2018〕9号）。围绕青年人才引进、创新创业能力培养、激励保障、合理流动等方面，制定14条创新措施，充分发挥青年人才在推进人才强省战略、实施新旧动能转换重大工程中的生力军作用，吸引青年人才来鲁创新创业。

印发《加快推进人才国际化若干措施》（鲁人社发〔2018〕49号）。推出15条创新举措，旨在引进具有国际水平的高端人才、培养具有国际化视野的本土人才，加快提升山东省人才国际化水平。

设立齐鲁杰出人才奖。会同省委组织部制定《齐鲁杰出人才奖评选奖励意见》。奖励为山东经济社会发展作出突出贡献的杰出人才，旨在通过设立我省人才成就最高荣誉，激发人才创新创业热情。

【引进海内外高端人才】 **成功举办第十届“海洽会”**。以“聚全球英才智力、助推高质量发展”为主题，安排洽谈交流、项目路演、峰会论坛等八大板块25场活动，参会嘉宾858人，涉及33个国家和地区，成功对接人才合作项目3661个，近九成为“十强产业”。大会海外留学人员报名人数、邀请参会人员数量和博士（博士后）比例，均创历届“海洽会”之最。

建立“十强”产业高层次人才信息库和岗位需求库。采集2200余名高层次人才信息，编制重点岗位人才需求目录并进行分类整理，共收到539家单位提供的1343个岗位，高层次人才需求3200余人。

牵头全省招才引智工作。起草山东省“双招双引”工作推进领导小组招才引智组工作细则和山东省2019年度招才引智工作计划。

【博士后制度改革】 **制定《山东省博士后资助项目及经费管理办法》（鲁人社规〔2018〕21号）**。扩大博士后资助覆盖范围，提高博士后资助资金规模，一系列资助政策基本涵盖博士后人才引进培养、创新研究、博士后平台建设以及博士后交流服务等各个层面，构建起更加完善的博士后创新创业资助体系。

博士后平台建设。经人力资源社会保障部、全国博士后管委会批准，山东省新增24家博士后科研工作站，主要涉及新材料、互联网、生物医药等战略新兴产业。结合山东省实际，积极推动建设省博士后创新实践基地，2018年新设基地42家。

实施“省博士后创新人才支持计划”。遴选10名应届或新近毕业的优秀青年博士进入省内博士后设站单位从事博士后研究工作，给予每人两年40万元的资助，为高层次创新型青年人才创造良好科研条件。

企业博士（后）集聚计划。对省内企业博士后科研工作站新招收的国内重点高等学校或在国际公认的三大世界大学排名体系中排在前200名高校的博士毕业生入站进行博士后研究的，给予每人每年5万元生活补贴，最长补贴3年，出站后留鲁工作并签订5年以上劳动合同的，给予每人15万元一次性生活补贴，进一步加大企业吸引人才力度。

开展博士后国际交流计划。在2018年非教育系统省政府公派出国留学项目中，首次组织开展2018年度博士后国际交流计划项目，从省内博士后科研流动站、工作站以及省博士后创新实践基地择优选派52名省内博士后研究人员到国（境）外知名大学、科研机构进行访学交流或科研合作，留学期限6或12个月，给予每人6万或12万元资助，进一步拓宽博士后青年人才成长通道。

【高层次人才队伍建设】 **高层次人才选拔工作**。以山东省人事人才信息管理系统为基础，设计开发建设山东省有突出贡献的中青年专家信息管理系统，依托系统组织评选表彰2017年度省有突出贡献的中青年专家119名。组织评审并向人力资源社会保障部推荐山东省125名专家获批享受2018年政府特殊津贴。做好泰山系列人才选拔管理工作，制定《泰山产业领军人才产业技能类评估办法》并开展管理期内人才年度评估工作，进一步规范管理服务。分别遴选2018年泰山学者攀登计划、泰山产业领军人才工程科技创业类（海外）、产业技能类人选20人、20人、12人。组织开展第二批社会建设领域智库高端人才遴选工作，最终确定18名社会建设领域入库专家人选。

院士服务工作。住鲁两院院士达到48人，核拨70位聘任院士津贴974万元。

【留学工作】 **留学人员回国创业载体建设**。开展省级留学人员创新创业示范园评审，评选产生4家省级留学人员创新创业示范园，全省共评选产生8家省级示范园区，每家给予最高500万元资金支持，用于资助留学人员创新创业。

留学人员来鲁创业启动支持计划。对处于初始创办阶段，待转化技术项目创新性强、发展潜力大、市场前景好，且符合山东省战略性新兴产业或重点产业发展规划的留学人员企业给予重点支持，评选产生18家留学人员初创企业，每家给予10万—20万元资金支持。

非教育系统省政府公派出国留学。印发《山东省非教育系统政府公派出国留学管理办法》，每年选派300名左右优秀中青年科技、技能、医疗卫生、财经以及政府和企业管理人才到国（境）外开展访学交流、科研合作或培养进修，省级财政每年投入3000万元，给予每位留学人员10万—15万元留学资助。评审产生首批300名公派留学人员。

【人才工作综合管理职能】 **召开厅人才工作领导小组会议和全省人社系统人才工作座谈会**。总结交流2017年人才工作经验，分析存在矛盾问题，对2018年人才工作重点作出部署。印发《省人力资源社会保障厅2018年人才工作要点》，进一步明确2018年全省人力资源社会保障系统人才工作重点任务。

调整充实厅人才工作领导小组。印发《关于调整厅人才工作领导小组的通知》，进一步加强统筹领导，完善领导小组运行机制，调动全省人力资源社会保障系统人才工作积极性，推动重要任务和重大政策的落实。

人才创新政策宣传。举办全省人事人才创新政策培训班。培训班对近年来制定的人事人才创新政策进行解读，120余位人才工作者参加培训研讨。会同政策研究处启动实施“齐鲁人才大讲堂”宣讲培训活动，成功举办高等院校、乡村振兴、新旧动能转换三个专场宣讲培训活动，培训人员达到500余人。

【高层次人才服务】 **高层次人才服务政策**。在全国率先印发《关于加快推进高层次人才服务体系建设的实施意见》，推动构建覆盖全省、上下贯通、职责明确、精准高效的高层次人才服务体系，在省内外产生强烈反响。牵头修订《山东省高层次人才服务绿色通道规定》（鲁人社规〔2018〕5号），推出29项突破力度大、竞争力强、含金量高的服务事项，得到各界高层次人才高度评价。制定《山东省高层次人才服务专员管理办法》（鲁人社发〔2018〕11号），推动构建“保姆式”全过程代办机制。

高层次人才服务运行机制。成立由26个省直、中直部门组成的联席会议工作协调小组，成员76人，涉及26个部门的42个职能处室（单位），实现绿色通道服务事项责任落实具体到人。会同省委组织部召开全省高层次人才服务工作座谈会，理顺各级各部门高层次人才服务职责。全面启动高层次人才服务专员配备工作，举办2期高层次人才服务专员培训班。截至2018年底，全省已为5095位符合条件的高层次人才配备服务专员。

高层次人才服务信息平台。“山东省高层次人才服务信息系统”顺利上线运行，已有高层次人才用户5902个、服务专员用户3053个，基本实现“一对一”服务、专员信息汇集公示、“山东惠才卡”申领发放、绿色通道服务事项办理等网上办理功能。通过系统，向3588位高层次人才颁发“山东惠才卡”。

【专家服务】 **深化专家服务**。组织开展2018年度新春慰问两院院士等高层次人才活动，省委常委和几大班子领导同志带队走访看望院士，为落实党委联系专家制度树立典范。组织开展2018年住鲁院士健康体检活动，联合省保健局、省立医院等单位为28位在鲁院士进行全面健康查体，为院士更好创新创业“保驾护航”。落实院士休假疗养制度，先后服务20余位院士在青岛、泰安休假疗养。完成“山东院士地图”绘制工作，启动“齐鲁英才地图”绘制工作，汇集高端人才信息超过6000条，为实施“齐鲁英才汇聚计划”奠定坚实基础。

创新服务基层机制。以聚焦服务精准扶贫为主线，强化乡村振兴人才支撑。健全创新高层次人才服务基层柔性流动机制和长效工作机制，制定《山东省专家服务基地建设管理办法》（鲁人社发〔2018〕13号）《山东省重点人才工程专家服务基层办法》（鲁人社发〔2018〕12号）《推进乡村人才振兴若干措施》（鲁人社发〔2018〕40号），为高层次人才赴基层一线开展服务提供制度保障。

加强服务基层载体。推荐威海（荣成）海洋高新技术产业园获批国家级专家服务基地。首次组织开展省级专家服务基地遴选工作，确定济北经济开发区等10家单位为首批入选单位。首次组织开展省级乡村振兴专家服务基地遴选工作，评选产生15家入选单位。确定8个国家和省服务基层示范活动，同时积极支持地方自主组织开展专家服务基层活动。配合人力资源社会保障部留学人员和专家服务中心在烟台市举办海外高层次人才专家进基层活动，邀请61名海外高层次人才对接洽谈，现场达成初步合作意向52项。

拓展服务基层活动。深入开展引领专家服务基层工作，大力加强专家服务基层平台载体建设，紧紧围绕全省新旧动能转换重大工程、乡村振兴、经略海洋战略实施和脱贫攻坚需求，组织1200多名高层次专家赴聊城、蓬莱、威海、青岛、日照、潍坊、淄博临淄、东营、东阿、德州、滨州、临沂等12地的基层单位开展指导服务，解决技术难题1400多项，培训基层专业技术人才8000多人。围绕解决专家服务基层项目落地难、融资难等问题，省人力资源社会保障厅与省农行签订《人才服务乡村振兴金融合作框架协议》，对省人力资源社会保障厅组织的服务基层活动冠名资助，对落地项目采取“人才贷”“成果贷”等方式给予绿色通道金融贷款服务。

【留学人员来鲁服务】 围绕山东省“高精尖缺”类人才需求及省委、省政府重大战略和重点部署安排，推荐遴选56人入选国家高级研究学者、建设高水平大学公派研究生项目。组织山东省留学人员回国创业奖遴选表彰活动，提请省政府通报表彰19位优秀留学回国人员代表，并颁发“山东省留学人员回国创业奖”。在烟台蓬莱举办全国留学人员回国创业高级研修班和全国博士后基金业务政策培训班。会同山东师范大学承办全国“地理与生态”博士后学术论坛，全国300余名博士后参加会议，搭建专家与山东合作交流的桥梁。举办2018年泰山产业领军人才培训班，邀请全省50多位高层次人才参加培训，开展高层次人才省情国情研修和信息、科技相关领域课程辅导，促进高层次人才交流融合、创新发展。放眼全球招才引智，在威海市成功举办第十届“海洽会”，邀请210位海外留学人员和50位国内博士后参会，发布人才与技术项目需求信息5526项，对接成功3139项，其中属新旧动能转换“十强”产业的3045项，意向合作资金总额达到39.27亿元。

【博士后工作】 **博士后人员招募**。新招收博士后研究人员1061人。其中流动站自主招收761人，工作站独立招收63人，工作站联合招收228人，创新人才支持计划招收8人，香江学者计划招收1人。博士后研究人员完成科研工作任务出站665人。因集中清退长期滞站博士后研究人员等各种原因退站81人。新增博士后科研工作站24个、省博士后创新实践基地42个。招收博士后研究人员9513人，在站博士后研究人员4090人，共拥有博士后站459个。

博士后资助。全省共有671人获得国家博士后基金资助以及博士后各项人才交流计划资助，资助总金额约6082万元。其中国家资助博士后研究人员计划171人，408人获得中国博士后基金第63批、第64批面上资助，57人获得中国博士后基金第十批特别资助，10人入选博士后创新人才支持计划，2人入选香江学者计划，博士后国际交流计划引进项目资助13人，3人入选博士后国际交流计划派出项目，4人入选博士后国际交流计划学术交流项目，3人入选中德博士后交流项目。

博士后活动。举办“新时代生态文明与地理发展”全国博士后学术论坛。来自美国德州农工大学、中国科学院地理科学与资源研究所、南京大学、中山大学等50余家单位、共300余名专家及博士后等青年学者围绕生态文明与地理发展的有机结合进行深入探讨，搭建高起点、深层次、最前沿的学术交流平台。举办首次齐鲁博士后菁英人才招聘活动，在北京、武汉市组织山东省内山东大学、山东师范大学、胜利石油管理局等59家博士后设站单位设展招聘，提供博士后等青年创新人才岗位需求500余个，人才需求1300余名，共收到博士（后）等青年创新人才简历441份，初步达成博士（后）就业求职意向196项；举办第62批中国博士后科技服务团（山东省蓬莱行）活动，围绕蓬莱市重点发展的旅游业、葡萄酒产业、临港装备制造业等产业，从全国邀请来自上海交通大学、西安交通大学、中国海洋大学等高校及科研院所的博士后研究人员与蓬莱市企业进行项目及技术对接，进一步助推蓬莱经济社会发展。

（人才开发处、省留学人员和专家服务中心）

职业能力建设

2018年，职业能力建设工作重点突出服务新旧动能转换、乡村振兴、经略海洋、精准扶贫等重大战略实施，落实党建职责，突出重点项目，统筹政策实施，强化人才培养。全省高技能人才队伍总量达到304万人，中华技能大奖获得者18人，享受国务院特殊津贴技能人才44人，全国技术能手412人，泰山产业领军人才（产业技能类）36人，齐鲁首席技师1509人。批准建立国家级高技能人才培养基地29个，齐鲁技能大师特色工作站50个，山东省技师工作站140个。技工院校181所，当年招生13.5万人，在校生达到32.9万人。

【服务中心助力现代化强省建设】 高端智能制造技能人才培养。省人力资源社会保障厅与德国工商会上海代表处、德国史太白创新中心及德国莱茵科斯特有限公司签署中德智能制造技能人才双元培养“2018—2022”战略合作备忘录，开展中德智能制造技能人才合作培养试点。在全省遴选10所技工院校合作建设智能制造技能人才双元培养示范中心，开展智能制造领域课程体系本土化开发应用、引进德国技能人才培养标准和体系等活动。

乡土技能人才培养。建立乡土人才技能等级评价制度，探索制定乡土人才技能评价地方标准，组织开展乡土人才专项能力认定，做好职业农民职业资格认定工作。制定乡土技能人才技师和高级技师直接认定办法、职业农民职称和职业资格衔接办法，建立乡土人才以赛代评机制。

技工院校服务脱贫攻坚行动。联合省扶贫办积极推进山东省技工院校服务脱贫攻坚行动计划，公布77家承担精准技能扶贫任务的技工院校名单及其主要专业，全面落实五免一补资助政策，大力开展技工教育扶贫、职业培训扶贫、对口支教扶贫、爱心助学扶贫等工作，使每个有就读技工院校意愿的建档立卡贫困家庭学生、农村劳动力和退役士兵都能免费接受技工教育，为全省打赢脱贫攻坚战提供坚实技能教育保障。

【健全完善高技能人才工作政策机制】 认真贯彻落实中共中央办公厅、国务院办公厅《关于提高技术工人待遇的意见》，经过深入一线调研、广泛征求意见、反复沟通磋商，研究制定山东省《印发贯彻中办发〔2018〕16号文件提高技术工人待遇有关政策的通知》（代拟稿）。坚持以制度创新为重点，着力推进技能人才工作体制机制改革，通过增加有效制度供给，构建新的制度体系，充分发挥市场在资源配置中的决定性作用，更加有效地发挥政府“无形的手”调控作用，以企业和技术工人、技能人才的需求为工作的目标和改革的动力，着力改变技术工人社会地位偏低现状，着力提高技术工人收入水平，着力完善工资正常增长机制，推动全面提高技术工人待遇。

【坚持项目带动引领】 加强载体建设。组织开展2018年度山东省各类技能人才培养载体的申报评审建设工作，确定6个国家级高技能人才培训基地、5所国家级技能大师工作室、8所山东省技工教育特色名校和25个齐鲁特色技能大师工作站、11个世界技能大赛省级集训基地项目建设单位和实施方案。省级财政分项目分别给予500万元、10万元、800万元、20万元、100万元的建设补助经费。

领军人才选拔。会同省委组织部组织齐鲁首席技师申报评审工作，评选2018年度齐鲁首席技师候选人150人。组织开展100名山东省有突出贡献技师的评选奖励工作。

人才培训项目。调整山东省金蓝领培训项目，适应职业资格证书制度改革的要求，做好职业资格清理后的培训计划设置和考核衔接工作，确保完成全省5000人的培训计划。全面总结新型学徒制试点改革成果，围绕实现“企业得人才、学校强实力、学员长本领”的目标，突出企业主体，力促校企双赢，不断探索技能人才培养新模式，试点得到企校普遍欢迎。在人力资源社会保障部召开的全面推行企业新型学徒制工作电视电话会上，山东省作为3个地方典型代表之一发言，全面介绍试点工作经验。

【技工教育高质量发展】 简政放权。印发关于严格执行技工院校新版专业目录的通知，对技工院校专业设置实行备案制管理，编制《山东省2018年具有全日制技工教育招生资格的院校名单及主要专业目录》。

提升师资教研能力。开展首届全省技工院校教师能力大赛，在淄博、济宁、临沂三个市设置赛区，共组织9个类别比赛，从全省近3万名教职工中选拔近300名教师参加省级比赛，选拔9名教师代表山东参加全国技工院校教师能力大赛，最终取得4个一等奖、3个二等奖、2个三等奖的优异成绩，位居全国前列。

学生资助。继续举办全省技工院校学生资助管理工作培训班，首次将省管技工院校主管部门和各市人力资源社会保障局相关负责同志纳入培训，通过异地抽调的方式组成检查组对省管院校学生资助工作进行全面检查，确保资助政策落实，保证资助资金安全。

强化校园安全。先后4次下发通知，指导全省技工院校加强校园安全和消防工作，抽调人员组成检查组对部分省管技工院校校园安全工作进行实地检查，确保校园和谐稳定。

技工院校宣传。在高新会展中心举办第三届技工院校办学成果展，组织山东省技工教育招生推介会、中德智能制造双元制培养签约仪式、技能大咖秀、学院领导访谈等活动，提升技工教育办学影响力，宣传普及世界技能大赛，营造“劳动光荣、技能宝贵、创造伟大”的社会氛围。

【全省岗位练兵技术比武】 参加世赛选拔。研究制定世赛选拔工作规则，会同省经信委等9部门，共同举办第45届世界技能大赛山东省选拔赛，全省设21个赛区，51个赛项，共计828名选手参加比赛。世界技能大赛全国选拔赛在上海、广东两地举行，山东省代表团70名选手参加全部52个项目比赛，最终35个项目、42名选手入选国家集训队，总成绩列全国第三名，16个世界技能大赛中国集训基地落户山东，实现历史性突破。

省级职业技能竞赛。制定《关于开展2018年度省级职业技能竞赛项目申报工作的通知》（鲁人社函〔2018〕31号），鼓励企业广泛开展岗位练兵、技术比武活动，逐步建立完善以服务产业发展为导向、以世赛为引领、以山东省“技能兴鲁”职业技能大赛为主体，省内技能竞赛与中国技能大赛、世界技能大赛相衔接的竞赛体系。组织开展“技能兴鲁”省级一类、二类技能大赛55项，参赛职工、学生超过220万人。

承办国家级赛事活动。由省人力资源社会保障厅和济南市政府承办的代表中国智能制造行业最高技能水准的中国技能大赛——第二届全国智能制造应用技术技能大赛，共有来自27个省级赛区的196支参赛队伍、588名选手参加。山东技师学院、中国重型汽车集团有限公司等5支参赛队获得一等奖。2018年中国技能大赛——全国医药行业职业技能竞赛、第十届全国石油和化工行业职业技能竞赛以及第十二届全国水利职业院校技能大赛在山东医药技师学院、山东化工技师学院和山东水利技师学院成功举办，标志着山东省职业技能竞赛水平和赛事承办能力得到普遍认可，为推动山东省职业技能竞赛工作提供高水平的赛事平台。

“技能中国行2018——走进山东”活动。来自全国和省内各市的职业教育专家、高技能领军人才以及省内外企业、院校的代表约1000人参加活动。活动以“新时代、新技能、新梦想”为主题，全面展示新时代山东省技能竞赛、技工教育、技能人才培养成果和发展方向。

【社会组织党建工作】 在做好自身全面从严治党，加强党的建设工作的同时，切实履行好指导全省人力资源社会保障系统所属社会组织党建工作的职责。全省人力资源社会保障系统共管理各级各类学会、协会、民办技工学校、职业培训机构等超过1200家。为履行好“管业务就要管党建”的职责，专门制定印发《关于加强全省人力资源社会保障系统社会组织党的建设工作的通知》（鲁人社发〔2018〕47号），采取切实有效的措施，全面加强社会组织党建工作。

【职业技能鉴定】 **全省技能人才评价机制改革**。研究起草《关于开展技能人才多元化评价改革的实施意见》，推动职能转型、理顺工作机制、加强质量管理，充分发挥评价的“指挥棒”作用，为新旧动能转换提供“急需紧缺”高技能人才，促进就业创业创新。

制定企业技能人才自主评价制度。起草《关于开展企业技能人才自主评价的实施意见》，坚持以企业需求为导向发挥企业用人主体作用，把技能人才的评价权放到企业，提升技能人才评价科学性，促进优秀高技能人才脱颖而出。

新兴职业开发。起草《山东省新兴职业公开征集办法》，坚持突出地方特色，围绕重点产业和关键领域特别是山东省“十强”产业，瞄准高、新、尖定位和新兴技术发展，开发具有地方特色的新兴职业。

取消职业技能考核鉴定的行政许可事项。按照《山东省人民政府关于取消下放一批省级行政许可等事项的通知》（鲁政发〔2018〕35号），取消职业技能考核鉴定的行政许可事项，进一步转变管理方式，简化服务流程。

组织国家职业资格全国统一鉴定。分别于5月和11月组织国家职业资格全国统一鉴定工作，25426人报名参加。人力资源社会保障部质量督导组到山东省巡视，对山东省考务组织工作给予充分肯定。

鉴定数据分析。完成2013—2017年山东省职业技能鉴定运行分析报告，详细分析近5年山东省职业技能鉴定情况，为就业创业和技能人才培养提供数据支撑。

申报专项能力考核规范。由山东省开发、申报的黑陶制作等21个专项职业能力考核规范获人力资源社会保障部职业技能鉴定中心备案。此次备案的21个专项职业能力考核规范，涉及家政服务、食品制作、汽车维修、手工艺品制作、服装设计与制作等多个行业，促进了从业人员技能水平和就业能力的提升。

证书自查工作。开展证书自查工作，对山东省历年来证书数据进行合规性自查。

技工院校教研工作。成立省中心教研组，研究制定《山东省技工院校中心教研组章程（试行）》和三年工作规划，开展中心教研组活动20余次，为加强院校交流、形成工作合力搭建平台，助推技工院校发展。

（职业能力建设处、省职业技能鉴定指导中心）

专业技术人员管理

2018年，专业技术人员管理工作紧紧围绕新旧动能转换、乡村振兴、海洋强省等重大战略，以改革创新为引领，以优化服务为着力点，以开展试点为突破口，推进人才评价改革和职称制度改革，规范专业技术类职业资格管理，加强继续教育和知识更新，各项工作取得显著成绩。

【人才评价机制改革】 中共中央办公厅、国务院办公厅印发《关于分类推进人才评价机制改革的指导意见》（中办发〔2018〕6号）后，山东省委、省政府高度重视，要求制定山东省《关于分类推进人才评价机制改革的实施意见》（简称《实施意见》），省人力资源社会保障厅负责具体起草工作。在广泛调研、征求意见和修改完善的基础上，完成《实施意见》起草工作，并提交省人才工作领导小组审议。经省人才工作领导小组批复，同意《实施意见》按程序报送山东省委、省政府审议。经与各部门完成《实施意见》会签后，《实施意见》（送审稿）提交省政府。人力资源社会保障部对山东省《实施意见》给予充分肯定。

【职称制度改革】 制定《关于深化职称制度改革的实施意见》。省人力资源社会保障厅提请山东省委办公厅、省政府办公厅印发《印发〈关于深化职称制度改革的实施意见〉的通知》（鲁办发〔2018〕1号），对延续三十多年的职称制度进行首次全面系统改革。山东省政府新闻办召开新闻发布会，解读山东省印发的《关于深化职称制度改革的实施意见》有关情况。新闻发布会上介绍《深化职称制度改革的实施意见》的出台背景、意义、创新举措，并回答记者提问。

召开职称工作座谈会。省人力资源社会保障厅先后召开省直部门和各设区的市职称工作座谈会，总结评审经验做法，听取意见建议。印发《关于做好2018年度职称评审工作的通知》（鲁人社字〔2018〕204号），部署2018年职称评审工作，并在2018年职称评审中落实深化职称制度改革有关措施。

向设区的市简政放权。印发《关于同意设区的市组建经济高级专业技术职务资格评审委员会的通知》（鲁人社字〔2018〕205号），将经济高级职称评审权全部下放给各设区的市，全面下放基层高级职称评审权。由各设区的市结合本地实际情况，研究制定本地区“定向评价、定向使用”的基层职称制度。根据《山东省人民政府关于将部分省级行政权力事项调整由济南、青岛、烟台市实施的决定》（省政府令第320号），将外地调入人员高级专业技术职务资格确认委托给济南、青岛和烟台实施。

全省职称评审系统使用培训班。省人力资源社会保障厅在威海荣成市举办全省职称评审系统使用培训班，邀请人力资源社会保障部有关专家对深化职称制度改革进行深入讲解，并对职称评审系统的使用管理进行业务培训。各设区的市人力资源社会保障局、各高评委办事机构从事职称工作的业务骨干共90余人参加本次培训。

职称标准条件制定修订。印发《关于加快推进职称标准条件制定修订工作有关问题的通知》（鲁人社字〔2018〕307号），加快制定体现分类评价、适应人才发展的新的职称标准。已完成中小学教师、中专教师、技工学校教师、党校教师、社会科学、会计、法医技术、经济、船舶与海洋工程等9个系列（专业）的标准条件修订。

《关于深化职称制度改革的实施意见》重点专项督察。采取考察调研、集中座谈、书面督察、实地督察等多种方式，开展《关于深化职称制度改革的实施意见》重点专项督察。经过督察，各市贯彻情况较好，探索一批创新经验，改革平稳推进。督察情况报告报送省委改革办。

高等学校教师职称制度改革“回头看”评估。印发《关于开展高等学校教师职称制度改革“回头看”评估工作的通知》（鲁人社函〔2018〕196号），对高校职称制度改革以来取得成效、存在问题及经验进行全面评估梳理。经评估，各高校普遍建立健全分类评价标准和机制，完善直评制度，提升人才评价的科学性和针对性，促进优秀青年人才脱颖而出。

2017年度职称证书发放。在2017年度职称评审中，2.8万人通过评审并取得高级职称。其中正高级2649人，副高级22469人。

卫生职称制度“双自主”改革试点。印发《关于开展深化卫生职称制度改革试点工作的通知》（鲁人社发〔2018〕45号），在9所公立医院开展卫生职称制度“双自主”改革试点，允许单位自主用人，职称不与岗位聘用硬性挂钩，只作为聘用参考；卫生专业技术人才自主参加职称评审，不受岗位结构比例限制。通过“双自主”，推开影响公立医院申报职称的“玻璃门”，为医疗卫生事业提供坚实的人才支撑。

高层次人才直接参评高级职称试点。在青岛开展试点，对作出重大贡献，取得突出业绩的高层次专业技术人员，不受国籍、资历等限制，符合一定条件可按相应程序直接申报评审正高级或副高级职称。通过直评“一步到位”，进一步畅通高层次人才职称评审绿色通道。

职业农民职称评审试点。在东营市开展职业农民职称评审试点。山东省首批职业农民职称评审评出中级24人，初级60人，分别获得农民农艺师、农民助理农艺师职称。对参加职称评定的职业农民不收取费用，并给予一定物质奖励，对取得初级、中级职称的个人，分别给予3000元、5000元的一次性补助。鼓励对取得职称的农民制定奖励、资助措施。通过建立健全针对职业农民特点的职称评价标准，重点考察业绩贡献、经济社会效益和示范带动作用。通过试点，支持更多的“土专家”“田秀才”申报职称，让职业农民更有获得感。

职称电子证书。修订印发《山东省职称证书管理办法》（鲁人社规〔2018〕22号），将电子证书纳入职称证书管理范围。今后，经省人力资源社会保障厅核准公布的高级职称，将实行电子证书，不再统一发放纸质证书。延续三十多年的职称证书从此迈入“电子化”时代，专业技术人员不再需要现场办理纸质证书，实现了职称证书“一次办好”。

【专业技术人员管理】 完善“专业技术人员管理服务平台”系统，制定常见问题及解答手册，进一步优化服务。服务平台共注册单位5.1万个，注册个人10万人。

高技能人才与工程技术人才职业发展通道贯通试点。在青岛开展贯通高技能人才与工程技术人才职业发展通道试点。高技能人才根据自身情况和工作性质，可自愿申报工程技术系列相应级别的职称；专业技术人才可自愿申报技能职业资格或职业技能等级。山东省首批申报并通过职称评审的“高技能工程师”产生，共有1名高技能人才通过高级工程师评审，11名高技能人才通过工程师评审。通过试点，畅通了人才职业通道，推动了复合型人才发展。

【专业技术人员培训】 **组织实施国家级、省级高级研修项目**。完成国家级、省级高级研修项目96期，培训相关领域高层次、急需紧缺和骨干专业技术人才5831人。其中培训新旧动能转换领域人才3695人，培训乡村振兴领域人才929人。配合有关部门完成对高级研修项目资金使用情况的审计和巡视。选派97名专业技术人员参加外省举办的国家级高级研修项目学习。

新增国家级专业技术人员继续教育基地。山东劳动职业技术学院获批为第八批国家级专业技术人员继续教育基地，并获得中央财政一次性专项补助经费。这是山东省获批的第4所国家级继续教育基地，也是山东省首个技工院校获批的国家级专业技术人员继续教育基地。

急需紧缺人才培养培训和岗位培训。围绕国家重点领域培训急需紧缺和骨干专业技术人才70.3万人，其中急需紧缺人才培养培训6.79万人，岗位培训63.57万人。在其他领域培训专业技术人才124万人，其中急需紧缺人才培养培训7.5万人，岗位培训116.43万人。

公需科目学习。开展2018年度专业技术人员继续教育公需科目学习，及时将新旧动能转换、乡村振兴等有关知识纳入公需科目范围。各市通过线上学习、加强考核等多种手段提升继续教育质量，有效解决专业技术人才“工学矛盾”，153.9万人次参加年度公需科目学习，增强了专业技术人才服务新旧动能转换、乡村振兴等重大工程、重大战略能力。

【职业资格管理】 **组织实施有关职业资格考试**。及时公布考试合格标准。山东省人力资源和社会保障厅组织的涉及专业技术人员职业资格考试共28项，均为国家规定的专业技术人员职业资格考试项目。34万人报名参加考试，有10万人通过考试取得职业资格。

职称制度与职业资格制度有效衔接。对实行全国统一考试“以考代评”专业的职称，山东省不再进行相应的职称评审或认定。凡国家职业资格有关规定中明确可聘用专业技术职务的，取得职业资格即可视同具备相应职称，可作为申报高一级职称的条件。

（专业技术人员管理处）

引进国外人才智力

2018年，全省引进国外人才智力工作紧紧围绕全省中心工作，以服务全省重大工程、重大战略为着力点，以深入贯彻落实省委、省政府加强新形势下引进外国人才工作实施意见为主线，认真落实全国引智会议和全省双招双引工作会议部署，牢记使命、主动作为，各项工作稳步扎实推进。

【政策创新】 **印发关于加强新形势下引进外国人才工作的指导性文件**。该文件是未来一个阶段山东省招才引智工作的综合性、纲领性文件，为招才引智工作的方向、重点、方式等提供基本遵循。

【重点活动】 **组团参加第16届中国国际人才交流大会**。组织全省各级引智管理部门和用人单位负责人共800人集中参会参展，在主会场设置700平方米的全国最大省级展区，全面宣传山东省招才引智引技的优良环境。在前期充分对接的前提下，现场组织签约58项，对接高层次人才1000余人，包括北斗系统配件供应、盐碱地农产品开发培育等涉及新旧动能转换和乡村振兴战略的40余个重点项目在山东落地生根，为服务经济社会高质量发展大局作出积极贡献。参与香港分会场招聘活动，与两家驻港单位签约建立海外联络处，为推进鲁港澳深度合作、与粤港澳大湾区人才对接搭建平台。

承办中美工程技术研讨会生物制药和智慧水利专题研讨会。中美工程技术研讨会是外专系统目前层次最高、规模最大的国际学术会议，2018年山东开创性地争取到生物制药和智慧水利两个重点专题研讨会的承办权，邀请来自美中工程师学会、加拿大土木工程协会以及中国工程院4名院士参加会议，达成技术转移合作协议8项，共撰写专业学术报告34篇，对山东省生物制药和智慧水利两个行业的发展路线和技术瓶颈提出有针对性的建议，受到省领导的高度评价。

参与承办首届“儒商大会”。9月28—30日，为期3天的“儒商大会2018”圆满落下帷幕，得到海内外参会嘉宾和社会各界的广泛好评。坚持把办好首届“儒商大会”作为推动全省人才工作高质量发展的重要契机，摆在全年工作的重中之重来安排部署。突出“新时代、新动能、新儒商、新愿景”主题，把大会作为融海内外人才交流、学术论坛和项目洽谈于一体，搭建与海内外山东籍各领域知名人士的联系交流平台。先后向组委会推荐院士、“千人计划”专家、泰山学者等高层次人才嘉宾人选1500多名，汇总收集高层次人才2200多名、征集发布人才岗位需求3200多个，制作发放《山东省招才引智推介》画册4000多份、《聚天下英才、赴齐鲁之约》人才政策折页3000多份，制作播放《聚天下英才、绘齐鲁宏图》人才宣传视频100多场次。

山东首届海外创新创业大赛。2018中国山东海外创新创业大赛决赛作为第十届“海洽会”重要活动之一，举办这一赛事的目的是引进一批原创性、独创性、引领性的海外高科技项目，吸引海外高层次人才及团队到山东创新创业，为全面推动产业转型升级提供人才和智力支撑保障。围绕新一代信息技术、高端装备制造、现代农业、新能源、新材料等领域，经项目征集、海外分站赛，评选出10个海外的优秀参赛项目入围决赛。决赛采取现场路演的方式，每个项目按12分钟演讲和8分钟点评互动两个环节进行，经过近4个小时的激烈角逐，由大赛评审委员会评选出一、二、三等奖及优秀奖。

“高层次外国专家齐鲁行”活动。针对十大战略重点产业要求，搭建国际人才交流与合作对接平台，创新推出系列招才引智活动。首场活动以环保领域为题，邀请7名专家来鲁对接，全省110余家企业、科研机构参与洽谈。第二场活动邀请13名日本专家来鲁对接，达成合作意向72个。

外国专家表彰工作。德国籍外国专家卢特哈德和托马斯·马丁·弗彻特入选2018年度中国政府“友谊奖”，并受邀参加国庆招待会。20名外国专家入选2018年省政府“齐鲁友谊奖”。

圆满完成中国山东第十届“海洽会”外国专家组有关工作。邀请约100名高端外国专家参会，为20名专家颁发省政府“齐鲁友谊奖”，举办外国专家建言会，围绕“实施新旧动能转换重大工程，实现高质量发展”主题，邀请24名高层次外国专家为山东省重点产业发展建言献策。举办外国专家技术项目对接洽谈会，邀请54名外国专家设展洽谈，其中院士11名。

“改革开放40周年最具影响力的外国专家”评选活动。为纪念和宣传在改革开放进程中为山东省经济社会发展作出突出贡献的外国专家，更好地发挥各行各业外国专家作用，5—9月组织开展“改革开放40周年最具影响力的外国专家”评选活动。经单位推荐、网上投票和会议研究，从115位候选外国专家中评选出40名“改革开放40周年最具影响力的外国专家”，在“中国山东第十届海内外高端人才交流会”上予以表彰。

【国际人才交流】 新建2家海外引才工作站，7家国际人才海外联络处。围绕《山东省海外引才工作站设立管理办法》，制定实施细则和考核办法，组织首批4家海外引才工作站的考核和第二批2家工作站的招募、设立和评审签约工作，填补海外引才中介机构没有经费支持的空白，推动山东省社会化引才的进程。第十届“海洽会”期间，与韩国、爱尔兰有关机构签订合约新建2家省级海外引才工作站，下半年与德国、美国、巴西、阿根廷有关机构签订协议，新建7家国际人才海外联络处。山东省在18个人力资源和技术密集的国家和地区设立40个国际人才海外联络处和6家海外引才工作站。

【引才引智示范基地】 临沂史丹利农业集团股份有限公司、潍坊市华以农业科技有限公司分别获批成为产业技术创新类、农业和乡村振兴类国家引才引智示范基地，在制度创新、人才聚集、技术引进、创业孵化等方面发挥示范和引领作用，进一步推动山东省引智载体平台体系建设，为吸引更多高精尖缺人才来鲁创新创业发挥积极作用。

【引才计划】 **推动国家级人才工程**。4名外国专家入选第八批国家“千人计划”外专项目，全省入选总数增至37人，占全国的6.6%，数量居全国前列。中国海洋大学、中国石油大学（华东）、山东师范大学3所高校申报的学科创新引智基地入选国家“高等学校学科创新引智计划”（“111”计划）。

“外专双百计划”。评选出“外专双百计划”团队项目22个，个人项目23个，其中院士15名，专业涉及高端装备、新能源新材料、现代海洋、医养健康、现代高效农业等多个领域。

组织实施国批、省批外国专家项目。获批国家级引智项目78项，资助经费4192万元。资助省级引智项目52项，资助经费1040万元，其中院士领衔的项目8个。

【管理服务】 **外国人来华工作许可制度**。推进“一次办好”改革，加强部门协同，简化申请材料、压缩审批时间、全程在线办理以及采取承诺制、“容缺受理”等举措，为高端外国人才开通服务绿色通道。办理外国人工作许可证14919件，数量居全国前列。在深入调研、学习借鉴国外先进经验的基础上，研究起草《外国人在山东工作管理暂行办法》，与国家层面印发的《外国人在中国工作管理条例》同步推进。

全面实施外国人才签证制度。签证有效期达10年、最长停留期达180天。办理外国人才签证173件，数量居全国第四位。

离岸创新人才认定。审核认定首批海尔集团、齐鲁制药、威能环保、金正大等单位在海外设立的基地共48名外国高端人才为山东省离岸创新人才。

【典型专家】 **皮特·谭伯格**：德国籍，1956年生，博士，机械工程专家，盛瑞传动股份有限公司总设计师。2011年获中国专利金奖，2018年荣获省政府“齐鲁友谊奖”。他带领团队成功优化设计出自动变速器布置方案，打破了国内自动变速器技术产品完全被跨国集团垄断的局面，填补了国内空白，荣获2016年国家科技进步一等奖。

特兹亚·弗拉基米尔：英国籍，1962年生，博士，电气工程专家，英国曼彻斯特大学教授，山东大学特聘教授，2018年荣获省政府“齐鲁友谊奖”。他承担多项国家级重点课题，带领的科研团队发表论文20余篇，推动山大的学科建设和重点实验室建设。积极协助山大邀请专家学者进行学术交流，增强山东省高校学术影响力。

【出国(境)培训管理】 **增加数量，优化结构**。山东出国培训计划数量增加到1414人，国家资助561万元，省引智经费资助640万元。山东获批项目数、培训计划总人数等指标均居全国前列。

突出重点，提升效益。组织“供给侧结构性改革与产业升级培训班”，选拔25名青年干部赴美国进行9个月培训，这是党的十八大以来全国首个党政干部长期出国培训团。实施重点出国培训工程，执行金融高端管理人才培训、果树现代栽培模式及关键技术等8个项目，团队梯次培养效果明显。

大胆创新，开拓职能。主动服务民营经济发展，拓宽出国培训服务内容，争取国家外国专家局在全国唯一试点民营企业出国培训团。共组织民营企业培训项目4个，派出民营企业家75人。

加强监管，严格执纪。严格执行国家、省关于出国培训的规定，严格执行事前承诺、事中监督、事后评估和专人专办四项制度，建立了因公出国(境)培训项目量化考核制度。

【外国专家讲座】 **评选28项外国专家系列专题讲座项目**。包括新材料新能源、人工智能、节能环保、科技创新、经略海洋、新型城镇化、人才国际化等重要行业，资助经费385万元。聘请外国专家80余人次，培训受益5000多人。

创新科技讲堂成果突出。2015年以来，与省科学院联合举办“山东省创新科技讲堂”，引进25名外国高水平专家开讲，受益听众近6000人。

齐鲁国际讲堂引进国际大师。省农业科学院举办的“抗生素细菌耐药性培训”已连续举办三年，借助该平台与英国、欧盟成立两个联合实验室，引进英国一名国际级专家马萨，培训人员600余名，网络培训人员4000余人。

创新举办外国专家讲座“10+3”项目。聚集新旧动能转换十大产业举办外国专家讲座，进行人才、技术、产品的交流或展示。该项目支持济宁市举办了“现代农业系列专题讲座暨人才技术交流活动”，聘请高级专家组织成员里吉斯·诺先生，韩国新农村运动中央研究院副院长柳钟椿先生，韩国农村振兴厅城市环境植物研究中心所长申东益先生举办7场专题讲座，参训学员421人次。

（省外国专家局）

公务员管理

2018年，山东省公务员管理工作全面贯彻落实全省人力资源社会保障工作会议精神，紧紧围绕推动公务员管理工作高质量发展，突出重点、开拓创新，各项工作取得新进展。

【职务与职级并行及公务员聘任】 **公务员职务与职级并行试点及公务员聘任工作**。会同省委组织部系统梳理总结试点期间的经验做法，起草完成《山东省关于公务员职务与职级并行制度试点工作的总结汇报》。多次迎接中央公务员主管部门来山东省专题调研，承办国家职务与职级并行工作座谈会，汇报山东省试点工作开展情况，提出切实可行的意见建议，为全面推开公务员职务与职级并行制度提供山东经验。山东省试点工作按照有关规定已转入正常办理阶段，严格按照有关程序和标准条件，为省直机关（单位）公务员职级晋升进行备案。根据中央《聘任制公务员管理规定（试行）》，按照党管干部、党管人才，完善程序、从严管理，紧密结合山东省实际，研究起草《山东省聘任制公务员管理实施办法（试行）》，对聘任工作的权限、条件、标准和程序等进行明确、细化、规范，该实施办法已报送省委组织部审定。会同省委组织部对东营上报的《东营市公开招聘聘任制公务员工作实施方案》认真进行审理，并按有关规定进行批复，并指导东营等市积极开展聘任制公务员工作。

【考试录用】 2018年公务员考录工作。组织开展2018年面向社会招录公务员，全省32.8万余人报名，约2.1万余人参加公务员面试工作，录用公务员7200余人。精心做好2018年公安机关面向公安院校公安专业毕业生招警工作，选拔确定拟录用公安机关人民警察992人，还采取特殊招录办法，分别单独招录公安英烈子女4名，维语专业人才5名。及时开展全省公安机关和省属监狱补充考试录用公务员工作，制定印发补录工作方案，并及时面向社会发布补录公告，公安机关拟招录公务员147名，省属监狱招录公务员250名。全面贯彻落实党的十九大关于选人用人的各项要求，把坚持政治标准摆在选人用人的首位，充分发挥录用考察的政治把关作用，切实克服公务员录用中简单以分取人等不良倾向，会同省委组织部制定《山东省公务员录用考察办法（试行）》（鲁人社发〔2018〕2号），明确公务员录用考察的组织实施、内容标准、方法程序和纪律监督等有关规定，在全国范围产生强烈反响，得到中央公务员主管部门的充分肯定，并进行了推广。

【考核与奖惩】 表彰奖励及考核工作。根据《国家功勋荣誉表彰条例》有关规定，及时部署市、县级党委和政府表彰奖励项目申报工作。按照省委省政府的决策部署，把有限表彰资源重点用在中心工作、关键环节上，围绕扶贫攻坚和激励干部担当作为干事创业，2018年临时设立“扶贫系统先进集体和先进个人”和“担当作为好干部”“干事创业好团队”表彰项目。为充分发挥及时表彰奖励的正向激励作用，联合省委组织部、省财政厅印发《关于进一步做好公务员及时奖励工作的通知》，山东作为全国率先制定公务员及时奖励政策文件的省份之一，该做法在中央组织部《组工信息》上刊发推广。根据中共中央办公厅、国务院办公厅下发《关于推荐改革开放杰出贡献表彰人选的通知》部署要求，推荐6名人选，中央表彰工作领导小组初审通过2名人选。扎实开展创建示范活动清理工作，省级及省级以下创建示范活动清理规范意见经全省评比达标表彰工作协调小组会议研究同意并按程序报国家。稳步推进公务员考核工作，起草完成《山东省公务员平时考核办法（试行）》，会同省委组织部干部信息处研发省直部门公务员平时考核信息系统，指导省直部门和各市做好公务员平时考核试点工作。认真做好省直部门年度考核结果备案业务审批入库工作，研究规范公务员考核工作意见，规范考核工作程序，加大考核结果使用力度，配合做好公务员分类改革和职务职级并行工作。

【培训教育】 公务员专业化能力提升培训。聚焦脱贫攻坚大局，加强公务员脱贫攻坚能力培训，重点针对全省20个脱贫任务较重的县（市、区）和脱贫任务较重的乡（镇、街道），举办1期分管县（市、区）长，3期基层公务员扶贫攻坚专题示范培训班，培训285人次。加强新旧动能转换重大工程建设人才培训，依托山东大学、新加坡国立大学苏州研究院举办2期助推新旧动能转换能力提升示范培训，培训处科级公务员45人。重点围绕乡村振兴战略、精准扶贫与精准脱贫、美丽乡村建设等开展培训，会同山东行政学院培训4期391名乡镇长，举办2期130名副乡镇长乡村振兴和美丽乡村建设示范培训，提升参训学员“三农”工作能力。聚焦开放型强省建设，加强县市区负责人国际化能力提升培训，组织2期30名副县（市、区）长赴德国、韩国开展现代服务业发展能力、经济转型升级与社会管理创新专题培训，提升参训学员国际化能力。

【公务员职业道德建设工程】 公务员职业道德建设工程。按照中央和省关于推进公务员职业道德建设工程的部署要求，年初确定12项重点任务。在青岛组织召开全省公务员职业道德现场推进会议，考察学习青岛市推进公务员职业道德建设的经验做法，交流公务员职业道德建设推进情况，对全省公务员职业道德建设及公务员管理工作进行安排部署。举办省直机关公务员职业道德讲堂，邀请有关专家作《新时代公务员职业道德》专题报告。会同省委组织部印发通知，号召全省各级各部门结合各自实际、因地制宜开展道德讲堂、换岗换位体验、为民志愿服务等形式多样的主题实践活动。通过一系列教育实践活动，引导广大公务员理想信念更加坚定、精神状态更加饱满、履职行为更加规范、工作作风更加务实。

（省公务员局）

事业单位人事管理

2018年，事业单位人事制度改革和事业单位人事管理工作坚持服务大局、深化改革，强化制度创新，扎实推进各项政策措施落实落地，事业单位人事制度改革进一步深化，事业单位人事管理更加规范。

【事业单位人事制度改革】 *创新事业单位岗位管理制度*。印发《关于深化高等学校岗位管理制度改革的若干意见》（鲁人社规〔2018〕7号），打破岗位设置与编制或人员控制总量硬性挂钩的传统做法，首次提出岗位设置的“生员比”，即统筹高校整体发展和学科建设，建立岗位动态调整机制，调整后山东省“生员比”为9.6∶1；首次提出“加强以岗位为基础的团队建设”，首次建立高校岗位设置激励机制，首次建立岗位设置与重点产业发展联动机制，对“双一流”、对接“十强产业”紧密的高校，实行重点岗位倾斜政策，增强引才聚才的吸引力，激发高校人才队伍活力。

青年优秀人才引进。印发《关于实施2018年省属事业单位“青年优秀人才引进计划”的通知》（鲁人社发〔2018〕22号），面向全球TOP200高校、全球自然指数排名前100位的高校科研院所和国内一流大学（一流学科）招聘优秀博士研究生，并实施跟踪培养。设计开发“青优计划”网上操作系统和手机APP，方便招聘单位和考生实现网上互联互通。

激发事业单位人员创新创业活力。印发《关于支持和鼓励事业单位专业技术人员创新创业的实施意见》（鲁人社规〔2018〕1号），通过支持和鼓励专业技术人员到企业挂职、参与项目合作、兼职创新、在职创办企业、离岗创新创业等形式开展创新创业工作，为实施山东省新旧动能转换重大工程、助推山东省产业转型升级提供强大人才智力支撑。

高层次人才引进特殊通道。抓好特聘办法和特设岗位办法的贯彻落实，山东省已通过特殊人才通道引进高层次急需紧缺人才17名，其中国家青年“千人计划”专家1名、“万人计划”领军人才1名、“国家杰出青年基金”获得者3名、“国务院特殊津贴”专家1名、世界技能大赛金牌获得者1名、世界技能大赛优胜奖获得者1名、中科院“百人计划”A类人选1名、主持国家社科类项目人员1名、省有突出贡献中青年专家1名、高水平创新团队核心成员3名、全运会冠军2名、全国职业院校技能大赛一等奖获得者的指导教师1名。

【事业单位岗位管理制度】 *岗位设置方案核准和人员聘用*。指导各单位根据岗位工作需要及时做好岗位设置调整工作。审核89家事业单位岗位核准（调整）方案，审核备案215批次岗位竞聘方案，1133批次、18392个人才岗位聘用备案手续。

【事业单位公开招聘制度】 *省属事业单位公开招聘*。精心组织事业单位公开招聘。放开港澳居民应聘事业单位；允许符合岗位条件的取得祖国大陆全日制普通高校学历的台湾学生应聘高等院校、公共文化服务机构、医疗卫生机构；创新面向“三支一扶”“大学生志愿服务西部计划”等服务基层项目人员定向招聘政策；单列20个计划，定向招聘西藏籍高校毕业生7名、新疆籍高校毕业生6名；单列45个计划，定向招聘优秀村（社区）党支部书记。严肃公开招聘，违纪违规查处。依据人力资源社会保障部35号令，向一家省属高校下达事业单位公开招聘限期改正通知书。

【事业单位考核奖惩制度】 **优秀少先队辅导员评选**。会同共青团山东省委、省教育厅，开展第十届优秀少先队辅导员评选表彰工作，评选第十届优秀少先队辅导员100名。

事业单位工作人员年度考核。根据《山东省事业单位工作人员考核办法》（鲁人社发〔2017〕45号）要求，在现行山东省机关事业单位人事综合管理信息系统平台基础上，增加完善“事业单位工作人员年度考核”功能模块，对事业单位工作人员年度考核结果实行网上备案，提升年度考核规范化水平，有效发挥年度考核激励约束作用。

【事业单位人事管理信息化建设】 **加强人事管理信息化建设**。启用省属事业单位人员岗位聘用模块，督促事业单位使用信息系统办理人事管理业务，完善人员基本信息。省属773家事业单位，已完成信息采集626家，通过审核92497人。其中省属高校98家，完成信息采集64家，通过审核49396人。

（事业单位人事管理处）

军队转业干部安置

2018年是我国深化国防和军队改革、军队裁减员额30万的第三年，山东省共接收军转干部6174人（其中计划分配3468人、自主择业2706人）。全省各级各部门坚持以习近平总书记关于军转安置工作系列重要讲话精神为指导，认真贯彻落实中央决策部署和省委、省政府工作要求，强化工作措施，积极改革创新，主动破解难题，圆满完成军转安置各项工作任务。

【提升政治站位】 省委、省政府高度重视军转工作，“八一”建军节前夕，省委、省政府专门召开退役军人代表座谈会，对做好军转安置工作提出要求，明确山东省军转安置工作原则、安置办法和总体部署。各级各部门强化“四个意识”，把军转安置工作列入“一把手工程”，主要领导亲自抓，分管领导靠上抓，组织、人力资源社会保障、退役军人等部门，认真履行职责，严格政策规定，加强协调沟通，有力推动全省军转安置工作顺利展开。

【军转安置任务】 坚持“一个基本持平”，即全省军转干部安置到公务员和参公岗位的比例与去年基本持平；落实“两个不得”，即接收安置军转干部不得在中央政策之外附加其他条件、提高安置门槛，不得在执行中央政策上讲价钱、搞变通；做到“三个到位”，即机构改革期间，军转干部接收安置正常办理，该增加的编制要增加到位，该提供的岗位要提供到位，该保障的服务要保障到位。全省计划分配军转干部安置到公务员和参公管理岗位的比例为89%，同比提高1.4个百分点。师团职干部得到重点安置，功臣模范以及长期在艰苦边远地区和特殊岗位工作的军转干部得到照顾安置。

【服务保障工作】 加强安置政策宣传。深入开展“送政策进军营”活动，全省各级军转部门深入部队宣传安置政策，介绍地方情况，面对面解答军转干部的疑难问题。做好教育培训工作。与山东大学联合组织省直单位第29期计划分配军转干部培训班，为促进军转干部加快角色转换、尽快适应地方工作发挥积极作用；积极推进军转干部进高校培训工作，首批参训军转干部顺利结业，培训效果良好，得到接收单位和军转干部的一致肯定。大力宣传优秀退役军人先进事迹。山东省推荐的军转干部先进典型张保国同志，被中共中央宣传部、退役军人事务部评为全国20名“最美退役军人”之一。组织开展全省“优秀退役军人”先进典型推荐活动，对50名退役军人先进典型事迹进行宣传报道。

【组织自主择业军转干部参加“创业齐鲁训练营”】 组织40名自主择业军转干部分两期参加“创业齐鲁训练营”活动，通过训练营活动打开自主择业军转干部的创业瓶颈，拓宽思路，切实提高自主择业军转干部的创业水平。

【编印《山东省自主择业军队转业干部创业就业政策指南》】 将山东省现行就业创业普惠性政策系统梳理汇总，编印成册，以政策解读形式详细解释，让退役军人仅花三五分钟时间，就能对就业创业优惠政策了然于心。

【召开全省自主择业工作会议】 为贯彻落实全国退役军人河北会议精神，做好新时期自主择业军队转业干部管理服务工作，召开全省自主择业工作会议，传达全国会议精神，总结近年来全省自主择业工作，研究分析新时代自主择业工作面临的形势任务，对工作进行部署。

【实施推动“金融拥军”计划】 与自主择业军转干部退役金发放银行协商，以退役金发放账户为支点，实施多项金融拥军项目。自主择业军转干部只要用手机登录建设银行APP，即刻就能申请到上限为30万元的贷款；创办企业可申请上限为500万，最长期限为10年的助业抵押贷款，并提供贷款利息优惠。

【自主择业军队转业干部登记】 印发《关于做好2018年度自主择业军队转业干部登记工作的通知》（鲁退役军人函〔2018〕7号），对2018年度自主择业军队转业干部年度登记工作进行安排部署，结合信息平台建设完善年度登记工作，确保退役金发放安全。

【自主择业军队转业干部退役金核定】 印发《关于做好2018年自主择业军队转业干部退役金核定工作的通知》（鲁退役军人〔2018〕7号），对2018年自主择业军队转业干部退役金核定工作进行安排部署。在济南组织召开全省自主择业军转干部退役金核定工作业务培训，向各市负责自主择业军转干部待遇保障的工作人员讲解退役金待遇政策规定，组织核定2018年度自主择业军转干部月退役金，部署全省2019年退役金发放工作。

（省退役军人事务厅）

工资福利

2018年，工资福利工作紧紧围绕全省工作大局，务实担当、解放思想、勇于创新，进一步推动机关事业单位工资福利各项重点工作和改革任务取得新进展、新突破。

【机关事业单位工资收入分配制度改革】 *完善省属事业单位绩效工资管理办法。*经省政府同意，印发《关于印发〈进一步完善省属事业单位绩效工资管理办法〉的通知》（鲁人社发〔2018〕58号），通过提高事业单位绩效工资调控水平，扩大事业单位内部分配自主权，简化工作流程，完善绩效工资管理体制，建立事业单位绩效工资水平调控机制、绩效工资水平正常增长机制、收入分配激励导向机制和事业单位自主搞活分配机制，落实国家关于建立以增加知识价值为导向收入分配激励机制的要求。

*研究建立高层次人才收入分配激励机制。*在

广泛深入调研基础上，经省政府同意印发《关于山东省事业单位高层次人才收入分配激励机制的意见（试行）》（鲁人社发〔2018〕59号），在全国范围率先提出完善高层次人才收入分配激励机制的总体要求和政策措施，通过在单位绩效工资总量外单独核定高层次人才薪酬，对高层次人才实行协议工资制、年薪制、项目工资制等灵活多样的分配办法，建立高层次人才突出贡献奖，支持高层次人才科技创新、兼职兼薪、离岗创业等措施，引导事业单位收入分配充分体现高层次人才价值，为“引得进、留得住、用得好”高层次人才提供薪酬方面的政策支持。

推进卫生、教育等重点领域分配制度改革。研究部署全省公立医院薪酬制度改革扩大试点工作，经省政府同意，印发《关于扩大公立医院薪酬制度改革试点的通知》（鲁人社发〔2018〕8号），并召开专门会议部署，全省各市均印发实施方案，共选取33家公立医院开展试点。印发《关于转发人社部发〔2018〕17号文件进一步完善全省基层医疗卫生机构绩效工资政策推进家庭医生签约服务工作的通知》（鲁人社发〔2018〕46号），明确核定基层医疗机构绩效工资总量、搞活内部分配以及签约服务费可用于分配等具体问题的处理办法。提请省政府印发完善保障机制强化义务教育教师工资待遇落实的通知，进一步健全教育系统工资政策体系。

【机关事业单位工资福利政策】 **落实国家调资政策。**报经省委常委会议和省政府常务会议研究同意，会同省委组织部、省财政厅研究制定《关于贯彻国办发〔2018〕112号文件做好全省机关事业单位工作人员基本工资标准调整和增加机关事业单位离休人员离休费工作的通知》（鲁人社发〔2018〕64号），组织召开全省调资工作部署会议，明确相关政策规定和纪律要求，加强督导检查和舆情管控，推动全省于12月底完成调资工作。

加大县乡机关事业单位工作人员工资福利待遇保障力度。印发《关于贯彻落实省委省政府关心关爱基层干部有关要求切实保障和落实基层工作人员正常待遇的实施意见》（鲁人社发〔2018〕23号），进一步明确政策，细化措施，强化保障，不断提高县乡基层待遇保障水平，同时在全省开展专项检查，以乡镇（街道）为单位建立基层待遇保障台账。

研究完善机关事业单位部分群体人员工资收入政策。研究确定省直机关职级公务员规范津贴补贴标准，报经国家备案后，为省直机关4700余名晋升职级公务员按新标准兑现津贴补贴。配合山东省司法体制改革，会同省财政厅和省法检两院开展调研，研究完善符合司法职业特点工资制度、逐步实现人财物省级统管等问题的处理办法。印发《关于驻济省直机关事业单位高级技师、技师岗位有关待遇问题的通知》（鲁人社发〔2018〕19号），制定省直机关事业单位高级技师、技师岗位人员规范津贴补贴标准和发放办法。印发《山东省省级群团机关挂职兼职干部岗位补助及志愿者工作补助发放办法》（鲁人社发〔2018〕53号），落实群团改革关于建立“专挂兼”干部队伍三位一体、完善相关履职保障机制的工作要求。贯彻落实省政府关于关爱公安民警的有关要求，全面兑现公安干警执勤岗位津贴和加班补贴。会同财政部门审定省体育局所属事业单位实施运动员奖励性训练奖的分配办法，激励体育健儿勇创佳绩。

推动落实带薪年休假制度。会同省财政厅印发《关于审核发放2017年度未休假工资报酬的通知》（鲁人社字〔2018〕363号），规定从2018年起休年休假人数要达本部门（单位）应休假人数的90%以上并逐年提高，进一步加强省直机关事业单位带薪年休假管理，保障干部职工合法权益，引导鼓励干部职工带薪年休假。

（工资福利处）

劳动关系

2018年，全省劳动关系工作坚持稳中求进的工作总基调，按照高质量发展和走在前列的要求，服务供给侧结构性改革和新旧动能转换综合试验区建设，完善劳动关系协调机制，深化企业工资收入分配制度改革，坚决防范劳动关系领域风险，确保劳动关系和谐稳定，促进经济发展和社会和谐。

【维护劳动关系和谐稳定】 **加大和谐劳动关系创建力度**。在烟台市组织召开省市共建和谐劳动关系综合试验区现场会，就新形势下构建和谐劳动关系、总结阶段性创建成果及推动和谐劳动关系综合试验区建设等问题进行探讨和交流，为构建具有山东特色的和谐劳动关系探索经验。

劳动关系三方建设。省协调劳动关系三方共同举办推进劳资集体谈判理论及实操培训，进行集体协商分组模拟，切实提高劳动关系协调工作人员的理论素养和实践能力。组织人员学习兄弟省市在协调劳动关系三方机制建设、考核评价制度设置、和谐劳动关系评价结果运用、创建活动形式等方面的先进经验和创新做法。组织省、市协调劳动关系三方推荐19家全国和谐劳动关系企业和2家全国和谐劳动关系工业园区。

职工分流安置。赴滨州、淄博、临沂三市进行专题调研，形成《关于钢铁煤炭行业去产能职工安置工作情况的调研报告》。印发《关于做好2018年重点领域化解过剩产能中职工安置情况报送工作的通知》和《关于做好2018年重点领域化解过剩产能企业职工分流安置工作的通知》（鲁人社发〔2018〕34号），对以往职工安置政策中不明确的部分进行细化和明确。按照省委、省政府部署要求，针对山东省加强污染源头防治推进"四减四增"、南四湖矿权退出、化工产业转型升级等重点工作提出职工安置的政策意见，制定工作方案。全省去产能涉及钢铁企业2家、煤炭企业10家，职工8718人。安置职工8026人，安置率92.06%。

【深化企业收入分配制度改革】 **调整提高最低工资标准**。4月26日，省政府印发《关于公布全省最低工资标准的通知》（鲁政字〔2018〕80号），发布新调整的最低工资标准。6月1日起，山东省月最低工资标准分别调整为1910元、1730元、1550元，小时最低工资标准调整为19.1元、17.3元、15.5元。

发布企业工资指导线。4月26日，省政府印发《关于发布2018年企业工资指导线的通知》（鲁政字〔2018〕81号），以2017年全省企业在岗职工平均工资估算数62305元为基数，2018年企业工资指导线上线11%、基准线7%、下线3%。

国有企业负责人薪酬制度改革。印发《关于开展全省深化国有企业负责人薪酬制度改革专项督察工作的通知》，在全面自查基础上对枣庄、济宁、莱芜、日照、临沂5市进行重点督察。经省政府同意，省委组织部、省委宣传部、省人力资源社会保障厅、省财政厅、省国有资产管理委员会联合印发《山东省省属企业职业经理人薪酬制度改革试点意见》（鲁人社发〔2018〕63号）。

国有企业工资决定机制改革。经省政府第21次常务会议、省委全面深化改革委员会第一次会议审议通过，省政府印发《关于改革国有企业工资决定机制的实施意见》（鲁政发〔2018〕34号）。

第10次企业薪酬调查。全省调查18个行业门类6481户企业、138.9万名职工的薪酬信息，同时在6个市启动制造业人工成本监测试点，近300户企业按季度上报监测数据。发布50个技能岗位工资基准价位和18个行业企业人工成本信息。

【劳动关系基础建设】 加快《山东省女职

工劳动保护办法》修订步伐。赴部分市进行立法调研，召开专家论证会，再次征求17市及相关省直部门意见，会同省政府法制办修改形成《山东省女职工劳动保护办法（草案会签稿）》。经厅长办公会研究同意，按照程序进行部门会签。根据国家和省关于促进民营企业发展的精神，召开女职工劳动保护立法民营企业座谈会，当面听取意见建议。形成《山东省女职工劳动保护办法（送审稿）》报送省司法厅。

（劳动关系处）

劳动人事争议调解仲裁管理

2018年，劳动人事争议调解仲裁工作围绕加强劳动人事争议处理效能建设工作主线，以持续加强调解仲裁法制化、规范化、标准化、专业化和信息化建设为重点，各项工作取得积极成效，相关经验做法多次被《中国劳动保障报》、《大众日报》、山东电视台等媒体刊登报道。

【完善调解仲裁制度机制】 **强化裁审衔接工作**。联合省法院在全国率先印发《关于加强劳动人事争议仲裁与诉讼衔接机制建设的实施意见》，组织召开全省加强裁审衔接工作机制建设座谈会。会同省综治办等八部门联合印发《进一步加强劳动人事争议调解仲裁完善多元处理机制实施方案》，健全完善劳动人事争议多元处理机制。

完善仲裁办案工作制度。制定印发《劳动人事争议仲裁内部监督暂行规定》《山东省劳动人事争议仲裁简易办案规则》《山东省重大集体劳动人事争议联动调解和仲裁快速处理意见》等政策文件，修订仲裁常用文书样式、证据规则、统计工作规定等，有效提升了调解仲裁工作制度化、规范化水平。

【调解仲裁标准化建设】 省质监局发布《劳动人事争议协商调解服务指南》《劳动人事争议仲裁院建设与管理规范》《劳动人事争议仲裁工作规范》三项地方标准。作为全国第一部调解仲裁系列地方标准，三项标准的公布，为在更高水平上加强劳动人事争议处理效能建设提供重要技术支撑。联合省质监局印发《关于贯彻落实劳动人事争议协商调解服务指南等三项地方标准的通知》，对积极构建全省调解仲裁标准化工作体系做出安排部署。

【提升专业性调解工作能力】 贯彻实施《山东省劳动人事争议调解工作办法》（鲁人社发〔2017〕5号），对非公有制企业、商会（协会）劳动争议预防调解示范工作进行检查验收，在全省77家乡镇（街道）调解组织开展示范工作。加强专业性调解工作考核，完成2017年综治（平安建设）考核中专业性调解工作的考核任务，进一步强化基层调解工作督导。建立调解组织、调解员名册制度，做实调解组织和调解队伍，督促各市将各类调解组织和调解员名单录入调解仲裁办案系统，并向社会公示。

【劳动人事争议仲裁办案指导】 发挥案例指导作用，编印《劳动人事争议典型案例（第八辑）》。加强疑难问题研究分析，收集汇总复杂疑难问题40余个，与法院系统研究会商，统一法律适用标准，规范自由裁量权。全省调解仲裁机构受理争议8.95万件，涉及劳动者10.51万人，涉案金额19.81亿元，其中仲裁机构当期立案受理争议6.31万件，同比增长18.68%。在争议易发多发高位运行的态势下，强化办案指导，督促各级仲裁机构做好风险防控，妥善化解矛盾纠纷。加强争议案件分类处理，促进依法按期结案，较好发挥仲裁制度优势，维护劳动人事关系和谐与社会稳定。

【调解仲裁法律援助工作】 为依法维护弱势劳动群体的合法权益，延伸和拓展工作职能，建立劳动人事争议法律援助制度。会同省司法厅、省总工会制定印发《山东省劳动人事争议法律援助实施办法》（鲁人社规〔2018〕20号），推动在调解仲裁机构普遍设立法律援助工作站，为符合条件的申请人提供“一站式”法援服务，进一步畅通法律援助渠道，扩大劳动人事争议法律援助的可及性，实现“应援尽援”。山东省劳动人事争议法律援助的创新举措，得到人力资源社会保障部调解仲裁管理司、司法部公共法律服务管理局联合调研组的充分肯定。

【创新建立劳动人事争议仲裁专递制度】 为进一步提高劳动人事争议处理效能，规范劳动人事争议仲裁文书送达工作，会同中国邮政集团公司山东省分公司联合印发《山东省劳动人事争议仲裁专递工作实施方案》，建立劳动人事争议仲裁专递制度，在全省范围内部署开展以仲裁专递方式邮寄送达仲裁文书工作。仲裁专递采用符合仲裁文书邮寄特点的寄递渠道和寄递方式，为双方当事人免费邮寄送达仲裁文书，可以有效地减轻仲裁文书“送达难”压力，解决邮寄送达拒收、错收、签收不清晰等突出问题，确保仲裁文书送达合法、规范、准确、及时。仲裁专递制度的建立实施，对于进一步提升仲裁文书送达规范化水平，提高仲裁机构服务社会能力，保障和方便当事人依法参与仲裁活动、维护合法权益具有重要意义。

【调解仲裁调研和宣传】 认真做好重点时期和重点群体劳动争议的分析研判工作，总结新旧动能转换过程中发生的劳动争议调研成果，印发通知组织开展农民工劳动争议调研。积极开展调解仲裁法实施十周年主题宣传活动，在《山东人力资源和社会保障》开辟调解仲裁专栏，总结各地先进经验做法并予以推广；联合省人力资源社会保障厅有关处室开展“送法下乡”普法宣传，增强劳动者法律意识；通过电台、报刊、网站、微信公众号等方式开展地方标准、法律援助实施办法等系列宣传活动，增强调解仲裁工作社会影响力、公信力。

【调解仲裁基础保障】 完善仲裁队伍激励保障机制。贯彻落实《山东省劳动人事争议仲裁工作人员办案补助暂行办法》，指导各地建立专兼职仲裁员办案补助制度，破解多年来困扰调解仲裁工作的难题，稳定人员队伍，促进调解仲裁工作持续健康发展。

强化队伍培训。组织实施劳资争议协商调解仲裁法制和工作实践赴英培训项目，举办三期全省劳动人事争议仲裁员培训班，对750余名专兼职仲裁员进行培训和考核，提升调解仲裁队伍法律业务素质和争议处理能力。

调解仲裁信息化建设。印发《关于认真贯彻落实“互联网＋调解仲裁”2020行动实施计划的通知》，对2018—2020年调解仲裁信息化建设作系统部署。加快办案系统推广应用，将办案补助与线上办案挂钩，全省仲裁线上办案率大幅度提升。认真贯彻落实《全省人社系统行风建设“四百行动”实施方案》要求，指导全省调解仲裁系统深入开展行风建设，全面提升调解仲裁队伍为民服务意识和水平。

【加强支部党建】 认真学习习近平新时代中国特色社会主义理论和党的十九大精神，进一步坚定理想信念，提升政治素质。牢固树立法治思维和法治意识，坚持内部大讲堂制度，互相学习，共同提高专业水平。牢固树立把抓好党建作为最大政绩的理念，坚持“三会一课”制度和主题党日活动，发挥党员的先锋模范作用和党支部的战斗堡垒作用，增强组织的凝聚力、向心力和战斗力。

（调解仲裁管理处、省劳动人事争议仲裁院）

劳动保障监察

2018年，劳动保障监察工作紧紧围绕人力资源社会保障事业发展大局，坚持问题导向、底线思维和监管创新，统筹做好自身建设、主动检查执法及“双随机、一公开”、劳动保障守法诚信评价等工作，切实维护劳动者合法权益和劳动关系和谐稳定。

【保障农民工工资支付】 坚决贯彻党中央、国务院和省委、省政府的决策部署，着力解决拖欠农民工工资问题。

组织开展2018年春节前保障农民工工资支付情况专项检查，为5万名农民工补发工资待遇5.7亿元。组织开展解决拖欠农民工工资问题专项督查，组织三个督查组分别对潍坊、烟台、枣庄、临沂、聊城五市进行督查。配合省政府办公厅迎接国务院办公厅保障农民工工资支付专项督查，督查组充分肯定山东省近年来治欠保支工作取得的成绩。做好国务院办公厅对省级政府保障农民工工资支付工作考核的各项工作，起草《2017年度保障农民工工资支付工作考核自查报告》和《山东省2017年度自查考核表》，报省政府审定后上报部级联席会议办公室。迎接辽宁省实地核查组对山东省政府保障农民工工资支付工作的全面核查，山东省政府获得考核A级的好成绩，受到国务院通报表扬。代省政府起草并提请印发《山东省人民政府办公厅关于印发〈山东省保障农民工工资支付工作考核办法〉的通知》（鲁政办字〔2018〕52号）。召开解决拖欠农民工工资问题联席会议，针对山东省保障农民工工资支付工作中的薄弱环节提出针对性的工作要求，对迎接2018年度国务院对省政府的考核工作进行了安排部署。拟制2018年度市级政府保障农民工工资支付工作考核细则，以联席会议的名义发各市政府。召开全省劳动保障监察工作会议，对全省保障农民工工资支付工作进行安排部署。贯彻落实国家十二部门2019年春节前保障农民工工资支付工作视频会议精神，组织有关部门参加视频会议，拟发省相关十二部门和十七市解决企业拖欠工资问题协调机制。制定印发《山东省人力资源和社会保障厅关于拖欠农民工工资“黑名单”管理暂行办法实施有关问题的意见》（鲁人社字〔2018〕301号），重点规范书面告知、送达、移入移出等程序。将11个企业或自然人列入拖欠农民工工资“黑名单”并推送省发改委实施联合惩戒。落实国务院大督查移交山东省281件欠薪线索，代省政府起草通知，将案件分别移送至17个市政府，汇总全省情况，代省政府起草办理情况报告。

【清理整顿人力资源市场秩序专项行动】 联合省工商管理局印发《关于开展清理整顿人力资源市场秩序专项行动的通知》（鲁人社明电〔2018〕5号），查处各类违法案件270件，责令改正31件，责令退赔劳动者中介服务费、押金等费用11.8万元，取缔非法职业介绍活动11件。

【用人单位遵守劳动用工和社会保险法律法规情况专项检查】 督促办理社会保险登记422户，督促缴纳社会保险费3737万元，给予行政处罚12件，处罚金额18.2万元，涉嫌犯罪移送公安机关案件1件。

【劳动保障监察执法能力建设】 经省政府同意，会同省编办、省财政厅联合印发《山东省人力资源和社会保障厅　山东省机构编制委员会办公室　山东省财政厅关于加强劳动保障监察执法能力建设的实施意见》（鲁人社发〔2018〕5号），在规范机构设置、完善执法体制、充实执法力量、落实经费保障等方面提出具体可操作的意见，为下一步加强执法力量，提升执法效能打下良好的基础。举办劳动保障监察员任职资格培训班和岗位培训班，培训监察员350余人。

【劳动保障监察信息化】 积极推动联动平台运行，与信息中心及时沟通，随时调度在运行过程中出现的问题，研究解决方案，进一步完善优化系统。协调落实济南市在省集中劳动关系系统和济南市劳动保障监察大数据应用系统之间建立数据接口等相关工作。组织平台系统操作员和负责人培训。

【贯彻落实重大违法行为社会公布办法】 为加强对重大劳动保障违法行为的惩戒，强化社会舆论监督，促进用人单位遵守劳动保障法律、法规和规章，公布重大劳动保障违法行为95起。

【综治考评相关】 按照省综治办要求，完成山东省的自查报告及对各市的考核评价等工作。

【劳动保障监察举报投诉案件】 认真落实全国人社系统行风建设会议精神，妥善处理群众来电3782个、来信256封，接待群众来访4518人次。坚持以人民为中心的办案理念，共依法查处和交转办案件544件，直接为投诉者追讨工资50.95万元，补缴社会保险费139.77万元，补签劳动合同49份，督促2家企业补办社会保险登记。认真承办省级政务服务投诉热线有关工作，及时高效办理368件“省级政务服务投诉热线承办单”。

【农民工工资治欠保支】 扎实开展农民工工资专项检查，年初对67家工程建设领域的省管企业进行拉网式检查，建立农民工工资支付情况工作台账，重点整治实名制管理不到位、按月足额支付工资不落实等突出问题，责成山东高速集团等单位按时足额发放农民工工资。持续加大农民工工资案件查处力度，妥善处理农民工来访203人次，直接查处或者协调处理农民工工资案件15起，共为190名农民工追讨工资233.46万元。6月，妥善化解一起涉及国内外5个工程项目、7家公司、45名湖南籍农民工的集体讨薪案件，确保了上合青岛峰会期间社会安全稳定。

【网上劳动保障书面审查】 积极推进“互联网+政务服务”工作模式，全程采取网上申报、网上审查的方式开展劳动保障书面审查工作，使企业做到“零跑腿”、真减负。适当扩大书面审查覆盖范围，将730家省管用人单位纳入审查范围，较去年扩大了75.5%，涉及职工138.7万人。严格书面审查工作标准，依法纠正23家企业存在劳务派遣用工超比例、未签订劳动合同等问题。加强书面审查结果与社保、工商等部门单位的信息比对，增强监管对象信息的有效性。

【“双随机、一公开”随机抽查工作】 深入实施“双随机、一公开”，随机抽取38家省管单位开展执法检查，共查实28家单位在遵守休息休假规定、社会保险法律法规、劳务派遣有关规定、高温天气劳动保护规定四个方面不同程度存在违法违规问题，并将随机抽查检查情况通过信用信息平台归集共享。

【劳动保障守法诚信等级评价工作】 深入开展2017年度省管用人单位劳动保障守法诚信等级评级工作，对512家省管用人单位（系统）诚信等级进行评价，共评定A级340家、B级166家、C级6家，并将评价情况纳入劳动保障守法诚信档案。积极开展省管用人单位守法诚信审查工作，根据有关部门要求，对百余家单位劳动保障诚信情况进行审查，据实出具审查意见。

（劳动监察处、省劳动保障监察总队）

新闻宣传与政策研究

2018 年，新闻宣传与政策研究工作紧紧围绕省委、省政府重大战略，围绕人力资源社会保障重点工作、重大政策、重要活动，聚焦改革发展、服务领导决策，坚持党建和业务工作两手抓、两手硬，有力促进政策研究各项工作任务全面落实。

【发挥参谋助手作用】 聚焦新旧动能转换、乡村振兴、经略海洋等重大发展战略，深入开展“大调研”，积极服务南方三省调研、省人力资源社会保障厅领导带队的多项重大调研任务，牵头或组织起草学习苏浙粤南方三省的调研报告、人才工作调研报告、人社服务新旧动能转换、服务乡村振兴等多篇调研报告，推动形成一批调研成果、制度成果。制定 2018 年全省人力资源社会保障工作要点，明确 36 项全省人社工作主要任务。制定省厅 2018 年度调研计划，明确 70 项调研课题，协调推进各项调研计划的落实。扎实做好专家咨询工作，邀请多名专家开展咨询活动，有效发挥专家咨询在科学决策中的作用。

【文稿工作】 突出思想引领、服务引领和工作引领，坚持不懈地提升文字水平、提高文稿质量。起草各类综合文稿 200 余篇、有效文字 100 多万。同时，积极参与省政府工作报告、第十届海洽会材料组等多项重点工作，圆满完成各类文稿起草任务。

【政务信息】 深入落实省人力资源社会保障厅党组关于信息工作的一系列指示精神，落实信息考核办法，加强信息约稿和信息通报，进一步调动处室单位报送信息的积极性、主动性。省委办公厅采用省人力资源社会保障厅信息 116 篇，考核得分 1185 分；省政府办公厅采用信息 125 篇，考核得分 592 分；信息报送数量、采用数量均位居前列。

【宣传工作】 在中央和省级主流媒体推出一批重头报道，有力提升山东省人力资源社会保障部门影响力。加大新闻发布力度，以省政府新闻办名义召开 8 场新闻发布会，超额完成全年发布指标。“新媒体工作室”运行顺畅，融微博、微信、山东人社服务客户端、省人力资源社会保障厅门户网站和舆论引导监控“五位一体”工作架构初具规模。“山东人社”官微粉丝数已达 10 万余人，累计阅读量超过 300 万，多条微信实现 10 万 + 的关注量，在全国人力资源社会保障部门中名列前茅。扎实做好舆情监测引导工作，加强分析研判，及时回应群众关切，化解舆情风险。成功召开全省人社宣传工作会议，表彰先进，分析形势，对下步宣传工作进行安排部署。圆满完成第十届海洽会宣传任务，海内外媒体给予大量报道，新闻报道达 5000 多条，新媒体点击量达 1200 多万，参与讨论 50 多万人次。特别是英国、法国、德国、日本、韩国等发达国家对海洽会也进行大量报道，总发稿量达 200 多篇，极大地提高山东的知名度和美誉度。

【改革综合协调】 认真完成省人力资源社会保障厅改革办和社会事业体制改革专项小组办公室各项工作任务，保证全面深化改革各项工作平稳顺利推进。开展社会事业组重点改革督查，规范社会事业组各项改革试点，向人力资源社会保障部、省委改革办、省委各改革专项小组起草、报送多份改革情况，有效推动社会事业及人社领域重点改革的落实落地。

（政策研究处）

法治建设

2018年，法治工作全面推进依法履行政府职能，严格规范公正文明执法，强化对权力的制约和监督，“法治人社”建设取得新突破。

【依法全面履行政府职能】 大力精简下放审批事项，将职业技能考核鉴定由行政许可调整为公共服务事项，将省直机关事业单位工伤认定下放至济南市，将外地调入人员高级专业技术职务资格确认委托下放至济南、青岛和烟台市，积极推进工伤认定和劳动能力鉴定便民化服务工作，对“港澳台居民来内地就业许可”取消后的落实和衔接工作提出要求。全面落实以人民为中心发展理念，使人民群众在人力资源社会保障领域的获得感、幸福感不断增强。

【完善依法行政制度体系】 扎实推进地方立法。继续修改完善《山东省失业保险规定》，积极推动《山东省人才工作条例》立法进程。重新修订《厅规范性文件制定管理办法》，细化规范性文件认定情形，增加公平竞争审查和网上公开征求等内容，为提升规范性文件管理水平提供制度保障。完成22件规范性文件的合法性审查和“三统一”工作，对185件文件提出审查建议。根据省政府统一部署，对人力资源社会保障部门起草的6件省政府规章及以省政府名义印发的280余件规范性文件进行全面清理，逐件提出清理建议。连续三年对省人力资源社会保障厅印发的300余规范性文件动态清理，并将清理结果及时向社会公开公布。

【严格规范公正文明执法】 加强重点领域执法，全力做好保障农民工工资支付各项工作。制定印发《关于拖欠农民工工资“黑名单”管理暂行办法实施有关问题的意见》，重点规范书面告知、送达、移入移出等程序。加强行政执法信息化建设，全面上线劳动保障监察举报投诉案件处理系统，实现省、市举报投诉案件上下无纸化流转。认真落实行政执法公示制度、行政执法全过程记录制度和重大执法决定法制审核制度，深入实施“双随机、一公开”制度，随机抽取38家省管单位开展执法检查，共查实28家单位不同程度存在违法违规问题，查处结果在省人力资源社会保障厅官方网站公开公布。印发《山东法治人社参考》5期，通过以案说法、以案释法，提高依法办事意识，规范行政执法行为。

【推进行政决策科学化、民主化、法治化】 健全依法决策机制。制定《厅党组重大决策社会稳定风险评估实施办法（试行）》，对重大决策事项进行合法性、合理性、可行性、可控性评估。依托省人力资源社会保障厅官方网站，对涉及群众切身利益的重大行政决策公开向社会征求意见，广泛听取各方意见建议，提高公众参与实效。发挥专家学者智库作用，对重大行政决策咨询、论证提出独立意见。开展重大行政决策风险评估工作，对涉及公共利益和人民群众切身利益的重大政策进行风险评估，确保重大决策程序合乎规范、内容合法有效。认真落实《厅法律顾问工作规则》，省人力资源社会保障厅法律顾问积极参与立法调研论证，研讨重大行政执法案件，协助做好信访维稳值班工作，办理行政诉讼案件9件，审查民事合同21份，较好发挥“外脑”作用。

【强化对行政权力的监督和制约】 自觉接受省人大及其常委会的监督、省政协的民主监督。及时办理人大代表建议、政协委员提案141件。认真接受司法监督，自觉执行人民法院作出的生效判决和裁定，落实司法建议书。组织开展劳动能力鉴定和工伤认定案卷评查工作，及时印发评查工作通报，指出存在问题，提出改进措施。全面推进政务公开，省人力资源社会保障厅门户网站主动公开信息3856

条。其中政策法规类信息201条，规划计划和财政预决算类信息6条，业务工作等其他信息3649条。加大新闻发布力度，以省政府新闻办名义召开8场新闻发布会。“新媒体工作室”运行顺畅，融微博、微信、山东人社服务客户端、省人力资源社会保障厅门户网站和舆论引导监控“五位一体”工作架构初具规模，“山东人社”官微粉丝数已达10万余人，累计阅读量超过300万。

【健全矛盾纠纷多元化解机制】 修订《厅行政复议与行政应诉工作规定》，进一步规范行政复议与行政应诉办理程序。严格执行相对集中行政复议职权制度，转送行政复议申请4件。依法及时办理被行政复议和行政应诉案件，办理被行政复议案件14件，办理行政应诉案件30件。健全完善劳动人事争议多元处理机制，印发《关于加强劳动人事争议仲裁与诉讼衔接机制建设的实施意见》《进一步加强劳动人事争议调解仲裁完善多元处理机制实施方案》。完善信访事项化解机制，进一步推进“四个重点”矛盾攻坚化解，建立健全信访维稳工作措施，认真做好信访维稳工作。落实“谁执法谁普法”责任制，在全省人力资源社会保障系统组织开展“就业之路·法律同行”普法宣传月活动，利用大学生就业季、农民工返城返乡时节等关键节点，组织开展“春风行动”“12·4宪法宣传日”“12333咨询宣传日”“人才政策宣传年”等一系列专题宣传活动，通过多种方式集中向社会推送人社政策法规。

（法规处）

规划统计

2018年，规划财务工作围绕中心工作，履职尽责，担当作为，积极发挥规划引领、决策支撑、服务保障作用，圆满完成各项工作任务。

【落实人社部门服务全省重大战略部署相关工作】 助推新旧动能转换重大工程建设工作。成立省人力资源社会保障厅助推新旧动能转换重大工程建设领导小组，制定《山东省人力资源和社会保障厅助推全省新旧动能转换重大工程建设工作方案》，明确目标任务、总体思路，细化责任分工，确保各项工作任务落地见效。成立专项调研组，开展专题调研，学习总结先进经验，听取意见建议，研究对策措施。印发《山东省人力资源和社会保障厅助推新旧动能转换重大工程建设行动方案》（鲁人社办发〔2018〕26号），提出实施人才支撑、创业助推、企业护航和优化服务等4个专项行动，制定35条政策措施。举办培训班，专题解读行动方案，进一步动员全系统力量推动新旧动能转换工作。

支持实体经济、县域经济发展。配合省发展改革委，研究人力资源社会保障部门支持实体经济高质量发展的政策措施，4条措施列入省政府45条实施意见，并组织做好贯彻落实工作。坚持问题导向和需求导向，组织研究起草支持民营经济若干政策。印发《关于印发支持县域经济健康发展转型发展若干落实措施及任务分工的通知》，从人才、就业、激励保障等方面提出9条具体落实措施，促进全省县域经济健康转型发展。

【规划计划】 “十三五”规划中期评估。全面总结“十三五”以来全省人力资源社会保障事业发展主要指标完成情况和重点任务落实情况，深入分析存在的突出问题、矛盾和面临的新形势，研究提出进一步推动规划实施的主要措施。

事业发展规划计划。印发实施2018年事业发展计划，按季度通报计划执行情况、分析就业和社会保障形势，为全省经济形势分析提供参考。认真审理机关事业单位用编进人计划编报。积极稳慎处理部分省直单位人员历史遗留问题。

【统计工作】 统计调查。按时完成年度统计任务，及时向人力资源社会保障部和省统计局报送统计数据。组织省、市、县三级开展人社公共服务机构基本情况调查。协调济南、潍坊、临沂开展社区直报调查。积极参与第四次经济普查，协助建立企业薪酬调查制度，组织开展统计调查项目清查，配合完成人大统计法执法检查。

统计服务。不断改进统计资料形式和内容，按月整理统计数据，汇编统计资料，为领导决策提供参考。牵头做好城镇化监测指标数据共享工作。

数据测算。科学测算2017年各市经济社会发展综合考核相关数据，客观评价17市完成情况。组织制定2018年度综合考核工作方案，确定考核指标及目标值，并按时完成考核中期评估。

【财务资产管理】 **部门预决算管理**。加强与财政部门沟通协调，积极争取财政资金，2018年度部门财政拨款预算达26.19亿元，同比增长8.27%，较好地保证厅重点工作和重大活动支出。根据预算执行及时调整预算指标，确保重点项目支出，预算执行率继续保持较高水平。组织编报2019年部门预算，完成“一上”数据上报。完成2017年部门决算编报工作，于2018年8月通过厅网站公开。

政府采购和固定资产管理。组织做好政府采购工作，严格按标准配置办公设备。开展固定资产专项清查，全面核查实物资产。完成资产报表编制和国有资本收益申报等工作。

绩效评价管理。制定部门项目支出绩效评价指标体系框架，组织2017年发展类项目绩效自评，聘请第三方机构对部分项目开展重点评价，按照要求进行公开。

社保基金预决算管理。完成2017年社保基金决算编报汇审和2019年预算编制汇审，接受省人大的审查监督。举办基金预决算管理培训班，推进社保基金财务业务信息共享。

机构改革期间经费和资产划转工作。制定经费资产划转方案、经费划转意见等，切实做好经费划转和实物资产清点、移交工作。

财务基础建设。起草修订省人力资源社会保障厅政府购买服务管理办法、预算管理办法、政府采购管理办法及合同管理办法等有关制度，印发厅加班误餐补助开支管理办法，规范财务工作流程。加快财务综合管理平台建设，完成财务核算和资产管理模块开发设计。

【审计工作】 **外部审计**。配合省审计厅开展2017年度预算执行和其他财政财务收支等情况审计及绩效管理情况调查。对审计取证事项，积极与审计组沟通协调；对需要整改的问题，研究制定整改工作方案，组织开展整改，及时反馈整改情况，努力把审计整改的过程变成规范管理、完善制度、提高工作水平的过程。配合开展贯彻落实国家重大政策措施情况跟踪审计。

内部审计。组织内部审计工作自查。完成部分直属院校基本建设项目专项审计和直属单位负责人离任审计，参与对厅属院校的巡察工作。组织开展内部控制建设评估整改工作。

【其他工作】 **信用体系建设**。印发2018年人社领域社会信用体系建设工作要点，提报人力资源社会保障领域集中治理诚信缺失突出问题实施方案，组织开展涉企信息归集工作。

对口支援。牵头制定并组织落实2018年度对口援助工作计划，组织开展对接活动。

重大项目建设。协调省发展改革委，将工业技师学院实训基地建设项目纳入2018年中央预算内投资计划。完善省公共实训基地项目建设管理办法，协调落实建设资金，定期调度建设进展情况。

基层平台工作人员培训。举办6期培训班，培训1000人。举办青岛、潍坊、菏泽“三化”建设专题培训。

（规划财务处）

人事考试

2018年，人事考试工作紧紧围绕人力资源社会保障事业改革发展大局，按照“主动防范、系统应对、标本兼治、守住底线”的总体思路，以确保考试安全作为第一要务，大力推进考务管理精细化、考场建设标准化、考试队伍专业化、命题工作科学化、考试服务信息化“五化”建设，按照人力资源社会保障系统行风建设要求，抓队伍、正行风、强作风，顺利完成各项人事考试工作任务。组织完成国家和省级人事考试32项，报考人数148.6万人，同比增长2.7%，报考科次294.6万科，同比增长2.8%。

【人事考试培训】 **全省人事考试干部队伍综合素质能力提升专题培训班。**全省人事考试干部队伍能力素质提升培训班在浙江大学成功举办。培训期间召开全省人事考试工作座谈会，总结讲评上半年工作，部署下半年人事考试工作任务，从“放管服”改革、人才发展体制机制改革、人事考试面临环境和考试队伍能力现状等四个方面，分析当前人事考试改革发展面临的形势。会议要求认真落实全省人社工作会议部署，以考试安全为核心，以防范和化解人事考试风险为抓手，坚持问题导向，在考试风险防控、考风考纪治理、改革创新考试技术方法和提升人事考试管理服务四个方面精准发力，深入推进人事考试“五化”建设，进一步提升考试安全防控能力和管理服务能力，大力推动人事考试工作高质量发展，确保全年考试安全、平稳、顺利。本次培训围绕新旧动能转换、创新思维、沟通协调、危机公关等七个专题展开培训。

全省人事考试宣传工作专题培训班。全省人事考试宣传工作专题培训班在济南举办。培训班总结分析山东省人事考试宣传工作形势，部署安排下步工作，对新闻写作、宣传策划、舆情处置等内容开展专题培训，邀请媒体专家针对有关内容进行授课；针对部分人事考试典型案例进行交流讨论，对上半年各市宣传工作情况进行分析点评。培训班指出考试宣传工作必须始终以确保考试安全为基础，以信息化建设为引领，聚焦推进人事考试“五化建设”，提升考试宣传工作格局。

全省人事考试命题能力提升专题培训班。全省人事考试命题能力提升专题培训班在威海举办。培训班的主要任务是对命题理论、命题技术和方法以及题库管理系统应用等方面进行培训。培训班上，人力资源社会保障部人事考试中心三位专家围绕当前公务员命题工作的新任务、新要求和新举措，对公务员遴选案例分析、行政职业能力测验试题的命题方法和技巧进行讲授。

全省人事考试考务管理暨考试安全培训班。全省人事考试考务管理暨考试安全培训班在济南举办。培训班对资格考试雷同答卷甄别和雷同认定处理问题进行讲解，介绍雷同答卷甄别认定的基本原理，并结合实际案例对资格考试雷同答卷的规范处理进行专业解析。培训班安排人事考试考务操作讲解、统一网报平台新增功能介绍及操作培训、考务管理典型案例分析、资格证书管理5项专题内容，并就考试安全及考风考纪治理工作进行经验交流，分析研判全省考务管理工作面临的新形势新挑战，对下步全省考务管理精细化工作思路和方向进行探讨。

【公务员考录及省属事业单位公开招聘笔试】 **省属事业单位初级专业技术岗位和七级以下管理岗位公开招聘工作人员笔试。**3月18日，2018年省属事业单位公开招聘工作人员笔试举行，报考人数4.6万人，除济南、淄博、东营、潍坊、德州5市不参加同步考试外，全省12个市，共83个县（市、区）同步考试，全省累计报名考生总量达到 44.4 万人，比去年减少 1.98%。

山东省考试录用公务员笔试。4 月 21—22 日，全省考试录用公务员笔试举行，报考人数 32.8 万人，同比减少 9.75%。全省共设 331 个考点，11020 个考场。

中央机关及其直属机构考试录用公务员笔试。12 月 1—2 日，中央机关及其直属机构 2019 年度考试录用公务员笔试在济南、青岛、淄博、烟台、济宁、泰安 6 个考点城市组织实施，报考人数 7.49 万人，共设 86 个考点，2507 个考场。

【命题工作】 针对全省公务员、事业单位、军转、“三支一扶”等 7 项政策性考试，命制笔试试题 20 余套，面试试题 40 余套。进一步优化命审题工作流程，认真完成承担的命题任务。强化命题能力建设，完善命审题工作制度，加大常态化命审题工作力度，开展多次社会化命题服务。组织命题能力提升专题培训，定期组织专家进行经验交流和总结，不断提高命题队伍工作能力。

【考务工作】 聚焦风险防控，安全平稳完成各项考试任务。印发《2018 年人事考试安全工作实施方案》，分解落实安全责任，将考试安全风险防范工作常态化、规范化、制度化。推进考务工作精细化管理，在威海市进行标准化试点工作，以细化流程为重点，实现考务管理标准化，取得良好效果。强化考务安全。认真制定命题、阅卷和考务工作实施方案，加强对各市考试组织实施的指导，严格落实考前“三会”制度，实现考务培训全覆盖。切实管住管好关键岗位、关键人员、关键环节，提高风险管理能力。紧盯风险要害，强化事前、事中监管。实行报名审核“双审”制度，充分利用部门间数据共享严格把握报名资格条件。加强对试卷运转全过程，特别是在考点运转的监督管理。

【基础建设】 **省级标准化考点建设**。按照建设方案和建设规范要求，通过对各市实地督导、专项约谈、印发工作快讯等形式，有效推动省标准化考点建设工作。各市建成标准化考场 2844 个，在此基础上开展全省人事考试指挥平台建设，全省已有 8 个市同步建成人事考试指挥平台。

基础装备建设。积极为各市购置配备反作弊设备，省级投入 104.9 万元，购置金属探测器、作弊克、高拍仪等考试基础设备，提高人事考试工作基础保障水平。

考试基地建设。考试基地维修改造工作稳步推进，完成试卷库、命审题工作区、专家休息室的维修改造，承接多项面试和大规模考试阅卷任务，充分发挥基地各项功能。

信息化建设。开发全省统一网报平台，通过采用“一网一库”的系统平台，实现全省公务员招录考试报名平台的省级统一管理，实现我省人事考试“数据向上集中、服务向下延伸”。

考试服务能力建设。开展证书便利化改革工作，实现证书领取“一证办理”，取消《资格考试合格人员登记表》，利用数据共享验证证书真伪，并提供证书邮寄服务，进一步提升人事考试服务能力。

【考风考纪管理】 **考场安全管控**。严格执行考生进行入场前的安全检查制度，成立专门的反作弊技术小组，加大违纪违规行为查处力度。将往年违纪、雷同和省外人员纳入重点人群，实施重点监控。

巡视监督。加大考试期间的巡视力度，省市两级巡视人员实行包点、包场巡视，进一步明确监督巡视职责，充分发挥巡视人员对考试现场的监督指导作用。

创新防作弊技术手段。在全省“三支一扶”计划招募笔试中，首次采用“卷卡合一”技术，在省公务员笔试中采用变换卷技术，有效防范考试作弊行为。

违纪违规查处。利用已建成的省级标准化考场，进行考风考纪管理和违纪查处，充分发挥标准化考场在治理考风考纪方面的重要作用。全年共查处违纪违规人员 1900 余人，较去年降低 32.1%，考风考纪治理效果明显。

考风考纪宣传。充分利用网站、微信平台等宣传考试相关纪律规定，全年通过考试中心微信公众号编发微信 60 余条。积极配合人社部考试中心在《中国组织人事报》的考前重点宣传，特别是在大型考试之前通过微信平台密集发声，警示、引导应试人员诚信参考。

【党建工作】 思想政治建设。深入贯彻落实习近平新时代中国特色社会主义思想，严格落实“三会一课”制度，强化党史、党性教育，推动“两学一做”学习教育常态化、制度化。中心党总支带领三个党支部积极开展“主题党日”学习活动，教育引导全体党员干部牢固树立“四个意识”。

队伍建设。组织开展纪律教育活动、党员中层干部民主测评及整改“回头看”活动，加强内部管理，重新修订编印《山东省人事考试中心内部管理制度汇编》，提高考试中心全体党员的政治站位，强化责任担当，达到提升队伍能力、发挥头雁引领的作用，进一步增强人事考试队伍的凝聚力和战斗力。

党建活动。结合“廉政教育月”活动要求，赴临沂开展以“传承红色基因、弘扬沂蒙精神”为主题的党性教育活动。浙大培训班期间，组织党员干部前往中共一大南湖会址参观学习，接受红色教育，重温入党誓词。在全省深入开展警示教育，根据我省实际，编印《人事考试“警示教育月”活动案例汇编》，省市两级人事考试机构组织形式多样的现场警示教育，达到提升党性修养、提升队伍素质的目的，为做好人事考试工作提供坚强政治保证。

（省人事考试中心）

人力资源社会保障科学研究

山东省人力资源社会保障科学研究院认真贯彻落实省人力资源社会保障厅党组决策部署，秉持“为中心工作服务、为领导决策服务、为职能部门服务”理念，紧紧围绕人社事业大局，以加强党的建设工作为引领，坚持改革创新，勇于探索实践，夯实基础管理，全力打造集科研、宣传、史志于一体，融传统纸质媒体和微信、微视频等新媒体于一身的全新工作格局。许多工作在全省和全国人社系统属于首开首创，科研、宣传、史志编纂三项业务工作均获得省部级奖励。

【党建工作】 人科院党支部以党的十九大精神和习近平新时代中国特色社会主义思想为统领，全面加强政治建设、思想建设、队伍建设、组织建设、作风建设、纪律建设，坚持党建工作和业务工作相融互促，着力打造“有信仰、有情怀、有担当、有底线”党员队伍，支部的凝聚力、战斗力和创造力不断增强，党建工作实现新的提升，获得 2017 年度省人力资源社会保障厅“五好党支部”荣誉称号。

加强理论学习，强化队伍政治定力。把加强党员思想政治工作作为党建工作的首要任务，注重政治理论学习，坚持每周五“主题党日”学习制度，灵活运用集中学习、专题讨论、现场学习、外出学习、主题活动等多种学习方式，组织党员学习贯彻习近平新时代中国特色社会主义思想和党的十九大精神，确保在思想上、政治上、行动上始终保持与党中央高度一致。严格落实“三会一课”、民主评议党员、谈心谈话等基本制度，把全面从严治党要求落实到组织生活中。

创新活动形式，增强团队活力。针对青年党员综合素质高、思想多元化等特点，打造“互联网＋青春党建”模式，组织开展创意支部生活。在充分利用“灯塔—党建在线”综合管理服务平台、“山东 e 支部”，丰富完善学习教育内容的基础上，搭建院支部党建微平台，开设指尖上的学习园地，开展微课堂、观看微视频、推送微阅读、参加微讨论等，及时传达党建声音，互相交流思想，把学习教育抓在日常。以“乡镇新录用公务员流失问题”和“乡村振兴战略中人才支撑”为主题，组织部分党员干部到沂南县开展“大学习、大调研、大改进”，到“红嫂纪念馆”参观学习，提高党性修养。组织开展“不忘入党初心、牢记政治生日”

主题党日活动，重温入党誓词，激励党员不忘初心，继续前行。实现组织生活开放化、内容设置创意化、教育培训精品化，不断提高党支部组织生活对年轻党员的针对性和吸引力。

强化能力培训，提升队伍专业能力。支部通过“请进来、走出去”加强全员培训，实现人人懂业务、个个有专长、时时树正气、处处树形象。积极参加中国劳动和社会保障科学研究院、中国人事科学研究院和国家新闻出版部门以及省人力资源社会保障厅组织的各类业务培训。10月29日—11月1日在青岛成功举办“新旧动能转换背景下人力资源社会保障理论研究与实践”高级研修班。邀请中国劳动和社会保障科学研究院、中国人事科学研究院、中国人民大学、山东大学、青岛大学的知名专家学者授课，组织包括我院科研人员在内的全省50余名人社科研工作人员参加培训。通过培训，全院能力素质大提升，有效增强服务中心工作的能力。把党性强、素质高、作风好的青年党员推选到支部班子中。根据青年党员的特长，按照人岗匹配原则调整人员岗位，定岗定责，大胆使用年轻人。建立支部委员“一帮一、一带一”传帮带制度，传思想、帮业务、带作风。

加强文化建设，凝聚队伍合力。在全院倡树“专业、专注、情怀”的精神，鼓励每一位党员干部提升专业能力和素质，练好基本功，争做所从事工作的行家里手；用专注的态度，心无旁骛，脚踏实地，把精力聚焦到本职工作上，把工作当成事业作；把民生情怀融入工作，融于生活，体现到一举一动、一言一行，提振精气神，树立良好形象。

【科研工作】 以科研为主攻方向，充分发挥智囊团作用，服务大局和中心工作的能力更加突出。

承担厅重点研究任务“应对人才争夺战”专项课题研究工作。完成由厅主要领导领题的课题报告《人才争夺战背景下我省人才发展对策研究》。召开论证会，邀请中国人民大学、中国人事科学研究院、省委政策研究室、省政府研究室、省社科院、山东大学等国内人才研究领域顶尖专家，对课题报告进行研讨。专家们一致认为，报告内容丰富、数据准确、逻辑清晰、分析透彻，具有重要对策应用价值。

强化省部级科研项目合作。完成中国劳动和社会保障科学研究院项目“更高质量和更充分就业指标评价体系研究”和中国人事科学研究院项目“乡镇新录用公务员流失问题研究”。承担的中国劳动和社会保障科学研究院2017年度重点项目“山东省技能人才激励机制研究”顺利通过结项评审。与省公务员局合作完成的《乡镇公务员队伍建设情况分析——基于山东省5市15县近十年招录乡镇公务员的全样本分析》获中共中央组织部“2018年党内统计、干部（公务员）统计专题分析报告”一等奖和省委组织部2018年全省组织工作选题统计分析报告一等奖，《乡镇公务员队伍建设调研报告》获2017年度全省政府系统优秀调研成果一等奖。

全省人社优秀科研成果评选得到社会广泛认可。建立常态评选机制，总结前三届科研成果评选经验，组织开展第四届（2017年度）成果评选，共收到各类成果310项。经过初审、复审和专家评审三个阶段，确定一等奖15项、二等奖35项、三等奖50项。经过近四年的运转，评选由系统内申报占多数转变为系统外申报为主，吸引众多省直部门和高校参评，社会关注度和成果水平明显提高，成为全省人社科研成果交流的重要平台。

全国人才与人事研究论文征集活动获中国人事科学研究院表扬。根据中国人事科学研究院论文征集活动要求，在全省开展相关主题征文活动，共收到论文68篇，择优筛选52篇上报，12篇获奖。获奖数量居全国前列，我院科研人员撰写的论文荣获二等奖，省人科院连续7次荣获优秀组织奖。

完成山东省劳动和社会保障学会换届工作。6月26日，组织召开第四次会员代表大会暨换届选举大会，学会名称变更为山东省人力资源和社会保障学会，选举新一届理事会，完成换届及变更备案工作。

积极参加学术交流。加强与中国劳动和社会保障科学研究院和中国人事科学研究院的科研交流，参加中国劳动和社会保障科学研究院“化解过剩产能职工就业安置政策专题研讨会”，全程

参与中国人事科学研究院“事业单位人事制度改革”“行政执法类公务员激励约束机制研究”课题在山东的调研工作。参加第16次东北亚劳动论坛、王莹院长受邀就“山东新就业形态”作发言。参加中国劳动学会“改革开放40周年劳动关系重点史料整理课题专家论证会暨学会工作会议”、劳动经济学会学科建设研讨会、山东省高等教育人才研究会年会等学术交流活动。王莹院长作为致公党山东省委履职参政智库专家参加致公党会议，提交“健全技能人才激励机制 助推全省新旧动能转换”调研选题；并当选为山东省审计学会理事。

【宣传工作】 以宣传为主阵地，充分发挥宣传队作用，为人社领域改革发展营造良好舆论氛围。巩固传统纸媒，建设融媒体平台，实现传统平面媒体立体化、宣传报道视频化。《山东人力资源和社会保障》编辑部荣获第三届山东省新闻出版奖优秀集体奖。专题片《世界冠军是怎样炼成的》、动漫《在希望的田野上播种民生幸福》在首届山东省社会主义核心价值观主题微电影征集展示活动分获二等奖和优秀奖。

及时报道厅重要会议活动，传达精神。充分发挥新媒体优势，制作发布“人社新闻联播”，以视频新闻形式对全省人社工作会议、全省人社系统人才工作座谈会等重要会议活动及时进行报道，准确传达省人力资源社会保障厅部署要求和高层声音。

全面开展纪念改革开放40周年宣传。在《山东人力资源和社会保障》杂志、“山东人社杂志”微信公众号推出纪念改革开放40周年人社专栏，从就业创业、社会保障、技能人才等方面全方位展示全省人力资源社会保障事业改革开放40年辉煌历程和重大成就。

积极开展山东省重点发展战略人社相关工作宣传。在山东省全面展开新旧动能转换重大工程动员大会召开之际，第一时间选编发布会议报告中人力资源社会保障相关内容，厅主要领导给予充分肯定，多家人社微信公众号进行转载。首创首推人社卡通人物形象小齐、小鲁，制作系列政策解读动漫，用生动通俗的语言解读“新旧动能转换重大工程”和“乡村振兴战略”相关人力资源社会保障政策。在《山东人力资源和社会保障》杂志、“山东人社杂志”微信公众号开辟“去产能职工安置”和“乡村振兴战略”专栏，全面展示全省人力资源社会保障系统推动省委、省政府重点发展战略落实落地新作为。

积极开展人才、人社扶贫和“一次办好”等人社重点工作宣传。在《山东人力资源和社会保障》杂志开辟专栏，全面展示全省人社系统近年来人才工作成绩；向人力资源社会保障部人才专家王通讯、孙锐约稿，深入探讨如何构建人才创新创业生态系统；对东营、威海等地人才工作经验进行研讨交流。按照厅扶贫工作部署安排要求，在《山东人力资源和社会保障》杂志开设“鲁渝协作人社扶贫”专栏，展示全省人社系统扶贫工作成绩，交流对口扶贫工作经验。深入落实全省人社系统“一次办好”改革部署要求，大力开展宣传。赴东营市、滨州市惠民县基层服务窗口采访“一次办好”改革相关工作。在《山东人力资源和社会保障》杂志推出专栏探讨理论交流经验，拍摄制作发布“人社新闻联播”，为改革顺利推进营造良好氛围。

组织召开全省人社宣传工作会议。9月27日，与厅政研处联合在济南召开全省人力资源社会保障宣传工作会议，分析形势，交流经验，表扬全省人社宣传工作先进单位和个人，有效推动全省人社宣传工作开展。

首次开展杂志优秀文章评选。组织开展2015—2017年度杂志优秀文章评选，有效促进打造高素质作者队伍和杂志质量提升。

【史志编纂】 以史志编纂为平台，充分发挥存史资政育人作用，打造“山东人社记忆”取得阶段性成效。

全力打造“山东人社记忆”。在厅离退休干部处的大力支持下，入户走访老干部，搜集史料，拍摄访谈视频，记录光辉历程，打造“山东人社记忆”。拍摄制作的“山东人社记忆”系列纪录片第一部《百岁革命老人叶成志》，在腾讯视频点击量超过10万次，在社会引起强烈反响。与省行科所联系对接，收集各类文字、图片和实物资料。

为庆祝改革开放40周年，拍摄制作“山东人社记忆·我们的四十年”系列专题片，《乐业山东》《厚生山东》《匠心山东》等陆续在“山东人社杂志”微信公众号推出。

做好史志年鉴编纂工作。扎实做好《山东人力资源和社会保障年鉴2018》《改革开放实录（山东卷）》人社部分、《山东省对口支援新疆志》《山东省对口支援西藏志》人社部分的编纂工作，完成向人社部《中国人力资源和社会保障年鉴（2018）》山东部分、省史志办《山东年鉴（2018）》相关部分供稿工作，保质保量按进度完成各项任务。《山东人社年鉴（2017）》在省政府组织的2017年度山东省优秀史志成果评选活动中获得优秀年鉴。

以厅图书馆为平台，不断提升科研信息化水平。开发设计厅图书馆管理系统，在厅内网“智慧办公”系统开通图书借阅查询系统，电子化建设迈出重要步伐。图书借阅查询系统的运用，极大地方便全厅干部职工借阅图书，提高工作效率。

（省人力资源社会保障科学研究院）

信息化建设

2018年，信息化建设工作紧紧围绕推进人力资源社会保障领域公共服务“标准化、信息化、一体化”建设，加快实施“互联网+人社”行动计划，扎实做好各项信息化工作，为全省人力资源社会保障事业发展和重大改革任务落实提供有力技术保障。全国第一张电子社保卡在山东落地，首批第三代社保卡在山东试点，省人力资源社会保障厅数据中心正式获得国家绿色数据中心称号，在全国率先开展人社电子签章应用，被人力资源社会保障部列为人社网络安全态势感知指挥平台及电子签章平台建设试点，在全国人社系统网络攻防演练中获得三等奖。全国人社大数据平台建设应用研讨会、人社系统电子认证体系建设研讨会在山东省召开。

【公共服务信息化建设】 **积极推进“三化”建设**。以“三化”建设为统领，加快实施山东省“互联网+人社”行动计划，按照已制定的公共服务标准，开展相关信息系统升级改造。赴东营、淄博调研“三化”建设，督导检查社会保险标准和异地业务协同落实情况。完成《山东省人社信息系统省级集中建设调研报告》。省本级和威海、烟台等15个市完成社保“三化”智能升级。在菏泽市组织开展社会保险“三化”专题培训班。

公共服务平台建设。新版省集中就业网办系统上线，对接使用省政府统一用户管理系统。全面升级省本级社保网办功能，网办率达85%。扩展“山东人社服务”手机APP和电脑端服务能力，开发养老保险生存认证功能。完成省人力资源社会保障厅互联网门户网站向省政府统一技术平台整合迁移，丰富省人力资源社会保障厅网站服务内容，开发跨省异地就医直接结算、高层次人才、第十届海洽会等服务专题。“山东人社服务”短信平台上线，面向全省手机用户发送人社服务短信。山东12333微信服务号发布上线。开发对接“爱山东”手机APP社保医保服务功能。

提高12333电话咨询服务质量。开展2018年“12333全国统一咨询日——全民参保”系列宣传活动，打造12333服务品牌。加强全省质量和服务管理工作，按季度进行监控和考核，推动全省服务质量不断提升。2018年度全省咨询总量875万个，同比增长9.38%，发挥12333“一号对外，一口受理”的政策咨询及宣传作用。

社会保障一卡通建设。全省累计持卡人数达到8460.76万。召开山东省第三代社会保障卡首发新闻发布会，省本级和泰安市作为全国首批第三代社保卡技术验证地区，启动发行第三代社保卡。

全面开通社保卡 102 项应用，加强对跨地区、跨业务应用支撑。在省本级和青岛市开展电子社保卡试点，实现社保卡在养老金发放、身份认证等方面的线上应用。

【信息系统建设】 **信息系统省集中建设。**推动公共就业人才服务信息系统建设，完成济南市系统省级集中，升级上线人才服务模块。做好劳动关系管理信息系统建设，完成“双随机”抽查和个人网上信访查询优化。推进人事人才管理信息系统建设，为第十届海洽会提供技术支撑。完成全省 213609 名专业技术人员职称申报评审的网上办理，其中申报高级职称 7314 人、副高级职称 64872 人。推进省集中社会保险信息系统建设，完成居民养老保险系统迁移，组织菏泽、莱芜进行省集中社保系统培训测试，完成莱芜、菏泽两市社会保险信息系统省集中，社保信息系统省集中工作取得突破性进展。

重点业务系统建设。继续推进省级异地就医结算平台升级改造，全省共开通跨省异地就医定点医疗机构 876 家，实现跨省异地住院直接结算 11.74 万笔、费用 30.74 亿元；省内联网异地就医定点医疗机构 879 家，支撑省内异地就医即时结算 149.83 万笔、费用 342.31 亿元。优化全民参保登记系统展示分析功能，做好全省数据上报和定期更新。完成全省人社精准扶贫系统开发，实现与社保系统参保、医疗费支出情况协同查询。根据社会保险费移交税务征收工作部署，完成社会保险费信息共享平台搭建和测试工作。根据机构改革工作部署，完成省本级医保、社保业务系统拆分。完成省级职业年金系统的开发以及与业务系统的对接测试，全省职业年金经办业务开始试运行。

【数据共享利用】 **推进数据共享。**对外提供人力资源社会保障领域 101 项服务接口，对外开放 38 类事项 50 余万条数据，共享应用公安、工商等部门信息资源 20 项，通过比对公安人口信息为临沂等市提供 360 余万人的制卡照片信息，通过信息共享完成全省养老待遇发放人员静默认证工作。

加强数据分析。推进全省人社大数据平台建设，组织山东省人社领域大数据示范应用实施，通过与全国社保数据库进行比对，开展全省高校、高职和技工院校毕业生就业情况分析。山东省就业动态监测平台作为全国人社系统重点案例参展“数字中国建设成果展览会”。

开展联网监测。完成全省社保、劳动监察和就业监测数据汇总，月均报送数据量约 2.6 亿条。配合做好科学发展观考核、业务工作审计等相关数据支持，提升联网监测数据利用水平。

【信息化基础建设】 **厅“智慧办公”等新版办公系统上线。**提高厅公文处理等办公方面的专业化水平和质量，通过移动网络办公和手写签批功能，解决了厅局领导出差和开会时的办公需要。

省级统一运行平台建设。厅数据中心正式获得国家绿色数据中心称号。建立业务系统云化迁移清单，完成了省级公共服务等 13 个业务系统和同城容灾系统向云平台迁移工作。完成了全省高清视频会议系统升级改造。

厅电子政务内网建设。完成山东省人社业务专网与省政府电子政务外网的整合接入工作，实现电子政务外网“人社域”互联互通。做好厅机关办公网络和视频会议保障工作。

电子签章服务平台。作为全国人社领域首个电子签章试点，完成山东省人社电子签章服务平台建设，推进社保缴费证明、专业技术人员职称证书等业务应用电子签章提供线上服务。

推进网络安全态势感知指挥平台建设。加强全网安全监测和预警，拓展电子认证体系在人社系统集成应用，完成省本级相关信息系统的定级备案及整改测评工作。

（省人力资源社会保障信息中心）

各市人力资源和社会保障工作

济南市

2018年，济南市人力资源和社会保障部门以建设“温暖人社”为主题，解放思想、开拓创新、扎实工作、积极作为，济南市人力资源和社会保障事业稳步健康发展，为全市经济社会发展作出重要贡献。

【就业再就业】 **创业支持**。为2003家小微企业发放创业补贴4807.2万元，为8165家个体工商户发放创业补贴2377.5万元，为农村自主创业农民发放担保贷款7.84亿元。打造多元化创业载体，新认定12家市级创业孵化基地，全市创业孵化基地数量已达116家，吸纳就业人员近10万人。深入实施泉城创业行动计划，免除市大学生创业孵化中心孵化期内的企业（项目）房租。与山东大学共建“大学生创新创业孵化平台”，探索建立覆盖孵化基地和大学园区的创业孵化服务网络。积极营造创业氛围，举办济南2018创业大赛，300多家企业参与竞赛角逐。实施援企稳岗“护航行动”，发放稳岗补贴4022万元。实施失业保险支持技能提升“展翅行动”，为5580名职工发放补贴753万元。失业保险费率降至1.0%，工伤保险费率下调50%，为企业减轻负担7.6亿元。

重点群体就业。坚持把高校毕业生放在就业工作的首位。面向济南地域内700多家企业征集就业岗位3万余个。举办高校毕业生专场招聘会。“三支一扶”计划重点向扶贫领域倾斜。市级大学生就业见习基地达200余家，毕业生留用就业率60%以上。重新启用济南人才市场，举办招聘会29场，提供岗位近6万个。援助就业困难人员2万人，城镇零就业家庭实现动态清零。组织开展“春风行动”等主题招聘和“招聘夜市”“赶招聘大集”等各类招聘会近300场，提供就业岗位25万余个，推动农村富余劳动力转移就业。

就业精准扶贫。基本完成就业脱贫任务，转移贫困劳动力就业7431人。打造“就业扶贫车间”23个，吸纳建档立卡贫困劳动力238人。东西扶贫协作取得积极进展，与湘西方面，组织扶贫协作招聘会15场，山东蓝翔技师学院十八洞分院落户湘西花垣，转移湖南籍贫困人口就业364人，超额完成市定标准300人任务。与重庆武隆方面，举办劳务扶贫协作招聘会2场，组织特色家政培训班3期，转移重庆籍贫困人口就业247人，超额完成100人任务；创新扶贫协作长效机制，建立济南—武隆劳务扶贫协作工作站。

职业技能培训。加大培训力度积极化解结构性矛盾，就业技能培训3.3万人。在全省率先试点开展职业技能自主评价，对取得《职业技能合格证书》的，给予800元/人的培训补贴。试点开展个人申领职业培训补贴直补模式。

农民工工作。不断完善农民工五级服务体系和网上服务（维权）平台功能。协调帮助农民工追讨回工资近3900万元。组织开展春季送岗位、夏季送清凉、秋季送健康、冬季送温暖等“情系农民工”系列主题活动。成功举办第四届“劳动者之歌”2018济南外来务工（农民工）才艺大赛，形成关心关爱农民工工作常态。

【社会保障】 **社会保障扩面**。职工养老、医疗、失业、工伤、生育保险参保人数分别达331.66万、241.54万、158.29万、220.47万、163.97万，居民养老、医疗保险参保人数分别达244.76万、408.14万，均创历史新高。被征地农民参保工作实现突破，落实社保资金 34.07 亿元。

社保待遇。连续 14 年调整提高企业退休人员基本养老金待遇，人均达到每月 3053 元。居民养老保险基础养老金 8 连涨，达到每月 120 元。提高精减退职老职工及遗属生活困难补助费标准，月人均分别增加 130 元和 70 元。失业保险金标准提高到每月 1211 元和 1337 元。居民医保补助标准提高至 490 元，省（部）三级医院住院和门规报销比例提高 5 个百分点；扩大职工医保门诊统筹报销范围，支付限额提高至 3000 元；对在基层医疗机构签约的参保人，免费提供治疗高血压、糖尿病、冠心病等慢性疾病的部分基本药物。连续 14 年提高工伤保险三项定期待遇标准，伤残津贴平均增长 159.5 元。8.3 万名贫困人员养老保险全部实现财政代缴，2000 多名农村贫困失能老人每月领取 300 元医疗护理补贴。

社保改革。机关事业单位与企业养老保险从“双轨制”向“单轨制”实现根本转变，各项改革指标居全省前列。积极推进事业单位转企改制配套改革，统筹解决事转企单位工作人员划转社会保险问题。实施职工医保大额医疗费二次报销政策。深化基本医疗保险支付方式改革，建立健全适应不同疾病、不同服务特点、激励与约束并重的多元复合式医保支付方式，按病种付费病种数量达到 185 个。扩大按项目参加工伤保险范围，从建筑业扩展至交通运输 8 个行业，参保率达 100%。全市两级机关公务员全部纳入工伤保险参保范围，所有用人单位统一缴费、统一待遇、统一工伤保险基金管理，实现工伤保险制度全覆盖。充实调整劳动能力鉴定专家库，新增 3 个专业。

基金管理。依托网络监管系统，加强对重点经办业务、关键环节的监督，及时比对数据，查找风险点，做到早发现、早核查、早处理。核查处理 1000 余人跨省、跨统筹区域重复参保、重复享受待遇、死亡冒领等问题。

【人才队伍】 **人才政策体系**。积极配合济南市人才办制定印发济南市高层次人才分类认定、企业引进硕士研究生租房和生活补贴、引进人才落户等一系列配套细则，形成“1+N”全方位、多层次的人才政策体系。制定《济南市高层次人才精准服务体系建设实施细则》，高层次人才绿色通道服务事项增加到 18 项。深化职称制度改革，制定《关于进一步深化职称制度改革　优化专业技术人才发展环境的实施意见》。完善职称管理方式，减少审批事项和微观管理，实施评审机构清单管理，完善评委会核准备案管理制度，建立以同行专家评价为基础的业内评价机制，合理下放职称评审权限。促进乡村专业技术人才发展，逐步将“定向评价、定向使用”制度扩大到基层所有职称系列。

高层次人才引进培养。紧紧围绕“四个中心”建设人才需要，累计引进国家级重点人才 114 人，泰山系列人才 627 人，泉城特聘专家 678 人，外国专家项目 26 个，外国专家 105 人，海外留学人才 2700 余人。专业技术人才总量达 45 万人。实施因公出国（境）培训项目 25 项，培训 252 人。创新培训方式，开设“泉城国际大讲堂”，邀请外国专家专题讲座 20 期。推动实施会计、卫生、教育等专业继续教育工作。聚焦新旧动能转换、乡村振兴等国家战略，深入实施县镇供水水质监测预警、企业上云 CIO 领军人才培养等高级研修项目。

技能人才队伍建设。济南市选手取得第 45 届世界技能大赛省级选拔赛 12 个项目第一名，10 名选手入选国家集训队。成功举办第二届全国智能制造应用技术技能大赛，驻济选手获 4 个一等奖、4 个二等奖、2 个三等奖。济南市技师学院新校区投入使用，在校生达 1.4 万人，被评为山东省技工教育特色名校、国家级高技能人才培训基地。技能人才总量达到 113 万，其中高技能人才 32 万。

公共人才服务。做大做强院士专家服务工作站，现有专家工作站 128 家，博士后设站单位 62 家。打造专家服务品牌，组织专家深入基层一线义务服务。将专家服务与精准扶贫紧密挂钩，与临沂市蒙阴县委组织部签署人才合作共建协议。完善留学人员创业载体孵化功能，新建化学分析合成公共服务平台。济南留学人员创业园入选 2018 年度省级留学人员创新创业示范园，济南成为全省唯一拥有 2 家省级留学人员创新创业示范园的城市。设立“高中（毕业）出国留学人员专户”，解决高中（毕业）出国留学人员档案存管问题。

人力资源服务业发展。加强人力资源服务机构监管，对全市人力资源服务机构进行“双随机”现场监督检查。加强人力资源服务机构诚信建设，举办骨干企业研修班和从业人员法律知识培训班。CBD 园区建设全面启动，济南高新人力资源产业园开园运营，燕山园区营业收入 70 多亿元、税收突破 5000 万元。

【人事管理】 创新进人机制。实行“阳光考录”，开展本土人才定向招录，全市各级机关新招录公务员 328 人。创新事业单位工作人员公开招聘方式，市教育局直属学校探索实行先面试、后笔试、再教学能力考察的招聘方式，市属 8 所公立医院及高校实行自主招聘，组织市（县、区）面向重点高校引进优秀毕业生 635 名。

培训考核。增强公务员培训的针对性、实效性，满足不同层次学员需求，开展培训 15 期，培训人员 1150 余人次。突出正向激励，破解平时考核结果运用瓶颈，设立公务员平时考核奖，较好地解决“干多干少一个样、干好干坏一个样”的问题。开展以“践行职业道德、规范履职行为、争做人民满意公务员”为主题的公务员职业道德主题实践活动，推动公务员职业道德建设。

人事制度改革。研究制定《关于支持和鼓励事业单位专业技术人员创新创业的实施细则》，充分发挥事业单位在科技创新和大众创业万众创新中的示范引导作用。稳步推进事业单位绩效工资改革，更好地激励和吸纳优秀人才干事创业，进一步规范市属事业单位收入分配秩序，有效激发事业单位人员干事创业活力。进一步加大对义务教育学校绩效工资总量核定时的倾斜政策。加强对基层一线干部的正向激励，会同济南市委组织部联合印发《面向优秀社区党组织书记招聘事业单位人员实施细则（试行）》，进一步拓宽社区党组织书记发展上升渠道，破解社区党组织书记成长“天花板”问题。协调市直有关部门，完成年度改革任务 37 项，其中重点改革 4 项、国家级改革试点 3 项。

考试安全。建成 300 个省级标准化考场和市级人事考试指挥平台，实现指挥平台与标准化考场的联通。坚持从源头化解考试风险，将社保查询、毕业证真伪辨认纳入到考试报名环节。严格管控考试环节风险，聘请专业律师团队参与作弊处理，安全顺利组织 50 项人事考试，涉及考生 38.8 万人。

军转安置服务。精心拟定安置计划，推进人岗相适，共安置 588 名军转干部。联合山东大学对 260 多名学员开展集中培训，对市直部门、公安系统专业不对口干部开展专项培训。充分发挥军转办连接军地纽带作用，深入驻济部队开展“送政策”活动，宣讲济南市军转安置政策。

【劳动关系】 劳动用工备案和劳务派遣监管。以非公有制企业和中小企业为重点，在建筑业等流动性大、季节性强、用工时间短的行业推行简易劳动合同示范文本。强化备案系统与社会保险系统的数据共享和业务联动，督促用人单位与职工依法签订劳动合同，劳动用工备案单位 4.76 万家，涉及职工 145.9 万人，劳动合同签订率达 99.27%。

企业收入分配宏观调控。济南市最低工资标准调整为每月市内五区 1910 元、其他县（区）1730 元，增幅达 5.5%。进一步加强对用人单位执行最低工资标准情况的监督检查。法人单位在岗职工平均工资基准线增长 7%，上下线分别增长 11% 和 3%。推进市属国有企业负责人薪酬制度改革，指导制定济南市市属国有企业负责人经营业绩考核与薪酬管理办法。开展劳务派遣年度核验工作，重点对劳务派遣单位经营、劳务派遣协议签订、职工工资发放和社保缴纳等进行监督检查。

劳动人事调解仲裁。依法公正处理劳动人事争议，全年立案受理 7542 件，当期结案率 100%，调解成功率 70.16%，为劳动者挽回经济损失 1.97 亿元。完善创新多元化解矛盾纠纷机制，加强部门联动，制定《济南市劳动人事争议调解工作办法》。加强专业性调解工作，健全完善调解组织网络，146 个乡镇（街道）调解组织实现全覆盖，大中型企业调解委员会组建率在 95% 以上，科教文卫事业单位、非公企业组建率 90%，成立乡镇（街道）、国有企业、非公有企业等劳动人事调解组织 3257 个。加强裁审衔接工作机制建设，加大终局裁决力度，制定《关于劳动人事争议案件适用终局裁决的指导意见》。推行简易办案，规范集体争议处理程序，推广要素式仲裁办案模式，组织开展仲裁办案质量评查活动，提升仲裁办案质效。加强信息化建设，推进调解仲裁网络管理系统整合，实现全市调解仲裁管理工作的信息共享和实名制管理。推广运用办案系统，线上办案率达到100%。

劳动保障监察。突出重点用人单位的日常监管，认真开展日常巡视检查，重点加强对农民工工资支付、人力资源市场秩序、落实防暑降温规定、劳动用工、社会保险缴纳的专项检查，建立市保障农民工工资支付会商机制和联席会议制度，累计检查用人单位4024家，立案查处1859件，为1.2万名农民工清欠工资1.57亿元。全面启动济南市劳动保障监察大数据建设，大数据系统研发通过专家验收，在历下区、章丘区开展试点。

【公共服务】 **“一次办成”改革**。“三跑”清单事项全部进入市政务服务平台运行，精减各类申请材料222份，优化业务流程46项，累计压缩业务事项办理时限459天，市本级服务事项网上可办率达63%。优化简化七大类100多项窗口服务指南。

基层平台改造。全面落实“六个规范”，提升改造19个镇街人力资源社会保障服务中心，开展基层平台规范化、标准化建设考核，以点带面，全面提升，四级服务体系更加完善。大力推行“一窗受理”“一站办理”综合柜员制。着力打造“网上人社”“智慧人社”，升级维护各级服务大厅设置的自助服务终端和街道、社区“人社服务e站”，确保村村通、户户通、即时通、人人通。人力资源社会保障基本公共服务综合标准化试点被济南市委、市政府列为争创国家级标准化示范重点项目。

行风建设。成立行风建设工作专班，实施行风建设百日攻坚行动，组织开展窗口单位服务大提升专项行动，评选表扬21个“优质服务窗口”。举办7期基层平台服务提升培训班，将2003名窗口单位工作人员轮训一遍。开展基层平台开放日活动，邀请党代表、人大代表、政协委员、新闻记者、社区群众代表，深入全市35个窗口单位观摩考察人社服务。

创新政策宣传。聚焦热点难点问题，统筹政策制定、政务公开、新闻宣传，积极主动回应社会关切，重大政策实现即时发布，社会舆论风险有效化解。强化与传统媒体、新媒体的合作，广泛开设温暖人社政策宣传解读专栏，人社政策宣传实现常态化，覆盖面不断扩大。积极适应政务新媒体建设趋势，加快济南人社新媒体矩阵建设，“济南人社”社会影响力越来越大，济南市人力资源和社会保障局被确定为全省人社新媒体矩阵建设试点单位。

（济南市人力资源和社会保障局）

青岛市

2018年，青岛市人力资源社会保障系统围绕青岛市委市政府工作部署，坚持民生为本、人才优先的工作主线，深化改革创新、强化落实服务，不断提升人民群众获得感、幸福感。

【就业创业】 城镇新增就业77.6万人，政策性扶持创业1.9万人，创业带动就业6.6万人，城镇登记失业率2.94%。

就业创业政策。印发助推新旧动能转换进一步明确就业创业补贴政策的通知，实施42条新政，扩大政策覆盖范围、降低政策门槛。制定实施新旧动能转换技能人才支撑计划的意见，破解劳动者技能提升难题。

职业技能培训。制定非营利性民办职业培训学校管理办法，规范提升职业技能培训机构准入水平。印发做好职业培训工作有关问题的通知，提高职业培训供给能力。完成即墨区及胶州市等初、中级职业技能鉴定下放工作，着力提升鉴定质量。

就业创业公共服务。制定深入推进“一次办好”改革进一步做好就业创业服务具体举措。完善失业预测预警制度，建立中美经贸摩擦企业、失业动态监测制度。构建起省、市、区（市）、街道四级联动的创业孵化载体奖补体系，新增7家市级、3家省级创业孵化基地。

重点群体就业。印发进一步引导和鼓励高校毕业生到基层工作的实施意见，实施促进高校毕业生就业创业8项新政，健全引导高校毕业生基层成长政策体系。实施精准扶贫“六大行动”，对口陇南、安顺等开展助力脱贫就业对接活动。深化就业困难人员精准帮扶行动，实现困难群体就业4.2万人。

【社会保障】 征缴各项社会保险费718亿元，同比增长17%。

社会保险制度。全面推进机关事业单位养老保险制度改革。在全国率先实施“全人全责”长期护理保险制度，1.8万名失智失能人员享受护理保险待遇。深入实施全民补充医疗保险制度，将28种特效高值药品耗材纳入保障范围，为11.7万名大病患者提供保障。

社会保险待遇。调整2018年企业和机关事业单位退休人员养老金标准，连续第14年提高企业退休人员养老金水平。提高居民基本养老保险、医疗保险待遇水平。调整1至4级工伤人员3项定期待遇标准。继续执行养老、医疗、工伤和失业保险降费率政策，为用人单位和职工减负38.7亿元。

社会保险经办服务。创建推广社保待遇领取“FAST认证体系”（F：人脸识别、A：痕迹跟踪、S：静默验证、T：面复兜底）。深化医保支付方式改革。在全国率先启用电子社保卡，全面推进跨省异地就医联网结算，161家医疗机构实现异地结算1.3万余人次。

社保基金征缴监管。推进工程建设项目农民工按项目参加工伤保险，新开工项目参保缴费费率达到100%。建成启用社保基金运行监控指挥中心，加强社保欺诈查处和防范工作，确保社保基金安全运行。

【人才集聚】 引进各类人才21.9万人，其中本专科及以上学历人才14.1万人，同比增长7.6%。青岛市连续七年入选“外籍人才眼中最具吸引力的十大城市”。

人才政策创新。制定实施人才支撑新旧动能转换五大工程意见，实施22项创新政策。推出乡村人才振兴20条新政。制定加强新形势下引进外国人才工作的意见，提高人才工作开放水平。

高层次和高技能人才引进培养。分类推进职称制度改革，扎实推进高层次专业技术人才直接参评高级职称、高技能人才和专业技术人才职业发展通道贯通试点。新增2家国家级技能大师工作室项目和齐鲁技能大师特色工作站。

引才专项行动。创新举办第18届“蓝洽会”，120余个高精尖项目签约落户。举办中国青岛留学人员创新创业大赛。连续5年举办“百所高校千名博士青岛行”“青岛招才引智名校行”，延揽1万余名高层次人才来青创新创业。

人才公共服务。全面推行高层次人才服务绿卡制度和服务清单制度，深化人才服务标准化建设。聚焦“一业一策”，推进人力资源服务业创新发展。发布积分落户办法实施细则，3003人获得落户资格。

【机关事业单位管理】 **人事管理制度改革**。稳步推进公务员职务与职级并行试点。深化聘任制公务员试点、功能区职员管理改革试点。

完善考录招聘制度。强化人岗匹配，新招录公务员719人。开展面向本土优秀人才招考基层公务员，为基层机关招录本土优秀人才83人。圆满完成事业单位公开招聘工作。

机关事业单位管理。以青岛市政府名义印发青岛市人民政府任命的国家工作人员宪法宣誓实施办法。推进公务员职业道德建设工程，加强培训教育实践，开展“互联网+”创意创作大赛等活动。深入推进公务员平时考核，开展事业单位人事管理示范点创建，提升人事管理服务水平。

【和谐稳定劳动关系】 **完善政策体系**。制定劳务派遣管理办法，规范劳务派遣市场和劳务派遣用工。制定保障农民工工资支付工作考核办法，构建维护农民工劳动报酬权益长效机制。

推进工资分配宏观调控。深化国有企业负责人薪酬制度改革，启动金融企业负责人薪改工作。提高企业最低工资标准，七区、三市用人单位月最低工资标准分别由1810元、1640元调整为1910元、1730元。

劳动维权。全面提高仲裁效能建设水平。组织开展保障农民工工资支付、用人单位遵守劳动用工和社会保险法律法规情况等专项检查，主动检查用人单位4821户，清欠社会保险费1001.8万元，为2.2万名劳动者追回工资4367.3万余元。向社会公布31家重大劳动保障违法企业名单，强化劳动违法失信惩戒机制。

【“一次办好”改革】 **减少办事手续**。围绕群众反映的“证明材料多、办事往返跑”问题，制定深化“一次办好”改革深入推进审批服务便民化实施方案，公布144项“一次办好”事项清单。取消49项证明材料，市民在网上就能办好就业登记、失业金申领等事项，启用社保“智能”服务信息系统，60%的社保服务事项实现“零跑腿”。

提高服务效能。围绕群众反映的“办事窗口多、排队时间长”问题，主动对接公安等部门，建立高校毕业生等人才引进落户“一个窗口”服务模式。全面推行帮办代办制度，开展综合柜员制试点，实现服务事项综合受理、一窗服务，办事时间节省30%以上。

静默资格认证。围绕退休人员反映的“资格认证不方便”问题，在全国率先整合公安、民政、交通等20多个部门信息资源，让绝大多数退休人员在静默状态下，完成资格认证，“零打扰”的服务模式更加健全。

【全面从严治党】 **全面从严治党**。制定进一步落实全面从严治党两个责任实施方案，建立“三重一大”事项网上备案监督制度，制定青岛市人力资源和社会保障局党组落实意识形态工作责任制实施方案，加强意识形态工作责任制，做到守土有责、守土尽责。

中央巡视反馈。开展专项整改落实，政治担当、理论武装、廉政建设、重点问题治理等工作取得新成效，效能投诉案件同比下降11.7%。

行风建设。制定重点领域正风肃纪工作方案，在全市人力资源社会保障系统开展行风建设行动，解决一批窗口作风建设方面的问题，警示警醒力度持续加大，“四风”问题治理成效明显。

围绕工作推进中遇到的思想问题、观念障碍。深入推进“大学习大调研大改进”，开展“解放思想大讨论”，形成一批制度建设成果和浓厚的解放思想氛围，为各项工作持续创新提供有力保障。

（青岛市人力资源和社会保障局）

淄博市

2018年，淄博市人力资源社会保障系统紧紧围绕淄博市委、市政府“一个目标定位、四个着力建设、十个率先突破”的总体思路和工作布局，坚持“民生为本、人才优先”工作主线，对标南方城市的先进经验，坚决破除各类陈旧观念的束缚，扎实推进人力资源社会保障领域改革创新，人力资源社会保障工作不断取得新进展、新突破。城镇新增就业12.9万人，城镇登记失业率2.4%，接收非师范类应届高校毕业生31608人，总体就业率达90.9%，就业稳、创业兴为全市经济社会运行总体稳定的重要标志。狠抓扩面征缴，扎实推进“全民参保计划”，参加各类社会保险人数达1031.6万人次。淄博市人力资源和社会保障局打造一批亮点工作，被表彰为山东省2017年度就业目标考核优秀单位、人才工作先进单位；淄博市人力资源和社会保障局被省政府表彰为“山东省就业工作先进集体”，被省人力资源社会保障厅表彰为山东省全民参保登记先进单位、跨省异地就医直接结算先进单位、人社宣传工作先进单位。10 多项工作在全国、全省会议上作典型发言。基本医疗保险付费方式改革被省委宣传部、省委改革办推荐在省级媒体进行宣传。“创业担保贷款微信服务平台创新改革”入选全市 2018 年度自主改革创新经验在全市推广。

【就业工作】 创业就业政策。积极推动《关于做好就业创业工作助推新旧动能转换的意见》（淄政发〔2017〕30 号）、《关于进一步引导和鼓励高校毕业生到基层工作的实施意见》（淄办发〔2017〕60 号）等政策措施落地生效。制定行动方案和应急预案应对中美经贸摩擦，最大限度降低对就业形势的冲击。开展就业目标责任考核和“十三五”促进就业规划中期评估，健全多元化的就业政策体系。

创业带动就业。发挥创业平台的带动作用，新增省级创业示范平台 3 家、市级 1 家，总数分别达到 12 家、15 家，累计入驻企业 4522 家，带动就业 28833 人。新增省级创业型城市（县、区）2 个、创业型街道（镇）4 个、“四型就业社区”25 个，市级分别评选公布 2 个、12 个、40 个，创业服务生态环境进一步优化。发挥创业带动就业扶持资金的带动作用，支出 3258.1 万元，评选 30 个优秀大学生创业项目每个给予 5 万元的资金扶持。发挥创业担保贷款的促进作用，发放创业担保贷款 5.9 亿元，发放贴息资金 5229.4 万元，扶持创业 3019 户，带动（吸纳）就业 1.2 万人。

重点群体就业。加强高校毕业生就业工作，接收非师范类高校毕业生 31608 人，总体就业率达到 90.9%。落实高校毕业生租房购房补贴政策，为 1465 人发放补贴资金 325 万元。建立失业保险金标准与最低工资标准挂钩联动机制，开展失业保险援企稳岗“护航行动”，为 1120 家企业落实稳岗补贴 4062.7 万元，维护就业基本盘的稳定。

淄博市第四届创业大赛。6 月，以“创响新时代 助力新动能”为主题的第四届淄博市创业大赛暨山东省第四届创业大赛、第三届“中国创翼”创业创新大赛淄博赛区选拔赛圆满落幕。大赛共收到报名项目 200 个，大数据高速存储和备份系统项目、石墨烯碳管导电浆料的开发项目、suforce 机动车照明项目分获各自组别第一名。淄博市入围全省总决赛的“石墨烯碳管导电浆料的开发项目”获评初创企业组二等奖，薛宜彬与康健平分获金牌好导师、银牌好导师荣誉称号。

“春风行动”。2 月，淄博市 2018 年“春风行动”招聘会在市人力资源市场正式启动，全市同步举办。淄博市人力资源和社会保障局、淄博市扶贫开发领导小组办公室、淄博市总工会和淄博市妇联等部门在市人力资源市场设立服务台，免费提供政策咨询和维权服务。启动首日，有 1121 家企业进场招聘，提供岗位 3.6 万个，涉及机械制造、物流仓储、服务业、销售、教育、商贸等多个行业，进场求职人数达 4.1 万人次，达成就业意向 1.1 万人次。截至 3 月底，全市各级公共就业服务机构发放春风卡等宣传资料 80575 份，组织专场招聘活动 84 场，提供公共就业创业服务 48182 人次，组织参加职业技能培训 1960 人，其中参加创业培训 625 人，享受培训补贴 220 人，提供劳动维权和法律援助 605 人次，全市农村劳动力转移就业 8896 人。

“淄博——名校人才直通车”活动。先后在省内外部分高校开展活动 17 场次，其中“淄博——名校人才直通车”在省内山东理工大学、山东财经大学、青岛科技大学等，省外哈尔滨理工大学、长春工业大学、辽宁大学等单独开展活动 12 场次；参加“山东—名校人才直通车”活动 5 场次，包括清华大学、西安交通大学等。组织 301 家次用人单位参加，累计提供工作岗位 1530 个次，需求人数达 12878 人次，活动现场达成初步就业意向 1215 人次，其中博士 20 人次、硕士 175 人次、本科 1020 人次。经电话回访，各用人单位通过“淄博——名校人才直通车”活动签约的本科及以上学历毕业生 301 人。

【社会保障】 城乡基本养老保险。企业养老保险参保人数 111.6 万人，同比增长 3.8%。连续第 14 年调增企业退休人员养老金，为企业离退休人员按时足额支付离退休费，社会化发放率继续保持 100%。办理养老保险关系转移接续跨省（市）

转出手续6353人，转入6578人。进一步完善特殊工种退休审核制度，审批职工退休20186人。企业年金备案企业累计160家，参加职工35007人。做好机关事业单位退休人员按新制度计发养老保险待遇有关工作。机关事业单位养老保险参保人数11.3万人。城乡居民养老保险参保人数为148.4万人，认真落实被征地农民参加养老保险制度，被征地农民参保人数达72.7万人，落实被征地农民社会保障资金16.95亿元，落实率95.89%，在全省处于领先水平。

医疗保险。医疗保险参保人数达428.6万人，其中职工131.3万人，城乡居民医疗保险参保人数297.3万人。制定《淄博市进一步深化基本医疗保险支付方式改革实施方案》（淄政办字〔2018〕67号），制定基本医疗保险医师管理办法，将医保监管延伸到医务人员。落实推进职工长期护理保险制度，确立定点机构25家。

失业保险。失业保险参保人数83.96万人，同比增长2.8%。建立失业保险金标准与最低工资标准挂钩联动机制，继续执行降低失业保险费率政策，费率从1.5%下调为1%，减轻企业和个人负担1.5亿元。为1120家企业发放稳岗补贴4062.7万元，起到稳岗和减轻失业压力的良好作用。

工伤生育保险。工伤保险参保人数108.61万人。连续第14年调增1至4级工伤职工伤残津贴、生活护理费和供养亲属抚恤金标准，调整后月人均伤残津贴达到2998元，生活护理费达到2067元，供养亲属抚恤金达到1245元。推进建筑业农民工参加工伤保险“同舟计划”实施，在建和新建项目参保率达到100%，全省劳动能力鉴定信息化工作推进现场会在淄博市举行，淄博市作经验介绍。生育保险参保人数66.2万人，严格执行生育保险国家、省规定，做好政策落实。

社保基金监督和经办服务。企业职工养老保险基金实行统收统支的市级统筹制度，争取省调剂金1.7亿元，争取省返还淄博市社保投资运营资金7.6亿元，缓解社保基金压力。深入推进社会保险标准化建设，顺利通过全国首批社会保险标准化建设先行城市的评估验收。

企业退休人员基本养老金调整。淄博市积极筹措资金，完成33.4万名企业退休人员的养老金调整工作，调整后月人均养老金达到3067元。此次是淄博市继2005年以来连续第14次调整企业退休人员基本养老金。

社会保险标准化先行城市建设。始终将标准化建设作为贯彻落实党的十九大精神的重要举措，大力促进服务功能、视觉识别、业务档案、服务规程标准化建设。通过人力资源社会保障部社会保险标准化建设“先行城市”验收，成为全国首批“社会保险标准化先行城市”验收合格单位之一。

【人才队伍建设】 深入实施人才强市战略，统筹国内国际两个市场，人才对经济社会发展的引领、支撑作用不断增强。

健全完善人才政策。研究制定《关于认真贯彻落实鲁办发〔2018〕1号文件做好深化职称制度改革工作的通知》（淄办发〔2018〕14号）等文件，新制定淄博人才新政23条相关配套实施细则11个，与淄博市委组织部等部门联合印发《淄博市高层次人才分类目录》《淄博市高层次人才服务绿色通道规定》等文件，人才政策体系更加完善。

专业技术人才队伍建设。实施专业技术人员“知识更新工程”，培训人员10.5万人次。实施高端人才培训工程，在国内高校举办专题培训班7期，培训高层次人才350人。深化职称制度改革，新增专业技术人员1.21万人。加强高层次人才选拔推荐工作，新增享受国务院特殊津贴的专家3名、省有突出贡献中青年专家5名。加强高层人才平台建设，新增国家级博士后科研工作站5家，省级博士后创新实践基地2家，获批数量均居全省前列。为620名企业负责人、企业引进的博士及“双50强”企业引进的硕士发放补贴1890.4万元。

技能人才队伍建设。制定《关于加快新旧动能接续转换进一步加强高技能人才队伍建设的意见》（淄人社发〔2018〕4号），新增高技能人才7880人，新增技能类泰山产业领军人才1人、齐鲁首席技师15人，市有突出贡献技师30人、市首席技师30人。新增国家级高技能人才培训基地1家、齐鲁技能大师工作站3家、世界技能大赛国家级集训基地1家。组织市级职业技能竞赛15场，技工院校招收新生8894人。

国外人才智力引进。制定《关于加强新形势下引进外国人才工作的实施意见》（淄发〔2018〕27号），实施“331引智工程”，引进外国专家420余人次，实施各级引智项目92项，争取资金1031万元。1人获齐鲁友谊奖，获批省级引智成果示范推广基地2家、省级引智成果示范推广项目3项。新建海外引才工作站2家、新增海外科技创业类泰山产业领军人才2人。举办日本专家淄博项目洽谈会，达成初步合作意向72个。

参加山东省第十届“海洽会”。10月29—31日，淄博市人民政府副市长盖卫星带队参加“中国山东第十届海内外高端人才交流会暨威海国际英才创新创业大会”。全市各区县人力资源社会保障部门及企事业单位共52人组团参加启动仪式、洽谈交流、创新创业成果展、项目路演、人才招聘、峰会论坛、建言献策座谈、项目签约等8大核心板块活动，取得丰硕成果。

【人事制度改革】 **公务员管理**。顺利完成公务员招考工作，全市招考、遴选公务员313名，培训公务员2万人次，依法办理市人大常委会和市政府任免事项14项100人次。落实《淄博市公务员平时考核工作考核实施方案（试行）》（淄人社发〔2017〕30号），公务员平时考核顺利开展。

事业单位人事管理。公开招聘事业单位人员2841名。推进事业单位人事制度改革，核准批复233个事业单位的岗位设置方案，为5961人办理岗位变动、新增、减少等备案手续。完成市属事业单位新聘人员831人、续聘人员1283人的备案手续。制定《淄博市实行人员控制总量备案管理的事业单位人事管理办法（试行）》（淄人社发〔2018〕14号），落实事业单位用人自主权。加强人事考试管理，顺利完成22.8万人次的考试任务。

军官转业安置。大力推行“阳光安置”，接收军转干部214名，随调配偶4名。全力做好困难企业军转干部解困工作，为1572名企业军转干部办理发放退休生活补助费审批、办理特困救助等手续。顺利完成2017、2018年度军队转业干部适应性培训。

【工资收入分配制度改革】 **机关事业单位工资管理**。圆满完成市直机关事业单位26615名在职人员和397名离休人员的调资审批兑现。制定《淄博市公立医院薪酬制度改革试点实施方案》（淄人社字〔2018〕130号），开展试点工作。完善事业单位绩效工资制，完成278个事业单位的绩效工资总量的核定工作。

企业工资管理。稳步推进国有企业负责人薪酬制度改革工作，发布2017年度国企负责人薪酬基数和2018年度预发标准。针对265家企业开展企业薪酬调查，发布企业工资指导线，淄博市企业月最低工资标准分区县提高到1910元、1730元、1550元。

【劳动关系协调和权益维护】 **劳动关系协调**。积极开展和谐劳动关系创建活动，评选142个和谐企业和12个和谐工业园区（乡镇、街道）。办理各类劳动用工备案17.9万人次。落实化解过剩产能的职工安置工作，完成2家煤炭企业和1家钢铁企业职工分流安置。

劳动人事争议调解仲裁。推行要素式办案，开展“开标准庭，办标准案”活动。推进案件分类处理，立案受理争议案件4718件，当期结案率98%，按期结案率100%。先后举办3期劳动人事争议调解员培训班，培训387人次。

劳动保障监察。连续第三年开展书面审查网上报备工作，审查用人单位723家，提升监察信息化管理水平。开展农民工工资支付情况等专项检查，检查用人单位4628户，补发劳动者工资及有关待遇7493.4万元，补缴社会保险费1974.8万元，维护劳动用工双方的合法权益。

【人社精准扶贫】 帮扶有就业愿望的6096名贫困人口实现就业。开展黄河滩区妇女就业技能培训班，强化与滨州市、重庆市石柱县的对口扶贫，69名石柱籍贫困人口来我市就业。为113名技工院校在读生减免学杂费等28.3万元。为8179名贫困人口代缴居民养老保险费193.3万元。为121740名贫困人口代缴医疗保险3349万元。落实贫困人口住院费用减免政策，政策范围内贫困人口个人负担住院医疗费用，控制在政策范围内医疗总费用的10%以内，减轻贫困人口的医疗负担。

【法治建设】 积极参加依法行政宣传日、

国家宪法日普法宣传一条街等集中宣传活动。以2018届毕业大学生为主要宣传对象，围绕“就业之路·法律同行”主题，全市人力资源社会保障系统集中开展普法宣传月活动。对新制定的6件规范性文件按照“三统一”的规定进行办理，规范性文件合法性审查和报备率均达到100%。对《淄博市人力资源和社会保障局随机抽查事项清单》《随机抽查检查对象名录库》等与“双随机、一公开”相关的内容进行修改完善，并公布抽查检查结果，在人力资源社会保障行政执法领域实现“双随机、一公开”全覆盖。处理市政府受理的行政复议案件7件，行政应诉案件18件，所有案件均由负责人参加应诉。对负责实施的政府规章、规范性文件设定的证明事项进行清理，清理行政许可事项、行政权力事项、公共服务事项涉及烦琐环节和手续，清理取消1项行政确认事项、24项公共服务事项45项申请材料。

【基础工作和信息化建设】 **“一次办好”改革**。实施“一次办好”事项144项，推进就业社保服务窗口综合柜员制改革，综合柜员通办110多项服务事项，达到了“一门式、一窗式、一网式”办理和就业、社保“一链办理”的要求。推进不见面审批，不见面审批率达到83.3%。对47个“一次办好”事项实行告知承诺制。落实中央、省、市部署，全部疏解与人力资源社会保障工作相关的31个堵点问题。

信息化一体化建设。进一步完善“智慧人社综合服务平台”信息系统，扎实推进人社大数据建设，本市户籍人员有关信息和单位信息分别入库90%和80%以上。在全省率先实现在银行指定网点现场制作和发放社保卡，开展第三代社保卡发放工作，全市人口持卡439万张，社保卡应用走在全国前列。

党的建设。全面加强党的建设，坚定不移全面从严治党。深入开展“大学习、大调研、大改进”和“新时代、新理念、新担当”大讨论活动。切实加强意识形态工作，加强对党员干部的培训和管理，探索建立科以下工作人员报告个人有关事项制度。狠抓廉政建设，多形式开展廉政教育，筑牢反腐倡廉的层层防线。

（淄博市人力资源和社会保障局）

枣庄市

2018年，枣庄市人力资源社会保障系统认真落实省、市新旧动能转换动员会议部署，紧扣社会主要矛盾变化，坚持“民生为本，人才优先”工作主线，坚持稳中求进工作总基调，坚持新发展理念，围绕枣庄市中心工作，各项工作都取得新进展，为推动城市转型发展作出积极贡献，全市人力资源社会保障工作达到全面发展、科学发展、高质量发展的目标。

【更高质量就业】 **提升就业服务**。完善就业政策，报请枣庄市政府制定《关于助推新旧动能转换做好就业创业工作的意见》，城镇新增就业4.4万人，农村劳动力转移就业5.2万人，城镇登记失业率3.1%，低于3.5%的控制目标。联合多部门开展“就业援助月”“春风行动”“民营企业招聘周”和“公共就业和人才服务政策进校园进企业宣讲月”等专题活动，落实登记认定、结对帮扶、兑现政策、跟踪回访“四位一体”的就业援助机制，实施高校毕业生就业促进计划、青年人才“圆梦”计划，177名来枣庄就业高校毕业生享受住房和生活补贴，高校毕业生就业率达到85%。新增就业困难人员就业2096人，完成任务的116.44%。

培训项目管理。推行“四单培训”，培训各类人员2.1万人，进一步加强培训项目管理，对目标任务、队伍建设、实名制管理、专业设置、补贴落实等提出细化要求，连续第三年获得全省“五年规划”绩效考评工作优秀等级。引导定点培训机构带着师资、设备到村居厂房开设培训课堂，枣庄创业大学聘请资深讲师在薛城区举办精准扶贫初创培训班。培训各类人员2.1万人，完成年度计划105%。

创业服务。扩大创业担保贷款扶持范围，发放创业担保贷款2.35亿元，直接扶持1015人创业，带动就业8923人。以枣庄创业大学为培训主阵地，培训各类学员3109名，培训后学员创业成功率达20%。扎实推进创业载体建设，薛城区被评为省级创业型城市（县、区），台儿庄区张山子镇等4个街道（乡镇）被评为省级创业型街道（乡镇），薛城区陶庄镇幸福花苑等九家社区被评为省级“四型就业社区”。举办第二期“创业枣庄·圆梦枣庄”创业训练营北京集中培训和后续服务活动，组织枣庄市第四届创业大赛，其中“无人机应用与测绘项目”获省级创新团队三等奖，1人获“山东省创新创业好导师”银牌奖。

就业扶贫。推行就业扶贫“四个一批”模式，构建威海—枣庄、枣庄—丰都扶贫协作机制，认真核实建档立卡贫困人员数据，动态更新农村贫困劳动力就业信息，确保基础数据和就业帮扶工作实名、实绩、实效，新增建档立卡贫困人员就业1725人。积极开展东西部劳务扶贫协作，开展“枣庄—丰都”扶贫劳务协作活动三次，举办“枣庄—丰都就业扶贫专场招聘会”，丰都县来鲁就业251人，枣庄项目在重庆吸纳996人就地就近就业，超额完成目标任务。深化与威海市的劳务扶贫协作，建立经常性的劳务信息对接发布机制，分别在峄城、山亭、滕州举办“枣庄—威海”就业扶贫专场招聘会，累计帮助2166名枣庄籍劳动力实现转移就业。

【社会保障】 全民参保计划。加强数据动态管理和应用，推动“全民参保登记计划”向“全民参保计划”拓展升级，突出农民工、灵活就业人员、非公有制经济组织从业人员和新兴业态从业人员等重点群体，积极推进依法依规参保缴费。新增参保单位1636户，企业职工养老保险参保人数59.68万人，居民养老保险参保人数191.42万人。

社会保障体系改革。深化机关事业单位养老保险制度改革，推进建筑、交通、水利等行业项目参加工伤保险。加大统收统支的市级统筹推进力度，将枣矿集团封闭运行的社会保险纳入地市统筹，确保10万余名职工享有与地方企业职工同等的社会保险待遇水平，解决多年历史遗留问题，社会保险基金抗风险能力大为提高。

社会保险待遇。企业退休人员养老金“十四连调”，人均月增加147元，增幅达5.5%。建立居民基本养老保险待遇确定和基础养老金正常调整机制，明确对65岁及以上参保居民倾斜政策、养老金年限激励机制和缴费补贴梯次机制。居民养老保险基础养老金提高至每人每月118元。稳步推进援企稳岗护航行动促进就业工作，支出补贴1903万元，惠及企业169家，职工9万多人。

社会保险经办服务。优化改进领取养老金资格认证方式，全面取消集中认证，积极构建以静默认证为主、远程自助认证为辅、疑点信息实地精准核实的认证新模式。开通城镇灵活就业人员职工养老、医疗保险、大额救助网上缴费功能，参保人员可在枣庄市人力资源和社会保障局网站网上办事大厅、“枣庄人社”APP等平台直接办理缴费。开展社保卡就医全程“一卡通”，社保卡发行普及率达到总人口的85%，被选定为全国第三代社保卡发行试点城市和全国电子社保卡应用试点城市。

基金管理内外监督。及时查处移送社会保险欺诈案件，与枣庄市公安局联合建立市级查处和防范社会保险欺诈工作联席会议制度，健全行政执法和刑事司法有效衔接。加大社会保险反欺诈工作力度，切实维护社保基金安全完整，维护参保单位和参保人员合法权益。开展社会监督，拓宽监督渠道，鼓励社会公众对身边涉嫌欺诈冒领社会保险基金的问题线索进行举报投诉。对于电话举报或当面举报，不推诿、不拖延，做好接待、记录或登记工作，对需要调查处理的，在规定时限内办结。

【人事人才】 制定人才新政。围绕新旧动能转换重大工程，摸清人才工作难点、痛点、堵点，撰写《枣庄市人才工作调查报告》，印发高层次人才子女就学、大学毕业生就业创业补贴、人才购房补助发放、高层次人才服务绿色通道等一揽子人才新政，荣获全国人事人才研究主题征文三等奖，人才成长沃土不断厚植。

汇聚产业需求人才。筹办“万名专家服务三农行动——产业专家枣庄行活动”，组织“枣庄——高校人才直通车（天津站）”大型招聘活动，帮助枣庄学院全职引进千人计划专家1人，帮助企业柔性引进千人计划专家3人。新增国务院特殊津贴专家1人，“外国双百计划”1人，省有突出贡献的中青年专家2人，来鲁创业启动支持计划1人，齐鲁首席技师2人。

平台载体建设。山东精工电子科技有限公司、山东威智医药工业有限公司2家单位入选省博士后创新实践基地，滕州市人才创新驱动中心入选省级专家服务基地，山东百家兴农业科技有限公司入选乡村振兴专家服务基地，枣庄市电子商务产业园、龙振农业生态创业园入选省级创业示范平台，山东泉兴能源集团有限公司入选齐鲁技能大师特色工作站，山东鲁南机床有限公司入选国家级技能大师工作室，实现此项目建设零的突破。

人才服务。承办全省泰山产业领军人才（海外留学人员创业和产业技能类）培训、两期全省人力资源服务从业人员培训班和枣庄市人力资源服务专题培训班。完善职业技能评价体系，举办“鲁班传人”职业技能大赛，新增高技能人才4923人。“枣庄——高校人才直通车（天津站）”大型招聘活动在天津理工大学成功举办。枣庄市57家企事业单位参加现场招聘活动，提供各类人才需求1354人，吸引来自天津20余所高校1100名高校毕业生入场洽谈。据统计，各招聘单位共收到简历436份，达成初步意向124人。

事业单位人员管理。做好事业单位统计年报和事业单位工作人员年度考核工作。启动枣庄市机关事业单位人事管理系统升级改造。开发新的事业单位人事管理网上系统，实行岗位设置、调整、人员聘用、考核等的网上申报和审核，实现系统化管理、程序化操作，逐步实现与工资系统、职称评审系统信息共享和协同办理。组织完成26777人参加各项人事考试，两个标准化考点顺利通过省级验收，全年无雷同试卷等考场异常情况发生。

职称制度改革。提请枣庄市委市政府印发《关于深化职称制度改革加快人才队伍建设的实施意见》，明确24项改革新举措。评审新增630名高级专业技术人才。改革继续教育学时管理，大规模开展专业技术人才知识更新工程。全市约有6.73万人参加2018年度继续教育学习，合格率为93.68%。枣庄市申报的山东省新旧动能转换重大工程，新兴产业“山东省医养健康建设工程高级课程研修班”获得省人力资源社会保障厅批准并于11月举办，参加学员150余人。

高技能人才培养。实施山东省“金蓝领”培训项目，214名技能劳动者通过“金蓝领”培训项目鉴定考试。组织开展2018年度枣庄市首席技师推荐选拔工作，共评选出20名市首席技师。举办2018年枣庄市“鲁班传人”职业技能大赛、第45届世界技能大赛山东省选拔赛枣庄市初赛。参与举办枣庄市职业学校学生技能大赛、残疾人职业技能选拔赛、第三届辣子鸡文化节活动，并统一冠名为“鲁班传人”职业技能大赛。打造具有枣庄市特色、彰显枣庄历史文化渊源的“鲁班传人”职业技能大赛品牌。

【劳动关系】 **收入分配指导。**连续9年上调最低工资标准，结合枣庄市经济社会发展和企业职工工资状况，发布2018年企业工资指导线。在全市220家企业开展薪酬调查，本次调查首次通过在线系统填报数据，企业填报更加高效便捷。根据上级审核通过的薪酬数据，经过归类、筛选、整理和分析，发布183个职位（工种）的工资价位，指导企业合理确定工资水平，引导劳动者有序流动。开展公立医院薪酬制度改革试点，薪酬制度进一步完善。及时公布市管企业负责人基本年薪基数，做好国有企业负责人薪酬信息备案，督促枣庄市财政局完成枣庄银行负责人2015—2017年薪酬兑现工作。

和谐劳动关系建设。与枣庄市三方四家成员单位密切联系，深入交流和讨论构建和谐劳动关系工作现状，研究下一步工作。广泛征求意见，拟定《关于加快构建和谐劳动关系的实施意见》。组织开展劳动关系和谐企业创建活动，山东丰源集团股份有限公司被表彰为全国模范劳动关系和谐企业。4家单位被评为“山东省劳动关系和谐企业”。

劳动人事争议仲裁。推动仲裁案卷规范化建设，开展乡镇（街道）劳动争议调解综合示范工作，64个乡镇（街道）建立劳动争议调解组织，规模以上企业普遍建立调解委员会，小微民营企业基本配备调解人员。枣庄市两级劳动人事争议仲裁机构共受理劳动争议案件1071件，涉案金额2981.5万元，当期结案率97.94%，调解率62.8%。各类调解组织共调解案件529件，调解涉案金额计854.9万元。

劳动保障监察。实现全过程网上运行，开展清理整顿人力资源市场秩序专项行动，全面落实治欠保支三年行动计划，主动检查各类用人单位1883户次，督促补签劳动合同920份，促缴各项社会保险费1150万元，追回拖欠工资及劳务费513万元。开展市级企业诚信等级评价，共评选出A级诚信市直企业93家，B级诚信市直企业12家。

农民工欠薪案件查处。研究制定《枣庄市农民工工作联席会议治理拖欠农民工工资问题工作规则及职责分工》，进一步厘清职责，明确责任。坚持多措并举、标本兼治，建立起联合打击欠薪协作长效机制，以“零欠薪”为目标，开展专项“整治月”活动，责令支付工资及赔偿金600余万元，涉及农民工447人，确保辛苦一年的农民工拿到钱回家过个好年。在全省治欠保支进展情况通报中，各项指标完成比例均在省平均数以上。

【放管服改革】 **简政放权**。印发《关于进一步落实“放管服”改革有关工作的通知》，报请枣庄市政府下放人社行政许可事项3项，取消行政权力事项11项，包括民办职业培训机构许可、人力资源服务机构许可，经营劳务派遣许可等，印发《关于进一步规范事业单位岗位管理的通知》，下放区（市）事业单位岗位管理设置、人员聘用审批备案权限至区（市）人力资源社会保障部门。

“一次办好”改革。按照省市“一次办好”通知要求，牵头各科室单位以现有的行政权力清单和公共服务事项目录为依托，对包括依申请行政权力事项和公共服务事项进行全面梳理、颗粒化拆分事项。8月，分两批在门户网站对“一次办好”清单进行公布，实现全覆盖。12月，结合“百项堵点”整改情况，对“一次办好”清单进行一次集中动态调整，共调整事项64项，精简申请材料61件。创新推进“一链办理”工作。对劳动关系备案、就业登记、社会保险登记三项政务服务事项进行流程再造、结构重组，打通中间环节，缩短办事时限。

互联网+人社建设。以“互联网+”为引领，创新工作模式、工作流程，大力开展网上服务、移动服务、自助服务，打造线上线下一体化服务大厅，加强门户网站、手机APP、政务微信等信息化手段建设，“一个系统、一张卡片、一个网站”的网上公共服务新模式基本形成。大力推动网上办事，重新优化梳理流程，开发改造信息系统，网上可办事项达到105项，网办率达56.1%。

数据资源共享。社保核心平台接入市级信息资源共享平台，与公安、民政、卫生和计划生育、住房公积金等部门进行数据协作，实现社保、人口、殡葬、就医、公积金等信息数据的跨部门、跨层级共享，民政救济结算系统共享枣庄市人力资源社会保障局的人社业务网络专线；通过人社数据，住房公积金中心部分业务可实现“一次都不跑”；为各级扶贫办梳理筛查40余万条数据，支持城乡医保与医疗救助的“一站式”即时结算等；实现对领取社会保险待遇人员静默认证；将12333咨询热线并入12345市长热线电话管理，实现政务服务平台的数据对接、服务整合。

【基层基础建设】 **全面从严治党**。制定、修订党建工作责任制、严格党内组织生活等30余项党的建设各项制度。努力压实责任，开展廉政提醒谈话和谈心谈话活动，排查岗位廉政风险点141个，制定风险防控措施400条。深入推进“两学一做”学习教育常态化制度化，扎实开展干部作风建设“九项行动”，组织实施“大学习、大调研、大改进”活动，领导干部带头学习、调研，形成调研报告30余篇，梳理问题10项，制定具体整改措施95项，并逐一整改销号。严格“三会一课”制度，严格按照“四定两挂一戴”要求开展主题党日活动。及时召开民主生活会，枣庄市人力资源和社会保障局党委先后召开2017年度民主生活会、市委巡察整改专题民主生活会、中央巡视整改专题民主生活会、省委巡视整改专题民主生活会等四个民主生活会。

营造干事创业氛围。按照二十字好干部标准，坚持德才兼备，坚持群众公认，坚持注重实绩，坚持按程序办事，提高干部选任工作公认度。调整任命1人，调入、重新任命职务17人。加大政治激励力度，积极选优推优，1人被人力资源社会保障部表彰为全国人力资源社会保障系统先进工作者，1人被省委、省政府表彰为山东省先进工作者。

转变工作作风。成立枣庄市人力资源和社会保障局行风建设工作领导小组，印发《2018年全市人力资源社会保障系统窗口单位作风建设工作要点》，部署窗口作风问题专项整治活动，自查自纠"不作为、假作为、乱作为、慢作为"问题。开展窗口单位作风建设大学习、大讨论，开展行风建设人人谈活动，收集优秀发言稿60余篇，推动窗口工作人员"以心换心""换位思考"，从思想根源上提高服务意识，树立"店小二""保姆式"服务理念。严肃开展明察暗访活动，加大对窗口单位服务情况督查力度，倒逼服务窗口落实承诺，提升群众满意度。

法治人社。部署开展"法治人社"建设，制定年度依法行政工作计划，制定"普法责任清单"，落实"谁起草，谁解读""谁执法，谁普法"责任。制定《枣庄市人力资源社会保障行政执法信息公示实施办法》，不断加强行政执法监督，规范行政执法信息公示工作，提高行政执法的透明度，促进严格规范公正文明执法。坚持立法、执法、守法、普法一体建设，在枣庄市人力资源社会保障系统形成完备的法规政策体系、规范的法治实施体系、高效的法治宣传体系、严密的法治监督体系、有力的法治保障体系，法治观念深入人心，为推进全市人力资源社会保障事业转型发展提供坚实的法治保障。

（枣庄市人力资源和社会保障局）

东营市

2018年，东营市各级人力资源社会保障部门围绕"保障民生、服务发展"工作主线，进一步解放思想，对标先进，改革创新，人力资源社会保障工作取得显著成效，为全市经济社会发展做出积极贡献。

【服务发展战略】 **紧盯"双招双引"**。制定"三年行动计划"若干激励政策及《加快推进高层次人才服务体系建设的实施意见》《高层次人才服务绿色通道规定》《高层次人才服务专员管理办法》《深化职称制度改革的实施意见》等系列政策文件，招才引智政策体系进一步完善。聚焦"5+2+2"产业发展，组织企业参加"中国国际人才交流大会""海外留学人才石油装备产业对接洽谈会""海洽会"等人才交流活动，达成合作意向118项。开通高层次人才服务专窗，为首批141名高层次人才配备服务专员，为120人颁发"优才卡"。打造"高校英才进东营"引才品牌，利用寒暑假组织三届"东营学子家乡行"人才交流活动，现场签订就业意向近2万份。推进"匠心东营"技能人才品牌建设，新增高技能人才3320人，2名选手历史性入选世界技能大赛国家集训队。面向社会公开考录公务员159人、招聘事业单位工作人员1558人。

助推"动能转换"。建设东营市人力资源服务产业园，首批吸引26家知名企业项目入驻，当年创建成为省级园区，"一中心、多平台"人力资源服务体系初步建成。在国家和省政策框架内，最大限度实行阶段性降低企业社保缴费费率政策，养老、失业及工伤保险分别降低2个、0.5个和0.31个百分点，为企业减负3.7亿元。建立失业动态监测快报制度，落实失业保险援企稳岗政策，对受经济形势影响严重的企业给予稳岗就业支持，对不裁员、少裁员企业提高稳岗补贴标准，共为269家企业审核发放补贴851万元，为2584名参保职工拨付技能提升补贴479万元。充分利用社保政策帮助困难企业渡过难关，部分企业享受到社保费缓缴补缴政策。支持民营经济发展，发放创业担保贷款7.67亿元，发放创业补贴1771万元。

服务“乡村振兴”。支持各类人才到乡村发展，实施高校毕业生基层成长计划，招募“三支一扶”岗位38人。健全基层工作人员正向激励机制，放宽乡镇专技人员职称评审条件，完善基层考录招聘和工资待遇、带薪休假倾斜政策，鼓励基层干部担当作为。提升农民就业创业能力，开展农村转移劳动力技能培训14321人、创业培训6679人。组织全市50名农业相关企业负责人参加示范培训，多维度推动新型农业经营主体发展。

【保障改善民生】 稳定就业局势。大力实施就业优先战略，城镇新增就业5.16万人，完成省定任务的194%，城镇登记失业率2.54%，低于年度控制目标。离校未就业高校毕业生实名登记统计就业率96.5%。1家创业孵化基地、3家创业型街道（乡镇）被评为省级创业示范载体。就业工作获得山东省政府表彰。

健全社保体系。加大社保征缴力度，参保人数和基金征缴额保持同步增长。企业养老保险待遇实现“十四连增”，人均养老金达到2391元。居民基础养老金提高至每人每月163元（其中四个县区提高至193元），待遇保障标准保持全省前列。失业保险金提高到每人每月1337元，建立与最低工资标准挂钩联动机制。工伤职工一至四级伤残津贴、生活护理费、工亡职工供养亲属抚恤金人均月标准分别增长至2736元、2279元、1003元。协调资金并签订协议，将胜利油田工伤保险和居民社会保险纳入地方实行统筹管理。深化医保付费方式改革，开展“医保管理效益年”活动，提高医保基金运营效率和医疗机构医保服务水平。

维护公平的收入分配秩序。建立完善工资收入分配制度，公务员工资制度运行规范，事业单位绩效工资全面实施，国有企业负责人薪酬制度改革稳步推进，企业工资宏观调控体系逐步完善。企业最低工资标准提高到1910元，连续多年保持全省第一序列。及时发布企业工资指导线，合理调整企业职工工资增长幅度。

和谐劳动关系。推进工资集体协商体系建设，探索推开区域性、行业性工资集体协商。推进非公有制经济组织构建和谐劳动关系，一家企业获评“全国模范和谐劳动关系企业”。实行农民工实名制管理、银行卡支付、分账管理、黑名单管理、失信联合惩戒等制度，办理全省首例纳入欠薪黑名单案件。劳动监察机构检查用人单位1145户次，涉及劳动者10.89万人，补签劳动合同1395份，追发劳动报酬1477万元。受理劳动争议案件1877起，结案率达99.36%。落实劳动用工备案制度，新开户企业2858家，新增用工备案8.1万人，合同签订率99.14%。

人社精准扶贫。为1.48万名困难居民代缴养老保险费445万元，为2.45万名贫困人口代缴医疗保险费627万元。建档立卡贫困人口全部纳入医疗保障范围，降低大病保险起付标准，提高报销比例、封顶线，扩大慢性病病种范围。为贫困人口发放创业扶贫贷款60.9万元。积极与重庆酉阳进行劳务对接，举办专场招聘会3场，提供岗位3720个。开设扶贫培训班，招收酉阳籍学员379人。

【人社改革创新】 瞄准制约事业发展、民生改善的弊端“毛病”，在全省开创“六个率先”，打造一系列“行业蓝本”。开展新型职业农民职称评定试点，联合农业、财政部门共同建立评审激励机制，首批84人通过评审并纳入乡土人才专家库管理，为乡村振兴战略实施提供基础人才支撑。率先推进“人社大业务平台”建设试点，全面打通上下、部门、行业数据壁垒，提升数据共享活力，68项人社业务实现网上办理，31项实现手机办理，26项实现自助办理，56项实现全市通收通办，信息化对业务经办支撑能力大幅提升。11月在东营市召开的全省信息化现场会推广东营经验。率先启用电子社会保障卡，在拓展102项应用基础上，将社会保障卡“装”进手机，无卡扫码支付稳步推开，“指尖上的服务”由设想变为现实。率先推开劳动用工备案、社保登记、就业登记“三合一”经办服务模式，所有人社经办业务均实现一窗受理，办事进度可看、结果可查，动动手指、点点屏幕就可网上办理备案、登记、缴费等多项业务，解决困扰多年的人社大厅服务多窗跑、多口办的问题，得到广大办事群众的一致好评。率先开展城乡居民长期照护保险试点，邀请人力资源社会保障部研究机构深入东营进行课题研究，作为一个独立险种进行设计推进，在垦利区先行试点，累计享受待遇383人，有效破解“一人失能、全家失衡”老龄化困局。率先引入医疗保险智能审核系统，搭建起智慧化监控平台，实现医疗保险支付费用的智能化审核，规范医疗保险行为，确保基金安全。

【基层基础建设】 **宣传引导**。对内整合东营市人力资源和社会保障局网站、微信公众号等自媒体，对外借助报刊、广播电视等媒体资源，积极宣传政策法规，推广东营做法，引导合理的社会预期和舆论方向。推送东营人社微信信息49期213条，各级报刊发稿176篇，其他媒体发布信息220条。

防范风险。加强事前预防，主动防范化解矛盾，实现“五个不发生”和“三个零”维稳目标。组织工伤预防培训3.7万余人次，有效降低企业工伤发生率。强化事后处理，稳慎处理破产企业职工劳动权益保障等遗留问题，稳妥开展事改企单位社保政策衔接、职工安置，维护社会和谐稳定。加大养老保险违规处理力度，核查疑点信息2871条，追回社保基金241万元。

自身建设。把党的政治建设摆在首位，全面推进“思想阳光、作风阳光、服务阳光、管理阳光”的“阳光人社”党建品牌建设，从严治党、廉洁从政的“软实力”进一步增强。着力改作风、强服务、提标准，集中推进“一次办好”改革，构建“内控外审”工作机制，全面提高公共服务质量，干事创业、高效服务的“硬功夫”进一步提升。

（东营市人力资源和社会保障局）

烟台市

【就业工作】 实施积极的就业政策，密集制定做好新形势下就业创业工作系列政策，多措并举促就业、控失业，新增城镇就业13.4万人，城镇登记失业率3.06%。

重点群体就业。实施大学生就业创业促进计划，高校毕业生整体就业率92%。为4414名“4050”等就业困难人员发放社保和岗位补贴2400多万元。打造就业扶贫新模式，帮扶212名贫困人口实现就业。

鼓励大众创业。举办第四届烟台创业大赛，烟台市两个项目获省创业大赛一等奖。先后布局打造创业孵化载体80余处，培育孵化创业项目3460个、带动就业13.5万人。

着力强化就业服务。制定4项地方就业服务标准，全市人力资源和人才市场举办各类招聘会300多场次，服务企业2万户（次）、劳动者31万人。加强重点企业用工跟踪服务，引进急需的外来劳动力5.4万人。

援企稳岗。开展失业保险援企稳岗“护航行动”和技能提升培训“展翅行动”，为997户企业发放稳岗补贴4839万元，惠及职工22万人；完成技能培训2.4万人、创业培训1.4万人。

【社会保障】 深入推进机关事业单位养老保险制度改革，稳步推进按新制度计发待遇等工作。推进交通运输业、建筑业参加工伤保险，降低建筑业工伤保险费率至1.5%，新开工项目参保率100%。

社保征缴。社保费征缴职能划转税务部门改革稳步推进，各项社会保险覆盖人数稳中有增，年内征收各项社保费300亿元，超额完成上级下达的扩面征缴任务。全面落实社保扶贫政策，贫困人口的居民养老、医疗保险参保率100%。

社保待遇标准持续提高。建立失业金与最低工资挂钩标准联动机制，企业退休职工养老金、老年居民基础养老金、医保年最高报销限额、失业金等多项待遇标准进一步提高。加强基金监管系统联网应用，开展工伤保险、打击欺诈骗取医保基金行动等4次专项检查。

【人才队伍】 围绕服务新旧动能转换和乡村振兴战略，不断完善人才政策和高层次人才服务机制，启动编制“烟台英才”地图，积极推进人才公寓建设，发放“烟台优才卡”201张，落实“双百计划”人才资助、购房补贴、引才奖补等人才政策资金3600余万元。按照“双招双引”要求，聚力举办“名企名校行”、百名高端人才烟台行、烟台与中国科学院人才技术项目合作等规模化、专业化引才活动，其中烟台海内外精英创业大赛在北京梅地亚中心向全球发布赛事公告，吸引615个高层次人才项目参赛，已有33个人才项目落地。引进各类人才3.7万人，其中博士、硕士4000余人；引进留学人才380人、高层次外国人才725人。大力培育选拔领军人才，烟台市入选省有突出贡献专家、齐鲁首席技师等重点人才数量居全省前列。

专业技术人才和技能人才队伍建设。争取全省船舶与海工装备高评委下放烟台市实施，制定全市卫生和基层卫生职称申报办法，完成中高级20个系列、7000余人的职称评审任务。大力开展“金蓝领”培训，新增高技能人才2800余人。

推进技工院校内涵发展。新设工业机器人维护等7个专业。积极组织参加世界技能大赛选拔，2个项目国家集训基地落户烟台市，7名选手入选国家集训队。

人才载体建设。烟台高层次人才创业园全面投入使用，入驻高层次人才创业项目102个。新增博士后工作站3处。创建国家级高技能人才培养基地和技能大师工作室各1处，新增多处专家服务基地、引智引才示范基地等省级人才载体。

人力资源考试管理。高标准推进200个标准化考场建设，平稳完成各项人事考试、职业技能鉴定考试任务，参考13.7万人。

人力资源服务业。举办第四届中国人力资本论坛，引进千人智库、锐仕方达等知名企业入驻烟台市产业园，园区年产值超过14亿元，利税3500万元，提供人才和就业服务16万人次。

【人事制度】 **公务员队伍建设**。全市考录公务员675人，首次面向优秀基层党组织书记等人员招考基层公务员。开展公务员素质提升工程，举办脱贫攻坚、乡村振兴等专题培训11次。开展集中清理创建示范活动工作。向省级申报市县党委政府表彰奖励项目13个。

事业单位人事管理。公开招聘事业单位工作人员4098人。会同市委组织部制定进一步加强事业单位岗位管理和人员聘用意见，指导40家单位调整岗位设置、210家事业单位按岗聘用专业技术人员4700余人。按照国家部署，进一步完善机关事业单位工资制度，扎实做好调整机关事业单位工作人员基本工资工作。积极开展公立医院薪酬制度改革试点。研究制定提高长岛乡镇工作补贴标准和教育、卫生绩效工资总量政策。

军转安置。接收军转干部766名。根据市级机构改革、盐业体制改革、事业单位公车改革等重大事项推进，平稳完成涉改人员安置和划转任务。开展干部人事档案专项审核自查，复核干部档案2000多册。

【劳动关系】 **和谐劳动关系园区和企业创建**。省人力资源社会保障厅在烟台市召开构建和谐劳动关系综合试验区现场会，开发区、万华集团被省政府推荐为全国和谐劳动关系示范园区和示范企业。提升劳动监察执法效能，监察用人单位2.4万户次，受理投诉举报案件1800多起。提报市政府制定保障农民工工资支付考核办法，处结农民工讨薪案件358起，追讨工资1.29亿元。推进劳动争议调解仲裁体系建设，成立全省首家联合调解工作站，率先开展仲裁网上立案。

潍坊市

2018年，潍坊市人力资源社会保障系统坚持以习近平新时代中国特色社会主义思想为指导，深入学习贯彻党的十九大精神和习近平总书记视察山东重要讲话精神，围绕实施乡村振兴战略、加快新旧动能转换，着力抓改革、促创新、谋发展，全市人社事业呈现健康协调发展的良好局面。

【就业创业】 深入实施就业优先战略，把稳就业、促创业作为保障改善民生的头等大事，全面落实援企稳岗政策，千方百计开发就业岗位，就业目标全面完成，就业局势持续稳定。城镇新增就业10.8万人，完成全年计划的108%。其中失业人员实现再就业3.24万人，城镇登记失业率控制在2.9%的较低水平，低于控制目标0.9个百分点。

创业带动就业。深入推进“185”创业行动，加快建设创业型城市，新增参与创业活动10.5万人，完成年度计划的105%。创业平台建设工作全面加强，3个县市、4个镇街获评省级创业型城市、镇街，5家平台获评省级创业示范平台，省级示范平台达到22家，均居全省前列。评估认定市级创业示范县市区3个、创业型街道13个、创业示范基地（园区）20个。积极开展创业活动，成功举办创新创业成果展暨人力资源发展论坛、首届潍坊发展大会活力城市主题对话活动，举办潍坊市第五届创业大赛，潍坊市残疾退役军人孙继发荣获第三届“中国创翼”创业创新大赛专项组一等奖，创造山东省参加该项赛事的最好成绩。完善落实创业扶持政策，发放创业担保贷款1.2万笔，发放贷款金额13.2亿元，居全省首位。完善以潍坊创业大学为龙头的培训体系，成立潍坊创业大学现代农业学院和潍坊职业农民创业学院，积极推进创业主体培育计划，带动组织各类职业培训7.1万人，完成年度计划的117.5%。其中就业技能培训5.04万人，创业培训2.01万人。

就业服务。充分发挥人力资源市场品牌效应，举办“2018年山东半岛城市群（潍坊）春季人才交流洽谈会”、第五届大中城市联合招聘会、民营企业服务周等各类招聘洽谈会708场次，累计提供用工需求23.9万个次。加强公共就业服务体系建设，46家社区成功创建省级“四型就业社区”，名列全省首位。组织评定40家市级“四型就业社区”，每处给予奖补资金2万元，进一步增强就业服务能力。在全省率先启动实施《就业创业证》与社会保障卡“证卡合一”试点，实现就业服务与社保经办“一卡通办”，全省“证卡合一”试点现场推进会在潍坊市召开，潍坊试点经验在全省推广。

援企稳岗。认真贯彻落实中央和省市振兴实体经济、发展民营经济的政策措施，深入实施失业保险援企稳岗“护航行动”，为2288家企业发放稳岗补贴5717万元。严格执行降低企业职工养老、失业、工伤保险费率政策，切实减轻企业负担。推动失业动态监测制度化，重点加强对125户监测样本企业及11万在岗职工实时监测，按月上报数据和监测报告，按季采集失业预警数据，及时掌握波动期内劳动者就业和失业状况，落实援企稳岗政策，切实稳定就业局势。

扶贫攻坚。深入实施转移就业、助推创业、精准培训和全民参保4个专项扶贫行动，举办精准扶贫专项招聘活动12场次，提供就业岗位3000余个。2.31万名建档立卡贫困人口全部纳入居民医保范围，为6.77万名贫困人员代缴养老保险费677.12万元，9386名重度残疾人提前领取居民养老金待遇。东西劳务扶贫协作落实落地，积极与重庆市开州区对接，签订《潍坊市—开州区劳务扶贫协作协议》，建立长期的就业岗位信息互通机制，落实开州区贫困人口来鲁就业110人，帮助渝籍贫困人员实现就地就近就业280人，超额完成刚性目标任务。全力帮扶就业困难群体，深入开展“就业援助月”活动，全面落实公益性岗位安置项目，健全完善结对帮扶工作机制。开发公益性岗位5089个，实现困难群体就业5226人。

抗灾救灾。积极应对台风“温比亚”带来的严重灾情，扎实做好抗灾救灾工作，制定实施人社抗灾救灾10条措施，举办灾区就业专场招聘会25场，开发临时性公益性岗位513个，为灾区增发创业担保贷款2.25亿元、贴息资金1200余万元。

【社会保险】 社会保障制度建设。深化机关事业单位养老保险制度改革，制定实施机关事业单位基本养老保险关系和职业年金转移接续办法，促进人才合理有序流动。深入落实被征地农民社会保障补贴政策，保障被征地农民社会保障权益。完善基本医疗保险制度，调整居民医保、居民大病保险筹资标准，扩大门诊特殊慢性病保障范围，完善职工长期护理和异地就医报销政策，医疗保障水平全面提升。1.99万人次享受长期护理保险待遇，为2.14万人报销异地医疗费用，异地就医结算人数保持全省领先。坚持“先参保再开工”原则，住建交通等行业实现按项目参加工伤保险实现全覆盖，工伤认定按时办结率达到100%。

社保待遇发放。城乡居民养老保险基础养老金最低标准由每人每月100元提高到118元，其中滨海区每人每月153元，高新区每人每月148元，为158.55万名参保居民发放养老金26.24亿元。企业退休人员养老金、工伤保险定期待遇连续14年上调，机关事业单位退休人员养老金同步调整提高。进一步规范职工养老待遇发放业务流程，积极推进社保卡发放企业离退休人员养老金工作，对2014年10月至2017年10月间退休的2880名市直机关事业单位人员，按照新制度重新计发养老金，各项养老保险待遇实现按时足额发放。

社保经办服务。深入推进“一次办好”改革，优化再造业务流程，全面清理各类证明材料，确定“只跑一次”社保业务事项108项。在全市范围内推行社保综合柜员制改革，实现一个窗口对各项社保业务的“通收通办”，社保服务效率显著提升。持续拓展网上服务功能，加快建设社保网上办事大厅，1.7万余家用人单位应用网上服务系统自助办理社保业务，网办率达到93%以上。创新服务方式，拓展微信缴费功能，通过微信完成社保缴费62万笔，完成待遇资格认证4万余人，参保群众动动手指就能办理社保业务。加强基层平台建设，深入落实“放管服”改革要求，将37项服务事项下延至镇街、社区平台以及条件成熟的中心村办理。借助金融机构在广大农村布设的移动POS机设备，增加社保费收缴、待遇发放等功能，方便基层群众就近办理社保业务。

社保基金监管。认真落实人力资源社会保障部关于生存认证工作要求，积极探索创新认证系统，对市直新退休人员进行人脸采集建模，在全市范围内推广“静默”认证经验，全面取消集中认证。狠抓医保监管工作，积极推动医疗服务监控系统和医疗费用智能审核系统建设，完善升级定点医疗机构数据上传功能，重点加强疑点项目监控，实现医保监管智能化。严厉打击医保欺诈行为，通过应用医疗费用智能审核系统和医疗服务监控系统，引入第三方实施医疗机构专项检查，切实加强对医药机构服务行为和参保人员就医行为的监管。狠抓内控管理，完善风险管理制度，把风险防控环节嵌入流程设计中，重点标注关键风险点，健全事前预防、事中警示、全程监控的风险防控机制。积极推进“互联网+内控”建设，开发应用内控监察、参保缴费稽核、医疗服务分析监控等配套系统，内控信息化水平明显提升。

【人才队伍建设】 发挥政策效应。深入贯彻落实《关于支持人才创新创业的若干政策》，加快完善配套政策，制定《有突出贡献中青年专家选拔管理办法》《留学人员创业园认定办法》《海内外人才工作站管理办法》《高层次人才服务绿色通道规定》等多项配套政策，充分发挥政策效应，有效激发人才创新创业活力。

引进高层次人才。突出高精尖缺导向，深化“高端专家潍坊行”系列活动，成立潍坊市国际人才交流协会，组织骨干企业参加国际人才交流大会和海洽会，共引进硕士以上高层次人才3200人，引进高端外国专家558人，获批省以上引智项目

18个，引智经费621万元。新增国家友谊奖专家1人、齐鲁友谊奖专家2人、鸢都友谊奖专家11人。

专业技术人才。实施市级重点人才项目，组织评选首批潍坊市有突出贡献中青年专家50名，深入实施专业技术创新人才提升工程，不断壮大高层次人才队伍。健全“定向评价、定向使用”的基层职称制度，制定《潍坊市基层职称评审管理办法》，进一步规范职称评审工作。

高技能人才队伍。积极对接世赛标准，深化技工院校过程化考核试点，深入实施“金蓝领”项目培训计划和“青年技师素质提升计划”，广泛开展职业技能竞赛活动，不断扩大以企业为主体的高技能人才评价试点范围，全面提升人才培养能力。新增高技能人才8200人，技工院校招生突破1.5万人，潍坊市技师学院被评为全国高技能人才培养基地。

【人事制度改革】 **公务员队伍管理**。圆满完成国家公务员职务与职级并行制度试点，组织两轮职级晋升，有8171人次晋升职级。深入落实新录用公务员导师制和基层实践锻炼制度，积极促进新录用公务员成长。创新实施面向本土优秀人才招录基层公务员制度，考录公务员548人。积极开展公务员专题培训，先后举办全市基层公务员职业道德与专业能力建设专题培训班、数字经济与服务业创新发展培训班，继续组织干部自主选学，7400多人次参加培训。

事业单位人事管理。深入推进事业单位岗位设置管理，全面推行事业单位聘用合同制度，已核准岗位设置方案的事业单位4116个，占比达到99.37%，推行聘任制的事业单位达到100%，体现事业单位特点、突出岗位职责和分级分类管理成为常态。坚持公开、平等、竞争、择优的原则，认真组织事业单位公开招聘，招聘事业单位人员4801人。

【和谐劳动关系建设】 依法规范劳动用工，健全劳动关系协调协商机制，深入推进集体合同制度落实，依法实施劳务派遣经营许可，劳动合同备案人数达到119.9万人，劳动用工动态监管机制基本建立。有效化解劳动争议，加强基层调解组织规范化建设，建立各类劳动争议调解组织3641个，受理劳动争议案件5857件，结案率达到100%。强化劳动监察执法，深入实施农民工工资“治欠保支”三年行动计划，检查用人单位1.64万户，责令支付工资报酬4964.67万元，补签劳动合同0.84万份，追缴社会保险费1466.36万元。潍坊市代表全省接受国家解决企业工资拖欠部际联席会议核查组的实地督查，“治欠保支”工作得到充分肯定。

（潍坊市人力资源和社会保障局）

济宁市

2018年，济宁市人力资源和社会保障系统聚焦民生为本、人才优先，坚持稳中求进、攻坚克难，围绕抓重点、促改革、防风险、强基础，积极履职、改革创新，人力资源社会保障事业呈现新局面、实现新发展。

【就业创业】 **就业局势持续稳定**。新增就业总量平稳增长。城镇新增就业77400人，完成计划的110.6%，同比增长3.9%。城镇失业人员再就业43038人、完成108.7%，就业困难人员就业6498人、完成130%，城镇登记失业率2.95%，完成4%以内的年度控制目标。

就业政策。支出各项就业创业补贴资金3.48亿元、同比增长30%；开展职业技能提升“展翅行动”，发放补贴745.5万元；落实援企稳岗“护航行动”，为580户企业发放稳岗补贴5387万元，稳定就业岗位22.6万人。发放培训补贴8882.64万元、社保补贴8062.99万元、岗位补贴4985.7万元、一次性创业补贴4690.8万元。

创业带动就业。发放创业担保贷款9.32亿元，扶持创业1.41万人、带动就业7.01万人。新增省级创业型城市2个、省级创业型镇街4个、省级创业孵化示范基地3家，23个社区获评省级“四型就业社区”，获评总数量位居全省前列。组织50家企业开展第二期“雏鹰计划”创业训练营活动，举办济宁市第四届创业大赛，评选10名大学生创业之星，营造浓厚的创新创业氛围。

优化就业服务。开展就业技能培训6.69万人、创业培训1.78万人，增强就业稳定性、提高创业成功率。重点群体就业工作扎实推进。实施高校毕业生就业创业促进计划，开展能力提升、创业引领、校园精准服务、就业帮扶、权益保护五大行动，高校毕业生就业27866人、完成计划的103.2%，引领大学生自主创业1269人、完成101.5%，高校毕业生就业率稳定在85%以上。

人力资源服务业。做强“圣地金桥”招聘求职服务品牌，举办现场招聘会96场，提供岗位20.6万个次，达成意向3.9万人次。

【社会保障】 按照兜底线、织密网、建机制的要求，积极构建多层次社会保障体系。

扩面征缴。实施全民参保计划、工伤保险“同舟计划”，促进单位和个人长期参保、持续缴费，完成企业自行管理社会保险纳入地方统筹管理工作，参加职工基本养老保险157.6万人、居民基本养老保险447.2万人、职工基本医疗保险116.2万人、居民基本医疗保险695.5万人、失业保险85.3万人、工伤保险99.7万人、生育保险78.7万人。社会保障卡持卡人数达842.5万人。各项社会保险基金征缴收入总额247亿元，完成计划的110.4%，同比增长13.6%，增幅连续三年实现两位数增长。机关事业单位养老保险征缴36.5亿元、企业养老保险征缴81.2亿元、居民养老保险征缴28.8亿元、城镇职工医疗保险征缴44.3亿元、居民医疗保险征缴46.6亿元、失业保险征缴3.87亿元、工伤保险征缴2.78亿元、生育保险征缴2.85亿元。

社保待遇提升。居民基础养老金提高至每人每月118元，机关事业单位退休人员人均月增加基本养老金194元，企业退休人员人均月增加基本养老金152元，一至四级伤残职工津贴平均提高170元；一个年度内居民医保最高支付限额达到75万元，老农保参保人员并入居民养老保险和被征地农民社保资金划入个人账户工作得到落实，职工长期护理保险工作全面推进，社保卡发放养老金工作全面实施。各项社会保险待遇共支出244.7亿元，为保障改善民生、维护社会稳定发挥重要作用。

社保风险防范。构建起现场监督、网络监督、社保反欺诈等立体式基金监管体系，建立起企业职工基本养老保险市级统收统支制度和居民医保基金市级统筹制度，进一步提升基金共济功能和使用效率。

【人才工作】 **人才支撑**。狠抓“双招双引”战略实施，积极参与制定济宁市人才新政，编制实施12项由人力资源社会保障部门主办的实施细则或工作流程，立足职能实际加强高层次、高技能人才引进培养。

强化项目带动。组团参加省第十届“海洽会”，组织150余家企事业单位先后赴山东大学、北京科技大学、西安交通大学、华东理工大学等名牌大学开展“孔孟之乡·文化济宁——名校人才直通车”招才引智活动，引进重点产业紧缺人才2729人，其中硕士及以上学历层次615人，完成计划的113.7%。实施创新人才引进、海外工程师引进等“五大引智工程”，引进外国专家209人次、引智项目83项，执行出国培训项目3个，新增留学回国人员218人，完成计划的109%。邀请12位美国硅谷博士来济宁开展现场对接交流，与济宁市园区企业签订合作意向31项。

技能人才队伍建设。突出抓好第45届世界技能大赛选拔赛，全年举办各类岗位练兵、技能比武活动48项，企业技能人才自主评价工作逐步推开，新增高技能人才2.14万人，其中技师、高级技师903人，新增高级工20504人，职业技能鉴定后发证6.93万人。

强化平台集聚。获批国家博士后科研工作站1处，新建市级博士后创新实践工作站6处，引进博士后研究人员22名。评估认定市级高技能人才培养示范基地9家、市级技能大师工作室9家，2家单位成功创建齐鲁技能大师特色工作站，济宁市技师学院创建为山东省技工教育特色名校。

强化激励保障。新增享受国务院特殊津贴高技能人才1人、省泰山产业领军人才3人、省留学人员回国创业奖1人、省有突出贡献的中青年专家2人、齐鲁首席技师10人、齐鲁友谊奖2人；选拔孔子友谊奖6人、市突贡技师27名、技术能手99名。为273名高层次人才颁发“圣地人才一卡通”，提供绿色通道服务，确保人才引得进、留得住、用得好。

【人事制度改革】 率先制定事业单位人员控制总量备案管理办法，率先制定支持鼓励事业单位专业技术人员创新创业实施意见，事业单位公开招聘实现“四放宽两优化一降低一拓宽”，并创新推出事业单位“优才计划”、专门招聘博士和“双一流”高校毕业生，招聘事业单位工作人员4854人。健全公务员招录、培训、考核机制，加大面向本土优秀人才招录基层公务员力度，完成公务员录用436人。推动阳光安置，完成105名军转干部安置任务。扎实做好市直机关事业单位工资晋升、绩效工资总量核定、精神文明奖等集中审批工作，公立医院薪酬制度改革扎实推进。深化职称制度改革，创新开展基层卫生高级职称岗位设置和评审工作，授权县级开展教师中级职称评审。持续健全人事考试反作弊机制，净化人事考试环境，圆满完成19项考试任务。

【劳动关系】 劳动关系和谐城市创建。启动“儒润企业·和谐济宁”等系列活动，将儒家文化传统基因融入创建之中、打造特色品牌。加强劳动用工信息备案，劳动用工备案企业达到1.76万家、职工58.9万人。积极推动国有企业负责人薪酬制度改革，协调做好南四湖自然保护区矿业权退出企业职工分流安置工作，维护社会公平、促进社会稳定。

完善劳动监察机制。成立由市领导牵头的治理拖欠农民工工资问题联席会议，提请济宁市政府印发保障农民工工资支付工作考核办法，开展农民工工资支付、劳动力市场专项检查和日常巡查，落实企业劳动保障守法诚信等级评价、重大劳动保障违法行为社会公布制度，综合施策解决侵犯劳动者合法权益问题，查处各类劳动违法案件345件，移送公安机关拒不支付劳动报酬犯罪案件21件。

劳动人事争议仲裁。推行阳光仲裁、和谐仲裁、便民仲裁，推出派出庭、巡回庭、数字仲裁庭工作模式，打造“和为贵”劳动争议调解品牌，提高维权服务效能。受理劳动人事争议案件2858件，劳动人事争议仲裁结案率99.7%，劳动人事争议调解成功率77.1%，一裁终局率41.6%。劳动保障监察执法不断加强，劳动保障监察举报投诉案件结案率100%。

【“放管服”改革】 以打造群众满意的人社服务为目标，狠抓系统行风政风建设，印发《济宁市人力资源社会保障服务大厅服务规范》《窗口工作人员管理办法》以及局内部《“蓝黄红牌”管理实施办法》等制度规定，定期不定期开展明察暗访，窗口服务作风持续改善、群众满意度持续提升。相继制定“放管服”改革“十项行动”实施方案、行风建设“双十双百工程”实施方案，采取系列措施疏堵点、治痛点、补短板。

服务规范化。明确人社服务大厅服务规范，统一各类标识，提供免费打印复印、免费邮寄、免费上网等服务，加开综合柜员窗口，确保群众排队等候不超过30分钟。以精简化为目标，对129项“一次办好”事项梳理印制服务指南和填表指南，开展减证便民、流程再造等系列活动，关联事项实行“一窗受理、集成服务”，进一步减材料、减环节、减时限，推进效能提速、服务升级。

信息化建设。推行网上经办、自助服务，通过人社通手机APP实现社保缴费、资格认证等业务“不见面、马上办”，变“群众跑腿”为“信息跑路”；打通人社部门与工商、民政、公安等部门数据壁垒，开放社保业务信息系统接口13个，推动数据共享、方便群众。社保卡即时制卡网点达到162个，实现全市通办、就近办理。

【自身建设】 全面履行党建、党风廉政建设责任制，研究制定党建工作要点和工作计划，召开23次党委会研究党建和党风廉政建设工作，做到与业务工作同部署、同推进、同落实。

机关党的建设。以打造过硬支部为抓手，扎实推进支部规范化建设，指导各支部严格落实“三会一课”、党务公开、党员量化管理、党费收缴管理等制度，创建党建服务品牌3个、党员先锋岗5个。加强党员干部教育管理，充分利用“灯塔——党建在线”综合管理服务平台，组织开展学习十九大精神在线答题知识竞赛；组织开展全国扶贫日走访慰问贫困户、重阳节老党员台儿庄现场教育等活动，其中以庆“七一”为主题开展的“五个一”系列活动受到市委组织部充分肯定；分两批组织214名党员到河南林州开展革命传统教育，组织系统内支部书记到江西瑞金开展能力提升培训，党员干部对党建工作和组织活动的认知度、参与度明显提高，党建引领作用明显增强。

党风廉政建设。局领导班子成员带头执行中央八项规定精神和省、市委实施细则，带头落实廉洁自律各项规定，积极支持派驻纪检组履行执纪监督责任。建立党风廉政建设责任清单制度，明确局党委、党委主要负责人和班子成员责任，逐级签订党风廉政建设目标责任书，组织22名县级干部、184名科级以及重点岗位人员填报廉政档案，将副科级以上干部全部纳入重大事项报告范围，层层传导压力、落实责任。加强廉政教育和风险防控，通过集中学习、警示教育、案例分析等多种形式，让党员干部知敬畏、存戒惧、守底线；分组对系统内廉政风险防控机制建设情况开展督导检查，对人社系统扶贫领域腐败和作风建设进行专项督查，圆满通过省市县三级联审，保障系统内的资金安全、人员安全。

干部教育培训。创新干部大讲堂，组织开展10期“科长（主任）讲业务”活动，进一步提升工作人员的业务水平；启动“初心·使命”学思践悟讲坛活动，紧扣重点热点难点工作，坚持一季度一期、一期一主题开展学习研讨，为系统内中青年干部搭建起一个展示与交流的平台。加大干部集中培训力度，在市委党校举办市直部门单位组织人事科长培训班，先后在上海财经大学、浙江大学举办全市就业与社会保障、人力资源服务2期专题培训班，有效提升干部职工的思想境界和业务水平。

推动依法行政。把法治精神贯彻到人社工作的各个领域、各个环节，严格落实规范性文件报备和清理制度，实施“双随机、一公开”加强事中事后监管，强化执法力量公正文明执法，开展普法宣传月和“12333”宣传活动，法治人社建设迈出坚实步伐。

大学习、大调研、大改进活动。局党委以开展“大学习、大调研、大改进”活动为契机，精心谋划、统筹考虑，分四个业务版块赴江浙、广东等先进地区学习考察，组织到青岛、潍坊两地进行集中考察，持续开展“同业对标”活动，环环相扣、步步深入地引导思想解放、工作创新。形成的《围绕助推新旧动能转换，学习考察江浙等地人才工作情况报告》得到济宁市委主要领导的批示肯定。

（济宁市人力资源和社会保障局）

泰安市

2018年，泰安市人力资源和社会保障系统坚持“优质、高效、安全、满意”的目标定位，倾力打造提升“真情人社”“阳光人社”“和谐人社”“幸福人社”服务品牌，各项人力资源社会保障工作实现新发展。

【就业创业】 新增城镇就业5.25万人，安置就业困难人员5336人，期末城镇登记失业率2.21%。

创业带动就业。联合泰安市人才办制定《泰安市创业孵化平台评估认定扶持实施细则（试行）》，进一步加强对创业孵化平台的管理和扶持。认定市级创业示范平台8家、创业型街道12

个、创业型社区30个。泰山创业工场被评为2018年度省级创业孵化示范基地，获省级奖补资金550万元。省级创业示范平台5家，认定市级创业示范平台35家，市级创业型街道48个，创业型社区120个。搭建创业交流平台，举办泰安市创业培训师资提升培训班暨山东省第四届创业大赛创业好导师选拔赛。举办“泰安市第六届创业大赛”，择优推荐参加省第四届创业大赛。举办“泰山创客训练营”3期。加大就业创业培训力度，实现更高质量就业。通过统一招标确定2018年定点培训机构39家。健全完善创业担保贷款政策，发放贷款2.76亿元，扶持创业4009人。

公共就业服务。继续开展“就业直通车”下基层活动，为各类人群提供创业就业精细化服务，提升创业就业服务能力。组织开展以“促进转移就业，支持返乡创业，助力增收脱贫”为主题的“春风行动”，活动期间，组织大型专场招聘活动51场，提供公共就业创业服务3.6万余人次。组织民营企业招聘周、“三八”妇女就业专场招聘会、政协委员招聘会、校园招聘会等各类专场招聘会。升级改造泰安市人力资源市场，打造“互联网+求职招聘”新模式。组织用工洽谈会328场次，提供岗位9.38万个次，9.36万人次进场招聘，推荐介绍就业服务5.31万人次。

大学生就业创业。积极发动做好“泛海扬帆山东大学生创业行动”项目推荐工作，崔超、柳绪鑫等8名大学生创业者获“泛海扬帆山东大学生创业行动”资助，崔超荣获二等奖。创业大学生王梦瑶荣获第四届“山东优秀大学生创业者”称号。组织举办主题为“青春创梦想泰山谱华章”的首届“泰安市大学生创业大赛”，提高大学生创新精神。组织3600家企事业单位参加驻泰高校集中招聘活动，提供就业岗位8.2万余个，2万余名大学生参加招聘会，达成就业意向9600余个。组织重点企业参加7个城市8场次“山东一名校人才直通车”活动，达成就业意向156人。继续组织开展2018年高校毕业生“三支一扶”计划招募工作，招募高校毕业生96名。组织“三支一扶”人员参加省、市业务能力培训。积极推行省外院校毕业生账号激活网上材料审核，完成高校毕业生网上就业签约1088人，省外院校毕业生账号审核685人，办理改派、调整、落户等手续2557人。加强毕业生就业见习管理，对见习基地实行动态管理。发展市级就业见习基地36家，提供就业见习岗位198个，需求见习人员1278名，组织382名高校毕业生参加就业见习。为2017年度226名见习人员申请拨付补助经费75.15万元。

困难群体就业。实施转移就业扶贫行动，组织开展“就业援助月”活动，走访就业困难人员和零就业家庭户数499户，帮助就业434人，认定零就业家庭23户，帮扶实现就业25人，动态消除零就业家庭。实施转移就业扶贫行动，调查核实有转移就业意愿人员2549名，全部帮扶实现转移就业，清核空置“就业扶贫车间”，打造“就业扶贫车间”升级版。实施精准培训扶贫行动，开展“农家乐”“渔家乐”“藤编”“柳编”等特色产业培训和“大嫂”“大姐”等家政品牌培训，提升农村贫困人口特别是农村妇女致富技能，有培训意愿的97人全部接受培训。助推创业扶贫，积极推广“创业扶贫工坊”，引导鼓励贫困户和贫困人员居家就业创业脱贫。目前认定市级创业扶贫工坊75家，发放扶贫贷款900万元，有创业意愿的4人全部实现创业脱贫。积极开展东西扶贫协作和对口支援工作，鲁渝劳务扶贫协作取得新成效，建档立卡贫困人员来泰安就业101人，巫溪就地就近就业358人。山东省鲁渝劳务扶贫协作对接交流会议在泰安召开，推广泰安市经验做法。

【社会保险】 全民参保登记入户率、入库率达100%，被确定为全民参保动态管理试点城市。征缴各项社会保险费193.44亿元，同比增长13.5%。参加城镇职工养老保险138.55万人，收缴保险费91.03亿元；参加居民基本养老保险278.51万人，收缴保险费26.48亿元；参加医疗保险534.24万人，收缴保险费66.13亿元；参加失业保险63.41万人，收缴保险费2.52亿元；参加工伤保险89.52万人，收缴保险费4.4亿元；参加生育保险79.09万人，收缴保险费2.88亿元。发放各项社会保险待遇180.74亿元，同比增长10.1%。发放机关企事业单位离退休人员养老金99.04亿元；

为91.17万名居民发放养老金16.12亿元；支付职工医疗保险基金31.08亿元、居民医疗保险基金25.99亿元、失业保险金1.28亿元、工伤保险基金4.28亿元、生育保险基金2.95亿元。

养老保险。完善养老保险统筹制度，推进市级统收统支工作，做好首次中央调剂金上解工作，上解预缴金额2.41亿元，开展养老保险基金调剂工作。调整提高养老保险待遇，同步调整企业和机关事业单位退休人员养老金，惠及27万名退休人员。上调居民基本养老保险基础养老金最低标准，惠及近90万名待遇领取居民。建立居民基本养老保险待遇确定和基础养老金正常调整机制，惠及278万名参保居民。全面建立以数据共享比对静默认证为主、人脸识别漫游认证为辅、多渠道认证并行的新型资格认证机制，实现居民养老保险资格认证“不用跑”。做好社会保险缴费申报工作，实行“大申报”“大稽查”办法，全市企业累计申报6405户，职工345175人，新增参保人数4282人，人均缴费基数3847元，增幅10.6%；机关事业单位累计申报单位1722个，职工133421人，人均缴费基数5950元，增幅7.1%。

失业保险。继续执行阶段性降低失业保险费率政策，失业保险费率由1.5%降至1%，其中单位费率由1%降至0.7%，个人费率由0.5%降至0.3%。单位缴纳部分减少7545万元，个人缴纳部分减少5030万元，共计减少12575万元。积极开展援企稳岗“护航行动”，加大稳岗补贴力度，为1065家企业拨付稳岗补贴3775万元。支持企业在职职工提升职业技能，为1163名取得职业资格证书人员拨付技能提升补贴资金210万元。取消用人单位失业登记备案程序，方便失业人员办理失业登记。年内领取失业保险金人数15968人。调整失业保险金标准，自11月起分别提高为每人每月1211元和1085元。

医疗保险。制定实施细则对居民医疗保险相关政策调整完善，明确2019年度居民医保缴费标准并适当放宽参保条件和补缴限制，实施新版医疗保险药品目录，调整药品范围和支付政策，将17种抗癌药纳入基本医疗保险、工伤保险和生育保险药品目录范围。完善居民大病保险制度，提高筹资标准和报销比例，对建档立卡贫困人口，落实医保待遇倾斜政策。深化医保支付方式改革，提高医保基金支付效益。开展职工长期护理保险试点工作，解决“一人失能、全家失衡”问题。在泰山区先行试点基础上，在全市范围内试行职工长期护理保险制度。推进在公立医院开设门诊慢性大病便民药房试点工作，减轻参保人员负担。开展跨省异地就医直接结算工作，减轻参保人员“垫支、跑腿”负担。

工伤保险。推进工程建设项目参加工伤保险工作，982个新建、在建项目全部参加工伤保险，实现100%参保目标。规范工伤认定程序，工伤认定2953件，其中市直认定处理工伤认定案件820件。建立市（县、区）重大工伤案件备案制度和市县两级审核制度。加大对市（县、区）工伤认定工作指导和监管。全年妥善应对11起工伤行政复议和33起行政诉讼案件，依法维护企业和职工正当权益。

生育保险。参照生育保险基金收支和累计结余情况，按照“以支定收、收支平衡”原则，生育保险费率继续执行为用人单位职工工资总额的1%，对享受生育津贴产假天数进行明确，女职工正常生育津贴天数改为98天，难产增加15天，多胞胎生育每多生一个婴儿增加15天，晚育增加60天。

劳动能力鉴定。深化“放管服”改革，全面落实“两随机、两公开”“管办分离”工作机制，组织劳动能力鉴定9批次3138人，其中工伤鉴定7批2225人，病退鉴定2批913人，劳动能力鉴定工作质量与工作成效得到明显提升。

社保基金监管。强化基金监督制度机制建设，完善社保欺诈联席会议制度，健全行政执法和刑事司法衔接机制，加强对骗取社会保险待遇行为打击力度。规范基金管理制度规定，对乡镇基层人社所征缴业务中存在问题督查整改。建立监督检查情况报送制度，规范监督检查流程，严格责任追究。继续深化落实养老保险四项指标核查，核查确认重复领取社保待遇3987人，死亡后继续冒领社保待遇3302人，追回基金382.46万元。采取“两随机、两公开”方式随机抽查全市80家用人单位社会保险缴纳情况。做好社保征缴职责划转工作，按照“分批确认、成熟一批、确认一批、移交一批”原则，2045万条数据顺利移交税务部门。

【人才队伍】 人才引进。全年引进外国专家（海外人才）310人次，办理外国人来华工作许可证59项。推荐上报各类引智项目计划申报材料23项，宝来利来、汶农种业获批省引智示范基地，4个项目获批省引智示范和高端重点项目。泰安迈科珍生物科技有限公司刘雪梅获得省泰山产业领军人才工程（科技创业类）项目资助，派宁环保公司杨国英博士获市泰山英才领军人才项目资助，泰山啤酒德国专家卢特·哈德获中国政府“友谊奖”，碧蓝生物白俄罗斯专家艾米莉亚获省政府“齐鲁友谊奖”。高标准举办第三届“外国专家泰安行”活动，邀请来自美国、加拿大、英国等21个国家60名外国专家来泰安参加活动，16个国家29名专家与37个企业签订合作项目47项。第三届外专行活动落地实施项目共预计新增销售收入30多亿元，新增税金3.1亿元。

专业技术人才队伍。新增享受国务院政府特殊津贴专家4人，省有突出贡献的中青年专家4人，博士后创新实践基地1家，省级乡村振兴专家服务基地2家。组织开展企业高级经营管理人才、企业高端科技人才、企业高层次创新创业人才专题调研，研究梳理人才支撑新旧动能转换、助推新泰安建设思路措施。落实人才新政“金十条”，牵头制定《泰安市高层次人才服务绿色通道实施办法（试行）》等19个配套细则，积极为高层次人才提供政策咨询、待遇落实、人文关怀、创新创业等“保姆式”“一对一”服务。牵头编制《泰安市推动乡村人才振兴工作方案》，为推动乡村人才振兴奠定基础。设置“定向评价、定向使用”乡镇卫生高级专业技术岗位424个（其中正高级岗位123个，副高级岗位301个）和统计专业技术定向岗位75个（其中高级岗位15个，中级岗位60个）。深化职称制度改革，下放职称评审权限，将全部23个系列（专业）中级职称评审权限下放至县市区。组建高评委评审通过高级职称970人，中级职称1935人。落实事业单位岗位设置管理政策规定，对泰安市体育运动学校、泰安市财政资产管理中心等11个事业单位岗位设置方案按照岗位结构比例标准予以核准。开展专业技术人员继续教育培训，培训12.56万人。

高技能人才队伍。完善高技能人才政策，制定《泰安市企业职工技师、高级技师职业资格培训补助发放实施细则（试行）》等6个配套文件，制定《泰安市开展企业新型学徒制试点工作方案》《泰安市技工院校名优专业建设实施方案》，修订《泰安市首席技师选拔管理办法》。积极推进高技能人才队伍建设，新增高技能人才7900人，评选2018年度市首席技师20人，评选市有突出贡献技师40人，新增齐鲁首席技师11人、泰山产业领军人才（产业技能类）1人，2名选手进入第45届世界技能大赛国家集训队。举办2018年“农行杯”泰安市技能人才职业技能大赛，设置18个赛场、29个职业工种、1300余名职工报名参赛。联合泰安市水文局、畜牧局等单位共同举办市级二类大赛6场次、56个项目，参赛人员1000余人。组织市内企事业单位职工参加省级、国家级职业技能大赛12场次，指导县市区、行业协会、企业开展各类职业技能大赛和技术比武活动21场次。高技能人才培养平台建设实现新突破，新增市技师工作站建设单位10家，齐鲁技能大师特色工作站建设单位2家，国家高技能人才培训基地1家，第45届世界技能大赛国家集训基地2家。加大对高技能人才评选表彰力度，市首席技师津贴标准由500元/月增长为1000元/月。集中统一开展职业技能鉴定，组织职业技能鉴定105个批次25个工种1.5万人。创新开展专项职业能力考核工作，考核鉴定4048人。

人事代理服务。代理人员总数21863人，新增1295人；代理单位777家，当年新增17家。为56人办理退休手续，出具各类证明材料6839余份，为410人确认评审并申报职称，为事改企单位调整工资1960余人次。加强流动人才党员管理，流动党员总数492人，成立人才中心流动人才委员会，设6个流动人员党支部。建立联络工作机制，实行联系承包制度，及时掌握和了解党员思想和工作状态。

【人事管理】 公务员管理。为各级党政机

关（参照公务员法管理单位）考录公务员（参照公务员法管理单位工作人员）226 人，其中“面向服务基层项目人员”考录 14 人，“面向优秀村党组织书记”考录 5 人，“面向优秀城市社区党组织书记”考录 2 人，“面向长期在乡镇（街道）工作人员”考录 9 人，“面向退役大学生士兵”考录 5 人。公务员培训计划落实到位，举办各类培训班 4 期，培训 333 人次。规范公务员日常管理，坚持分档核定优秀等次比例，审核批复 2017 年度市直行政机关公务员年度考核 4007 人，其中优秀等次 790 人、称职等次 3127 人、不确定等次 74 人、不进行考核 14 人、不称职等次 2 人。严格落实奖励审批制度，推荐拟受省以上奖励表彰候选集体 11 个、候选个人 20 名。对在“4·17”森林火灾扑救、全市抗灾救灾等工作中作出突出贡献的 46 名同志给予记二等功、三等功或嘉奖奖励，并按规定颁发一次奖金。规范公务员日常管理，依法审核登记公务员（参公）434 人。严密做好机构改革体制调整划转人员公务员（参公）登记工作，会同泰安市委组织部，审核确定 12 个单位 111 人符合公务员（参公）过渡登记条件，并按规定程序办理公务员（参公）登记手续。畅通“出口”，为 3 人办理公务员辞职手续，1 人办理取消录用手续。

事业单位人事管理。坚持“公平公正，公开透明”，严格按照网上报名、笔试、资格审查、面试、考察、体检、公示、聘用工作程序，招聘事业单位工作人员 2280 人（其中：中小学教师 1429 人）。创新招聘方式，为泰山林科院招聘急需高层次、短缺人才博士研究生 1 人，面向“双一流”大学，为市直高中学校招聘教师 33 人。为泰安市纪委监委、市委办公室从 2018 年度市（区）计划安置军转干部中公开选调工作人员 8 人。指导、监督各县市区、泰安高新区开展事业单位公开招聘工作，对县市区招聘方案进行严格审核备案。指导、监督实行人员控制总量单位公开招聘工作，泰安市中心医院等 8 所公立医院公开招聘工作人员 49 人，泰山职业技术学院等 3 所高等院校公开招聘工作人员 57 人。加强事业单位工作人员年度考核，规范考核等次比例和结果使用，共考核事业单位工作人员和机关工勤人员 15499 人，其中 2725 人考核结果被确定为优秀等次。坚持“凡提必审、凡转必审、凡进必审”，对市直干部 5100 多卷人事档案不断分类和入档；帮助市直各部门、单位查阅干部人事档案 400 余次，转递干部档案及审核调动人员档案 300 余次。做好事业单位工作人员辞职辞退人员备案，为事业单位 52 人办理辞职备案手续。

军队转业干部安置。坚持公开透明，接收转业干部 200 名（其中计划安置 113 名，自主择业 87 名）、随调配偶 6 人。举办全市 2017 年度军转干部教育培训班，培训军转干部 78 名。加强企业军转干部解困稳定工作，认真做好 50 名公益性岗位企业军转干部生活补助核发工作，为市直企业军转干部发放冬季生活补助、春节困难补助、“八一”困难补助、健康查体费等多项补助591万元。

人事考试。完成各类人事考试报名 26 项，报名人数 4.22 万人；上报省考试中心报名、审核数据 24 项；组织实施人事考试 16 项，参考人员 5 万余人，累计动用考点 50 余个，考场 1500 个，试卷保密封闭 60 人次 58 天。健全人事考试制度，规范考试流程，加大责任追究，重点加强对试卷押送、保管、交接、分发和回收等重要环节监督检查，确保试卷安全保密。完善部门联动长效机制，加强考点、考场一线监管，加强考生入场环节安全检查，实行“2+1”巡视制度，加大反作弊技能培训，提高反作弊水平。继续开展人事考试环境综合治理专项行动，加强与泰安市经济和信息化委员会、泰安市公安局、泰安市城市管理局三部门协调配合，共同开展严厉打击利用无线电设备及互联网在人事考试中进行作弊活动。通过“两微一站”新媒体发布考试公告，公布考试最新动态。

【工资收入分配】 **机关事业单位工资管理**。积极推进公立医院薪酬制度改革试点工作，确定泰安市妇幼保健院为公立医院薪酬制度改革试点医院，制定《泰安市公立医院薪酬制度改革试点实施方案》，综合考虑经济发展、医疗行业特点、公益目标完成情况等因素，合理确定试点医院薪酬总量以及公立医院主要负责人薪酬水平。持续做好全市机关事业单位防治“吃空饷”工作，扎实推进防治工作常态化、制度化，推动建立健全长效机制。开展保障和落实基层工作人员正常待遇自查，严格落实中央严肃工资津贴补贴发放纪律要求。积极推进事业单位绩效工资实施工作，对有经营收入、效益好的自收自支事业单位，按不超过全额事业单位50%上浮比例核定其绩效工资总量。研究制定高级技师和技师津贴补贴标准，会同财政部门制定与高级技师和技师岗位相对应的津贴补贴标准，实现工勤人员技术等级考核与岗位聘用有机衔接。稳慎推进县以下机关公务员职务与职级并行制度，审批符合条件人员176人。做好工资审批工作，审批市直机关事业单位工作人员（科级以下）21000余人次，审批市直机关单位享受年终一次性奖金6100余人。做好退休审批及服务工作，办理市直机关事业单位退休审批手续607人，其中机关126人，事业单位481人。

企业工资宏观管理。及时调整公布全市最低工资标准。6月1日起，按地区分档调整最低工资标准。泰山区、新泰市、肥城市月最低工资标准由1640元调整为1730元、小时最低工资标准由16.4元调整为17.3元；岱岳区、宁阳县、东平县月最低工资标准由1470元调整为1550元、小时最低工资标准由14.7元调整为15.5元。平均增幅为5.5%。

发布全市企业工资指导线。泰安市企业工资指导线以2017年全市企业在岗职工平均工资54110元为基数，基准线为7%，上线为11%，下线为3%。建立企业薪酬调查和信息发布制度，公布全市252个职位（工种）工资指导价位，为企业合理确定职工工资水平提供参考依据。落实农民工工资支付保障制度。审核26户建设单位农民工工资保障金返还申请，返还农民工工资保证金4001.89万元。

【劳动关系】 **劳动合同管理**。全面启用省人力资源社会保障厅劳动关系管理系统，实现新签、续签网上备案。网上开户企业4707户，涉及劳动用工备案人员34.2万人，实现劳动用工备案率100%。大力推行集体协商和集体合同制度，以非公有制企业和劳动密集型企业为重点，推行区域性、行业性工资集体协商，扩大集体合同覆盖范围，提高集体协商质量和集体合同时效性。集体合同签订率达到93%以上。加强对企业实施劳动合同制度指导和管理，建立劳动合同管理台账。推动企业使用“三口合一”新系统进行劳动用工备案，实现对劳动合同签订、续订、解除（终止）等情况动态监管，促进企业依法规范用工。按照《劳务派遣行政许可办法》有关规定，严格标准条件，严格审批程序，严把劳务派遣企业“入口关”，在劳务派遣企业中全面推行劳动合同、劳务派遣协议备案制度，对劳务派遣用工实行动态管理。

劳动人事争议调解仲裁。建立法律援助制度，设立7家劳动人事争议法律援助工作站，接待来电来访300余人次，为150余人办理法律援助手续。建立裁审衔接制度，发挥仲裁、诉讼两种制度优势，形成解决争议合力，增强仲裁、诉讼公信力。推进调解示范工作，乡镇（街道）调解组织基本实现“六规范、五上墙”，泰山区、岱岳区、新泰市、肥城市各有1家乡镇（街道）劳动人事争议调解中心获评全省乡镇（街道）劳动争议调解综合示范单位。泰安交运集团等7家单位被省人力资源社会保障厅、工商联评为预防调解示范单位。严格落实办案系统应用，加大终局裁决力度，提升办案效能，各级劳动人事争议调解仲裁机构处理各类劳动人事争议案件1526件（含仲裁机构上期转结争议5件），其中立案受理案件802件，按期结案率100%，当期结案777件（含上年未结5件），涉及劳动者1141人，结案案件涉案金额3208.71万元。仲裁机构案外调解处理68件，各类基层调解组织受理劳动人事争议案件313件。

劳动监察。加强“两网化”建设，全市用人单位信息采集入库率达到96%以上。完善劳动监察案件处理信息系统，实行监察案件受理、立案、调查、处理、结案等全程计算机管理。做好保障农民工工资支付工作，以泰安市政府名义印发保障农民工工资支付工作考核办法，制定考核实施细则。加大举报专查和专项检查工作力度，开展农民工工资专项检查行动，检查用人单位717家，涉及职工人数7.75万人，其中农民工人数4.25万人，为166名农民工补发工资328.06万元。加大劳动监察执法力度，受理举报投诉155起，立案155起，结案155起，按期结案率达100%；下达责令改正指令书109份，行政处理16件，行政处罚6件，追回拖欠工资2656.34万元。

【基层基础建设】 落实“放管服”。深入落实“贴心代办、一次办好”改革要求，改进提升人社公共服务。强化党建引领，成立全面从严治党主体责任领导小组及办公室，组建泰安市人力资源和社会保障局巡察办。组织开展“党的建设规范化创建”活动，推进“大学习、大调研、大改进”，开设“作风建设巩固年”满意服务大讲堂，在泰安人社微信公众号开设“致初心”“致青春”“致梦想”系列经典诵读活动，认真落实意识形态工作责任制。

深化“放管服”改革。下放96项行政权力事项，取消9项行政权力事项。对30项人社服务事项实行全程网上办理、“不见面”服务，公布“一次办好”行政权力事项158项，“一次办好”公共服务事项102项。推行分类“综合柜员制”政务服务，将19项行政科室职能嵌入大厅窗口，建立市直人社服务窗口“局领导巡视检查”“人社服务首席专员”和“人社服务志愿队员”制度。

信息化建设。依托泰安市人力资源和社会保障局官方网站单位办事大厅、个人办事大厅，泰安人社手机APP，推动人社服务事项网上办理。推进多渠道社保缴费服务，人社柜员直连POS缴费1.5万笔、泰安人社手机APP和微信公众号缴费17.6万笔、基层银行网点代收270万笔。圆满完成人力资源社会保障部第三代社会保障卡技术验证试点工作任务，完成人力资源社会保障部电子社保卡试点建设任务，实现协议药店电子社保卡扫码购药，3.8万人成功申领电子社保卡。做好政务资源共享应用，变“群众跑腿”为“数据跑路”，累计办理减免群众提交证明材料业务4600项。完成各类咨询服务事项26760件，所有咨询服务事项准确率、办结率、回复率、满意率均为100%。

（泰安市人力资源和社会保障局）

威海市

2018年，威海市人力资源社会保障系统始终坚持以人民为中心的发展思想，坚定“民生为本、人才优先”工作主线，积极开展“筑基强本建设年”活动，聚焦新旧动能转换和放管服改革，努力在改革发展中保障和改善民生，统筹城乡的就业创业工作成效显著，市域一体的社会保障体系日益完善，高层次和高技能人才队伍持续壮大，人事管理更加科学规范，工资制度改革扎实推进，劳动关系保持总体稳定，圆满完成全年各项目标任务。

【就业工作】 城镇新增就业4.1万人，失业人员实现再就业1.3万人，就业困难人员实现再就业5090人，各类用人单位共接收毕业生8324人，城镇登记失业率1.81%，保持全省较低水平。

就业政策落实。实施失业保险援企稳岗“护航行动”，为928家企业发放补贴2362万元，为338家单位吸纳的643名就业困难人员发放社保补贴664万元，为16家企业吸纳的89名农村新成长劳动力发放一次性就业岗位补贴16.8万元，为1万名灵活就业人员发放社会保险补贴4771.1万元。实施失业保险支持技能提升“展翅行动”，为符合条件的300人发放技能提升补贴72.3万元。

公共就业服务。首次联合民营人力资源服务机构举办人力资源市场招聘会，开展公共人力资源市场招聘活动322场次，劳动者和企业达成就业意向1.9万个次。积极组织创建省级“四型就业社区”，推荐环翠区鲸园街道办事处花园社区等22家社区入选第二批省级“四型就业社区”。

精准就业扶贫。组织举办“春风行动”“就业援助月”等就业服务专项活动，帮扶1.1万名农村劳动力转移就业，登记认定的158名就业困难人员和73名农村建档立卡劳动力全部实现稳定就业或灵活就业；加强东西部扶贫劳务协作，举办枣庄、重庆云阳扶贫技能培训班，完成培训441人；帮助274名云阳建档立卡贫困人员来威就业或就地就近就业。

高校毕业生就业。以威海市委办名义印发《关于进一步引导和鼓励高校毕业生到基层工作的实施意见》（威办发〔2018〕7号），进一步引导和鼓励高校毕业生到基层工作。实施高校毕业生就业创业促进计划，吸纳高校毕业生就业8324人，为2181名离校未就业高校毕业生进行实名登记，就业服务率99.3%，登记就业率96.3%。加大“三支一扶”计划实施力度，征集“三支一扶”计划124人，占全省招募数量的8%，共招募103名大学生上岗。实施“万名大学生聚威创业计划”，为7家市直单位引进的16名博士、15名硕士发放住房补助28.2万元。

服务企业用工。拓展“现场+网站+微信+自助+手机+媒体”六位一体用工信息发布渠道，实现“一点登录，全市查询”，方便各类求职者随时随地了解企业用人需求信息，提高企业招工引才效率。累计为6676家（次）用人单位发布需求岗位22.1万个（次）。加强省内外劳务合作，组织77家企业分赴枣庄及河北邯郸、重庆云阳开展劳务对接活动10场，达成用工意向3600个，缓解企业用工压力；积极引导企业改善用工环境，增强招工留工吸引力，春节后重点企业平均返工率达91.6%。

【创业工作】 **创业政策落实**。威海市人社局与威海市财政局、人民银行威海市中心支行联合印发《关于进一步做好创业担保贷款财政贴息工作的通知》（威财金〔2018〕121号），进一步放宽担保贴息条件，加大贴息力度，共发放创业担保贷款1562笔2.4亿元，发放各类创业补贴1048笔901.2万元（其中，发放小微企业一次性创业补贴246笔479万元），直接扶持创业2610人，吸纳带动就业7830人，创业氛围日渐浓厚。

创业服务。大力推进创业型城市、街道（乡镇）、社区创建工作，推荐荣成市、文登区获评省级创业型城市，环翠区孙家疃镇等5个镇街获评省级创业型街道，评估验收35个市级创业型社区和街道（镇）。组织参加省第四届创业大赛暨第三届“中国创翼”创业创新大赛，威海市推荐的微生物样本处理智能机器人项目获得初创企业组三等奖，威海创业大学执行校长高屹以该组第一名的成绩获得金牌创业好导师的荣誉称号。举办以“创业威海，扬帆未来”为主题的威海市大学生创业大赛，吸纳参赛项目95个，评选出一批优秀创业、创意项目，营造良好的大学生创业氛围，1人获“山东大学生十大创业之星”称号。

【社会保险】 **企业职工基本养老保险**。企业职工基本养老保险参保112.2万人，基金收入75.8亿元，发放养老金89.1亿元。连续第14次调增企业退休人员基本养老金，惠及34.9万名企业职工。企业离退休人员月人均养老金达到2084.9元，增幅达6.6%。企业职工（含离退休人员）遗属生活困难补助标准调整为530元。

机关事业单位养老保险。机关事业单位养老保险参保11.3万人，基金收入22.2亿元，发放养老金23.7亿元。连续第3年与企业同步调整退休人员养老金，惠及3.7万人。深化机关事业单位养老保险制度改革，启动退休人员按新老办法对比核算计发养老金工作，为4703人重新核定待遇。启动机关事业单位养老保险和职业年金转移接续工作。

居民基本养老保险。深入实施“全民参保计划”，积极做好居民养老保险政策宣传和保险费收缴工作，扩大城乡居民养老保险覆盖范围，实现参保人数和基金收入稳步增长安全运行。参保居民90.5万人，适龄人口参保率达99%，基金收入8.1亿元，为38万居民按时足额发放养老金7.3亿元。落实社保精准扶贫相关政策，为4698名重度残疾人等困难群体人员代缴保险费140万元。

被征地农民养老保险。深入推进全市征地保障工作，逐步将多年积累的征地保障资金落实到个人账户，新征土地基本做到“即征即保”，被征地农民养老保障工作步入制度化、规范化、常态化轨道。为68万被征地农民落实个人账户资金14.6亿元。

职工基本医疗保险。全市职工医疗保险参保93.7万人，基金收入39.2亿元，共为45万名参保职工支付医疗待遇37.1亿元。自4月1日起正式承办市直统管单位离休人员医疗保障管理工作。

居民基本医疗保险。全市居民基本医疗保险参保159.6万人，参保率达到99%，政府补助标准提高到每人每年500元，高于省标准10元，基金收入12.9亿元，为27.7万名居民支付医疗待遇12.9亿元。

大病保险。完善居民大病保险政策，将参保居民纳入大病保险单独补偿范围特药费用的起付线调整为2万元，对建档立卡贫困人口不设起付线；其他部分合规医疗费用的起付线调整为1.8万元，建档立卡贫困人口的起付线6000元。将居民大病保险除特药外的其他合规费用的最高支付限额提高至40万元，并适当提高报销比例，累计为1.5万人报销8380万元。累计将50种药品确定为威海市基本医疗保险高值药品，实行“三定”管理，公布121名责任医师、8家特定医疗机构、3家特定零售药店，累计为580人报销1523万元。

医疗费用结算。完善医保制度体系，修订威海市基本医疗保险、工伤保险和生育保险药品目录，调整信息2186条，进一步扩增目录；制定威海市基本医疗保险意外伤害保障管理办法，将三种意外伤害形式纳入基本医疗保险报销范围。优化医保报销流程，简化医保参保人员异地居住备案手续，取消居住地村（居）委会、就医地经办机构和异地定点医疗机构的签字和盖章环节，方便群众办事；完善医疗费用“一站式”即时结算机制，实现基本医疗保险、大病保险与医疗救助、医疗商业补充保险有效衔接，减轻参保人员垫付医药费的经济负担。深化医保支付方式改革，实行双向转诊政策，对合规的市内转诊转院住院参保患者只计算一次起付线。对紧密型医联（共）体实行医保总额打包付费支付政策。鼓励县级医疗机构和有条件的基层医疗机构实施病种定额结算制度，在文登区宋村、高村、葛家等中心卫生院开展试点工作，引导参保人员到基层就医。

医保基金风险管控。开展医保定点医药机构大稽查行动，采取多种形式分类分批检查749家定点医药机构，对违规机构采取限期整改、暂停服务协议等处罚措施。制定威海市医保医师管理暂行办法，规范医保医师的医疗服务行为。

工伤保险。工伤保险参保62.2万人，基金收入3.9亿元。为6049名工伤职工和1088名供养亲属发放工伤保险待遇3.2亿元。连续第14次调增一级至四级工伤职工伤残津贴、生活护理费和工亡职工供养亲属抚恤金标准，按时足额将1585人次补偿待遇发放到位。完善工伤保险费率浮动机制，威海市人力资源和社会保障局会同威海市财政局联合印发《威海市工伤保险费率浮动管理办法》（威人社发〔2018〕10号），实行与工伤保险支缴率和工伤事故发生率相挂钩的弹性费率，工伤事故少、风险小的行业和企业工伤保险费率明显降低。取消工伤保险单险种参保制度，启动交通运输等行业按项目参加工伤保险工作，持续推进“同舟计划”，将444个工程建设项目、5万多农民工纳入工伤保险保障范畴。累计完成工伤认定5496起、工伤康复治疗527人、劳动能力鉴定4690人次（其中工伤鉴定3329人次、病退鉴定659人次、长护鉴定702人次）。

失业保险。失业保险参保59.1万人，基金收入3.5亿元，失业保险金发放标准由1080元提高到1337元，为2.3万名失业人员发放失业保险金及缴纳医疗保险费2.5亿元。建立失业保险金标准与最低工资标准挂钩联动机制，进一步加大失业人员社会保障力度。继续执行阶段性降低失业保险费率等优惠政策，为企业和群众减免社保费6.4亿元。

职工长期护理保险。以威海市政府名义印发《威海市职工长期护理保险规定》（威政发〔2018〕6号），制定生活护理依赖程度鉴定办法、护理服务项目目录、协议服务机构管理办法等15个配套文件，构建起完善的制度体系，让失能职工得到有效的护理保障。为首批符合条件的214名参保职工发放640人次护理保险待遇，累计达到69.6万元，减轻失能职工和其家庭负担。

社保基金监督。聘请会计师事务所，成立专业检查小组，通过大数据分析等方式精确筛选检查重点。开展工伤保险经办机构内部控制检查。

应用社会保险基金监管系统核查处理预警疑点信息 702 条。对照 2017 年养老保险基金审计发现问题，落实工作责任，收回养老基金 185.8 万元、欠缴社会保险费 894.8 万元。对照 2017 年养老保险重点指标专项核查报告反映问题，跟踪落实整改，追回多发待遇 304 万元，退回违规补缴养老金 67.7 万元。探索发挥社会监督效力，拓宽举报渠道，优化完善社保基金违规违纪举报平台。办理举报案件 13 件，开展检查 3 次，办结率 100%。

【人才队伍建设】 10 月 29—31 日，中国山东第十届海内外高端人才交流会暨威海国际英才创新创业大会在威海市举办，大会突出“聚全球英才智力、助推高质量发展”主题，融合举办 8 大核心板块 25 场重点活动，有效搭建起人才专业化、项目高端化、服务优质化的国际交流对接平台，成为近年来山东省举办的最大规模人才盛会。大会汇集来自 33 个国家和地区的 858 名嘉宾，其中“两院”院士和外籍院士 19 人，国家级人才工程专家 112 人，海外高层次留学人员 478 人；参会外国专家 98 人、国内博士后 48 人、留学回国创业奖获奖人员 18 人、融资专家 28 人、商界精英和知名学者 21 人。成功对接人才技术项目 3139 项，意向合作资金达 39.27 亿元。其中威海市对接 501 项，342 项属于七大千亿产业集群项目，签约和达成合作意向项目 73 项。嘉宾层次数量、海外留学人员报名人数、博士（博士后）比例，均创历届“海洽会”之最。

高层次人才队伍建设。参与修订威海市“英才计划”人才板块政策体系，将“产业紧缺人才聚集计划”等 10 多项子计划，纳入市“英才计划”政策体系，修订威海市有突出贡献的中青年专家选拔管理办法、博士后资金资助管理办法等一系列文件。依托各级重点人才工程，加大高层次人才培养选拔力度。推荐 1 人入选泰山产业领军人才（技能类），成为当年全省唯一一位获此殊荣的全职引进的海外技能人才，实现威海市“零”突破。推荐 4 人入选泰山产业领军人才（海外创业类）、1 人入选人力资源社会保障部高层次留学人才回国资助、1 人入选人力资源社会保障部中国留学人员回国创业启动支持计划、3 人获国务院特殊津贴、3 人获评省有突出贡献的中青年专家、2 人荣获“第六次山东省留学人员回国创业奖”、4 家企业入选 2018 年度留学生来鲁创业启动支持计划。积极拓展中青年人才国际化培养渠道，推荐 1 人入选国家建设高水平大学公派研究生项目、4 人入选 2018 年度山东省非教育系统政府公派出国留学项目。威海（荣成）海洋高新技术产业园作为 2018 年全省唯一单位获批“国家级专家服务基地”。加强博士后工作管理服务，新引进 18 名博士后人员进站（基地）开展项目研究工作，推荐 3 家单位获批设立省博士后创新实践基地。深化职称制度改革，扩大职称评审下放范围，促进职称制度与职业资格制度有效衔接，建立特殊人才职称评审绿色通道，加强基层专业技术人才队伍建设。组织申报评审各系列职称 3046 人。

高技能人才队伍建设。威海市人力资源和社会保障局印发《关于报送 2017 年度民办职业培训学校年度报告的通知》（威人社字〔2018〕18 号），进一步加强职业培训机构管理，提升办学水平。推进企业设立技师工作站，推荐 2 个单位获评齐鲁技能大师特色工作站、2 个单位获评山东省技师工作站，评选威海市示范技师工作站 4 家、威海市技师工作站 5 家。新增高技能人才 3252 人，高技能人才总量达 9.9 万人。职业技能鉴定 1.2 万人，推荐 1 人获全国技术能手称号、12 人获省级高技能人才称号，选拔市级高技能人才 50 人。举办市级一类竞赛 2 个、二类竞赛 5 个及区市级竞赛 9 个，吸引企业职工、自由职业者、在校师生等 3737 人参加，通过竞赛选拔培养高技能人才 1194 人，推动形成以赛带培、以培促赛的互补氛围。

引进国外智力。组织实施市级引智重点项目 35 个，获批国家和省级引智项目 5 个，争取各级引智经费 297 万元。加强引智成果示范推广基地建设，威海市望联种禽有限公司的“法国肉种鸡哈伯德品种及饲养技术基地”获批省级引智成果示范推广基地。新建“现代果业营养诊断与土壤管理示范推广基地”等 5 个市级引智示范推广基地。

人才管理和服务。办结外国人来华工作许可 2050 件。推荐山东海之宝科技有限公司德国专家威廉·马迪亚斯·温迪施获齐鲁友谊奖，黄坤城等12名外国专家获威海友谊奖。畅通高层次人才服务绿色通道，为各类人才申报获批149张山东惠才卡，为149名高层次人才配备“一对一”单位服务专员、15名绿色通道窗口服务专员。组织开展71名专家健康查体和21名专家休假考察活动。

人力资源服务业。充分发挥市人力资源服务业协会在行业协作、行业自律方面的作用，新增人力资源服务机构39家，总数达204家；威海市人力资源和社会保障局与环翠区政府共建威海国际人力资源服务产业园，并成功获批省级产业园称号。确定市级人力资源服务业发展资金重点扶持项目16项，获得补助资金195万元。举办“2018威海人力资源高峰论坛”，吸引300多家市内重点企业近500人参加，推动行业服务提档升级。

【人事管理】 **公务员管理**。规范开展公务员考录工作，实行面试考官跨市交流、全程录音录像、人大代表和政协委员全程监督，共招考录用公务员（含参照管理人员）267人。探索完善平时考核机制，在乳山市试点运行“机关事业单位平时考核系统”。加强对市直所有机关（单位）的平时考核工作进行督导检查，评选出工作先进集体49家、先进个人250名。推荐省直部门与省人力资源社会保障厅联合表彰先进集体12个、先进个人22名，推荐省部级以上的先进集体5个、先进个人5名。高标准完成2018年度公务员信息采集和统计年报工作，提高公务员管理工作的信息化水平，2017年公务员统计数据质量全省领先。加强档案工作力量，理顺市直部门管档关系，为机构改革干部人事档案交接做好准备。多方沟通协调，积极推动档案数字化工作。

事业单位人事管理。严格规范招聘程序、审核招聘计划，不断扩大用人单位用人自主权，面试考官全部实现跨市交流，面试考场实行全程录音录像，组织考生全程封闭体检，共聘用2139人。配合威海市委组织部做好2018年引进重点高校优秀毕业生招聘和日常管理工作，首批录取100余人。科学核准岗位，为临港区40余个事业单位及市属50余个事业单位核准岗位设置方案，为50余个市属事业单位审核竞聘工作方案，为1000多人办理岗位聘用备案核准，为各区市基层卫生机构核准140余个基层卫生高级专业技术岗位。深入推进事业单位改革，完成文登区移交综合保税区人员档案审核、移交工作，初步拟定人事制度改革方案。提出综合执法体制调整人员移交有关意见并组织实施，指导文登区制定职员制改革方案，完成市属事业单位涉改司勤人员以及盐业体制改革人员安置工作。会同相关部门，为新组建的市退役军人事务局所属事业单位制定人员移交方案，并完成人员移交划转工作；完成原车船队人员移交工作，并指导其拟定岗位设置和人员聘用方案；研究确定过渡和新录用辅警工资总量。

军转干部安置。截至三季度末，接收安置军转干部333名。会同威海市委组织部对2017年安置的103名转业干部进行转岗转型适应性集中培训。加强与自主择业军转干部群体的沟通联系，强化自主择业干部待遇发放管理和就业创业帮扶工作，扎实做好企业军转干部解困和稳定工作，全国、全省“两会”和上合组织青岛峰会期间未发生一起因解困政策落实不到位而越级上访问题。

机关事业单位工资制度改革。落实机关事业单位工资正常增长机制。会同威海市财政、市卫生计生部门印发《威海市公立医院薪酬制度改革试点工作实施方案》（威人社发〔2018〕28号），探索建立适应医疗行业特点的公立医院薪酬制度，健全激励约束机制。深入推进事业单位绩效工资制度，指导各单位结合实际建立考核分配制度，引导事业单位在绩效工资总量内搞活内部分配。核定员额法官、检察官和司法辅助人员绩效考核奖金。开展机关事业单位“吃空饷”问题回头看，巩固防治“吃空饷”工作成效，健全防治“吃空饷”问题长效机制。

人事考试。全面推行和实施“考试项目化、岗位清单化、清单责任化”的清单化管理，完善工作清单40多项。投入68.8万元，建设100个省级标准化考场，目前建成省、市标准化考场160个。牢牢把住“考试安全”的生命线，坚持依法执考、预防为主，全年协调区市教育部门安排考点32个、使用考场1000余个，协调动用考点监考和考务人员2300多人次、公安干警和安保人员100多人次，平稳顺利地完成29项5万余人的考试任务，连续10年“零事故、零差错”。市人事考试中心成功获批威海市质量强市建设标杆单位。

【劳动关系协调和权益维护】 **劳动关系管理**。以威海市府办名义印发《关于成立威海市协调劳动关系三方委员会的通知》（威政办字〔2018〕115号），正式成立协调劳动关系三方委员会，标志着劳动关系三方议事协调机构层次再上新台阶。推荐威海市热电集团有限公司获评“全国劳动关系和谐企业”称号，评选出4家“威海市劳动关系和谐镇街”、27家“威海市模范劳动关系和谐企业”、85家“威海市劳动关系和谐企业”。6月1日起，将企业最低工资标准调整为1910元，小时最低工资标准调整为19.1元。确定企业工资指导线，发布299个职位（工种）的人力资源市场工资指导价位，督促指导企业依据效益合理增加职工工资。做好企业工资收入分配“三项制度”备案工作，备案率达90%以上，完成全市613家样本企业的薪酬调查任务。稳妥推进国有企业负责人薪酬制度改革工作，印发《关于公布2017年度市管企业负责人基本年薪基数的通知》（威人社函〔2018〕19号）。

劳动保障监察。深入推进“治欠保支三年行动计划”，全面落实“双随机、一公开”工作机制，建立完善劳动保障守法诚信等级评价、重大劳动保障违法行为社会公布办法、劳动保障“红黑名单”管理办法、拖欠农民工工资“黑名单”管理办法等制度。联合公安、住建、工商、工会等部门，组织开展劳动保障书面审查、日常巡查，以及农民工工资支付情况、清理整顿人力资源市场秩序等专项整治行动。检查各类用人单位4005户次，受理各类举报投诉案件353起，预警处置各类突发性群体案件4起，清退抵押金2.2万元，追讨工资待遇及社会保险费2135.3万元，移交公安机关涉嫌拒不支付劳动报酬犯罪案件6起。发挥劳动保障监察“两网化”调处劳动纠纷的作用，对65名专职监察员和160名监察协管员进行全面培训，网上年审用人单位1136户，采集和录入用人单位信息2.9万户，协调解决一般性劳资纠纷1017起，及时上报群体性突发事件4起，较好发挥二、三级网格的作用，有力维护了劳动者的合法权益。

劳动人事争议处理。开展基层调解网络建设，建立小微企业调解委员会，健全大中型企业劳调会，加强与基层调解中心等专业性调解组织密切协作，充分发挥区域行业性调解组织作用，健全劳动争议协商解决机制，推进专业化调解规范化建设，基层调解组织调解纠纷699起，调成率达70.6%以上，挽回损失1969万元。加强调、裁、审衔接，构建协商、调解、仲裁“一站式”服务体系，简化办案流程，推行庭前证据交换，提高一裁终局率。全市立案受理劳动人事争议案件2977起，当期审结2928起，仲裁结案率98%，一裁终局率48.8%，为企业和职工挽回经济损失7920.3万元。开展“HR实务操作大讲堂”活动，免费为企业开展9期770人次的培训。开展“百名仲裁员联系千户企业”活动，与120户企业结成对子，帮助企业建立健全调解组织；分类抓好国有企业和非公企业争议预防机制和协商调解机制建设，提高基层自主预防和化解争议的能力。

【信访咨询】 接待群众来信来访824件，涉及群众1280余人次。其中，办理群众来信106件，接待群众个人来访574起、集体来访4起。

行风热线。参加行风热线节目11次，解答和处理群众反映问题83件，回复和处理网上行风热线群众反映问题215件。

12333咨询。接听群众来电6.2万个，同比减少13.9%；办理政务热线转办件2296件，同比增加43.6%；政府网“有问有答”留言1602件；回复局官方网站、政务微博留言1773条。

【行风建设】 成立威海市人力资源和社会保障局行风建设工作领导小组，配备精干力量组成工作专班，积极开展“百日攻坚行动”，举办3期行风建设和“政务服务”培训班，扎实提升各级窗口服务水平。深化“放管服”和“一次办好”改革，优化工作程序和环节。公布“一次办好”事项174项，解决群众办事堵点难点问题49个。在全国人力资源社会保障系统率先公开承诺社保事项办理时限，向社会提供的服务事项130项中，即时办结事项占比77.7%，29项限时办结事项压缩到平均5个工作日。进一步精简社保业务办事手续，首批精简 21 类 37 项材料。

【信息化建设】 完善“互联网 + 人社”服务机制，推广网上、自助、手机 APP 等线上办事渠道，网上社保大厅用户达 64.1 万，手机 APP 用户达 47 万，参保人员足不出户即可获取各项服务。加大电子签章的推广使用，企业用户达到 1061 家。办理社保业务 2067 万笔，线上办理占比达 91.6%。深入推行综合柜员制，在 36 家企业试点实行企业综合柜员制，方便企业办理社保业务。威海市“5A”服务模式在首届数字中国建设成果展及全省政务信息系统整合共享工作推进会上进行现场展示，并入选中国社会保险管理服务蓝皮书；福建和广州、苏州、雄安新区等 39 个省市人力资源社会保障部门 402 人来威考察学习。

【内审监督】 创新成立内审工作机构，配备精干力量，强化对全市人力资源社会保障系统各项基金（资金）使用和业务运行情况的审计监督检查。组织开展专项检查 6 次，狠抓问题整改落实，确保各项资金、基金和业务规范运行、不出纰漏。

【法治人社】 制度建设。贯彻落实“法治人社”建设工作要求，制定行政执法信息公示实施办法、行政机关负责人出庭应诉制度等文件，健全完善“法治人社”制度体系。

行政执法监督。积极做好重大决策、规范性文件、合同合法性审查工作，审核完成经济合同 103 件、规范性和涉法性文件 8 件，规范性文件合法性审查率、备案率均达 100%，有效防范法律风险。积极组织开展市委市政府文件集中清理工作，清理政策文件 162 件。发挥政府法律顾问作用，扎实做好行政复议和行政应诉工作，牵头办理行政复议、应诉案件 20 件。组织参加省司法厅、省人社厅、市法制办组织的工伤认定、劳动能力鉴定、行政执法案卷评查活动，规范行政执法行为，提高行政执法水平，威海市人社局行政许可案卷获评市级优秀行政执法案卷。严格实行行政执法人员持证上岗和资格管理制度，目前共有行政执法人员 61 人，持证上岗率和培训率均达 100%。

普法宣传。集中开展“普法宣传月”“12·4 宪法宣传日”等活动，累计发放人事考试警示教育、用人单位岗位需求、人才引进政策等各类宣传资料 3.7 万份，解答群众咨询 2500 余人次。围绕毕业生关心的问题和就业需求，先后走进哈工大（威海）、技师学院等 10 余所院校举办普法公益讲座 18 场，受益师生 3500 多人。注意加强人力资源社会保障政策信息宣传，加大与新闻媒体合作力度，新开办“人社之声”电台专栏和威海新闻网“人社专栏”。发挥新媒体工作室作用，播出《直通人社》电视专栏 79 期，发布微信 1181 条，通过政务微博、微信、门户网站、手机 APP 等新媒体和报纸、电视、电台及公交车 LED 屏等传统媒体，构建“线上 + 线下”全方位、多层次、立体式宣传格局，进一步扩大人力资源社会保障政策宣传覆盖面。

【行政审批】 推进行政审批制度改革，制定《威海市人力资源社会保障系统行政许可事项办理规程》（威人社办发〔2018〕114 号），规范统一全市人力资源社会保障系统行政许可事项办理规程，实现同城同事项同标准。行政审批总办件量 2400 余件，各项考核指标在市政务服务中心窗口中名列前茅。取消台港澳人员在内地就业许可事项，大幅提高外国人来华工作许可效率，办结时限压缩 70%，在全省率先实现延期、变更、注销业务即收即办。联合民政等部门制订民办职业培训机构审批一链办理工作规程，实现审批“一套材料、一张表单、一个流程”。审批设立人力资源服务机构 19 家、劳务派遣企业 25 家、民办职业培训机构 4 家，终止民办职业培训机构 3 家、技工学校 1 家，对 82 件集体合同进行备案，完成 66 家企业实行特殊工时工作制备案。

（威海市人力资源和社会保障局）

日照市

2018年，日照市人力资源和社会保障系统在市委、市政府的坚强领导下，坚持“民生为本、人才优先”工作主线，围绕中心、服务大局，改革创新、砥砺奋进，圆满完成了年初确定的目标任务，各项工作实现新发展。连续获评省级文明单位，被省政府表彰为山东省就业工作先进集体。

【就业创业】 把确保就业形势稳定作为政治责任，就业目标任务全面完成，就业工作受到省政府表彰。实现城镇新增就业4.03万人，完成全年计划的140%。城镇登记失业率2.25%，低于控制目标1.25个百分点。高校毕业生总体就业率96.2%，高于全省平均水平。发放创业担保贷款2.39亿元，支持2174人自主创业。拨付就业创业资金1.2亿元，惠及4.3万人。为706家企业发放稳岗补贴1584万元。开展职业技能培训13596人，完成全年计划的113.3%。

就业创业政策。大力实施更加积极的就业政策，深入落实促进新旧动能转换的就业创业工作意见。实施就业创业补贴资金风险防控办法，按照“业务、财务”两条线审批使用各项补贴资金，确保资金管理安全。阶段性降低失业保险费率，为企业减轻缴费负担6570万元。落实失业保险支持技能补贴政策，实现参保职工申领失业保险支持技能提升补贴“零跑腿”，共571名职工领取技能提升补贴89.47万元。委托第三方机构对709家企业开展失业保险援企稳岗政策落实专项检查，确保政策发挥实效。

创业带动就业。加大创业补贴政策落实力度，推广创业特色支行建设经验。提升创业服务平台建设水平，委托第三方机构对市级创业服务平台进行复查。莒县众创孵化基地（莒县创业大学）成功创建2018年度省级创业示范平台，累计拨付奖补资金1275万元。县级以上创业孵化平台达到25家，其中省级创业示范平台6家。东港区后村镇等3个乡镇（街道）获评省级创业型街道（乡镇）。成功举办日照市第四届创业大赛，2人进入省决赛，并分获二等奖和三等奖。其中1项目被省人力资源社会保障厅推荐参加第三届“中国创翼”创业创新大赛相关活动。推选的留美博士刘猛当选第四届“山东大学生十大创业之星”。推选的退役军人苏照元获首届山东省退役军人创新创业大赛一等奖。

公共就业服务。持续做好普通公益性岗位、扶贫公益岗位、退役军人专项公益性岗位开发安置工作，分别安置247人、379人、436人。组织开展“就业援助月”“民营企业招聘周”“金秋招聘月”等系列专项活动，组织开展“农民工恳谈日”活动，提高各群体就业创业能力。持续开展“四型就业社区”创建活动，“四型就业社区”达到43家。推进职业技能培训，拨付补贴1424.5万元，惠及10388人。扎实推进脱贫攻坚，建档立卡农村贫困人口通过转移就业脱贫5944人。深入开展东西劳务扶贫协作，组织参加就业鲁渝行“春风送岗助脱贫”活动，提供岗位1363个。人力资源市场办理求职登记54184人次，单位登记招聘96803人次。

高校毕业生就业。扶持1420名大学生实现自主创业，完成年度目标任务的109.2%。明确鼓励扶持大学生到农村创业、引导鼓励高校毕业生到基层工作等政策措施。实施“日照市青年人才储备计划”，对来日照市自主创业的全日制高校毕业生，每月发放1100元补贴，连续发放3年。积极实施2018年度“三支一扶”计划招募活动，报名确认人数达2318人，为历年来最多。从事“三支一扶”服务基层项目大学生达到147名。新增高校毕业生就业见习基地2个，56名实名登记离校未就业特困家庭高校毕业生全部实现就业。

人力资源服务业。采取“市区一体、联合共建”与“政府主导、行业引导、市场化运营”模式，建成启用首个市级人力资源服务产业园，并成功争创省级产业园，获300万元奖补。58同城等41家企业签约入驻，自建成投运营收5亿元。成功举办第一届日照市人力资源服务合作交流洽谈会暨第六期亚太人力资源服务机构经营管理高级研修班、第一届日照市高层次人才发展论坛，加快全市人力资源服务业发展。开展规范人力资源服务机构发展专项行动，推动人力资源服务业健康有序发展。

【社会保障】 认真实施民生工程，大力实施全民参保计划，社会保险覆盖面持续扩大。城镇职工基本养老、医疗、失业、工伤、生育保险参保分别达到74.19万人、42.26万人、28.77万人、38.52万人、31.63万人；居民基本养老、医疗保险参保分别达到139.09万人和234.14万人。各项社会保险基金征缴收入107.53亿元，支出99.66亿元，基金累计结余174.87亿元。整合成立日照市社会保险服务中心，提高社保经办服务水平。

企业职工养老保险。企业养老保险参保职工人数45.59万人，同比增加17074人，完成全年净增计划的130.66%；基金征缴收入38.44亿元，完成全年计划的118.13%。完善企业职工基本养老保险制度，实现2018年底前企业职工基本养老保险基金市级统收统支。为全市21.66万离退休人员发放养老待遇86.29亿元。建立与民政部门、上级业务部门信息共享机制，实现社保待遇领取资格认证“无声有情”。

机关事业单位养老保险。机关事业单位养老保险参保职工人数6.95万人，同比增加1374人；基金征缴收入14.45亿元，完成全年计划的102.56%。同步调整提高企业、机关事业单位退休人员待遇，月人均增加养老金131元，平均增幅高于全省平均水平，退休金发放进度居全省第二位。在全省率先完成机关事业单位按新办法计发养老待遇工作。

居民基本养老保险。居民基本养老保险参保人数139.09万人，同比增加1839人，完成全年计划的100.58%；基金征缴收入11.91亿元。居民基本养老保险基础养老金最低标准由每人每月100元提高到118元。建立缴费年限养老金激励机制、提高缴费补贴标准，鼓励城乡居民基本养老保险参保对象长缴多得、多缴多得。积极开展60周岁及以上应参加未参加居民基本养老保险人员专项核查工作。

医疗保险。基本医疗保险参保人数276.40万人。其中，城镇职工基本医疗保险参保人数42.26万人，同比增加16533人，完成全年净增计划的198.45%；基金征缴收入19.26亿元，完成全年计划的109.78%。居民基本医疗保险参保人数234.14万人，完成全年计划的100.92%；基金征缴收入19.44亿元。提高城乡居民医疗保障水平，居民大病保险年度最高支付补偿额至40万元。将全市职工全部纳入长期护理保险覆盖范围，为5435人次拨付各项护理费用1870.03万元。扩大门诊特殊疾病病种和药品目录、诊疗目录范围。建立贫困人口医疗保障待遇“一站式”即时结算系统。深化医保支付方式改革，配合完成岚山医共体落地实施。全面实施单病种收付费改革。

失业保险。失业保险参保28.77万人，同比增加10457人，完成全年净增计划的132.6%；基金征缴收入1.31亿元，完成全年计划的125.15%。建立失业保险金标准与最低工资标准挂钩联动机制。11月起调整失业保险金标准，由每人每月1030元提高到1211元，增幅17.6%。做好100家企业、8万余名职工就业失业情况动态监测工作。

工伤保险。工伤保险参保人数38.52万人，同比净增10285人，完成全年净增计划的235.35%，基金征缴收入1.45亿元。一至四级工伤职工伤残津贴月均增加180元、170元、160元、150元。落实工程建设项目参加工伤保险政策，建筑、交通、水利等行业建设项目工伤保险参保率达到100%。

生育保险。生育保险参保人数31.63万人，同比净增9786人，完成全年净增计划的171.47%；基金征缴收入1.27亿元，完成省计划的106.43%。

【人才队伍建设】 **高层次人才队伍**。着力加强人才队伍建设，为经济社会发展提供有力的人才支撑。新招引高层次创业团队44个、创新团队 57 个、创新人才 814 人、博士和硕士 803 人。引进的人才和团队带头人中，院士 11 人，千人计划专家 20 人，万人计划专家 7 人，长江学者 4 人，享受国务院特殊津贴专家 17 人，泰山学者及泰山产业领军人才 12 人。日照职业技术学院教授徐锡权、日照港集团有限公司铁路运输公司高级技师徐玉金入选 2018 年享受国务院政府特殊津贴人员名单。日照华轩新能源有限公司王海峰入选 2017 年省有突出贡献的中青年专家。制定招才引智工作线 2018 年行动计划，开展创新创业人才和项目信息需求征集，共征集创业项目需求 26 项、创新人才需求 96 项、高校毕业生需求 504 项。举办新能源汽车人才与产业峰会、“汇聚专家智慧·助力乡村振兴”专家服务基层等活动，参加中国国际人才交流大会和第十届“海洽会”，积极对接多所高校科研院所。赴 11 座城市开展“百企访名校”系列校园招聘活动 33 场，发布需求岗位 1843 个，需求总人数 11284 人。通过加强自主培养，新培育一批高层次人才和项目。日照高新区获批首批省级专家服务基地。建设海外引才工作站6处，博士后科研工作站 7 家，省博士后创新实践基地 5 家。强化人才服务，为 2017 年度新设立人才平台载体发放奖励资金 395 万元，为符合条件的 121 名高层次人才配备服务专员。人才创新发展院管理服务高层次人才 102 人。实施人才安居工程，建成、在建人才公寓 1256 套。办理外国人工作许可 419 人次。

专业技术人才队伍。新增专业技术人才 5987 人。深入推进职称制度改革，灵活设置门槛，创新评价机制，畅通申报通道，下放评审权限，开展大型企业自主评审试点，规范岗位管理、评委会管理和职称监督管理，职称评审制度更加科学完善。大力实施专业技术人才知识更新工程，建立专门的继续教育网络培训平台，在线培训5万人。

高技能人才队伍。新增高技能人才 2788 人，完成全年计划的 139.4%，新增齐鲁首席技师 6 人、山东省有突出贡献技师 3 人，技能人才工作连续在全省人社会议上作典型发言。日照技师学院被认定为第 45 届世界技能大赛车身修理项目中国集训基地、全省技工教育特色名校，获省财政补助 800 万元。落实职业技能提升奖励政策，对 192 名取得技师、高级技师职业资格的企业职工发放职业技能提升奖励 52.35 万元。认定 6 个单位为日照特色技能大师工作站首批建设项目。修订首席技师选拔管理办法，日照市首席技师管理期内每人每月政府津贴标准提升至 1000 元。成功承办“技能中国行 2018——走进山东”技能展示交流活动，人力资源社会保障部副部长汤涛出席活动，并对活动成功举办给予充分肯定，省人力资源社会保障厅、日照市委市政府主要领导对活动作出批示。设立中国人事科学研究院日照研究基地，鲁南苏北十市技能人才联盟签约成立。开展技能鉴定 1.44 万人，获证 1.3 万人。

【人事制度改革】 **公务员管理**。按照公开、公平、公正原则，考录公务员 154 名，首次设置 7 个本土优秀人才职位。赴四川大学开展“旅游 +”产业融合新业态发展与管理培训班。举办公务员道德讲堂，开展公务员职业道德主题实践日活动。

事业单位人事管理。完成事业单位招聘 2009 人。市属事业单位、国有企业面向重点院校引进人才“专项计划”60 人。推进事业单位人事制度改革，指导高校、公立医院等实行人员控制总量备案管理事业单位自行组织公开招聘，积极落实县乡事业单位公开招聘工作政策，放宽学历、专业及年龄限制。动态管理事业单位岗位设置和聘任，扎实做好年度考核备案工作。全面完成市区盐业体制改革工作，积极做好事改企单位人事政策落实工作，积极参与事业单位公务用车改革。全面完成军转干部安置任务。

人事考试。有序组织各类人事考试3.6万人次，强化考风考纪，考试工作实现精细化、规范化管理，考务工作实现零事故、零差错、零投诉，在省人事考试考务会议上作典型发言。完成2个考点、103 个考场省级标准化建设工作。

【收入分配制度改革】 **机关事业单位工资管理**。调整全市机关事业单位基本工资标准，增加离休人员离休费。顺利完成员额法官、检察官绩效考核奖金总量核定、人民警察加班补贴和执勤岗位津贴核定工作。稳步推进事业单位实施绩效工资，制定方案积极推动公立医院薪酬制度改革试点，全面推进中小学校长职级制，调研推进园区职员薪酬制改革。

企业工资管理。稳步推进国有企业负责人薪酬制度改革，及时确定和公布2017年度市属国有企业负责人基本年薪基数。推进工资集体协商，发布2018年度企业工资指导线，基准线为7%，上线为11%，下线为3%。最低工资标准由每人每月1640元上调至1730元。对141家企业的薪酬进行调查，发布人力资源市场职位（工种）工资价位和用工成本。

【劳动关系协调和权益维护】 **劳动关系协调**。深入开展劳动关系和谐企业、工业园区创建活动，评选并公布市级劳动关系和谐企业25家。规模以上企业劳动合同签订率达到99%。开展劳务派遣单位监督检查，规范劳务派遣用工管理。

劳动人事争议调解仲裁。处理劳动人事争议案件2712件，涉及劳动者2884人，审结案件涉案金额6075万元，仲裁线上办案率达95%。积极筹建市劳动人事争议法律援助工作站，为劳动者提供免费法律服务。提升劳动人事争议调解员队伍素质，组织培训基层调解员230余人。

劳动保障监察执法。市县两级劳动监察机构共检查用人单位4062户次，责令用人单位为劳动者补缴各项社会保险费925.84万元；补发工资等待遇3169.07万元，其中为农民工追讨工资1583.82万元。制定保障农民工工资支付工作考核办法，健全保障农民工工资支付工作责任制，建立起市对区县政府的农民工工资支付工作考核体系。认定市本级劳动保障诚信等级A级单位48家，组织召开2018年全市劳动保障监察业务培训班，加强对区县的业务指导。

【信息化建设】 加快推进全市“标准化、信息化、一体化”项目建设，新系统顺利上线运行，开通网上个人参保信息查询、参保证明打印、单位参保信息修改、社保卡发卡申请等功能，全市投放自助服务一体机245台，1700余家机构医保报销实时结算，实现让信息多跑路、群众少跑腿。社保卡持卡人数达到200.5万张，14个银行网点实现社保卡即时补卡、一窗受理、现场领卡。做好政务资源共享和数据开放等工作。

【作风建设】 开展转思想、转作风、提标准、提能力、树品牌“两转两提一树”深化“能力提升和作风建设年”活动，扎实推进综合性、基础性工作。推出作风建设36条负面清单和问责办法，全体干部职工签订承诺书，主动接受社会监督。深入开展“大学习、大调研、大改进”，鼓励干部职工“走上去、走出去、走下去”，积极推进“面对面、听期盼”走访调研和“沟通联络服务对象”活动，共直接联系服务对象700余人次，帮助解决事项210余个。认真查摆“庸懒散虚”问题，制定整改措施358条，集中解决了一批事关群众切身利益的重点难点问题，带动机关、行业作风转变，提升服务基层发展水平。深化“放管服”“一次办好”改革，公开一次办好事项101项。服务大厅窗口办理各类业务10.3万件，12333热线受理各类咨询电话5.1万个，整体满意率均在98%以上。全系统的政务公开、法制建设、规划统计、新闻宣传、干部培训、深化改革等工作得到进一步加强。

（日照市人力资源和社会保障局）

德州市

2018年，德州市人力资源社会保障系统紧紧围绕新旧动能转换、协同发展等全市中心工作，开拓创新，砥砺奋进，全力做好促发展、惠民生、建和谐各项工作，圆满完成年度各项目标任务，人社事业延续近年来的良好发展势头，打造出诸多工作亮点："公岗互助"扶贫模式创出亮点，人力资源社会保障部副部长邱小平现场调研并高度评价；参与举办第三届"智汇德州"人才创新创业周，培养引进大批高层次人才；组织民营企业家赴德国专题培训；实施"四减一提"专项行动，便民服务举措受到广泛好评。

【就业工作】 **就业形势保持总体稳定**。新增城镇就业6.26万人，城镇失业人员再就业1.36万人，就业困难群体就业2441人，高校毕业生总体就业率达到90.5%，登记失业率为2.44%，大大低于3.5%的控制指标，稳住就业形势基本盘。

创业环境持续优化。新增2家省级创业示范平台、18家省级"四型就业社区"、4家省级、90家市级创业型街道（社区），落实奖补资金336万元。成功举办第四届市创业大赛，在省创业大赛中分获一、二等奖各一个，一项目进入国赛。大学生自主创业人数超过1068人，认定中科禹享大学生创业孵化基地、中关村E谷（齐河）大学生创业基地等四家基地为市级大学生创业孵化示范基地（园区），拨付奖补资金600万元，市级以上大学生创业载体达到12处，累计入孵企业达1206个，带动就业7819人。发放创业担保贷款1.26亿元，助力999家小微主体成功创业。

职业培训。着力构建终身职业培训体系，开展就业技能培训2.01万人次，组织开展农村转移劳动力就业技能培训1.46万人次，开展创业培训3665人次，广大劳动者通过提高技能水平增加收入。举办全市就业创业培训项目服务能力展示交流活动，有效提升全市公共就业服务系统、定点培训机构的服务能力。

公共就业服务。在全市范围内着力打造"半小时就业服务圈"，目前全市134个乡镇（街道）人社所、155个城镇社区、3064个农村（社区）人社站运行良好，实现了市、县、乡、村四级就业服务联动。先后开展"春风行动""民营企业招聘周"等系列活动，举办各类招聘会、洽谈会120余场，在"第五届全国大中城市联合招聘高校毕业生山东德州市现场招聘会"上，800余家用人单位参会招聘，提供就业岗位1.2万个，万余名毕业生进场洽谈，现场达成就业意向8000余项次，搭建了供需之间的桥梁，有效满足了企业的用工需求。

人社扶贫。"公岗互助"扶贫模式在全省创出亮点，在全省人社系统脱贫攻坚工作会议上作典型发言，人社部邱小平副部长现场调研并给予高度评价。持续推进德州—烟台劳务扶贫协作工作，烟台（蓬莱）—德州（齐河）劳务扶贫协作蓬莱工作站建成揭牌。帮扶重庆市秀山县贫困人口来鲁及就地就近转移就业263人，提前完成省定对接扶贫任务。

【社会保障】 **社保覆盖范围**。全力实施全民参保计划，全市养老、医疗、失业、工伤、生育保险参保分别达到370万人、527万人、40万人、61万人和43万人，参保总量达1041万人次，将更多群众纳入保障范围。

社保待遇。征缴社保基金突破150亿元大关，达到158.6亿元，其中征缴企业养老保险51.6亿元，同比增长33.8%，为保发放奠定了坚实基础。共发放各项待遇141.5亿元，同比增长11.9%，其中为118万老年人发放养老金92亿元，为248万人次报销医疗费45.4亿元；连续第十四次上调企业退休人员养老金，近15万人得到实惠，社会化发放率达 100%，6.25 万名机关事业单位退休人员养老金同步调整；将城乡居民养老金最低标准由每人每月 100 元上调为 118 元，将失业保险金标准由每月 980 元调整为 1085 元，工伤定期待遇进一步提高，民生保障水平跃上新台阶。

社保改革。延续下调失业保险费率政策，在下调工伤保险费 50% 的基础上，又将建筑业按项目参保工伤费率由 2% 降为 1.5%，已累计降低社保总费率 5 个多百分点；为全市 215 家企业拨付稳岗补贴 876.5 万元，惠及企业职工近 6 万人；跨省异地就医联网结算稳步实施，取消所有就医地审批盖章手续，全市所有三级定点医疗机构和县市区 48 家定点医疗机构接入全国平台，结算跨省医疗费用 2.4 亿元；职工长期护理保险在庆云等三县成功试点，7 家定点医疗机构和养老护理机构成为首批定点医护机构；社保卡累计持卡人数超过 453 万人，近 50 万人社保基础数据整理完成，涵盖 9 大平台 53 个子系统的“智慧人社”系统正式上线。

【人才队伍建设】 **人才服务生态**。制定《德州市事业单位高层次急需紧缺人才特聘办法》，为高层次人才引进提供政策保障；扎实落实人才政策，入库认定各类人才 2.1 万人，其中省级以上高级人才 243 人；累计为 758 名重点高校毕业生发放补贴 2000 余万元；中心城区 348 套人才公寓交付，458 名大学生申请入住，最高房租仅 178 元，26 名专家免费拎包入住；开通人才服务绿色通道，为 75 名高层次高技能人才申报“山东惠才卡”。设立人才集体户，为各类人才落户提供保障，服务事项全部实现线上无纸化运行。开展“德州市人力资源培训提升年”活动，先后组织 5 场培训活动，200 余家重点企业受益。开展“人才政策进企业进校园进社区”活动，组织 4 支专业宣讲队伍，深入 13 个县（市、区）和高等院校、城市社区开展人才政策宣讲，近 2000 家企业人资部经理和万名在校大学生受益。

招才引智。参与举办第三届“智汇德州”人才创新创业周，组织开展高端专家服务基层、技能大赛总决赛、“德州菁英荟”等重点活动，36 名国内外高端专家与企业面对面对接，在优秀青年人才招聘会暨校地企合作洽谈会中，达成青年人才引进意向 2300 多项。开展“德州百企校园行”等系列招才引智活动，组织 672 家重点企业赴京津、东北等高校集聚地区开展人才招聘，对参加活动企业路费、展位费、宣传费进行补贴，发布岗位需求 5192 个、需求人数 24817 人，发布代招信息 4000 余条，组织重点企业与高校开展技术对接活动 15 场次，举办校地企座谈会 9 场次，初步引进 8937 人。在德州市举办 35 场特色化人才对接会，达成合作意向 3690 人。组团参加第十六届中国国际人才交流大会，对接外国专家组织 120 余家。成功组织 18 名民营企业家赴德国专题培训，在全国开创先河。

技能人才队伍。开展职业技能竞赛年系列活动，举办第五届家政职业技能大赛、职工职业技能大赛等各类赛事 20 多项。加强技工院校管理，扩大技工教育整体规模，新批准四所技工学校，德州交通技工学校晋升高级技工学校，全日制技工院校总数达到 17 所，其中技师学院 2 所、高级技工学校 2 所，院校数量居全省第三，在校生稳定在 15000 人左右，年招生人数稳定在 5500 人左右。开展 2018 年世界青年技能日主题宣传活动，与电视台合作推出《德州工匠》系列节目，对王晓菲、孙一倩等 15 位高技能领军人才先进事迹进行集中宣传，营造良好社会氛围。

高层次人才。新增博士后科研工作站及创新实践基地各 2 家，具有招收博士后资质的企业总数达到 32 家；1 家单位入选全省首批乡村振兴专家服务基地，2 人获评泰山产业领军人才，16 人被命名为省首席技师及突贡技师，新增中华技能大奖及“齐鲁友谊奖”各 1 人，新增技能人才 2.3 万人，其中高技能人才 3566 人，为新旧动能转换提供有力的人才智力支撑。

【人事制度改革】 **公务员招考**。打造阳光考录金字招牌，顺利完成 517 名公务员考录。突出基层导向，加大了从优秀村（社区）党组织书记和长期在乡镇（街道）工作人员、退役大学生士兵中的定向招录工作力度。工作程序更加规范透明。职位设置坚持适度从宽，扩大选人视野。严格资格审查，严把考生报名入口关。强化保密措施，确保考试安全。严格执行上级政策，把好考察关。做到考实考准，不留死角。

事业单位人事管理。市、县事业单位共公开招聘事业单位新聘用工作人员2736人，其中市属事业单位375人。根据“分类指导、分级管理”原则，市、县事业单位招聘实行分级负责，其中市属事业单位公开招聘分三大类：管理岗位和通用性较强的专业技术岗位公开招聘131人，其中部分岗位增加专业水平测试。德州一中、二中、实验中学、平原师范等单位采取试讲、说课等面试方式，自主组织招聘教师86人。实行人员控制总量备案管理的职业技术学院、人民医院、第二人民医院等单位，自定计划、自主组织招聘246人。

职称制度改革。继续扩大下放中级评审权限，在去年将工程技术中级下放到县（市、区）的基础上，将中小学教师、中专教师、技校教师、党校教师及农业技术系列中级评审权限下放到县（市、区）。在全省首次探索将中级评审权限下放到人才集中的大型企业，授权山东华鲁恒升化工股份有限公司组建工程技术职业资格中级评审委员会，下放权限试点工作走在全省前列。共向省推荐29个高级系列约600人参加高级职称评审，全市中初级评审（教育除外）工作基本顺利结束，6000余人通过评审取得中初级职称。

人事考试。坚持预防与打击相结合，营造公平公正的考试氛围，积极推进标准化考点建设，建成130个标准化考场，各考场配备监控、拾音、广播、屏蔽仪、金属探测器等设备，同时配备人脸识别等辅助设备，顺利通过省级验收。全年圆满完成公务员、市直事业单位、省属事业单位公开招聘、职称计算机、卫生、“三支一扶”等15类10.1万科次考务组织工作；顺利完成卫生、一级建造师、一级消防工程师、执业药师等27类4.6万人次的人事考试报名审核工作；办理各类专业、职（执）业资格及计算机外语等证书6100余本。

【劳动关系协调】 **劳动关系协调机制**。制定《德州市劳动关系和谐单位分级管理暂行办法》，以劳动合同、工资分配、社会保障、劳动保护等为核心指标，引导激励共建新型劳动关系，1家企业入选国家级劳动关系和谐企业，6家企业入选省级劳动关系和谐企业，86家企业和36名个人获评市级劳动关系和谐企业和先进个人。自6月1日起将德州市月最低工资标准调整为1550元，小时最低工资标准调整为15.5元。发布企业工资指导线，以2017年全市企业在岗职工平均工资56593元为基数，确定基准线为职工平均工资增长7%、上线为职工平均工资增长11%、下线为职工平均工资增长3%，引导职工工资合理增长。

劳动保障监察执法。开展企业年度审查、农民工工资支付、人力资源市场秩序、高温天气劳动保护等多项执法检查，清理整顿人力资源市场秩序专项行动获得人力资源社会保障部表彰。高度重视农民工工资支付保障工作，积极发挥保障农民工工资支付工作联席会议制度牵头部门作用，扎实开展专项检查，对辖区各类企业，特别是农民工相对集中的建筑施工、商业餐饮等领域企业，开展“地毯式”排查，详细检查用人单位农民工合同签订、工资发放等情况，及时发现欠薪线索和苗头，发现一起，解决一起。检查各类用人单位1071家，涉及农民工6.6万人，移送公安机关案件9起，公布重大违法案件2起，纳入“黑名单”管理1起，共为1112名农民工追讨补发工资1038万元，切实维护广大农民工的合法权益。劳动保障监察举报投诉案件按期结案率达96%以上，未发生因欠薪引发50人以上的群体性事件或极端事件。

劳动人事争议仲裁调解。建立大中型企业劳动争议调解委员会1367个、乡镇街道调解组织132个，乡镇街道实现全覆盖。实施“一案四调制度”，即立案前调解、开庭前调解、庭审中调解、裁决前调解，将调解贯穿案件处理的全过程，努力提高案件调解率，有效维护双方当事人的合法权益，共受理劳动争议案件2015件，当期结案率92%。

及时回应群众诉求。受理“12345”热线2516件，真实答复率99.79%。受理各级政务热线、承诺热线1254件，接听群众来电6750多个，接待来访职工550多人次，为群众解决了大量实际问题。

【自身建设】 牢固树立“四个意识”，坚定“四个自信”，践行“两个维护”，做到“四个服从”，严守政治纪律和政治规矩，认真履行全面从严治党主体责任。

学习教育。将习近平新时代中国特色社会主义思想作为学习主题，坚持定期与不定期相结合、自学与辅导相结合，党组书记带头讲党课、邀请党校专家专题讲授，“两学一做”学习教育实践常态化、制度化。

强化组织建设。扎实开展党员信教排查、党员发展、党员活动日、联系社区、过硬支部创建等党建活动，机关党建规范化水平进一步提升。2018年春天在全系统开展“千名人社干部进千企入万户”集中走访调研活动，德州市人力资源和社会保障局26名县级干部带队组织150名人员开展走访调研，共走访用人单位110家、各类人员540名，征求意见建议463条，使干部接地气、受教育。

党风廉政建设。做到党风廉政与业务工作同研究、同部署、同检查、同落实，局党组制定共性责任清单，党组成员根据分工各自制定个性责任清单，设置台账，倒排工期，逐项销号。严格落实“三重一大”制度，做到民主科学决策；定期开展廉政谈话活动，建设了人社系统廉政教育室，邀请市巡察办领导授课，给全局同志常提醒；在全市“清风德州”辩论赛中，德州市人力资源和社会保障局从50多个市直部门中脱颖而出，荣获本组第一、全市前四的佳绩；持续加强内部监督审计，探索建立“四位一体”内控责任工作机制，创新开展三年轮审、有奖举报、非现场监督、案件查处移送等工作，开发大数据比对软件，有效堵塞制度漏洞。

行风建设和“一次办好”改革。先后三轮对全局180多项服务事项进行集体研究，坚持减事项、减材料、减环节、减时间、提升服务水平“四减一提”，市级纳入“一次办好”事项81项，实现了依申请政务服务事项“一次办好”100%全覆盖。已将劳务派遣经营许可等6项行政审批事项下放县（市、区），还下放6个系列的中级职称评审权限，全力助推基层创新创业；坚持削证减负，共取消38项各类证明，减少材料近200个，压减幅度30%；大力压缩办事环节，社保业务共减少办事环节90个，其中6项医保报销事项的办理环节分别由11个减少到6个；进一步减少办事时间，有58项社保业务实现即时办理，有35项分别减少时间5—30天，如定点医院特病结算由原来的30天减少到15天，让企业和群众办事更方便快捷。职业资格证书信息、职称评审信息全部开启网上查询，全面取消社保待遇资格集中认证，劳动用工网上备案启动实施，实现“零跑腿”。举办全市人社系统行风建设培训班，203名一线业务骨干集中参加培训。积极推进数据共享，完善专网对接，人事考试系统、就业信息网和档案查询系统已完成上云工作，为共享平台推送600余万条参保人员、单位信息数据。相关便民改革举措受到市政府主要领导高度评价，分管市领导三次在相关会议上给予表扬，在全省人社工作会议上作了典型发言，先后被山东电视台等多家省市媒体宣传报道，受到广泛好评。

意识形态工作。把意识形态作为党建工作的重要内容，突出思想理论武装，强化对干部的日常教育管理。落实意识形态责任制，与人社工作紧密结合，严把公务员和事业单位人员入口关，在干部教育培训、表彰奖励、人才选拔等业务工作中明确意识形态要求。树牢“四个自信”，强化正面宣传，先后在国家、省市各级媒体刊发稿件210余篇，电视媒体报道40余次，全年无重大不良影响舆情事件发生，牢牢占领舆论宣传主阵地。

（德州市人力资源和社会保障局）

临沂市

2018年，临沂市人力资源社会保障系统坚持稳中求进工作总基调，全面落实高质量发展要求，提高站位、落实责任，迎难而上、埋头苦干，统筹抓好全面从严治党、保障改善民生和服务经济发展，各项工作均取得新进展、新成效。临沂市人力资源和社会保障局被省政府授予全省就业工作先进集体，被省扶贫开发领导小组授予全省脱贫攻坚先进集体。全省人社脱贫攻坚现场推进会在沂南县召开，临沂市人社局介绍实施“四优四提”模式的经验及推动就业扶贫车间转型提升的做法。

【就业创业】 坚持把稳就业作为首要任务，全面贯彻落实就业优先战略和更加积极的就业政策，以推动实现更高质量和更充分的就业为目标，以推进城乡就业创业服务均等化为抓手，以统筹城乡重点群体就业为重点，着力建立健全面向城乡劳动者的公共就业服务体系，就业质量实现持续提升，各项指标均超额完成，就业局势保持持续稳定。城镇新增就业11.49万人，完成年度计划的136%；失业人员再就业3.35万人，完成年度计划的115%；就业困难人员就业8152人，完成年度计划的199%；就业质量持续向好，参加养老保险的新就业人员达到10.7万人，完成省年度计划的160%。实有城镇登记失业人员2.78万人，城镇登记失业率为2.27%，低于3.5%的控制目标。加大就业政策落实力度，支出就业资金1.35亿元，其中支出就业专项资金8225万元，失业保险扩大支出资金1955万元，创业带动就业资金3407万元。

创业带动就业。发挥创业促就业的倍增效应，完善扶持措施，以创业带动就业。加大创业培训工作力度，充分发挥创业大学总部龙头带动效应，全面引入创业实训教学，强化教学监管，认真落实视频监控、教学影像资料刻录光盘、创业计划书扫描存档制度。开展创业培训1.08万人，引领大学生自主创业1222人，任务完成率102%。加大创业担保贷款政策落实力度，以支持民营经济、助推临沂商城国际化为重点，开展创业担保贷款进商城、进园区等“快易贷”服务活动，新发放创业担保贷款2.43亿元，落实贷款贴息2680万元，直接扶持创业1960人，带动就业7400余人。强化创业平台建设，加快创业园区转型提升，做到“成熟一批、培育一批、创建一批”。兰山区、费县成功创建山东省创业型城市，上冶镇、十字路镇、地方镇、银雀山街道、沂城街道被评为省级创业型街道（乡镇）。创业活动丰富多彩，抓创业大赛与资本对接，成功举办第四届创业大赛，共有156个创业团队（项目），39个好导师参加第四届创业大赛，参赛企业和项目涉及到电子商务、生态农业、高端机加工、新材料、科技通讯等行业。沂蒙红色资源转化为红色产业项目（临沂儒将研学会）获省创业大赛二等奖。

高校毕业生就业。提请临沂市委、市政府制定《关于进一步引导和鼓励高校毕业生到基层工作的实施意见》（临办发〔2018〕7号），拓宽高校毕业生到基层就业创业渠道，统筹实施高校毕业生基层项目，健全高校毕业生到基层工作的服务保障机制，畅通在基层工作的高校毕业生流动渠道。全面实施高校毕业生就业见习、促进创业、基层成长、帮扶维权、精准服务、“凤回沂蒙”计划，支持鼓励高校毕业生到企业、基层就业，大学生总体就业率保持在96%以上。加大高校毕业生就业见习力度，以建立事前定计划、事中抓跟踪、事后强效果的工作机制为抓手，依托全市92家见习基地，定期发布优质见习岗位，通过专场招聘、门户网站、微信平台等多种渠道，促进见习企业和高校毕业生供需对接。组织高校毕业生参加就业见习1090人，见习留用率85%以上。实施精准供需对接行动，以推动离校未就业高校毕业生实名登记和享受就业创业服务全覆盖为目标，充实高校毕业生实名信息数据库，完善信息网络，实现市（县、区）、镇街三级对毕业生信息的互通共享。依托临沂大学生就业服务微信平台和电话访问等形式，积极提供政策咨询、就业创业指导、就业推荐等动态跟踪服务，实现离校未就业高校毕业生充分就业。实施大学生促进创业行动，发挥临沂商城引领创业、吸纳就业强的优势，着力推进教育培训体系和创业孵化体系建设，拓展深化创业孵化基地（园区）创业孵化功能，全面提供政策咨询、项目开发、风险评估、创业培训、开业指导、融资服务、税费减免、跟踪服务等一站式服务，最大力度地创新创业。实施高校毕业生基层成长行动，进一步加强基层人才队伍建设，大力实施“三支一扶”招募计划，年初征集招募岗位112个，有73名大学生被招募到基层开展“三支一扶”服务。认真落实服务期间各项待遇和期满优惠政策等措施，对本年度服务期满的“三支一扶”大学生，经考核考察合格，全部公开招聘为乡镇事业单位工作人员。

就业困难群体就业。以推进就业援助工作精细化、长效化为目标，完善就业困难人员登记认定、动态管理、分类帮扶、跟踪服务等制度规定；将组织专题援助活动、开发公益性岗位安置和社保政策落实有机结合，加强部门协作配合，对登记失业的“4050”人员、零就业家庭、残疾人等重点就业困难群体，定期组织开展摸底调查，建立帮扶台账，制定个性化帮扶方案，实行精准帮扶。开发公益性岗位安置各类就业困难人员2400余人。

农民工综合服务。认真落实各项政策措施，加快推进实施农民工技能培训、权益保障、公共服务三项行动计划，为农民工转移就业创业、权益维护、平等享受公共服务提供便利。在促进农民工就地就近转移就业上下功夫。根据重点企业用工需求，深入开展“2018年春风行动”“民营企业招聘周”“家政服务专场招聘”等各类招聘活动，为农民工转移就业搭建平台，促进农民工转移就业。以“提升职业技能”为核心，以培训促农村劳动力稳定就业，组织农民工各类职业技能就业创业培训18.4万人，基本实现“愿培尽培”。在鼓励支持农民工返乡创业上下功夫，将返乡下乡创业与县域经济发展、乡村振兴和脱贫攻坚紧密结合，努力构建“文化引领、平台支撑、市场引导、资金助力、能力提升”五位一体新机制，逐步呈现出人才回归、技术回乡、资金回流的良好局面，返乡下乡创业人员累计达4.6万余人。在加强农民工权益保障维护上下功夫，人力资源社会保障、住房和城乡建设等部门建立健全农民工权益保障联动机制，突出重点领域和关键环节，实行一体执法和联合执法，全面推行劳动合同制度、用工备案制度和“一书两金一卡”制度，大力开展农民工工资支付、农民工劳动合同签订等各类检查，严厉查处各类违法用工行为，开通农民工劳动人事争议快速调解简易仲裁“绿色通道”，对涉及农民工的案件实行优先受理、优先办理，加强劳动关系协调管理，切实有效维护农民工合法权益。检查各类用人单位1.22万户，立案查处各类违法案件1882件，其中涉及拖欠农民工工资865件，为3697名农民工解决欠薪1913万元。在加强农民工综合服务上下功夫，以推进建立城乡统一的公共服务体系为目标，持续加大农民工公共服务体系建设力度，切实保障农民工享受平等的公共服务。

职业技能培训。落实终身职业技能培训制度，推行覆盖城乡全体劳动者、贯穿劳动者学习工作终身、适应就业创业和人才成长需要以及经济社会发展需求的终身职业技能培训制度，实现培训对象普惠化、培训资源市场化、培训载体多元化、培训方式多样化、培训管理规范化，努力培养造就高素质劳动者。针对用工单位和劳动者培训需求，全面实行“企业订单、劳动者选单、培训机构列单、政府买单”的“四单式”培训模式，分产业、分行业、分门类对企业职工开展在岗和转岗技能培训，对新成长劳动力开展技能储备培训，对失业人员开展就业技能培训，对农村劳动力开展转移就业培训，推进实施新型学徒制培训。以提高下岗失业人员工作技能和提升再就业率为目标，把职业技能培训作为促进转岗失业人员再就业的重要措施，将提升失业人员职业技能水平摆在更加突出的位置，对在领取失业金期间的2000余名失业人员进行免费培训。组织各类职业技能培训4.56万人，发放培训补贴1802万元。健全培训鉴定质量管控体系，落实定点培训机构监督管理暂行办法，通过健全制度、实施技术防控等手段，健全培训机构资格申请、学员信息管理、考核发证、补贴资金发放等工作流程，实现对培训过程的全面监管。加强对技能鉴定考务工作的管理，定期维护更新题库，建立职业技能鉴定试卷的组题、印刷、阅卷、信息录入、证书打印、网上查询等一站式工作流程。组织3.17万人参加职业资格统一鉴定，其中取得职业资格证书2.9万人。

公共就业服务体系。聚焦就业创业的难点堵点问题，有针对性地改进服务，促进就业服务提质增效。优化基层就业服务，延伸基层就业服务网络，实现重心下移，建立以171个镇街人社所为主阵地的15分钟公共就业服务圈。优化就业服务信息化功能，推进就业失业登记、社会保险登记、劳动用工备案登记“三口合一”，就业创业证与社保卡实现“证卡合一”，搭建网上招聘市场，实现就业创业服务“一次办好”。大力推进人力资源服务业发展，临沂人力资源服务产业园被评为省级人力资源产业园，现有35家企业入驻，为企业招聘、培训和招揽人才提供全方位服务，同时筹划建设两家市级人力资源服务产业园。全市人力资源服务企业达到265家（含劳务派遣机构142家），从业人员2600余人，形成市场运行更加良好、就业服务水平和人才资源开发配置服务质量更高的发展态势，举办各类招聘活动300多场，服务用人单位1.5万家次，提供招聘岗位18.2万个次，服务求职人员总数15万人次。

【社会保险】 深化社会保险制度改革，依法推进社保扩面征缴，覆盖人数和基金规模实现同步增长，社会保险基金支撑能力进一步增强，努力构建多层次保障体系，切实发挥社会稳定器、调节器作用。征缴各项社会保险费279.89亿元，支出269.59亿元，累计基金结余348.84亿元。

企业职工养老保险。企业养老保险参保人数达到122.38万人，其中在职职工93.83万人，净增参保职工38007人，征缴养老保险费73.75亿元，完成年度征缴计划的112.06%；支付养老保险基金75.35亿元，累计基金结余128.29万元。办理企业职工退休核准手续19303人，其中市直2613人，县区16710人；纳入统筹的离退休、退职人员28.55万人，社区化管理率达到100%。

机关事业养老保险。机关事业养老保险参保人数达到31.85万人，其中在职职工22.82万人，离退休人员9.03万人；征缴养老保险基金43.23亿元，完成年度征缴计划的101.04%，支付养老保险基金52.96亿元，累计基金结余1.24亿元。

失业保险。失业保险参保人数达到64.83万人，净增参保人数24046人，征缴失业保险金3.26亿元，完成年度征缴计划的107.47%。期末享受失业保险待遇7761人，支付失业保险基金2.52亿元，其中支付失业保险金1.03亿元，累计基金结余12.86亿元。

城镇职工基本医疗保险。城镇职工基本医疗保险参保人数达到113.56万人，其中在职职工89.81万人，退休人员23.75万人。城镇职工基本医疗保险金收入为45.93亿元，完成年度征缴计划的113.42%，支出41.68亿元，累计基金结余38.61亿元。

居民医疗保险。居民医疗保险参保人数达到924.57万人。居民医疗保险金收入为75.42亿元，支出62.8亿元，累计基金结余33.99亿元。

工伤保险。工伤保险参保人数达到102.75万人，净增参保人数为3474人，征缴保险基金3.28亿元，完成年度征缴计划的94.97%，支出2.05亿元，累计基金结余7.52亿元。

生育保险。生育保险参保人数达到61.87万人，净增参保人员18460人，征缴保险基金2.45亿元，完成年度征缴计划的118.13%，支出3.57亿元，累计基金结余−1336万元。

城乡居民养老保险。城乡居民养老保险参保人数达到539.97万人，征缴保险基金32.57亿元，支出28.65亿元，累计基金结余126.46亿元，期末领取养老金人数为180.96万人。

社会保险待遇调整。根据省人力资源社会保障厅、省财政厅关于2018年调整退休人员基本养老金的通知要求，连续第14年提高企业退休人员养老金待遇标准，月人均增加142.46元，月人均养老金达到2142.83元。机关事业单位退休人员月人均提高196.18元，调整后达到4814.87元。11月起，建立失业保险金标准与最低工资标准挂钩联动机制，失业保险金发放标准与最低工资标准70%挂钩，由1030元/人/月调整为2个档次，三区、九县分别提高到1211元和1085元/人/月。

社会保险政策。落实企业职工养老保险基金中央调剂制度，及时足额将3.21亿元中央调剂金上解到位。大力推进机关事业单位养老保险制度改革，政策、经办、信息同向发力，全面按新办法计发待遇。被征地农民养老保险工作加快推进，提请市政府制定《关于进一步做好被征地农民养老保险工作的实施意见》（临政办发〔2018〕31号），统筹城乡的居民养老保险制度更加健全。制定工伤预防实施方案，建筑、交通等行业工伤保险参保率达到100%。

降低费率助推企业发展。继续执行阶段性降低社保费率的政策，及时为困难企业办理社保缓缴、延缴手续，免收滞纳金，帮助困难企业渡过难关。5月1日起，工伤保险基金累计结余可支付月数在18（含）至23个月的县区，以现行费率为基础下调20%；累计结余可支付月数在24个月（含）以上的县区，以现行费率为基础下调50%。充分发挥失业保险保生活、稳就业作用，实施援企稳岗计划和技能提升计划，支出失业保险基金2.37亿元，其中发放援企稳岗资金2757万元，惠及职工19万人；为1719人发放技能提升补贴255万元。

经办管理服务。大力开展社保基金联网监控、监督检查，基金安全有效运行。加强基金监督管理，严格内部审计，加强征缴稽核，确保基金安全完整。在市直和平邑县同步推开综合柜员制服务模式。市直以社会保险经办业务为突破口，将原有的社会保险窗口由原有的35个压缩到6个，将130余条公共服务事项（流程）纳入综合柜员制办理，让服务对象尽量"不跑腿"或者"最多跑一次"。全面上线应用社会保险网上办事大厅，企业办理社会保险参保登记后，可以通过网上办事大厅办理单位缴费申报、证明打印、关系转移等业务。已有17412家企业开展网上申报，办理业务141万余笔。自2017年开始实现养老待遇领取资格手机APP认证工作以来，已有87%以上的退休人员通过应用手机APP完成自助认证工作。实现失业保险金"人脸识别"认证领取，将传统的"现场申办+人工审核材料"升级为"网上申办+系统智能核对"，服务升级，材料精简为"零"。

【人才队伍建设】 紧紧围绕实施新旧动能转换、乡村振兴等战略，不断创新人才工作机制，统筹推进各类人才队伍建设，人才总量持续扩大，人才结构更趋合理，人才支撑作用不断增强。

专业技术人才队伍。加强高层次创新型人才队伍建设，新增享受国务院颁发政府特殊津贴专家5人、省市有突出贡献中青年专家3人和20人。有百千万人才工程国家级人选4人，享受国务院颁发政府特殊津贴专家64人，省有突出贡献的中青年专家30人，市有突出贡献的中青年专家139人。坚持把加强博士后科研工作站建设作为集聚高层次人才、推进产学研结合的重要载体，扎实做好设站评估和管理服务工作。新增博士后科研工作站2家、省博士后创新实践基地2家，分别达到35家、10家；郯城经济开发区成功创建省级专家服务基地；临沂留学人员创业园获评省级留学人员创新创业示范园。提请临沂市委、市政府制定印发《关于深化职称制度改革的实施意见》（办字〔2018〕88号），在全省率先探索将部分系列中、初级评审权下放到人才智力密集的企事业单位，激发专业技术人才创新创业活力；重新修订发布《临沂市有突出贡献的中青年专家选拔管理办法》（临政办发〔2018〕25号），进一步激励广大基层专业技术人员创新创业；深化事业单位人事制度改革，支持和鼓励事业单位专业技术人员多形式创新创业。深入实施专业技术人才知识更新工程，开展"齐鲁人才大讲堂"政策宣讲，组织开展"专家智力服务基层系列活动"，促进人才与经济发展深度融合。

技能人才队伍。深入实施技能人才振兴计划，成功举办第11届"劳动之星"职业技能竞赛，新增高技能人才8409人，总量达到11.3万人。全市有中华技能大奖获得者2人，全国技术能手9人；

齐鲁首席技师72人，省有突出贡献的技师38人，省技术能手35人；沂蒙首席技师263人，市有突出贡献的技师120人，市技术能手724人。全市有技工院校9所，其中技师学院4所、高级技工学校1所，国家级高技能人才培训基地1所，国家中等职业教育改革发展示范校1所。持续推进技工院校内涵式发展，办学规模和教学质量不断提升，在校生达到3万余人，就业率达到95%以上。职业培训机构270多家，其中定点职业培训机构166家，年培训能力在10万人次左右。实施"金蓝领"培训工程。采取政府投入引导、企业和职工共同负担的筹资方式，通过院校与企业结合、理论与实训相结合的培养模式，自2005年实施以来累计培养和选拔1.2万名紧缺的中青年技师，有效缓解一线青年技工短缺的问题。打造"劳动之星"职业技能竞赛品牌，连续举办十届"劳动之星"职业技能竞赛，形成以"培训促竞赛、以竞赛带培训、以培训促就业"的良性机制。推进高技能人才培养特色载体建设提质升级，初步建立国家、省、市和企业四位一体的技师工作站人才培养载体。新增一批高技能人才培养特色载体项目，天元建设集团有限公司被授予国家级技能大师工作室，山东交通技师学院被评为山东省技工教育特色名校，临沂技师学院被评为齐鲁技能大师特色工作站，山东交通技师学院和临沂市技师学院被选为山东省世界技能大赛集训基地。拥有国家级技能大师工作室2家，国家级高技能人才培训基地1所，国家中等职业教育改革发展示范校1所，省技师工作站5家，齐鲁技能大师特色工作站5家，市级技师工作站57家，企业技师工作站100余处。承办第45届世界技能大赛焊接、砌筑省选拔赛，临沂市有56人代表市参加省比赛，25名选手进入45届世界技能大赛省集训队，4名选手进入国家集训队。

【人事制度改革】 **事业单位人事管理**。优化招聘机制，倾斜基层一线，尊重事业单位用人自主权，做好初级岗位招聘和高层次急需紧缺人才引进，共招聘4847人。强化事业单位岗位设置聘用管理，下放事业单位岗位设置管理权限，完成159个单位20583个岗位设置备案，195个单位2638人的岗位竞聘备案。建立优秀档次数额预审制度，对市直414个单位20372人的年度考核结果进行备案。配合做好医药卫生体制改革，严格落实实行人员控制总量备案管理的事业单位人事管理办法。配合做好基础教育综合改革，加大中小学教师招聘力度，努力解决大班额问题。

工资福利与离退休工作。顺利完成全市机关事业单位工作人员基本工资标准调整和增加机关事业单位离休人员离休费工作。完善事业单位绩效工资实施，推进公立医院薪酬制度改革，印发《临沂市公立医院薪酬制度试点工作实施方案》。深入开展机关事业单位违规发放津贴补贴和"吃空饷"问题专项治理，对发现的相关问题要求限期整改。印发《关于进一步推动落实机关事业单位工作人员带薪年休假制度的通知》，进一步推动机关事业单位工作人员带薪年休假制度落实。继续做好县以下机关公务员职务与职级并行工作。

人事考试。狠抓安全保障措施，推进标准化考点建设，提高反作弊能力，严肃考风考纪。投资近250万元建成1个市级主控平台，5个标准化考点，300个标准化考场，中小型人事考试实现标准化考场全覆盖。顺利完成32项考试12.01万人次报名工作，组织16项12.92万人次的考试考务组织工作，做到公开公正、科学考录，社会反响良好。

【劳动关系】 建立健全集劳动关系、调解仲裁和劳动监察等业务于一体的劳动关系管理服务网，不断提升处理能力，确保劳动关系和谐稳定，维护劳动者合法权益，促进企业健康发展。

劳动关系宏观调控。深入推进劳动合同制度，以建筑业、餐饮服务业以及小微型企业等签订劳动合同为重点，将企业职工退休核准作为制约手段，督促企业积极与职工签订劳动合同，各类企业劳动合同签订率和履行质量明显提高。加强劳务派遣管理，严格劳务派遣行政许可，为62户企业办理劳务派遣行政许可手续。按照"提低、扩中、调高"的思路，深入推进工资收入分配制度改革，工资集体协商覆盖面不断提高。做好企业最低工资标准调整工作，6月1日起，三区最低工资调整为1730元/月，九县最低工资调整为1550元/月。

组织开展2018年企业薪酬调查工作，对417户企业的薪酬情况进行调查统计。指导267户企业结合本单位的生产经营特点，完善企业内部工资分配制度，建立以岗位工资为主的基本工资制度和工资支付制度，形成符合本企业生产实际的工资制度。发布2018年企业工资指导线和221个工种的人力资源市场工资价位，为企业合理确定职工工资水平提供依据。做好国有企业负责人薪酬制度改革工作。

劳动人事争议调解仲裁。以提高争议处理效能为主线，以省级标准化仲裁院创建和加强基层调解组织建设为突破口，完善工作机制，强化队伍建设，夯实基础保障，充分发挥调解仲裁的制度优势，妥善处理各类劳动人事争议，切实维护劳动者和用人单位的合法权益。受理各类劳动人事仲裁案件3392起，涉及职工3479人，为职工挽回经济损失7451.5万元，结案2828起，按期结案率100%。加强基层调解组织建设，提高基层预防化解争议能力，基本形成企事业单位和乡镇基层调解组织有机结合、行业性与区域性调解组织互相补充的调解组织网络，将矛盾化解在基层和萌芽状态。调解结案1131起，调解率49.2%。建立完善制度机制，进一步完善案件的登记、受理、审理、结案、归档、信息汇总、案件统计分析等制度，结合实际情况完善岗位职责、办案流程、情况通报、重大疑难案件会商、仲裁委员会例会等制度，确保办案质量和办案效率。

劳动保障监察执法。提请临沂市政府制定《临沂市保障农民工工资支付工作考核办法》（临政办字〔2018〕143号），着力做好农民工治欠保支工作，落实监管责任，加大执法力度，推进联合执法，维护农民工的工资权益。以解决拖欠农民工工资等突出违法问题为重点，注重执法能力和制度机制建设，加强动态监管和失信惩戒，通过强化专项检查、投诉举报专查、年度审查和日常巡查等执法方式，不断提升监察执法效能，有力地维护劳动者的合法权益。临沂市劳动保障监察局被人力资源社会保障部、国家市场监管局通报表彰为“2018年全国清理整顿人力资源市场秩序专项行动先进单位”。执法检查用人单位2.26万户，涉及劳动者96.1万人，立案查处各类违法案件2350件，责令补签劳动合同1.96万份，督促缴纳社会保险费1852万元，为5031名劳动者追发工资等待遇2337万元。加大涉嫌拒不支付劳动报酬罪案件的移交和惩处力度，对涉嫌拒不支付劳动报酬犯罪案件尽快调查核实，及时移送公安机关。向公安机关移交36件涉嫌拒不支付劳动报酬犯罪案件，公安机关依法立案处理20件。

信访维稳。坚持领导干部定期接访制度和主动约访制度，积极稳妥地处置好群众来信来访。按照“属地管理、分级负责”和“谁主管、谁负责”的原则，制定有针对性的工作预案，确保早发现、早化解、早处理。各级人力资源社会保障部门共处理群众来信来访784件，满意率达到90%以上。

【人社精准扶贫】 坚持将人社领域扶贫列入年度工作重点，强化脱贫攻坚力度，全市贫困人口累计实现转移就业5.2万人（其中2018年帮助817名有劳动能力有就业愿望贫困人口实现就业脱贫），参与创业1807人，参加技能培训704人；累计代缴居民基本养老保险费1737万元；47.2万贫困人口全部参加居民医疗保险，累计落实医保扶贫政策待遇1.7亿元；193家就业扶贫车间实现规范运营、动态管理。完善领导机制，成立行业部门间的“就业创业精准扶贫”领导小组和系统内部的“就业与社会保障精准扶贫领导小组”，定期交流工作，联合开展活动，发挥总览全局、统筹协调的核心作用，脱贫攻坚合力不断增强。拓展就业渠道，加强与企业招聘融合。对接当地优势产业企业，在贫困人口较多的乡镇举办专场招聘会，同时加大岗位信息推送和各项补贴政策落实力度等，多渠道多形式促进贫困人口转移就业。2016年以来，累计举办专场招聘会98场次，帮助贫困人口就业1050余人次。通过广泛宣传、牵线搭桥，11个驻外办事处和53家劳务中介机构主动承揽贫困人员转移就业工作，每年发送知名企业招聘信息5万余条，帮助农村劳动力转移就业4.7万余人。加强与岗位安置融合，推进“千名公益性岗位”开发安置计划，设立保洁保绿、照料病患、助老助残等服务类公益岗位。累计开发公益扶贫岗位安置就业1680余人。加强扶贫扶技，开展“短平快”培训，评估认定精准扶贫定点培训机构75家，推出农家乐、中国结、草柳编等9个实用技能培训项目。培育劳务合作组织平台，在贫困劳动力相对集中的县，探索成立“劳务扶贫合作组织”，将有劳动能力和就业意愿的贫困人口组织起来统一培训和就业，提升就地就近就业的组织化程度，指导组建“劳务扶贫合作组织”5家，转移农村劳动力就业2300余人次。深化扶贫协作交流，开展2018年临沂—城口劳务扶贫协作对接交流，签署《劳务扶贫协作框架协议》和《劳务扶贫协作推进方案》，并就贫困劳动力转移就业和技能培训等工作进行深入探讨。组织培训青海省海晏县创业青年20人，认真落实临沂—城口《劳务扶贫协作框架协议》，临沂市7家爱心企业顺利安置城口籍65名贫困人口实现就业，签订劳动合同并免费提供健康查体、餐饮食宿等优质服务，开展“手拉手帮就业心连心送温暖”系列活动。

【依法行政】 深入推进人社系统“放管服”改革，按照“一次办好”的要求，做好行政权力事项和公共服务事项梳理公布工作，梳理依申请政务服务事项74项，其中行政权力事项26项，公共服务事项48项。经颗粒化拆分后，共形成“一次办好”颗粒化清单150项，其中行政权力事项颗粒化清单48项，公共服务事项颗粒化清单102项。积极推进减证便民，取消和调整“待遇恢复发放证明”“无工作收入证明”“无业证明”等8种证明材料。对政务服务流程进行优化改造，42项事项实现即来即办，与以往办事相比，减少流程50余项，压缩办理时限100多个工作日，有效避免群众多头跑、往返跑等现象，办事效率显著提升。深入实施“互联网+人社”行动计划，加强社会保障“一卡通”建设，推动在信息查询、社保费缴纳、待遇领取、医疗费用即时结算等业务中的普遍应用，实现“同城同待遇”，更好地让参保人员享受方便、快捷服务。推广应用“临沂智慧人社”手机APP、自助服务终端等多种服务方式，努力实现“最多跑一次，就近能办事、争取零跑腿”。

【机关党建】 坚持以习近平新时代中国特色社会主义思想为指导，牢固树立和贯彻落实新发展理念，坚持以落实全面从严治党要求为主线，紧紧围绕服务中心、建设队伍这一核心任务，以政治建设为统领，深入推进党风廉政建设，机关党建各项工作都取得新的成效，营造风清气正的政治生态，为人社事业高质量发展提供坚强的政治和纪律保障。

健全体制机制，着力推动主体责任落实。临沂市人力资源和社会保障局党组高度重视机关党的建设，把机关党的建设列入局党组重要议事日程，坚持与业务工作同谋划、同部署、同检查，成立工作领导小组，制定工作要点，细化责任清单，分解落实任务，使党建工作融入业务工作全过程。局党组书记认真履行“第一责任人”的领导责任、用人责任、保障责任、管理责任，带头抓工作部署、抓任务分解、抓难点推进、抓督查落实，开展党员领导干部“双重组织生活”制度，党组班子成员带头参加支部组织生活，带头到所联系支部讲党课、听党课。

打造过硬党支部。以创建党建示范点为契机，坚持“支部唱主角”，各支部主动作为，创造性地开展工作，探索形成各具特色、务实管用的优秀支部工作法，一支部“四抓四促”工作法、三支部“五个一”工作法和仲裁院党支部“六同”工作法被临沂市直机关工委评为“优秀支部工作法”。对党支部落实“三会一课”、组织生活会、民主评议党员、主题党日等从时间、内容、程序等方面进行规范，制定印发《党内谈心谈话制度》，认真落实“主题党日”制度，坚持典型引路，引导广大党员干部对标争先，牢记宗旨，进一步提高政治站位，认真履职尽责。开展述职述廉活动，严格落实基层党支部“双向述职评议考核”，实现年初有部署、年中有调度、年底有考核。推进行业系统党建，重点围绕日常考核、现场考核、综合评价三个部分，建立责任明确、考核规范、评价科学、奖惩分明的党建工作责任制考评体系，推动行业系统党建工作向纵深发展。

强化党员队伍管理。突出抓好学习教育。扎实开展“大学习、大调研、大改进”活动，通过集体学习日、周五固定学习日、主题党日、廉政自省日等形式，积极开展集中学习、交流研讨，实现理论学习常态化、组织生活规范化、党性实践具体化。开展中心组学习16次，各党支部开展党员集中学习90余次，共举办人社业务大讲堂15期、主题党日活动14次。认真抓好日常管理。充分发挥党支部教育管理党员主体作用，抓实抓细党员奉献积分管理。窗口服务单位设立党员先锋岗，开通“临沂人社机关党建”微信公众号，建立党内关怀激励机制，组织开展党员“政治生日”活动，重温入党誓词，促使广大党员干部坚定理想信念、强化宗旨意识、永葆政治本色。切实加强流动党员管理。通过日常查找、集中排查、重点攻坚等举措，对流动党员信息及时更新完善。坚持与时俱进，发挥“互联网+”优势，建立流动党员微信群、QQ群，开设“移动课堂”，打造“网上党校”，创新流动党员管理模式。

推动党员转作风树形象。成立行风建设监督检查专项组，加大日常巡查暗访力度、加大执纪问责强度，实行局领导干部带班巡查制度，采取不打招呼、直奔现场的方式，深入各科室、单位以及乡镇街道人社所等服务窗口开展明查暗访。深入开展纪律作风集中整顿活动，围绕“六查六看”突出问题清单，开展“自我画像”“开门画像”“互相画像”活动。突出专项整改，实行销号管理，围绕“单位层面”“业务层面”“上级层面”三个方面，细化梳理内控制度51项。坚持“一个支部是一个堡垒”“一名党员就是一面旗帜”，推行“综合柜员制”服务，落实首问责任制、限时办结制等服务模式，树立“立说立行、马上就办”的工作作风，优化办事流程、简化办理手续，有效提升服务效率和质量，群众满意度不断提升。畅通市民诉求渠道，整合“12345”市民服务热线和“12333”政策咨询热线，接听受理热线电话10万余个，在线咨询3万余条，办理工单3000多个。

（临沂市人力资源和社会保障局）

聊城市

2018年，聊城市人力资源社会保障部门坚持心系群众、服务大局，锐意创新、奋发作为，各项工作取得长足进展，为促进全市经济社会科学发展作出积极贡献。聊城市人力资源和社会保障局被省政府评为全省就业工作先进集体，被市委、市政府评为综合考核二等奖、安全生产、计划生育、平安建设、创建森林城市等先进单位；被省人力资源社会保障厅评为“全省人社系统宣传工作先进集体”，被人力资源社会保障部办公厅评为“宣传工作先进单位”；成功创建国家级社会保险标准化“先行城市”；连续8年保持省级文明单位荣誉。

【就业创业】 城镇新增就业7.24万人，完成年度任务的144.8%；城镇登记失业率控制在3.05%，优于省市控制指标0.75个百分点，就业局势保持稳中向好态势。

公共就业服务。开发建设聊城公共招聘网，平台注册用人单位2000多家，注册个人用户3万多人，发布提供就业岗位16万个，为各类求职者免费提供足不出户的求职服务。先后组织开展“春风行动”“民营企业招聘周”“下岗失业退役军人就业创业服务月”“金秋招聘月”等系列就业服务活动，举办各类招聘会100多场。规范培训流程，强化培训监管，开展就业创业培训2.9万人，完成年度任务的116%。

创业带动就业。2个乡镇、10个社区顺利通过省级创业型街道（乡镇）评估验收。阳谷电商产业园被评定为省级创业孵化示范基地。开展双创先进典型推荐选树活动，选树33名创业之星，充分发挥身边创业典型的示范带动作用。放宽创业担保贷款申请条件，创业者本人及其家庭成员有商业银行其他贷款记录的，其贷款结清后可申请创业担保贷款；对获得市级以上荣誉称号的创业人员可取消反担保，提高贷款可获得性，发放创业担保贷款 3.76 亿元。

高校毕业生就业。非师范类生源高校毕业生 22874 人，其中博士毕业生 136 人，硕士毕业生 1665 人，本科毕业生 10192 人，专科毕业生 10881 人。接收整理毕业生档案 1.6 万份，审核省外院校毕业生信息 1600 人次，就业协议鉴证 1100 人次，办理改派手续 600 多人次。新增市级就业见习基地 10 家，征集见习岗位 3956 个，为 15 家见习单位 433 名见习毕业生落实见习补贴 134.3 万元。完成 2018 年“三支一扶”招募工作，招募大学生 118 名。积极开展高校毕业生就业创业政策“市场行”“校园行”活动和高校毕业生就业服务月、服务周活动，提供岗位 2.3 万个，指导大学生就业 1500 多人，高校毕业生登记就业服务率达到 94.1%。引导大学生自主创业 1142 人，完成任务的 103.3%。

重点群体就业。抓好困难群体就业工作，开发公益性岗位 491 个，城镇失业人员再就业 1.62 万人，困难人员再就业 3044 人。强化就业精准扶贫，帮助 192 名贫困人员实现转移就业；开发安置农村扶贫专项公益性岗位 142 人；联合扶贫部门制定《聊城市加快推进就业“扶贫车间”发展的实施方案》。推进与重庆彭水县劳务扶贫协作工作，制定《鲁渝劳务扶贫协作工作实施方案》，与彭水县签订《鲁渝劳务扶贫协作协议》，累计为彭水县贫困人员开发定制就业岗位 300 余个，在彭水县开展苗家刺绣培训班 2 期、培训学员 60 名，就近就地转移就业 200 人，来鲁就业 85 人。

【社会保障体系建设】 各项社会保险扩面征缴工作均圆满完成年度的任务目标，基金征缴总额达到 164.1 亿元，按时足额拨付各项社保待遇 155.5 亿元。

城镇企业职工养老保险。参保职工 46.59 万人，完成年度任务的 100.5%；征缴基金 46.25 亿元，完成年度任务的 125.4%。做好连续第十四次调整企业退休人员养老金工作，为符合条件的 14.5 万名企业退休人员调整养老金，月人均增资 149 元。企业离退休人员 15.2 万人，按时足额拨付离退休费 46.78 亿元，基金累计结余 37.75 亿元。

机关事业单位养老保险。圆满完成省直驻聊单位参保工作，参保总人数 15.09 万人，完成年度任务的 105.72%。征缴基金 28.39 亿元（含职业年金 7.82 亿元），完成年度任务的 143.7%。机关事业单位离退休人员 5.77 万人，按时足额拨付待遇 32.48 亿元。强化基本养老保险费征缴和待遇支付的稽核监督，审计稽核在职人员 5.7 万人，核查享受待遇人员 1.93 万人。

城乡居民社会养老保险。参保居民达 304.35 万人，征缴基金 20.89 亿元。按时足额为 94.48 万名 60 周岁以上符合条件的老年居民发放养老金 14.05 亿元，社会化发放率达 100%，平均每人每月领取养老金 126 元（其中基础养老金 118 元），基金累计结余 47.01 亿元。全力推进被征地农民养老保障工作，累计落实个人账户资金 20 亿元、其中 2018 年 6 亿元，惠及失地农民 38.91 万人。积极实施居民养老保险精准扶贫，为 48672 名贫困人口代缴保费 486.72 万元，补贴 146.02 万元。

退管服务。15.8 万名企业退休人员全部纳入社区管理，全部完成待遇领取资格认证工作，服务率达到 100%。开展退休人员网上协助认证，全市上传居住外地退休人员信息 4456 份，接收外地协助认证信息 2933 份，认证率均保持 100%。

医疗保险。基本医疗保险参保人员达 562.56 万人，其中参保职工 64.09 万人，参保居民 498.47 万人，分别完成年度任务的 101.7%、100%。职工医疗保险征缴基金 23.58 亿元，完成征缴任务的 107.8%；基金支出 21.4 亿元。提高居民医疗保险政府补助标准，由每人每年 450 元提高到 490 元；居民医疗保险基金收入 32.5 亿元，基金支出 37.01 亿元。全面推开职工长期护理保险制度，市直长期护理保险定点医院由 4 家增加到 15 家。转发省人力资源社会保障厅《关于进一步健全完善居民大病保险制度的通知》，提高大病保险支付比例和最高支付限额。积极推进医疗保险市级统筹，制定《关于进一步完善基本医疗保险市级统筹工作的通知》。进一步深化医疗保险支付方式改革，会同聊城市物价局、聊城市卫生和计划生育委员会审定公立医疗机构 155 个单病种付费标准，试行按病种收费模式。加强医疗保险基金总额控制，印发《关于做好 2018 年度居民基本医疗保险基金总额控制有关工作的通知》。

失业保险。参保人员36.69万人，征缴基金1.54亿元，分别完成年度任务的100.6%、134.2%。严格执行阶段性降低失业保险费率政策，累计为参保企业减负7700万元。累计为6597名失业人员发放失业保险金4381.5万元。积极落实失业保险支持企业稳定岗位政策和支持参保职工提升技能政策，为105家参保企业发放稳岗补贴610.7万元，为25名参保职工落实技能提升补贴4.35万元。

工伤保险。工伤保险参保职工52.57万人，征缴基金1.9亿元。为4728名工伤职工拨付工伤保险待遇1.8亿元，基金累计结余4.1亿元。抓好省级工伤预防城市试点，创新工伤预防培训新模式，实施“现场互动与持续改善式工伤预防培训”项目，开展“一对一”互动式、精准化培训。邀请工伤预防培训专家深入全市21家试点企业开展现场风险评估，发现隐患934处，提出改善建议1110条。

生育保险。生育保险参保人数26.17万人，完成全年任务的103.9%；基金征缴12254万元，完成全年任务的116.7%。拨付生育保险待遇10963万元，累计结余32928万元。

其他工作。召开全市全民参保登记工作调度督导会议，完成入户调查工作任务；参加全国全民参保登记工作推进会，现场展示全民参保登记工作成果。积极创建全国社会保险标准化建设“先行城市”，顺利通过人力资源社会保障部考核组验收。加快社会保障卡发行工作，制作发放职工社保卡55万张。加强社会保险基金监管，开展城乡居民养老保险经办机构内部控制、养老保险基金专项审计整改工作。

【人才队伍建设】 **创新体制机制**。制定《关于进一步加强高层次高技能人才引进工作的实施意见》《聊城市有突出贡献的中青年专家选拔管理办法》《中共聊城市委聊城市人民政府关于做好新形势下引进外国人才工作助推新旧动能转换的实施意见》《关于进一步强化人才支撑助推新旧动能转换的实施意见》等文件，配套印发20个实施细则，在项目、资金、服务等方面实行全面突破，打造富有聊城特色的人才新政体系。

高层次人才队伍。7月，举办“聚力新旧动能转换·服务高质量发展——院士专家聊城行暨智汇水城高端论坛”活动，邀请50名海内外高层次院士专家来开展技术帮扶，现场解答技术难题31个，提出拟合作项目6项。聊城市经济技术开发区成功入选山东省首批10家省级专家服务基地。聊城市疾病预防控制中心、山东太平洋光纤光缆有限公司和山东奥克特生物科技有限公司3家单位批准设立山东省博士后创新实践基地。制定《聊城市博士后工作管理办法》，拨付博士后资金资助274万，新引进11名博士进站工作。

引进国外智力。12月13—15日，成功举办“中国·聊城外国专家交流洽谈会”，来自美国、英国、俄罗斯、乌克兰、波兰等12个国家的48名高层次人才，与160余家企事业单位洽谈对接，达成初步合作意向58项，现场签订框架合作意向书32项。邀请国内外顶尖专家学者来聊传经送宝，举办荷兰专家食用菌栽培技术、德国专家高端装备制造、美国专家精准健康管理等系列讲座。赴俄罗斯、波兰、英国、匈牙利、芬兰开展2次招才引智活动，聊城市政府与俄罗斯科学院新西伯利亚分院签订《国际人才交流合作协议书》，举办系列引智引才推介会，与多个外国专家组织和企业达成合作关系。

高技能人才培养。技工院校共招收新生5437人，毕业4610人，就业4499人，就业率达97.6%。抓好“金蓝领”培训工作，培训学员1560人。积极开展行业、企业职业技能竞赛活动，组织参加国家、省各级各类职业技能竞赛活动，3人获得“山东省技术能手”，3人被评为“山东省突出贡献技师”，2人荣获“全国石油和化工行业技术能手”荣誉称号；鲁西集团在第14届中华技能大奖和全国技术能手评选活动中荣获“国家培育技能人才突出贡献单位”荣誉称号。开展职业技能鉴定2.61万人，新增高技能人才4959人，完成下达任务150%。

人才管理服务。新增齐鲁首席技师2人、泰山产业领军人才科技创业类（海外）1人、省有突出贡献的中青年专家1人。举办市内招聘会、校园招聘活动、招才引智活动等58场。筹建人才服务“一站式”平台，受理认定企业引进的硕士以上高层次人才115人。走访慰问人才代表，组织

124 名管理期内的优秀高层次高技能人才和外国专家进行健康查体，连续四年举办高端专家休假考察活动，组织 30 名专家赴外地休假。

职称评审。制定印发《关于做好 2018 年度职称评审工作的通知》，规范评审程序，加强监督检查，加大公开力度，接收审核 26 个系列 2546 份申报材料，其中正高级材料 149 份，副高级材料 1694 份，中级材料 703 份。

【人事制度改革】 **人事考试**。组织人事考试 29 项，服务考生 7.3 万人，办理、审核、发放各类证书及成绩单 8500 本（份）。实施省级人事考试标准化考点建设项目，对聊城职业技术学院、东昌路小学共 100 个标准化考场进行升级改造，建设市级人事考试标准化考点指挥平台。

公务员管理。圆满完成 2018 年公务员考录工作，录用公务员 274 人。举办公务员初任培训班、基层公务员能力提升培训班、职业道德培训班和基层公务员依法行政培训班，培训公务员 365 人。指导冠县和莘县承办省公务员“送教上门”扶贫专题培训，培训基层公务员 300 余人。组织 19 个单位共 115 名人员转为行政机构（参照管理单位）的过渡审核和登记工作。组织推荐孔繁森为全国改革先锋候选人，并在 12 月 18 日庆祝改革开放 40 周年大会上被中共中央、国务院予以表彰。

事业单位人事管理。圆满完成 2018 年事业单位公开招聘工作，新聘工作人员 2363 人。完成全市市直事业单位工作人员、机关工勤人员年度考核工作，考核 13633 人。按照分级管理原则，做好岗位动态调整和岗位聘用备案工作。完成阳谷县、茌平县、冠县、临清市、经济技术开发区 5 个县（市、区）增设基层卫生高级专业技术岗位核准备案工作，共增设高级岗位 147 个。10 月，将县（市、区）及乡镇事业单位岗位设置方案核准权限下放到县一级人力资源社会保障部门。

涉军安置维稳。严格落实安置计划，妥善安置军转干部 142 人、随调家属 7 人。抓好自主择业军转干部管理服务，落实困难企业军转干部解困维稳政策，按时为企业军转干部发放生活补贴。抓好退役士兵专项公益性岗位开发安置工作，累计安置退役士兵 1305 人，及时落实社会保障政策，切实维护大局稳定。

【工资收入分配制度改革】 **机关事业单位工资管理**。审批市直机关事业单位年度考核称职（合格）以上人员正常晋升级别工资或薪级工资 2 万余人。开展公立医院薪酬制度改革试点工作，制定《聊城市公立医院薪酬制度改革试点工作实施方案》，选取聊城市第四人民医院和聊城市传染病医院作为试点医院。印发《聊城市事业单位引进急需紧缺人才薪酬管理办法（试行）》。对规范津贴补贴发放、防治“吃空饷”问题等情况开展专项督导检查。按时调整机关事业单位基本工资标准，提高离休人员离休费。

企业工资收入分配管理。调整全市最低工资标准，自 6 月 1 日起，执行最低工资标准为月最低工资 1550 元、小时最低工资 15.5 元。公布 2018 年度企业工资指导线、社平工资标准。会同聊城市国有资产委员会审核市管有关国有企业主要负责人、副职 2017 年度薪酬有关情况、市管有关国有企业主要负责人、副职 2015—2017 年度任期激励薪酬、考核分配系数等有关情况。

【劳动关系协调和权益维护】 **全面落实维稳政策**。全力抓好退役士兵专项公益性岗位管理工作，市直安置 1305 名退役士兵专项公益性岗位人员。严格落实困难企业军转干部解困维稳政策，及时申请发放生活补贴，做好重要节点稳控工作，企业军转干部保持总体稳定。配合有关部门，抓好困难企业社保政策落实、硫酸厂破产等重点工作。

劳动人事争议调解仲裁。制定《关于加强劳动人事争议仲裁服务工作制度的意见》，规范劳动人事争议调解协议仲裁审查确认程序。建立基层调解组织 2032 个，调解员队伍达到 7307 人，实现大中型企业、基层人力资源社会保障服务平台调解组织全覆盖，事业单位调解组织组建率达到 50%。举办劳动人事争议仲裁员、调解员业务能力提升培训班。受理劳动人事争议 1351 件，涉及劳动者 1462 人，涉案金额 3658 万元，按期结案率 100%。

劳动保障监察执法。大力开展农民工工资支付、劳动保障年检等执法活动，检查用人单位

4170户次，涉及劳动者32.46万人次，催缴社会保险费226.63万元，责令用人单位为3283名劳动者补发工资1731.2万元。加强部门联动，涉嫌犯罪移送公安部门案件3件，申请法院强制执行案件4件，对存在严重违法行为的3个单位进行行政处罚。持续发挥苏鲁豫皖四省劳动监察联动协作机制作用，与4省9市签署劳动监察联动协作协议书。先后组织“双随机、一公开”专项检查、农民工工资支付专项检查等检查9次，检查用人单位3739户、涉及劳动者35.5万人次。办理投诉举报、市长热线、局长信箱和上级交办等各类案件151件，省人力资源社会保障厅、市政府交办案件6件，异地协查1件，结案率保持在98%以上。在《聊城日报》《聊城晚报》等新闻媒体发布相关信息20余篇，开展法律政策讲座4场，赴企业、社区宣传法律法规4次，发放《农民工维权手册》1万册。

【标准化、信息化、一体化建设】 全面开展人力资源社会保障“标准化、信息化、一体化”三化建设，按期完成社会保险业务标准化建设，7月，新型“一体化新核三”系统正式上线运行。积极进行网络改造和政务系统对接，重新调整网络配置，分设政务外网行政服务域和公共服务域；与多个政务系统进行对接，实现信息资源交互，满足“放管服”改革和“一次办好”要求。稳步推广使用社保卡功能，明确医疗保险个人账户划转到社保卡；部分县（市、区）已通过社保卡发放城乡居民养老金、技能补贴等。投资450多万元，升级改造市本级人社综合服务大厅，并投入使用。进一步规范建设“12333”人力资源社会保障咨询热线平台，大力打造“12333”便民服务品牌，热线接通率和群众满意率在全省名列前茅。

（聊城市人力资源和社会保障局）

滨州市

2018年，滨州市人力资源和社会保障部门紧紧围绕“民生为本、人才优先”的工作主线，牢牢把握稳中求进的工作总基调和“争一流、上水平”的工作定位，大力实施就业优先战略，持续兜牢织密社会保障网，人力资源社会保障工作稳中有进。医保支付方式改革走在全国前列，助力公立医院综合改革工作被国务院通报表扬。顺利完成社会保险征缴扩面任务，企业养老保险市级统收统支、大病保险、12333政务公开平台、社保卡发行应用及人社服务“三化”建设等走在全省前列。

【就业工作】 大力实施更加积极的就业政策，就业形势保持稳定。城镇新增就业4.2万人，完成年度目标任务的116.9%。城镇登记失业率2.6%，控制在省、市下达的3.6%年度目标范围内。高校毕业生总体就业率达到98.4%，完成年度目标任务的115.8%。

就业服务。开展“春风行动”“高校毕业生春季招聘月”“高校毕业生服务半岛蓝色经济区人才招聘会”“民营企业招聘周”“民营经济人才服务月”“青年创业就业推介”“特殊及困难家庭毕业生就业推介”等系列求职招聘活动，采取人力资源市场招聘、企业招聘、校园招聘、乡镇大集招聘、平面新闻媒体招聘、网络招聘等多种形式，活动场次多，声势大，影响广。加大就业服务信息推送力度，为344家用工单位发布用工信息，采集招聘岗位信息1万余条，办理求职登记0.8万人。举办各类大中型招聘会60余场，参加招聘会企业累计达900多家，提供就业岗位5万余个。

创业带动就业。累计创建省级创业示范平台6家，创业型街道（乡镇）4个，创业型社区12个，“四型”就业社区20个。在“山东省第四届创业大赛”中，滨州市推荐选手获返乡创业组一等奖。发放个人创业担保贷款334笔，发放金额3801万元，直接扶持创业 334 人，带动就业 1267 人。

就业扶持。落实公益性岗位、企业吸纳就业困难人员社保、岗位补贴和就业困难人员灵活就业社会保险补贴政策，促进就业困难人员多形式就业，为 3794 名就业困难人员发放社保、岗位补贴 2591.4 万元，为 1919 名就业困难人员发放灵活就业社保补贴 729 万元。积极开发互助式农村公益扶贫岗位，用于安置建档立卡适龄贫困人口，新增开发农村互助扶贫公益岗位 556 个，完成年度目标任务的 278%，累计享受农村公益性岗位补贴 779 人。

高校毕业生就业创业。认真组织实施“高校毕业生就业服务月（周）”和“高校毕业生就业网络招聘月（周）”、第六届大中城市联合招聘高校毕业生专场活动等高校毕业生就业服务专项活动，积极推进高校毕业生就业创业。深入实施大学生创业引领计划，制定鼓励引进大学生来滨州市就业创业政策。规范管理大学生创业载体和就业见习基地，新增 4 家高校毕业生就业见习基地、4 家大学生创业孵化基地，累计建成市级以上大学生创业载体 35 家，市级以上就业见习基地达到 105 家。

援企稳岗。进一步规范落实失业保险支持企业稳定岗位促进就业政策，启动援企稳岗“护航行动”，在全省第一个开发并上线新的援企稳岗“护航行动”系统模块，全程信息化服务，做到符合条件的企业随时申请、即时审核、按月拨付，在全省失业保险经办会议上作典型发言。为 504 家企业发放稳岗补贴 1213.4 万元，涉及职工数 9.9 万人。

就业扶贫。编制《滨州市人社系统扶贫政策一本通》，建立人社系统脱贫攻坚工作问题台账，开展多形式的就业扶贫活动，贫困劳动力实现就业 327 人，全面完成省人力资源社会保障厅和省扶贫开发办公室下达的就业任务。认真做好东西扶贫协作，加强与奉节县的对接力度，滨州市领导先后两次带队赴奉节县对接鲁渝扶贫协作，落实来鲁就业奉节籍建档立卡贫困人口 62 人，鲁渝劳务扶贫协作贫困人员就业 211 人，均超额完成省下达目标任务。

【社会保障】 扎实做好全民参保工作，以非公有制单位职工、个体灵活就业人员、农民工为重点，加大征缴力度，引导积极参保，各项社会保险参保人数均顺利完成省下达年度目标任务。企业职工养老保险、工伤保险、生育保险、医疗保险、失业保险参保人数分别达到 50.8 万人、49.2 万人、33.1 万人、61.7 万人、41.2 万人；居民医疗保险、养老保险参保人数分别达到 319.4 万人、190.6 万人。

社保待遇。提高各类社会保险待遇，居民基础养老金最低标准由每月 100 元提高到 118 元，企业退休人员人均月增资 120 元，机关事业单位退休人员人均月增资 195 元。为 67.9 万名 60 周岁以上城乡居民发放养老金 10.8 亿元；为 4.3 万名机关事业单位退休人员发放养老待遇 23.4 亿元；为 15.1 万名企业退休人员发放养老待遇 36.8 亿元。开通可跨省异地就医联网医院 41 家，全市跨省异地就医住院费 1.1 亿元，医保基金先后为 3376 人次支付医疗费用 4593.7 万元。全面落实大病保险政策，居民大病保险已补偿 15.1 万人次，赔付 1.6 亿元，居民大病保险受益率 0.65%。

居民基本医疗保险支付方式改革。全面推行按病种付费、按人头付费、按床日付费等多元复合型居民基本医疗保险支付方式。参保居民公立医院次均住院费用 8167 元，较改革前下降 394 元，平均降幅 4.6%，参保居民公立医院住院个人负担次均 4431 元，较改革前下降 248 元，平均降幅 5.3%，医疗机构住院费用快速增长的势头得到有效遏制。10 月，制定《滨州市居民基本医疗保险支付方式改革方案》（滨人社发〔2018〕54 号），扩大病种组数量达到 160 种。

职工长期护理保险。在市直、开发区、高新区试点实行职工长期护理保险制度的基础上，印发《滨州市职工长期护理保险定点服务机构协议管理试点方案》（滨人社字〔2018〕109 号）、《滨州市长期护理保险失能评估试行方案》（滨人社办发〔2018〕2 号）、《滨州市职工长期护理保险费用结算试点方案》（滨人社字〔2018〕163 号）三个配套文件，开发长期护理保险信息系统。首批 32 名符合条件的失能人员享受待遇，其中家护失能12人，共计拨付待遇8.7万元。

社保精准扶贫。认真实施政府为贫困人口代缴居民养老保险参保费政策，继续做好重度残疾人居民养老保险代缴工作。为1.1万名重度残疾人和2.6万名建档立卡贫困人员缴纳居民基本养老保险费，5041名重度残疾人提前5年享受居民养老保险待遇。全面落实医保扶贫政策，分别为6.2万人次、2.2万人次建档立卡贫困人口支付医疗保险待遇11126.4万元、1652.4万元。

【人才队伍建设】 **高层次人才队伍**。积极打造“海纳工程·出彩滨州”招才引智活动品牌，组团参加中国国际人才交流大会、第十届“海洽会”等人才推介活动，签订协议15份，达成合作意向25个，发布人才需求信息222条。组团赴荷兰、芬兰和瑞典开展人才推介活动，并在瑞典建立海外引才联络站。成功举办“服务乡村振兴战略助力新旧动能转换——高端专家服务滨州活动”，45位优秀专家为推动新旧动能转换、服务乡村振兴战略积极建言献策，共举办专题讲座5场，培训600余人次，达成合作意向27项。成功举办“2018渤海英才·博士故乡行”活动，邀请114名海内外高层次专家来滨洽谈交流合作，达成初步合作意向30余项。国家级人才工程实现新突破，山东龙马重科有限公司的西班牙铸造专家朱熹巴等3名专家获批国家外专局资助150万元；成功入选泰山产业领军人才工程2人，“外专双百”计划2个，齐鲁友谊奖1人，引进“外专千人计划”专家1人。获批2018年度引智示范推广项目3个，出国（境）培训项目1个，外国专家系列讲座项目1个，国批示范推广项目3个，8个项目共获批省级资助260万元。

专业技术人才队伍。落实《关于深化职称制度改革的实施意见》要求，将15个系列的中级职称评审权限放权主管部门。围绕乡村振兴战略，印发《加强基层专业技术人才队伍建设的意见》和《关于增设基层高级专业技术岗位有关问题的通知》等政策措施，增设74个基层高级专业技术岗位，为基层人才的使用和培养营造良好的环境。积极推荐优秀企业和单位申请博士后科研工作站，重点扶持11家博士后科研工作站和6家博士后创新实践载体，给予进站工作的博士优厚待遇。落实各类专家选拔推荐和学术带头人培养计划，新增3名省级突贡专家，评选出10名“十佳滨州专业技术带头人”。

技能人才队伍。新增高技能人才2130人，超额完成省定任务。积极完成国家、省高技能人才的选拔推荐工作，5人获评齐鲁首席技师，1人获评全国技术能手。做好市级高技能人才的表彰评价工作，对选拔出的10名“十佳滨州首席技师”、20名滨州市突出贡献技师、11名滨州市技术能手进行表彰。积极组织选手参加全国及省级技能选拔赛，5人入选世界技能大赛山东选拔赛集训队，为历年来最好成绩。加大高技能人才培训力度，完成省下达滨州市的120名“金蓝领”培训任务。

【人事制度改革】 **公务员管理**。积极稳妥完成2018年度公务员考录工作，共录用公务员396名。加大从本土优秀人才中招考公务员力度，面向优秀城市社区、村党组织书记考录公务员7名，面向长期在乡镇（街道）工作人员考录公务员43名，面向退役大学生士兵考录公务员5名，面向残疾人考录公务员1名，获得良好的社会反响。按时完成2017年1.2万名公务员年度考核备案工作，2236人获优秀等次。

事业单位人事管理。深入贯彻落实《山东省事业单位竞聘上岗试行办法》，指导各事业单位规范开展岗位设置和岗位聘用工作。规范有序开展事业单位公开招聘工作，发布招聘计划1642个，审核备案县区简章13份。结合聘用制度和岗位管理制度的要求，规范年度考核等次比例和结果使用，落实乡镇基层事业单位优秀比例20%的政策。在乡镇事业单位和基层卫生计生服务机构增设基层高级专业技术岗位，共设置基层高级专业技术岗位251个。加强创新创业政策落实，大力支持和鼓励事业单位专业技术人员创新创业。

考试鉴定。严格执行国家和省市关于人事考试的制度要求，完成27项、19453人的考试报名和资格审查工作，完成16项、69694人的考试考务工作，发放证书7200余本，人事考试“零雷同率”。开展职业技能鉴定9049人，发证7915人，其中高技能人才2130人，超额完成省定任务。在山东开泰集团进行试点的基础上，创新制定《滨州市企业技能人才自主评价工作方案（试行）》，全面推开企业技能人才自主评价模式，构建起企业自主评价、政企共同认定的评价机制，打通技能人才培养、共认和上升通道。

【收入分配制度改革】 **机关事业单位工资管理**。认真执行国家机关事业单位基本工资政策和标准，做好机关事业单位基本工资正常调整工作，完成日常调资任务。继续做好法院、检察院工资制度改革试点工作。启动公立医院薪酬制度改革试点。县以下机关公务员职务与职级并行制度平稳运行。规范津贴补贴发放秩序，进一步明确机关事业单位各类津贴补贴及资金的执行范围和标准。制定精神文明奖标准，进一步激发广大干部职工干事创业的积极性。建立机关事业单位防治“吃空饷”长效机制，在全市机关事业单位开展自查。

企业工资管理。及时落实最低工资标准和企业工资指导线，6 月起，对全市最低工资标准和非全日制用工小时最低工资标准进行调整，调整后的最低工资标准为滨城区（含滨州经济技术开发区、高新区）、博兴县、邹平县月最低工资标准为 1730 元，小时最低工资标准为 17.3 元；其他县区分别为 1550 元、15.5 元。对 230 家企业 9 万余名企业员工的薪酬状况进行调查，发布 2018 年度人力资源市场指导价位，涉及职位（工种）数 155 个。稳妥推进国有企业负责人薪酬制度改革，薪酬兑付工作有序开展。

【和谐劳动关系构建】 **劳动关系协调**。逐步健全劳动关系三方协调机制，定期召开联席工作会议。稳步推进劳动用工备案工作，新增备案企业 529 家、备案职工 1.8 万人，总数达到 1717 家、20 万人。做好劳务派遣企业行政许可和年检工作，完成 22 家劳务派遣企业的行政许可审批和 3 家企业的特殊工时行政许可审批工作，完成 51 家劳务派遣企业年检工作，依法吊销 3 家企业的劳务派遣许可证，维护劳务派遣市场的和谐稳定。

劳动人事争议调解仲裁。完善劳动人事争议多元处理机制，强化裁审衔接，推动当期结案率、调解成功率、线上办案率、一裁终局率等提升。受理劳动人事争议案件 5143 件，涉及职工 9423 人。其中仲裁机构立案受理 3771 件，仲裁机构当期结案率 91%，各类劳动人事争议调解组织受理 1372 件，调解结案率 88.2%。劳动人事争议调解成功率 64.2%。

劳动保障监察执法。受理投诉举报 1856 起，立案查处 936 起；办结上级转办案件 4 起，按期结案率 100%，所有案件零差错。积极开展 2017 年度劳动保障监督审查，审查用人单位 1250 家，涉及职工 20.9 万人，督促补签劳动合同 1.2 万份，下达责令改正指令书 132 份。开展清理整顿人力资源市场秩序、农民工工资支付情况、小型企业用工情况等专项执法检查，规范用人单位的用工行为。为进一步提高用人单位守法诚信意识，制定《关于 2017 年度滨州市人力资源社会保障守法诚信 A 级单位和先进个人的通报》（滨人社字〔2018〕31 号），对 58 家守法诚信 A 级单位和 61 名先进个人进行表彰。

【信息化建设】 全面提升人社服务“标准化、信息化、一体化”建设水平，推动线上线下经办服务资源融合升级，构建“一窗办、一网办、一卡办、一话办”的人社服务模式。优化门户网站，改版“网上服务大厅”，移动端微信、APP 功能不断丰富。完善社保卡应用服务，提升网站、微信、APP、自助终端、12333 电话对社保卡服务的支撑，将 9 项主要业务下沉至银行服务网点，实现省内异地社保卡的本地互认。社保卡持卡人数达到 386 万人，被确定为全国第二批电子社保卡和第三代社保卡试点城市。12333 电话服务提质增效，提供服务 129.9 万次，其中咨询服务 19.3 万次、经办服务 0.6 万次、综合业务短信推送 27 万条、社保卡业务短信推送 83 万条。升级完善“智慧社保”平台，养老金资格申领认证开启“刷脸”模式。积极推进信息整合共享，对接大数据中心服务平台，18 类 198 项信息资源实现不落地实时共享。

【法制建设】 提升执法规范化水平，完成 74 项行政处罚事项网上办理搭建工作，完成 6 名执法人员资格年检和 20 名新申领执法资格人员业务培训工作。创新普法宣传方式，利用“法制人社”

微信群、“普法宣传”微信群宣传法制人社建设工作，提升普法宣传效果。组织全体干部职工参加良法竞赛、全国社会保障法治知识竞赛，提升全体干部职工知法守法意识。加强执法案卷的自查自纠，实现执法案卷评查制度化。抽调外国专家来华工作许可、劳动监察执法等行政许可、行政处罚案卷参与评查工作，并及时做好整改。与工商部门组建联合执法队伍，推行“双随机一公开”执法模式，对121家市场主体进行抽查。

【自身建设】 **党风廉政建设**。认真执行民主集中制，严格执行“三重一大”民主决策报告制度。认真贯彻执行中央八项规定和实施细则精神，严格执行财务管理制度，规范各项公务活动，坚决杜绝奢侈浪费等现象。突出权力运行监督制约，编制“权力清单”“责任清单”“行政审批清单”和“公共服务清单”，规范行政执法行为。认真落实领导干部公开接访和下访制度，加强对各项权力的制约监督和对重点领域、重点科室单位的运行监督。进一步加强反腐倡廉教育，坚持开展正面宣传和反面警示，教育引导党员干部筑牢思想防线。

工作作风建设。狠抓系统行风建设和“一次办好”改革，高标准推动人社领域“三化”建设。共梳理出“一次办好”事项119项（行政权力事项40项、公共服务79项），实现“一次办好”事项“全覆盖”。成功疏解15项堵点问题，精简证明材料11项，新增“零跑腿”服务事项5项。

（滨州市人力资源和社会保障局）

菏泽市

2018年，菏泽人力资源社会保障部门紧扣“突破菏泽、鲁西崛起”重要战略机遇期新内涵，紧紧围绕新旧动能转换、乡村振兴、脱贫攻坚、“双招双引”等重点工作，坚决贯彻落实市委市政府和省人力资源社会保障厅的各项决策部署，在民生、人才方面集中发力，担当作为、狠抓落实，人力资源和社会保障工作取得了新进展、新突破。

【就业创业】 把促进就业作为重要的政治任务和改善民生的头等大事，大力实施就业优先战略，“更高质量和更充分就业工程”持续发力，全力确保了就业形势稳定。全市新增城镇就业7.8万人，城镇登记失业率控制在3.5%以内。

重点群体就业。举办各类高校毕业生就业招聘会60余场，提供就业岗位5万余个。高校毕业生登记就业服务率94.5%，实现城镇失业人员再就业2.1万人，就业困难人员就业5600人。认真组织开展“就业援助月”等就业服务专项活动，并取得显著效果。

促创稳岗政策。扩大就业创业政策受益范围，将个人创业者扶持范围扩大到农村自主创业农民、高校毕业生、转业退伍军人等十大群体。发放社会保险补贴2008万元、公益性岗位补贴4243万元；发放创业担保贷款6.9亿元，扶持带动就业2.1万人；全面落实稳岗补贴政策，稳定就业岗位3.6万个。

平台载体建设。认定创业示范平台73家，其中省级创业示范平台6家；创建省级创业型城市4个，创业型街道6个，“四型就业社区”77个；菏泽市创业大学被评为省级示范创业大学。组织参加山东省第四届创业大赛，菏泽市返乡创业项目《大集舞会》获返乡下乡组特等奖，有2个项目分别获得创新团队组一等奖、三等奖。组织有持续发展和领军潜力的45位初创企业经营者参加山东省“创业齐鲁训练营”，进行高层次进修学习和交流考察。

技能培训体系不断完善。全面推广“企业订单、劳动者选单、培训机构列单、政府买单”的四单式培训，初步形成覆盖城乡劳动者的职业培训体系。完成就业技能培训4.4万人，创业培训1.7万人；技工院校在校生达到2万人。

【返乡创业】 坚持把返乡创业作为助推高质量发展、加快新旧动能转换、实施乡村振兴战略的动力引擎，大力实施“归雁兴菏”行动，全力推动“资金回流、产业回乡、人才回归”。目前，有16.1万人返乡创业就业，在各个领域领办创办实体6万个，带动就业45万人。11月，全省返乡下乡创业现场推进会在郓城召开，菏泽市返乡创业工作经验在全省推广。返乡创业工作被中国就业促进会评为“2018年地方就业创新事件”。

完善政策支撑。印发《菏泽市推进返乡创业工作三年行动计划（2018—2020年）》，为近三年返乡创业工作提供全面指引。挂牌成立返乡创业承办银行，开辟返乡创业人员金融服务绿色通道，全市农商银行储备100亿元资金，专项用于对返乡创业人员及创业项目的支持。

平台建设。在大中城市新建147家市县级返乡创业服务站，目前已累计建立市、县级返乡创业服务站213家，覆盖全国省会城市和发达地区的返乡创业服务网络逐渐完善。逐步推进在外人员信息库、返乡创业项目库建设，现已统计具备返乡创业条件的在外人员信息10万余条。打造11处高标准返乡创业园区，为返乡创业提供强有力的支持和广阔的发展空间。

项目推介。2月召开全市返乡创业工作会议。4月、12月分别在成都和南京召开双招双引返乡创业项目推介会。举办6次返乡创业项目集中签约仪式，签约项目65个，投资额达384亿元。

【社会保障】 通过完善政策体系、加强基金监管、优化经办服务等措施，社会保险制度体系稳健运行，待遇水平稳步提升，经办管理服务质量显著增强。

全民参保计划。社会保险覆盖范围逐步扩大。医疗保险覆盖914万人，参加基本养老保险578万人、失业保险40万人、工伤保险65万人，各项社会保险基金总收入218亿元，全部超额完成年度目标任务。扎实推进被征地农民社会保障工作，被征地社保专户资金已经落实到个人账户15亿元，完成比例86.5%。

养老保险制度改革。企业职工养老保险建立统收统支的市级养老保险制度，居民基本养老保险建立待遇确定和基础养老金正常调整机制。制定异地参保和转移接续便利措施，建立更加便捷的社会保险转移接续机制。积极稳妥推进机关事业单位养老保险制度改革，做好按新制度计发养老保险待遇工作。企业离退休人员养老待遇实现14年连续增长，居民养老保险基础养老金提高至118元。22.7万名机关、企事业单位离退休人员和147.4万参保老年人养老待遇均及时足额发放。

医疗保障体系。推动实施职工长期护理保险制度，制定《菏泽市职工长期护理保险实施办法》，加快形成“医养康护”相结合的医疗保障体系。持续做好异地就医联网结算工作。积极推行按病种、按项目、按服务单元、按人头结算等办法，按病种付费总数达到163个。大力实施医疗保险经办服务便民化举措，推行社保卡替代就诊卡，直接在医院挂号、就诊、结算；参保人员就医费用报销时限由3个月缩短至20个工作日。

工伤和失业保险。建立“先参保再开工”工作机制，交通运输业等工程建设项目工伤保险参保率达到100%。扩大失业保险基金使用范围，保障企业稳岗补贴、技能提升补贴、创业带动就业扶持政策的高标准落实。

社会保险基金管理。健全内控体系，完善经办规程，把好社保基金“收、支、管”三条线，严厉查处欺诈套取社保基金行为，全面加强社会保险基金管理风险防控工作。养老、失业、工伤保险业务实现省集中以后，社保业务经办更加规范，权力运行更加公开透明。

【人才服务】 认真贯彻落实“双招双引”工作部署要求，实行刚性引进与柔性引进并举，“服务家乡人才工程”实现多点突破。新增2家省博士后创新实践基地和1家省级乡村振兴专家服务基地，5个项目入选省级引智项目计划。泰山产业领军人才科技创业类（海外）工作取得新的突破，2名高级专业技术人员成功入选山东省有突出贡献的中青年专家，8名高技能人才被评为“齐鲁首席技师”。

“归雁兴菏”引才力度持续加大。依托返乡创业服务站，在深圳、西安、济南、成都、北京成立5个招才引智工作站，在德国柏恩成立菏泽市第二个海外招才引智工作站。组织参加山东省第十届海洽会，与专家学者现场签约人才技术项目合作协议12个。

人才配套政策。成立菏泽市人力资源和社会保障局招才引智工作小组，印发《菏泽市人力资源和社会保障局招才引智工作实施推进方案》。配合菏泽市委组织部研究制定《菏泽人才新政30条》后，先后制定12个配套文件和实施细则，确保各项新政落实落地。

高技能人才。菏泽工程技师学院被省人力资源社会保障厅确定为山东省中德智能制造技能人才双元培养试点单位，并与德国莱茵科斯特有限公司签订“中德双元人才培养合作协议”，实现德国双元制人才培养本土化。印发《菏泽市首席技师选拔管理办法》，认真实施“金蓝领”培训项目，新增高技能人才1567人。

科学精准服务。成立菏泽市高层次人才服务绿色通道联席会议工作小组，按照“一对一”标准为高层次人才配备服务专员，推广“一站式”“一条龙”人才服务模式，为63名高层次人才发放“山东惠才卡”。

【人事制度改革】 全面推动人事制度改革向深层次迈进、宽领域拓展、科学化转型，综合发挥岗位设置、职称评审、绩效工资的激励导向作用，着力提高机关事业单位人员的“人岗相适度”，人事管理更加科学精准。

绩效工资激励。制定《关于进一步加强市属事业单位绩效工资规范管理的意见》，建立事业单位绩效工资实施情况联合督查机制。完善以增加知识价值为导向的绩效工资分配奖励机制，对高层次人才集中的高校、公立医院、科研机构核定绩效工资总量时适当倾斜；对高层次人才实行更加灵活的分配方式，支持科研人员通过科技成果转化获得合理收入。

职称制度改革。下放中小学教师中级职称评审权限，首次开展基层卫生高级职称评审工作，制定《菏泽市卫生、基层卫生高级职称评审绿色通道暂行规定》，突破单位岗位限制，为有真才实学、创新能力强的卫生专业技术人员提供职称晋升通道。完善职称评价标准，结合菏泽实际，增加考察环节，注重其实际贡献，真正做到向基层倾斜，向有实绩的人倾斜。

机关事业单位人员待遇保障落实。对全市各县区基层工作人员正常福利待遇落实和保障情况进行专项检查。积极做好治理“吃空饷”工作，举办全市机关事业单位防治“吃空饷”工作及工资业务培训班，对长效机制建立情况进行集中督导检查。

完成各项招录。实行“阳光考录”“阳光招聘”，打造公开、公平、公正的考试环境，招考公务员542人，公开招聘事业单位人员4790人，招募“三支一扶”大学生95人；组织5.7万人参加人事考试，将人力资源社会保障部组织的人事考试审核权限全部下放到县区。

【劳动关系】 坚持标本兼治，着力防风险、化矛盾，劳动关系总体保持和谐稳定。积极贯彻企业工资政策，推进国有企业负责人薪酬制度改革，精心组织开展企业薪酬调查，及时发布最低工资标准、工资指导价位和企业工资指导线，最低工资标准提高到每月1550元，切实维护职工权益；全面推进劳动合同制度的实施，劳动合同网上备案签订率达到99.8%。

农民工工资治欠保支。牵头住房和城乡建设、公安、发展和改革委员会等12个部门成立菏泽市保障农民工工资支付工作专班，在全市范围内组织开展两次农民工工资支付专项检查，处理拖欠工资案件264件，涉及农民工4970人，清欠农民工工资7205.8万元，涉嫌拒不支付劳动报酬罪移送公安案件3件，未发生因拖欠农民工工资引发超过50人的群体性事件和极端性事件。

防范劳动关系领域风险。帮助指导事业改企业单位贯彻落实《劳动合同法》的有关规定，建立和完善企业用工、劳动合同管理、企业工资分配和企业内部规章制度。调整菏泽市协调劳动关系三方机制，制定劳动关系和谐企业、和谐试验区评选认定标准和办法，把劳动关系是否和谐纳入企业评选先进单位和对单位负责人评选人大、政协代表资格范围。强化劳动保障监察执法，大力推广“双随机、一公开”工作机制，全面实行随机抽查，完善联动处理机制，劳动监察举报投诉案件结案率保持在100%，扎实推动劳动保障守法诚信建设。

劳动人事争议处理。完善调解仲裁机制，持续推进调解仲裁规范化、标准化、专业化和信息化建设，守好化解矛盾纠纷的“第一道防线”。重点抓好仲裁队伍建设工作，进一步充实和拓展仲裁员队伍，不断提升调解仲裁队伍法律业务素质和争议调解能力。172个乡镇街道都建立劳动争议调解组织，新建或重新调整的企业劳动争议调解委员会688个，事业单位人事争议调解组织608个，劳动人事争议仲裁结案率在93%以上。受理劳动人事争议433件，涉及劳动者507人，通过调解和仲裁为职工挽回经济损失1924万元。

【脱贫攻坚】 全面落实国家、省、市关于打赢脱贫攻坚战的战略部署，着力兜底线、保基本，扎实推进“精准扶贫工程”，在脱贫攻坚工作中发挥重要职能作用。

就业扶贫。形成到村到人的就业扶贫数据库，组织开展多形式的结对帮扶和公益岗安置活动。建档立卡贫困人口实现转移就业6205人，为124个扶贫车间发放一次性奖补资金70.4万元。

社保扶贫。全力推进贫困人员社会保险全覆盖，为5.9万名贫困人口代缴养老保险费，为4976名重度残疾人提前发放养老金。建档立卡贫困人员参加居民基本医疗保险74.8万人，209万人次享受医疗保险待遇，农村贫困人口大病医疗费用个人自负比例降到10%以下。

技工教育扶贫。通过实施“雨露计划”和落实“五免一享”政策，帮助接受技工教育或职业培训的贫困家庭学生（学员）实现就业愿望。技工院校招收贫困家庭子女224人。

部门扶贫。联系的单县谢集镇6个行政村，32个自然村，共有居民4471户，16000余人，其中贫困户525户，1071人。通过开展调查摸底、积极建设扶贫车间、联系扶贫项目，举办扶贫募捐、就业扶贫招聘会等系列活动，先后为6个行政村建设扶贫车间7处，争取扶贫资金400多万元，新建大队部3处，硬化广场1000多平方米，打井53眼，为18户贫困户进行危房改造，救助贫困生13人。贫困户已实现全部脱贫。

【智慧人社】 牢固树立互联网思维，大力做好信息化建设，全力以赴推动“智慧人社工程”，公共服务更加便捷高效。

社会保险“三化”建设省级集中。社保数据信息顺利迁入省人力资源社会保障厅数据库，社会保险“三化建设”省级集中工作如期完成。社保业务办理从人工内部传递变为系统自动推送、线上传递，杜绝社保业务“体外循环”或手工办理现象，极大缩短群众办事时间。结合菏泽社会保险工作实际，对社会保险标准化服务事项进行逐一梳理，并强化工作队伍建设，对社会保险经办人员进行系统培训，以适应“综合柜员制”要求，提高社会保险经办标准化服务水平。

医保智能监控系统。医保智能监控系统在试点医院正式上线运行，对医保系统中的医疗费用数据进行大数据筛选和分析，全面监控定点医疗机构的医疗服务行为，发现一些日常监管过程中难以发现的违规问题，有效提升医疗服务监督管理水平。

智能服务。完成菏泽市居民养老保险和居民医疗保险自助缴费项目实施工作，目前已经实现通过手机APP缴费。在菏泽市人力资源和社会保障局门户网站开辟“社会保险个人网上服务”专栏，参保人员可随时自助查询社保信息。持续推行社保卡的发放和应用，深化社保卡线上线下应用，提升用卡服务水平。

【作风建设】 坚持问题导向、强化底线思维，深入查找工作存在的问题和不足，认真贯彻落实全省人社系统行风暨“四百工程”建设行动工作部署，把作风建设引向深入，积极打造“阳光人社”。

着力更新观念。在全市人社系统开展加强行风建设行动，坚决防止和克服形式主义、官僚主义卷土重来，切实破除官本位思想和“好人主义”。8月，召开全市人社系统党风廉政建设暨推进“一次办好”改革工作会，着重要求全市人社系统工作人员要把讲政治、转观念、强服务刻在骨子里，融入血液中，适应从职权部门到民生部门、从“管理者”到“服务员”的转变，增强责任担当意识和服务意识，全力抓好各项工作落实。11 月，专门召开党组扩大会议，深入查摆分析在形式主义、官僚主义方面存在的问题，要求对号入座、抓紧整改，坚持问题导向，转变工作作风。

“一次办好”改革。深入推进“一次办好”改革，公布 146 项“一次办好”事项清单，行政权力事项和公共服务事项共减少申请材料 85 项，办理时限平均缩短 1/2。开展“进社区、进企业、进家庭”三进调研活动，倾听群众诉求，以群众反映强烈的痛点、难点问题为导向，疏解堵点问题 40 余项。

窗口服务。在菏泽市人力资源和社会保障局综合服务大厅实行领导带班制度，每天一名局领导干部和正科级干部在大厅带班值班，实行 AB 角保持不空岗，不间断巡视窗口，重新选派一批工作能力强、整体素质好的业务骨干充实到服务窗口，要求所有科室从科长到一般同志一律到窗口一线服务，与窗口后台科室负责人签定责任状，每月进行一次全面通报。针对不同服务对象，开展有针对性服务，着力打造高效温暖的服务环境。

【机关党建】 始终把党的建设作为一项长期性重要工作紧抓不放，坚持与时俱进，坚持贴近实际、贴近工作，牢牢把握工作主动权，不断增强广大党员干部“政治意识”“大局意识”“核心意识”“看齐意识”。

学习习近平新时代中国特色社会主义思想。结合“两学一做”学习教育和“大学习、大调研、大改进”活动，深入学习习近平新时代中国特色社会主义思想、党的十九大精神和习近平总书记视察山东特别是视察菏泽时的重要讲话及重要指示精神。制定《全面贯彻学习十九大工作方案》，列出详细的时间表和推进计划。菏泽市人力资源和社会保障局党组书记、局长孙慧为全体党员干部上一堂题为《深入学习十九大精神，全面开创人社工作新局面》的主题党课。邀请菏泽市委宣讲团作《学习贯彻习近平新时代中国特色社会主义思想》宣讲报告。积极参加“灯塔——党建在线”网上学习和答题活动，在线学习党章、党规、十九大精神和习近平总书记系列讲话精神。

坚守纪律规矩守住廉洁底线。建立风险防控制度，加强对权力运行的监督制约，开展岗位风险排查工作，从工作岗位的角度仔细查摆每个环节、部位可能存在的隐患和问题，并以此为基础建立岗位风险防控体系，确定风险点责任人。坚持不懈地推进党风廉政建设，注重源头防腐，从机制、制度上入手，根据现象分析原因，大力加强制度建设，从制度上预防腐败问题发生。菏泽市所有业务在系统中阳光操作，公共服务向基层延伸，社保业务办理流程更加优化，权力运行公开透明，从源头清理容易滋生腐败的土壤。

精神文明创建。认真贯彻落实全市创建全国文明城市工作会议精神，自觉履行牵头职责，积极搞好网格内创城工作的统筹协调工作。主动对接包联社区，进行实地查看调研，共商文明创建事宜。开展清扫活动，组织干部职工 260 余人身穿“创城马甲”，分别到包联社区清理墙体小广告，分捡垃圾，清除卫生死角，整顿治理环境卫生，共清理卫生死角 400 余处，清理电线杆、建筑外墙小广告等城市“牛皮癣”1300 余处。协调包联单位分别到包联社区开展创城问卷调查，发放调查问卷 600 余份，走访群众 1200 人次，普及讲解“创城”知识以及调查问卷的相关内容。积极参加文明劝导、文明出行活动，出动 20 人次参加 5 次指挥文明交通。

（菏泽市人力资源和社会保障局）

政策法规

一、就业创业

山东省人民政府
关于进一步稳定和扩大就业的若干意见

（2018 年 12 月 16 日　鲁政发〔2018〕30 号）

各市人民政府，各县（市、区）人民政府，省政府各部门、各直属机构，各大企业，各高等院校：

为深入学习贯彻习近平新时代中国特色社会主义思想和党的十九大精神，全面落实党中央、国务院关于稳就业的重大决策部署，进一步做好稳定和扩大就业工作，按照《国务院关于做好当前和今后一个时期促进就业工作的若干意见》（国发〔2018〕39 号）要求，结合我省实际，制定如下意见。

一、支持企业稳定就业

1. 降低企业社会保险费和进出口企业成本。企业职工基本养老保险单位缴费比例继续按 18% 执行。对用人单位和职工失业保险缴费比例总和从 3% 阶段性降至 1% 的现行政策，2019 年 4 月底到期后延续实施。（省人力资源社会保障厅、省财政厅牵头负责）2019 年 1 月 1 日至 2020 年 12 月 31 日，对连续 3 个月以上无力支付职工最低工资或无法正常生产经营 3 个月以上、仅为职工发放生活费的企业，企业可按缓缴社会保险费有关规定提出申请，经批准后暂缓缴纳社会保险费，缓缴期间免收滞纳金。（省人力资源社会保障厅、省医保局、省税务局牵头负责）清理规范涉企收费，2018 年年底前公示口岸政府性收费目录清单，清单外一律不得收费。〔省政府办公厅（省口岸办）、省发展改革委牵头负责〕进一步降低进出口企业成本，完善出口退税政策，加快出口退税进度，扩大出口信用保险覆盖面。（省商务厅、省税务局、青岛海关、济南海关牵头负责）

2. 实施积极失业保险稳岗返还政策。上年度失业保险基金结余具备两年以上失业保险待遇支付能力的统筹地区（含省本级），对依法参保缴费、不裁员或少裁员的参保企业，可返还企业上年度实际缴纳失业保险费的 50%；对 2019 年 1 月 1 日至 2019 年 12 月 31 日面临暂时性生产经营困难且恢复有望、坚持不裁员或少裁员的参保企业，可按上年度 6 个月的企业及其职工缴纳社会保险费的 50% 返还，返还按现行稳岗补贴政策规定办理。企业享受返还政策时，不再享受失业保险稳岗补贴政策。上述资金由失业保险基金列支。（省人力资源社会保障厅、省财政厅牵头负责）

3. 支持企业稳定劳动关系。支持困难企业与工会开展集体协商，采取调整薪酬、在岗培训、弹性工时、轮岗轮休等方式，稳定就业岗位和劳动关系。规范裁员行为，裁减 20 人以上或裁减不足 20 人但占企业职工总数 10% 以上的，裁减人员方案须提交企业职代会审议通过，向当地人力资源社会保障部门报告，并按规定支付经济补偿、清偿拖欠被裁减职工的工资。（省人力资源社会保障厅、省总工会牵头负责）

二、发展经济扩大就业

4. 提高经济发展的就业弹性。把就业作为宏观调控的下限，加强经济政策与就业政策协调，形成有利于就业增长的经济发展模式。全面推进新旧动能转换重大工程，提高“十强”产业吸纳就业能力，做好化解过剩产能职工分流安置工作，促进新旧动能转换与扩大就业联动。（省发展改革委、省人力资源社会保障厅牵头负责）

5. 拓宽就业渠道。巩固民营经济、小微企业就业主渠道，支持实体经济、民营经济高质量发展，稳住就业基本盘。（省发展改革委、省工业和信息化厅牵头负责）推动就业创业、社会保险政策服务向新就业形态覆盖。（省人力资源社会保障厅、省医保局、省税务局牵头负责）加快发展现代服务业，支持发展家庭服务业，提高服务业从业人员比重。（省商务厅、省人力资源社会保障厅牵头负责）大力培育专业大户、家庭农场、农民合作社、农业企业等新型农业经营主体，扩大职业农民就业规模。（省农业农村厅牵头负责）

6. 鼓励企业吸纳就业。2019 年 12 月 31 日前，对商贸企业、服务型企业、劳动就业服务企业中的加工型企业和街道社区具有加工性质的小型企业实体招用自主就业退役士兵和登记失业人员，符合规定条件的，在 3 年内按自主就业退役士兵每人每年 6000 元标准、登记失业人员每人每年 5200 元标准，定额扣减增值税、城市维护建设税、教育费附加、地方教育附加和企业所得税，到期未享受满 3 年的，可继续享受至 3 年期满。（省财政厅、省税务局、省人力资源社会保障厅牵头负责）2019 年 1 月 1 日起，对招用就业困难人员的社会保险补贴，扩大到五项社会保险，增加工伤保险、生育保险。（省人力资源社会保障厅、省财政厅、省医保局牵头负责）

三、鼓励创业带动就业

7. 促进创业环境升级。进一步提升企业开办便利度，全面推进企业简易注销登记改革。在不违背相关规定的前提下，允许小微企业和自由职业者，将住宅、公寓登记注册为营业场所。（省市场监管局、省住房城乡建设厅牵头负责）推动创新创业高质量发展，打造“双创”升级版，培育更多充满活力、持续稳定经营的市场主体，创造更多就业岗位，实现创新、创业、就业良性循环。（省发展改革委、省科技厅、省人力资源社会保障厅牵头负责）2019 年起，省政府每年继续从失业保险基金结余中安排不少于 10 亿元的创业带动就业扶持资金，支持创业带动就业。（省人力资源社会保障厅、省财政厅牵头负责）各市在按规定留足支付失业保险待遇资金和应对失业风险资金基础上，可继续从失业保险基金结余中安排创业带动就业扶持资金。（各市人民政府负责）创业带动就业扶持资金政策执行至国务院修订的《失业保险条例》正式实施之日。

8. 加大创业金融支持。发挥政府性融资担保机构作用，引导更多金融资源支持创业就业。各地政府性融资担保机构应积极为符合条件的小微企业提供低费率的担保支持，提高小微企业贷款可获得性。（省地方金融监管局、省工业和信息化厅、省财政厅、人民银行济南分行、山东银保监局按职责分工负责）加大创业担保贷款支持，将个人创业担保贷款最高贷款额度由 10 万元提高至 15 万元；小微企业当年新招用符合创业担保贷款申请条件的人员数量达到企业现有在职职工人数的 25%（超过 100 人的企业达到 15%）并与其签订 1 年以上劳动合同的，可申请最高不超过 300 万元的创业担保贷款。完善创业担保贷款激励机制，按各地当年新发放创业担保贷款总额的 1%，奖励经办银行、创业担保贷款基金运营管理机构等单位，引导其进一步提高服务创业就业的积极性。（省财政厅、省人力资源社会保障厅、人民银行济南分行牵头负责）

9. 构筑创业发展高地。鼓励省属企业、科研院所、高校和相关公共服务机构建设具有独立法人资格的孵化机构，为初创期、早中期企业提供公共技术、检验检测、财税会计等服务。（省国资委、省科技厅、省教育厅牵头负责）运用省级创业带动就业扶持资金，支持建设省级创业创新示范综合体，推动人才链、资金链、产业链、创新链全要素集聚。（省人力资源社会保障厅牵头负责）支持科技孵化载体建设，打造“众创空间 + 孵化器 + 加速器”科技创业孵化链条。（省科技厅牵头负责）

鼓励各地建设重点群体创业孵化载体，为创业者提供低成本场地支持、指导服务和政策扶持，按照购买服务方式给予创业孵化载体最长3年奖补。支持稳定就业压力较大地区免费为失业人员自主创业提供经营场地。（各市人民政府负责）鼓励建设“互联网+”创业培训平台，加大创业教材资源开发，加强创业导师队伍建设，提高创业服务水平。（省人力资源社会保障厅牵头负责）

10. 完善创业税收及补贴政策。2019年12月31日前，对从事个体经营的自主就业退役士兵和持《就业创业证》（或《就业失业登记证》）人员，按规定在3年内按每户每年9600元为限额依次扣减当年实际应缴纳的增值税、城市维护建设税、教育费附加、地方教育附加和个人所得税。到期未享受满3年的，可继续享受至3年期满为止。（省财政厅、省税务局、省退役军人厅、省人力资源社会保障厅牵头负责）2019年起，降低一次性创业补贴、创业岗位开发补贴申领门槛，取消社会保险费缴费时限要求。推动小微企业名录系统信息共享，扩大创业补贴受益面。（省人力资源社会保障厅、省财政厅、省市场监管局牵头负责）

11. 鼓励支持各类群体创业。支持鼓励事业单位专业技术人员在职创办企业、离岗创业，离岗创业期间保留人事关系，发放国家规定的基本工资。（省人力资源社会保障厅、省财政厅、省科技厅、省教育厅牵头负责）引导鼓励大学生创业，把创新创业教育和实践课程纳入高校必修课，允许大学生用创业成果申请相应专业学位论文答辩。（省教育厅、省人力资源社会保障厅牵头负责）支持农民工等人员返乡下乡创业，扩大结合新型城镇化开展支持农民工等人员返乡创业试点，将农村自主创业农民纳入创业担保贷款支持范围。（省发展改革委、省农业农村厅、省人力资源社会保障厅、省财政厅牵头负责）定期举办创业大赛，组织开展“大学生十大创业之星”“十大返乡创业农民工”“十大创业导师”等创业典型选树活动，营造大众创业浓厚氛围。（省人力资源社会保障厅牵头负责）

四、扩大培训改善就业

12. 推行终身职业技能培训制度。适应新旧动能转换要求、劳动者就业创业需要，建立推行覆盖城乡全体劳动者、贯穿劳动者学习工作终身的职业技能培训制度，全面提升劳动者就业创业能力。（省人力资源社会保障厅、省教育厅牵头负责）深化产教融合，推动学科专业与“十强”产业精准对接，提高行业企业参与办学程度。（省发展改革委、省教育厅牵头负责）

13. 加强企业职工在岗培训。2019年1月1日至12月31日，困难企业组织开展职工在岗培训，所需经费按规定从企业职工教育经费中列支，不足部分经所在地人力资源社会保障部门审核评估合格后，可由就业补助资金给予适当支持，人均补助金额不超过当地职业培训补贴标准。生产经营出现较严重亏损的、连续3个月不能正常发放工资的或有20%以上职工处于待岗状态的，可认定为困难企业。2019年1月1日至2020年12月31日，将技术技能提升补贴申领条件由企业在职职工参加失业保险3年以上放宽至参保1年以上；将59项专业技术人员职业资格证书纳入补贴范围。所需资金由失业保险基金列支。（省人力资源社会保障厅、省财政厅牵头负责）

14. 面向失业人员开展培训。鼓励省内高校、职业院校、技工院校、职业培训机构和企业积极承担政府开展的失业人员就业技能培训和创业培训。对培训合格的失业人员给予职业培训补贴，具体标准由设区的市根据不同培训职业（工种）的成本、紧缺程度、培训时间等因素确定；2019年1月1日至2020年12月31日，对其中就业困难人员和零就业家庭成员，在培训期间再给予生活费补贴，补贴标准由设区的市参照当地最低工资标准的60%或最低生活保障线确定，补贴期限最长不超过30天，所需资金由就业补助资金列支。生活费补贴政策每人每年只享受一次，且不可同时领取失业保险金。（省人力资源社会保障厅、省财政厅牵头负责）

五、聚焦重点群体促进就业

15. 加大失业人员就业帮扶。实行失业登记常住地服务，失业人员可在常住地办理失业登记，申请享受当地就业创业服务、就业扶持政策、重点群体创业就业税收优惠政策，其中大龄、残疾、低保家庭等劳动者可在常住地申请认定为就业困难人员，享受就业援助。（省人力资源社会保障厅、省财政厅、省税务局，各市人民政府按职责分工负责）对符合条件的失业人员，及时发放失业保险金，其个人应缴纳的基本医疗保险费从失业保险基金中列支。2019年，对生活困难又不符合失业保险金领取条件的下岗失业人员，给予一次性临时生活补助，补助标准根据家庭困难程度、地区消费水平等综合确定，最高不超过当地月失业保险金标准的2倍，所需资金从就业补助资金中列支。对符合最低生活保障条件的，及时纳入最低生活保障范围。对符合临时救助条件的，加大临时救助力度。通过综合施策，帮助困难群众解困脱困。（省人力资源社会保障厅、省民政厅、省财政厅等有关部门和单位，各市人民政府按职责分工负责）

16. 促进以高校毕业生为重点的青年就业。实施高校毕业生基层成长计划，建立完善教育培训、实践锻炼、职业发展、管理服务全链条扶持措施，鼓励引导高校毕业生到基层就业创业、成长成才。（省委组织部、省人力资源社会保障厅、省教育厅、省财政厅、团省委按职责分工负责）将高校毕业生职业培训补贴范围，由毕业学年高校毕业生扩大至在校大学生。实施青年见习计划，2019年1月1日至2021年12月31日，将就业见习补贴范围由择业派遣期内离校未就业山东生源高校毕业生扩展至16—24岁失业青年，组织失业青年参加3—12个月的就业见习，按规定给予就业见习补贴，并适当提高补贴标准。（省人力资源社会保障厅、省财政厅、省教育厅、团省委牵头负责）规范用人单位和人力资源服务机构招聘行为，加大对“求职贷”“培训贷”等侵害高校毕业生就业权益行为打击力度。（省公安厅、省人力资源社会保障厅、省教育厅、省市场监管局牵头负责）

17. 促进农民工稳定就业。运用就业创业服务补助政策，动员各类市场主体和公共就业服务机构开展有组织的劳务输出，提高劳务组织化程度。（省人力资源社会保障厅牵头负责）农民工较为集中的地区，要加强对农民工的公共就业服务，帮助农民工留在当地、稳定就业。开展清理欠薪专项检查，严肃查处拖欠农民工工资案件。（省人力资源社会保障厅、省住房城乡建设厅、省交通运输厅、省水利厅，各市人民政府按职责分工负责）

六、压实责任保障就业

18. 压实各方责任。强化政府稳定和扩大就业主体责任，各级政府要提高政治站位，建立由政府负责人牵头、相关部门共同参与的工作机制。健全就业目标责任制，对真抓实干、成效突出的，给予表扬激励；对政策落实不到位、工作推进效果差、就业创业资金管理使用问题突出的，按相关规定追究责任。（各市人民政府负责）人力资源社会保障部门要统筹协调政策制定、督促落实、统计监测等工作。财政部门要加大资金支持力度，保障政策落实。其他有关部门和单位要立足职能职责，积极出台促进就业创业的政策措施，开展有利于促进就业的专项活动，共同做好稳定和扩大就业工作。引导企业特别是困难企业更多运用市场机制、经济手段，多渠道分流安置职工，依法处理劳动关系。引导广大劳动者树立正确就业观，通过自身努力实现就业创业。广泛调动社会各界积极性，形成稳定和扩大就业的合力。（各有关部门按职责分工负责）

19. 加强形势监测。强化底线思维，密切关注外部发展环境变化、企业生产经营及用工情况，建立重点城市、重点企业、重点群体就业监测制度，制定完善工作预案，提高风险应对能力。对企业生产经营困难停产停工、减时降薪等引发的群体性事件，要第一时间向上级人民政府和人力资源社会保障部门报告。（省发展改革委、省人力资源社会保障厅、省商务厅，各市人民政府按职责分工负责）

20. 完善政策执行方式。各级、各有关部门要积极开展政策宣传，向社会公布政策清单、申办流程、补贴标准、服务机构联系方式、监督投诉电话，深入企业宣讲政策、了解困难、做好帮扶。建立实名制管理服务信息系统，对申请享受就业创业扶持政策和就业创业服务的困难企业、下岗失业人员进行实名制管理服务。深化“一次办好”改革，推进就业失业登记、社会保险登记、劳动用工备案统一登记，进一步优化流程，精简证明，加强监管，确保各项政策资金规范便捷惠及享受对象。（各有关部门、各市人民政府按职责分工负责）

各市人民政府要完善工作推进机制，确保各项政策尽快落地。需要制定实施细则或办法的，相关部门要于本意见印发之日起30日内发布实施。

中共山东省委组织部、山东省人力资源和社会保障厅、山东省财政厅 关于印发山东省支持青年人才创新创业的若干措施的通知

（2018年2月11日　鲁人社发〔2018〕9号）

各市党委组织部、政府人力资源社会保障局、财政局，省直有关部门（单位），各大企业，各高等院校：

现将《山东省支持青年人才创新创业的若干措施》印发给你们，请结合实际认真抓好贯彻落实。

山东省支持青年人才创新创业的若干措施

为深入学习贯彻习近平新时代中国特色社会主义思想和党的十九大精神，培养造就一支有理想、有本领、有担当的青年人才队伍，充分发挥青年人才在推进人才强省战略、实施新旧动能转换重大工程中的生力军作用，根据《关于深化人才发展体制机制改革的实施意见》（鲁发〔2016〕22号）和《关于做好人才支撑新旧动能转换工作的意见》（鲁发〔2017〕26号）等规定，现就支持青年人才创新创业制定以下措施。

一、引进青年人才来鲁创新创业

（一）充分运用市场机制引进青年人才。鼓励社会力量积极参与高层次人才引进工作，遴选在推介高层次青年人才来我省创新创业中起直接、关键作用的中介机构、社会组织和个人，按规定给予奖励。鼓励建立山东省海外引才工作站，对年度评估为优秀和合格的工作站，按规定给予工作经费支持。探索实施重大引才活动服务外包。

（二）创新引进青年人才方式。以济莱协作区、青岛西海岸新区、济宁市、德州鲁北人才改革试验区和山东半岛国家自主创新示范区为改革平台，推进引进、培养、使用、激励青年人才和鼓励青年人才流动等政策先行先试，为全省青年人才创新创业政策创新突破提供可复制、可推广的经验。探索建立青年人才举荐制，推广“以赛代评”选拔创业人才，实现以才荐才、以赛聚才。支持各地“招院引所”，通过发展企业事业总部经济和设立分支机构，与高等院校、科研院所共建研究院所和产学研技术创新联盟，引进急需的青年人才。持续扩大“齐鲁之约”海外引才活动、“中国山东海内外高端人才交流会”“山东——名校人才直通车”等大型引才工作品牌效应，组织用人单位赴海内外招聘青年人才，省委、省政府免费提供宣传、摊位租赁等服务。

（三）重点引进海外青年人才。通过发挥我省留学人员协会、国际人才交流协会作用，加强与海外留学生组织、驻外使领馆等联系，积极拓展海外引才工作网络，大力引进海外青年人才。支持高校、科研院所引进海外知名高校毕业的博士研究生，符合条件的可优先纳入“泰山学者青年专家计划”予以支持。对有在国（境）外留学经历、回国后在我省经济社会发展建设中作出突出贡献的人员以省政府名义进行表彰，颁发“山东省留学人员回国创业奖”奖牌，并按规定给予奖金奖励。组织实施“留学人员来鲁创业启动支

持计划”，对创新能力强、发展潜力大、市场前景好的留学人员企业，在创办初始阶段按规定给予资金扶持。

（四）提高引进青年人才待遇。组织实施“企业博士（后）集聚计划”，国内重点高等学校或在国际公认的三大世界大学排名体系中排在前200名高校的博士毕业生进入省内企业博士后科研工作站进行研究的，在站时间每满1年可申领一次生活补贴，标准为5万元/年，最高补贴3年15万元；出站后留鲁工作并签订5年以上劳动合同的，可凭劳动合同及社保缴费证明等材料申领省财政一次性补贴15万元。引进的符合《山东省高层次人才服务绿色通道规定》的青年人才，享受住房保障、编制管理、职称评审、岗位聘用等绿色通道服务。鼓励有条件的市对全职引进的全日制博士和硕士毕业生发放安家和生活补贴。

二、培养青年人才创新创业能力

（五）培养造就一批青年领军人才。推荐优秀青年人才参加国家百千万人才工程、中国青年科技奖等评审。继续做好泰山学者青年专家计划、省青年科技奖等选拔工作。在组织“泰山”“齐鲁”系列人才工程、省有突出贡献的中青年专家、“外专双百计划”等选拔工作中，可专门拿出名额选拔40岁以下的青年人才或同等条件下予以优先推荐。

（六）支持青年人才主持承担科研项目。加大对省自然科学杰出青年基金获得者的支持力度，鼓励青年人才探索创新，省自然科学基金对40岁以下青年人才的支持比例逐步提高到60%，逐步完善以基础研究带动青年人才成长的科技人才培养体系。提高省社会科学规划项目中40岁以下青年人才资助比例。

（七）提高青年人才国际化水平。实施“山东青年英才开发计划”，每年选派300名左右优秀科技工作者、医务工作者、博士后研究人员以及企业经营管理人员到国（境）外知名高校、科研院所、医疗院所、企业等培训进修，所需经费省级给予一定资助，不足部分由留学人员所在单位或个人承担。

三、激励保障青年人才创新创业

（八）完善引进青年人才专业技术职务评审“直通车”。从海外引进的青年人才，不受本人国内任职和年限限制，按照业绩、能力、水平可直接申报相应的专业技术职务资格，其海外工作经历、学术和专业技术贡献，可作为参评依据。从省外引进的各级党委政府认定的高层次、急需紧缺的青年人才可直接申报相应层级的职称，其中入选省级以上重点人才工程的可直接申报正高级职称。

（九）为事业单位青年人才脱颖而出提供通道。事业单位在组织专业技术岗位竞聘上岗时，要突出专业技术人员的业绩和能力，打破论资排辈现象，促进青年人才脱颖而出。根据中央统一部署，开展实施事业单位管理岗位职员等级晋升制度试点，提高事业单位管理岗位青年人才待遇。建立事业单位岗位动态调整机制，由高等学校、科研院所根据规定自主设置岗位，报岗位主管部门备案，高等学校、科研院所可统筹使用中初级专业技术岗位引进青年人才。

（十）保障青年人才科技成果转移转化权益。高校、科研院所的青年人才科技成果转移转化扣除其处置过程中直接费用后，其净收入的70%以上可用于奖励个人和团队，收益分配事先有规定或者约定的，按照规定或者约定进行。科技成果转化奖励、通过公开竞标获得的非财政资金科研项目中用于青年人才的经费等收入纳入所在单位绩效工资总量管理，不作为绩效工资调控基数。引进高层次青年人才和团队等所需资助经费，不计入单位绩效工资总量。

高校、科研院所转化职务科技成果以股份或出资比例等股权形式给予青年人才奖励的，在取得股份、出资比例时，可按照《国家税务总局关于促进科技成果转化有关个人所得税问题的通知》（国税发〔1999〕125号）规定，暂不缴纳个人所得税。青年人才获得的股权激励、技术成果投资入股等按照《关于完善股权激励和技术入股有关所得税政策的通知》（财税〔2016〕101号）规定享受税收优惠政策。

（十一）分担青年人才创新创业风险。探索建立政府、银行和融资担保机构共同参与、共担风险机制和可持续的合作模式，通过资本金补充、担保费补助、风险补偿、贷款贴息等方式对金融机构担保青年人才贷款发生的风险给予合理补偿，引导和支持青年人才创新创业活动。支持保险机构通过投资创业投资基金、设立股权投资基金或者与国内外基金管理公司合作等方式，创新保险产品，分散青年人才创业风险。

四、鼓励青年人才合理流动

（十二）支持青年人才在岗或离岗创业。高校、科研院所等事业单位青年人才按规定离岗创业或者到企业兼职从事科技成果转化、技术攻关。离岗创业期间保留人事关系，发放国家规定的基本工资，人事档案由人事关系所在单位保管，工龄连续计算，依法继续在人事关系所在单位参加社会保险，离岗创业期间的社会保险费、住房公积金所需经费，由事业单位和离岗创业人员协商确定。离岗创业期间，离岗创业人员执行人事关系所在单位职称评审、培训、考核、奖励等管理制度。其他事业单位的青年人才也可提出申请，经所在单位和主管部门认定后可享受上述政策。

（十三）推动青年人才柔性双向流动。探索青年人才在高等院校、科研院所等事业单位与企业园区“双落户”制度。支持高校、科研院所设立一定比例流动岗位，吸引有创新实践经验的青年企业家和企业科研人才兼职。启动“千名博士进企业”活动，2018 年至 2022 年，每年选拔 200 名表现优秀的在高等院校、科研院所工作的博士，到提出需求的国有企业、非公有制企业挂职一年，由接收单位给予一定的工作生活补贴。挂职期间，不再承担原单位工作，视为基层工作经历，工资福利不变。开展高校新聘工程类教师企业任职经历试点，将企业任职经历作为高校工程类教师晋升专业技术职务的重要条件。健全完善社会保险关系转移接续办法，畅通青年人才跨地区、跨部门、跨行业、跨所有制流动渠道。

（十四）促进青年人才向基层一线流动。鼓励支持青年人才参加服务基层活动，开展教育、科技、文化、卫生等领域青年人才到基层挂职锻炼和兼职服务。继续落实免费师范生、免费医学生制度和组织基层青年骨干到省级单位访学研修。增设乡镇高级专业技术岗位，不占乡镇事业单位专业技术岗位结构比例总数。深化基层专业技术职称评审制度改革，对乡镇专业技术人才实行“定向评价、定向使用”，颁发乡镇专业技术职务资格证书，引导青年人才扎根基层一线工作。

各级各部门要充分认识支持青年人才创新创业的重要意义，将其列入重要议事日程。支持青年人才创新创业工作由省人才工作领导小组统一领导，省人力资源社会保障厅会同省委宣传部、省教育厅、省科技厅、省财政厅等有关部门组织落实。各部门要强化责任意识，加强协调配合，形成统分结合、上下联动、协调高效、整体推进的工作运行机制，制定实施细则，创造性地开展工作，确保各项支持措施落到实处。

中共山东省委组织部、山东省机构编制委员会办公室、山东省人力资源和社会保障厅、山东省教育厅、山东省民政厅、山东省财政厅、山东省水利厅、山东省农业厅、山东省卫生和计划生育委员会、共青团山东省委关于做好 2018 年高校毕业生“三支一扶”计划实施工作的通知

（2018 年 4 月 4 日　鲁人社发〔2018〕18 号）

为贯彻落实省委办公厅、省政府办公厅《关于进一步引导和鼓励高校毕业生到基层工作的实施意见》（鲁办发〔2017〕37 号），做好我省 2018 年高校毕业生“三支一扶”计划实施工作，现就有关事宜通知如下：

一、招募范围

省内普通高校 2016—2018 届全日制大学本科及以上学历毕业生，省外普通高校和国家承认学

历的海外高校 2016—2018 届全日制大学本科及以上学历的山东户籍毕业生。对 20 个脱贫任务比较重的县（市、区）（见附件 1）和长岛县，可适当放宽到专科学历。对 52 个省财政困难县（市、区）（见附件 2）、20 个脱贫任务比较重的县（市、区）和长岛县，可按照乡镇事业单位不高于招募计划 50% 的比例招募具有本县（市、区）或者周边县（市、区）户籍毕业生。取得高级工、预备技师职业资格的高级技校或技师学院全日制毕业生，分别按照全日制高职（大专）或本科毕业生报考符合条件的岗位。

二、招募条件

（一）理想信念坚定，对党忠诚，品德优良，遵纪守法，作风踏实，组织纪律观念强；志愿到基层工作，服务乡村振兴，服从组织安排。

（二）专业知识扎实，按时获得相应学制的毕业证书和学位证书；组织协调能力、分析解决问题能力和语言文字表达能力较强，有发展潜力，综合表现比较突出。

（三）具有中华人民共和国国籍，年满 18 周岁（2000 年 5 月 24 日以前出生）。

（四）身心健康，符合招聘事业单位工作人员的体检标准。

（五）具有下列情况之一的人员，不得报考：

1. 在读全日制普通高校非应届毕业生；

2. 现役军人；

3. 曾受过刑事处罚和曾被开除公职的人员；

4. 曾被基层服务项目录取过的人员；

5. 具有法律规定不得被聘用为事业单位人员的其他情形的。

各市可对职位需求、招募范围、专业及其他条件作出补充规定。

三、招募程序

（一）征集岗位信息

各市按照乡镇基层服务单位在编制和岗位空缺的前提下提出的岗位需求，进行整理汇总后，以 Excel 表格的形式于 4 月 27 日前报送至省"三支一扶"工作协调管理办公室。岗位需求要求包含以下字段：市、县（区）、所属单位、岗位编码、人数、岗位类型、分项、学历要求、学位要求、所需专业及相近专业名称、其他条件要求等（见附件 3）。各市在征集岗位过程中，对贫困边远地区、专业限制较高的岗位要适当予以合并，避免因达不到开考比例取消或核减岗位，造成岗位和考试资源的浪费。

（二）发布招募公告

2018 年 5 月中旬分别在"山东省人事考试信息网"（http://www.rsks.sdhrss.gov.cn）"山东高校毕业生就业信息网"（http://www.sdbys.cn）和"山东省教育厅高校毕业生就业网"（http://www.sdgxjy.com/），同步发布 2018 年山东省高校毕业生"三支一扶"计划招募公告及岗位信息。

（三）网上报名

1. 个人提交报名信息

报名时间：2018 年 5 月 24 日 9:00—5 月 28 日 16:00。

查询时间：2018 年 5 月 24 日 11:00—5 月 29 日 16:00。

报名人员登录山东人事考试信息网如实填报个人信息资料。每人限报一个岗位，兼报者取消报考资格。报名人员在资格初审前可修改报名信息，后一次自动替换前一次信息。一经初审通过，报名信息不能更改。

报名人员有恶意注册报名信息、扰乱报名秩序等行为的，查实后取消其本次报考资格。

2. 各市资格初审

初审时间：2018 年 5 月 24 日 11:00—5 月 29 日 16:00。

各市要指定专人负责资格初审工作（节假日不休息），及时查看本市网上报名情况，认真进行资格审查，确认初审结果。对未通过初审的，要说明理由；对提交材料不全的，应注明缺少的内容，退回报名人员，再行补充。各市在报名人员信息提交 2 小时后进行初审。网上报名期间，各市应安排专人接听咨询电话，提供咨询服务。

3. 个人报名确认

确认时间：2018 年 5 月 24 日 11:00—5 月 30 日 16:00。

报名人员在待审核期满后至查询截止时间前登录报名网站，查询初审结果。通过资格初审的人员，在规定时间内登录报名网站进行报名确认。报名确认后，方为报名成功；逾期未进行确认的，视为放弃报名。报名不收取考务费。

报名确认成功人员，应于 2018 年 6 月 26 日 9:00—6 月 30 日 9:30 登录报名网站打印准考证。

（四）笔试、资格复审及面试

笔试时间：2018 年 6 月 30 日 9:00—11:30。

笔试采取全省统一考试、统一标准、统一阅卷的方式进行。为保证新进人员基本素质，根据招募计划和笔试情况，确定笔试成绩最低合格分数线。考试科目为公共基础知识，凭笔试准考证和本人有效居民身份证（与报名时一致）参加笔试。

对于考试过程中的违纪违规行为，将参照《事业单位公开招聘违纪违规行为处理规定》（中华人民共和国人力资源和社会保障部令第 35 号）的有关规定处理。

根据笔试成绩，在笔试最低合格分数线以上，按照招募计划 1 ∶ 3 的比例，从高分到低分依次确定面试人选，并在报名网站予以公布。

各市“三支一扶”办公室严格按照岗位要求组织资格复审。因弃权或取消资格出现的职位上的人员空缺，按笔试成绩依次递补。笔试合格人数出现空缺的岗位，取消招募计划。达不到招募比例的，按实有合格人数确定面试人选。

8 月上旬，各市统一组织面试。面试考场设旁听席进行全程监督。根据笔试、面试成绩各占 50％的比例，按百分制计算考生的综合成绩。笔试成绩、面试成绩、考试总成绩均计算到小数点后两位数，尾数四舍五入。面试后，根据考生总成绩，等额确定体检人选，如考试总成绩相同，按笔试成绩从高到低确定体检人选。体检人选的面试成绩不得低于 60 分，其中面试人员形不成有效竞争的职位，拟确定为体检人选的面试成绩不得低于报考单位所在市同类职位（指同一服务类型）其他进入体检所有人选的面试最低成绩。

（五）体检

8 月中旬，各市“三支一扶”办公室组织在县级以上综合性医院进行体检，体检标准和项目参照《关于修订〈公务员录用体检通用标准（试行）〉及〈公务员录用体检操作手册（试行）〉有关内容的通知》（人社部发〔2016〕140 号）执行，国家另有规定的从其规定。报考人员不按规定时间、地点参加体检的，视作放弃。对按规定需要复检的，不得在原体检医院进行，复检只能进行 1 次，结果以复检结论为准。对体检不合格或放弃者，从报考该岗位的考生中按综合成绩依次等额递补，并按规定进行公示。

（六）确定招募人员名单

考试、体检合格的人员作为拟招募对象，由各市等额确定报省“三支一扶”办公室审定后，统一在“山东高校毕业生就业信息网”“山东省教育厅高校毕业生就业网”等网站进行公示，公示期为 5 个工作日。经公示无异议的，作为招募对象。拟招募人员名单公示后不再递补。资格审查贯穿招募工作全过程。发现报考人员有弄虚作假等违纪违规行为的，随时取消招募资格。

四、管理服务

（一）各市要对新招募的“三支一扶”人员及时进行岗前培训，培训内容主要包括两个方面，一是普及基层工作常识的公共类培训课程；二是分支农、支教、支医、扶贫等专业类培训课程，帮助其尽快适应岗位要求。8 月底前，安排新招募的“三支一扶”人员上岗。

（二）“三支一扶”人员服务期为 2 年，各市“三支一扶”办公室负责组织拟招募的“三支一扶”人员签订服务协议，并填写《2018 年高校毕业生“三支一扶”计划登记表》（见附件 4）。“三支一扶”人员的人事档案统一转至服务单位所在的县级人力资源社会保障部门公共就业和人才服务机构管理，党团组织关系转至服务单位。日常管理、年度考核等由基层服务单位和县（市、区）“三支一扶”办公室共同负责，乡镇党委、政府负责提供必要的工作生活条件。

（三）“三支一扶”人员享有服务协议规定的各项权利，要履行服务协议的各项义务，不得单方中止协议或擅自离岗。如因不可抗力因素或其他特殊原因不能继续服务的，要提出申请，经市“三支一扶”办公室同意并报省“三支一扶”办公室批准后，终止服务协议。

（四）各市“三支一扶”办公室要指定专人

管理、维护本地“三支一扶”工作管理信息系统，及时准确录入、更新“三支一扶”人员信息数据，9月上旬上报拟招募人员基本信息，完成期满服务人员信息更新，9月中旬前完成基本信息核校。及时总结经验做法，不断提高“三支一扶”工作科学化、规范化水平，12月中旬将年度工作情况总结上报省“三支一扶”办公室。

五、服务期满有关政策

按照省委办公厅、省政府办公厅《关于进一步引导和鼓励高校毕业生到基层工作的实施意见》（鲁办发〔2017〕37号）文件精神，本次招募“三支一扶”人员服务满2年且考核合格的，采取考核考察的方式公开招聘为乡镇事业单位工作人员，在聘用合同中约定5年的最低服务期限（含“三支一扶”计划服务年限）。“三支一扶”人员到岗服务视为参加工作，其参加工作时间按其到基层报到之日起算，同时计算工龄。

六、组织领导

“三支一扶”计划是重要的基层服务项目，是引导输送高校毕业生到基层工作的重要途径，是提升基层干部人才队伍整体素质、推动基层经济社会发展、巩固党的执政基础的有效手段。各地各部门要切实增强责任意识、大局意识，密切配合，做好2018年招募工作，充分发挥高校毕业生作用，为我省实施新旧动能转换重大工程，深入推进供给侧结构性改革提供强有力的人才支撑。各高校要积极做好宣传动员工作，鼓励应届毕业生积极报考“三支一扶”招募考试，投身基层干事创业。各市人力资源社会保障局要抽调精干力量，加强教育培训，熟悉有关政策，做好网上报名、资格审查、考试体检等工作；要耐心细致做好政策答疑，对不符合报考条件的人员，要依据政策加强正面思想引导，防止出现不良舆情；要严肃考试纪律，确保招募工作公开公正进行，对招募过程中违反操作规程、徇私舞弊、渎职失职的人员，依法依纪处理。

本次招募的相关信息在“山东人事考试信息网”“山东高校毕业生就业信息网”“山东省教育厅高校毕业生就业网”发布，考试报名及准考证打印在“山东人事考试信息网”上具体实施。招募工作中遇到的问题，请及时与省“三支一扶”工作协调管理办公室联系，把握不准的不得随意答复。

附件：

1.20个脱贫任务比较重的县（市、区）名单（略）

2.山东省财政困难县名单（略）

3.2018年高校毕业生“三支一扶”计划招募计划岗位需求表（略）

4.2018年高校毕业生“三支一扶”计划登记表（略）

山东省人力资源和社会保障厅
关于印发山东省就业创业资金风险防控和监督暂行办法的通知

（2018年5月2日　鲁人社发〔2018〕21号）

各市人力资源社会保障局：

为深入贯彻落实《山东省人民政府关于助推新旧动能转换做好当前和今后一段时期就业创业工作的意见》（鲁政发〔2017〕27号），加强就业创业资金监管，现将《山东省就业创业资金风险防控和监督暂行办法》印发给你们，请认真遵照执行。

山东省就业创业资金风险防控和监督暂行办法

第一章 总 则

第一条 为规范就业创业资金管理使用，加强风险防控，保障资金安全，根据《就业促进法》《山东省就业促进条例》等有关法律法规和政策规定，制定本办法。

第二条 人力资源社会保障部门开展就业创业资金风险防控，对就业创业资金管理使用情况进行监督，适用本办法。

第三条 本办法所称就业创业资金，是指由县级以上人民政府批准设立、人力资源社会保障部门管理使用或参与管理使用的就业补助资金、创业带动就业扶持资金。

第四条 省人力资源社会保障厅负责指导全省就业创业资金风险防控和监督工作。设区的市、县（市、区）人力资源社会保障行政部门负责本行政区域内的就业创业资金风险防控和监督工作。

第五条 省人力资源社会保障厅建立就业创业资金风险防控和监督工作分工负责制。

就业失业行政处室负责牵头拟定就业创业资金风险防控和监督办法，牵头负责省级创业带动就业扶持资金风险防控，会同有关处室、单位实施就业创业资金监督。

高校毕业生就业行政处室负责指导全省高校毕业生就业创业资金风险防控工作，承担省级就业见习补贴、省级求职创业补贴、省级大学生创业孵化示范基地和省级大学生创业示范园区奖补资金、省级大学生创业引领计划补助资金、山东省十大大学生创业之星奖励资金风险防控职责，参与实施资金监督。

人力资源市场行政处室负责指导全省人力资源服务业发展扶持资金风险防控工作，承担省级人力资源服务业发展扶持资金风险防控职责，参与实施资金监督。

人才开发行政处室负责指导全省留学人员创新创业示范园奖补资金风险防控工作，承担省级留学人员创新创业示范园奖补资金风险防控职责，参与实施资金监督。

职业能力建设行政处室负责指导全省企业新型学徒制培训、“金蓝领”培训、高技能人才培养补助资金风险防控工作，承担省级新型学徒制培训、金蓝领培训、高技能人才培养补助资金风险防控职责，参与实施资金监督。

省社会保险事业局负责指导全省创业带动就业扶持资金拨付环节风险防控工作，承担省级创业带动就业扶持资金拨付环节风险防控职责，参与实施资金监督。

省公共就业和人才服务中心负责指导全省就业补助资金（不含企业新型学徒制培训、“金蓝领”培训补助资金、高技能人才培养补助资金，以及就业见习、求职创业补贴资金）风险防控工作，承担省级就业补助资金（不含省级企业新型学徒制培训、“金蓝领”培训补助资金、高技能人才培养补助资金，以及省级就业见习、求职创业补贴资金）、省级创业（扶贫）担保贷款及贴息资金、省级创业型城市、街道（社区）奖补资金、省级创业师资培训补贴资金、省级创业训练营补助、省级创业典型人物（不含“山东省十大大学生创业之星”）奖励资金风险防控职责，参与实施资金监督。

第二章 资金风险防控

第六条 就业创业资金管理使用机构应按照“谁管理、谁使用、谁负责”的原则，采取有效措施和办法，对资金管理使用过程中可能出现问题的领域、环节、岗位，实施主动预防、科学管控，避免和化解资金风险，控制和减少风险损失。

第七条 就业创业资金管理使用机构应明确专门内设机构具体负责资金风险防控工作。

第八条 就业创业资金风险防控，应遵循预防为主、属地为主、分级负责、分级防控的原则，坚持过程防控与重点防控相结合、常规防控与科技防控相结合、防控风险与建章立制相结合。

第九条 就业创业资金风险防控范围包括：

（一）就业创业资金分配、下达；

（二）就业创业资金申请受理、审核；

（三）就业创业资金支出、使用；

（四）就业创业资金可支撑能力；

（五）可能发生风险的其他事项。

第十条 就业创业资金分配、下达方面的风险防控包括：

（一）防控违规分配下达就业创业资金风险；

（二）防控滞留、截留就业创业资金风险；

（三）防控其他可能出现的资金分配下达风险。

第十一条 就业创业资金申请受理、审核方面的风险防控包括：

（一）防控受理资金申请把关不严、降低标准、扩大范围、串通造假风险；

（二）防控就业创业资金审核不严不实、违规审批、超期办理风险；

（三）防控其他可能出现的资金申请受理、审核风险。

第十二条 就业创业资金支出、使用方面的风险防控包括：

（一）防控挤占、挪用、虚列、套取、私分就业创业资金风险；

（二）防控超标准、超范围支付就业创业资金风险；

（三）防控违反规定擅自增加、减少支出项目风险；

（四）防控重复享受、超期享受就业创业资金风险；

（五）防控就业创业资金财务管理风险；

（六）防控政府采购领域风险；

（七）防控其他可能出现的就业创业资金支出使用风险。

第十三条 就业创业资金可支撑能力风险防控包括：

（一）防控因政策调整引发就业创业资金支付风险；

（二）防控因就业形势变化引发就业创业资金支付风险；

（三）防控其他可能出现的就业创业资金支撑能力风险。

第十四条 实施就业创业资金风险防控，依照以下程序进行：

（一）排查识别风险点；

（二）评估确定风险等级；

（三）研究制定风险防控措施；

（四）组织开展风险防控；

（五）总结评估风险防控效果；

（六）根据防控效果，作出风险保留、风险解除、调整风险等级等处理意见。

第十五条 就业创业资金管理使用机构应定期组织开展风险排查，建立资金风险防控清单。清单实行动态管理。

资金风险防控清单应包括风险点名称、风险等级、管控措施、责任单位、责任人。

第十六条 按照风险系数，将就业创业资金风险划分为重大、一般两个风险等级，实行分级防控。

存在风险，可能产生违法违纪行为或对工作开展可能有重大不利影响的划分为重大风险。对重大风险，实行重点管理。

存在风险，可能产生违规行为或对工作开展可能有一定不利影响的划分为一般风险。对一般风险，实行常规管理。

第十七条 就业创业资金管理使用机构应严格执行资金管理规定，规范就业创业资金受理、审核、审批、支付流程，统一审核要件、审核标准、审核要求，制定具体岗位职责。

第十八条 单位或个人在申请就业创业资金时，就业创业资金管理使用机构应要求其对提供材料的真实性作出书面承诺。

就业创业资金管理使用机构应采取信息比对、电话抽查、实地核查等方式，对资金申请单位、个人提供材料的真实性进行核实。

第十九条 就业创业资金管理使用机构应建立健全财务管理规章制度，建立业务、财务一体化管理机制，严格内部财务管理，规范财务核算。

第二十条 就业创业资金管理使用机构应对就业创业资金管理使用进行全程记实，实现受理、审核、审批、支付、使用全程留痕可追溯。

第二十一条 就业创业资金管理使用机构应加强对工作人员政策、业务、财务、风险防控等方面培训，提高业务能力，增强风险防范意识。

第二十二条 就业创业资金管理使用机构应将就业创业资金纳入资金管理信息系统管理，推进网上申报、网上审核、联网核查，提高风险防控信息化、科技化水平。

第二十三条 建立资金管理使用分权制衡机制，资金拨付实行业务岗位与财务岗位双重审核、负责人审定，三方按程序审签，不得由单一工作人员办理所有拨款业务。

第二十四条 建立重点岗位工作人员定期轮岗制度。就业创业资金管理使用机构重点岗位工作人员在同一岗位工作原则上不得超过10年。

第三章 资金监督

第二十五条 人力资源社会保障行政部门应制定年度监督计划，对就业创业资金管理使用情况进行监督检查。

第二十六条 就业创业资金监督应遵循依法、公正、广泛性、经常性原则。

第二十七条 就业创业资金监督内容：

（一）贯彻执行就业创业资金管理使用规定情况；

（二）就业创业资金支出、结余情况；

（三）就业创业资金风险防控情况；

（四）就业创业资金管理使用的其他事项。

第二十八条 就业创业资金监督方式包括现场监督和非现场监督。

现场监督是指监督单位对被监督单位就业创业资金管理使用情况实施的实地检查。现场监督应当由2名以上监督人员共同进行。

非现场监督是指监督单位对被监督单位报送的文件、凭证、报表、账簿等资料以及通过信息系统调取的数据进行检查、分析、核对。在非现场监督过程中发现被监督单位存在违法违纪问题的，应实施现场监督。

第二十九条 实施现场监督，依照以下程序进行：

（一）根据年度监督计划和工作需要，确定监督项目、监督内容和被监督单位，制定监督方案，通知被监督单位；

（二）听取被监督单位有关就业创业资金管理使用情况的汇报，检查被监督单位就业创业资金会计资料、统计报表，查阅与监督事项有关的文件、资料，向被监督单位和有关个人调查取证；

（三）根据检查情况，写出监督报告，并送被监督单位征求意见。被监督单位应当在接到监督报告5个工作日内提出书面意见。逾期未提出书面意见的，视同无异议。

第三十条 实施非现场监督，依照以下程序进行：

（一）根据监督计划和工作需要，确定非现场监督项目、监督内容和被监督单位，提出报送资料、数据的范围、格式、报送方式及时限，通知被监督单位；

（二）审核被监督单位报送的资料、数据，对不符合要求的，应要求被监督单位补报或重新报送；

（三）分析被监督单位报送的资料、数据，评估就业创业资金管理使用状况及存在的问题，写出监督报告。

第三十一条 对现场监督或非现场监督发现的问题，由人力资源社会保障行政部门提出监督处理意见，并对被监督单位执行监督处理意见的情况进行检查。

第三十二条 就业创业资金管理使用监督检查，可以委托第三方专业机构实施。

第三十三条 就业创业资金管理使用机构应按季度向社会公开就业创业资金使用情况，接受社会监督。

第三十四条 人力资源社会保障行政部门、就业创业资金管理使用机构应建立健全投诉举报机制，开设监督举报电话，并向社会公布。

第三十五条 建立就业创业资金要情报告制度。县级以上人力资源社会保障行政部门对本行政区域内，通过资金监督、就业创业资金管理使用机构内审、审计等部门检查、媒体披露、受理举报核实、检察机关和法院立案审理等方式发现的各类滞留、截留、挤占、挪用、虚列、套取、私分就业创业资金，以及其他滥用职权、玩忽职守、徇私舞弊等违法违纪行为，应定期报告上一级人力资源社会保障行政部门。

市级人力资源社会保障行政部门应每半年向省人力资源社会保障厅报送一次就业创业资金要情。涉嫌违法违纪或造成恶劣社会影响等重大就业创业资金风险要情，应及时上报省人力资源社会保障厅。

第四章　责任追究

第三十六条　人力资源社会保障行政部门、就业创业资金管理使用机构及其工作人员必须遵守资金管理使用规定，不得有下列行为：

（一）超越权限、违反规定、违反程序决定、干预或插手就业创业资金分配；

（二）截留或拖延下拨就业创业资金；

（三）隐匿、转移、侵占、挪用、拆借就业创业资金；

（四）将就业创业资金私存私放，或与其他资金混支、混用；

（五）将就业创业资金用于设立“小金库”或委托理财，或违规用于部门及单位人员经费、公用经费、差旅费、会议费以及房屋建筑物购建、租赁、交通工具购置等与落实就业创业政策无关的支出；

（六）在审批中随意扩大或缩小就业创业政策支出范围、增减补贴项目、变更补贴标准、在手续和资料不全的情况下批准拨付就业创业资金；

（七）弄虚作假、欺诈、骗取、套取或协助他人骗取、套取就业创业资金；

（八）违规在接收资金单位兼职、取酬、投资入股；

（九）默许、纵容、授意配偶、子女及其配偶、其他特定关系人收受政策申领对象的财物，在其管辖地区和业务范围内从事与就业创业资金直接相关的职业培训、职业中介等经营活动，或在其中担任高级职务；

（十）违反规定、违反程序、降低标准确定定点培训机构、中介机构、见习基地、创业示范平台；

（十一）伪造、篡改、擅自销毁就业创业资金享受对象的基本信息、享受政策记录及申领资金的基础材料等；

（十二）在使用就业创业资金进行政府采购过程中采取围标串标、明招暗定、以次充好、回避招标或其他非法手段谋取私利；

（十三）在资金分配、管理、审批等各环节谋取不正当利益，索取、收受或以借为名占用行政相对人的财物，接受可能影响公正执行公务的礼品、宴请及旅游、健身、娱乐等活动安排，接受礼金和各种有价证券、支付凭证；

（十四）以资金分配、管理、审批为由从管理和服务对象以及其他与行使职权有关系的单位列支或提取工作经费、赞助费；

（十五）其他违反资金管理使用规定的行为。

第三十七条　人力资源社会保障行政部门、就业创业资金管理使用机构发现有关企业、培训机构、个人违规使用、骗取就业创业资金，应追回违规使用、被骗取的资金，按照《财政违法行为处罚处分条例》等有关规定作出处理，追究相关人员责任。

相关企业、培训机构、个人信息，由人力资源社会保障部门负责纳入人力资源社会保障信用评价体系，记入全省公共信用信息平台，实行联合惩戒。

第三十八条　人力资源社会保障行政部门、就业创业资金管理使用机构及其工作人员在资金管理使用工作中，存在违反本办法规定的行为，以及其他滥用职权、玩忽职守、徇私舞弊等违法违纪行为的，依照有关法律法规追究相关责任。涉嫌犯罪的，依法移送司法机关处理。

第五章　附　则

第三十九条　设区的市、县（市、区）人力资源社会保障行政部门可根据本办法制定实施细则。

第四十条　本办法由省人力资源社会保障厅负责解释。

第四十一条　本办法自印发之日起施行。

山东省人力资源和社会保障厅、山东省教育厅、山东省财政厅、山东省扶贫开发办公室、山东省民政厅、山东省残疾人联合会关于做好高校毕业生求职创业补贴发放工作的通知

（2018 年 12 月 10 日　鲁人社发〔2018〕61 号）

各普通高等学校、技工院校：

根据《人力资源社会保障部　教育部　财政部关于做好高校毕业生求职补贴发放工作的通知》（人社部发〔2013〕43 号）、《山东省人民政府关于进一步做好新形势下就业创业工作的意见》（鲁政发〔2015〕21 号）、《山东省政府关于助推新旧动能转换做好当前和今后一段时期就业创业工作的意见》（鲁政发〔2017〕27 号）要求，为改善我省特困家庭全日制普通高等学校毕业生（含技师学院高级工班、预备技师班和特殊教育院校职业教育类毕业生，下同）的就业创业环境，使其尽快实现就业创业，现就做好高校毕业生求职创业补贴信息审核发放工作通知如下：

一、发放对象和标准

（一）求职创业补贴发放对象为在毕业年度内有就业意愿、积极求职并符合下列条件之一的全日制普通高等学校毕业生：

1. 低保家庭毕业生（民政部门发放的低保证或低保对象身份认定证明）；

2. 特困人员毕业生（民政部门发放特困人员救助供养证或特困人员身份认定证明）；

3. 孤儿（民政部门出具的孤儿身份认定证明）；

4. 重点困境儿童毕业生（民政部门出具的重点困境儿童身份认定证明）；

5. 建档立卡贫困家庭毕业生（通过申报建档立卡号与全省建档立卡数据库比对）；

6. 残疾人毕业生及贫困残疾人家庭毕业生（残联部门发放的残疾证）；

7. 在学期间已获得国家助学贷款。

（二）求职创业补贴发放标准为低保家庭、特困人员、孤儿、重点困境儿童、建档立卡贫困家庭、残疾人毕业生及贫困残疾人家庭的毕业生补贴标准为 1000 元 / 人，其他人员补贴标准为 600 元 / 人。

二、申请发放程序

（一）**组织申报**。各学校要制定困难毕业生申请求职创业补贴管理办法，规范审核发放流程，建立责任机制。既保证求职创业补贴发放对象真实，又要避免让学生开具“奇葩证明”现象，尽量通过个人现有证照和网络核验来证明，对于网络核验不通过的由学生本人上传相关证照材料。各技师学院负责本校求职创业补贴毕业生的申报审核工作，根据发放对象条件，定期组织困难毕业生填写《山东省高校毕业生求职创业补贴申请表》（见附件），审核汇总后于每年 3 月 10 日前统一报送至省人力资源社会保障厅，同时报送学院账号信息。

（二）**信息审核**。各学校负责本校求职创业补贴毕业生的申报审核工作。组织困难毕业生登陆“山东高校毕业生就业信息网”（以下简称信息网，网址为 http://www.sdgxbys.cn）学生端口自愿填写求职创业补贴申请信息，形成《山东省高校毕业生求职创业补贴申请表》（见附件）由学校留存。各高校应提前做好求职创业补贴毕业生申报、审核工作。师范类毕业生求职创业补贴信息审核工作由省教育厅负责。

（三）**审核拨付**。各学校在上报困难毕业生求职创业补贴时同时填写报送学校账号信息。省人力资源社会保障厅在 5 月初完成所有求职创业补贴申请信息复核工作，将补助资金统一拨付于各高校账户，各高校在 5 月 30 日前将补贴资金拨付到毕业生社保卡账户或者个人银行账户，并留存

领取签收信息。

三、其他事项

要明确告知申请人认真如实填报申请材料，因材料不全或信息有误导致补贴款不能发放到账的，后果由申请人自己负责。申请人虚报冒领求职创业补贴的，由所属高校负责追回并将不良记录记入本人档案。因各种原因未能发放的补贴资金以及追回的补贴资金，由各高校统一于8月底前退回省人力资源社会保障厅，省人力资源社会保障厅将采取有关措施对高校的求职创业补贴发放情况进行督查。

本通知自公布之日起实施。

附件：山东省高校毕业生求职创业补贴申请表（略）

中共山东省委组织部、山东省人力资源和社会保障厅、山东省财政厅、山东省科技厅、山东省教育厅关于支持和鼓励事业单位专业技术人员创新创业的实施意见

（2018年1月11日　鲁人社规〔2018〕1号）

各市党委组织部、人力资源社会保障局、财政局、科技局、教育局，省直各有关部门（单位）、各高等院校：

为贯彻落实中央、省委省政府关于加快实施创新驱动发展战略，深化人才发展体制机制改革，大力推进大众创业万众创新，根据《人力资源社会保障部关于支持和鼓励事业单位专业技术人员创新创业的指导意见》（人社部规〔2017〕4号）等有关规定，现就支持和鼓励事业单位专业技术人员创新创业制定本实施意见。

一、总体要求和基本原则

（一）总体要求。以习近平新时代中国特色社会主义思想为指导，全面贯彻党的十九大精神，更好发挥事业单位在科技创新和“大众创业、万众创新”活动中的示范引导作用，激发高校、科研院所等事业单位（以下简称“事业单位”）专业技术人员科技创新活力和干事创业热情，健全以增加知识价值为导向的激励机制，促进人才合理流动，营造有利于创新创业的政策和制度环境，助推科技协同创新，加快创新型省份建设，促进新旧动能转换，为经济文化强省建设提供有力的人才智力支撑。

（二）基本原则。

——坚持发挥企业、事业单位协同创新效能，强化对企业技术创新的源头支持。

——坚持发挥事业单位人才与技术优势，鼓励事业单位专业技术人员合理利用时间，挖掘创新潜力，加快科技创新，推动科技成果向现实生产力的快速转化。

——坚持发挥市场在人才资源配置中的决定性作用，提高人才流动性，最大限度激发和释放创新创业活力，助推科技创新成果快速实现产业化。

二、支持和鼓励政策措施

（一）支持和鼓励事业单位选派专业技术人员到企业挂职或者参与项目合作

1. 事业单位可采取选派专业技术人员到企业挂职或项目合作的方式，参与研发平台建设、开展创新项目合作、技术攻关和科技成果转化等。

2. 事业单位选派专业技术人员到企业挂职或参与项目合作，事业单位、专业技术人员、企业应当签订挂职或参与项目合作协议，约定工作期限、报酬、奖励等权利义务；也可签订协议，约定专业技术人员服务形成的新技术、新材料、新品种以及成果转让、开发收益等知识产权保护事项。

事业单位应当结合实际情况，根据相关规定及挂职协议或参与项目合作协议变更专业技术人员的聘用合同，约定岗位职责、工作任务和工资待遇等。

3. 事业单位专业技术人员到企业挂职或者参与项目合作期间，与人事关系所在单位在岗人员同等享有参加职称评审、项目申报、岗位竞聘、培训、考核、奖励等方面权利。

4. 事业单位专业技术人员到企业挂职或者参与项目合作半年以上，由挂职或者参与项目合作企业出具年度考核意见，事业单位按照有关规定确定挂职或参与项目合作人员的考核结果。

5. 挂职或参与项目合作期满，专业技术人员应按期返回人事关系所在单位工作，事业单位按照有关规定，对业绩突出的人员在岗位聘用时予以倾斜。期满所从事工作确未结束的，事业单位、专业技术人员、企业三方协商一致可以续签协议。

6. 专业技术人员与企业协商一致，自愿流动到企业工作的，事业单位应当及时与其解除聘用合同并办理相关手续。

（二）支持和鼓励事业单位专业技术人员兼职创新或者在职创办企业

7. 支持和鼓励事业单位专业技术人员到与本单位业务领域相近企业、高校、科研机构、社会组织等兼职创新，或者利用与本人从事专业相关的创业项目在职创办企业。

8. 事业单位专业技术人员兼职创新或者在职创办企业，应在确保履行本单位岗位职责、完成本职工作的前提下组织实施。

9. 经批准兼职创新的，事业单位应当与专业技术人员、兼职单位签订三方协议，依法依规对兼职的期限、工作内容、工作时间安排、绩效考核、兼职收入、福利、社会保险、保密义务、知识产权归属等事项作出明确约定。

10. 经批准在职创办企业的，创业项目涉及事业单位知识产权、技术秘密、科研成果的，事业单位、专业技术人员及相关企业应当签订协议，依法依规明确权益分配等内容。

11. 事业单位专业技术人员自愿流动到兼职单位工作，或者在职创办企业期间提出解除聘用合同的，事业单位应当及时与其解除聘用合同并办理相关手续。

12. 事业单位专业技术人员申请兼职创新或者在职创办企业的，应当由本人书面提出申请，经事业单位同意后，事业单位应当将专业技术人员兼职创新和在职创办企业意向情况在单位内部公示，无异议或有异议经调查核实不影响兼职创新或在职创办企业的，事业单位报主管部门（举办单位）批准后，办理兼职创新或在职创办企业手续。

（三）支持和鼓励事业单位专业技术人员离岗创新创业

13. 支持和鼓励事业单位专业技术人员带着科研项目和成果离岗创办科技型企业或者到企业开展创新工作（以下简称“离岗创业”）。

14. 专业技术人员离岗创业，单位应当与其订立离岗创业协议，就离岗创业事项、离岗期限、社会保险、保密、收益分配、知识产权、成果归属、离岗期满返岗工作相关事宜、违约责任处理、发生争议处理等内容进行约定。

15. 离岗创业期限一般不超过 3 年，离岗创业期间保留人事关系，发放国家规定的基本工资，人事档案由人事关系所在单位保管，工龄连续计算。离岗创业期满后，按照国家有关规定，符合条件的，经批准同意可相应延长，但最长不超过 3 年。首次办理离岗创业时距国家规定退休年龄不足 5 年的，离岗创业期限可延长至退休。

离岗创业期间，事业单位不得以离岗创业为由解除其人事关系。

16. 离岗创业期间，离岗创业人员依法继续在人事关系所在单位参加社会保险，离岗创业期间的社会保险费、住房公积金等所需经费，由事业单位和离岗创业人员协商确定。

17. 离岗创业期间，离岗创业人员执行人事关系所在单位职称评审、培训、考核、奖励等管理制度。

离岗创业人员应每年 12 月 15 日前向人事关系所在单位报告创业情况，所在企业提出年度考核建议，考核档次由人事关系所在单位确定。离岗创业人员的年度考核结果为合格及以上档次的，正常增加薪级工资。创业业绩突出，年度考核被确定为优秀档次的，不占人事关系所在单位考核优秀比例，符合相应条件的，给予表彰奖励。年度考核结果为不合格等次的，由人事关系所在单位决定离岗创业人员停止创业，按事业单位工作人员考核相关规定处理。

18. 事业单位对离岗创业人员离岗期间空出的岗位，确因工作需要，经同级组织、人力资源社会保障部门同意，可按国家有关规定用于聘用急需人才。

19. 离岗创业期间或期满愿意返回人事关系所在单位的，应提前30日向人事关系所在单位提交书面申请。人事关系所在单位应根据工作需要和本人条件安排工作，如无相应岗位空缺，可暂时突破岗位总量聘用，并逐步消化，相应变更聘用合同。

20. 离岗创业期间违反事业单位工作人员管理相关规定的，按照《事业单位人事管理条例》等相关政策法规处理。

21. 离岗创业人员人事关系所在单位如遇撤销、合并、转制等改革，应当书面通知离岗创业人员返回参加改革。

22. 事业单位专业技术人员自愿流动到企业，本人提出与人事关系所在单位解除聘用合同的，人事关系所在单位应当依法解除聘用合同。

离岗创业期满无正当理由未按规定返回的，单位应当与其解除聘用合同，终止人事关系，办理相关手续。

23. 承担涉及国防、国家安全等工程和项目的专业技术人员离岗创业的，按照国家和省有关规定执行。

24. 事业单位专业技术人员离岗创业，须由本人提出书面申请，经事业单位同意后，单位应当将专业技术人员离岗创业意向情况在单位内部公示，公示无异议或有异议经核实不影响离岗创业的，事业单位报主管部门（举办单位）批准后办理离岗创业手续。其中，涉密、特殊岗位的专业技术人员离岗创业的，按照国家和省相关规定执行。

25. 担任事业单位领导职务的专业技术人员，辞去领导职务的，可以专业技术人员身份离岗创业，国家和省对事业单位领导人员离岗创业另有规定的，从其规定。

（四）支持和鼓励事业单位设置创新型岗位

26. 事业单位可根据创新工作需要设置开展科技项目开发、科技成果推广和转化、科研社会服务等工作的岗位（简称“创新型岗位”），并按岗位设置规定调整岗位设置方案。调整岗位设置难以满足创新工作需要的，可突破岗位总量和结构比例限制，申请设置特设岗位。

27. 事业单位应当根据工作需要，明确细化创新型岗位的名称、职责任务、工作标准和任职条件，任职条件要求具有与履行岗位职责相符的科技研发、科技创新、科技成果推广能力和水平。

28. 创新型岗位人选可以通过内部竞聘上岗或者面向社会公开招聘等方式产生。

29. 事业单位应当与创新型岗位聘用人员订立或者变更聘用合同，聘用合同内容应当符合创新工作实际，明确合同期限、岗位职责要求、工作条件、工资待遇、社会保险、合同变更、终止和解除的条件、违约责任等条款；双方协商一致，可以约定知识产权保护等条款。

30. 事业单位根据创新工作实际，可探索在创新型岗位实行灵活、弹性的工作时间，便于工作人员合理安排利用时间开展创新工作。

31. 事业单位绩效工资分配应当向在创新型岗位做出突出成绩的工作人员倾斜。创新型岗位工作人员依法取得的科技成果转化奖励收入，不纳入单位绩效工资。

32. 事业单位可以设立流动岗位，吸引有创新实践经验的企业管理人才、科技人才和海外高水平创新人才兼职，也可以聘用已退休的专业技术一级二级岗位人才。

33. 事业单位可按规定为流动岗位聘用人员发放劳务费。

34. 事业单位应当与流动岗位人员订立协议，明确工作期限、内容、时间、要求、条件、报酬、保密、成果归属等内容。

35. 流动岗位聘用人员居住地不在同一城市的，可按规定申请住房补贴，可以申请异地医保、补充医疗保险等待遇。

36. 流动岗位聘用人员可以聘用单位名义申报科研项目、资金资助、荣誉表彰、奖励等。聘用协议终止或解除的，项目和资金等留归项目申请单位。

37. 省外事业单位专业技术人员到山东事业单位挂职、参与项目合作、兼职创新、应聘到创新型岗位和流动岗位，由其从事创新创业工作的事业单位按规定给予工作补助和相应的住房补助。

（五）其他事项

38. 事业单位专业技术人员在创新创业期间取得的相关工作业绩和成果等，作为其职称评审、岗位聘用、考核奖励、项目申报、评先树优等的重要依据。

39. 各级要重点发挥具有科学技术研究或技术应用推广职能的高校、科研院所等具备创新创业条件事业单位在创新创业中的作用，重点鼓励和支持掌握科学技术成果或应用技术且具有科技成果转化能力的专业技术人员采取多种方式创新创业。

40. 担任事业单位领导职务的专业技术人员，另有规定的，从其规定。

41. 国家和省法律法规另有规定的，从其规定。

三、组织实施

（一）要充分认识支持和鼓励事业单位专业技术人员参与创新创业工作的重要意义。各级人力资源社会保障局、各有关部门（单位）、各高校、科研院所等事业单位要树立大局意识，解放思想，大胆创新，加强政策宣传，合力激发释放人才创新创业活力，为引导和支持创新创业营造良好环境。各级各部门各单位要及时研究解决政策实施过程中遇到的新情况、新问题，重大问题及时向省人力资源和社会保障厅报告。

（二）要充分调动专业技术人员创新创业积极性。高校、科研机构等事业单位应发挥在全省创新体系建设中重要作用，制定具体落实措施，不断完善激励政策和保障措施，切实解决专业技术人员的后顾之忧；要加强规范管理，建立健全内部管理制度，规范程序，严禁徇私舞弊、弄虚作假的情况发生。

（三）要充分运用监督检查手段确保创新创业工作健康有序。高校、科研机构等事业单位要严格执行有关政策规定，确保各项政策规定落实到位。未按规定执行的，应按照有关规定给予严肃处理。事业单位每年9月30日前将创新创业人员情况及总结材料按程序报主管部门（举办单位）、同级人力资源社会保障部门备案。各级人力资源社会保障部门要抓好监督检查，及时总结经验，分析问题，树立典型，宣传模范，确保创新创业工作顺利推进。

本办法自2018年2月11日起实施，有效期至2023年2月10日。山东省人力资源和社会保障厅《关于明确高等院校和科研院所科研人员离岗创业有关问题的通知》（鲁人社发〔2015〕69号）同时废止。

附件：

1. 山东省高校科研院所等事业单位专业技术人员创新创业申请表（略）

2. 专业技术人员创新创业期满人事关系处理情况表（略）

3. 山东省高校科研院所等事业单位专业技术人员创新创业情况统计表（略）

山东省人力资源和社会保障厅
关于做好香港澳门台湾居民在鲁就业有关事项的通知

（2018年9月4日　鲁人社规〔2018〕11号）

各市人力资源社会保障局：

为贯彻落实《国务院关于取消一批行政许可事项的决定》（国发〔2018〕28号）及《人力资源社会保障部关于废止〈台湾香港澳门居民在内地就业管理规定〉的决定》（人力资源社会保障部令第37号）和《人力资源社会保障部关于香港澳门台湾居民在内地（大陆）就业有关事项的通知》（人社部发〔2018〕53号），现就进一步做好港澳台人员在鲁就业有关工作通知如下：

一、2018年7月28日起，港澳台人员在我省就业不再需要办理《台港澳人员就业证》。8月23日起，不再受理《台港澳人员就业证》申请；对已受理申请但尚未发放证件的，及时告知用人单位无需再申请办理。2018年12月31日前，处于有效期内的《台港澳人员就业证》仍可同时作为港澳台人员就业证明材料；2019年1月1日起终止使用。

二、港澳台人员在我省求职、就业，可使用港澳台居民居住证、港澳居民来往内地通行证、台湾居民来往大陆通行证等有效身份证件办理人力资源社会保障各项业务，以工商营业执照、劳动合同（聘用合同）、工资支付凭证或社会保险缴费记录等作为其就业的证明材料。

三、各市要健全完善相关制度，将港澳台人员纳入本地就业创业管理服务体系，组织进行就业登记和失业登记，加强就业失业统计监测，为有在我省就业创业意愿的人员提供政策咨询、职业介绍、开业指导、创业孵化等服务。港澳台人员来我省就业创业，按规定同等享受山东居民就业创业优惠政策。

四、加快公共就业创业服务系统改造升级，确保2018年12月底前支持港澳台人员使用港澳台居民居住证、港澳居民来往内地通行证、台湾居民来往大陆通行证等有效身份证件注册登录，提供求职招聘服务。各市要结合开展人力资源市场日常监管、年度报告公示、人力资源服务行政许可和备案等工作，抓紧推动人力资源服务机构做好在线招聘业务信息系统升级工作，支持港澳台人员注册登录和求职应聘。

五、各市要加强工作部署和政策宣传，及时帮助辖区内用人单位和港澳台人员了解掌握相关政策规定，便利港澳台人员在我省就业创业，依法维护就业权益，为港澳台人员在我省就业创业营造良好环境。

各市要按照本通知精神，抓紧清理相关法规、政策，做好各项工作衔接。各市鼓励港澳台人员在我省就业创业的服务措施以及工作中遇到的新情况、新问题，请及时报送我厅。

本办法自2018年9月5日起实施，有效期至2023年9月4日。原山东省劳动和社会保障厅《关于转发〈台湾香港澳门居民在内地就业管理规定〉的通知》（鲁劳社〔2005〕38号）同时废止。

山东省人力资源和社会保障厅、山东省财政厅
关于进一步加大就业扶贫政策支持力度提升劳务组织化程度和就业质量的通知

（2018年11月8日　鲁人社规〔2018〕18号）

各市人力资源社会保障局、财政局：

为深入学习贯彻习近平总书记关于扶贫工作的重要论述，全面落实党中央、国务院关于打赢脱贫攻坚战三年行动的部署安排和省委、省政府有关工作要求，依据《人力资源社会保障部　财政部关于进一步加大就业扶贫政策支持力度着力提高劳务组织化程度的通知》（人社部发〔2018〕46号），结合我省实际，现就进一步加大就业扶贫政策支持力度，提升劳务组织化程度和就业质量有关事项通知如下：

一、扩大就业扶贫政策的惠及面

（一）就业扶贫政策对象是建档立卡贫困劳动力（以下简称贫困劳动力），即16周岁以上、有劳动能力、未依法享受社会养老保险待遇、未脱贫或脱贫未脱政策的建档立卡贫困人口。

（二）稳定就业6个月以上的外地贫困劳动力（其中，东西扶贫协作省份来鲁就业人员范围由设区的市自行制定），经当地公共就业人才服务机构就业失业登记后，签订6个月以上劳动合同并按规定缴纳社会保险费的，参照当地就业困

难人员落实社会保险补贴等政策。

二、鼓励就业扶贫车间等生产经营主体吸纳就业

（一）对就业扶贫车间、农民专业合作社、企业等生产经营主体吸纳贫困劳动力就业并开展以工代训的（以工作代替脱产技能培训，时间30天以上）工作期间实际收入超过当年省定扶贫线标准的，按照当地初级职业培训补贴标准，从就业补助资金中给予生产经营主体补贴，不与其他形式的职业培训补贴重复享受。各级应按照实名制管理要求，单独进行管理统计。

（二）有条件的地区可对吸纳贫困劳动力就业数量多、成效好的就业扶贫基地，按规定通过就业补助资金给予一次性奖补。就业扶贫基地的认定办法由各设区的市自行制定。

三、支持创业带动贫困劳动力脱贫

对扶贫任务重的县配套服务完善、管理制度健全、入驻实体数量达到一定规模、助推贫困人口脱贫达到一定数量的创业孵化载体，在评选省级“乡村双创示范园区”时给予适当加分。

四、促进贫困劳动力有组织劳务输出

（一）对贫困劳动力通过劳务扶贫合作社、乡村振兴劳务社等人力资源服务机构有组织劳务输出到户籍所在县（市、区）以外稳定就业的（合同期1年以上），通过就业补助资金给予每人不超过600元的一次性求职创业补贴，具体标准由各市、县（市、区）参照交通费水平合理确定。

（二）承担东西部对口协作任务的设区的市，可使用财政安排的援助资金促进对口协作地贫困劳动力在本市稳定就业。

五、加大扶贫公益岗位开发力度

统筹利用就业补助资金等开发扶贫公益岗位，安置贫困劳动力就业，贫困地区人力资源社会保障部门新增和腾退的公益岗位优先用于安置贫困劳动力。

六、推行贫困劳动力大规模职业培训

（一）以20个扶贫任务重的县、17个黄河滩区迁建县为重点，鼓励从就业补助资金中通过项目制方式，向政府认定的培训机构整建制购买职业技能培训项目，为贫困劳动力和黄河滩区迁建劳动力免费提供培训。

（二）对参加职业培训的贫困劳动力，从就业补助资金中给予生活费补贴，补贴标准参照当地最低工资标准的60%或最低生活保障线执行，且一年只能享受一次，最长不超过30天。具体由各市县合理确定。

各级人力资源社会保障部门要把做好就业扶贫作为重大政治任务，把鼓励干事创业、担当作为与落实全面从严治党要求结合起来，主要负责同志亲自抓，提高政治站位，健全工作机制，明确任务分工，突出问题导向，优化政策供给，细化工作方案，下足绣花功夫，确保就业扶贫目标任务如期完成。各级财政部门要切实加强经费保障，加大对深度贫困地区的资金倾斜和支持力度，确保就业扶贫政策落地生效和工作顺利推进。要加强对上述政策资金的管理，相关资金项目纳入就业补助资金项目内容，资金发放使用情况列入山东省公共就业和人才服务信息系统，强化资金监管，提高使用效益。

本通知自2018年12月10日起施行，有效期至2021年12月31日。之前发布的文件与本通知规定不一致的，依照本通知规定执行。各地要提前做好政策到期衔接准备，在确保贫困劳动力稳定脱贫的同时，做到政策不断档、服务不断线、后续有衔接。

二、社会保障

（一）综合

山东省人力资源和社会保障厅、山东省财政厅
关于继续阶段性降低社会保险费率的通知

（2018 年 7 月 30 日　鲁人社发〔2018〕37 号）

各市人民政府，各县（市、区）人民政府，省政府各部门、各直属机构，各大企业，各高等院校：

为深入学习贯彻习近平新时代中国特色社会主义思想和党的十九大精神，进一步减轻企业负担，增强企业活力，促进就业稳定，助力新旧动能转换和乡村振兴战略，按照《人力资源社会保障部、财政部关于继续阶段性降低社会保险费率的通知》（人社部发〔2018〕25 号）要求，经省政府同意，决定自 2018 年 5 月 1 日起，继续阶段性降低社会保险费率，现将有关事项通知如下：

一、将《山东省人力资源和社会保障厅、山东省财政厅关于阶段性降低失业保险费率有关问题的通知》（鲁人社发〔2017〕8 号）规定的“我省阶段性降低失业保险费率，由 1.5% 降至 1%，其中单位费率由 1% 降至 0.7%，个人费率由 0.5% 降至 0.3%”的政策执行期限延长至 2019 年 4 月 30 日。

二、在保持工伤保险八类费率总体稳定的基础上，工伤保险基金累计结余可支付月数在 18（含）至 23 个月的统筹地区，可以现行费率为基础下调 20%；累计结余可支付月数在 24 个月（含）以上的统筹地区，可以现行费率为基础下调 50%。降低费率的期限暂执行至 2019 年 4 月 30 日。下调费率期间，统筹地区工伤保险基金累计结余达到合理支付月数范围的，停止下调。具体方案由各统筹地区研究确定。

（二）养老保险

山东省人民政府
关于贯彻企业职工基本养老保险基金中央调剂制度的实施意见

（2018年12月11日　鲁政字〔2018〕292号）

各市人民政府，省直各部门、各直属机构：

根据《国务院关于建立企业职工基本养老保险基金中央调剂制度的通知》（国发〔2018〕18号）有关规定，结合我省实际，为合理均衡地区间企业职工基本养老保险基金（以下简称养老保险基金）负担，确保中央调剂基金在省内按时足额上解下拨，实现基本养老保险制度可持续发展，经省委和省政府研究，现提出以下实施意见：

一、建立中央调剂基金省内上解下拨机制

（一）中央调剂基金上解。我省上解的中央调剂基金，由各市（指设区的市，含省本级，下同）养老保险基金上解的资金构成。按照全省职工平均工资的90%和各市在职应参保人数作为计算上解额的基数，上解比例从3%起步，按国家要求逐步提高。

某市上解额＝（全省职工平均工资 ×90%）× 某市在职应参保人数 × 上解比例。

全省职工平均工资，按照国家核定标准确定。

各市在职应参保人数，按照国家核定各省份在职应参保人数的办法确定。

（二）中央调剂基金下拨。中央下拨我省的中央调剂基金，全部下拨各市。原则上，按照人均定额和省人力资源社会保障厅、省财政厅核定的各市离退休人数确定下拨资金数额。

对某市下拨额＝核定的某市离退休人数 × 全省人均拨付额。

其中：全省人均拨付额＝中央下拨我省中央调剂基金 ÷ 核定的全省离退休人数。

各市离退休人数，按照国家核定各省份离退休人数的办法确定，不符合国家政策规定纳入的退休人数不计入下拨资金计算基数。

在按上述办法确定下拨资金数额的同时，本着合理均衡的原则，对下拨额高于上解额的市（含省本级），差额部分由省统筹安排，用于对基金支撑能力较弱的市适当补助。

（三）中央调剂基金管理。中央调剂基金实行收支两条线管理，专款专用，不得用于平衡财政预算。中央调剂基金省内上解下拨，采取先预缴预拨后清算的办法，资金按季度上解下拨，统一据实清算。

各市每年上解资金和省下拨资金数额，由省人力资源社会保障厅、省财政厅根据国家统一安排和本意见核定并制定下达缴拨计划。在确保基金安全的前提下，坚持便捷高效原则，适当优化省内资金划拨流程，具体办法由省人力资源社会保障厅、省财政厅制定。

二、规范完善企业职工基本养老保险省级统筹制度

（一）统一全省基本养老保险制度和主要政策。在全省范围内，实现基本养老保险制度、缴费政策、待遇政策、基金使用、基金预算和经办管理“六统一”。各地要严格执行国家和省政策规定，不得自行出台与国家和省政策规定不一致的地方性政策；已出台相关政策的，要立即纠正。各地应执行全省统一的缴费比例，不得自行调整缴费比例。各地应执行全省统一的统筹项目，不得将统筹外项目纳入养老保险基金支付范围。

（二）提高养老保险基金统筹层次。各市要加强基金统一管理使用，2018年底前，实现市级养老保险基金统收统支。2019年底前，实现全省

养老保险基金统收统支。建立省、市、县政府养老保险基金缺口责任分担机制，强化激励约束和目标考核，落实地方政府确保基本养老金按时足额发放和弥补养老保险基金缺口的主体责任。

（三）规范全省养老保险缴费及待遇计发基数。各市要按照国家和省政策规定，统一单位和个人缴费基数核定办法，健全工作机制，夯实缴费基数。在确定养老保险缴费及待遇计发基数时，目前尚未使用全省在岗职工平均工资的，要制定过渡措施，尽快实现统一。

三、健全保障措施

（一）强化基金预算管理。各级政府及财政、人力资源社会保障部门要切实加强基金预算编制和审核工作，按照国家和省有关规定，严格规范收支内容、标准和范围，并按照批准的预算和规定的程序执行，不得随意调整。进一步强化基金预算的严肃性和硬约束，确保应收尽收，杜绝违规支出。

（二）建立健全考核奖惩机制。将各市养老保险扩面征缴、基金增收、确保基本养老金发放、严格养老保险基金管理、按时足额上解中央调剂基金、落实省级统筹制度等情况列入市级政府工作责任制考核内容。进一步体现与工作绩效挂钩，对工作业绩好的市级政府进行奖励，对出现问题的市级政府及相关责任人进行问责。具体办法另行制定。

（三）推进信息化建设。加快建立全省统一的养老保险信息系统以及全省共享的省级数据库，做好与中央数据库的对接，实现互联互通。充分利用信息系统平台，有效监控在职应参保人数和离退休人数，比对发现重复参保、重复领取待遇问题，及时掌握和规范基金收支行为，防范风险。健全完善线上线下公共服务体系，做好养老保险缴费和待遇查询，为参保人员提供优质便捷服务。

贯彻实施养老保险基金中央调剂制度、规范完善养老保险省级统筹制度是加强我省养老保险体系建设的重要内容，事关全省改革发展稳定的大局。各市、各有关部门要提高政治站位，强化统筹协调，精心组织实施。省人力资源社会保障厅、省财政厅要加强指导和监督检查，及时研究解决工作中遇到的问题，确保工作顺利推进。

本意见自2018年7月1日起实施。

山东省人力资源和社会保障厅、山东省财政厅
关于印发山东省职业年金基金管理及投资运营实施办法的通知

（2018年2月6日　鲁人社发〔2018〕7号）

各市人力资源社会保障局、财政局，省社会保险事业局：

现将《山东省职业年金基金管理及投资运营实施办法》印发给你们，请认真贯彻执行。

山东省职业年金基金管理及投资运营实施办法

为贯彻落实国务院办公厅《机关事业单位职业年金办法》（国办发〔2015〕18号），人力资源社会保障部、财政部《职业年金基金管理暂行办法》（人社部发〔2016〕92号）以及人力资源社会保障部办公厅、财政部办公厅《职业年金基金归集账户管理暂行办法》（人社厅发〔2017〕110号），维护机关事业单位及其工作人员的合法权益，规范我省职业年金基金管理运营工作，根据有关规定并结合我省实际，制定本实施办法。

一、职业年金基金管理职责分工

根据职业年金基金监管、投资运营工作需要，成立山东省职业年金基金监管和管理机构评选委员会，成员由省人力资源社会保障厅、省财政厅等部门有关人员以及基金规模较大市的代表组成，主要负责审议全省职业年金基金管理运营情况报告，研究确定职业年金基金监管事项，通过招标形式选择、更换受托人，审核各职业年金计划之间的资金分配方案及管理费计提标准，向省政府报告职业年金筹集、运营和发放等情况，以及研究确定其他有关重大事项。省职业年金基金监管和管理机构评选委员会办公室设在省人力资源社会保障厅，负责承办委员会日常工作。

省人力资源社会保障厅、省财政厅负责研究出台全省职业年金基金管理宏观政策，并对职业年金基金管理情况进行监管，对职业年金基金归集财产托管账户（以下简称归集账户）使用管理情况进行监督。各市、县（市、区）人力资源社会保障行政部门、财政部门负责对本地区职业年金经办管理、归集账户使用管理有关情况进行监督。

省社会保险事业局（以下简称省社保局）作为全省职业年金基金的代理人，受全省参加职业年金计划的机关事业单位及其工作人员委托，代理集中行使委托职责。根据国家有关规定，制定山东省职业年金经办工作流程，与受托人确定山东省职业年金基金管理运营流程。具体负责归集职业年金基金、建立职业年金计划、签订受托管理合同、委托投资运营；负责账户管理、关系转移接续、待遇核算、信息报告与披露、监督职业年金计划管理情况、对受托人进行考核等业务。

各级社会保险经办机构负责本级职业年金参保登记、申报核定、征收归集缴费、接受账户转移和待遇支付申请、管理相关业务档案，以及对财政全额供款单位工作人员符合待遇支付条件时应记实的职业年金累计存储额进行对账和审核，建立职业年金基金管理信息共享机制，向参保单位和受益人提供信息查询服务等工作。市级社会保险经办机构按月汇总所属县（市、区）的参保缴费信息、账户转移申请信息、待遇支付申请信息，通过省市信息系统接口上报省社保局。

各级财政部门负责按规定安排财政供款机关事业单位应由财政承担的非记账部分单位缴费，审核拨付记实资金。自2017年起，省直驻济机关事业单位职业年金全部记实，2014年10月至2016年12月记账部分逐步记实。鼓励有条件的市、县（市、区）记实财政全额供款单位的单位缴费。

二、职业年金基金归集

（一）归集账户开设。省、市本级以及县级分别设立1个用于归集本级职业年金基金的归集账户，省级设立1个用于归集全省各级职业年金基金的归集账户。各级社会保险经办机构按规定程序从具有企业年金基金托管资格或证券投资基金托管资格的银行中选择、更换归集账户托管银行，委托开立归集账户。各级社会保险经办机构选择或更换归集账户托管银行，应将归集账户托管协议报同级人力资源社会保障行政部门和财政部门备案，同时抄报省人力资源社会保障厅、省财政厅备案。

（二）账实匹配。各机关事业单位职业年金缴费按规定划入管理其基本养老保险的社会保险经办机构委托设立的归集账户，社会保险经办机构会同归集账户托管银行按照单位、个人缴费信息对当月实际缴费进行账实匹配。参保单位或个人未足额缴费时，已缴部分不记录个人账户，缴费资金暂存在本级归集账户；参保单位或个人出现多缴时，当月多缴部分不记录个人账户，多缴资金暂存在本级归集账户。暂存在各级归集账户的少缴或多缴资金待账实匹配一致后按规定划入省级归集账户。

（三）基金归集。职业年金基金财产按月归集，各级社会保险经办机构将账实匹配一致的单位和个人缴纳的职业年金基金于每月20日前全额划入省级归集账户。归集账户利息按季度进行归集，各级归集账户季度结转利息于下季度开始10个工作日内划入省级归集账户。

（四）归集基金分配。归集到省级的基金按月划入职业年金基金受托财产托管账户。省社保局每月定价日前第三个工作日（T-3）向省级归集账户托管银行下达指令，将账实匹配一致后的全省月归集的职业年金基金财产，按照基金管理合同约定和资金分配方案，及时划入受托财产托管账户。

三、职业年金基金投资运营

（一）计划管理。职业年金基金初始建立多个计划开展投资运营。根据全省职业年金基金规模以及运营情况，省社保局研究提出调整计划数量的建议，报省职业年金基金监管和管理机构评选委员会批准后实施。各职业年金计划实行统一收益率。各计划之上设立虚拟的全省职业年金统一计划，由省社保局指定其中一个计划的托管人、受托人兼任统一计划收益率计算人、审核人，负责计算、审核统一收益率及单位净值。由省社保局指定其中一个计划作为支付赎回计划。

（二）基金管理机构选择。每个计划设置1名受托人、1名托管人、不少于3名投资管理人；受托人、托管人、投资管理人必须具有《职业年金基金管理暂行办法》规定的相应资格；同一计划中受托人与托管人、托管人与投资管理人不得为同一机构；一个计划的受托人不得兼任其他计划的受托人，一个计划的托管人不得兼任其他计划的托管人，同一投资管理机构最多同时兼任2个投资组合的投资管理人。受托人的选择、更换由省职业年金基金监管和管理机构评选委员会通过招标形式确定。省社保局在受托管理合同期满前提出是否更换受托人的建议和办法，报省职业年金基金监管和管理机构评选委员会批准后实施。受托人在《职业年金基金管理暂行办法》规定的选择范围内选择和更换托管人、投资管理人，其选择、更换过程应当接受监管部门和代理人的监督。职业年金基金管理合同按照《职业年金计划管理合同指引》规定签署，并由受托人报省人力资源社会保障厅备案。

（三）资金分配。启动初始年度，根据招标情况将受托人划分为两个类别，实行差异化资金配置。以后年度由省社保局根据绩效考核结果以及各机构投资特点、市场整体形势研究确定资金分配方案。资金分配方案包括归集资金的分配方案、已委托投资资金的重新分配方案等，资金分配方案应按年度作出动态调整，并报省职业年金基金监管和管理机构评选委员会审批后实施。

（四）投资资产配置。职业年金基金投资应当遵循“谨慎、分散风险”的原则。充分考虑职业年金基金财产的安全性、收益性和流动性，实行专业化管理。受托人在充分研判投资形势的基础上，制定职业年金基金战略资产配置策略，并根据资本市场变化进行适时调整。投资管理人根据受托人战略资产配置策略研究组建投资组合。省社保局对战略资产配置策略制定和执行情况进行跟踪监督问效。

（五）风险防控管理。省社保局建立职业年金计划风险控制机制，监控各计划委托投资基金运营和管理情况，研究和分析市场风险，设立职业年金基金总体风险上限，与受托人沟通确定各个计划风险上限。受托人相应建立本计划投资风险控制制度。受托人、托管人、投资管理人应及时向省社保局报告本计划基金管理、收支、投资等情况，对于异常情况及处理方式应及时作出说明。

（六）绩效考核。建立职业年金基金管理机构绩效考核制度。省社保局研究制定对受托人的绩效考核办法，报省职业年金基金监管和管理机构评选委员会批准后，对受托人进行考核。受托人研究制定对托管人、投资管理人的绩效考核办法，经省社保局审核后，报省职业年金基金监管和管理机构评选委员会备案，对本计划托管人、投资管理人进行考核。考核办法应体现激励与约束相结合，资金分配、管理费计提等与绩效考核结果挂钩，同时综合考虑绩放考核结果，必要时可按程序更换受托人、托管人和投资管理人。省社保局负责定期向省职业年金基金监管和管理机构评选委员会报告职业年金基金管理机构绩效考核结果及管理费提取情况。

四、职业年金个人账户管理

（一）个人账户建立与终止。省社保局为参加职业年金计划人员建立个人账户，用于记录单位和个人缴费、投资收益、记账利息等职业年金权益。参加职业年金计划人员出现应终止个人账户的情形时，省社保局在完成支付手续后，终止该个人职业年金账户。

（二）个人账户记录。参加职业年金计划的单位和个人按时足额缴费的，省社保局应按月将缴费记入职业年金个人账户。参保单位或个人拖欠缴费的，按国家有关规定处理。

（三）收益计算。职业年金实账部分采用份额计量方式进行账户核算。省社保局根据职业年金计划月度估值信息，按月将收益计入职业年金个人账户。职业年金计划按照未来最近定价日估值信息进行资金申购和赎回。

（四）记账管理。省社保局按实账积累部分投资收益率确定职业年金记账方式管理部分的记账利息，并计入职业年金个人账户记账额。当参加职业年金计划人员领取或转移职业年金时，按规定记实资金。

（五）转移接续。职工调动工作时，按照《机关事业单位基本养老保险关系和职业年金转移接续经办规程》（人社厅发〔2017〕7号）和我省有关规定办理转移接续。参加职业年金计划人员升学、参军、失业期间或新就业单位没有实行职业年金或企业年金制度的，其职业年金个人账户由省社保局继续管理运营。

五、职业年金待遇发放

参加职业年金计划人员符合职业年金领取条件时，按规定提交待遇支付申请资料，省社保局根据职工选择的待遇领取方式计算待遇，并按规定通知管理其基本养老保险的社保经办机构。省社保局制定资金赎回方案，按月生成支付计划、支付通知和个人支付明细，按照基金管理合同约定和资金赎回方案，通知支付赎回计划的受托人向托管人发出拨付待遇支付资金指令。

六、信息报告与披露

（一）省社保局以及各职业年金计划受托人、托管人、投资管理人应按照国家有关规定做好信息报告与披露工作。

（二）各级社会保险经办机构要协助省社保局向本级机关事业单位及其工作人员及时发送个人年度权益报告，履行信息披露义务。

（三）省社保局按年度向省职业年金基金监管和管理机构评选委员会报告职业年金基金管理运营情况。

七、职业年金基金监督

省人力资源社会保障厅、省财政厅每年对全省职业年金基金管理情况、归集账户使用管理情况、考核办法实施情况和考核结果运用情况等进行监督检查。市、县级人力资源社会保障行政部门、财政部门对本辖区职业年金经办管理、归集账户使用管理等有关情况进行监督检查，发现问题及时上报上级监管部门。省社保局依据有关规定及基金管理合同约定对职业年金基金管理机构、归集账户托管银行及其他为职业年金基金管理提供服务的自然人、法人或其他组织进行监督检查，监督检查中发现的违法违规问题及时向省人力资源社会保障厅、省财政厅报告。

职业年金对于构建多层次养老保险体系，保障机关事业单位工作人员退休生活水平，促进人力资源合理流动具有重要意义，各级人力资源社会保障部门、财政部门要高度重视，加强协同配合，周密制定有关政策措施并协同落实。各级社会保险经办机构要加强经办能力建设和经办人员配备，确保职业年金业务经办相关工作顺利开展。工作中有何问题，请及时向省人力资源社会保障厅、省财政厅反映。

山东省人力资源和社会保障厅、山东省财政厅
关于提高全省居民基本养老保险基础养老金最低标准的通知

（2018 年 6 月 26 日　鲁人社发〔2018〕25 号）

各市人民政府：

根据《人力资源社会保障部、财政部关于 2018 年提高全国城乡居民基本养老保险基础养老金最低标准的通知》（人社部规〔2018〕3 号）规定，经省政府同意，自 2018 年 1 月 1 日起，全省居民基本养老保险基础养老金最低标准由每人每月 100 元提高到 118 元。

各地应当进一步健全参保缴费激励机制，积极引导参保居民选择更高档次缴费，增加个人账户积累，逐步提高养老保障水平，促进居民基本养老保险制度可持续发展。要切实加强居民基本养老保险基础管理，尽快将提高后的基础养老金及时足额发放到位，并做好政策宣传工作，正确引导社会舆论。

山东省人力资源和社会保障厅、山东省财政厅
关于 2018 年调整退休人员基本养老金的通知

（2018 年 7 月 20 日　鲁人社发〔2018〕28 号）

各市人民政府，省直各部门、单位，各养老保险省直管企业，各中央驻鲁机关事业单位：

根据《人力资源社会保障部、财政部关于 2018 年调整退休人员基本养老金的通知》（人社部发〔2018〕18 号）精神，结合我省实际，经省政府同意，并报人力资源社会保障部、财政部批准，从 2018 年 1 月 1 日起，调整企业和机关事业单位退休人员基本养老金。现就有关事项通知如下：

一、调整范围

2017 年 12 月 31 日前已按规定办理退休、退职手续并按月领取基本养老金的退休、退职人员（以下简称退休人员）。

二、调整办法和标准

这次调整退休人员基本养老金，采取定额调整、挂钩调整和适当倾斜相结合的办法。

（一）定额调整。每人每月增加 50 元养老金。

（二）挂钩调整。按以下两部分计算增加养老金：

1. 按 2017 年 12 月本人基本养老金的 1.7% 确定月增加额。

2. 企业和机关事业单位退休人员分别执行以下挂钩调整办法：

（1）企业退休人员与本人缴费年限挂钩调整。将本人缴费年限进行分段，对 15 年（含）以下的部分，每满 1 年，月增加 1.5 元；16 年以上至 25 年的部分，每满 1 年，月增加 1.8 元；26 年以上至 35 年的部分，每满 1 年，月增加 2.1 元；36 年以上至 45 年的部分，每满 1 年，月增加 2.4 元；46 年以上的部分，每满 1 年，月增加 2.7 元。其中，缴费年限含视同缴费年限，不含特殊工种等折算增加的年限；缴费年限不足 1 年的，按 1 年计算。

（2）机关事业单位退休人员与本人职务（岗位、技术等级，下同）挂钩调整。根据职务层级不同划分若干档次，每个档次以 31 元为基数乘以不同的调整系数确定月增加额。各职务层级的具体调整系数，遵循衔接平衡原则，另行确定。

（三）适当倾斜。2017 年 12 月 31 日前，年满 70 周岁不满 75 周岁（以办理退休手续时按规定确认的出生年月计算，下同）、年满 75 周岁不满 80 周岁和年满 80 周岁以上的退休人员，每人

每月分别增加15元、30元和60元养老金。同时，综合考虑不同年龄、不同情况人员以往年度倾斜标准等因素，对达到相应年龄的有关人员，再适当增加一定数额的养老金。其中，2017年1月1日至12月31日期间达到70周岁、75周岁和80周岁的企业退休人员（不含企业一次性补缴参保人员）每人每月分别增加290元、190元和360元，企业一次性补缴参保人员每人每月分别增加70元、60元和120元，机关事业单位退休人员每人每月分别增加20元、80元和80元。

三、资金列支渠道

调整基本养老金所需资金，参加企业职工基本养老保险的，从企业基本养老保险基金中列支；参加机关事业单位工作人员基本养老保险的，从机关事业单位基本养老保险基金中列支；未参加城镇职工基本养老保险的，由原渠道解决。

四、相关问题处理

（一）按相关规定办理退休手续的建国前老工人，基本养老金调整办法另行制定。

（二）按本通知调整基本养老金的退职人员，系指按《劳动保险条例》第13条丙款、国发〔1978〕104号、鲁革发〔1972〕143号文件规定办理退职手续并按月领取退职生活费的人员。

（三）本通知所称企业一次性补缴参保人员，系指按鲁政办发〔2011〕64号等文件规定办理一次性补缴参保手续的人员，以及按鲁人社发〔2015〕29号等文件规定以个人身份补缴、补缴前未参加基本养老保险、没有可以认定的视同缴费年限、补缴时已超过法定退休年龄、一次性补缴养老保险费后领取基本养老金的人员。

（四）确定本人月基本养老金基数时，企业退休人员按鲁劳社发〔1999〕82号文件及有关规定执行；机关事业单位退休人员按鲁人社办发〔2015〕78号文件及有关规定应当纳入基本养老保险统筹的待遇项目确定。

（五）本次调整基本养老金，一律计算到元，不足1元的按1元增加。

五、组织实施

调整退休人员基本养老金体现了党中央、国务院和省委、省政府对广大退休人员的亲切关怀，是提高保障和改善民生水平的重要措施，直接关系退休人员的切身利益，涉及面广，政策性强。各市、各部门（单位）要深入学习贯彻党的十九大精神，高度重视调整退休人员基本养老金工作，切实加强领导，精心组织实施，加强宣传解读，正确引导舆论，确保各项工作平稳有序进行。养老保险管理工作规范、基础信息齐全准确的，经统筹地人力资源社会保障行政部门核准后，由负责统筹的社会保险经办机构直接办理。尚不具备条件的，可由单位或单位主管部门协助办理。各市要按照省统一部署，制定工作实施方案，对调整养老金工作的组织领导、工作进度、资金保障等作出周密安排，确保养老金按时足额发放。

山东省人力资源和社会保障厅、山东省总工会、山东省财政厅

关于调整企业职工因病或非因工死亡后供养直系亲属生活困难补助标准的通知

（2018年11月13日　鲁人社发〔2018〕56号）

各市人力资源社会保障局、总工会、财政局，省直各企业主管部门，各养老保险省直管企业：

为适当解决企业因病或非因工死亡职工供养直系亲属（以下简称遗属）生活困难补助标准偏低问题，经研究，决定自2018年10月1日起，适当调整企业职工遗属生活困难补助标准，现就有关问题通知如下：

一、企业职工（含离退休人员）因病或非因

工死亡，符合领取遗属生活困难补助条件的供养直系遗属，每人每月补助标准按企业所在地调整为3类：530元、480元、430元（详见附表）。

（一）建国前参加革命工作职工的遗属补助标准，在补助标准的基础上提高20%。

（二）职工遗属为孤寡一人者，在补助标准基础上提高10%。

（三）兼有（一）、（二）项情况的，在补助标准基础上提高30%。

二、职工供养直系亲属的确定，仍按国家和省现行规定执行。

三、这次调整遗属生活困难补助所需资金，已纳入基本养老保险社会统筹的，从统筹基金中列支；未纳入社会统筹的，从原渠道列支。

附表：企业职工遗属生活困难补助标准表

企业职工遗属生活困难补助标准表

单位：元/月、人

地区	标准
济南市：历下区、市中区、槐荫区、天桥区、历城区	530
青岛市：市南区、市北区、黄岛区、崂山区、李沧区、城阳区、即墨区	
淄博市：淄川区、张店区、临淄区	
东营市所辖县（区） 烟台市：芝罘区、福山区、牟平区、莱山区、龙口市、莱州市、蓬莱市、招远市	
潍坊市：潍城区、寒亭区、坊子区、奎文区、诸城市、寿光市	
威海市所辖市（区）	
济南市：长清区、章丘区、平阴县、济阳县、商河县	480
青岛市：胶州市、平度市、莱西市	
淄博市：博山区、周村区、桓台县	
枣庄市：市中区、滕州市	
烟台市：莱阳市、栖霞市、海阳市、长岛县	
潍坊市：青州市、安丘市、高密市、昌邑市、临朐县、昌乐县	
济宁市：任城区、兖州区、曲阜市、邹城市、微山县	
泰安市：泰山区、新泰市、肥城市	
日照市所辖县（区）	
莱芜市所辖区	
临沂市：兰山区、罗庄区、河东区	
滨州市：滨城区、邹平市、博兴县	
淄博市：高青县、沂源县	430
枣庄市：薛城区、峄城区、台儿庄区、山亭区	
济宁市：鱼台县、金乡县、嘉祥县、汶上县、泗水县、梁山县	
泰安市：岱岳区，宁阳县、东平县	
临沂市：沂南县、郯城县、沂水县、兰陵县、费县、平邑县、莒南县、蒙阴县、临沭县	
德州市所辖县（市，区）	
聊城市所辖县（市，区）	
滨州市：沾化区、惠民县、阳信县、无棣县	
菏泽市所辖县（区）	

山东省人力资源和社会保障厅

关于印发山东省机关事业单位基本养老保险关系和职业年金转移接续业务经办规程的通知

（2018 年 2 月 13 日　鲁人社规〔2018〕4 号）

各市人力资源社会保障局：

《山东省人力资源和社会保障厅　山东省财政厅关于转发人社部规〔2017〕1 号文件明确机关事业单位基本养老保险关系和职业年金转移接续有关问题的通知》（鲁人社规〔2017〕12 号）已经印发，为进一步做好机关事业单位养老保险参保人员基本养老保险关系和职业年金转移接续工作，切实维护流动就业人员的养老保险权益，根据《人力资源社会保障部办公厅关于印发〈机关事业单位基本养老保险关系和职业年金转移接续经办规程（暂行）〉的通知》（人社厅发〔2017〕7 号）的有关规定，我省制定了《山东省机关事业单位基本养老保险关系和职业年金转移接续业务经办规程》（以下简称“经办规程”）。现印发给你们，并就贯彻执行经办规程通知如下：

一、充分认识做好转移接续工作的重要意义。做好机关事业单位基本养老保险关系和职业年金转移接续工作，有利于保障参保人员流动时的养老保险权益，促进机关事业单位养老保险制度改革顺利推进。制定和施行统一规范的经办规程，是贯彻落实机关事业单位养老保险制度改革的配套文件，是经办职工养老保险关系和职业年金转移接续的基本遵循，也是规范经办管理服务工作的根本保证。各级社会保险经办机构要统一思想，提高认识，认真学习经办规程的内容，遵循经办规程的具体要求，切实做好经办规程的贯彻落实工作。

二、准确把握经办规程的基本内容和要求。机关事业单位基本养老保险关系和职业年金转移接续工作是社会保险经办机构的一项新业务，经办规程既包括机关事业单位基本养老保险关系，也包括职业年金转移接续；既涉及机关事业单位之间、机关事业单位与企业之间基本养老保险关系转移接续，也涉及职业年金与企业年金之间的转移接续。各级社会保险经办机构要认真掌握转移接续的政策依据、适用范围和责任主体等内容；严格执行经办规则和相关要求，遵守经办服务职责、流程、标准和时限；准确理解职工基本养老保险关系和职业年金转入转出信息、资金等项目的指标解释，正确使用各种账表卡册；重点掌握职业年金转移涉及的补记、记实、保留以及企业年金衔接等办法；熟悉多次转移、欠费、重复缴费等情形的处理办法，保证机关事业单位基本养老保险关系和职业年金转移接续经办工作有章可循、精准实施。

三、着力加强经办管理服务工作。各地要严格按照经办规程的要求，细化转移接续规程，优化转移接续流程，简化办事环节和手续，拓展服务渠道，创新服务方式，提高经办管理质量和服务水平。要加强机关事业单位基本养老保险个人账户和职业年金个人账户管理，规范账户项目，强化分项管理，分类做好基本养老保险个人账户资金、缴费形成的职业年金、补记的职业年金和企业年金等记账管理工作，确保分得清、记得准、转得动、接得上，维护参保人员的合法权益。要加强经办能力建设，适当充实经办力量，配置必要工作设施，落实工作经费。抓紧改造本地业务信息系统，实现地方与省级转移接续信息系统无缝衔接，推动跨区域信息互联互通，充分应用信息系统提高转移接续效率。加快推进“互联网＋公共服务”，方便参保人员办理关系转移手续和查询咨询相关业务。切实加强地区之间、社会保险经办机构之间和部门（单位）之间的沟通协调，强化责任，上下联动，左右协调，形成工作合力，为参保单位和参保人员提供方便、快捷、优质的服务。

四、建立工作分析报告制度。各地要组织好所属地区转移人次和基金的统计、核实、汇总等工作，确保数据真实准确。各地要对转移接续情况进行动态监测，认真解决衔接不顺、转移不畅的问题。要跟踪了解经办规程的实施情况，研究解决工作中出现的新情况、新问题，加强风险防控，及时化解各种矛盾，重要情况和重大问题及时报告。

五、扎实开展宣传培训工作。经办规程政策性、专业性和操作性强，及时开展宣传引导和业务培训工作十分重要。各地要制定宣传方案，统一宣传口径，印制宣传资料等；依据经办规程，认真梳理参保人员关心、社会关注的重点、难点和热点问题，明确宣传重点内容和重点对象；充分发挥网络、报刊、电视等媒介作用，帮助参保人员全面准确了解相关政策，耐心释疑解惑，合理引导社会预期和舆论方向。各地要把培训作为业务经办工作的重要基础，有计划、分层次地组织学习培训。要抓好经办骨干培训，培养一支政策宣讲和业务操作能手，做到精准操作，运用自如。同时要抓好参保单位人力资源管理人员的培训，确保经办规程落实不走样。

六、切实加强组织领导。做好机关事业单位基本养老保险关系和职业年金转移接续工作，直接关系到参保人员的切身利益，事关改革发展稳定大局。各市人力资源社会保障部门要高度重视，加强组织领导，精心筹划实施。各市社会保险经办机构要严格按照经办规程的要求，结合本地区工作实际，研究制定贯彻落实的工作实施方案，明确任务、明确责任、明确时限、明确要求，并加强督促检查，确保落实到位。

山东省机关事业单位基本养老保险关系和职业年金转移接续业务经办规程

第一章　总　则

第一条　为统一规范机关事业单位工作人员基本养老保险关系和职业年金转移接续业务经办程序，保证参保人员流动就业时基本养老保险关系和职业年金顺畅转移接续。根据《国务院关于机关事业单位工作人员养老保险制度改革的决定》（国发〔2015〕2号）、《国务院办公厅关于印发机关事业单位职业年金办法的通知》（国办发〔2015〕18号）、《人力资源社会保障部　财政部关于印发职业年金基金管理暂行办法的通知》（人社部发〔2016〕92号）、《山东省人力资源和社会保障厅　山东省财政厅关于转发人社部规〔2017〕1号文件明确机关事业单位基本养老保险关系和职业年金转移接续有关问题的通知》（鲁人社规〔2017〕12号）、《人力资源社会保障部办公厅关于印发〈机关事业单位基本养老保险关系和职业年金转移接续经办规程（暂行）〉的通知》（人社厅发〔2017〕7号）、《人力资源社会保障部办公厅关于印发〈职业年金经办规程（暂行）〉的通知》（人社厅发〔2017〕125号），制定本规程。

第二条　本规程适用于参加基本养老保险在职人员（以下简称参保人员）在机关事业单位之间、机关事业单位与企业之间流动就业时，其基本养老保险关系和职业年金、企业年金转移接续的业务经办。

第三条　县级及以上社会保险经办机构负责机关事业单位基本养老保险关系和职业年金的转移接续业务经办。

第四条　参保人员在2014年10月1日后符合以下条件的，应办理基本养老保险关系和职业年金的转移接续：

（一）在机关事业单位之间流动的；

（二）在机关事业单位和企业（含个体工商

户和灵活就业人员）之间流动的；

（三）因辞职辞退等原因离开机关事业单位的。

第五条 参保人员在同一统筹范围（指设区的市，含省直）内机关事业单位之间流动的，只转移基本养老保险关系，不转移基本养老保险基金。

第六条 转出地和转入地社会保险经办机构通过全省基本养老保险关系转移接续系统，进行基本养老保险关系转移接续信息交换。通过省级职业年金信息系统，进行职业年金转移接续信息交换。

第二章 基本养老保险关系转移接续

第七条 参保人员在机关事业单位之间跨省流动的、从机关事业单位流动到企业的，按以下流程办理：

（一）出具参保缴费凭证。参保人员转移接续前，参保单位或参保人员到基本养老保险关系所在地（以下简称转出地）社会保险经办机构提出转移申请，转出地社会保险经办机构核对相关信息后，出具《养老保险参保缴费凭证》（见附件 1，以下简称《参保缴费凭证》），并告知转移接续条件。

（二）转移接续申请。参保人员新就业单位或本人向新参保地（以下简称转入地）社会保险经办机构提出转移接续申请并出示《参保缴费凭证》，填写《养老保险关系转移接续申请表》（见附件 2，以下简称《申请表》）。如参保人员在离开转出地时未开具《参保缴费凭证》，由转入地社会保险经办机构与转出地社会保险经办机构联系补办。

（三）发联系函。转入地社会保险经办机构对符合转移接续条件的，应在受理之日起 15 个工作日内生成《基本养老保险关系转移接续联系函》（见附件 3，以下简称《基本养老保险联系函》），并向参保人员转出地社会保险经办机构发出。

（四）转出基本养老保险信息表和基金。转出地社会保险经办机构在收到《基本养老保险联系函》之日起 15 个工作日内完成以下手续：

1. 核对有关信息并生成《基本养老保险关系转移接续信息表》（见附件 4，以下简称《基本养老保险信息表》）；机关事业单位之间转移接续的，转出地社会保险经办机构应将缴费工资基数、相应年度在岗职工平均工资等记录在《基本养老保险信息表附表》（见附件 5）。

2. 办理基本养老保险基金划转手续。其中：个人缴费部分按记入本人个人账户的全部储存额计算转移。单位缴费部分以本人改革后各年度实际缴费工资为基数，按 12% 的总和转移；参保缴费不足 1 年的，按实际缴费月数计算转移。当发生两次及以上转移的，包含从企业职工基本养老保险转入的单位缴费部分和个人账户储存额全部随同转移。

3. 将《基本养老保险信息表》和《基本养老保险信息表附表》传送给转入地社会保险经办机构。

4. 终止参保人员在本地的基本养老保险关系。

（五）基本养老保险关系转入。转入地社会保险经办机构收到《基本养老保险信息表》和转移基金，在信息、资金匹配一致后 15 个工作日内办结以下接续手续：

1. 核对《基本养老保险信息表》及转移基金额。

2. 将转移基金额按规定分别记入统筹基金和参保人员个人账户。

3. 根据《基本养老保险信息表》及参保单位或参保人员提供的材料，补充完善相关信息；机关事业单位之间转移接续的，根据《基本养老保险信息表附表》按照就高不就低的原则核实参保人员的实际缴费指数。

4. 将办结情况告知新参保单位或参保人员。

第八条 参保人员从企业流动到机关事业单位的，其流程按本规程第七条规定办理。转移基金按以下办法计算：

（一）个人账户储存额：1998 年 1 月 1 日之前个人缴费累计本息和 1998 年 1 月 1 日之后个人账户的全部储存额。个人账户储存额与按规定计算的资金转移额不一致的，1998 年 1 月 1 日之前的，转入地和转出地均保留原个人账户记录；1998 年 1 月 1 日至 2005 年 12 月 31 日期间，个人账户记账比例高于 11% 的部分不计算为转移基金，个人账户记录不予调整，低于 11% 的，转出地按 11% 计算转移资金并相应调整个人账户记录；2006 年

1月1日之后的个人账户记账比例高于8%的部分不转移，个人账户不予调整，低于8%的，转出地按8%计算转移资金，并相应调整个人账户记录。

（二）统筹基金（单位缴费）：以本人1998年1月1日后各年度实际缴费工资为基数，按12%的总和转移；参保缴费不足1年的，按实际缴费月数计算转移。

第九条 参保人员因辞职、辞退、未按规定程序离职、开除、判刑等原因离开机关事业单位的，应将基本养老保险关系转移至户籍所在地企业职工社会保险经办机构，按以下流程办理转移接续手续：

（一）原参保单位提交《机关事业单位辞职辞退等人员基本养老保险关系转移申请表》（见附件6），并提供相关资料。

（二）转出地社会保险经办机构在收到《机关事业单位辞职辞退等人员基本养老保险关系转移申请表》之日起15个工作日内完成以下手续：

1. 核对有关信息并生成《基本养老保险信息表》；

2. 办理基本养老保险基金划转手续，转移基金额按本规程第七条第四款第2项规定计算；

3. 将《基本养老保险信息表》传送给转入地社会保险经办机构；

4. 终止参保人员在本地的基本养老保险关系并将办结情况告知原参保单位。

（三）基本养老保险关系转入。转入地社会保险经办机构收到《基本养老保险信息表》和转移基金，在信息、资金匹配一致后15个工作日内办结以下接续手续：

1. 核对《基本养老保险信息表》及转移基金额；

2. 将转移基金额按规定分别记入统筹基金和参保人员个人账户；

3. 根据《基本养老保险信息表》及相关资料，补充完善相关信息；

4. 将办结情况告知参保人员或原参保单位。

第三章 职业年金转移接续

第十条 参保人员出现以下情形之一的，参保单位或参保人员在申报基本养老保险关系转移接续时，应当一并申报职业年金（企业年金）转移接续：

（一）在机关事业单位养老保险制度内流动的；

（二）从机关事业单位流动到已建立企业年金制度的企业；

（三）从已建立企业年金制度的企业流动到机关事业单位。

第十一条 参保人员在省内机关事业单位之间流动时，只转移职业年金关系，不转移基金。其中，在同级财政全额供款的机关事业单位之间流动时，转出人员如存在采取记账方式管理的单位缴费无需记实，继续由转入单位采取记账方式管理；在非同级财政全额供款的机关事业单位之间流动、或由财政全额供款单位流动到非财政全额供款单位时，转出人员如存在采取记账方式管理的单位缴费，需按规定记实后再办理转移接续（以下简称“职业年金个人账户记实”）。

第十二条 参保人员跨省机关事业单位之间流动、或由机关事业单位和建立企业年金制度的企业之间流动时，在转移职业年金关系的同时，转移基金。转出人员如存在职业年金个人账户记实情形的，需按规定记实后再办理转移接续；如存在职业年金补记情形的，根据改革前本人在机关事业单位工作的年限长短补记职业年金后再办理转移接续（以下简称“职业年金补记”）。

第十三条 参保人员在我省非同级财政全额供款的机关事业单位之间流动、或由财政全额供款单位流动到非财政全额供款单位时，按以下流程办理职业年金个人账户记实：

（一）原参保单位填报《职业年金记实申请表》（见附件7）。转出地社会保险经办机构依据单位申请资料，向原参保单位出具《职业年金个人账户记实/补记通知》（见附件8，以下简称《记实/补记通知》）；

（二）原参保单位根据《记实/补记通知》向同级财政部门申请资金，及时划转至转出地社会保险经办机构职业年金归集账户；

（三）转出地社会保险经办机构确认账实相符并将资金逐级划转至省级职业年金归集账户；

（四）省社会保险事业局（以下简称“省社

保局”）记入其职业年金个人账户。

第十四条 参保人员在2014年10月1日后办理了正式调动或辞职、辞退手续离开机关事业单位的，按以下流程办理职业年金补记：

（一）原参保单位填报《职业年金补记申请表》（见附件9），并提供其改革前本人在机关事业单位工作年限相关证明材料。转出地社会保险经办机构依据单位申请资料，协助计算所需补记的职业年金个人账户金额，生成《记实/补记通知》；

（二）原参保单位根据《记实/补记通知》向原资金保障渠道申请资金，及时划转至转出地社会保险经办机构职业年金归集账户；

（三）转出地社会保险经办机构确认账实相符并将资金逐级划转至省级职业年金归集账户；

（四）省社保局记入其职业年金个人账户。

第十五条 参保人员跨省机关事业单位之间流动转出的，按以下流程办理转移接续：

（一）转出地社会保险经办机构出具《参保缴费凭证》，按本规程第七条第一款规定办理。如参保人员存在职业年金个人账户记实情形的，应按照本规程第十三条的规定完成相关业务。

（二）转入地社会保险经办机构出具《职业年金（企业年金）关系转移接续联系函》（见附件10，以下简称《职业年金联系函》）。

（三）转出地社会保险经办机构及时将《职业年金联系函》发送给省社保局。省社保局收到《职业年金联系函》，并确认记实资金足额到账之日起45个工作日内完成以下手续：

1.办理职业年金个人账户资产的赎回等业务；

2.核对有关信息并生成《职业年金（企业年金）关系转移接续信息表》（见附件11，以下简称《职业年金信息表》）；

3.向转入地社会保险经办机构发送《职业年金信息表》，同时将转移资金划转至转入地社会保险经办机构职业年金归集账户；

4.终止参保人员的职业年金关系，并将办理结果逐级反馈给转出地社会保险经办机构。

第十六条 参保人员跨省机关事业单位之间流动转入的，按以下流程办理职业年金转移接续：

（一）转入地社会保险经办机构受理新参保单位提交的《参保缴费凭证》，并审核相关资料，符合转移接续条件的，受理之日起15个工作日内向转出地社会保险经办机构发出《职业年金联系函》；

（二）转出地社会保险经办机构出具《职业年金信息表》，同时将转移资金划转至转入地社会保险经办机构职业年金归集账户；

（三）转入地社会保险经办机构收到《职业年金信息表》，并确认转移基金足额到账之日起15个工作日内将资金逐级划转至省级职业年金归集账户；

（四）省社保局将转移金额按项目分别记入其职业年金个人账户。

第十七条 参保人员从机关事业单位流动到已建立企业年金制度的企业的，按以下流程办理转出手续：

（一）转出地社会保险经办机构受理原参保单位或参保人员提交的转移接续申请。如参保人员存在职业年金个人账户记实或职业年金补记情形的，转出地社会保险经办机构应按照本规程第十三条和第十四条的规定完成相关业务。

（二）企业年金管理机构出具《职业年金联系函》。

（三）转出地社会保险经办机构及时将《职业年金联系函》发送给省社保局。省社保局收到《职业年金联系函》，并确认记实、补记资金足额到账之日起45个工作日内完成以下手续：

1.核对相关信息后生成《职业年金信息表》，将赎回的职业年金个人账户资金划转至新参保单位的企业年金受托财产托管账户；

2.将《职业年金信息表》逐级反馈给转出地社会保险经办机构，通过新参保单位或参保人员反馈至企业年金管理机构；

3.终止参保人员的职业年金关系。

第十八条 参保人员从已建立企业年金制度的企业流动到机关事业单位的，按以下流程办理转入手续：

（一）转入地社会保险经办机构受理新参保单位或参保人员提交的转移接续申请，15个工作日内向其出具《职业年金联系函》；

（二）转入地社会保险经办机构审核企业年金管理机构提供的参保人员参加企业年金的证明材料；接收转入资金，账实匹配后，将资金逐级划转至省级职业年金归集账户；

（三）省社保局将转移金额按项目分别记入其职业年金个人账户。

第十九条 存在下列情形之一的，参保人员的职业年金关系和基金不转移，原参保地社会保险经办机构在业务系统中标识保留账户，并逐级向省社保局提交保留账户申请。省社保局在省级职业年金业务系统中标识保留账户，继续管理运营其职业年金个人账户：

（一）参保人员升学、参军、失业期间的；

（二）参保人员的新就业单位没有实行年金制度的。

原参保地社会保险经办机构在参保单位办理上述人员相关业务时，如参保人员存在职业年金个人账户记实、职业年金补记情形的，原参保地社会保险经办机构应按照本规程第十三条和第十四条的规定完成相关业务后，省社保局将记实或补记金额记入其职业年金个人账户。

参保人员退休时，原参保地社会保险经办机构受理并审核参保人员提交的待遇支付申请和相关材料，符合支付条件的，逐级向省社保局提交待遇支付申请，省社保局依申请按照国办发〔2015〕18号文件规定计发职业年金待遇。

第二十条 参保人员从企业再次流动到机关事业单位的，按以下方式办理：

（一）未参加企业年金制度的企业转出，原机关事业单位在省内的，省社保局根据转入地社会保险经办机构上报的参保人员增员信息，将参保人员保留账户恢复为正常缴费账户，按规定继续管理运营；

（二）未参加企业年金制度的企业转出，原机关事业单位在省外的，参保人员的职业年金保留账户按照制度内跨省转移接续流程（本规程第十五条和第十六条）办理；

（三）建立企业年金制度的企业转出，按照从企业流动到机关事业单位的企业年金转移接续流程（本规程第十八条）办理。

第二十一条 参保人员再次从机关事业单位流动到企业的，不再重复补记职业年金。参保人员再次从企业流动到机关事业单位的，在机关事业单位养老保险制度内退休时，待遇领取地社会保险经办机构逐级向省社保局提交待遇支付申请。省社保局将补记职业年金本金及投资收益划转至待遇领取地社会保险经办机构的机关事业单位基本养老保险统筹基金账户。

第二十二条 参保人员达到待遇领取条件时，跨省存在多个职业年金关系的，应由待遇领取地社会保险经办机构通知其他建立职业年金关系的社会保险经办机构，按照本规程第十五条和十六条的规定，将职业年金关系归集至待遇领取地社会保险经办机构。

第二十三条 参保人员从企业流动到机关事业单位的，原在企业建立的企业年金按规定转移接续并继续管理运营。参保人员在机关事业单位养老保险制度内退休时，过渡期内，企业年金累计储存额不计入新老办法标准对比范围，企业年金累计储存额除以计发月数，按月领取；过渡期之后，将职业年金、企业年金累计储存额合并计算，按照国办发〔2015〕18号文件计发职业年金待遇。

第二十四条 省内改革前参加地方原有试点、改革后纳入机关事业单位基本养老保险的人员，改革前的个人缴费本息在转出或退休时一次性支付给本人；由外省转入的改革前参加地方原有试点，改革后纳入机关事业单位基本养老保险的人员，改革前的个人缴费本息在转入时一次性支付给本人，不纳入职业年金基金管理。

第二十五条 我省职业年金统一投资运营前，参保人员在本省机关事业单位养老保险制度内跨统筹范围流动的，其职业年金转移接续办法另行规定。

第四章 其他情形处理

第二十六条 参保人员转移接续基本养老保险关系前本人欠缴基本养老保险费的，由本人向原基本养老保险关系所在地补缴个人欠费后再办理基本养老保险关系转移接续手续，同时原参保所在地社会保险经办机构负责转出包括参保人员原欠缴年份的单位缴费部分；本人不补缴个人欠费的，社会保险经办机构也应及时办理基本养老保险关系和基金转出的各项手续，其欠缴基本养老保险费的时间不计算缴费年限，个人欠费的时间不转移基金，之后不再办理补缴欠费。

第二十七条 参保人员同时存续基本养老保险关系或重复缴纳基本养老保险费的，转入地社会保险经办机构应按“先转后清”的原则，在参保人员确认保留相应时段缴费并提供退款账号后，办理基本养老保险关系清理和个人账户储存额退还手续。

第二十八条 转入地社会保险经办机构发现《养老保险信息表》转移金额等信息有误的，应通过全国（省）基本养老保险关系转移接续系统或书面材料告知转出地社会保险经办机构。由转出地社会保险经办机构补充完善相关资料后，转入地社会保险经办机构办理相关转移接续手续。

第二十九条 社会保险经办机构在办理养老保险关系转移接续时，对资料不全或不符合规定的，应一次性告知需要补充和更正的资料或不予受理的理由。

第三十条 转出地社会保险经办机构对参保人员转移接续的有关信息应保留备份。

第五章 附 则

第三十一条 本规程自2014年10月1日起施行，有效期至2019年9月30日。已有规定与本规程不一致的，按本规程执行。

附件：

1.养老保险参保缴费凭证（略）

2.养老保险关系转移接续申请表（略）

3.基本养老保险关系转移接续联系函（略）

4.基本养老保险关系转移接续信息表（略）

5.基本养老保险信息表附表（略）

6.机关事业单位辞职辞退等人员基本养老保险关系转移申请表（略）

7.职业年金记实申请表（略）

8.职业年金个人账户记实/补记通知（略）

9.职业年金补记申请表（略）

10.职业年金（企业年金）关系转移接续联系函（略）

11.职业年金（企业年金）关系转移接续信息表（略）

山东省人力资源和社会保障厅
关于印发山东省职业年金经办规程（暂行）的通知

（2018年8月15日 鲁人社规〔2018〕10号）

各市人力资源社会保障局：

现将《山东省职业年金经办规程（暂行）》印发给你们，请认真贯彻执行。

山东省职业年金经办规程（暂行）

第一章 总 则

第一条 为做好机关事业单位职业年金（以下简称职业年金）经办管理服务工作，根据《国务院关于机关事业单位工作人员养老保险制度改革的决定》（国发〔2015〕2号）、《机关事业单位职业年金办法》（国办发〔2015〕18号）、《人力资源社会保障部财政部关于贯彻落实〈国务院关于机关事业单位工作人员养老保险制度改革的决定〉的通知》（人社部发〔2015〕28号）、《职业年金基金管理暂行办法》（人社部发〔2016〕92号）、《人力资源社会保障部办公厅关于印发〈职业年金经办规程（暂行）〉的通知》（人社厅发〔2017〕125号）、《山东省人民政府关于机关事业单位工作人员养老保险制度改革的实施意见》（鲁政发〔2015〕4号）、《山东省人力资源和社会保障厅 山东省财政厅关于转发人社部规〔2017〕1号文件明确机关事业单位基本养老保险关系和职业年金转移接续有关问题的通知》（鲁人社规〔2017〕12号）、《山东省人力资源和社会保障厅 山东省财政厅关于印发山东省职业年金基金管理及投资运营实施办法的通知》（鲁人社发〔2018〕7号）等相关规定，结合我省实际，制定本规程。

第二条 全省各级社会保险经办机构（以下简称经办机构）经办管理职业年金，适用本规程。

第三条 职业年金经办管理包括计划建立、参保登记、基金征收及归集、账户管理、转移接续、待遇管理、会计核算、信息披露、统计分析、档案管理、计划监督和风险控制等内容。

第四条 职业年金基金采取集中委托投资运营的方式管理。省直管及各市、县（市、区）机关事业单位职业年金基金由省社会保险事业局（以下简称省社保局）集中行使委托职责。

省社保局负责组织指导和考核全省各级经办机构开展职业年金经办管理工作，负责汇总编制和上报职业年金基金财务和统计报表，承担国办发〔2015〕18号、人社部发〔2016〕92号和鲁人社发〔2018〕7号文件规定的其他职责。

第五条 管理机关事业单位基本养老保险的各级经办机构负责职业年金参保登记、申报核定、征收和归集缴费、账户转移、接受待遇支付申请、管理相关业务档案等。

省级以下经办机构应向省社保局提供本级用人单位和参保人员信息、缴费信息、待遇支付申请和账户转移申请等相关资料或信息，按期将本级职业年金缴费及相关账户利息划入省级职业年金基金归集账户，协助省社保局履行信息披露义务。

第六条 每年的1月1日至12月31日为一个业务年度，按年核定缴费基数，按月缴费。业务核算以人民币为记账本位币，“元”为金额单位，元以下记至“分”。

第七条 职业年金经办管理信息系统（以下简称信息系统）数据信息实行省级统一集中管理。省社保局与市级经办机构通过信息系统接口实现经办数据的传送、交互功能。

第二章 计划建立

第八条 全省建立多个职业年金计划开展投资运营，实行统一收益率。各计划之上设立虚拟的全省职业年金统一计划，由省社保局指定其中一个计划的托管人、受托人兼任统一计划收益率计算人、审核人，负责计算、审核统一收益率及单位净值。由省社保局指定其中一个计划作为支付赎回计划。

第九条 省社保局应当按照有关规定委托法人受托机构作为职业年金计划受托人，负责受托管理职业年金基金财产。受托人应当委托投资运营机构作为投资管理人，负责职业年金基金的投资运营；应当委托商业银行作为托管人，负责托管职业年金基金财产。

职业年金基金受托、托管和投资管理机构在具有相应企业年金基金管理资格的机构中选择。

第十条 每个职业年金计划设置1名受托人、1名托管人、不少于3名投资管理人；同一计划中受托人与托管人、托管人与投资管理人不得为同一机构；一个计划的受托人不得兼任其他计划的受托人，一个计划的托管人不得兼任其他计划的托管人，同一投资管理机构最多同时兼任2个投资组合的投资管理人。

第十一条 受托人的选择、更换由山东省职业年金基金监管和管理机构评选委员会（以下简称评选委员会）通过招标的形式确定。

省社保局应定期向评选委员会报告受托人履行职责情况，并在受托管理合同期满前提出是否更换受托人的建议和具体办法，报评选委员会批准后实施。

第十二条 评选委员会办公室设在省人力资源社会保障厅，负责制定选择、更换受托人的实施方案，确定评选形式、制定评选标准、编制评选文件、组织评选活动，并承担其他相关事务性工作。

第十三条 省社保局应按照人力资源社会保障部印发的职业年金计划管理合同指引，与受托人签订受托管理合同，由受托人报省人力资源社会保障厅备案。

第十四条 受托人评选文件中应包含受托人选择、监督、更换职业年金计划托管人和投资管理人的方案。

省社保局应当监督受托人选择和更换职业年金计划托管人、投资管理人的标准和过程，以及受托人与托管人、投资管理人分别签订委托管理合同的情况。

第十五条 省社保局应根据人力资源社会保障部印发的职业年金基金管理运营流程规范，与受托人等管理机构确定职业年金计划的基金管理运营流程。

省社保局负责制定职业年金基金的分配及赎回方案，监督受托人提出委托投资基金战略资产配置策略和大类资产投资比例，与受托人商定向投资组合或养老金产品分配及赎回职业年金基金的方案。

第十六条 受托管理合同期满且省社保局未与受托人协商一致续签合同，或者出现有关法律规定或双方合同约定的可以终止受托管理合同的情形时，省社保局应根据对职业年金计划管理的考核情况，及时提请评选委员会选择新的受托人，督促原管理人妥善保管职业年金基金相关资料，并在管理人变更生效之日起 35 个工作日内办理完毕管理业务移交手续，由新管理人接收并履行相应职责。

第十七条 省社保局根据职业年金计划基本信息和受托人提供的职业年金计划确认函、投资组合信息、管理人信息、投资规则、托管银行账户信息等必要信息及已签订的合同，在信息系统中登记职业年金计划，确定每月的最后一天为定价日。

第三章 参保登记

第十八条 参加职业年金的用人单位和工作人员范围与机关事业单位基本养老保险一致。

用人单位应当在按规定申请办理基本养老保险参保登记的同时，申请办理职业年金参保登记。

第十九条 登记内容包括用人单位经费来源、财政保障层级、开户银行账户信息等建立职业年金计划和个人账户的必要信息。

第二十条 经办机构应同时受理用人单位的基本养老保险和职业年金的参保登记与变更申请，并保持参加职业年金的基本信息与基本养老保险一致。

第二十一条 用人单位因发生撤销、解散、合并、改制、成建制转出等情形，依法终止缴费义务时，如其工作人员存在应记实个人账户，管理其基本养老保险的经办机构应提示用人单位缴费记实。

第四章 基金征收和归集

第二十二条 经办机构负责职业年金基金征收工作。

第二十三条 管理其机关事业单位基本养老保险的经办机构同时负责受理其职业年金缴费申报、核定缴费基数和征收等工作。机关事业单位职业年金与基本养老保险缴费基数一致，实行统一征收。

第二十四条 参保人员应缴纳的职业年金，由所在单位代为申报，代扣代缴。

第二十五条 管理机关事业单位基本养老保险的经办机构对用人单位申报事项核准后，生成职业年金征缴通知及应征缴费用明细，告知用人单位。

第二十六条 职业年金基金财产按月归集，各级社会保险经办机构将账实匹配一致的单位和个人缴纳的职业年金基金于每月 20 日前全额逐级划入省级归集账户。

第二十七条 归集到省级归集账户的基金按月划入职业年金基金受托财产托管账户。省社保局每月定价日前第 3 个工作日（T−3）向省级归集账户托管银行下达指令，将账实匹配一致后的职业年金基金财产，按照基金管理合同约定和资金分配方案，及时划入受托财产托管账户，在收到归集账户托管行反馈后当日向各计划受托人发送各计划《资金划款通知》。

省社保局应于每月定价日后，生成投资成交汇总表，发送至受托人进行投资成交处理。

第二十八条 归集账户利息按季度进行归集，各级归集账户季度结转利息于下季度开始10个工作日内逐级划入省级归集账户。

第五章 账户管理

第二十九条 省社保局为参保人员建立个人账户，用于记录单位和个人缴费、投资收益、记账利息等职业年金权益。

个人账户信息包括个人基本信息、缴费信息、收益信息、支付信息、转移接续信息、终止注销信息等。

第三十条 个人账户应当区别记录实账缴费和记账缴费、个人缴费和单位缴费、税前缴费和税后缴费，记录转入的企业年金、补记的职业年金等政策规定的账户信息。

第三十一条 改革前在机关事业单位工作的人员，其职业年金个人账户建立时间从2014年10月1日开始。改革后参加工作的人员，从其参加工作之月起建立职业年金个人账户。

第三十二条 用人单位应按时足额缴费，省社保局按月将缴费记入职业年金个人账户。用人单位未按时足额缴纳职业年金费用的，视为欠缴，暂不记入职业年金个人账户，待用人单位补齐欠缴金额后，资金到账之月记入职业年金个人账户。

第三十三条 职业年金的实账部分形成的职业年金基金，按照国家相关法规投资运营，并享有投资收益。受托人应按照职业年金计划受托管理合同约定的频率和时限提供职业年金计划估值信息，作为账户记录依据。

省社保局根据职业年金基金单位净值，按月将职业年金投资收益记入职业年金个人账户。职业年金资金按照未来最近的定价日估值信息申购、赎回。

第三十四条 职业年金实账部分采用份额计量方式进行账户核算，职业年金基金的单位净值记至小数点后六位，个人账户记录份额至小数点后六位，尾数采用截位法处理。

第三十五条 职业年金个人账户采取记账方式管理的部分，根据职业年金实账积累部分投资收益率确定记账利率，省社保局通过信息系统接口下发给各级经办机构按月计息。

第三十六条 当参保人员按规定领取或转移职业年金，需要记实本人职业年金账户累计储存额时，管理其基本养老保险的经办机构应根据用人单位申请资料，出具职业年金个人账户记实/补记通知，由用人单位向财政部门申请资金缴费记实，并将资金逐级划转至省级归集账户，由省社保局记入其职业年金个人账户。

第三十七条 参保人员出现关系转出、一次性支付待遇、个人账户累计金额领取完毕或其他应终止个人账户的情形时，省社保局在完成支付手续后，终止该个人账户。

第三十八条 省内改革前参加地方原有试点、改革后纳入机关事业单位基本养老保险的人员，改革前的个人缴费本息在转出或退休时一次性支付给本人；由外省转入的改革前参加地方原有试点，改革后纳入机关事业单位基本养老保险的人员，改革前的个人缴费本息在转入时一次性支付给本人，不纳入职业年金基金管理。

第六章 转移接续

第三十九条 参保人员出现以下情形之一的，用人单位或参保人员在申请基本养老保险关系转移接续时，应当一并申请职业年金转移接续：

（一）在机关事业单位养老保险制度内流动的；

（二）从机关事业单位流动到已建立企业年金制度的企业；

（三）从已建立企业年金制度的企业流动到机关事业单位。

第四十条 参保人员升学、参军、失业期间或新就业单位没有实行企业年金制度的，其职业年金个人账户由省社保局继续管理运营。

第四十一条 参保人员办理了正式调动或辞职、辞退手续离开机关事业单位的，经办机构应在接受用人单位申请后，按照人社部规〔2017〕

1 号文件规定，根据改革前本人在机关事业单位工作的年限长短计算补记职业年金的金额，向用人单位出具职业年金个人账户记实 / 补记通知，由用人单位向原资金保障渠道申请补记资金，并将资金逐级划转至省级归集账户，由省社保局记入其职业年金个人账户。

第四十二条 申请转出个人账户的参保人员，如存在采取记账方式管理的单位缴费，并且按有关规定应由转出单位同级财政拨付资金记实后转续的，经办机构应根据用人单位申请资料，向其出具职业年金个人账户记实 / 补记通知，确认用人单位缴费记实后，受理转移申请。

第四十三条 职业年金转移接续业务按照《山东省人力资源和社会保障厅关于印发山东省机关事业单位基本养老保险和职业年金转移接续经办规程的通知》（鲁人社规〔2018〕4 号）相关规定办理。

第七章 待遇管理

第四十四条 参保人员在达到国家和我省规定的退休条件并办理退休手续后，按月领取职业年金待遇。出国（境）定居人员的职业年金个人账户资金，可根据本人要求一次性支付给本人。参保人员死亡的，其职业年金个人账户余额可以继承。

第四十五条 符合退休条件的参保人员可以由本人选择按月领取职业年金待遇或一次性购买商业养老保险产品的方式，本人选择任一领取方式后不再更改。按规定选择一次性购买商业养老保险产品的，依据保险契约领取待遇并享有相应的继承权；选择按照本人退休时对应的计发月数计发职业年金月待遇标准的，发完为止，同时个人账户余额享有继承权。

第四十六条 省社保局负责计算职业年金待遇。按月领取的职业年金待遇，应以核定待遇时的上一期估值为基础计算，计发月数与基本养老保险相同。

$$职业年金待遇标准=\frac{退休当月个人账户余额}{计发月数}$$

过渡期内，退休当月个人账户余额不包括转入的企业年金及转入职业年金后的投资收益。转入的企业年金累计储存额除以计发月数，按月领取。

过渡期结束后，退休当月个人账户余额包括职业年金和企业年金累计账户余额。

选择按照计发月数分期领取职业年金的，每月待遇均按职业年金月待遇标准领取，直至个人账户余额发放完毕。

第四十七条 参保人员符合职业年金待遇领取条件的，按以下流程办理职业年金待遇核定：

（一）管理其基本养老保险的经办机构受理用人单位提交的《机关事业单位参保人员职业年金待遇申领表》（以下简称《待遇申领表》），生成参保人员待遇领取信息。

（二）各级经办机构于每月 20 日前将参保人员待遇领取信息逐级上报至省社保局。如参保人员存在职业年金个人账户记实情形的，应同时上报职业年金记实累计储存额信息。

（三）省社保局进行职业年金待遇核定，两个工作日内，将待遇数据逐级下发至各级经办机构。

（四）各级经办机构根据下发的职业年金待遇数据核定过渡期内的基本养老保险待遇。

第四十八条 参保人员符合职业年金待遇领取条件的，个人账户存在应记实累计储存额的，各级经办机构应在用人单位记实缴费到账后，将资金逐级归集至省级职业年金基金归集账户。省社保局账实匹配一致后进行职业年金待遇核定工作。

省社保局自记实资金到账的次月起，通知受托人支付其职业年金待遇。首月发放的职业年金待遇包含自申领次月起的补发金额。

第四十九条 参保人员退休前已离开机关事业单位，按照有关规定其职业年金个人账户由省社保局继续管理运营的，可直接向原参保地经办机构提交《待遇申领表》和相关材料。

第五十条 参保人员选择退休时一次性购买商业养老保险产品的，相关流程按照国家有关规定另行制定。

第五十一条 参保人员出现出国（境）定居、死亡等一次性支付情况的，按以下流程办理一次性支付手续：

（一）管理其基本养老保险的经办机构根据其《机关事业单位基本养老保险参保人员一次性

支付申报表》，生成相关信息逐级上报至省社保局；

（二）省社保局接收信息后，根据其职业年金个人账户累计储存额生成相关信息，逐级下发至管理其基本养老保险的经办机构；

（三）管理其基本养老保险的经办机构向受益人出具《机关事业单位参保人员职业年金个人账户一次性支付核定表》。

第五十二条 省社保局应按月生成支付计划、支付通知和个人支付明细，通知受托人向托管人发出拨付待遇支付资金指令。在签订职业年金计划受托管理合同时，应与受托人约定，每月职业年金待遇原则上应与基本养老保险待遇同步发放。

省社保局应提供待遇支付明细给省级以下经办机构，省级以下经办机构应向本级用人单位提供待遇支付明细信息。

第五十三条 省社保局应要求受托人在职业年金待遇支付金额划出后3个工作日内反馈支付结果，并根据反馈的支付情况完成相应账户和账务处理。

职业年金待遇发放不成功的，省社保局督促受托人及时查找原因，根据受托人提供的待遇支付不成功有关明细信息，及时解决问题并再次发出待遇支付指令。

因参保人员登记信息有误导致待遇支付不成功的，省社保局应及时通知相应的经办机构，联系用人单位和参保人员更正有关信息，并通知受托人。

第五十四条 用人单位或参保人员对经办机构核定的职业年金待遇支付标准有异议的，可提出重新核定申请。经办机构受理复核申请后，应及时核对个人信息、缴费历史和记实、补记情况等基础信息。基础信息如有错误，应及时更正后，重新上传至省社保局进行职业年金待遇的重新核定。

经办机构在受理复核申请后的15个工作日内将复核结果告知用人单位或参保人员。复核后确需调整的，应保留复核及修改记录。

第八章　信息披露

第五十五条 省社保局于年度结束后45个工作日内，向参保机关事业单位披露职业年金管理信息。

第五十六条 省社保局于年度结束后45个工作日内向受益人提供个人账户权益信息。内容包括参加职业年金基本信息、当年缴费情况、年末个人账户余额、当年收益情况等。

第五十七条 省社保局于年度结束后45个工作日内向省职业年金基金监管和管理机构评选委员会报告职业年金基金管理运营情况。

第五十八条 省社保局于季度结束后35个工作日内、年度结束后45个工作日内，向本级监管部门提交职业年金计划管理报告。

第五十九条 省社保局于季度结束后10个工作日内、年度结束后20个工作日内向人力资源社会保障部社会保险事业管理中心报送本地区职业年金基金管理情况；于季度结束后15个工作日内、年度结束后25个工作日内向有关监管部门提交职业年金基金账户管理报告。

职业年金基金管理情况应包括职业年金计划设立基本情况、缴费情况、待遇支付情况等内容。

第六十条 信息披露报告的编报应做到数字真实、计算准确、内容完整、说明清楚、报送及时。

第六十一条 省社保局负责提供个人权益报告相关信息，同时建立账户管理查询系统，供受益人查询其个人账户情况。

各级经办机构应协助省社保局向本级机关事业单位及其工作人员及时发送个人年度权益报告，履行信息披露义务。

第九章　统计分析

第六十二条 各级经办机构应建立职业年金统计工作制度，完善统计指标体系，遵照全面、真实、科学、审慎和及时的原则开展统计工作，根据工作需要开展必要的统计调查。

第六十三条 各级经办机构定期整理各类业务数据，并汇总相关信息，以此作为统计分析的主要依据，实现数据来源的可追溯查询。

第六十四条 各级经办机构应按照人力资源社会保障统计报表制度和上级有关要求，做好定期统计和专项统计工作，认真收集统计数据，编制统计报表，严格审核，按程序汇总，做到内容完整，数据准确，上报及时。

第六十五条 省社保局应定期或不定期开展统计分析，形成分析报告，为有关政策制定、基金运行风险监测和控制、考核评价基金管理机构提供支持。

第十章 档案管理

第六十六条 各级经办机构应按照国家规定集中保存职业年金基金管理业务活动记录、账册、报表和其他相关资料。

第六十七条 职业年金业务档案包括纸质档案和电子档案。纸质档案应及时检查、分类、整理、编号和入库保管，并编制索引目录。电子档案应统一命名，有条件的应定期统一集中备份。

第六十八条 按照业务性质和产生环节，年金业务档案可分为：

（一）受托合同、计划确认函、补充协议、授权文件、资产配置方案、管理人考核办法、资金分配办法及其他材料；

（二）成交报告、估值表、电子指令、外部回执；

（三）信息披露报告、重大事项报告；

（四）业务申请相关单证；

（五）其他。

第六十九条 省社保局在信息披露工作完成后应立即进行归档前的整理。整理档案时应按照报告类型、报告区间、报告内容等分类编制归档清单，定期移交相关部门进行登记、归档，规范档案归档、查询、调阅等工作。

第七十条 职业年金会计档案依据《会计档案管理办法》进行管理。

第十一章 计划监督和风险控制

第七十一条 省社保局建立职业年金计划管理监督制度，监督各计划职业年金基金收支和投资管理情况。

第七十二条 省社保局应定期或不定期向受托人、托管人、投资管理人了解职业年金基金财产的收支、处分、投资、收益等情况，并可要求做出说明。必要时可聘请具有相关业务资格的会计师事务所对职业年金计划进行审计。

第七十三条 省社保局应监督受托人履行职责情况。

监督内容主要包括职业年金计划托管人和投资管理人的选择和更换、职业年金基金战略资产配置策略和投资政策的制定与执行、受托财产托管账户资金的划拨、与托管人核对托管账户会计核算信息和基金资产净值数据、投资风险控制、职业年金基金费用的计提与支付、信息报告等情况。

第七十四条 省社保局应对受托人及其他管理人提供的职业年金计划基金管理和财务会计报告进行审查。

第七十五条 省社保局应制定受托人履行职责情况考核办法，对受托机构进行考核评估。考核内容可包括资产配置、运营管理、投资监督、信息披露、投资业绩、服务质量等。

省社保局应审核受托人制定的对托管人和投资管理人的绩效考核办法，监督受托人对托管人及投资管理人的考核评估情况。

省社保局应向受托人了解托管人、投资管理人履责情况。受托人、托管人、投资管理人应积极配合绩效考核工作，全面、真实、准确、及时地提供相关信息。

第七十六条 省社保局应建立职业年金计划风险控制机制。结合用人单位和参保人员投资风险接受能力，与受托人沟通确定各计划风险控制目标，设定风险评估指标；审核受托人制定的职业年金计划风险控制制度，监督风险控制制度执行情况。

第七十七条 省社保局对受托人违反委托目的处分受托财产或者违背受托管理职责的，应要求其进行整改；对受托人处理受托事务不当致使受托财产受到损失的，应要求其恢复受托财产的原状或者予以赔偿，必要时应通过法律途径追索。

第七十八条 各级经办机构按照有关规定建立职业年金经办内控制度。对经办机构内部的职能部门、工作人员从事职业年金经办工作进行规范、监控和评价。

第七十九条 各级经办机构根据职业年金业务风险程度实行分级管理，明确各项业务的经办权限和审批层级。

第八十条 各级经办机构建立内部监督制度。对经办业务操作的合规性进行实时监控和内部监督，定期抽取或筛选业务复核检查，建立内部监督记录和台账。

第十二章 附 则

第八十一条 本规程自2018年10月1日起施行，有效期至2020年9月30日。

附件：

1. 机关事业单位参保人员职业年金待遇申领表（略）

2. 机关事业单位基本养老保险参保人员一次性支付申报表（略）

3. 机关事业单位参保人员职业年金个人账户一次性支付核定表（略）

山东省人力资源和社会保障厅、山东省财政厅 关于建立居民基本养老保险待遇确定和基础养老金正常调整机制的实施意见

（2018年10月31日 鲁人社规〔2018〕17号）

各市人力资源社会保障局、财政局：

为深入学习贯彻习近平新时代中国特色社会主义思想和党的十九大精神，践行以人民为中心的发展思想，根据《人力资源社会保障部、财政部关于建立城乡居民基本养老保险待遇确定和基础养老金正常调整机制的指导意见》（人社部发〔2018〕21号）精神，经省委、省政府同意，现就我省建立激励约束有效、筹资权责清晰、保障水平适度的居民基本养老保险待遇确定和基础养老金正常调整机制，制定如下实施意见。

一、完善居民基本养老保险待遇确定机制

居民基本养老保险待遇由基础养老金和个人账户养老金构成。基础养老金由中央和地方确定标准并全额支付给符合领取条件的参保人；个人账户养老金由个人账户全部储存额除以计发系数确定。根据国家规定和我省城乡居民人均可支配收入、财力状况等因素，合理确定我省基础养老金最低标准。对65岁及以上参保城乡居民予以适当倾斜。其中：65—74岁、75岁（含）以上的待遇领取人员，其基础养老金每人每月分别高于最低基础养老金标准5元、10元，所需资金由市、县（市、区）政府承担。

二、建立基础养老金正常调整机制

按照国家部署要求，省人力资源社会保障厅会同省财政厅统筹考虑城乡居民收入增长、物价变动和职工基本养老保险等其他社会保障标准调整情况，适时提出居民基本养老保险基础养老金最低标准调整方案，报请省委和省政府确定。居民基本养老保险基础养老金最低标准每5年至少调整1次。市、县（市、区）基础养老金的调整，应由当地人力资源社会保障部门会同财政部门提出方案，报请同级党委和政府确定。

三、建立缴费年限养老金激励机制

为鼓励引导居民早参保、长缴费、不断保，参加居民基本养老保险缴费满15年后（不含补缴年限），每多缴一年，在领取居民基本养老保险待遇时，每月应适当加发年限基础养老金。加发年限基础养老金具体标准由市、县（市、区）政府确定，所需资金由市、县（市、区）政府承担。

四、建立个人缴费档次标准调整机制

省人力资源社会保障厅和省财政厅根据全省经济社会发展、城乡居民可支配收入、灵活就业人员年参保缴费额等情况，适时提出全省统一设定的居民基本养老保险参保缴费档次的意见，报省政府批准后执行。最高缴费档次标准原则上不超过当地灵活就业人员参加职工基本养老保险的年缴费额。最低缴费档次标准每5年调整1次。对重度残疾人等缴费困难群体，可保留现行最低缴费档次标准。

五、完善缴费补贴调整机制

要完善居民基本养老保险缴费补贴动态调整机制，逐步提高居民缴费水平、保障水平。根据经济发展、个人缴费标准提高和财力状况，合理调整缴费补贴标准，对选择较高档次缴费的人员适当增加缴费补贴，引导城乡居民选择高档次标准缴费。根据我省现行居民基本养老保险个人缴费档次，对选择300元标准缴费的，补贴标准不低于每人每年30元；对选择500元、600元标准缴费的，补贴标准不低于每人每年60元；对选择800元及以上标准缴费的，补贴标准不低于每人每年80元。鼓励集体经济组织提高缴费补助，鼓励其他社会组织、公益慈善组织、个人为参保人缴费加大资助。

六、实现个人账户基金保值增值

各地要按照《国务院关于印发基本养老保险基金投资管理办法的通知》（国发〔2015〕48号）、《人力资源社会保障部、财政部关于加快推进城乡居民基本养老保险基金委托投资工作的通知》（人社部发〔2018〕47号）要求和规定，开展居民基本养老保险基金委托投资，实现基金保值增值，提高个人账户养老金水平和基金支付能力；对未开展委托投资、留存在地方各级的居民基本养老保险基金，要严格按规定存银行、买国债，不得违规投资运营。

建立居民基本养老保险待遇确定和基础养老金正常调整机制是党中央、国务院和省委、省政府部署的重要任务，是基本养老保险制度改革的重要内容，关系到广大城乡居民的切身利益，各级各相关部门要高度重视，坚持尽力而为、量力而行原则，落实兜底线、织密网、建机制的要求，加强组织领导，明确各级政府、集体经济组织和参保居民等各方面的责任。各地要按照本实施意见的要求，确保各项政策落实到位。相关标准和政策报上级人力资源社会保障部门和财政部门备案。要采取多种方式全面准确宣传政策，正确引导社会舆论，让参保居民形成合理的预期。

本意见自2019年1月1日起实施，有效期至2023年12月31日。

（三）医疗、生育保险

山东省人民政府办公厅

认真贯彻落实《关于进一步深化基本医疗保险支付方式改革的指导意见》的通知

（2018年3月27日　鲁政办字〔2018〕49号）

各市人民政府，各县（市、区）人民政府，省政府各部门、各直属机构：

为认真贯彻落实《国务院办公厅关于进一步深化基本医疗保险支付方式改革的指导意见》（国办发〔2017〕55号，以下简称《指导意见》），积极推进我省基本医疗保险支付方式改革，经省政府同意，现就有关事项通知如下：

一、充分认识《指导意见》的重要意义

医保支付是基本医疗保险管理的重要环节，是调节医疗服务行为、引导医疗资源配置的重要杠杆。《指导意见》明确了进一步深化基本医疗保险支付方式改革的指导思想、基本原则、主要目标、具体任务、配套措施等，是当前和今后一段时期深化基本医疗保险支付方式改革的纲领性文件。各级、各有关部门要深入学习贯彻习近平新时代中国特色社会主义思想和党的十九大精神，全面落实《指导意见》和省委、省政府工作要求，紧紧围绕保障改善民生、深化医药卫生体制改革和新旧动能转换重大工程目标，大力推进基本医疗保险支付方式改革，健全医保支付机制和利益调控机制，激发医疗机构规范行为、控制成本、合理收治和转诊患者的内生动力，引导医疗资源合理配置和患者有序就医，支持建立分级诊疗模式和基层医疗卫生机构健康发展，切实保障广大参保人员基本医疗权益和医保制度长期可持续发展。

二、明确改革的主要目标

各市要按照《指导意见》要求，进一步加强和完善医保基金预算管理，全面推行总额控制下的多元复合式医保支付方式，形成符合我省实际和医疗服务特点的医保支付体系。不断扩大按病种付费的病种数量，到2018年年底，各统筹地区按病种付费的病种数量力争达到150种；鼓励和支持济南、青岛等大城市按照国家部署，积极开展按疾病诊断相关分组（DRGs）付费研究与试点；逐步扩大淄博、东营等市开展按病种分值付费的做法。到2020年，医保支付方式改革覆盖所有医疗机构及医疗服务，在全省范围内普遍实施适应不同疾病、不同服务特点、激励与约束并重的多元复合式医保支付方式，按项目付费占比明显下降。

三、全面把握改革的重点内容

（一）进一步加强医保基金总额控制。各市要发挥总额控制在医保支付方式改革中的重要作用，结合医保基金预算管理不断完善总额控制办法，提高总额控制指标的科学性、合理性。完善与总额控制相适应的考核评价体系和动态调整机制，对结余或超额指标，要认真进行分析，按协议约定，提出合理解决意见，保证医疗机构正常运转。在确定总额控制指标时，应向基层医疗卫生机构、中医医疗机构、儿童医疗机构等适当倾斜。支持医共体内实行医保总额付费、基金结余留用、合理超支分担的医保支付政策。

（二）实行多元复合式医保支付方式。各市要根据不同医疗服务特点，尽快启动医保支付方式分类改革。对住院医疗服务，主要按总额控制和按病种、按疾病诊断相关分组、按人头（或次均）定额付费。按照“先易后难、稳步推进”的思路，逐步增加病种付费的数量，充分利用既往大数据，通过谈判协商机制，合理确定病种付费标准，适时动态调整，原则上2—3年调整一次。对精神病、安宁疗护、医疗康复等需要长期住院治疗且日均费用比较稳定的疾病可按床日付费，要按照不同疾病发展的规律，治疗各阶段的费用特征以及医疗机构的类别，合理测算确定不同病种的平均住院日和床日付费标准，同时加强对平均住院天数、日均费用以及治疗效果的考核评估。对于不能按病种、按床日付费的住院患者，在总额控制的基础上实行按人头（或次均）定额付费。对基层医疗服务、门诊统筹，可按人头付费，明确按人头付费的基本医疗服务包范围，并根据基本医疗服务包范围合理测算确定按人头付费定额标准。对不宜打包付费的复杂病例和门诊费用，可按项目付费。探索符合中医药服务特点的支付方式，鼓励提供和使用适宜的中医药服务。

（三）落实各项配套改革措施。各市要按照《指导意见》提出的“保障基本”的原则，严格规范基本医保责任边界，不得将公共卫生费用、与疾病治疗无直接关系的体育健身或养生保健消费等纳入医保支付范围。同时，要加强医疗服务规范化管理，在全省实行统一的疾病分类编码（ICD-10）、手术与操作编码系统，明确病历及病案首页书写规范，加快分级制定完善符合基本医疗需求的临床路径等行业技术标准、医疗服务项目技术规范。建立全省医保执业医师、执业护士等基础信息资源库，统一医保药品、诊疗项目编码。进一步理顺优化医保经办流程，逐步进行系统整合，将基本医保、大病保险及异地就医联网结算费用一并纳入一体化结算拨付系统和医疗服务监管体系，确保医疗保险基金及时结算拨付。加强对医疗机构执行医保政策的考核评价，将考核结果与医保基金支付挂钩。

四、切实强化各项保障措施

（一）加强领导，密切协作。各市要周密安排部署，加大推进医保支付方式及相关领域改革协调力度，妥善做好政策衔接，发挥政策合力。各级人力资源社会保障、卫生计生、财政、物价、中医药等部门要加强沟通配合，落实各自职责，协同推进医保支付方式改革。

（二）加强评估，稳步实施。各市要及时开展改革效果评估，对改革前后医疗费用、医疗服务数量和质量、医保待遇水平、参保人员健康水平等进行纵向评估，通过评估发现支付方式改革中存在的问题并予以完善。不断总结适合本地区的经验做法，持续探索创新。

（三）加强宣传，正确引导。要坚持正确的舆论导向，充分调动各方参与医保支付方式改革的积极性、主动性和创造性。加强与新闻媒体的沟通，主动宣传医保支付方式改革取得的进展及成效，及时回应社会关切，为进一步深化医保支付方式改革营造良好的舆论氛围和社会环境。

各市要按照《指导意见》和本通知精神，因地制宜开展相关改革工作，于2018年5月底前制定具体改革实施方案，并报省人力资源社会保障厅备案。

山东省人力资源和社会保障厅
关于发布山东省基本医疗保险工伤保险和生育保险药品目录（2017年版）的通知

（2018年3月26日　鲁人社发〔2018〕14号）

各市人力资源社会保障局：

为保障参保人员基本医疗需求，规范完善医保用药管理，按照人力资源社会保障部《关于印发国家基本医疗保险、工伤保险和生育保险药品目录（2017年版）的通知》（人社部发〔2017〕15号）、《关于将36种药品纳入国家基本医疗保险、工伤保险和生育保险药品目录乙类范围的通知》（人社部发〔2017〕54号）和人力资源社会保障部办公厅《关于谈判药品仿制药支付问题的通知》（人社厅发〔2018〕9号）等文件要求，通过组织专家论证评审，制定了《山东省基本医疗保险工伤保险和生育保险药品目录（2017年版）》（以下简称《药品目录》）。经人力资源社会保障部审核同意，现予以发布，并就有关事项通知如下：

一、《药品目录》适用于全省基本医疗保险、工伤保险和生育保险，是规范医疗机构和参保人员合理用药、强化费用支付管理、维护基金平稳运行的基本政策及标准依据。

二、《药品目录》由凡例、西药、中成药、中药饮片组成。凡例是对《药品目录》的编排格式、名称剂型规范、限定支付范围等内容的解释和说明。西药部分包括化学药和生物制品，中成药部分包括中成药和民族药。西药、中成药部分均采用准入法规定了基本医疗保险、工伤保险和生育保险基金准予支付费用的药品；中药饮片部分采用排除法规定了基本医疗保险、工伤保险和生育保险基金不予支付费用的饮片。

国家免费提供的抗艾滋病病毒药物和国家公共卫生项目涉及的抗结核病药物、抗疟药物和抗血吸虫病药物，参保人员使用且在公共卫生支付范围的，基本医疗保险、工伤保险和生育保险基金不予支付。

三、参保人员使用《药品目录》内西药、中成药及目录外中药饮片发生的费用，按基本医疗保险、工伤保险、生育保险有关规定支付。基本医疗保险支付区分甲类、乙类，各统筹地区对甲类药品要按基本医疗保险规定的比例支付；对乙类药品可根据基金承受能力，先设定一定的个人自付比例，再按基本医疗保险的规定支付。对乙类药品中主要起辅助治疗作用的药品，可适当加大个人自付比例，拉开与其他乙类药品支付比例差距。

对临床紧急抢救与特殊疾病治疗所必需的目录外药品，各地可以建立定点医疗机构申报制度，明确相应的审核管理办法，纳入基金支付范围，并按规定报上级人力资源社会保障部门备案。

对省食品药品监督管理部门批准的治疗性医院制剂，由定点医疗机构向所在统筹地区人力资源社会保障部门申报，在征求专家意见的基础上，纳入基金支付范围，并报省人力资源社会保障厅备案。

四、对《药品目录》中人力资源社会保障部谈判纳入的36种药品（以下简称国家谈判药品），规定的支付标准有效期截至2019年12月31日，有效期满后支付标准按照国家新规定执行。国家谈判药品的仿制药（含不同规格）属于基本医疗保险、工伤保险和生育保险药品目录乙类范围，执行全省统一的支付标准，具体按人社厅发〔2018〕9号文件规定执行。

五、各统筹地区要进一步加强《药品目录》的使用管理，将定点医疗机构和定点零售药店执行《药品目录》的情况，纳入定点协议管理和考核范围。医师开具西药处方须符合西医疾病诊治原则，开具中药处方须遵循中医辨证施治原则和理法方药，对于每一最小分类下的同类药品原则上不叠加使用。要采取措施鼓励医师按照先甲类后乙类、先口服制剂后注射制剂、先常释剂型后缓（控）释剂型等原则选择药品，鼓励药师在调配药品时首先选择相同品种剂型中疗效确定、副作用较小、价格低廉的药品。

各统筹地区要建立健全基本医疗保险医疗服务智能监控系统和社会保险药品使用监测分析体系，重点监测用量大、费用支出多且可能存在不合理使用的药品，监测结果以适当方式向社会公布。要采取有效措施鼓励定点零售药店为参保人员提供药品，发挥药店在医保药品供应保障方面的积极作用。

六、各统筹地区要严格执行《药品目录》规定，不得以任何名义调整《药品目录》或另行制订药品目录。要加快应用《社会保险药品分类与代码》行业标准，做好目录内药品对应工作，及时更新完善信息系统药品数据库。凡属《药品目录》内的药品，各地不得以任何理由限制报销。

七、《药品目录》自公布之日起一个月内执行。山东省人力资源和社会保障厅《关于印发〈山东省基本医疗保险、工伤保险和生育保险药品目录（2010年版）〉的通知》（鲁人社发〔2010〕47号）同时废止。

八、《药品目录》由省人力资源社会保障厅负责解释，各统筹地区在执行过程中遇到问题，要及时报告。

凡　例

《山东省基本医疗保险、工伤保险和生育保险药品目录（2017年版）》（简称《药品目录》）是基本医疗保险、工伤保险和生育保险基金支付药品费用的标准。临床医师根据病情开具处方、参保人员购买与使用药品不受《药品目录》的限制。

“凡例”是对《药品目录》中药品的分类与编号、名称与剂型、备注等内容的解释和说明，是《药品目录》的组成部分，其内容与目录正文具有同等政策约束力。

一、目录构成

（一）《药品目录》西药部分和中成药部分所列药品为基本医疗保险、工伤保险和生育保险基金准予支付费用的药品，共2819个（含国家谈判药品36个），包括西药1456个，中成药1363个（含民族药91个）。其中仅限工伤保险基金准予支付费用的品种7个；仅限生育保险基金准予支付费用的品种4个。

（二）《药品目录》收载的西药甲类药品402个，中成药甲类药品192个，其余为乙类药品。基本医疗保险基金支付药品费用时区分甲、乙类，工伤保险和生育保险支付药品费用时不分甲、乙类。

二、编排与分类

（三）药品分类及分类代码执行《社会保险药品分类与代码》行业标准。药品分类西药主要依据解剖—治疗—化学分类（ATC），中成药主要依据功能主治分类。临床具有多种治疗用途的药品，选择其主要治疗用途分类。临床医师依据病情用药，不受《药品目录》分类的限制。

（四）西药、中成药分别按药品品种编号。同一品种只编一个号，重复出现时标注“★”，并在括号内标注该品种编号。药品排列顺序及编号的先后次序无特别含义。

三、名称与剂型

（五）除在“备注”一栏标有“◇”的药品外，西药名称采用中文通用名，未包括命名中的盐基、酸根部分，剂型单列。中成药名称采用中文通用名，剂型不单列。为使编排简洁，在甲乙分类、给药途径、备注相同的情况下，同一通用名称下的不同剂型并列，其先后次序无特别含义。

（六）西药剂型在《中国药典》“制剂通则”的基础上合并归类处理，未归类的剂型以《药品目录》标注的为准。合并归类的剂型所包含的具体剂型见下表：

合并归类的剂型	包含的具体剂型
口服常释剂型	普通片剂（片剂、肠溶片、包衣片、薄膜衣片、糖衣片、浸膏片、分散片、划痕片）、硬胶囊、软胶囊（胶丸）、肠溶胶囊
缓释控释剂型	缓释片、缓释包衣片、控释片；缓释胶囊、控释胶囊
口服液体剂	口服溶液剂、口服混悬剂、干混悬剂、口服乳剂、胶浆剂、口服液、乳液、乳剂、胶体溶液、合剂、酊剂、滴剂、混悬滴剂、糖浆剂（含干糖浆剂）
丸剂	丸剂、滴丸
颗粒剂	颗粒剂、肠溶颗粒剂
口服散剂	散剂、药粉、粉剂
外用散剂	散剂、粉剂、撒布剂、撒粉
软膏剂	软膏剂、乳膏剂、霜剂、糊剂、油膏剂
贴剂	贴剂、贴膏剂、膜剂、透皮贴剂
外用液体剂	外用溶液剂、洗剂、漱口剂、含漱液、胶浆剂、搽剂、酊剂、油剂
硬膏剂	硬膏剂、亲水硬膏剂
凝胶剂	乳胶剂、凝胶剂
涂剂	涂剂、涂膜剂、涂布剂
栓剂	栓剂、肛门栓、阴道栓
滴眼剂	滴眼剂、滴眼液
滴耳剂	滴耳剂、滴耳液
滴鼻剂	滴鼻剂、滴鼻液
吸入剂	喷剂、气雾剂、喷鼻剂、喷粉剂、喷雾剂、雾化吸入剂、雾化混悬液、雾化溶液剂、雾化吸入液、吸入性粉剂、干粉剂、干粉吸入剂、粉末吸入剂、干粉吸剂、吸入性溶液剂、吸入性混悬液
注射剂	注射剂、注射液、注射用溶液剂、静脉滴注用注射液、注射用混悬液、注射用无菌粉末、静脉注射针剂、水针、注射用乳剂、乳状注射液、粉针剂、针剂、无菌粉针、冻干粉针

中成药剂型中，丸剂包括水丸、蜜丸、水蜜丸、糊丸、浓缩丸和微丸，不含滴丸；胶囊剂是指硬胶囊，不含软胶囊；其他剂型没有归并。

（七）《药品目录》收载的药品不区分商品名、规格或生产厂家。通用名称中主要化学成分部分与《药品目录》中的名称一致且剂型相同，而酸根或盐基不同的西药，属于《药品目录》的药品。

（八）“备注”栏标有“◇”的药品，因其组成和适应症类似而进行了归类，所标注的名称为一类药品的统称。具体如下：

1. 西药部分第 117 号“短效胰岛素类似物”包括：赖脯胰岛素、重组赖脯胰岛素、门冬胰岛素、谷赖胰岛素。

2. 西药部分第 120 号“人中效胰岛素”包括：精蛋白锌重组人胰岛素、精蛋白重组人胰岛素、精蛋白生物合成人胰岛素。

3. 西药部分第 122 号“普通胰岛素预混”包括：精蛋白锌胰岛素（30R）、精蛋白生物合成人胰岛素(预混30R)、精蛋白重组人胰岛素混合(40/60)、精蛋白锌重组人胰岛素混合、精蛋白重组人胰岛素混合(50/50)、精蛋白重组人胰岛素混合(30/70)、精蛋白重组人胰岛素（预混30/70）、精蛋白生物合成人胰岛素（预混50R）、50/50混合重组人胰岛素、30/70混合重组人胰岛素。

4. 西药部分第123号“胰岛素类似物预混”包括：门冬胰岛素50、门冬胰岛素30、精蛋白锌重组赖脯胰岛素混合（25R）、精蛋白锌重组赖脯胰岛素混合（50R）。

5. 西药部分第126号“长效胰岛素类似物”包括：甘精胰岛素、重组甘精胰岛素和地特胰岛素。

6. 西药部分第184号“缓解消化道不适症状的复方OTC制剂”包括的品种见下表：

序号	药品名称	序号	药品名称
1	复方丙谷胺西咪替丁片	19	复方胰酶散
2	复方颠茄铋镁片	20	复合乳酸菌胶囊
3	复方颠茄氢氧化铝片	21	盖胃平片
4	复方颠茄氢氧化铝散	22	海藻酸铝镁颗粒
5	复方淀粉酶口服溶液	23	硫糖铝小檗碱片
6	复方雷尼替丁胶囊	24	龙胆碳酸氢钠片（健胃片）
7	复方龙胆碳酸氢钠片	25	龙胆碳酸氢钠散
8	复方芦荟维U片	26	铝镁颠茄片
9	复方木香铝镁片	27	铝镁混悬液
10	复方木香小檗碱片	28	铝镁加混悬液
11	复方尿囊素片	29	神黄钠铝胶囊
12	复方嗜酸乳杆菌片	30	鼠李铋镁片
13	复方碳酸钙咀嚼片	31	碳酸钙甘氨酸胶囊
14	复方维生素U胶囊	32	维U颠茄铝胶囊
15	复方胃蛋白酶颗粒	33	维U颠茄铝胶囊Ⅱ
16	复方消化酶胶囊	34	维U颠茄铝镁胶囊
17	复方溴丙胺太林铝镁片	35	维U颠茄铝镁片
18	复方延胡索氢氧化铝片	36	维U颠茄铝镁片Ⅱ

7. 西药部分第788号“抗艾滋病用药”是指国家免费治疗艾滋病方案内的药品。

8. 西药部分第1027号“动物骨多肽制剂”包括：骨肽、骨肽（Ⅰ）、鹿瓜多肽和骨瓜提取物。

9. 西药部分第1227号“青蒿素类药物”是指卫生部《抗疟药使用原则和用药方案》中所列的以青蒿素类药物为基础的处方制剂、联合用药的药物和青蒿素类药物注射剂。

10. 西药部分第1304号“缓解感冒症状的复方OTC制剂”包括的品种见下表：

序号	药品名称	序号	药品名称
1	氨酚咖黄烷胺片	8	氨酚伪麻颗粒剂
2	氨酚美伪滴剂	9	氨酚伪麻美芬胶囊
3	氨酚那敏三味浸膏胶囊	10	氨酚伪麻美芬片
4	氨酚烷胺咖敏胶囊	11	氨酚伪麻美芬片（Ⅱ）
5	氨酚烷胺那敏胶囊	12	氨酚伪麻美芬片（Ⅱ）/苯酚伪麻片
6	氨酚伪麻胶囊	13	氨酚伪麻美芬片（Ⅲ）
7	氨酚伪麻咀嚼片	14	氨酚伪麻那敏胶囊

续表

序号	药品名称	序号	药品名称
15	氨酚伪麻那敏胶囊（夜用）	55	复方甘草浙贝氯化铵片
16	氨酚伪麻那敏咀嚼片	56	复方氯丙那林鱼腥草素钠片
17	氨酚伪麻那敏分散片	57	复方枇杷氯化铵糖浆
18	氨酚伪麻那敏分散片（Ⅲ）	58	复方氢溴酸右美沙芬胶囊
19	氨酚伪麻那敏片	59	复方氢溴酸右美沙芬糖浆
20	氨酚伪麻那敏溶液	60	复方忍冬藤阿司匹林片
21	氨酚伪麻片	61	复方锌布颗粒剂
22	氨金黄敏颗粒	62	复方盐酸伪麻黄碱缓释胶囊
23	氨咖黄敏胶囊	63	复方银翘氨敏胶囊
24	氨咖黄敏口服溶液	64	复方愈创木酚磺酸钾口服溶液
25	氨咖黄敏片	65	复方愈酚喷托那敏糖浆
26	氨咖麻敏胶囊	66	咖酚伪麻片
27	氨咖愈敏溶液	67	科达琳
28	氨麻苯美片	68	柳酚咖敏片
29	氨麻美敏口服溶液	69	洛芬葡锌那敏片
30	氨麻美敏片	70	美尔伪麻溶液
31	氨麻美敏片（Ⅱ）	71	美酚伪麻片
32	氨麻美敏片（Ⅲ）	72	美敏伪麻口服液
33	贝敏伪麻片	73	美愈伪麻胶囊
34	布洛伪麻分散片	74	美愈伪麻口服溶液
35	布洛伪麻胶囊	75	美愈伪麻口服液
36	布洛伪麻颗粒剂	76	喷托维林氯化铵片
37	布洛伪麻片	77	喷托维林氯化铵糖浆
38	酚咖麻敏胶囊	78	扑尔伪麻片
39	酚咖片	79	双分伪麻胶囊
40	酚麻美敏胶囊	80	双扑伪麻片
41	酚麻美敏片	81	双扑伪麻胶囊
42	酚麻美软胶囊	82	双扑伪麻颗粒
43	酚美愈伪麻口服液	83	伪麻那敏胶囊
44	酚明伪麻片	84	伪麻那敏片
45	复方氨酚美沙糖浆	85	右美沙芬愈创甘油醚糖浆
46	复方氨酚那敏颗粒	86	愈创维林那敏片
47	复方氨酚葡锌片	87	愈酚喷托异丙嗪颗粒
48	复方氨酚烷胺胶囊	88	愈酚维林片
49	复方氨酚烷胺颗粒	89	愈酚伪麻颗粒
50	复方氨酚烷胺片	90	愈酚伪麻片
51	复方北豆根氨酚那敏片	91	愈美胶囊
52	复方贝母氯化铵片	92	愈美颗粒剂
53	复方酚咖伪麻胶囊	93	愈美片
54	复方甘草氯化铵糖浆		

11. 西药部分第 1410 号“肠内营养剂”包括：肠内营养粉剂（AA-PA）、肠内营养粉剂（AA）、短肽型肠内营养剂、整蛋白型肠内营养剂（粉剂）、肠内营养混悬液Ⅱ（TP）、肠内营养混悬液（TPSPA）、肠内营养混悬液（TP-MCT）、肠内营养乳剂（TP-HE）、肠内营养乳剂（TPF-T）、肠内营养混悬液（TPF-FOS）、肠内营养混悬液（TPF-DM）、肠内营养乳剂（TPF-D）、肠内营养混悬液（TPF-D）、肠内营养乳剂（TPF）、肠内营养混悬液（TPF）、肠内营养乳剂（TP）、肠内营养混悬液（TP）、肠内营养粉剂（TP）、肠内营养混悬液（SP）。

12. 中成药部分第 402 号“虫草菌发酵制剂”包括：百令片、百令胶囊、金水宝片、金水宝胶囊、宁心宝胶囊、至灵胶囊。

13. 中成药部分第 528 号“薯蓣皂苷口服制剂”包括：地奥心血康片、地奥心血康颗粒、地奥心血康软胶囊、薯蓣皂苷片。

14. 中成药部分第 577 号“三七皂苷注射制剂”包括：血塞通注射液、血栓通注射液、注射用血塞通（冻干）、注射用血栓通（冻干）。

15. 中成药部分第 582 号的“灯盏注射制剂”包括：灯盏细辛注射液、灯盏花素注射液、注射用灯盏花素。

16. 中成药部分第 590 号“三七皂苷口服制剂”包括：三七通舒胶囊、血塞通片、血塞通胶囊、血塞通颗粒、血塞通软胶囊、血栓通胶囊、血塞通滴丸。

17. 中成药部分第 600 号的“银杏叶口服制剂”包括：银杏叶滴丸、银杏叶胶囊、银杏叶颗粒、银杏叶口服液、银杏叶片、银杏叶丸、银杏叶提取物滴剂、银杏叶提取物片、银杏酮酯滴丸、银杏酮酯胶囊、银杏酮酯颗粒、银杏酮酯片、银杏酮酯分散片、杏灵分散片、银杏蜜环口服溶液。

18. 中成药部分第 601 号“银杏叶注射制剂”包括：银杏达莫注射液、银杏叶注射液、银杏叶提取物注射液、注射用银杏叶提取物、舒血宁注射液。

19. 中成药部分第 863 号的“复方红曲口服制剂”包括：血脂康片、脂必妥片、脂必妥胶囊、脂必泰胶囊。

20. 中成药部分第 1217 号的“狗皮膏制剂”包括：狗皮膏、狗皮膏（改进型）、精制狗皮膏、新型狗皮膏。

四、限定支付范围

（九）医疗保险统筹基金支付《药品目录》内药品所发生的费用，必须由医生开具处方或住院医嘱，参保患者自行购买药品发生的费用，由个人账户支付或个人自付。儿童或有临床证据证明为智力障碍的成人参保人员，由医生处方或住院医嘱使用与目录药品名称和剂型相同的非处方药品发生的费用，可以由统筹基金按规定支付。

（十）“备注”栏中对部分药品规定了限定支付范围，是指符合规定情况下参保人员发生的药品费用，可按规定由基本医疗保险或生育保险基金支付，工伤保险支付药品费用时不受限定支付范围限制。经办机构在支付费用前，应核查相关证据。

1.“备注”一栏标有“△”的药品，是参保人员住院使用时由基本医疗保险统筹基金按规定支付，门诊使用时由职工基本医疗保险个人账户支付的药品。

2.“备注”一栏标为“限工伤保险”的药品，是仅限于工伤保险基金支付的药品，不属于基本医疗保险、生育保险基金支付范围。

3.“备注”一栏标为“限生育保险”的药品，是仅限于生育保险基金支付的药品，不属于基本医疗保险、工伤保险基金支付范围。

4.“备注”一栏标注了适应症的药品，是指参保人员出现适应症限定范围情况并有相应的临床体征及症状、实验室和辅助检查证据以及相应的临床诊断依据，使用该药品所发生的费用可按规定支付。适应症限定不是对药品法定说明书的修改，临床医师应根据病情合理用药。

5.“备注”一栏标注了二线用药的药品，支付时应有使用《药品目录》内一线药品无效或不能耐受的证据。

（十一）国家免费治疗艾滋病方案内的药品，不属于国家免费治疗艾滋病范围的参保人员使用治疗艾滋病时，基本医疗保险基金可按规定支付费用。

国家公共卫生项目涉及的抗结核病和抗血吸虫病药物，不属于国家公共卫生支付范围的参保人员使用时，基本医疗保险基金可按规定支付费用。

（十二）参保人员使用西药部分第269—282号“胃肠外营养液”、第299号“丙氨酰谷氨酰胺注射剂”、第1410号“肠内营养剂”，需经营养风险筛查明确具有营养风险时方可按规定支付费用。使用肠外或肠内营养支持疗法时，消化道有功能的患者应首先选用肠内营养剂。

五、其他

（十三）中成药部分药品处方中含有的“麝香”是指人工麝香（含经国家林业部门批准使用的），“牛黄”是指人工牛黄、体内培植牛黄和体外培育牛黄。

中药饮片部分

（一）单味或复方均不支付费用的中药饮片及药材

白糖参、朝鲜红参、玳瑁、冬虫夏草、蜂蜜、蛤蚧、狗宝、海龙、海马、红参、猴枣、琥珀、灵芝、羚羊角尖粉、鹿茸、马宝、玛瑙、牛黄、珊瑚、麝香、西红花、西洋参、血竭、燕窝、野山参、移山参、珍珠（粉）、紫河车

各种动物脏器（鸡内金除外）和胎、鞭、尾、筋、骨

（二）单味使用不予支付费用的中药饮片及药材

阿胶、阿胶珠、八角茴香、白果、白芷、百合、鳖甲、鳖甲胶、薄荷、莱菔子、陈皮、赤小豆、川贝母、代代花、淡豆豉、淡竹叶、当归、党参、刀豆、丁香、榧子、佛手、茯苓、蝮蛇、甘草、高良姜、葛根、枸杞子、龟甲、龟甲胶、广藿香、何首乌、荷叶、黑芝麻、红花、胡椒、花椒、黄芥子、黄芪、火麻仁、核桃仁、胡桃仁、姜（生姜、干姜）、金钱白花蛇、金银花、橘红、菊花、菊苣、决明子、昆布、莲子、芦荟、鹿角胶、绿豆、罗汉果、龙眼肉、马齿苋、麦芽、牡蛎、南瓜子、胖大海、蒲公英、蕲蛇、芡实、青果、全蝎、肉苁蓉、肉豆蔻、肉桂、山楂、桑椹、桑叶、沙棘、砂仁、山药、生晒参、石斛、酸枣仁、天麻、甜杏仁、乌梅、乌梢蛇、鲜白茅根、鲜芦根、香薷、香橼、小茴香、薤白、饴糖、益智、薏苡仁、罂粟壳、余甘子、鱼腥草、玉竹、郁李仁、枣（大枣、酸枣、黑枣）、栀子、紫苏

注：本目录所列药品均包括生药及炮制后的药材及饮片。

山东省人力资源和社会保障厅、山东省财政厅、山东省卫生和计划生育委员会、中国保险监督管理委员会山东监管局关于进一步健全完善居民大病保险制度的通知

（2018年1月30日　鲁人社规〔2018〕2号）

各市人力资源社会保障局、财政局、卫生计生委、保监分局：

为全面贯彻落实党的十九大精神，做好我省居民大病保险（以下简称大病保险）工作，经省政府同意，现就进一步健全完善大病保险制度通知如下：

一、统一调整大病保险筹资标准

省人力资源社会保障厅会同省财政厅根据全省经济社会发展水平和大病保险保障水平等因素，统一测算确定大病保险筹资标准并实行动态调整，原则上控制在居民基本医疗保险筹资标准的 10% 左右。2018 年，全省大病保险筹资标准确定为每人每年 66 元。

二、实行差异化的大病保险起付标准

大病保险年度起付标准以统计部门公布的上一年度城乡居民年人均可支配收入作为主要测算依据。2018 年，各设区的市应综合考虑居民医保基金运行情况和居民年人均可支配收入等因素，经精算后适当提高大病保险起付标准，原则上不超过 2 万元，并报省人力资源社会保障厅备案。对享受纳入单独补偿范围的大病特药和大病保险扶贫倾斜政策的，起付标准保持不变。

三、规范大病保险支付政策

大病保险保障范围与居民基本医疗保险相衔接，除纳入单独补偿范围的大病特药外，均统一执行国家和省现行有效的基本医疗保险药品目录、诊疗项目目录和医疗服务设施项目范围，乙类药品、诊疗项目和医疗服务设施项目个人首先自付部分不纳入大病保险支付范围。提高大病保险支付比例和最高支付限额，对个人负担合规医疗费用 20 万元以上（含 20 万元）、30 万元以下的部分，支付比例提高至 70%；个人负担合规医疗费用 30 万元以上（含 30 万元）的部分，支付比例提高至 75%；一个医疗年度内，大病保险最高支付限额提高至 40 万元。

四、完善大病保险盈亏动态调整机制

自 2017 年起，大病保险资金收支以设区的市为单位进行核算，及时对商业保险机构当年大病保险的盈余和亏损予以调整。各设区的市要按照《国务院办公厅关于全面实施城乡居民大病保险的意见》（国办发〔2015〕57 号）和《山东省人民政府办公厅关于贯彻国办发〔2015〕57 号文件完善居民大病保险制度有关事项的通知》（鲁政办发〔2016〕37 号）规定，进一步完善大病保险盈亏动态调整机制，与商业保险机构谈判后，在合同中载明盈亏比例和分担办法。

五、建立大病保险资金清算制度

按照社保基金管理和保险业承办大病保险财务规定，建立健全大病保险资金清算制度。大病保险结算与基本医疗保险结算相衔接，以基本医疗保险与参保人结算日期认定大病保险资金清算年度。自 2017 年起，各设区的市每年要对大病保险资金进行清算。

启动 2014—2016 年度全省大病保险资金统一清算工作，具体清算和补偿办法另行制定。

六、提升大病保险管理服务水平

加强对大病保险承办工作的协调指导和监督管理。强化合同管理，由人力资源社会保障部门与商业保险机构签定大病保险承办合同，明确合同双方权责义务。医保经办机构要按照合同约定，及时拨付大病保险资金，实现信息系统对接和相关数据及时交换，理顺资金支付和结算流程，实现“一站式、一条龙”服务。建立医疗服务监管协作机制，加大异地医疗费用巡查力度，减少不合理支出和违规支出。

七、进一步加强医疗费用管控

各级财政部门要加强大病保险资金监督，制定大病保险资金财务列支和会计核算办法。卫生计生部门要加快实施公立医院综合改革，探索药品采购二次议价，抑制药品价格虚高；加大医疗服务行为监督力度，严格控制大处方和过度医疗，防止医疗费用不合理增长。人力资源社会保障部门要不断完善居民基本医保政策，加强医保支付方式改革，将大病保险费用纳入定点医疗机构总控预算管理，加大医保智能监控信息系统应用，强化对医疗服务行为的监管。保险监管部门要加强对商业保险机构的行业监督管理，严格成本核算，降低大病保险运营成本。

本通知自 2018 年 3 月 1 日起施行，有效期至 2019 年 12 月 31 日。我省原有政策内容与本通知规定不一致的，按照本通知规定执行。

山东省人力资源和社会保障厅、山东省财政厅、山东省民政厅、山东省卫生和计划生育委员会、山东省残疾人联合会、山东省扶贫开发领导小组办公室

关于贯彻落实医保发〔2018〕2号文件进一步做好居民医疗保险工作的通知

（2018年9月14日　鲁人社规〔2018〕13号）

各市人力资源社会保障局、财政局、民政局、卫生计生委、残联、扶贫办：

为贯彻党的十九大“完善统一的城乡居民基本医疗保险制度”精神，落实省委省政府认真做好民生建设领域工作的要求，根据国家医保局、财政部、人力资源社会保障部、国家卫生健康委《关于做好2018年城乡居民基本医疗保险工作的通知》（医保发〔2018〕2号）文件规定，现就做好我省居民医保工作通知如下：

一、合理确定居民基本医保缴费标准

各市要逐步完善与城乡居民可支配收入、当地经济发展水平相适应的居民基本医保筹资动态调整机制，统一调整统筹区域内个人缴费和财政补助标准。2019年度人均个人缴费标准不低于220元。

二、完善居民基本医保参保政策

（一）全面落实持居住证参保政策。进一步落实《山东省人民政府关于贯彻国发〔2016〕44号文件实施支持农业转移人口市民化若干财政政策的意见》（鲁政发〔2016〕23号）规定，未在户籍地参加基本医保的居住证持有人，可参加居住地居民基本医保，其未成年子女可随父母在居住地参保，个人按居住地居民相同标准缴费，享受居住地财政补助和医疗保险待遇。各市要按照《关于做好进城落户农民参加基本医疗保险和关系转移接续工作的办法》（人社部发〔2015〕80号）等有关规定，规范医保关系转移接续手续，防止重复参保、重复享受待遇。

（二）完善新生儿落地参保政策。新生儿出生后六个月内办理参保手续并缴纳个人缴费部分后，自出生之日起享受居民医保待遇。

（三）规范居民基本医保补缴政策。各地要积极宣传居民医保参保缴费政策，居民应在统筹地区集中缴费期内按规定参保缴费。对错过集中缴费期的居民，可以补缴当年费用后参保，补缴费用原则为个人缴费和政府补助标准之和，全部计入个人缴费相应科目，补缴后的医保待遇由各统筹地区合理确定。各地不得强制要求居民补缴以往年度基本医疗保险费。

三、健全居民医保待遇保障机制

（一）提高门诊保障水平。进一步完善城乡居民门诊统筹，建立以门诊大病、慢病为主的门诊保障制度，逐步扩大大病、慢病病种。实行个人（家庭）账户的市，要制定措施，尽快向门诊统筹平稳过渡。探索门诊统筹按人头付费，明确按人头付费的基本医疗服务包范围，通过与医疗机构平等协商谈判确定按人头付费标准，做好门诊统筹按人头付费与家庭医生签约服务的有效衔接。完善医疗机构医保协议管理，将协议管理和家庭医生签约服务有机结合，健全考核评价指标体系，考核结果与费用结算挂钩，确保服务质量。

（二）着力做好困难人员医疗保障。强化部门协作，切实做好建档立卡贫困人口、特困人员、低保对象、重度残疾人等困难人员的参保缴费补贴工作，确保应保尽保。将特困人员、低保对象、重度残疾人纳入建档立卡贫困人口大病保险倾斜政策保障范围。加强信息资源共享，特困人员、

低保对象、重度残疾人名单分别由民政、残联认定和提供，并在社保信息系统进行标识。加强医疗救助的托底保障能力，进一步提高困难人员受益水平。优化困难人员就医结算服务，实现困难患者出院时居民基本医保、居民大病保险、医疗救助和其他保障措施“一站式”即时结算，提高医疗保障时效。

四、加强管理服务和监督问责

（一）优化经办服务流程。各地要按照“一次办好”的工作要求，积极开展银行代收、网上缴费等业务，提高居民基本医保参保缴费便捷性。加快推进社会保障卡发行，尽快实现参保居民“人手一卡”，充分发挥社会保障卡身份凭证、信息记录、医保缴费和待遇领取、结算和支付等作用，使用社会保障卡自动读取参保人员信息，实现医疗保险费征收和信息录入工作同步进行、及时准确。各市应于每年6月底前完成居民医保参保缴费信息录入工作，7月底前将截至当年6月底的居民基本医疗保险参保缴费人员数据库信息（含政府资助缴费人员）报省级审核。巩固完善异地就医费用直接结算工作，实现市内就医报销无异地，注重解决农民工和“双创”人员异地就医问题，提高居民医疗服务公平性。

（二）强化基金风险防控。进一步完善医保基金收支预算管理，建立健全风险预警、评估、化解机制及应对预案。深化支付方式改革，统筹考虑参保人员个人费用负担和基金支出，控制医疗费用不合理增长。规范大病保险承办管理，强化合同约束，完善统计分析，确保大病保险资金高效使用。巩固完善居民基本医保市级统筹，积极化解基本医保支付风险和大病保险亏损，避免出现系统性风险。

（三）健全完善责任追究机制。强化问题导向，定期开展重复参保、收入户保险费未及时划入财政专户等问题排查整改。除国家和省明确规定外，其他任何机构和个人不得代收医疗保险费；对套取挪用个人缴费、篡改缴费记录等违法违纪问题严肃问责，确保医保信息真实完整和基金安全。

各级各部门要进一步明确职责、落实责任，加强宣传引导和舆情监测，合理引导预期，做好风险应对。在机构改革期间，要保证工作的延续性，遇到重大问题要及时报告。

本通知自2018年10月15日起施行，有效期至2023年10月14日。

（四）工伤保险

山东省人力资源和社会保障厅、山东省财政厅
关于2018年调整一级至四级工伤职工伤残津贴、生活护理费和工亡职工供养亲属抚恤金标准的通知

（2018年8月20日　鲁人社发〔2018〕39号）

各市人力资源社会保障局、财政局，省直各部门（单位），各高等院校：

为切实保障一级至四级工伤职工和工亡职工供养亲属的基本生活，根据《工伤保险条例》（修订）和《山东省贯彻〈工伤保险条例〉实施办法》（鲁政发〔2011〕25号）的有关规定，自2018年1月1日起，对一级至四级工伤职工伤残津贴、生活护理费和工亡职工供养亲属抚恤金标准进行调整。现就有关事项通知如下：

一、调整范围

2017年12月31日前，企业、事业单位、社会团体（参照公务员法管理的事业单位、社会团体除外）、民办非企业单位、基金会、律师事务所、会计师事务所等组织和有雇工的个体工商户及已

纳入工伤保险制度实施范围的公务员和参照公务员法管理的事业单位、社会团体的工作人员中，领取伤残津贴的一级至四级工伤职工、经批准领取生活护理费的工伤职工和领取供养亲属抚恤金的工亡职工（含一级至四级伤残职工退休后领取基本养老金期间死亡人员）供养亲属。

二、调整标准

伤残津贴：对符合条件的一级至四级工伤职工，每人每月分别按 180 元、170 元、160 元、150 元的标准增加。

生活护理费：以统筹地区 2017 年度职工月平均工资为基数，按照《工伤保险条例》（修订）第三十四条第二款规定的比例确定。

供养亲属抚恤金：配偶每人每月增加 63 元，其他供养亲属每人每月增加 47 元，孤寡老人或者孤儿在上述标准的基础上每人每月再增加 16 元。

三、资金来源

调整上述三项待遇所需费用，已参加工伤保险的，从工伤保险基金支付；未参加工伤保险的，由用人单位支付。

调整一级至四级工伤职工伤残津贴、生活护理费和工亡职工供养亲属抚恤金标准，充分体现了党和政府对工伤职工以及工亡职工亲属的关怀。各市人力资源社会保障局、财政局及各有关单位要高度重视，切实加强领导，精心组织实施，确保 2018 年 8 月底前完成此项工作，将待遇发放到相关人员手中。2018 年 9 月 30 日前，将调整工伤保险定期待遇工作总结及《2018 年调整工伤保险待遇情况统计表》（见附件），分别报省人力资源社会保障厅、省财政厅。

附件：2018 年调整工伤保险待遇情况统计表（略）

山东省人力资源和社会保障厅、山东省财政厅、山东省卫生和计划生育委员会、山东省安全生产监督管理局 关于印发山东省工伤预防费使用管理实施办法的通知

（2018 年 2 月 12 日　鲁人社规〔2018〕3 号）

各市人力资源社会保障局、财政局、卫生计生委、安全生产监督管理局：

为更好保障职工的生命安全和健康，促进用人单位做好工伤预防工作，根据有关法律法规和规定，省人力资源社会保障厅、省财政厅、省卫生计生委和省安监局制定了《山东省工伤预防费使用管理实施办法》（以下简称《实施办法》），现印发给你们，请结合实际认真贯彻落实。

各级人力资源社会保障、财政、卫生计生、安全监管等部门要根据《实施办法》要求，围绕本地区工伤预防工作目标，加强协调配合，建立工作机制，细化政策措施，制定实施方案，做好政策宣传，强化预防费使用监管，积极稳妥推进工伤预防工作。

山东省工伤预防费使用管理实施办法

第一条　为促进用人单位做好工伤预防工作，减少工伤事故和职业病的发生，更好地保障职工的生命安全和健康，根据《中华人民共和国社会保险法》《工伤保险条例》以及人力资源社会保障部等 4 部门《关于印发工伤预防费使用管理暂行办法的通知》（人社部规〔2017〕13 号）等相关规定，结合我省实际，制定本实施办法。

第二条　本办法所称工伤预防费是指设区的

市工伤保险基金中依法用于开展工伤预防工作的费用。

在保证工伤保险待遇支付和储备金留存的前提下，工伤预防费使用比例原则上不得超过设区的市上年度工伤保险基金征缴收入的3%。

因工伤预防工作需要，经省人力资源社会保障部门和财政部门同意，可以适当提高工伤预防费的使用比例，最高不得超过设区的市上年度工伤保险基金征缴收入的5%。

第三条 工伤预防工作由设区的市人力资源社会保障部门牵头负责，同级财政、卫生计生、安全监管等部门按照各自职能做好相关工作。

第四条 各级人力资源社会保障、卫生计生、安全监管等部门应每年定期通报工伤认定、职业病报告情况和生产安全事故等信息。

第五条 工伤预防工作应坚持政府主导，专业运作；突出重点，注重实效；规范管理，用费安全的原则，建立科学、规范的工伤预防工作模式。

第六条 工伤预防费用于下列项目的支出：

（一）工伤事故和职业病预防宣传，主要用于工伤保险政策、预防工伤事故和职业病知识等宣传；

（二）工伤事故和职业病预防培训，主要用于参保职工及相关管理人员工伤事故预防知识、技能、案例和相关政策等培训。

第七条 工伤预防费实行预算管理。设区的市社会保险经办机构按照上年度预算执行情况，根据工伤预防工作需要，将工伤预防费列入下年度工伤保险基金支出预算。具体预算编制按照预算法和社会保险基金预算管理有关规定执行。

第八条 设区的市人力资源社会保障部门应当会同财政、卫生计生、安全监管等部门，根据产业结构、重点行业、工伤事故伤害、职业病高发的行业、企业、工种、岗位等情况，确定本地区工伤预防的重点领域，并通过适当方式向社会公布。

第九条 行业协会和大中型企业等社会组织根据本地区工伤预防重点领域，于每年工伤保险基金预算编制前提出下一年拟开展的工伤预防项目，编制项目实施方案和绩效目标，向设区的市人力资源社会保障行政部门申报。

第十条 人力资源社会保障行政部门受理行业协会或大中型企业开展工伤预防项目申报后，会同社会保险经办机构对行业协会或大中型企业承训能力进行评估。具体评估标准和办法由设区的市人力资源社会保障部门制定。

第十一条 承担面向社会和中小微企业工伤预防项目的工伤预防服务机构，由人力资源社会保障部门会同财政、卫生计生、安全监管部门参照政府采购法等相关规定，从具备相应资质条件的社会、经济组织以及医疗卫生机构中选定。

参照政府采购法实施的工伤预防项目，其费用低于采购限额标准的，可协议确定服务机构。具体办法由设区的市人力资源社会保障部门会同财政部门确定。

第十二条 提供工伤预防服务的机构应遵守社会保险法、《工伤保险条例》以及相关法律法规的规定，并具备以下基本条件：

（一）具备相应条件，且从事相关宣传、培训业务二年以上并具有良好市场信誉；

（二）具备相应的实施工伤预防项目的专业人员；

（三）有相应的硬件设施和技术手段；

（四）依法应具备的其他条件。

第十三条 人力资源社会保障部门根据行业协会和大中型企业项目申报情况，以及下一年度工伤预防费预算编制情况，会同财政、卫生计生、安全监管等部门统筹考虑确定行业协会和大中型企业年度工伤预防实施项目。

面向社会和中小微企业开展的工伤预防项目由人力资源社会保障部门会同财政、卫生计生、安全监管部门根据工伤预防工作需要以及工伤预防费预算编制情况确定。

年度工伤预防实施项目应当包括项目名称、工作目标、经费计划、组织方式、完成时限等内容。

列入计划的工伤预防项目实施周期原则上一年，最长不得超过2年。

第十四条 行业协会或大中型企业实施的工伤预防项目，由提出项目的行业协会或大中型企业直接组织实施或委托第三方机构实施；直接组织实施的，应当与社会保险经办机构签订服务协议；委托第三方机构实施的，应当参照政府采购法和招投标法规定的程序，选择确定工伤预防服务机构，并与其签订服务合同。面向社会和中小微企业实施的工伤预防项目，由确定的工伤预防服务机构与社会保险经办机构签订服务协议并组织实施。

第十五条 服务协议或服务合同应当明确双方责任、权利义务，包括服务范围、服务内容、服务质量、费用结算、审核与控制、违约责任、争议处理、解除或终止条件等。

服务协议或服务合同应报设区的市人力资源社会保障行政部门备案。

第十六条 实施工伤预防项目的行业协会、大中型企业和承担工伤预防项目的服务机构应严格履行服务协议或服务合同义务，建立培训档案，完善财务制度，严格费用支出，实现项目的专业化运作，提高项目实施质量和水平。

第十七条 实施工伤预防项目的行业协会、大中型企业和承担工伤预防项目的服务机构应当根据企业培训需求和安全生产状况，结合企业的工伤事故发生等情况，科学制定项目实施方案，确保项目实施效果。

第十八条 项目实施过程中，提出项目的单位和社会保险经办机构要按照服务协议或服务合同约定，加强对项目实施的日常管理。人力资源社会保障部门要会同有关部门，采取有效措施对预防项目实行全过程、全方位的监管，促进预防工作健康有序开展。

第十九条 对确定实施的工伤预防项目，设区的市社会保险经办机构根据服务协议或服务合同约定，支付30%—70%的预付款。

第二十条 项目完成后，项目实施机构应及时向项目提出单位或社会保险经办机构提交实施情况报告，包括项目目标、合同签订、项目履行、费用支付、取得效果等。

第二十一条 对于行业协会和大中型企业等直接实施的项目，由人力资源社会保障部门组织第三方中介机构或聘请相关专家对项目实施情况和绩效目标实现情况进行评估验收，形成验收报告；对于委托第三方机构实施的，由提出项目的单位或部门通过适当方式组织评估验收，评估验收报告报人力资源社会保障部门备案。设区的市人力资源社会保障部门应将工伤预防培训纳入信息系统管理。

第二十二条 对培训项目的评估验收，应随机抽查参训人员。发现培训内容、课时与培训方案不符或弄虚作假的，按规定扣减项目费用。评估验收报告、培训机构出具的原始发票及培训人员名单，作为工伤保险基金会计核算的原始单据。

评估验收合格后，由社会保险经办机构支付余款。

第二十三条 评估验收报告作为开展下一年度项目重要依据。设区的市人力资源社会保障部门会同工伤预防相关部门，制定工伤预防效果评估标准，研究建立工伤预防绩效评估体系。

第二十四条 社会保险经办机构要定期向社会公布工伤预防项目实施情况和工伤预防费使用情况，接受参保单位和社会各界的监督。

第二十五条 工伤预防费应根据年度预算，按照国家和省规定的项目安排支出，任何单位或个人不得扩大支出项目，虚报、冒领和套取工伤预防费。

第二十六条 人力资源社会保障部门应当会同财政等有关部门，加强对工伤预防费使用的监督。对违规使用工伤预防费的相关责任人，依法依规给予处分；情节严重，构成犯罪的，依法追究刑事责任。

第二十七条 工伤预防服务机构提供的服务不符合法律和合同规定、服务质量不高的，三年内不得从事工伤预防项目。

工伤预防服务机构存在欺诈、骗取工伤保险基金行为的，按照有关法律法规等规定进行处理。

第二十八条 设区的市人力资源社会保障部门可以根据本地实际，会同财政、卫生计生和安全监管等行政部门制定实施细则。

第二十九条 本办法自2018年3月1日起施行，有效期至2023年2月28日。

（五）失业保险

山东省人力资源和社会保障厅、山东省财政厅 关于建立失业保险金标准与最低工资标准挂钩联动机制的通知

（2018 年 12 月 1 日　鲁人社发〔2018〕60 号）

各市人民政府：

为进一步提高失业保险保障能力，兜牢民生底线，根据《人力资源社会保障部、财政部关于调整失业保险金标准的指导意见》（人社部发〔2017〕71 号）精神，经省政府同意，决定建立失业保险金标准与最低工资标准挂钩联动机制。现就有关事项通知如下。

一、建立挂钩联动机制

自 2018 年起，各地失业保险金标准与当地最低工资标准挂钩联动。全省最低工资标准调整执行当月，各地严格按照新的最低工资标准和挂钩比例自行调整失业保险金标准，不再另行印发调整通知。

二、调整挂钩比例和方法

2018 年 11 月起，各地失业保险金标准调整为当地最低工资标准的 70%；2019 年，调整为当地新的最低工资标准的 80%；2020 年起，调整为当地新的最低工资标准的 90%，并保持 90% 的比例。如 2019 年、2020 年最低工资标准未调整，从当年 11 月起按上述规定提高挂钩比例。如遇国家政策调整，适时调整。

三、切实做好组织实施工作

建立失业保险金标准与最低工资标准挂钩联动机制，对提高失业人员待遇，保障和改善民生具有重要意义。各地要树立以人民为中心的服务理念，高度重视，分步实施，循序渐进，确保落实。各地贯彻落实中遇到的新情况、新问题，请及时报省人力资源社会保障厅、省财政厅。

三、人才队伍建设

（一）专业技术人才

中共山东省委组织部、山东省人力资源和社会保障厅
关于印发山东省专家服务基地建设管理办法的通知

（2018年2月13日　鲁人社发〔2018〕13号）

各市党委组织部、政府人力资源社会保障局，省直各部门、各直属机构，各大企业，各高等院校：

现将《山东省专家服务基地建设管理办法》印发给你们，请结合实际认真贯彻落实。

山东省专家服务基地建设管理办法

第一章　总　则

第一条　根据省委《关于深化人才发展体制机制改革的实施意见》（鲁发〔2016〕22号）和省委、省政府《关于做好人才支撑新旧动能转换工作的意见》（鲁发〔2017〕26号）要求，为充分发挥高层次专家智力资源对我省经济社会发展的支撑引领作用，建立专家服务基层工作的长效机制，结合我省实际，制定本办法。

第二条　专家服务基地作为引导高层次专家与地方经济社会发展需求对接、支撑专家服务基层的重要载体和平台，旨在遵从人才柔性流动机制，鼓励引导人才向我省经济欠发达地区、革命老区和基层一线流动，发挥专家在科技研发、成果转化等方面的智力优势，服务和支持基层更好集聚创新资源、突破关键技术、优化产业结构、培养急需人才，为更好实施国家和省重点区域发展战略、扶贫攻坚和新旧动能转换工程提供人才和智力支撑。

第三条　专家服务基地建设管理坚持政府引导、依需设立、协同创新、服务发展、注重实效原则。

第二章　设立和运行

第四条　专家服务基地主要依托高新技术开发区、经济技术开发区、产业园区、创业园区、技术示范基地、产业化示范基地、高新技术企业以及设区的市以下基层科研单位、专业技术协会、农村合作组织和技术中介服务组织等设立。

第五条　建设地方可根据区域经济社会发展总体需要，组织协调各相关行业领域专家，建立综合型服务基地；也可针对特定领域、特定行业、特殊产业发展需要，组织协调对口专家，建设专

业型服务基地。

第六条 专家服务基地建设坚持促强和扶弱方向，以形成产学研用有机融合平台、科技成果转化平台、资源协同创新平台为目标，实现统筹发展、协调发展、跨越发展。“十三五”期间，全省首批规划建设30家左右省级专家服务基地。

第七条 建立专家服务基地应具备下列条件：

（一）建设单位具有较好的支撑科研创新或技术转化基础，能够为相关专家开展服务活动提供相应平台载体。

（二）积极主动在技术攻关、项目合作、成果转化、技术咨询、人才培养等工作中吸引高层次专家开展服务基层活动，并取得较好成效。

第八条 专家服务基地建设实行分级管理。具备条件的地方和基层单位可自主设立专家服务基地，各设区的市人力资源社会保障局负责对本行政区域内设立的专家服务基地进行统筹规划和管理，并按年度向省人力资源社会保障厅备案。

第三章 专家服务基层的方式和内容

第九条 积极推动产学研用融合发展。各类专家可依托基地通过技术转让、技术承包、技术入股等自办或合办高新技术企业，可进行技术推广、产品示范、项目合作、联合攻关，可开展决策咨询、技术培训、人才培养、中介服务，可举办科普宣传、支农支教、巡回义诊义演、扶贫服务等公益性服务活动，还可依托基地设立项目试验田、示范推广区、产学研联盟等。鼓励支持基层单位和专家结合实际，探索创新各种务实有效的服务形式。

第十条 积极促进高新技术成果在基层转化。支持各类专家以专利、专有技术、科研成果等在基地创办高新技术企业，符合条件的享受国家有关高新技术、产业税收、支农优惠和企业研发费用加计扣除等政策，按照国家有关规定给予期权、股权激励。鼓励有条件的专家服务基地设立创业扶持资金、风险投资基金等，加大对高新技术成果企业的税收优惠、财政贴息力度，促进基地更多更好转化高新技术成果。

第十一条 积极探索协同创新合作机制。鼓励支持专家服务基地结合实际进行有利于成果转化、项目对接和基地发展的政策创新、机制创新、管理创新。鼓励省内各高等院校、科研院所、大型企业的高层次专家依托各类专家服务基地，主动深入基层开展多种形式的服务活动。支持各类专家服务基地以专家为纽带，加强与高等院校、科研院所、大型企业对接，建立以成果转化和新技术推广为核心的协同创新机制。

第十二条 推进基层需求与专家资源有效对接。建立完善专家信息库、项目需求库和科技成果对接转化平台等，畅通基层单位与专家资源的对接交流渠道。推动建立覆盖全省的专家服务基地对接联系专家资源共享机制，发挥专家服务基地的桥梁纽带作用，提升基层引进集聚各类专家人才的精准度和实效性。

第十三条 参与服务基层的专家一般应具有副高级以上专业技术职称，有较高的学术造诣、业务能力或适合基层需求的科研成果、技术开发能力，身体适应基层环境。专家开展服务基层活动应经本人工作单位同意，不影响本职工作。

鼓励国家和省重点人才工程、承担重大科研工程项目的高层次专家依托基地开展服务。充分发挥离退休专家作用，鼓励和支持他们在身体健康、本人自愿基础上，依托基地开展服务。

第四章 省级专家服务基地

第十四条 省级专家服务基地一般从各设区的市设立的专家服务基地中遴选产生，应具备下列条件：

（一）所在地方政府高度重视专家服务基地建设工作，对服务基地有一定投入，建设单位能够提供相应匹配资金，具备开展专家服务活动的软硬件条件。

（二）基地及周边地区有较密集的产业资源，具有一定的科研基础和技术创新承接实力，能为专家开展工作提供支持措施和服务平台，在技术攻关、项目合作、成果转化、技术咨询、人才培养等方面与有关专家有相应合作成果。

（三）有扎实的专家服务基层工作基础，有一定数量建立对接联系、开展项目合作的专家群体，组织开展专家服务活动取得了较好经济社会效益，具有一定的示范带动效应。

（四）基地建设规章制度较为完备，具有相应的管理机构、服务体系和管理服务人员队伍。

第十五条 省人力资源社会保障厅根据全省专家服务基地建设规划和工作安排，统一部署省级专家服务基地申报工作。符合条件的专家服务基地，按照行政隶属关系由各设区的市人力资源社会保障局向省人力资源社会保障厅推荐申报。

第十六条 省人力资源社会保障厅对各设区的市推荐的专家服务基地进行综合评估，择优确定省级专家服务基地。

第五章 评价保障

第十七条 省级专家服务基地实行动态管理。省人力资源社会保障厅每两年组织一次省级专家服务基地考核。考核的主要内容包括：

（一）基地发展及引领专家服务基层工作开展情况；

（二）基地辐射带动周边地区科技创新、产业发展情况；

（三）基地人才队伍建设情况；

（四）基地管理运行情况。

第十八条 省级专家服务基地引领专家服务基层作用发挥明显、取得重大科研成果或作出突出成绩的，予以通报表扬，并推荐参加国家级专家服务基地遴选；考核不合格的，省人力资源社会保障厅将视情况责令限期整改或撤销省级专家服务基地称号。

第十九条 完善鼓励支持政策措施。对于批准设立省级专家服务基地的单位，省人力资源社会保障厅将其列为人才工作重点联系单位，依据有关规定在基地建设、专家推荐、高层次人才选拔培养、专家服务基层活动支持、宣传推介等方面给予重点支持。

第二十条 构建多元化投入保障机制。各级人力资源社会保障部门要加强对专家服务基地建设工作的指导，加大工作投入，推动其不断提升引领专家服务基层的承接能力和服务能力。要积极引导社会资本参与专家服务基地建设或依托基地举办专家服务基层活动。鼓励各地通过购买服务等方式统筹安排好专家服务基层活动，提高服务质量和效益，推动专家服务基地建设发展。

第二十一条 加强对专家服务基地建设的宣传，及时总结工作经验、遴选优秀典型，采用多种方式进行宣传推介，打造专家服务基地品牌，发挥专家服务基地的引才聚才平台效应，为组织引导各类高层次专家参与服务基层创造良好环境。

第六章 附 则

第二十二条 本办法由省人力资源社会保障厅负责解释。

第二十三条 本办法自2018年3月1日起施行。

中共山东省委组织部、山东省人力资源和社会保障厅
关于印发山东省重点人才工程专家服务基层办法的通知

（2018 年 2 月 13 日　鲁人社发〔2018〕12 号）

各市党委组织部、政府人力资源社会保障局，省直各部门、各直属机构，各大企业，各高等院校：

现将《山东省重点人才工程专家服务基层办法》印发给你们，请结合实际认真贯彻落实。

山东省重点人才工程专家服务基层办法

第一章　总　则

第一条　为贯彻落实省委《关于深化人才发展体制机制改革的实施意见》(鲁发〔2016〕22号)，充分发挥入选我省重点人才工程的高层次人才（以下简称省人才工程专家）在经济社会发展中的重要引领支撑作用，制定本办法。

第二条　引导省人才工程专家服务基层，是全省专家服务基层工作的重要内容，以柔性开发我省高层次人才智力资源促进全省区域平衡发展、充分发展为主要目标，依托国家和重点区域发展战略、产业转型升级、新旧动能转换重大工程和精准扶贫工作组织进行。

第三条　省人才工程专家服务基层工作，由省人才工作领导小组统一领导，省委组织部、省人力资源社会保障厅会同有关部门组织实施。

第二章　服务基层专家范围

第四条　本办法所称省人才工程专家，主要是指省委、省政府设立的重点人才工程入选者和经省直有关部门（单位）推荐入选国家级重点人才工程的入选者，主要包括国家“千人计划”“万人计划”专家，百千万人才工程国家级专家，享受国务院政府特殊津贴专家，泰山系列人才工程专家，齐鲁文化名家，省有突出贡献的中青年专家等。

第五条　根据专家服务基层工作需要，获得国家和省级荣誉称号及获得国家和省级重点项目或经费资助的各类高层次人才，逐步纳入服务基层的省人才工程专家范围。

第三章　服务基层

第六条　本办法所指基层，是指设区的市以下党政机关、国有企事业单位、各类中小微企业、村（社区）组织及其他经济组织、社会组织等。

第七条　省人才工程专家服务基层方式主要包括：兼职挂职、专业咨询、技术指导、项目合作、联合开发、骨干培养、授课培训等。其中，采取兼职挂职方式服务基层的省人才工程专家，按照中央和省科技干部挂职的有关规定组织。

鼓励支持省人才工程专家和基层单位结合实际，探索创新各种务实有效的服务基层方式。

第八条　省人才工程专家服务基层采取集中活动与自主服务相结合的方式进行。省里按照国家“万名专家服务基层行动计划”安排，每年集中组织具有一定规模的服务基层活动，遴选邀请部分省人才工程专家参加；各市、县（市、区）根据当地经济社会发展需要每年组织或承接专家服务基层活动，集中邀请省人才工程专家参加；省人才工程专家根据专业特长或研究领域自主对接基层单位开展服务活动。

第九条　省人力资源社会保障厅依托省高层次人才库建立覆盖全省的省人才工程专家服务基层信息平台，并通过健全完善信息平台的双向选

择、需求发布、专家推介、服务对接、项目洽谈、活动总结、考核评价等相关功能，逐步实现省人才工程专家服务基层规范有序、科学精准进行。

第十条 鼓励有条件的地方建设承接专家开展技术项目指导、成果推广转化等服务基层活动与休假、疗养相结合的“人才驿站”，提升省人才工程专家服务基层工作的整体成效。

第十一条 省人才工程专家在履行岗位职责、完成本职工作的前提下，积极参与服务基层工作。省人才工程专家每年服务基层时间不少于 15 天。

省人才工程专家在赴基层开展服务活动前，应提前将活动计划安排报告所在单位人事（人才）部门，并于活动结束后及时将服务基层的过程及成果汇总至本单位人事（人才）部门。

第十二条 省人才工程专家参加省和市、县（市、区）组织的规模性服务基层活动，由活动组织单位或承接单位统一承担食宿交通等费用；经省人才工程专家所在单位同意后自主对接基层单位开展服务活动的，由所在单位按照公务出差的相关规定报销交通食宿费用。

第四章 激励保障

第十三条 省人才工程专家参与服务基层工作业绩作为专业技术职称评定、岗位聘用的重要依据。贡献特别突出的，可破格参评上一级专业技术职称。

第十四条 鼓励支持基层单位结合地方重点发展产业、区域和精准扶贫，积极推进专家服务基地建设，做好省级人才工程专家服务基层的承接工作。

第十五条 加大对省人才工程专家服务基层工作的宣传力度，利用多种媒体宣传推介服务基层优秀典型和先进工作经验，进一步增强各类人才服务基层的荣誉感、责任感和使命感，在全社会营造干事创业光荣的良好氛围。

第五章 工作考核

第十六条 建立省人才工程专家服务基层考核评价机制。省委组织部、省人力资源社会保障厅会同省人才工程专家所在单位及省主管部门做好考核评价的相关工作。

第十七条 考核每年组织一次，采取省人才工程专家自评、服务单位与所在单位分评、省里综合评价的方式进行。所在单位人事（人才）部门按年度组织省人才工程专家进行服务基层工作总结，并向省人力资源社会保障厅报送工作总结情况。

第十八条 省委组织部、省人力资源社会保障厅根据省人才工程专家服务基层工作考核情况，每年通报表扬 30 位“省级专家服务基层先进个人”和 30 个“省级专家服务基层先进单位”。

第十九条 省人力资源社会保障厅将省人才工程专家服务基层考核情况及表扬结果抄送省人才工程专家各主管部门，各主管部门将其作为年度及期满考核的重要参考。

第六章 附 则

第二十条 各设区的市党委组织部、政府人力资源社会保障局可参照本办法鼓励市级人才工程专家服务基层。

第二十一条 本办法由省人力资源社会保障厅负责解释。

第二十二条 本办法自 2018 年 3 月 1 日起施行。

中共山东省委组织部、山东省人力资源和社会保障厅
关于印发山东省高层次人才服务专员管理办法的通知

（2018年2月13日 鲁人社发〔2018〕11号）

各市党委组织部、政府人力资源社会保障局，省直各部门、各直属机构，各大企业，各高等院校：

现将《山东省高层次人才服务专员管理办法》印发给你们，请结合实际，认真贯彻落实。

山东省高层次人才服务专员管理办法

第一章 总 则

第一条 为进一步提升我省高层次人才服务水平，根据省委、省政府《关于做好人才支撑新旧动能转换工作的意见》（鲁发〔2017〕26号）要求，结合落实《山东省高层次人才服务绿色通道规定》，制定本办法。

第二条 通过建立高层次人才服务专员制度，面向高层次人才推行“一对一”服务模式，打造以“保姆式”“零跑腿”为标志的高层次人才服务新优势，逐步构建覆盖全省、上下贯通、职责明确、精准高效的高层次人才服务体系。

第三条 全省高层次人才服务专员队伍建设及管理工作，由省人才工作领导小组统一领导，省委组织部、省人力资源社会保障厅会同有关部门组织实施。

第二章 高层次人才服务专员构成

第四条 高层次人才服务专员是指按照“一对一”标准，为我省符合条件的高层次人才配备的专属服务工作人员。

第五条 高层次人才服务专员队伍主要由用人单位、服务事项主管部门、服务事项承接部门（单位）和各级高层次人才服务窗口的工作人员组成。

第六条 用人单位服务专员（以下简称“单位专员”）。高层次人才所在（引进）单位为每位高层次人才配备1名服务专员。单位专员由单位人事（人力资源）部门或高层次人才工作团队的辅助工作人员担任。

第七条 服务事项主管部门服务专员（以下简称“部门专员”）。我省高层次人才服务绿色通道所列服务事项的各级职能主管部门，根据承担服务事项的数量、服务内容至少配备1名人才服务专员。部门专员由职能部门熟悉政策规定和业务办理流程、具有良好沟通协调能力的工作人员担任。

第八条 服务事项承办机构服务专员（以下简称“承办专员”）。具体承办我省高层次人才服务绿色通道所列服务内容的机构（单位），根据服务事项、类别和服务高层次人才的数量至少配备1名服务专员。承办专员由承担本机构（单位）服务事项值守和办理任务、具有良好协调沟通能力的工作人员担任。

第九条 各级高层次人才服务窗口服务专员（以下简称“窗口专员”）。各级人力资源社会保障部门设立高层次人才服务窗口，配备专职的服务专员。窗口专员由熟悉人事人才政策和相关业务工作流程，有较强工作责任心、组织协调能力、沟通能力和较高综合文字水平的工作人员担任。

第三章　服务专员工作职责

第十条　高层次人才服务专员是为高层次人才提供“一对一”服务的主要工作力量，要切实提高做好高层次人才服务工作的责任感和紧迫感，熟悉各类人才政策措施、工程项目、流程标准，强化热情服务、主动服务意识，在政策解读、待遇落实、人文关怀等方面为高层次人才提供个性化、精准化服务，确保各类高层次人才应享有的政策、待遇、服务落实到位。

第十一条　单位专员工作职责：

（一）学习了解国家、省及所在地方支持人才创新创业的政策措施，熟悉高层次人才服务绿色通道事项与内容；

（二）全面掌握应当向高层次人才提供的各项优惠政策及相关待遇，并负责协调兑现相关待遇；

（三）为高层次人才代办创新创业的各类服务手续；

（四）及时向高层次人才宣讲最新人才政策，代表用人单位向高层次人才直接提供多样化人文关怀；

（五）与高层次人才保持密切联系，收集高层次人才在工作生活中遇到的困难问题和意见建议，及时向所在单位和高层次人才服务窗口反馈。

第十二条　部门专员工作职责：

（一）协调办理山东省高层次人才服务绿色通道所列本部门承担的应当向高层次人才提供的服务事项；

（二）及时协调处理人才服务热线和“人才山东网”转办的各类高层次人才服务需求；

（三）督促本部门管理指导的服务事项承办机构，落实好高层次人才应获得的服务待遇；

（四）及时收集并向高层次人才服务窗口反馈在为高层次人才提供服务过程中遇到的困难问题和意见建议。

第十三条　承办专员工作职责：

（一）落实好山东省高层次人才服务绿色通道所列由本单位（机构）具体承办的服务事项；

（二）及时收集并向部门专员反馈在为高层次人才提供直接服务过程中遇到的困难问题和意见建议。

第十四条　窗口专员工作职责：

（一）受理单位专员提报的高层次人才申办事项，并及时向服务事项主管部门专员交办；

（二）督导部门专员及时落实高层次人才申报事项，并及时将办理结果向单位专员反馈；

（三）调度了解高层次人才服务事项落实情况，积极做好高层次人才服务政策落实的沟通协调等工作；

（四）及时收集汇总高层次人才在工作生活中遇到的困难问题和意见建议，按规定程序向省高层次人才服务窗口报告；

（五）及时做好支持高层次人才创新创业新政策的宣传解读工作，做好本地区创新创业环境的推介等工作。

第四章　服务专员工作流程

第十五条　高层次人才服务绿色通道确定的服务事项，由各级各有关部门服务专员按照“随时受理、直接服务”“专员接件、并联办理”“集中反馈、统一建档”的方式，为高层次人才提供全方位、全过程服务。

第十六条　随时受理，直接服务。绿色通道所列可直接获得的服务事项，由高层次人才直接联系或预约部门专员、承办专员、窗口专员，凭“山东惠才卡”和相关身份证明获得绿色通道服务待遇。

第十七条　专员接件，并联办理。绿色通道所列需要依申请提供的服务事项，由单位专员协助高层次人才准备相关信息资料。属申办单一项目的，由单位专员直接向部门专员提出申请，部门专员负责在规定或承诺时限内为高层次人才协调办理完成。属申办多个项目的，由单位专员向本级窗口专员提出申请，窗口专员梳理申办事项并按照管理权限分别向有关部门转办，由各部门专员负责在规定或承诺时限内为高层次人才协调办理完成。

服务事项办理完成后，部门专员及时向单位专员和窗口专员反馈，由单位专员负责告知高层次人才办理结果。遇有特殊情况不能按时办结的，部门专员应及时通过单位专员或直接向高层次人才解释说明，并向窗口专员报备、确定办结时间。

第十八条 集中反馈，统一建档。单位专员应及时向单位报告为高层次人才提供的绿色通道服务情况，并定期报本级高层次人才服务窗口备案。

各级高层次人才服务窗口按属地原则为每位高层次人才建立服务工作档案，窗口专员负责跟踪督导服务事项办理情况，确保事项落实到位、高层次人才满意。高层次人才服务工作档案按季度报上一级服务窗口备案。

第五章 服务专员的日常管理

第十九条 动态管理。省人力资源社会保障厅建立全省统一的高层次人才服务专员信息库。各级、各部门高层次人才服务专员由本级人力资源社会保障部门统筹管理，服务专员发生变化的应在 7 个工作日之内报本级服务窗口备案。

第二十条 信息公示。省人力资源社会保障厅门户网站设立山东省高层次人才网上服务专区，对全省各级、各部门高层次人才服务专员和山东省高层次人才绿色通道服务事项、办理程序、办结时限、责任人等信息进行公开。

第二十一条 培训提升。省人力资源社会保障厅建立全省高层次人才服务专员能力培训提升机制，每年定期组织业务培训；市、县（市、区）人力资源社会保障部门负责做好本级高层次人才服务专员的培训工作，不断提升服务能力和业务水平。

第二十二条 奖励问责。制定全省高层次人才服务专员考核办法，建立高层次人才服务专员奖惩机制。每年评选一批工作成绩好、高层次人才评价好的服务专员进行通报表扬，所在单位在评先树优、职务晋升、岗位聘用等方面优先考虑。对服务工作不到位、造成不良影响的服务专员，由本级高层次人才服务窗口通报其所在单位，所在单位依法依规做出严肃处理。

第六章 附 则

第二十三条 各设区的市党委组织部、政府人力资源社会保障局可参照本办法制定本市高层次人才服务专员的具体管理办法。

第二十四条 本办法由省人力资源社会保障厅负责解释。

第二十五条 本办法自2018年3月1日起施行。

山东省人力资源和社会保障厅（山东省外国专家局）、山东省人民政府外事办公室、山东省公安厅关于印发山东省《外国人才签证制度》实施细则的通知

（2018 年 3 月 26 日 鲁人社发〔2018〕15 号）

各市人力资源社会保障局、外办、公安局，省直有关部门，有关高等院校，大企业，中央驻鲁有关单位：

为贯彻落实《国家外国专家局外交部公安部关于印发〈外国人才签证制度实施办法〉的通知》（外专发〔2017〕218 号）、国家外国专家局《关于全面实施〈外国人才签证制度实施办法〉的通知》（外专发明电〔2018〕3 号）等有关要求，我们研究制定了《山东省〈外国人才签证制度〉实施细则》，现印发给你们，请遵照执行。

山东省《外国人才签证制度》实施细则

第一条 为贯彻落实国家外国专家局、外交部、公安部关于全面实施外国人才签证制度部署要求，围绕我省全面实施新旧动能转换重大工程，积极为高层次外国人才办理《外国高端人才确认函》（以下简称《确认函》）、申请外国人才签证（即R字签证）以及申办外国人来华工作许可（以下简称“工作许可”），提供高效便捷的政务服务，特制定本实施细则。

第二条 省人力资源社会保障厅（省外国专家局）会同省外办、省公安厅，建立工作协调机制，负责我省R字签证相关办理及配套服务管理，确保外国高端人才资质确认、R字签证审发和工作许可、工作类居留证件办理等各环节衔接畅通。

第三条 申请《确认函》（即申请R字签证）的对象为符合《外国人来华工作分类标准（试行）》中A类标准条件的外国高层次人才和我省急需紧缺人才。

第四条 《确认函》的申请及签发程序：

（一）外国人才邀（聘）请单位，登录外国人来华工作管理服务系统（http://39.155.161.12/）（以下简称“工作系统”），在线提交《确认函》申请材料，主要包括：

1.《外国高端人才确认函申请表》（此表需网上填写后生成，打印并由申请人签字、单位盖章后上传至“工作系统”中）；

2. 邀（聘）请单位邀请函件（加盖邀请单位公章或经单位授权部门公章上传至系统，应写明邀请的外国人的姓名、国籍、护照号等基本信息，以及邀请来华的时间、目的或任务，简要介绍邀请单位基本情况、联系人及联系电话）；

3. 证明申请人符合A类标准条件的相关材料（有关要求见附件）；

4. 申请人护照或国际旅行证件（信息页，护照有效期不得少于6个月）；

5. 申请人6个月内正面免冠照片。

（二）所有纸质材料原件及中文翻译件均须以彩色扫描方式上传至“工作系统”。非中文证明材料均须提供中文翻译件，并加盖邀（聘）请单位公章（护照或国际旅行证件除外）。全程在线申请，无需现场提交纸质材料核验。

（三）邀（聘）请单位首次使用“工作系统”，应在系统内注册单位账号，在线填写单位有关信息并提供相应的电子材料（所需材料参照外国人来华工作许可办事指南——用人单位或受委托的专门服务机构在线注册账号），除中央和省直驻济单位的申请在省人力资源社会保障厅（省外国专家局）受理外，其他单位在所在设区的市人力资源社会保障局认证成功后方可使用该系统。已在“工作系统”登记注册的单位，无需另行注册。

（四）省人力资源社会保障厅（省外国专家局）在申请材料提交之日起（材料提交当日不计算在内）5个工作日内进行受理、审查，符合条件的，向邀（聘）请单位出具在线签发的《确认函》。材料不齐全、内容不规范的，在线一次性告知需补正的材料。不符合条件、标准的，不予发放并说明理由。

（五）邀（聘）请单位将《确认函》通过电子邮件等方式发至外国人才本人。

第五条 外国人才自《确认函》签发之日起6个月内，持相关材料向我驻外使、领馆或者外交部委托的其他驻外机构，申请办理R字签证。

（一）申请材料包括：

1. 签证申请表；

2. 本人护照（有效期为6个月以上）以及符合规定的照片；

3.《确认函》打印件；

4. 驻外使馆、领馆或者外交部委托的其他驻外机构要求的其他材料。

（二）我驻外使馆、领馆或者外交部委托的其他驻外机构为符合条件的R字签证申请人签发有效期为 5 至 10 年、多次入境的签证，为上述人员的配偶及未成年子女签发有效期相同、多次入境的相应种类签证，免收签证费和急件费。加急办理签证申请，在 2 个工作日内签发签证。

第六条 外国人才持 R 字签证入境后，可在山东及国内其它地区每次停留期限不超过 180 天。

第七条 持 R 字签证的外国人才在鲁工作，并取得工资性收入的，其聘请单位须为其办理工作许可及居留许可。

（一）持 R 字签证入境后，外国人向聘请单位所在设区的市人力资源社会保障局申办工作许可，申请材料包括：

1. 聘用合同或任职证明；
2. 体检证明；
3. R 字签证签注页；
4. 护照信息页。

（二）各设区的市人力资源社会保障局应在 8 个工作日内（包括预审 5 个工作日，审查、决定 3 个工作日）对申请材料进行审查并作出决定，同时将相关信息交换至同级公安机关出入境管理机构。

（三）持 R 字签证的外国人才可全程在线申请工作许可的延期、换发和补发。

第八条 持 R 字签证，在签证有效期内多次来鲁或赴国内其他地区的外国人才，每次入境，其邀（聘）请单位或本人需在“工作系统”中，按程序填报入境备案信息。

第九条 邀（聘）请单位是外国人才在鲁期间管理和服务的责任部门，对被邀请人申请材料的真实性、准确性和相关行为负全面责任，承担外国人才入境后的管理服务工作。

第十条 各设区的市人力资源社会保障局应当做好以下工作：

（一）于每年年初向省人力资源社会保障厅上报本市上年度社会平均工资收入情况，配合省厅重点做好以平均工资收入为申请条件获得人才签证来鲁工作外国人的纳税证明审查。

（二）将邀（聘）请单位、外国人的认定申请及相关行为的诚信记录纳入单位、外国人的信用监管体系，实施随机抽查管理手段，与外国人来华工作许可诚信建设形成联动，加大单位和个人守信激励与失信惩戒力度。

（三）加强与外事、公安部门合作，协同解决实施中遇到的问题，安排工作人员对接相关工作任务，指导各邀（聘）请单位顺利开展工作。

第十一条 省人力资源社会保障厅（省外国专家局）会同省外办、省公安厅，定期对外国人才邀（聘）请单位申办 R 字签证工作，以及外国人才的管理服务工作进行检查，对涉嫌弄虚作假等违规情况的，进行核查并依法依规予以处置。

第十二条 省人力资源社会保障厅（省外国专家局）指导各市开展形式多样的业务培训和政策宣传，使相关工作人员和外国人、邀（聘）请单位全面理解和掌握各项要求，通过主流媒体、官方门户网站及微信平台等方式进行报道，提高政策的社会知晓度和影响力。

第十三条 本实施细则自印发之日起实施。

附件：申请人符合 A 类标准条件的相关证明材料要求

申请人符合 A 类标准条件的相关证明材料要求

一、入选国内人才引进计划的外国人才，应提交有关证书、证明或含入选者的证明文件（发文名单）。

二、符合国际公认的专业成就认定标准的外国人才，应提交相关对应性奖励、奖项证书或证明材料。

三、符合市场导向的鼓励类岗位需求的外国人才，应提交企业相关证明材料（详见外国人来华工作许可服务指南）及人才的证明材料，如外国人才曾在华相关单位工作的工作经历证明或相关单位拟邀请外国人才提供企业管理或技术支持的证明材料。

已达到所在地区上年度社会平均工资收入6倍标准的申请人，应提交单位聘用合同、薪资承诺书（承诺事项应包括外国人的年薪、拟在鲁年纳税金额等，单位加盖公章）。各市人力资源社会保障局将其列入单位及个人的信用分类管理，建立异常管理名录。每年社会平均工资收入标准，依据各市统计部门公布数据为准。

四、创新创业人才，应提交12个月内出具的企业验资报告（注册资金实缴）等投资证明和人才拥有重大技术发明、专利等自主知识产权或专有技术的有关证明材料。

五、优秀青年人才，应提供相关博士后证明材料。

六、计点积分在85分以上的外国人才，应提供最高学位（学历）证书、职业资格证明、汉语水平能力（中国汉语水平考试HSK证书）、聘用合同（派遣函）、来华工作年薪的收入证明以及工作资历证明等材料。

计点积分涉及地方鼓励性加分项，依据《关于贯彻落实外专发〔2017〕40号文件做好我省全面实施外国人来华工作许可制度的通知》（鲁人社发〔2017〕17号）中公布的外国人来华工作许可鼓励性加分细则执行。对于我省新旧动能转换重大工程涉及的重点领域急需紧缺人才，按特殊人才给予鼓励性加分政策支持。计分项根据全省经济社会发展需要适时进行调整，申请人应提供相关证明材料。

中共山东省委组织部、山东省人力资源和社会保障厅、山东省教育厅、山东省科学技术厅、山东省公安厅、山东省财政厅、山东省住房和城乡建设厅、山东省国家税务局关于实施2018年省属事业单位“青年优秀人才引进计划”的通知

（2018年6月12日　鲁人社发〔2018〕22号）

省直各部门（单位）、省属各高等院校：

为深入学习贯彻习近平新时代中国特色社会主义思想和党的十九大精神，在事业单位引进、集聚一批青年优秀人才，充分发挥青年人才在推进人才强省战略、推动山东高质量发展中的重要作用。经研究，决定2018年在省属高校、科研院所等事业单位实施“青年优秀人才引进计划”（以下简称“青优计划”），面向海内外知名高校招聘青年优秀人才。现将有关事项通知如下：

一、招聘范围和数量

（一）招聘范围。“青优计划”围绕新旧动能转换重大工程，重点聚焦新一代信息技术、高端装备、新能源新材料、现代海洋、医养健康和高端化工、现代高效农业、文化创意、精品旅游、现代金融服务等十强产业领域，以及乡村振兴战略、海洋强省战略等对人才的需求，面向全球TOP200高校（参照国际公认的三大世界大学排名体系）、全球自然指数排名在前100位的高校与科研院所和国内一流大学（一流学科）招聘博士研究生。对急需紧缺专业人员，经省事业单位人事综合管理部门审核认定后，可适当放宽学历条件。

（二）招聘数量。省属事业单位应在编制或人员控制总量内，使用用编进人计划的单位还须在下达的用编进人计划内，根据岗位空缺情况，综合分析单位人才队伍实际情况，研究确定“青优计划”的具体招聘数量。

二、人选条件

（一）具有中华人民共和国国籍。

（二）遵守宪法和法律，具有良好的品行和职业道德，热爱科研、教育等公共服务事业。

（三）有较强的专业理论功底和实践能力，能够适应岗位需要，具备岗位所需的综合素质、专业或技能条件。

（四）具有正常履行岗位职责的身体条件。

（五）普通高校全日制博士研究生，年龄一般不超过 35 周岁，对急需紧缺专业或业绩特别突出的人员可适当放宽年龄限制。

应届毕业生须在 2018 年 12 月 31 日前取得相应毕业证书、学位证书。在国（境）外取得学历学位的人员，报名时须出具教育部中国留学服务中心境外学历、学位认证函或我国驻外机构的有关证明材料。

（六）具备岗位要求的其他条件。

（七）曾受过刑事处罚和曾被开除公职的人员、在读全日制普通高校非应届毕业生、现役军人以及法律法规规定不得聘用的其他情形人员不得应聘，在读全日制普通高校非应届毕业生不能用已取得的学历学位作为条件应聘。

（八）经审核认定可适当放宽学历条件的，硕士研究生年龄不超过 30 周岁，本科生年龄不超过 25 周岁。

三、招聘程序

（一）招聘方式

“青优计划”采取校园招聘、网络招聘、海外招聘等灵活招聘方式，对招聘时间、地点等不作统一要求。可依托“齐鲁之约”系列引才活动、“山东——名校人才直通车”活动、中国山东海内外高端人才交流会和各类人才交流会，注重发挥山东省海外引才工作站、校友会、省政府及相关部门（单位）驻外办事处等机构渠道作用，注重提高招聘的针对性和有效性。

省属事业单位根据工作需要，可集中公布岗位、集中组织招聘；也可集中公布岗位，分批组织招聘。

（二）招聘程序

1. 确定年度招聘计划。省属事业单位根据事业发展和人才梯队建设需要，研究确定本年度“青优计划”招聘计划，制定招聘方案。招聘方案包括岗位条件、招聘人数、招聘方式、考试考察方法、组织领导、纪律监督等内容，经主管部门（举办单位）审核同意，报省事业单位人事综合管理部门备案后组织实施。

2. 发布招聘信息。省属事业单位根据备案的招聘方案，在事业单位及其主管部门（举办单位）官方网站、招聘面向的重点高校及科研院所的网站和网络媒体发布具体招聘信息。对适合海外留学人员应聘的岗位，可同时在“山东国际人才网”（www.sd-italent.cn）、相关引才机构或平台的网站和网络媒体发布。

3. 报名及资格审查。可采取现场报名、网上报名或现场报名和网上报名相结合的方式，网上报名时间一般不少于 7 个工作日。事业单位或其主管部门（举办单位）负责对应聘人员进行资格审查，并贯穿整个招聘过程。

4. 考试考察。重点测评应聘人员的专业素质和职业发展潜力，可采取答辩、试讲、专业测试、面谈交流、专家评价等形式，也可采取直接考察的方式进行。其中，经审核认定确需招聘硕士研究生、本科生的，应采取笔试和面试相结合的方式组织。

5. 组织体检。由事业单位或其主管部门（举办单位）按规定对拟聘用人员组织体检，体检参照公务员录用标准执行，国家另有规定的从其规定。

6. 公示聘用。对考察、体检合格的拟聘用人员，由省事业单位人事综合管理部门统一公示，公示期为 7 个工作日。公示期满无异议的，办理聘用手续。受聘人员按规定实行试用期制度，试用期一般不超过 6 个月，属初次就业的，试用期为 12 个月。期满合格的正式聘用，不合格的解除聘用合同。

四、培养和使用

各事业单位对“青优计划”人才要重点培养使用。

（一）优先参加定向委培、学习进修、跟班学习、继续教育、实践考察等多种形式的学习培训。

（二）优先参加国（境）外考察访问、出国深造、学术交流、进修学习。优先选派“青优计划”人才参加省政府公派出国留学，到国（境）外知名高校、科研院所、医疗院所、企业等培训进修，按不同类别由省级财政给予一定资助。

（三）优先选配高层次人才作为导师，结对帮扶培养，指导培养对象开展科学研究、技术攻关、新产品开发和新技术新工艺推广等，吸纳培养对象参与导师科研项目。

（四）优先安排承担重大课题、创新项目、科技攻关等重点任务。省自然科学基金对40岁以下青年人才的支持比例逐步提高到60%，提高省社会科学规划项目中40岁以下青年人才资助比例，支持“青优计划”人才积极申报各类项目，逐步完善以基础研究带动青年人才成长的科技人才培养体系。

（五）由单位负责同志或业务带头人进行“一对一”传帮带，安排在专家助理等重要岗位上进行锻炼培养；根据工作需要安排到基层一线挂职锻炼，有针对性地进行多岗位锻炼，培养一专多能复合型人才。鼓励支持“青优计划”人才参加服务基层活动，开展教育、科技、文化、卫生等领域青年优秀人才到基层挂职锻炼、兼职服务或到新型研发机构兼职。支持双方联合申报省级各类科技项目、联合转化科研成果；挂职、兼职期间的发明专利应用情况及技术转让取得的经济社会效益和横向课题可作为职称评聘的重要指标。鼓励高校、科研院所依托省级人才工程加大支持力度，加快集聚高层次青年人才。完善实践锻炼机制，分期分批推荐高校、科研院所的哲学社会科学青年人才到党政机关、基层一线挂职锻炼。

（六）试用期满考核合格后，经专家委员会评议，事业单位可按照业绩、能力、水平直接聘用到相应专业技术岗位。事业单位相应岗位无空缺的，可通过申请特设岗位的方式予以聘用。

（七）从海外引进的“青优计划”人才，不受在国内任职和年限限制，按照业绩、能力、水平可直接申报相应的专业技术职务资格，其海外工作经历、学术和专业技术贡献，可作为参评依据。“青优计划”人才入选省级以上重点人才工程的可直接申报正高级专业技术职务资格。

（八）积极推荐政治素质好、议事能力强、工作实绩突出的青年优秀人才作为各级党代会代表、人大代表、政协委员人选，推荐为各级优秀共产党员、劳动模范人选等。

五、服务和待遇

（一）省事业单位人事综合管理部门会同有关部门建立“青优计划”成长联系服务机制，采取召开座谈会、走访慰问等形式，密切与“青优计划”人才的联系，了解工作生活情况，帮助解决实际困难。

（二）将“青优计划”人才纳入人才队伍建设规划，统筹衔接，协调推进，加强支持。符合条件的博士研究生，可优先申报“泰山”“齐鲁”系列人才工程、省有突出贡献的中青年专家、省青年科技奖。对有在国（境）外留学经历、回国后在山东经济社会发展建设中作出突出贡献的人员，可推荐参加“山东省留学人员回国创业奖”评选。

（三）事业单位可结合财政综合补助，对“青优计划”人才中的博士按照在事业单位工作每满1年补助5万元，最高补贴3年15万元的标准给予补贴。高校、科研院所、公立医院等有条件的事业单位，可结合本单位人才工作实际，对上述补贴标准进行调整，具体标准由单位根据人选具体情况研究确定。

（四）为有利于产学研紧密结合，促进科技成果加快转化，将“青优计划”与“企业博士（后）集聚计划”紧密衔接。经单位同意，“青优计划”人才中的博士可先进入省内企业博士后科研工作站从事不少于2年的研究工作，在站期间参照“企业博士（后）集聚计划”人员，在站时间每满1年可向省财政申领一次补贴，标准为5万元/年，最高标准3年15万元（不再重复申领前文第三条中的相关补贴）。

（五）高校、科研院所“青优计划”人才科技成果转化扣除其处置过程中直接费用后，其净收入的70%以上可用于奖励个人和团队，收益分配事先有规定或者约定的，按照规定或者约定进行。科技成果转移转化收益用于人员奖励的支出部分，不纳入绩效工资总量管理。承担的财政科研项目用于科研人员绩效支出的部分，以及通过市场委托方式取得的横向经费中用于人员绩效支出的部分，纳入绩效工资总量管理，不作为绩效工资调控基数。引进高层次“青优计划”人才和团队等所需资助经费，不纳入绩效工资管理。

（六）高校、科研院所转化职务科技成果以股份或出资比例等股权形式给予“青优计划”人才奖励的，在取得股份、出资比例时，可按照《国家税务总局关于促进科技成果转化有关个人所得税问题的通知》（国税发〔1999〕125 号）规定，暂不缴纳个人所得税。“青优计划”人才获得的股权激励、技术成果投资入股等按照《关于完善股权激励和技术入股有关所得税政策的通知》（财税〔2016〕101 号）规定享受税收优惠政策。

（七）事业单位对“青优计划”人才可探索实行协议工资制、年薪制、项目工资制等灵活多样的分配办法，合理确定“青优计划”人才的薪酬水平。对高层次人才集中、知识技术密集、国家战略发展重点扶持、承担重大工作任务的单位给予倾斜，允许其突破一般事业单位绩效工资调控水平，适当高定绩效工资总量。“青优计划”人才经省人才工作部门认定为高层次人才的，其协议工资、年薪、项目工资所需经费在绩效工资总量外单独核定。鼓励事业单位为“青优计划”人才办理补充商业养老、医疗保险。

（八）“青优计划”人才中，择业期（毕业 3 年内）来鲁工作博士在省内购买首套房的，住房公积金管理机构在贷款额度方面，可给予其适度政策优惠；未在所居住的省内城市购房的，可按照当地政策申请购买或租住人才公寓。

（九）允许“青优计划”博士配偶及其共同居住生活的未成年子女随迁，按照自有产权住房、使用权住房等合法稳定住所、单位集体户、人才服务中心集体户的顺序落户。“青优计划”博士随迁子女入读幼儿园、中小学校享受当地户籍人口子女同等待遇，由实际居住地或事业单位所在地的市、县（市、区）教育部门安排就读。博士配偶愿意在山东就业，符合相关条件的可通过公开招聘、特聘等方式予以聘用。

（十）“青优计划”人才符合条件的，获得各级相应的科技成果转化收益、高层次人才服务绿色通道等政策的支持。

六、其他相关事项

（一）事业单位及其主管部门（举办单位）要坚持标准条件，规范操作程序，严格执行国家和省关于事业单位公开招聘的政策规定。严格执行回避制度，事业单位负责人员和相关工作人员在办理“青优计划”招聘事项时，涉及与本人有夫妻关系、直系血亲关系、三代以内旁系血亲、近姻亲关系或其他可能影响结果公正的，一律回避。省事业单位人事综合管理部门、事业单位主管部门（举办单位）负责对“青优计划”实施情况的指导监督。对违反事业单位公开招聘规定的单位及个人按照有关规定严肃处理。

（二）有关应聘报名、资格确认、成绩查询、结果公示等可通过“青优计划”APP 手机客户端查询。

（三）对引进的“青优计划”人才，事业单位可以视情况在聘用合同中约定最低 5 年的服务期限，并明确违约责任和相关要求。

（四）未尽事宜，由省事业单位人事综合管理部门负责解释。

（五）中央驻鲁的高校、科研院所等事业单位引进的人才，符合相应条件的，由用人单位提出可获得本通知“培养和使用”“服务和待遇”中有关政策支持。

山东省人力资源和社会保障厅、山东省财政厅、山东省经济和信息化委员会、山东省卫生和计划生育委员会、山东省人民政府国有资产监督管理委员会关于印发山东省非教育系统政府公派出国留学项目管理细则的通知

（2018 年 7 月 26 日　鲁人社发〔2018〕36 号）

各市人力资源社会保障局、财政局、经济和信息化委、卫生计生委、国资委，省直各部门（单位），各大企业，各高等院校：

为切实做好我省非教育系统政府公派出国留学人员选派和管理，根据《山东省非教育系统政府公派出国留学项目管理办法》（鲁人社规〔2018〕6 号）规定，制定了《山东省非教育系统政府公派出国留学项目管理细则》，现印发给你们，请结合实际，抓好贯彻落实。

山东省非教育系统政府公派出国留学项目管理细则

第一章　总　则

第一条　为做好我省非教育系统政府公派出国留学人员（以下简称留学人员）选派和管理，切实提高我省政府公派出国留学项目效益，根据《关于印发山东省非教育系统政府公派出国留学项目管理办法的通知》（鲁人社规〔2018〕6 号）规定，结合实际，制定本细则。

第二条　本细则所称留学人员是指按照我省政府财政资金资助方式选派到国（境）外进行访学交流、科研合作或培养进修的非教育系统优秀中青年科技、技能、医疗卫生、财经以及政府和企业管理人才。

第三条　省人力资源社会保障厅牵头负责我省非教育系统政府公派出国留学项目组织实施，按年度组织留学人员的选拔、派出和管理工作。结合部门职能，部分项目类别的留学人员选拔和留学成果评估工作由省人力资源社会保障厅会同省经济和信息化委、省财政厅、省卫生计生委、省国资委等部门共同完成。省留学人员和专家服务中心负责协助有关部门建立和拓展国（境）外留学渠道。省留学人员协会和省国际人才交流协会等社会组织为留学人员办理外事手续、组织外语强化培训等提供服务。全省各级党政群团机关、企事业单位、社会组织积极推荐留学人选，对留学人员在国（境）外留学期间的工作和学习进行必要指导，切实负起管理责任，配合省人力资源社会保障厅共同做好留学人员管理工作。

第四条　我省非教育系统政府公派出国留学项目本着从严从实的原则进行规范管理，通过信息管理系统实现全程管理信息化，切实提高管理效率。

第二章　留学人员选拔

第五条　留学人员选拔遵循“公开、公平、公正”的原则，按照“个人申请、单位同意、初审推荐、专家评审、择优录取、集中公示、发文公布”的程序执行。

第六条　申请人应具备的基本条件

（一）热爱社会主义祖国，具有良好的思想

品德和政治素质，无违法违纪记录，身心健康。

（二）具有良好专业基础和发展潜力，在工作、学习中表现突出，具有学成回国为祖国建设服务的事业心和责任感。

（三）具有中华人民共和国国籍，不具有国（境）外永久居留权，申请时应为我省博士后科研流动站、工作站（军队系统除外）、创新实践基地在站博士后研究人员，或省内党政群团机关、事业单位、企业的正式工作人员，在本单位工作满 2 年（申请博士后国际交流计划的除外）。申请博士后国际交流计划和高层次人才培养计划的年龄不超过 45 周岁，申请访问学者计划的年龄不超过 50 周岁。

（四）具备项目要求的外语水平。留学人员办理出国手续前外语水平必须达到要求标准，即符合以下条件之一：

1. 全国（境）外语水平考试（WSK）合格（考试成绩 2 年内有效）；

2. 新托福网考总分 80 分及以上（考试成绩 2 年内有效）；

3. 雅思成绩平均分 6.0 及以上（考试成绩 2 年内有效）；

4. 外语专业本科或以上学历（所学专业语种应与申请留学国家教学或工作语种一致）；

5. 近 10 年内曾在同一语种国家学习或工作 1 年（含）以上；

6.BFT 考试（高级）成绩合格（考试成绩 2 年内有效）；

7. 国（境）外留学单位开具外语水平符合留学单位要求的证明函。

（五）符合申请项目类别的其他具体要求。

第七条 不受理以下人员留学申请

（一）已获得国家、我省公派出国留学资格且在有效期内。

（二）曾获得国家、我省公派出国留学资格，未经批准擅自放弃且时间在 5 年以内，或经批准放弃且时间在 2 年以内。

（三）曾享受国家、我省公派出国留学资金资助出国留学，回国后服务尚不满 5 年。

（四）被列入失信联合惩戒对象的人员。

（五）项目有特殊规定的，按相关规定执行。

第八条 选拔工作具体流程

（一）项目申报。省人力资源社会保障厅于每年初会同省经济和信息化委、省财政厅、省卫生计生委、省国资委等部门，围绕我省“高精尖缺”类人才需求及省委、省政府重大战略和重点部署安排，研究发布选派通知，明确选派类别、各类别选派人数以及申请时间、留学期限等其他具体要求。

省内各级党政群团机关、企事业单位、中央驻鲁单位根据本单位发展实际和人才培养需求，在个人申请前提下，鼓励支持中青年人才申请相应类别的留学项目，涉及公务员和领导干部申请公派出国留学的，需按照干部管理权限审批。

（二）资格初审和人选推荐。省人力资源社会保障厅根据各项目类别上年度申请人数情况，统筹分配推荐名额。各市人力资源社会保障局、中央驻鲁单位、省直部门（单位）、省属企业（以下简称初审推荐单位）对各项目类别申请人员进行资格初审，根据分配名额有计划、有重点地择优推荐人选参加评审，按不同项目类别分别出具推荐报告，报告中要包含受理申请情况、资格审核情况以及推荐人选的产生方式和推荐理由等内容。

（三）资格复审。省人力资源社会保障厅、省经济和信息化委、省财政厅、省卫生计生委、省国资委等部门对各自负责项目类别的推荐人选进行资格复审。

（四）建立评审专家信息库。省人力资源社会保障厅负责管理，省经济和信息化委、省财政厅、省卫生计生委、省国资委等部门负责邀请、推荐相关领域专家学者入库。

（五）专家评审。省经济和信息化委、省财政厅、省卫生计生委、省国资委等部门及时制定各自负责项目类别年度评审或综合能力水平测试工作方案。工作方案内容包含资格复审情况、评审或测试程序、内容、评审专家委员会构成、廉政风险点梳理及防控等内容。省人力资源社会保障厅负责审核，各部门依照工作方案，按所负责类别计划选派数量通过评审或测试产生当年度拟录取留学人员，拟录取名单行文报送省人力资源社会保障厅。

（六）集中公示和公布录取名单。省人力资源社会保障厅汇总各项目类别拟录取人员名单并集中公示，公示无异议后发文公布。

第三章 留学人员派出

第九条 我省非教育系统政府公派出国留学项目对留学人员实行“签约派出，违约赔偿”的管理办法。

第十条 派出工作流程

（一）录取名单公布后，省人力资源社会保障厅（或委托机构）为录取人员开具《山东省政府公派出国留学资金资助证明》。

（二）外语水平达标。录取人员准备相关外语考试，取得合格证明。为确保国（境）外培养取得实效，高层次人才培养计划录取留学人员还需参加统一组织的外语强化培训。

（三）联系国（境）外留学单位。博士后国际交流计划和访问学者计划录取留学人员需自行联系国（境）外留学单位，获得外方单位邀请函。高层次人才培养计划由省人力资源社会保障厅、省财政厅、省国资委联系建立培养渠道，确定合作大学或机构。

（四）办理外事手续。博士后国际交流计划和访问学者计划录取留学人员收到外方单位邀请函后，由所在单位报省外办或国家上级主管部门办理因公出国任务批件，协助办理外事手续。高层次人才培养计划录取留学人员由省人力资源社会保障厅、省财政厅、省国资委统一协调办理外事手续。

（五）签订《山东省政府公派出国留学资助协议书》（以下简称《协议书》）。留学人员出国前应与省人力资源社会保障厅（或委托机构）签订《协议书》，《协议书》须经公证生效。

1.《协议书》上已有省人力资源社会保障厅（或委托机构）（甲方）签章。办理公证时，留学人员本人（乙方）连同两名担保人（丙方第一担保人、丙方第二担保人）同时到场，公证员在场前提下，现场填写《协议书》，不得有任何遗漏或误填。

2. 办理公证地点可以是省、市、县级公证处，留学人员初审推荐单位应给予必要的指导和咨询。

3.《协议书》担保问题，参照1997年9月司法部发各地公证处《关于〈出国留学资助协议书〉担保问题的通知》规定。留学人员的担保方式一般选择连带责任担保。

4. 我省非教育系统政府公派出国留学丙方担保人的经济担保数额统一规定为每位担保人担保30000元人民币。

5. 经公证的《协议书》一式6份：甲方、乙方、两位丙方担保人各1份，交存公证处1份，交存推选单位1份。交甲方的1份，由留学人员上传至信息管理系统并邮寄至省人力资源社会保障厅人才开发处。

（六）缴纳留学保证金。留学人员出国前需缴纳留学保证金，留学期限为6个月的缴纳保证金30000元人民币；留学期限为12个月的缴纳保证金60000元人民币。保证金缴纳至省人力资源社会保障厅指定金融机构账户。

（七）拨付留学资助经费。我省非教育系统政府公派出国留学项目每年度录取人员的资助经费及时拨付至各初审推荐单位。留学人员办理完成出国手续后，通过信息管理系统上传提交以下材料扫描件：

1. 外语水平合格证明；

2. 护照首页、签证页；

3. 省外办或国家上级主管部门核发的因公出国任务批件；

4. 金融机构开具的留学保证金缴存收据；

5. 经公证的《协议书》；

6. 外方留学机构邀请函。

管理端审核通过后打印出《已办理完成公派出国留学手续的证明》，凭该证明和上述材料原件到初审推荐单位办理省级财政资助经费拨付。

第十一条 留学人员所在单位根据《山东省非教育系统政府公派出国留学项目管理办法》规定，将应由本单位承担的资助经费拨付给个人。在留学人员留学期间按照国家、省有关规定，参考本单位参加其他长期培训项目人员或者与留学人员本人的约定支付留学期间工资、福利等待遇。明确专门人员负责留学人员管理工作，建立留学人员管理档案，对本单位留学人员统一进行出国前思想政治教育，组织学习国家和我省公派出国留学相关政策和管理规定。

第十二条 我省非教育系统政府公派出国留学项目确定录取的留学人员应在留学资格有效期内（最长不超过 2 年）完成出国（境）手续办理。原则上不受理派出延期、留学类别变更和留学国别变更的申请。

第四章 国（境）外管理

第十三条 留学人员抵达国（境）外留学单位 10 日内，凭《山东省政府公派出国留学报到证明》，向我国驻当地使领馆教育处（组）报到（本人到现场或邮寄材料等适当方式），接受驻外使领馆领导。符合条件的，回国前应到我国驻外使领馆教育处（组）开具留学人员证明。留学人员抵达国（境）外留学单位后应按照留学所在国政府或留学单位要求及时购买医疗和意外伤害保险。

第十四条 留学人员在国（境）外留学期间，应保证不从事有损祖国利益和安全的活动，维护祖国荣誉，遵守所在国（地区）的法律，与当地人民友好交往。对纪律涣散、从事与留学无关的活动严重影响工作学习或触犯当地法律法规的，经使领馆确认后，取消省政府公派出国留学资格，追回全部留学资助资金，追究违约责任。

第十五条 留学人员留学期间应勤奋学习或工作，每月填报学习（工作）记实并上传信息管理系统，定期向使领馆和国内推选单位报送学习或研修情况。

第十六条 留学人员因故不能继续留学、确需提前回国者，应向省人力资源社会保障厅提出申请，批准后办理回国手续。留学人员一经批准提前回国，当次省政府公派出国留学资格即终止，退回部分留学资助资金。对未经批准擅自提前回国的，退回全部留学资助资金，追究违约责任。留学人员在国（境）外留学期间发现怀孕后，应立即回国。如不回国，将取消省政府公派出国留学资格，退回全部留学资助资金，追究违约责任。

第十七条 留学期限为 12 个月的留学人员留学期间可利用留学单位假期回国休假或探亲，假期不超过 15 天。回国应征得留学单位同意，报经省人力资源社会保障厅审批，往返旅费自理。留学期限为 6 个月的留学人员原则上不得回国休假或探亲。

第十八条 留学人员在留学期间参加所在国学术会议或进行短期学术考察，应征得留学单位同意并向所在单位报告。参加国际学术会议或短期学术考察的费用自理。不得赴其他国家或地区参加类似学术活动。

第十九条 留学人员一经签约派出，其在外期间的省政府公派出国留学身份不因经费资助来源或待遇变化而改变。如获其他奖学金，应向省人力资源社会保障厅报告，且仍应遵守省政府公派出国留学有关规定，履行按期回国服务等相关义务。自行放弃省政府公派出国留学资金资助和省政府公派出国留学身份，单方面终止协议的，退回全部留学资助资金，追究违约责任。

第二十条 留学人员留学期间不得申请办理有关移民国家的豁免。留学人员留学期间改变国籍，视为放弃省政府公派出国留学身份，追回全部留学资助资金，追究违约责任。

第五章 回国与服务

第二十一条 留学人员应按期回国，及时通过信息管理系统提交访学单位的评价意见（附翻译稿）、留学总结报告及其他留学成果，上传所在单位开具的回国工作证明、留学人员回国证明、护照首页、签证页、出入境记录等证明材料扫描件，省人力资源社会保障厅审定后，通知金融机构将留学保证金退还留学人员个人账户。

第二十二条 留学人员通过信息管理系统填报留学单位基本情况、联系方式、联系人等信息，有义务协调联络并向留学单位推荐我省政府公派出国留学人员，协助拓展留学渠道并做好相关咨询和服务工作。

第二十三条 留学人员在国（境）外留学期间或回国后，要广泛联系国（境）外高层次人才，在开展学术交流和科研合作的同时，要积极推介山东省情及招才引智优惠政策发挥好桥梁和纽带作用，鼓励吸引海外留学人才、外国专家来鲁创新创业。引才取得实效且符合条件的可以纳入山东省社会力量引才奖励范畴。

第二十四条 留学人员所在单位要将省政府公派出国留学人员纳入本单位重点培养人才范畴，对学成回国留学人员在具体工作中给予重点培养和支持，积极加以引导，为其回国工作和科学研究创造有利条件，助推其加速成长。留学人员按期回国后应在派出单位履行服务义务，服务期限不少于2年。

第六章 违约追偿

第二十五条 留学人员在留学期间擅自变更留学国别和留学身份、自行放弃省政府公派出国留学资金资助和省政府公派出国留学身份、未完成留学计划擅自提前回国、从事与学业无关活动触犯当地法律、未经批准逾期回国3个月（不含）以上、未履行完成回国服务期等违反《协议书》约定的行为，构成全部违约，违约人员应赔偿全部留学资金资助经费并支付全部留学资金资助经费50%的违约金。未经批准逾期回国3个月（含）以内的行为，构成部分违约，违约人员应赔偿全部留学资金资助经费30%的违约金。因航班等特殊原因超出规定留学期限1个月（含）以内抵达国内的，不作违约处理。

第二十六条 对违反《协议书》约定的违约行为，省人力资源社会保障厅（或委托机构）根据国家法律规定和《协议书》有关条款对违约人进行违约追偿。违约人本人或其担保人承担相应违约责任。

（一）如违约人员按《协议书》规定承担相应违约责任，如数支付经济赔偿，不再追究其法律责任。如违约人员未按《协议书》规定承担违约责任作出赔偿，其国内担保人应承担经济赔偿责任。如违约人员及其担保人均不承担约定的经济赔偿责任，则通过法律途径解决。

（二）对违约事件，特别是对不按《协议书》约定履行经济赔偿责任的，除通过法律途径解决外，必要时还将采取其他辅助手段，如以省人力资源社会保障厅名义向国（境）外有关方面通报违约事实、将违约名单予以公布等。

（三）违约人员完成经济赔偿后，即终止与省人力资源社会保障厅（或委托机构）所签《协议书》的义务。协议终止情况由省人力资源社会保障厅（或委托机构）通报违约人员本人和所在单位。

第七章 留学成果评估

第二十七条 建立省政府公派出国留学项目成果考核制度。省人力资源社会保障厅会同省经济和信息化委、省财政厅、省卫生计生委、省国资委等部门在每年度派出留学人员全部返回后，组织专家对留学人员留学成果进行评估考核，结果在一定范围内通报，并与所在单位下一年度推荐名额挂钩。

第二十八条 留学人员在国（境）外留学期间或因出国留学形成的论文或科研成果发表、发布及参与评奖时，应注明本研究成果得到山东省政府公派出国留学项目资助。

第八章 附 则

第二十九条 本细则由省人力资源社会保障厅负责解释。

第三十条 本细则自印发之日起施行。

山东省人力资源和社会保障厅
关于印发推进乡村人才振兴若干措施的通知

（2018年8月23日 鲁人社发〔2018〕40号）

各市人力资源社会保障局，省厅各处室、直属单位，省公务员局：

现将《推进乡村人才振兴若干措施》印发给你们，请结合实际，认真抓好贯彻落实。

推进乡村人才振兴若干措施

为深入贯彻落实习近平总书记关于实施乡村振兴战略的重要指示和党的十九大精神，培养一支懂农业、爱农村、爱农民的乡村振兴人才队伍，根据《山东省乡村振兴战略规划（2018—2022年）》和《山东省推动乡村人才振兴工作方案》要求，经商省委组织部、省编办、省财政厅、省农业厅等部门，对推进乡村人才振兴提出以下措施。

一、创新乡土人才评价机制

建立职业农民职称制度。研究制定符合职业农民特点的职称标准条件和评审程序。职业农民参加职称评审不受学历、所学专业等限制，重点考察业绩贡献、经济社会效益和示范带动作用。设区的市可探索鼓励奖励措施，对获得职称的职业农民，优先提供信息技术、融资支持、产品推介服务，优先安排学习培训，优先获得财政资金支持项目、政策补贴等。建立乡土人才技能等级评价制度。各设区的市可探索制定乡土人才技能评价地方标准，组织开展乡土人才专项能力认定，做好职业农民职业资格认定工作。在有条件的乡镇建立职业技能鉴定所（站），提供便捷高效的技能鉴定服务。省人力资源社会保障厅发布职业农民职业技能鉴定目录，制定乡土技能人才技师和高级技师直接认定办法、职业农民职称和职业资格衔接办法。建立乡土人才以赛代评机制。

鼓励支持全省各地开展乡土人才创新创业大赛和传统技艺技能大赛，获得优异成绩的选手直接认定技师、高级技师等技能资格。每三年举办一次全省乡土人才传统技艺技能大赛，对前十名获得者授予“山东省乡村传统技艺技能大师”称号，并给予奖励。

二、实施乡土人才培育行动

开展农民企业家、回乡大中专毕业生、农村种植高手、养殖能手和能工巧匠等乡土人才摸底调查，建立乡土人才信息库。建立健全乡土人才发现和培养机制，研究制定乡土人才培养培训政策，分级分类开展乡土人才教育和技能培训。实施百万职业农民技能提升（2018—2022年）计划，将其纳入山东省提高就业创业能力培训、新型职业农民培训、农村实用人才培训、雨露计划等培训计划，充分运用田间课堂、农民夜校、网上教学等形式，发挥各级各类创业大学、就业培训机构、创业孵化基地、农广校、农村电商基地等平台作用，五年分级分类培训400万人次，按规定给予培训补贴。实施百万乡土人才培育示范（2018—2022年）计划。将乡土人才纳入专业技术人才知识更新培训工程，通过远程教育、集中培训等多种教育培训方式，促进乡土人才知识更新和能力提升。每年举办20期高级研修班，培训全省服务乡村振兴急需紧缺的、骨干专业技术人才和企业高级经营管理人才1000人。继续组织基层人才挂职研修，每年选拔160名基层人才到省内高校、科研院所、文化单位、医疗机构访学研修。制定齐鲁乡村传统技艺技能保护计划，编制民间技能人才目录，每年建设15个齐鲁乡村特色技能大师工作室，每个工作室由所在市县财政给予适当支持，到2022年培育150名传统特色工艺传承技能大师。鼓励有条件的市积极争取财政支持，开发具有齐鲁乡村特色的职业农民专项职业能力培训包。实施百万乡土人才定向培养（2018—2022年）计划，推进我省高职和技工院校规划建设涉农学科专业或开设特色工艺班次，采取委托培养、订单培养或者定向就业、专项奖学金等方式，应用长短结合，弹性学制、“半农半读”等形式，开展乡土人才专业教育和专项技能培训，提高职业农民教育培训专业化、标准化水平。全省重点技工院校每年培养培训不少于10万人次。

三、招募“乡村振兴合伙人”

鼓励支持各市、县（市、区）面向海内外山东籍企业家、创业者，及金融投资业者、专家学者等各类人才招募“乡村振兴合伙人”，在现代生态农业、乡村旅游、农业生产和生产性服务业、农产品加工流通等方面开展全方位、多形式的合作，吸引、整合、调动各方资源，推动农村农业投资和科技成果转化。“合伙人”可通过投资、技术服务、入股以及招商等形式，共同发展新型农业主体和农村新业态，允许“合伙人”通过合同约定享有乡村项目开发等优先权。可向“合伙人”颁发《山东省乡村振兴合伙人》证书，授予“荣誉市民”“名誉村长”等称号；可在包括创业担保贷款在内的就业创业政策支持、人才工程项目评选等方面享受我省优惠政策或给予倾斜。

四、开展“雁归兴乡”返乡创业推进行动

市、县（市、区）人力资源社会保障部门建立外出务工经商人员信息库，开展外出务工经商人员创业状况调查，绘制“雁归兴乡”电子路线图。紧紧围绕《山东省乡村振兴战略规划（2018—2022年）》，推动各类创业园区转型升级，更好服务乡村产业振兴，更好服务农民工返乡创业。可在外出务工经商人员集中的城市建立返乡创业工作站，理清发展需求，向有一定经济实力和发展潜力的农民工成功创业人士推荐乡村发展项目，提供全方位创业政策支持，引导他们回报家乡、投资家乡、发展家乡。开展返乡农民工乡村旅游、农产品加工、网络创业、电子商务等特色创业培训。对返乡创业带头人、小微企业家开展创业能力提升培训，按照《2016—2020年山东省中小微企业培训规划》给予培训补贴。

五、畅通各界人士报效乡梓的渠道

无论是在职、退休人员，还是企业家、创业者或农村老党员、老干部，不论其身份、职位、教育背景、年资阅历，只要有一定的影响力，愿意为家乡发展贡献力量，各级人力资源社会保障部门都要积极鼓励支持他们参与乡村振兴。要大力引导原籍企业家、专家学者、人大代表、政协委员、经济文化能人等群体以投资兴业、援建项目、助学助教、捐资捐物、法律服务等多种方式，反哺故里、报效乡梓。要采取有效措施畅通他们参与乡村振兴的渠道，搭建发挥作用的平台，真正把他们回报家乡的善意变为善举。

乡镇、村可聘请他们担任村事顾问，共同开展乡村振兴项目。要帮助“告老还乡”的各界人士解决好吃住行等问题，为他们发挥余热搞好服务。各级人力资源社会保障部门要会同宣传、农业等部门，总结宣传各界人士反哺故里、报效乡梓的先进事迹，选树一批优秀典型。

六、实施高校毕业生基层成长计划

研究制定高校毕业生基层成长计划实施方案，构建引导和鼓励高校毕业生到基层工作的长效机制。自2019年起，面向在乡镇基层工作或者创业的高校毕业生，每年遴选1000名基层管理人才、1000名基层专业技术人才、1000名基层创新创业人才，纳入高校毕业生基层成长计划后备人才库，在职务晋升、职称评聘时作为重点人选。加大高校毕业生“三支一扶”计划招募力度。从2019年到2022年，县（市、区）要统筹县域事业单位岗位，确保每年每个乡镇有2个岗位用于高校毕业生“三支一扶”招募计划。全面落实好高校毕业生“三支一扶”计划相关政策，符合条件的优先纳入高校毕业生基层成长计划后备人才库。在“青年优秀人才引进计划”中设立乡村人才专项，专门为乡村发展引进优秀高校毕业生，并配套相应的培养支持政策。其中博士、硕士毕业生可进入县（市、区）设立的乡村振兴人才协同创新促进中心、农业科技创新研究院等平台。鼓励支持高校毕业生返乡创业，除享受各项创业扶持政策外，在审核发放创业担保贷款时，根据信用情况取消反担保；成功创办小微企业的，可简化程序、手续申请创业担保贷款，对带动就业能力强、创业项目好的小微企业，可继续提供最多3次的创业担保贷款贴息。2018年以后毕业，自愿到我省财政困难县的乡镇事业单位工作，且服务年限连续满3年以上的高校应届毕业生，其学费和国家助学贷款本金由财政给予补偿。

七、开展“万名专家服务三农”行动

各级人力资源社会保障部门以专家服务基层、创业导师走进留创园等活动为载体，重点围绕乡村产业振兴、生态振兴、文化振兴，每年分级组织不少于10000人次的各行业、各领域专家（人才）到基层服务，着力解决现代农业发展中遇到的技术不高、科技成果转化慢、农村实用人才匮乏等

方面的难题，切实为现代农业发展提供专业的技术指导和服务，打通科技下乡“最后一公里”。

八、推动高层次人才“上山下乡”

鼓励支持省属高校、科研院所、公立医院等各类高层次人才通过项目合作、短期工作、专家服务、兼职等形式到基层开展服务活动，服务期限视为基层工作经历，可以作为职称评审、岗位聘用的依据。省人才工程专家参与服务基层工作业绩作为专业技术职称评定、岗位聘用的重要依据，贡献特别突出的可破格参评职称。推荐、选拔国家百千万人才工程人选、国务院政府特殊津贴专家、省有突出贡献的中青年专家、齐鲁首席技师、省有突出贡献技师等人选时，向在乡村基层推广应用新技术、新成果且取得显著经济社会效益的高层次人才倾斜。乡村企业申报国家博士后工作站（分站）或省博士后创新实践基地，予以优先支持。对到乡村企业博士后工作站或创新实践基地开展博士后研究的博士，纳入“企业博士（后）集聚计划”，放宽条件予以资助。

九、支持乡村引进外国智力

围绕加快农业转型升级，增加农业领域“外专双百计划”支持数量，每年入选比例不低于12%。乡镇企事业单位引进人才申报“外专双百计划”时予以优先支持。引智推广项目重点向农业农村倾斜，有条件的村、镇农业合作社、农场可直接申报，资金直接拨付到村，每年通过的涉农项目一般不低于70%。对有基础、有条件、有潜力的产业村持续提供资金技术支持，到2022年，在全省范围内培育50个引智示范村。

十、搭建乡村引才聚才平台载体

建设省级乡村振兴专家服务基地。根据重点产业调整服务基地布局，重点在加快农村新旧动能转换，推进农业科技成果转化，培养乡村骨干技术人才上发力，到2022年全省建成50家左右省级乡村振兴专家服务基地，柔性引进2000名以上院士、千人计划专家等急需紧缺的高层次人才，推动200个以上项目在基地落地。鼓励支持各设区市建立市级乡村振兴专家服务基地。县（市、区）可设立乡村振兴人才协同创新促进中心、农业科技创新研究院等平台，吸引博士、硕士研究生和其他急需紧缺人才到乡村企业、各类园区和乡镇事业单位服务发展。这些平台负责进入毕业生的岗位聘用、职务职级晋升、职称申报评审等事项。鼓励高校、科研院所在乡村设立涉农研发平台、成果转化平台等，促进高层次人才、项目、科技、信息、资金等资源要素向乡村流动。单位对到平台工作的人员，可参照基层工作人员的相应政策待遇，在绩效工资分配中给予适当倾斜。鼓励依托各类园区建设面向乡村振兴的“双创”园区，开展省级“乡村双创示范园区”评选活动，对入选的园区市、县财政可在省财政切块分配的资金中给予奖补。鼓励各级建立乡土人才协会，加强乡土人才交流合作，发挥乡土人才在技艺传承、产业发展、脱贫致富方面的带动作用。

十一、建立“定向评价、定向使用”的基层高级专业技术职称评审管理制度

全面下放基层高级职称评审权，由各设区的市结合本地实际情况，研究制定本地区“定向评价，定向使用”的基层职称制度，基层职称系列均可设置到正高级。乡镇专业技术人员可以自主选择参加全省统一的职称评审或基层职称评审。乡镇基层职称评审单独标准，单独评审，颁发基层职称证书，证书在全省乡镇区域内使用。取得基层职称人员在乡镇事业单位岗位聘用时，与取得全省统一职称人员同等对待。取得基层职称后，在乡镇专业技术岗位累计聘满5年且考核合格的，可以申请换发相同级别全省统一的职称证书。

十二、实行乡镇专业技术人才直评直聘政策

在乡镇专业技术岗位工作的人员（医疗卫生专业除外）申报职称评审时，不受所学专业限制，侧重考察其实际工作业绩。县级及以上单位专业技术人员交流聘用到乡镇单位专业技术岗位工作，可不受任职年限、职务级别和岗位结构比例的限制，直接申报高级职称。专业技术人员在乡镇事业单位从事专业技术工作10年以上申报中级职称，从事专业技术工作20年以上申报副高级职称，从事专业技术工作30年以上申报正高级职称，可不受单位岗位结构比例限制。全科专业住院医师规范化培训合格、取得中级职称后在乡镇医疗卫生机构连续工作满10年的专业技术人员，可经职称

评审委员会考核认定，直接取得基层卫生副高级职称，并限定在乡镇医疗卫生机构聘用。对具有硕士以上学历或者副高级以上职称，基层急需且本人自愿到乡镇事业单位工作的，可直接聘用到上一层专业技术岗位，相应岗位没有空缺的，使用特设岗位直接予以聘用，在乡镇工作累计满5年且考核合格的，可按现聘岗位流动。

十三、创新乡镇事业单位人才招聘方式

乡镇事业单位招聘工作人员，可以采取放宽岗位专业条件、放宽年龄限制、单独划定笔试分数线、降低学历要求或者开考比例等方式，适当降低进入门槛。公开招聘具有全日制本科以上学历或者脱贫攻坚等急需紧缺专业人才的，可以采取面试、组织考察、技能操作等方式，并在聘用合同中约定3—5年的服务期限，明确违约责任和相关要求，在服务期限内，其他单位不得以借调、帮助工作等方式将其借出或调走。

十四、建立县域统筹的岗位管理使用制度

将县（市、区）及乡镇事业单位岗位设置方案核准和聘用备案权限，由设区的市人力资源社会保障部门下放至县（市、区）人力资源社会保障部门。提高乡镇事业单位专业技术高级岗位比例，由县（市、区）人力资源社会保障部门根据岗位结构比例标准，按行业研究制定乡镇事业单位岗位设置（调整）方案，对乡镇事业单位实行总量管理、动态调整、统筹调控。

十五、全面落实乡镇工作人员待遇保障

落实国家和省各项工资福利政策，统筹考虑县乡人员待遇政策和标准，有条件的地方可以县（市、区）为单位进一步提高乡镇工作补贴标准，确保乡镇工作人员收入高于县直机关同职级人员水平。推动落实带薪年休假制度，依法保障乡镇工作人员休息休假权益，确因工作需要不能休假的按规定发放未休假工资报酬。

十六、鼓励支持乡镇专业技术人员离岗或在职创业

乡镇事业单位专业技术人员带着科研项目或成果，离岗或在职领办（创办）农民专业合作社、种养企业、家庭农场或农产品加工企业的，除享受《中共山东省委组织部　山东省人力资源和社会保障厅　山东省财政厅　山东省科技厅　山东省教育厅关于支持和鼓励事业单位专业技术人员创新创业的实施意见》（鲁人社规〔2018〕1号）规定的政策外，将首次创业，正常经营一年以上的离岗或在职创业的乡镇事业单位专业技术人员纳入一次性创业补贴支持范围，补贴标准不低于1.2万元。同时，纳入创业担保贷款支持范围，享受相关政策。对吸纳贫困劳动力就业的，按规定给予最长三年岗位补贴和社会保险补贴。对招用毕业年度高校毕业生的，按规定给予1年社会保险补贴。对吸纳贫困劳动力就业，并稳定就业1年以上的，鼓励各地参照就业扶贫车间一次性奖补政策，给予一定奖补。

十七、加大乡村人才薪酬激励力度

乡镇事业单位对聘用的高层次人才，可采用协议工资、项目工资、年薪制等灵活多样的收入分配办法，所需经费在绩效工资总量内单列，相应增加单位当年绩效工资总量。乡镇事业单位要支持专业技术人员通过兼职方式，为农户、合作社等提供增值服务合理取酬，所得收入不纳入本单位绩效工资管理。

十八、开展优秀乡村人才选树活动

省人力资源社会保障厅牵头，会同有关部门（单位）在全省组织开展“十强百优”选树活动，对带领农民群众共同致富，推动乡村振兴做出突出贡献的乡村人才，每两年表扬奖励一次。评选为“十强”的优秀乡村人才可直接申报参评国务院政府特殊津贴专家、山东省有突出贡献的中青年专家和齐鲁首席技师等人才工程项目。“十强”人选为乡村就业创业带头人、乡村技艺传承带头人、乡村增收致富带头人、乡村科技创新带头人、乡村“两新”（农业新产业、新业态）发展带头人、乡村新型经营主体带头人、乡村品牌建设带头人、乡村优秀文化带头人、乡村文明新风带头人、乡村社会化服务带头人；“百优”人选为乡村各行业各领域优秀乡土人才。每年选树“十大返乡创业农民工”，并给予奖励。省人力资源社会保障厅牵头对服务乡村振兴，推动农业农村发展做出突出贡献的乡镇事业单位专业技术人员，授予“山东省乡镇优秀农业技术人员”称号，每三年评选

表彰一次。各地可根据实际情况，制定切实可行的乡村人才表扬奖励办法。

十九、完善乡村社会保险制度

引导、帮助家庭农场、专业合作社等新型经济组织和乡村企业规范劳动关系，依法订立劳动合同，参加企业职工基本养老、职工基本医疗、失业、工伤和生育保险，促进劳动关系和谐稳定。支持乡村医生按规定参加当地企业职工基本养老保险，引导乡村自由职业者、没有劳动关系的职业农民按照灵活就业人员参保办法，参加职工基本养老保险、职工基本医疗保险。推进城乡居民异地就医住院费用直接结算，全面发放具有金融功能的社会保障卡，将社保自助服务终端向社区（村）布局延伸，满足新形势下农村居民的社会保险需求。

二十、开辟乡村人才服务绿色通道

优化人才服务环境，创造良好乡村人才生态。全面落实服务专员制度，对服务乡村振兴的高层次人才，提供“一对一”代办服务。县（市、区）在人才服务机构或人力资源社会保障政务服务大厅设置“一站式”人才服务窗口、乡镇依托人力资源社会保障服务平台建立人才工作站，为乡村人才提供政策咨询、职称申报、项目申报、融资对接、业务办理等服务，对乡村人才做到有求必应、无需不扰，确保乡村人才工作安心、生活舒心、干事顺心。有条件的县（市、区）可依托乡土人才信息库建立“乡土人才超市”，畅通土专家、“田秀才”为农民提供种养技术等服务的绿色通道。完善乡村人才的家属随迁、子女入学、医疗、住房等配套政策，县（市、区）和乡镇要切实解决好短期、周期到乡村工作的人才集中居住问题，鼓励有条件的乡镇建立乡村人才公寓。

各级人力资源社会保障部门要充分认识乡村人才振兴的重要意义，将推进乡村人才振兴摆在突出位置，纳入本地区人才工作总体规划统筹部署，并作为人才工作年终评估考核的重要内容。省人力资源社会保障厅将建立定期调度机制和年度考核机制，加强督促落实，加快推动各项措施落地见效。

中共山东省委组织部、山东省人力资源和社会保障厅、山东省教育厅、山东省科学技术厅、山东省公安厅、山东省财政厅、山东省卫生和计划生育委员会、山东省税务局

关于印发加快推进人才国际化若干措施的通知

（2018 年 9 月 30 日　鲁人社发〔2018〕49 号）

各市党委组织部，政府人力资源社会保障局、教育局、科技局、公安局、财政局、卫生计生委、税务局，各大企业，各高等院校、科研院所：

现将《加快推进人才国际化若干措施》印发给你们，请结合实际，认真抓好贯彻落实。

加快推进人才国际化若干措施

为学习贯彻习近平新时代中国特色社会主义思想和党的十九大精神，创新人才国际化体制机制，打造一支具有全球化视野、具备国际竞争力的高素质人才队伍，根据《中共山东省委关于深化人才发展体制机制改革的实施意见》（鲁发〔2016〕22号）、《中共山东省委　山东省人民政府关于做好人才支撑新旧动能转换工作的意见》（鲁发〔2017〕26号）和《中共山东省委　山东省人民政府关于加强新形势下引进外国人才工作的实施意见》（鲁发〔2018〕7号）等文件精神，结合实际，制定以下措施。

一、培养具有国际化视野的本土人才

（一）提升专业技术人才国际化素质。将人才国际化有关内容纳入专业技术人员继续教育公需科目，提升专业技术人才国际化意识。加快“走出去”步伐，鼓励有条件的专业技术人员继续教育基地、施教机构与国外高水平继续教育机构合作，定期组织开展专业技术人员管理骨干国（境）外培训，推进管理服务与国际接轨。提高政府公派出国留学人员数量和资助标准，每年选派500名左右优秀中青年骨干教师、科技工作者、医务工作者、博士后研究人员以及企业经营管理人员，到国（境）外知名高校、科研院所、医疗机构、企业等培训进修。

（二）提升高技能人才国际化素质。围绕新旧动能转换重点产业及其他重点发展领域，自2018年开始，从齐鲁首席技师、山东省有突出贡献的技师、山东省技术能手等高技能人才中选拔一批人才，分期分批分项目到德国等制造业强国和“一带一路”沿线国家进行技能研修学习。建立山东技能大赛研究中心，加强世界技能人才培养标准研究与对接，开展世界技能大赛和中国技能大赛等省级以上竞赛项目的研究和成果转化，每年建设3—5个国际领先、国内一流的技能大赛省级集训基地，搭建高技能人才参与国际竞争的平台。学习借鉴世界先进职业教育标准和理念，开展澳大利亚TAFE职业培训包培训模式试点，深入实施企业新型学徒制培训，探索建设中德智能制造双元培养示范中心，提升高技能人才国际化水平。

（三）提升研究生教育国际化水平。实施《山东省促进研究生教育国际化发展实施方案》，围绕我省新旧动能转换重大工程涉及的相关领域，每年资助相关专业100名左右在读博士研究生出国研修、100名左右在读博士研究生参加国际学术交流会议。重点资助有突出创新成果、在本领域重要国际学术会议上参加口头报告或墙报交流的博士研究生。加强国际化课程建设，充分发挥具有海外学习经历的导师及团队开展英文授课的积极性，培育双语和全英文研究生优质课程和教学案例库。加强国际交流，创新研究生培养模式，扩大研究生教育开放度，鼓励学校依托优势学科举办高水平国际学术会议和研究生教育国际学术论坛等，搭建研究生教育国际化学术交流平台。

（四）创新人才国际化培训方式。进一步加大我省企业人才出国（境）培训力度，争取国家试点，实施民营企业人员出国（境）培训项目。鼓励引导我省企业建立海外培训基地，对为我省人才国际化培训做出突出贡献的基地，命名为“山东省新旧动能转换人才国际化培训基地”。实施“新旧动能转换出国培训工程”，围绕新旧动能转换重点产业，对涉及经济转型、产业升级、科技攻关、成果转化等项目给予重点支持。坚持“走出去”与“请进来”相结合，举办“齐鲁国际讲堂”和“科技创新讲堂”等重点外国专家系列专题讲座，吸引更多发达国家院士、诺贝尔奖获得者来鲁授课。实施外国专家讲座“10+3”项目，围绕新旧动能转换重点产业举办外国专家讲座、国际论坛或学术会议，同时组织人才、技术、产品交流或展示活动，全面提升我省相关专业领域人才国际化水平。

（五）实施“党政人才能力提升计划”。与国内著名高校联合建立党政人才培训基地或联合开展专题培训，着力提升各级党政人才的国际化素质。每年遴选200名左右外语好、业务强的优秀中青年党政人才，到国外政府机构、国际组织和大型跨国公司进行交流培训或合作研究。争取国家外国专家局支持，有计划地选派部分党政领导干部到发达国家长期培训和实践锻炼，学习发达国家政府治理创新理念和公共管理先进经验，提高领导水平和执政能力。

二、引进具有国际水平的高端人才

（六）大力引进顶尖人才。加大离岸研发人才柔性引进力度，将我省用人单位在海外离岸研发中心和孵化基地全职聘用的高层次人才视同在鲁工作，允许其单独申报省级重点人才工程。事业单位引进海内外高层次急需紧缺人才，可采取专家评议、组织考察的方式，办理聘用手续，相应岗位没有空缺的，可突破岗位总量、最高等级和结构比例限制，使用特设岗位予以聘用。加大省外、海外人才柔性引进力度，引进的退休“两院”院士和外籍发达国家院士，符合条件的可纳入聘任院士管理，并给予相应待遇。省外引进的专业技术二级岗位人才，直接认定聘用到专业技术二级岗位。实施“青年优秀人才引进计划”，重点聚焦“十强”产业和乡村振兴战略、海洋强省战略等对人才的需求，面向全球TOP200高校、全球自然指数排名在前100位的高校与科研院所和国内一流大学（一流学科）招聘博士研究生。

（七）积极引进外国智力和创新团队。深入实施“外专双百计划”引才工程和“省级高端外国专家项目”“一带一路”等引智专项，引进国际知名的高层次外国专家和团队，对来鲁工作的高层次外国专家给予工薪、旅费等方面资助。引进的外籍科学家可领衔实施省科技项目、申报省科学技术奖、创办科技型企业、开展创新活动，享受省内科研活动相同的政策支持。

（八）吸引海内外齐鲁英才回山东创新创业。各有关部门（单位）要了解掌握山东籍或曾在山东学习、工作过的各领域标志性人才，通过定期联系走访，吸引在外人才回山东创新创业。发挥省留学人员协会、国际人才交流协会等群团组织优势，密切与海内外人才的联系。加强山东国际人才网建设，探索与国际知名人力资源机构和大数据机构合作，绘制“齐鲁高端人才全球分布和流动趋势图”，动态了解和掌握高端人才分布流动情况，定期发布新旧动能转换“十强”产业高端人才需求状况，实现人才供给与人才需求的有效对接，提升人才引进的精准化。

（九）开展精准高效的市场化引才活动。每两年举办一次“中国山东海内外高端人才交流会”，探索“多元化、专业化、精准化、国际化”的办会模式，吸纳专业机构参与大会筹办，通过线上线下多种渠道，提高人才项目对接精准度，建立海内外人才常态化引介平台。扩大齐鲁之约、山东——名校人才直通车等品牌影响力，积极赴海外和省外知名高校对接高精尖缺人才。各地要充分利用活动平台，积极组织参与，发挥主体作用，放大活动成效。

三、构建符合国际惯例的人才评价机制

（十）畅通国际化人才评价“绿色通道”。加快建立多元化人才评价体系，在基础研究领域引入国际同行评价，将国际标准和水平作为衡量高层次人才成果的重要依据。应用研究、技术开发和企业经营管理人才，坚持市场发现、市场评价、市场认可，把人才享受的薪酬待遇、创造的市场价值、获得的创业投资等作为人才评价的重要依据。在我省就业的港澳台专业技术人才，以及持有外国人永久居留身份证或各地颁发的海外高层次人才居住证的外籍人员，可按规定参加职称评审。从海外引进的高层次人才，不受本人国内任职和年限限制，按照业绩、能力、水平可直接申报相应的专业技术职务资格，其海外工作经历、学术和专业技术贡献，作为参评依据。

（十一）推进职业资格认证与国际接轨。推进职业资格与职称制度有效衔接。探索建立国际职业资格单边认证制度。按照国家部署，推动与港澳台地区、部分发达国家实现职业资格互认，简化资格认证手续。鼓励港澳台人才考取国内职业资格证书。

四、实施具有国际竞争优势的人才激励保障措施

（十二）建立一流人才一流待遇激励机制。国有企业事业单位对高层次人才及其工作团队，经批准可实行项目工资、协议工资和年薪制等灵活多样的分配方式，参考市场价位合理确定薪酬水平，对高层次人才实行科研成果转化股权、期权和分红激励。事业单位高层次人才经批准实行协议工资和年薪制的，其薪酬总额在绩效工资总量内单列，相应增加单位当年绩效工资总量；科研项目临时聘用的高层次人才和急需紧缺人才，可实行项目工资，从项目经费中列支。

（十三）创新完善税收激励方式。企业引进高层次人才所支付的一次性住房补贴、安家补助、科研启动经费等费用，可按规定在计算企业所得税时扣除。对在新旧动能转换重点产业进行重大科技成果转化的领军人才和团队，以股份或者出资比例等股权形式给予个人奖励的，可按规定暂不征收个人所得税，递延至转让该股权时征收个人所得税。

（十四）推进外籍人才来鲁工作便利化。对"高精尖缺"外国高层次人才来鲁工作放宽年龄、学历、工作经历等条件。来我省高校从事博士后研究的外国留学生，可申请办理2—5年有效期外国人工作许可和工作类居留许可。放宽工作经历条件，允许具有硕士以上学历的优秀应届外国留学生或外籍毕业生申请办理2年以内的外国人工作许可和工作类居留许可。对持其他签证入境的高层次人才，在山东工作可直接办理外国人工作许可和工作类居留许可。符合条件的外籍高层次人才及其外籍配偶、未成年子女可同时申请外国人永久居留身份证。对已获永久居留资格或持有工作类居留许可的外籍高层次人才，为其聘雇的外籍家政服务人员办理相应期限的外国人工作许可和工作类居留许可。

（十五）营造国际化人才服务环境。优化海外人才就医环境，鼓励设区的市积极创造条件建设国际化医院，各市要指定一家三甲医院设立国际门诊，为外国人才提供预约诊疗和外语服务。制定出台《山东省外籍人员子女学校管理办法》，在外籍人才集聚度相对较高的地区建设示范性外籍人员子女学校，为海外高层次人才子女入读外籍人员子女学校提供便利。

各级各部门要充分认识加快推进人才国际化的重要意义，将其列入重要议事日程。加快推进人才国际化工作由省人才工作领导小组统一领导，省人力资源社会保障厅会同省教育厅、省科技厅、省公安厅、省财政厅、省卫生计生委、省税务局等有关部门组织落实。各部门要强化责任意识，加强协调配合，形成统分结合、上下联动、协调高效、整体推进的工作运行机制，制定实施细则，创造性地开展工作，确保各项支持措施落到实处。

中共山东省委组织部、山东省人力资源和社会保障厅、山东省教育厅、山东省公安厅
关于印发《山东省高层次人才服务绿色通道规定》的通知

（2018年2月8日　鲁人社规〔2018〕5号）

各市人民政府，各县（市、区）人民政府，省政府各部门、各直属机构，各大企业，各高等院校：

为更好服务高层次人才创新创业，省委组织部、省人力资源社会保障厅会同省编办、省教育厅、省科技厅、省民委、省公安厅、省财政厅、省住房城乡建设厅、省交通运输厅、省林业厅、省文化厅、省卫生计生委、省外办、省旅游发展委、省国资委、省地税局、省体育局、省工商局、人民银行济南分行、青岛海关、济南海关、省国税局、山东银监局、山东保监局、中国铁路济南局集团有限公司等部门（单位）制定了《山东省高层次人才服务绿色通道规定》，已经省政府同意，现印发给你们，请认真贯彻执行。

山东省高层次人才服务绿色通道规定

第一章 总 则

第一条 以习近平新时代中国特色社会主义思想为指导，全面深入贯彻党的十九大精神，进一步优化人才在鲁创新创业环境、激发创新创业活力，根据省委、省政府《关于做好人才支撑新旧动能转换工作的意见》（鲁发〔2017〕26号）精神，制定本规定。

第二条 本规定所指的高层次人才，是指山东省从海内外引进和自主培养的各类高层次人才，主要包括海外高层次留学人才、高层次外国人才和国内高层次专业技术人才、高层次经营管理人才、高层次技能人才等。

第三条 本规定所指的绿色通道服务，是指山东省为高层次人才在鲁创新创业提供的出入境和居留、户籍、住房、配偶随迁、子女入学、编制、职称、岗位、薪酬等优惠政策和便利服务。

第四条 山东省向符合条件人才颁发高层次人才绿色通道服务凭证（“山东惠才卡”），高层次人才凭“山东惠才卡”享受绿色通道服务。

第五条 山东省高层次人才服务绿色通道建设工作在省人才工作领导小组领导下，由省委组织部、省人力资源社会保障厅会同省直有关部门共同组织实施。

第二章 服务对象

第六条 符合下列条件之一的高层次人才，可以获得山东省绿色通道服务：

（一）按照中共山东省委组织部等部门《关于印发〈引进顶尖人才“一事一议”实施办法〉的通知》（鲁组发〔2016〕25号）引进的杰出人才和领军人才。

（二）经省内单位推荐，入选国家级重点人才工程及相当层次的高层次人才。主要包括：中国科学院、中国工程院院士，国家“千人计划”“万人计划”入选者，“百千万人才工程”国家级人选，全国杰出专业技术人才，国家有突出贡献的中青年专家，享受国务院特殊津贴专家，“长江学者”；国家科学技术奖首位获得者，中国政府友谊奖、全国创新争先奖、中华技能大奖获得者，国家杰出青年科学基金获得者，全国技术能手，国家级技能大师工作室主要负责人等。

（三）入选山东省重点人才工程及相当层次的高层次人才。主要包括：泰山系列人才工程入选者，“外专双百计划”个人入选者和入选团队核心成员，齐鲁文化名家，山东省有突出贡献的中青年专家；齐鲁杰出人才奖获得者，山东省科学技术奖最高奖、一等奖首位获得者，山东省杰出青年基金获得者，专业技术二级岗位专家等。

（四）省内单位引进的从其他省（自治区、直辖市）推荐入选国家级、省部级重点人才工程及相当层次的高层次人才；省直有关部门设立的重点人才工程入选者。其中，全职引进到省内事业单位工作的，年龄一般不超过55周岁。

（五）省内单位引进的世界500强企业高级管理人员，在重点领域和关键技术岗位上有3年以上工作经历、急需紧缺专业的博士学位人员，具有较好创新创业业绩的正高级职称人员，以及其他经认定的高层次人才，年龄一般不超过55周岁。

第三章 服务内容

第七条 出入境、工作许可和居留。对引进外国高层次人才和团队成员及其随行家属给予签证、居留等便利。符合条件的外国高层次人才，由省外国专家管理部门在5个工作日内出具《外国高端人才确认函》后，可向我驻外使领馆申请办理5—10年、多次入境的R字签证。外国高层次人才的配偶及未成年子女可申请有效期相同、多次入境的相应种类签证。在山东省工作的，可申请办理2—5年有效期的外国人工作许可和居留许可。符合在华永久居留条件的，可以申请外国人永久居留身份证。

第八条 户籍办理。引进高层次人才及其配偶、未到法定结婚年龄子女要求将户口迁入山东省的，可以选择在省内合法稳定住所落户，无合法稳定住所的可以选择在工作地集体户落户。

第九条 住房保障。支持各地通过新建或购买合适的商品住房作为人才公寓、人才周转房等。降低柔性引进人才在鲁购房门槛，来鲁开展项目合作的省级以上人才工程入选者在购买省内首套住房时，享有本地户籍人员同等待遇。符合住房补贴政策的，用人单位应一次性发放住房补贴。高层次人才未购买自用住房的，用人单位应当为其租房提供便利，同时按规定发放相应的租房补贴。

第十条 编制管理。全职引进到山东省事业单位工作的高层次人才，可在用人单位编制员额（人员控制总量）内直接办理纳入实名制管理手续；已满编超编的，可先使用事业单位精简压缩等方式收回的编制办理入编手续，待自然减员后，改为占用用人单位编制。支持有条件的地方设立高层次人才临时周转编制专户。

第十一条 职称评审。引进高层次人才首次参加职称评审时，不受本人任职和年限限制，可按照业绩、能力、水平直接申报相应的职称，其海外工作经历、学术和专业技术贡献可作为参评依据。打通高层次技能人才与工程技术人才职业发展通道，高层次技能人才可参加工程系列专业技术人员职称评审。

第十二条 岗位聘用。全职引进到山东省事业单位工作的高层次人才，首次进行岗位聘用时，相应岗位没有空缺的，可根据资格条件突破单位岗位总量和最高等级结构比例限制，使用特设岗位聘用。

第十三条 薪酬管理。全职在山东省事业单位工作的高层次人才，经批准实行年薪制、协议工资制的，其薪酬在管理期内纳入事业单位绩效工资总量管理，但不作为绩效工资调控基数；高层次人才转化科研成果获得的股权、期权及分红激励，不纳入绩效工资管理。鼓励各地、各用人单位通过项目资助、生活资助等方式，柔性引进、灵活使用海内外高层次人才。

第十四条 配偶就业。引进高层次人才的配偶一同来鲁并愿意在山东就业的，原则上由用人单位根据有关政策规定妥善安排其工作。暂时无法安排的，用人单位可以按照所在市城镇居民最低工资标准的2倍，以适当方式为其发放生活补贴，发放时间不超过3年。

第十五条 子女入学。支持外籍人员子女学校建设，进一步提高普通中小学办学条件和教学质量，保障海外高层次人才子女入学。海外留学归国高层次人才的子女选择当地公立中小学（含幼儿园）就读的，由当地教育部门按规定优先为其协调办理入学手续，享受当地学生同等待遇；选择国际学校或民办学校的，由当地教育部门负责协调入学。按照“一事一议”办法引进的高层次人才及国家“千人计划”入选者的子女，根据相关规定可在居住地所在设区市行政区划内安排入学。

第十六条 医疗保健。高层次人才凭“山东惠才卡”可享受设区的市、县（市、区）指定三甲医院预约就诊、专员陪同、专家诊疗的就医绿色通道服务。符合保健证办理条件的，由用人单位提出申请，卫生计生部门按规定办理保健证，凭证可到保健定点医疗机构就诊，费用按原渠道解决。用人单位每年为高层次人才免费安排一次健康体检。

第十七条 社会保险。高层次人才申请办理各项社会保险关系转移接续的，各级社会保险经办机构应为其提供预约服务，受理材料后即时审核、限时办结。中央和省直驻济事业单位柔性引进的高层次人才与用人单位建立了劳动（人事）关系的，可随单位在省社会保险事业局参加省直各项社会保险。

第十八条 交通服务。高层次人才在省内各大机场、客船（轮渡）码头和火车济南站、济南西站、青岛站、青岛北站出行时，凭“山东惠才卡”、本人有效身份证件和当日当次飞机（客船、火车）票，本人及一名陪同人员可享受绿色通道服务。在机动车登记、驾驶证申领审验时，可优先办理。

第十九条 旅游服务。高层次人才凭“山东惠才卡”享受免费进入山东省内3A级以上旅游景区及国家森林公园服务。

第二十条 健身服务。高层次人才凭“山东惠才卡”享受在山东省内各级体育部门所属公共体育场馆免费入场馆健身服务。

第二十一条 休假疗养。高层次人才优先受邀参加各级、各部门组织的专家休假活动。按照国家和省重点人才工程政策享受休假疗养待遇。

第二十二条 工商服务。高层次人才申请工商注册服务时凭“山东惠才卡”享受绿色通道服务，即时审核、限时办结。

第二十三条 税务服务。高层次人才按规定享受相关税收优惠政策。

（一）办理有关涉税事项时，税务部门提供预约、“一对一”个性化咨询服务，可享受纳税绿色通道服务。

（二）从海外引进的符合条件的高层次人才，取得的一次性补助，按照国家税收有关规定，免征个人所得税；5年内境内工资收入中的住房补贴、伙食补贴、搬迁费、探亲费、子女教育费和交通费等，按照国家税收法律法规的有关规定，予以税前扣除。

（三）学成后在海外停留时间不超过2年的留学归国高层次人才，自入境之日起1年内凭有效出入境证件、我驻外使领馆出具的《留学回国人员证明》等材料，可向海关申请办理购买国产免税汽车手续。

第二十四条 科研服务。在不涉及国家秘密或商业秘密的前提下，高层次人才需要借助省内科研平台进行资料查阅、实验和产品研发的，对其使用的科研场地、仪器设备等按有关规定给予支持。

第二十五条 海关服务。高层次人才进出境时，海关给予绿色通道待遇的通关便利。

（一）海关指定专门机构和人员及时办理引进人才个人进出境物品审批、验放等手续。对在节假日或者非正常工作时间以分离运输、邮递或者快递方式进出境的物品，有特殊情况需要及时验放的，海关可以预约加班，在约定的时间内为其办理物品通关手续。

（二）回国定居或来华工作连续1年以上（含1年）的引进人才可免税进境合理数量的下列科研、教学物品：科学研究、科学试验和教学用的少量的小型检测、分析、测量、检查、计量、观测、发生信号的仪器、仪表及其附件；科学研究和教学必需的少量的小型实验设备；各种载体形式的图书、报刊、讲稿、计算机软件；标本、模型；教学用幻灯片；实验用材料。

（三）回国定居或来华工作连续1年以上（含1年）的引进人才可免税进境合理数量的以下自用物品：首次进境的个人生活、工作自用的家用摄像机、照相机、便携式收录机、便携式激光唱机、便携式计算机每种1件；日常生活用品（衣物、床上用品、厨房用品等）；其他自用物品（国家规定应当征税的20种商品除外）。

第二十六条 金融服务。相关金融机构、保险机构和外汇管理机构为高层次人才提供绿色通道服务。

（一）高层次人才在省内指定商业银行、商业保险机构凭“山东惠才卡”享受绿色通道窗口或预约专员服务。

（二）各级外汇管理局、外汇指定银行为高层次人才设立的外商投资企业优先开立外汇资本金账户、经常项目外汇账户，提供外汇资本金结汇等服务，优先办理贸易项下进出口托收、信用证、汇款等业务。

（三）高层次人才来山东省设立的外资、合资、合作企业取得的人民币利润，或在山东省工作期间取得的合法人民币收入，或需对外支付的进口货款和私人汇款，可按有关规定到银行办理汇兑手续及相关金融业务。

第二十七条 政策宣传支持。高层次人才优先受邀参加省内各级、各部门组织的人才支持政策宣传活动。申报新的国家或省重点人才工程时，享受服务专员“一对一”政策推介和咨询服务。

第二十八条 产业环境考察。高层次人才优先受邀参加省内各级政府或相关部门、机构组织的产业环境考察活动。

第二十九条 合作项目推介。高层次人才优先受邀参加各类人才交流、联谊活动，优先获得相关企业创新创业项目需求汇编，优先享受重点对接交流项目推介服务。

第四章 山东惠才卡

第三十条 高层次人才经以下程序取得“山东惠才卡”：

（一）直接颁发。属本规定第六条所列高层次人才中（一）（二）（三）类的，由省人力资源社会保障厅根据重点人才工程人选公布文件和高层次人才基本信息直接颁发“山东惠才卡”。

（二）审核颁发。属本规定第六条所列高层次人才中（四）类的，经省人力资源社会保障厅审核后颁发“山东惠才卡”。

（三）评审颁发。属本规定第六条所列高层次人才中（五）类的，经省人力资源社会保障厅组织综合评审后颁发“山东惠才卡”。

属本规定第六条所列（四）（五）类高层次人才的，由高层次人才所在（引进）单位为其填写《山东省高层次人才审核（评审）认定申报表》，并提供相关证明材料，按管理权限经主管部门或设区的市人力资源社会保障部门审核后报省人力资源社会保障厅，省人力资源社会保障厅组织审核或评审并报经省人才工作领导小组办公室同意后，向其颁发“山东惠才卡”。

第三十一条 “山东惠才卡”设定高层次人才服务绿色通道待遇享有期限。国家级、省级重点人才工程设置管理期的，入选高层次人才按管理期享受绿色通道服务；属引进人才的，按照高层次人才与用人单位的工作合同或工作协议确定的服务期限享受绿色通道服务。无管理期的，高层次人才服务绿色通道待遇享有期限一般为5年。另有规定的从其规定。

第三十二条 “山东惠才卡”实行动态管理。高层次人才有违法、违纪或违反其他规定行为的，由所在（引进）单位向同级服务窗口提出意见，报省人力资源社会保障厅同意后，收回“山东惠才卡”，取消其享受绿色通道服务资格。

第五章 服务机构

第三十三条 建立省高层次人才服务绿色通道联席会议。联席会议由省委组织部牵头，省人力资源社会保障厅具体组织，成员由本规定所列服务事项的省级主管部门组成，负责统筹协调高层次人才服务绿色通道相关事宜。联席会议根据工作需要召开。

第三十四条 省委组织部、省人力资源社会保障厅负责全省高层次人才服务绿色通道的建立运行和协调指导，会同省直有关部门确定服务事项并组织实施，积极构建职责明确、运转协调、服务周到、便捷高效的高层次人才服务绿色通道体系。

第三十五条 省人力资源社会保障厅设立“山东省高层次人才服务窗口”，各设区的市人力资源社会保障部门和高层次人才数量较多的县（市、区）、经济技术开发区（高新技术产业开发区）人力资源社会保障部门也要设立高层次人才服务窗口，按照属地服务原则，为本区域内的高层次人才落实绿色通道待遇。

第三十六条 高层次人才服务绿色通道联席会议各成员单位应及时制定本规定所列服务事项的具体实施细则，明确落实措施、办理流程、办结时限和具体责任人。按照分级负责的原则，指导设区的市、县（市、区）对口部门和服务事项具体承接单位（机构）落实好高层次人才绿色通道服务事项。

第六章 保障措施

第三十七条 建立高层次人才服务专员制度。在各级高层次人才服务窗口、服务事项主管部门、服务承接单位（机构）和高层次人才所在单位配备服务专员，负责为高层次人才提供政策咨询、待遇落实、人文关怀、创新创业等“保姆式”“一对一”服务。全省各级、各部门高层次人才服务专员由山东省高层次人才服务窗口统一管理，并在省人力资源社会保障厅门户网站上公示。

第三十八条 建立绿色通道评估制度。省人力资源社会保障厅定期对全省高层次人才服务绿色通道运行情况进行评估，并向省人才工作领导小组报送工作开展、评估情况和意见建议。各级、各部门高层次人才服务绿色通道建设纳入人才工作考核目录。

第三十九条 建立绿色通道服务事项动态调整机制。省人力资源社会保障厅会同省直有关部门积极完善全省高层次人才服务事项目录，不断丰富绿色通道服务内容。新增服务事项报经省人才工作领导小组同意后向社会公布。对经省人才工作领导小组批准新纳入服务目录的事项，省直主管部门应及时制定具体实施细则向社会公布，并报省高层次人才服务窗口备案。

第四十条 健全完善绿色通道网络支持平台。省人力资源社会保障厅在厅门户网站设立山东省高层次人才网上服务专区，集成省、市、县（市、区）高层次人才服务资源，打造互联互通、资源共享的“一站式”网上服务平台。

第七章 附 则

第四十一条 各设区的市可参照本规定并结合本地实际，制定建立高层次人才服务绿色通道的实施办法。

第四十二条 本规定由省委组织部、省人力资源社会保障厅负责解释。

第四十三条 本规定自 2018 年 3 月 1 日施行，有效期至 2023 年 2 月 28 日。

山东省人力资源和社会保障厅、山东省财政厅、山东省经济和信息化委员会、山东省卫生和计划生育委员会、山东省人民政府国有资产监督管理委员会 关于印发山东省非教育系统政府公派出国留学项目管理办法的通知

（2018 年 5 月 21 日 鲁人社规〔2018〕6 号）

各市人力资源社会保障局、财政局、经济和信息化委、卫生计生委、国资委，省直各部门（单位），各大企业，各高等院校：

为切实做好我省非教育系统政府公派出国留学人员选派和管理，根据省委《关于深化人才发展体制机制改革的实施意见》（鲁发〔2016〕22 号）和《关于做好人才支撑新旧动能转换工作的意见》（鲁发〔2017〕26 号），我们制定了《山东省非教育系统政府公派出国留学项目管理办法》，现印发给你们，请加强项目宣传，确保传达到各级各部门单位，结合本地本部门人才培养工作实际，积极组织符合条件的中青年人才申报我省政府公派出国留学项目，不断拓展中青年人才国际化培养渠道，为实现我省高质量发展及经济文化强省建设提供人才保障和智力支撑。

山东省非教育系统政府公派出国留学项目管理办法

第一章 总 则

第一条 为切实做好我省非教育系统政府公派出国留学人员选派和管理，进一步拓宽中青年人才成长通道，加快建立以开拓视野、提升素质、创新创业为导向的国际化人才培养机制，根据省委《关于深化人才发展体制机制改革的实施意见》（鲁发〔2016〕22 号）和《关于做好人才支撑新

旧动能转换工作的意见》（鲁发〔2017〕26号），结合实际，制定本办法。

第二条 非教育系统政府公派出国留学项目围绕我省“高精尖缺”类人才需求及省委、省政府重大战略和重点部署安排，精准对焦新旧动能转换重大工程、乡村振兴战略、经略海洋，每年选派300名左右优秀中青年科技、技能、医疗卫生、财经以及政府和企业管理人才到国（境）外知名大学、科研机构、医疗卫生机构、财经财会专业机构、企业等进行访学交流、科研合作或培养进修。

第三条 非教育系统政府公派出国留学项目由省人力资源社会保障厅牵头负责组织实施，部分项目类别由省经济和信息化委、省财政厅、省卫生计生委、省国资委等部门配合完成留学人员选拔和部分管理工作。

第二章 项目类别

第四条 非教育系统政府公派出国留学分为博士后国际交流计划、访问学者计划、高层次人才培养计划三个主要类别。

第五条 博士后国际交流计划。每年从省内博士后科研流动站、工作站以及省博士后创新实践基地选派博士后研究人员到国（境）外知名大学、科研机构进行访学交流或科研合作，留学期限6或12个月，由省人力资源社会保障厅负责组织选派。

第六条 访问学者计划包括三个细分类别：

（一）高级科研人才访学计划。每年从省内非教育系统事业单位、企业、中央驻鲁单位等选派中青年科研人才赴国（境）外知名大学、科研机构进行访学交流或科研合作，留学期限6或12个月，由省人力资源社会保障厅负责组织选派。

（二）高级医疗卫生人才访学计划。每年从省内医疗卫生机构中选派中青年医务工作者赴国（境）外知名大学、医疗卫生机构进行访学交流或专业进修，留学期限6或12个月，由省卫生计生委、省人力资源社会保障厅负责组织选派。

（三）高级技能名师访学计划。每年从省内技师学院和高级技校中选派中青年骨干教师，赴国（境）外知名大学、企业进行访学交流或专业进修，留学期限6或12个月，由省人力资源社会保障厅负责组织选派。

第七条 高层次人才培养计划包括三个细分类别：

（一）企业高级管理人才培养计划。每年从省内国有大中型企业和有一定影响力的民营高科技企业选派优秀中青年管理人才赴国（境）外知名大学攻读工商管理硕士（MBA），留学期限12个月，由省经济和信息化委、省国资委、省人力资源社会保障厅负责组织选派。

（二）政府高级管理人才培养计划。每年从省内各级党政群团机关、事业单位管理岗位人员、中央驻鲁单位中选派优秀中青年党政人才赴国（境）外知名大学攻读公共管理硕士（MPA），留学期限12个月，由省人力资源社会保障厅负责组织选派。

（三）高级财经人才培养计划。每年从省内大中型企业、财经管理部门和科研机构、财会专业机构选派专业素养高、培养潜力大的中青年财经类人才，赴国（境）外知名大学或财经、财会专业机构培养学习，留学期限6或12个月，由省财政厅、省人力资源社会保障厅负责组织选派。

根据工作需要和中青年人才培养实际，非教育系统政府公派出国留学项目实行动态调整机制，各选派类别和选派人数根据上年度项目实施情况和本年度项目申报情况动态调整。

第三章 选拔程序

第八条 非教育系统政府公派出国留学人员选拔遵循“公开、公平、公正”的原则，按照“个人申请、单位同意、初审推荐、专家评审、择优录取、集中公示、发文公布”的程序执行。

第九条 申请人应具备下列基本条件：

（一）热爱社会主义祖国，具有良好的思想品德和政治素质，无违法违纪记录，身心健康；

（二）具有良好专业基础和发展潜力，在工作、学习中表现突出，具有学成回国为祖国建设服务的事业心和责任感；

（三）具有中华人民共和国国籍，不具有国外永久居留权，申请时应为我省博士后科研流动站、工作站（军队系统除外）或创新实践基地在站博士后研究人员，或省内各级党政群团机关、企事业单位、中央驻鲁单位的正式工作人员，年龄一般不超过50周岁，且在本单位工作满2年（申报博士后国际交流计划除外）；

（四）具备项目要求的外语水平；

（五）符合申请项目的其他具体要求。

各项目申请人具体要求详见每年度选派简章。

第十条 选拔工作具体流程：

（一）省人力资源社会保障厅每年初会同省经济和信息化委、省财政厅、省卫生计生委、省国资委等部门研究发布选派简章，省内各级党政群团机关、企事业单位、中央驻鲁单位根据本单位发展实际和人才培养需求，在个人申请前提下，支持中青年人才申报相应类别的政府公派出国留学项目。

（二）各市人力资源社会保障局、中央驻鲁单位、省直部门单位、省属企业对各类别申报人员情况进行资格初审，并根据分配名额有计划、有重点地择优推荐人选参加评审。

（三）省人力资源社会保障厅、省经济和信息化委、省财政厅、省卫生计生委、省国资委等有关部门对各自负责项目类别初审推荐人选进行资格复审，组织专家评审，按计划数量确定当年度拟录取人员，由省人力资源社会保障厅汇总并集中公示，公示无异议，发文公布录取名单。

第四章 经费资助

第十一条 省级财政按照项目类别给予部分留学经费资助：

（一）博士后国际交流计划，省级财政每人每年资助12万元，不足部分由留学人员在站单位或个人承担。

（二）访问学者计划中的高级医疗卫生人才访学计划，省级财政每人每年资助10万元，留学人员所在单位每人每年资助不少于5万元，不足部分由留学人员个人承担；高级科研人才访学计划和高级技能名师访学计划，省级财政每人每年资助12万元，留学人员所在单位每人每年资助不少于3万元，不足部分由留学人员个人承担。

（三）高层次人才培养计划中的企业高级管理人才培养计划和高级财经人才培养计划（不含财经管理部门人员），省级财政每人每年资助10万元，留学人员所在单位每人每年资助不少于5万元，不足部分由留学人员个人承担；政府高级管理人才培养计划（包含高级财经人才培养计划中的财经管理部门人员），省级财政每人每年资助15万元，不足部分由留学人员个人承担。

第十二条 省级财政资助留学经费主要用于留学人员一次往返国际旅费和资助期限内的部分学费、伙食费、住宿费、注册费、交通费、书籍资料费、签证费、学术活动补助、医疗保险费等。

第十三条 省人力资源社会保障厅根据年度选派计划和组织管理工作预计支出，按照财政预算有关规定，编制政府公派出国留学项目经费预算，纳入部门预算。预算一经批复，应当严格执行，一般不予调整，确需调整的，按规定程序报批。政府公派出国留学经费年度结转、结余资金按照省财政厅有关结转、结余资金管理规定执行。

第十四条 非教育系统政府公派出国留学项目每年度根据评审确定的选派人数和留学时间核定资金总额，及时拨付各市人力资源社会保障局、中央驻鲁单位、省直主管单位和省属企业，再根据派出手续办理进度拨付给留学人员本人，派出期限截止后（2年）仍未拨付的资金按规定退回。

第五章 监督管理

第十五条 非教育系统政府公派出国留学项目本着从严从实的原则规范管理，确保取得扎实成效。建立信息管理系统，实现申请、初审、推荐、复审、评审、派出、国（境）外管理、回国报到等全程管理服务信息化。

第十六条 非教育系统政府公派出国留学项目确定录取的留学人员应在留学资格有效期内（最长不超过2年，以录取通知中标明资格有效时间为准）完成出国（境）手续办理，凡未按期成行者，留学资格自动取消。原则上不受理派出延期、留学类别变更和留学国别变更的申请。

第十七条 非教育系统政府公派出国留学项目对留学人员实行“签约派出，违约赔偿”管理办法。派出前，留学人员须与省人力资源社会保障厅（或委托机构）签订《资助出国留学协议书》，并按要求缴存留学保证金、确定国内担保人等。留学期间如有违反《资助出国留学协议书》约定的行为，将依法追究违约责任，因违约产生的违约金上缴省财政。

第十八条 从严把握公务员和领导干部出国（境）留学，严格按照干部管理权限，经审批后受理留学申请，办理因公出国任务批件；企事业单位普通工作人员出国（境），经所在单位批准后受理留学申请，办理因公出国任务批件。统一按照外事部门要求办理护照、签证，留学超过6个月（含）的，可持因私普通护照出国（境）。

第十九条 留学人员抵达国（境）外留学单位后，凭《山东省政府公派出国留学报到证明》，向我国驻当地使领馆教育处（组）报到，接受驻外使领馆领导。符合条件的，回国前应到我国驻外使领馆教育处（组）开具留学人员证明。

第二十条 留学人员在国（境）外留学期间，应保证不从事有损祖国利益和安全的活动，维护祖国荣誉，遵守所在国（地区）的法律，与当地人民友好交往。

第二十一条 留学人员所在单位应按照国家、省有关规定，参考本单位其他参加长期国（境）外培训项目人员，或者与留学人员本人的约定支付留学期间工资、福利等待遇。留学人员留学期满后应按期回国，及时到省人力资源社会保障厅办理报到、留学保证金退还等手续，返回派出单位履行服务义务，服务期限不少于2年。

第二十二条 建立非教育系统政府公派出国留学项目成果考核制度。留学人员留学期间应定期向所在市或省直主管部门提交研修报告，留学结束回国报到时向省人力资源社会保障厅提交总结报告和访学单位评价意见。省人力资源社会保障厅会同有关部门组织专家对留学成果进行评估考核，结果在一定范围内通报，并与所在单位下一年度推荐名额挂钩。

第二十三条 留学人员在国外留学期间或因出国留学形成的论文或科研成果发表、发布及参与评奖时，应注明本研究成果得到山东省政府公派出国留学项目资助。

第二十四条 各市人力资源社会保障局、中央驻鲁单位、省直主管单位和省属企业应当建立科学、合理的经费监督管理机制，单位负责人对非教育系统政府公派出国留学经费收支的真实性、合法性、完整性负责，财务人员应当对经费依法进行会计核算和监督，应当严格遵守财务相关制度，接受相关部门的监督检查。

第二十五条 省财政厅和省人力资源社会保障厅负责对非教育系统政府公派出国留学项目经费的管理和使用情况进行督查，如发现有隐瞒、滞留、截留、挪用现象，将按照有关规定追究相关人员责任。

第六章　附　则

第二十六条 由省人力资源社会保障厅统筹组织实施“全省高技能人才素质提升计划”，每年从非教育系统政府公派出国留学总经费中列支200万元，用于从制造业企业中选派优秀技能人才赴制造业强国和“一带一路”沿线国家，进行技能研修学习。管理办法和实施细则另行研究制定。

第二十七条 本办法自2018年6月20日起施行，有效期至2023年6月19日。

（二）技能人才

山东省人力资源和社会保障厅、山东省财政厅
关于印发山东省劳动能力鉴定费管理试行办法的通知

（2018 年 11 月 16 日　鲁人社规〔2018〕19 号）

各市人力资源社会保障局、财政局，省社会保险事业中心、省劳动能力鉴定中心：

现将《山东省劳动能力鉴定费管理办法（试行）》印发给你们，请认真组织落实，做好相关工作。

山东省劳动能力鉴定费管理办法（试行）

第一条　为规范劳动能力鉴定费管理工作，明确劳动能力鉴定费支付标准和程序，根据《中华人民共和国社会保险法》《工伤职工劳动能力鉴定管理办法》（人力资源社会保障部令第 21 号）等规定，结合我省实际，制定本办法。

第二条　省和设区的市级劳动能力鉴定委员会及其所属劳动能力鉴定机构开展劳动能力鉴定工作，适用本办法。

第三条　劳动能力鉴定费是指职工因遭受工伤事故伤害或罹患职业病、非因工伤残或因病丧失劳动能力等原因，由劳动能力鉴定委员会依法组织开展劳动能力鉴定所必要的支出。

第四条　劳动能力鉴定机构对被鉴定者组织鉴定评审时不得收取费用。

因鉴定工作需要，专家组提出应当到医疗机构进行有关检查和诊断的，申请人按医疗卫生机构相关项目收费标准向医疗机构支付费用。

第五条　劳动能力鉴定费开支范围：

（一）劳动能力鉴定专家劳务费，以及开展异地鉴定发生的差旅费等；

（二）向定点医疗机构支付的现场鉴定保障服务费用；

（三）劳动能力鉴定工具购置费、鉴定资料印刷费；

（四）鉴定文书邮寄费、鉴定结果公告费；

（五）鉴定档案整理服务费；

（六）经省级人力资源社会保障部门、财政部门批准的开展劳动能力鉴定所需的其它费用。

第六条　劳动能力鉴定专家劳务费实行限额控制。

劳动能力鉴定专家劳务费（税后）具体标准由各统筹地区人力资源社会保障部门会同财政等部门根据当地医疗卫生行业工资收入水平合理确定。聘用具有副高级职称的鉴定专家，每人每天最高不超过 2000 元；聘用具有正高级职称的鉴定专家，每人每天最高不超过 3000 元。

第七条　由于特殊原因需要，劳动能力鉴定专家异地鉴定产生的交通费、食宿费，由劳动能力鉴定机构参照机关事业单位工作人员差旅费管理规定报销。

第八条　劳动能力鉴定机构应当与定点医疗机构签订服务协议，合理确定现场鉴定保障服务费用标准，明确双方权利和义务。

第九条　劳动能力鉴定费实行预算管理。

（一）工伤与职业病职工劳动能力鉴定所需经费，按照国家规定从工伤保险基金中支付，列社会保险基金预算“劳动能力鉴定支出”支出科目。每年由劳动能力鉴定机构根据年度鉴定工作计划，初拟年度预算，报经同级人力资源社会保障部门审核批准后，由社会保险经办机构编入年度工伤保险基金预算。工伤职工劳动能力再次鉴定的费用，从工伤保险省级调剂金中列支。

（二）非因工伤残或因病丧失劳动能力职工劳动能力鉴定所需经费，纳入同级财政预算，列一般公共预算“其他人力资源和社会保障管理事务”支出科目。每年由劳动能力鉴定机构根据年度鉴定工作计划，编制年度预算，报经同级人力资源社会保障部门审核批准后，编入年度部门业务类项目预算。

（三）劳动能力鉴定费预算经同级财政部门审核、按程序批准后拨付使用。劳动能力鉴定机构应定期向社会保险经办机构报送工伤保险基金支出情况表（详见附件1、2、3）以及相关合同、发票资料，由经办机构向有关单位或个人直接支付相关费用；一般公共预算资金按照国库集中支付有关规定办理支付手续。

（四）年度执行中，因客观原因造成经费支出变动较大的，劳动能力鉴定机构应及时向人力资源社会保障部门提报预算调整申请，按规定程序调整预算。

第十条 劳动能力鉴定机构对不同来源鉴定费分别建账，分别核算。工伤与职业病职工、非因工伤残与因病丧失劳动能力职工共同发生的费用，应当进行合理分摊，分别支付，分别开据发票。结余资金或违规资金按资金来源收回工伤保险基金或同级财政部门。

第十一条 劳动能力鉴定机构支付相关经费应当采用银行转账方式，其中：发放鉴定专家劳务费应将资金转账至专家本人银行账户，并按规定为专家代扣代缴个人所得税。

第十二条 劳动能力鉴定机构要按照勤俭办事的原则，厉行节约杜绝浪费，合理确定鉴定流程，降低鉴定工作成本。劳动能力鉴定机构应对鉴定费支出进行严格审核，确保资金规范使用，并于每季度末前向社会保险行政部门、社会保险经办机构提供本期鉴定工作开展和经费支出情况，主动接受财政、审计、监察等方面监督。

第十三条 劳动能力鉴定费应当专款专用，不得用于购置固定资产，不得用于发放工资、奖金及其他福利待遇支出，不得用于本办法规定之外的其他活动。固定资产认定标准执行《事业单位财务规则》（财政部令第68号）。

第十四条 本办法由山东省人力资源和社会保障厅、山东省财政厅负责解释。自2019年1月1日起施行，有效期至2020年12月31日。

附件：

1. 劳动能力鉴定费支出情况表（略）

2. 聘请劳动能力鉴定专家劳务费支付明细表（略）

3. 聘请劳动能力鉴定专家劳务费代扣代缴个税明细表（略）

四、人事制度改革

中共山东省委组织部、山东省人力资源和社会保障厅、山东省财政厅、山东省公务员局关于进一步做好公务员及时奖励工作的通知

（2018 年 4 月 4 日　鲁人社发〔2018〕17 号）

各市党委组织部、政府人力资源社会保障局（公务员局）、财政局，省直各部门、单位：

为健全完善公务员奖励工作，充分发挥奖励的导向作用，激发全省干部担当作为、干事创业的积极性、主动性和创造性，根据公务员法、《公务员奖励规定（试行）》《山东省行政奖励表彰规定》，现就做好全省公务员及时奖励工作有关事宜通知如下：

一、奖励基本原则

及时奖励坚持党管干部原则；坚持依法实施、注重激励、从严控制的原则；坚持公开、公平和公正的原则；坚持注重时效和向基层一线倾斜的原则；坚持精神奖励与物质奖励相结合、以精神奖励为主的原则。

二、奖励对象及范围

各级机关公务员、按照编制序列设置的机构，以及参照公务员法管理的机关（单位）中除工勤人员以外的工作人员和工作集体；为完成专项任务组成的工作集体和工作人员。

上述范围的人员或集体，在处理突发事件、承担专项重要工作或者在特定工作（环境）中做出显著成绩和贡献的给予及时奖励。突发事件和专项重要工作要严格按照事关国家重大利益或党委政府中心工作、涉及人民群众生命财产安全、社会广泛关注的标准进行界定。

三、奖励标准及比例

及时奖励的基本条件是工作表现突出，有显著成绩和贡献，或者有其他突出事迹。对在工作中表现突出的，在本单位有一定影响的，可给予嘉奖；对在工作中做出较大贡献，在本系统、本地区具有一定影响的，可给予记三等功；对在工作中做出重大贡献，在本系统、本地区具有较大影响的，可给予记二等功；对在工作中做出杰出贡献，在全省或者全国有重大影响的，可给予记一等功；对功绩卓著，有特殊贡献的，可授予“山东省模范公务员”“山东省模范公务员集体”“山东省劳动模范和先进工作者”“山东省模范集体”等称号。对符合奖励条件的已故人员，可以追记或追授。

对参与处理全省范围突发事件和专项重要工作人数较多的，给予记一等功人数一般不超过总数的 1‰，最多 30 名；二等功不超过 1%，最多 60 名；三等功不超过 3%，最多 100 名。参与工作人数较少的，根据事迹情况统筹设置奖励比例。

四、奖励权限

及时奖励按照下列权限审批：

嘉奖、记三等功，由县级以上党委、政府或者市（指设区的市，下同）级以上机关批准。

记二等功，由市级以上党委、政府或者省级机关批准。

记一等功、授予“山东省模范公务员”“山东省模范公务员集体”“山东省劳动模范和先进

工作者”“山东省模范集体”等称号，由省委省政府批准。

五、实施程序

（一）制定实施方案。有关部门（单位）对于符合开展及时奖励条件的，应在突发事件处理或专项重要工作完成后，抓紧研究制定实施方案，并报同级公务员主管部门审核同意。实施方案主要包括奖励事由、参与人数、拟奖励种类、数量及比例、主要事迹、奖励程序、组织领导等。除因年度考核被确定为优秀等次给予的嘉奖和连续三年被确定为优秀等次给予的记三等功奖励外，对工作人员和工作集体实施奖励均须报送奖励方案。

（二）组织实施及时奖励。有关部门（单位）应按照公务员主管部门审核同意的实施方案开展及时奖励工作。如有特殊情况需调整实施方案的，应事先征得同级公务员主管部门同意。对拟奖励的工作人员、工作集体应在一定范围内公示 7 个工作日；如涉及国家秘密不宜公示的，经审批机关同意可不予公示。

（三）奖励结果备案。及时奖励组织实施完成后，各部门（单位）要向同级公务员主管部门报送备案材料，并及时将《奖励审批表（个人）》（见附件 1）存入个人档案，将《奖励审批表（集体）》（见附件 2）存入获奖集体所在单位文书档案。

（四）奖励待遇兑现。对获得及时奖励的工作人员，颁布奖励决定，颁发奖励证书，并按照《公务员奖励规定（试行）》《关于调整公务员奖励奖金标准的通知》（人社厅发〔2018〕1 号）规定的标准给予一次性奖金；其中，获得记三等功以上奖励的，同时颁发奖章；对获得“山东省模范公务员”等称号的个人，按照有关规定享受省级劳动模范和先进工作者待遇。

对获得及时奖励的工作集体颁布奖励决定，颁发奖牌，并酌情给予一次性奖金，作为工作经费由集体使用，原则上不得向个人发放；获得记三等功以上奖励的，同时颁发奖牌。

六、有关要求

（一）加强组织领导。及时奖励是激励干部干事创业的重要手段，各部门（单位）要切实把握奖励的标准、条件，突出奖励时效，按照规定的权限和程序实施奖励，以激发工作人员的工作热情，增强机关的生机和活力。各级公务员主管部门要充分发挥职能作用，推动及时奖励工作正常开展。奖励证书、奖章和奖牌，由省级公务员主管部门统一制作或者监制。奖励所需经费，由同级财政部门予以保障。

（二）严格监督管理。各级公务员主管部门要加强对及时奖励工作的统筹协调和监督管理。严禁重复奖励和层层奖励，凡上级机关或主办机关已就同一事件或专项工作进行奖励的，一律不再重复奖励；严禁频繁奖励，凡奖励事由相同或相近的，一律不得在短时间内再次奖励；凡存在《公务员奖励规定（试行）》《山东省行政奖励表彰规定》应撤销奖励情形的，一律按规定程序和要求予以撤销。

（三）注重基层一线。及时奖励要突出基层导向，加大基层工作人员和集体的奖励比重，重点向基层一线倾斜。县（处）级干部原则上不超过受奖励人员总数的 20%；市（厅）级单位和个人要从严掌握，一般不参与奖励。

附件：

1. 奖励审批表（个人）（略）
2. 奖励审批表（集体）（略）

山东省人力资源和社会保障厅、山东省卫生和计划生育委员会
关于开展深化卫生职称制度改革试点工作的通知

（2018 年 9 月 15 日　鲁人社发〔2018〕45 号）

有关市人力资源社会保障局、卫生计生委，省直有关部门（单位）：

为深入贯彻《关于进一步深化事业单位人事制度改革的意见》（中办发〔2011〕28 号）和《关于深化职称制度改革的实施意见》（鲁办发〔2018〕1 号）有关精神，深化医疗卫生系统职称制度创新，经研究，决定在山东省立医院等 9 所医疗卫生机构开展卫生职称制度“双自主”改革试点工作。现就有关事项通知如下：

一、总体要求

以习近平新时代中国特色社会主义思想为指导，贯彻落实山东代表团赴南方三省学习交流会精神，把制度创新作为深化职称制度改革的核心，遵循卫生行业特点和卫生专业技术人才发展规律，解放思想，大胆创新，打破卫生专业技术人才参加职称评审的壁垒，打破职称和聘用（任）硬性挂钩对创新事业单位人事管理的限制，让职称回归评价专业技术人员学术技术水平和专业能力的本质，让用人单位真正享有用人自主权，全面激发卫生专业技术人才的创新动力和医疗卫生事业的发展活力。

二、试点内容及期限

在省、市及高校附属医院中，选择部分医疗卫生机构开展卫生职称制度“双自主”改革试点。“双自主”，即单位自主用人，职称不与岗位聘用硬性挂钩，只作为聘用参考；卫生专业技术人才自主参加职称评审，不受岗位结构比例限制。开展“双自主”改革试点工作，目的是推动建立“个人自愿参评、社会公正评价、单位决定聘用、政府宏观管理”的新型卫生职称制度，为全省深化职称制度改革趟出一条新路。试点期限为两年。

（一）单位自主用人

改革医疗卫生机构职称与岗位聘用硬性挂钩的制度。试点单位根据《山东省事业单位工作人员竞聘上岗试行办法》（鲁人社发〔2015〕67 号）等文件规定，按照分类评价人才的原则，以医务人员医德素养、临床水平、带教能力、业绩贡献和公立医院公益性为导向，自主制定不低于国家和省有关系列（专业）职称标准条件的岗位任职条件，建立以同行专家评价为基础的业内评价制度，自主开展岗位聘用。职称不再作为岗位聘用的必要条件，用人单位综合考虑岗位职责要求和专业技术水平能力等因素，自主确定职称在岗位聘用中的权重。

（二）卫生专业技术人才自主参加职称评审

改革医疗卫生机构卫生专业技术人才申报职称受岗位限制的规定。试点单位卫生专业技术人才可按照有关规定自主参加相应系列（专业）的职称评审，不受单位岗位结构比例限制。用人单位应鼓励支持专业技术人员参加职称评审，不得以任何理由干预或设限。卫生专业技术人才取得的职称只是学术技术水平和专业能力的标志，可作为单位用人参考。卫生专业技术人才不得以取得职称为由要求单位必须聘用。

（三）优化卫生系列职称评审服务

各级人力资源社会保障部门、卫生计生部门要按照人才分类评价的要求，完善评价标准，优化评审工作流程和评审程序，可采用考察临床水平、实践操作能力、病例诊治方案等多种手段及定量、定性等多种方式对参评人员的专业水平和能力进行综合评价。全面实行“四公开两公示两报告一告知”制度，增强评价工作的针对性、科学性和公信力。着力推进卫生专业技术人才评价

的社会化、信息化，为试点单位广大卫生专业技术人才提供更便捷、高效的职称评审服务。

三、试点范围

（一）山东省立医院、山东省千佛山医院、山东省耳鼻喉医院、山东省妇幼保健院、山东中医药大学附属医院、青岛大学附属医院、烟台毓璜顶医院、聊城市人民医院、临沂市人民医院9所医疗卫生机构。

（二）试点单位卫生系列之外的其他系列专业技术人才可参照执行。

四、管理监督

（一）**科学制定实施方案**。试点单位应结合单位现有人才队伍实际及事业发展需求，科学编制试点方案。方案须经职工代表大会审议，单位领导班子集体讨论通过，单位主管部门同意后报省人力资源社会保障厅和省卫生计生委备案。试点单位要严格按照方案开展试点工作，坚持公开、公平、公正的原则，主动接受群众监督。

（二）**强化管理监督**。省人力资源社会保障厅、省卫生计生委会同单位主管部门加强对试点单位的监督管理，定期开展督导检查，及时通报有关情况。要严肃用人和职称纪律，对违反政策、程序和纪律，随意降低标准条件或严重违反竞聘程序的，追究单位负责人和当事人责任。对不能正确行使用人自主权、不能保证用人质量的单位，责令进行整改，暂停试点工作；对严重违反有关规定和纪律的，依纪依规进行严肃处理。

（三）**加强组织领导**。这次改革试点是我省职称制度的重大创新，各试点单位及主管部门要高度重视，注重调动医疗卫生机构和卫生专业技术人才两方面积极性，注重与深化职称制度改革的整体联动，总结积累可复制、可推广的经验。各试点单位主管部门应根据卫生发展规划及人才队伍建设需求，指导试点单位开展岗位设置、规划和方案制定。试点单位要加强组织领导，健全制度体系，认真落实改革的主体责任，充分履行好用人自主权，精心组织好改革试点实施工作。及时研究和解决工作中出现的新情况新问题，自觉接受有关主管部门、广大职工和社会的监督，确保改革试点工作顺利实施。试点工作结束后，试点单位和主管部门要向省人力资源社会保障厅、省卫生计生委写出总结报告。

山东省人力资源和社会保障厅、山东省教育厅
关于深化高等学校岗位管理制度改革的若干意见

（2018年7月22日 鲁人社规〔2018〕7号）

各市人力资源社会保障局、教育局，省直有关部门（单位），各高等学校：

为深入贯彻落实党的十九大和习近平总书记视察山东重要讲话精神，大力实施人才强省战略，深化高等学校人事制度改革，推动全省高等教育内涵式发展、建设高水平大学，引进培养更多新旧动能转换重大工程、乡村振兴和海洋强省战略急需紧缺高层次人才，现就深化高等学校岗位管理制度改革提出以下意见。

一、建立与高等学校发展相适应的岗位动态调整机制

根据高等学校实际工作和长远发展需要，统筹高等学校整体建设和学科建设，重点支持人才团队建设，对高等学校岗位总量实行动态调整，不与人员控制总量硬性挂钩。以高等学校近三个学年度全日制在校标准学生数（按普通本、专科〈高职〉生数＋硕士生数×1.5+博士生数×2+留学生数×3计算）的平均数为基数，按照有利于高等学校发展的生员比（标准学生数与教职工总量之比）计算岗位总量。

各层次、类型高等学校在计算岗位总量时按不低于以下生员比标准进行核算。

	综合类等	医学类	体育艺术类
国家“一流大学和一流学科”建设高校	9.18 ：1	8.16 ：1	5.61 ：1
省“一流大学和一流学科”立项建设高校	9.50 ：1	8.45 ：1	5.81 ：1
博士学位授予权高校	9.72 ：1	8.64 ：1	5.94 ：1
硕士学位授予权高校	10.26 ：1	9.12 ：1	6.27 ：1
普通本科高校	10.80 ：1	9.60 ：1	6.60 ：1
国家高水平高职院校和高水平专业建设院校，国家示范、骨干高职院校	9.50 ：1	8.45 ：1	6.86 ：1
省技能型特色高职名校	9.72 ：1	8.64 ：1	7.02 ：1
一般高职高专院校	10.80 ：1	9.60 ：1	7.80 ：1

技师学院参照相应类别高职高专院校的生员比标准执行。

二、创新高等学校岗位设置人员聘用制度

根据高等教育事业发展需要，尊重人才发展规律，创新岗位设置和人员聘用制度。

（一）提高专业技术高级岗位设置比例。在《山东省高等学校岗位设置结构比例指导标准》（鲁人社发〔2016〕27 号）的专业技术高级岗位结构比例内，具有博士学位授予权的高等学校教师正高级岗位设置比例上限提高至 20%；具有硕士学位授予权的高等学校教师正高级岗位设置比例上限提高至 15%；普通本科学校教师正高级岗位设置比例上限提高至 10%；高等职业院校、高等专科学校和技师学院教师正高级岗位设置比例上限提高至 8%。

（二）建立“双一流”等高等学校岗位设置激励机制。对入选国家“一流大学”建设名单的高等学校，根据学科专业建设和教学科研对高层次人才需要，结合专业技术人才队伍结构情况，自主制定岗位设置方案、自主设置岗位结构比例、自主设置岗位标准、自主决定聘用人员。对入选国家“一流学科”建设名单的高等学校教师高级岗位设置比例可统筹使用，专业技术高级岗位设置比例在《山东省高等学校岗位设置结构比例指导标准》基础上提高 5 个百分点。对入选省“一流大学和一流学科”立项建设名单的高等学校，教师高级岗位设置比例在《山东省高等学校岗位设置结构比例指导标准》中具有博士授予权的高等学校基础上再提高 2 个百分点，所增加的高级岗位应主要用于重点建设学科专业。对入选国家高水平高职院校、高水平专业建设名单的学校和国家示范、骨干高职院校，教师高级岗位设置比例在《山东省高等学校岗位设置结构比例指导标准》基础上提高 2 个百分点，所增加的高级岗位应主要用于重点建设学科专业。

（三）建立重点扶持“十强产业”人才培养高等学校岗位支持机制。为做优做强新一代信息技术、高端装备、新能源新材料、现代海洋、医养健康等五大新兴产业和高端化工、现代高效农业、文化创意、精品旅游、现代金融服务等五大优势产业，培育壮大新动能，助推新旧动能转换重大工程，对与“十强产业”对接紧密的省部共建高等学校、国家重点学科和国家重点实验室依托高等学校、承担国家和省重大科研攻关任务的高等院校，教师高级岗位可按照《山东省高等学校岗位设置结构比例指导标准》不超过 10% 的比例适当提高，所增加的高级岗位主要用于“十强产业”等相关学科、重点学科、重点实验室和承担重大科研攻关的优秀团队。

（四）加强以岗位为基础的团队建设。按照“因事设岗、按岗聘用、优化结构、精简效能”的原则，将高等学校的发展任务目标逐级分解到院系、团队、岗位，形成教学科研团队的岗位架构，强化团队作用，明确、细化岗位职责任务，为引进培养人才，

形成强有力的教学科研团队打好基础。要加强对团队绩效和成员履行岗位职责情况的考核，注重聘期考核和目标考核，简化考核程序，统筹安排好各类考核工作，避免多头考核、重复考核。

（五）实行自主评价按岗聘用。高等学校要围绕主业、突出重点、支持创新，根据事业发展、学科建设和人才队伍建设需要，在核定的岗位等级、数量内，结合学科专业特点，按照《深化职称制度改革的实施意见》（鲁办发〔2018〕1号）和《关于深化高等学校教师职称制度改革的实施意见》（鲁人社发〔2015〕51号）等要求，自主制定岗位任职条件，自主制定竞聘上岗方案，自主组织竞聘上岗，实行合同管理，规范开展考核奖惩等聘后管理。根据不同类型高等学校、不同岗位教师的职责特点，分类分层次分学科设置评价内容，采取适合的评价方式。突出岗位履职评价教育教学业绩评价，所有教师都必须承担教育教学工作，将人才培养中心任务落到实处。建立健全教学工作量评价标准，完善管理激励机制，促进人才发展与单位职责任务和发展方向协调统一。

三、创新引进培养高层次人才专业技术二级岗位服务模式

创新高等学校专业技术二级岗位服务模式，鼓励和支持高校引进和培养高层次人才。

（一）创新专业技术二级岗位设置办法。高等学校可按照不超过正高级专业技术岗位10%的比例标准设置专业技术二级岗位，用于引进和培养高层次专业技术人才。鼓励支持高等学校创建国家和省“一流大学和一流学科”，根据引进和培养高层次人才需要，可申请增设二级岗位。引进符合专业技术二级岗位直接申报认定条件的高层次人才，可随时申报，经核准后予以聘用，不占核定的专业技术二级岗位数量。

（二）创新专业技术二级岗位评聘机制。入选国家“一流大学和一流学科”建设名单的高等学校和具有博士学位授予权的高等学校，在核定的二级岗位数额内，由高等学校自主组织评审和聘用；具有硕士学位授予权的高等学校，学校领导班子坚强有力、人事管理工作规范有序的，经核准可由高等学校自主组织评审和聘用；其他高等学校继续按照《山东省事业单位专业技术二级岗位设置管理办法（试行）》（鲁人社发〔2016〕32号），参加全省统一评审。

自主组织专业技术二级岗位评审的高等学校，应坚持公开、平等、竞争、择优的原则，突出品德、能力、业绩导向，按照不低于《山东省事业单位专业技术二级岗位设置管理办法（试行）》规定的基本条件，结合本校实际自主制定岗位任职条件。建立健全聘用工作组织，成立评审委员会（专家委员会），下设若干个专家组，每个专家组的评审专家不少于5人，所有评审专家根据专业领域需要，从院士、长江学者、国家“千人计划”“万人计划”人选、国家级学术技术带头人、已经聘用在专业技术二级岗位上的专家中产生。规范工作程序，严格公示制度，接受群众监督。评审结果经公示无异议后，连同评审方案、评审委员会（专家委员会）构成，报省人力资源社会保障厅备案。

四、做实深化高等学校岗位管理制度改革保障机制

进一步转变职能和服务方式，强化高等学校的自我约束和管理，完善保障机制。

（一）建立健全内部人事管理制度。高等学校应根据高等教育发展规律和《事业单位人事管理条例》等相关法律法规政策，完善单位民主管理、专家学术委员会运行、考核评价、激励约束、政务公开、社会监督等内部治理机制，完善单位各项人事管理制度，构建层次合理、简洁明确、协调高效的制度体系，确保单位人事管理科学规范、合理有序，加强自我约束和管理，对失职行为严肃问责。

（二）建立健全岗位设置管理制度。高等学校要根据中央和省事业单位岗位设置管理办法有关政策规定，组织制定岗位设置方案和管理办法，主动公开，接受监督。岗位设置方案应包括岗位总量、教学科研、管理服务等管理、专业技术、工勤技能各类岗位的名称、数量、结构比例、职责任务、工作标准、任职条件等。高等学校要结合学校长远发展、学科专业建设、师资队伍建设规划，制定岗位管理制度改革实施方案，明确岗位年度使用计划，将岗位管理

制度改革实施方案和岗位年度使用计划列为高等学校的重大事项管理。

（三）**建立健全监督管理机制**。人力资源社会保障、教育部门依照相关法规和政策加强对高等学校岗位管理和聘用工作的指导监督，高等学校主管部门（举办单位）要切实履行指导监督职责。严格落实聘用结果备案制度。创新监管方式和手段，严格落实公示制度、回避制度，建立完善信用机制，实行“双随机、一公开”，开展专项督导，组织第三方评估，加强事中事后监管。

（四）**建立高等学校自主评聘工作责任追究制度**。对工作中主体责任不到位、人事制度不健全、竞争择优机制未建立的，制定岗位任职标准和条件不严格、程序不规范，造成投诉较多、争议较大的，以及发现存在严重问题的高等学校，责令限期改正，暂停提高高级岗位设置比例和增加高级岗位数量，暂停其岗位聘用自主评价工作，收回其专业技术二级岗位自主评审权。对违反高等学校岗位聘用管理和职称制度改革相关规定，情节严重的按照相关规定追究单位和相关人员的责任，涉及违法违纪的，依法依规处理。

本文件自2018年7月27日起施行，有效期至2023年7月26日。

山东省人力资源和社会保障厅
关于印发山东省职称证书管理办法的通知

（2018年12月27日　鲁人社规〔2018〕22号）

各市人力资源社会保障局，省直各部门（单位），各高等院校，各大企业：

现将《山东省职称证书管理办法》印发给你们，请结合实际抓好贯彻落实。

山东省职称证书管理办法

第一章　总　则

第一条　为贯彻落实省委办公厅、省政府办公厅《关于深化职称制度改革的实施意见》（鲁办发〔2018〕1号）及有关文件精神，进一步规范职称证书管理，推进职称证书信息化建设，规范办理程序，提高办理效率，维护证书印制、发放和管理的严肃性，保护专业技术人员的合法权益，根据国家、省有关规定，制定本办法。

第二条　本办法规定的职称证书，是指经评审委员会评审通过或考核认定合格，并经人力资源社会保障部门或其授权的部门（单位）核准公布的职称证书。职称证书是专业技术人员学术技术水平和专业能力的有效证明。

第二章　职称证书式样

第三条　职称证书式样、规格、内容，由省人力资源社会保障厅统一设计，高级、中级、初级职称证书式样相应一致。

第四条　职称证书规格为A4纸型，防伪水印，具体式样见附件1。

第五条　山东省高、中级职称证书实行全省统一规则编号，一证一号。评审通过的职称证书编号由山东省统一标识“鲁”加15位数字组成，第1至2位数字为评审年度，第3至7位数字为地区部门识别代码，第8至10位数字为职称系列级别识别代码，第11至15位为职称证书的顺序编号。例：编号为“鲁170000101100001”，其中：“17”为2017年度评审通过，“00001”代表省人力资源社会保障厅核准公布，“011”为中小学教师正高级代码，“00001”为该系列（专业）评审通过并经核准颁发的第一本职称证书。

（一）地区部门识别代码。省人力资源社会保障厅和省直部门（单位）、省属企业核准公布的，地区识别代码由省人力资源社会保障厅统一确定。各设区的市核准公布的，前 2 位由省人力资源社会保障厅统一确定，后 3 位由各设区的市人力资源社会保障局确定。地区部门识别代码可以根据实际工作需要实行动态调整。具体代码表见附件 2。

（二）系列级别识别代码，由省人力资源社会保障厅统一确定，具体代码表见附件 3。

（三）按照“定向评价、定向使用”基层职称制度核准公布的基层职称证书，在编号后附加“（基层）”标识。

（四）初级职称证书编号，按照职称评审管理权限，各设区的市、各省直部门（单位）可以参照以上规则编号。

第三章　职称证书数据管理

第六条　按照“谁核准公布、谁负责管理”的原则，人力资源社会保障部门和其授权的部门（单位），均使用“山东省专业技术人员管理服务平台”（http://hrss.shandong.gov.cn/rsrc/zcps）管理职称证书的编号和数据。

（一）省人力资源社会保障厅核准公布的高级职称，职称证书编号和数据由省人力资源社会保障厅管理。

设区的市人力资源社会保障局核准公布的高级职称，职称证书编号和数据由设区的市人力资源社会保障局管理。

（二）省直部门（单位）、省属企业核准公布的中级职称，职称证书编号和数据由省直部门（单位）、省属企业管理。

设区的市人力资源社会保障局和市直部门（单位）、市属企业核准公布的中级职称，职称证书编号和数据由设区的市人力资源社会保障局管理。

县（市、区）人力资源社会保障局核准公布的中级职称，职称证书编号和数据由县（市、区）人力资源社会保障局管理。

（三）初级职称证书编号和数据由各设区的市、各省直部门（单位）参照以上原则管理。

第七条　各级人力资源社会保障部门建立并逐步完善职称证书数据库，按照全省统一数据采集和应用标准，整理核准公布的职称证书信息，集中纳入“山东省专业技术人员管理服务平台”，为全省证书查询、信息共享和业务协同等基础服务提供数据支持。

第三章　职称证书印制与发放

第八条　职称证书分为纸质证书和电子证书两种形式。

第九条　职称纸质证书由核准公布部门统一打印并加盖核准公布部门印章后生效。

第十条　以服务管理模式创新为核心，以信息化为基础，逐步实行职称电子证书。省人力资源社会保障厅核准公布的高级职称，实行电子证书，不再统一发放纸质证书。专业技术人员根据需要，使用“山东省专业技术人员管理服务平台”自行打印。

其他核准公布部门经省人力资源社会保障厅同意后，可以实行职称电子证书。

第十一条　职称电子证书设置电子印章、验证码、二维码等多重数字化防伪。加盖核准公布部门电子印章的职称电子证书，与职称纸质证书具有同等效力。

第五章　职称证书使用与监督

第十二条　持证人要妥善保管职称证书。因职称纸质证书遗失或损毁等原因需要补办的，持证人须据实填写《职称证书遗失补办个人承诺书》，经主管部门审核后（无主管部门的由人事档案管理部门审核），由职称呈报部门统一到职称证书核准公布部门补办，原职称纸质证书即时作废。已实行职称电子证书的，持证人可以从“山东省专业技术人员管理服务平台”自行打印办理。

第十三条　专业技术人员应当严格按照规定规范使用职称证书，严禁伪造、变造、篡改、滥用职称证书。专业技术人员存在上述行为的，由有关部门或单位按照规定依法依规进行处理，涉嫌犯罪的，移送司法机关处理。

第十四条 各级人力资源社会保障部门及相关部门（单位）要严格按照规定的程序和要求印制、发放和管理证书，对违反规定滥发职称证书或不按规定程序发放、管理职称证书的，按规定给予严肃处理并依法追究相关人员的责任。

第六章 附 则

第十五条 按照职称制度改革要求实行自主评聘的高等学校、科研院所等单位，应当按照管理权限，在专业技术职务评聘人员数据形成后30日内，将数据报送同级人力资源社会保障部门，纳入全省职称信息数据库。

第十六条 本办法由省人力资源社会保障厅负责解释。

第十七条 本办法自2019年1月27日起施行，有效期至2024年1月26日。省人力资源社会保障厅《山东省专业技术职务资格证书管理办法》（鲁人社办发〔2011〕102号）同时废止。

附件：

1. 山东省职称证书（模板）（略）
2. 职称证书地区部门识别代码（略）
3. 职称证书系列级别识别代码（略）

五、劳动关系

山东省人民政府办公厅
关于印发山东省保障农民工工资支付工作考核办法的通知

（2018年3月31日 鲁政办字〔2018〕52号）

各市人民政府，省政府各部门、各直属机构：

《山东省保障农民工工资支付工作考核办法》已经省政府同意，现印发给你们，请认真贯彻执行。

山东省保障农民工工资支付工作考核办法

第一条 为落实保障农民工工资支付工作的属地监管责任，有效预防和解决拖欠农民工工资问题，切实保障农民工劳动报酬权益，维护社会公平正义，促进社会和谐稳定，根据《国务院办公厅关于印发保障农民工工资支付工作考核办法的通知》（国办发〔2017〕96号）和《山东省人民政府办公厅关于贯彻国办发〔2016〕1号文件全面治理拖欠农民工工资问题的实施意见》（鲁政办发〔2016〕41号）等有关规定，结合山东实际，制定本办法。

第二条 本办法适用于对各设区的市政府保障农民工工资支付工作的年度考核。

第三条 考核工作在省政府领导下，由省就业和农民工工作联席会议（以下简称省联席会议）负责实施，省联席会议办公室具体组织落实。考核工作从2018年到2020年，每年开展一次。

第四条 省联席会议办公室组织省联席会议相关成员单位制定年度考核方案及细则，明确具体考核指标和分值。

第五条 考核工作坚持目标导向、问题导向和结果导向，遵循客观公正原则，突出重点，注重实效。

第六条 考核内容主要包括加强对保障农民工工资支付工作的组织领导、建立和落实工资支付保障制度、治理欠薪特别是工程建设领域欠薪工作成效等情况。

考核的重点是工程建设领域推行劳动用工实名制管理情况、落实按月足额支付工资规定情况、落实工资保证金制度情况、推行农民工工资支付银行卡制度情况、建立和落实农民工工资专用账户管理制度情况、对欠薪违法行为实施联合信用惩戒情况，以及加强劳动保障监察执法能力建设等情况。

第七条 考核工作于考核年度次年年初开始，3 月底前完成。按照以下步骤进行：

（一）市级自查。各设区的市政府对照考核方案及细则，对考核年度保障农民工工资支付工作进展情况和成效进行自查，填报自查考核表，形成自查报告，于 1 月底前报送省联席会议办公室。各设区的市政府对自查报告真实性、准确性负责。

（二）实地核查。由省联席会议办公室组织成立考核组，采取抽查等方式，对设区的市政府考核年度保障农民工工资支付工作进展情况和成效进行实地核查，对相关考核指标进行评估。实地核查采取听取汇报、抽样调查、核验资料、明察暗访等方式进行。

（三）综合评议。省联席会议办公室组织省联席会议相关成员单位根据各地自查情况，结合实地核查和社会治安综合治理、公安、信访等部门掌握的情况，进行考核评议，形成考核报告，报省联席会议审议。

第八条 考核采取分级评分法，基准分为 100 分，考核结果分为 A、B、C 三个等级。

（一）符合下列条件的，考核等级为 A 级：

1. 领导重视、工作机制健全，各项工资支付保障制度完备、落实得力，工作成效明显；

2. 考核得分排在全省前五名。

（二）有下列情形之一的，考核等级为 C 级：

1. 保障农民工工资支付工作不力、成效不明显、欠薪问题突出的；

2. 发生 2 起及以上因拖欠农民工工资引发 50 人以上群体性事件，或发生 1 起及以上因政府投资工程项目拖欠农民工工资引发 50 人以上群体性事件的；

3. 发生 1 起及以上因拖欠农民工工资引发极端事件并造成严重后果的，或因拖欠农民工工资被新闻媒体曝光，造成恶劣影响的；

4. 在考核工作中弄虚作假、谎报瞒报的。

（三）考核等级在 A、C 级以外的为 B 级。

第九条 考核结果报经省政府同意后，由省联席会议向各设区的市政府通报，并抄送省委组织部，作为对各设区的市政府领导班子和有关领导干部进行综合考核评价的参考。考核过程中发现需要问责的问题线索，移交纪检监察机关。

第十条 对考核等级为 A 级的，由省联席会议予以通报表扬；对考核等级为 C 级的，由省联席会议对该设区的市政府有关负责人进行约谈，提出限期整改要求。被约谈设区的市政府应当制定整改措施，并在被约谈后 2 周内提交书面报告，由省联席会议办公室负责督促落实。

第十一条 对在考核工作中弄虚作假、瞒报谎报造成考核结果失实的，予以通报批评；情节严重的，依纪依法追究相关人员责任。

第十二条 各设区的市政府可参照本办法，结合本地区实际制定相关办法，加强对本地区保障农民工工资支付工作的考核。

第十三条 本办法由省联席会议办公室负责解释，自印发之日起施行。

山东省人力资源和社会保障厅、山东省高级人民法院
关于加强劳动人事争议仲裁与诉讼衔接机制建设的实施意见

（2018 年 2 月 1 日　鲁人社发〔2018〕3 号）

各市人力资源社会保障局、中级人民法院：

为深入贯彻落实人力资源社会保障部、最高人民法院《关于加强劳动人事争议仲裁与诉讼衔接机制建设的意见》（人社部发〔2017〕70 号），进一步加强劳动人事争议仲裁与诉讼衔接（以下简称裁审衔接）机制建设，强化裁审衔接工作措施，现提出如下实施意见：

一、加强裁审衔接机制建设的总体要求

做好裁审衔接工作，要以习近平新时代中国特色社会主义思想为指导，坚持以人民为中心的发展思想，切实落实深化依法治国实践以及提高保障和改善民生水平、加强和创新社会治理的决策部署，按照《中共中央　国务院关于构建和谐劳动关系的意见》（中发〔2015〕10 号）、《中共中央办公厅　国务院办公厅关于完善矛盾纠纷多元化解机制的意见》（中办发〔2015〕60 号）、《中共山东省委　山东省人民政府关于构建和谐劳动关系的实施意见》（鲁发〔2016〕3 号）有关要求，积极探究和把握裁审衔接工作规律，逐步建立健全裁审受理范围一致、裁审标准统一、裁审程序有效衔接的新规则新制度，实现裁审衔接工作机制完善、运转顺畅，充分发挥劳动人事争议处理中仲裁的独特优势和司法的引领、推动、保障作用，合力化解矛盾纠纷，切实维护当事人合法权益，促进劳动人事关系和谐与社会稳定。

二、统一裁审受理范围和法律适用标准

（一）统一裁审受理范围。劳动人事争议仲裁委员会（以下简称仲裁委员会）和人民法院要改进完善劳动人事争议受理立案制度，依法做到有案必立。有条件的仲裁委员会可实行立案登记制，切实发挥仲裁前置的功能作用。各级仲裁委员会和人民法院要依照《中华人民共和国劳动争议调解仲裁法》（以下简称劳动争议调解仲裁法）规定，逐步统一社会保险争议、人事争议等争议的受理范围。

（二）统一裁审法律适用标准。各级仲裁委员会和人民法院要严格按照法律规定处理劳动人事争议。对于法律规定不明确等原因造成裁审法律适用标准不一致的问题，按照人力资源社会保障部与最高人民法院制定的司法解释或指导意见执行。各级人力资源社会保障部门和人民法院要结合裁审工作实际，共同加强对法律适用问题的调查研究，及时提出意见建议报送上级业务部门。劳动人事争议仲裁终局裁决的适用范围、适用标准和文书制作，依照《劳动人事争议仲裁办案规则》第五十条规定执行。

三、规范裁审程序衔接

（一）规范受理程序衔接。对未经仲裁程序直接起诉到人民法院的劳动人事争议案件，人民法院应当裁定不予受理；对已受理的，应驳回起诉，并告知当事人向有管辖权的仲裁委员会申请仲裁。当事人因仲裁委员会逾期未作出是否受理决定或者逾期未作出仲裁裁决而向人民法院提起诉讼且人民法院立案受理的，人民法院应当及时将该案件的受理情况告知仲裁委员会，仲裁委员会应当及时决定该案件终止审理。

（二）规范保全程序衔接。仲裁委员会对在仲裁阶段可能因用人单位转移、藏匿财产等行为致使裁决难以执行的，或者存在证据可能灭失或以后难以取得的，应当告知劳动者通过仲裁机构向人民法院申请保全。劳动者申请保全的，仲裁委员会应当及时向人民法院转交申请书及仲裁案

件受理通知书等相关材料。人民法院裁定采取保全措施或者裁定驳回申请的，应当将裁定书送达申请人，并通知仲裁委员会。

（三）规范执行程序衔接。仲裁委员会依法裁决先予执行的，应当向有执行权的人民法院提交移送执行函、先予执行裁决书、先予执行裁决书的送达回证和人民法院认为应当提供的其他材料；接受移送的人民法院应当依照《中华人民共和国民事诉讼法》和劳动争议调解仲裁法相关规定执行。人民法院要加强对仲裁委员会裁决书、调解书的执行工作，加大对涉及劳动报酬、工伤保险待遇争议特别是集体劳动人事争议等案件的执行力度。

（四）探索建立委托查证制度。有条件的地区，仲裁委员会可以根据案件审理需要，委托本辖区的基层人民法院调取、查证相关证据材料。委托查证事项包括银行代发的工资凭证及相关行政、司法机关保存的证据材料等。基层人力资源社会保障部门和人民法院应积极探索。

（五）建立弱势群体维权绿色通道制度。仲裁委员会和人民法院应当为农民工、困难伤残职工等弱势群体开辟绿色通道，对相关争议优先受理、快速处理、限时办结。对符合条件的劳动人事争议案件要依法适用简易程序，提高争议处理质量和效率。

四、完善裁审衔接工作机制

（一）建立联席会议制度。各级人力资源社会保障部门和人民法院每年至少召开2次联席会议，共同研究分析劳动人事争议处理形势，互相通报工作情况，沟通协调争议仲裁与诉讼中的受理范围、程序衔接、法律适用标准等问题。建立裁审联络员制度，人力资源社会保障部门和人民法院要指定专门人员作为裁审联络员，负责工作交流、案件信息交换等日常协调联络工作，推进裁审衔接工作常态化。

（二）建立信息共享制度。各级人力资源社会保障部门和人民法院要加强劳动人事争议处理工作信息和统计数据分析的交流，实现信息互通和数据共享。人力资源社会保障部门要加强争议案件处理情况追踪，做好裁审对比情况统计分析，不断改进争议仲裁工作。对于进入诉讼程序并改判的劳动人事争议案件，人民法院应当及时向仲裁机构反馈案件信息及裁判意见。要建立健全案卷借阅制度，做好案卷借阅管理工作。要通过办案信息化建设，逐步实行电子案卷借阅或通过信息平台实现电子案卷共享，并做好信息安全和保密工作。

（三）建立疑难复杂案件办案指导制度。各级仲裁委员会和人民法院要加强对疑难复杂、重大劳动人事争议案件的研讨和交流，每年至少组织一次典型案例研讨会，开展类案分析，联合筛选并发布典型案例，充分发挥典型案例在统一裁审法律适用标准、规范裁审自由裁量尺度、服务争议当事人等方面的指导作用。

（四）建立重大集体劳动人事争议沟通预警机制。仲裁委员会处理重大集体争议案件，应当主动与人民法院沟通交流，研究案情和法律适用问题。对于可能进入诉讼程序的案件，仲裁委员会应及时向人民法院通报有关案件信息，做好争议预警。

（五）建立劳动人事争议派驻法庭制度。有条件的地区，人民法院可以探索在劳动人事争议仲裁机构设立派驻法庭，并建立劳动人事争议联动处理工作机制，进一步畅通当事人维权渠道，提升劳动人事争议处理效能。

（六）建立联合培训制度。各级人力资源社会保障部门和人民法院要通过举办师资培训、骨干培训、远程在线培训等方式，联合组织业务培训，并结合实际，开展庭审观摩、文书互查、岗位练兵等活动，增强办案人员的素质和能力，提高裁审衔接水平。

五、加强组织领导

各级人力资源社会保障部门和人民法院要高度重视加强劳动人事争议裁审衔接机制建设工作，将其作为完善劳动人事争议处理机制，提升劳动人事争议处理效能的重要措施，纳入劳动人事关系领域矛盾纠纷多元处理工作布局，加强领导，统筹谋划，切实抓好贯彻落实。人力资源社会保障部门要积极主动加强与人民法院的沟通协调。人民法院要明确由一个庭室统一负责裁审衔接工作，各有关庭室要积极参与配合。要将裁审衔接工作列入年度目标考核，强化工作指导和督促检查，推动裁审衔接工作顺利开展。要加大政策引导和宣传力度，增进劳动人事争议当事人和社会公众对裁审衔接工作的了解，引导当事人依法理性维权，为合法公正及时处理争议营造良好氛围。

山东省人力资源和社会保障厅
关于印发山东省劳动人事争议仲裁内部监督暂行规定的通知

（2018 年 2 月 25 日　鲁人社发〔2018〕10 号）

各市人力资源社会保障局：

现将《山东省劳动人事争议仲裁内部监督暂行规定》印发给你们，请认真贯彻执行。

山东省劳动人事争议仲裁内部监督暂行规定

第一条　为加强劳动人事争议仲裁内部监督（以下简称仲裁内部监督），完善劳动人事争议案件（以下简称争议案件）纠错机制，公正及时解决劳动人事争议，根据《中华人民共和国劳动争议调解仲裁法》《劳动人事争议仲裁办案规则》《劳动人事争议仲裁组织规则》和《山东省劳动人事争议调解仲裁条例》等法律法规规章，结合我省实际，制定本规定。

第二条　本规定所称仲裁内部监督，是指劳动人事争议仲裁委员会（以下简称仲裁委员会）对劳动人事争议的申请受理，仲裁办案程序、处理结果、工作人员行为等进行的监督。

第三条　仲裁内部监督，应当坚持有错必纠、公正公开、教育与惩处相结合的原则。

第四条　仲裁委员会应当建立健全仲裁内部监督机制，强化仲裁内部监督工作，及时发现和纠正争议案件处理中存在的问题，确保争议案件得到依法公正及时解决。

第五条　经当事人申请或者仲裁委员会认为争议案件处理存在问题时，仲裁委员会应及时进行监督。

第六条　当事人申请仲裁内部监督，应当提交书面申请，载明事实和理由，并提交相关证据。仲裁委员会收到当事人书面申请后，应当及时调查核实，并于 15 个工作日内书面告知当事人是否启动仲裁内部监督程序。

第七条　争议案件在申请受理阶段有下列情形之一的，仲裁委员会应当进行仲裁内部监督：

（一）符合法律规定的受理条件未予受理的；

（二）不符合法律规定的受理条件予以受理的；

（三）收到仲裁申请之日起 5 个工作日内未作出是否受理决定的；

（四）对不予受理的争议案件拒绝出具法律文书的；

（五）法律法规规章规定的其他情形。

除当事人已就争议事项向人民法院提起诉讼外，对于前款第一项规定的情形，已出具不予受理通知书的，应当以决定书的形式撤销不予受理通知书，并出具受理通知书；对于前款第二项规定的情形，依照《劳动人事争议仲裁办案规则》第九条、第三十二条规定处理；对于前款第三项规定的情形，应当及时作出是否受理决定。对于前款第四项规定的情形，应当及时出具相关法律文书。

第八条 争议案件在处理过程中有下列情形之一的，仲裁委员会应当在争议案件裁决期限内进行仲裁内部监督：

（一）无正当理由未按开庭通知书载明的日期开庭的；

（二）仲裁庭的组成不符合法律法规规章规定的；

（三）未在法定期限内结案的；

（四）仲裁员以及其他工作人员符合回避情形未回避的；

（五）不得简易处理而适用简易程序的；

（六）因仲裁员以及其他工作人员原因，使当事人未能充分行使仲裁权利的；

（七）法律法规规章规定的其他情形。

对于前款第一、三项规定的情形，应当及时开庭、及时结案。对于前款第二、四、六项规定的情形，应当重新组庭审理并书面通知当事人。对于前款第五项规定的情形，依照《劳动人事争议仲裁办案规则》第六十一条规定处理。

第九条 已经发生法律效力的仲裁裁决书，有下列情形之一的，仲裁委员会应当予以撤销，但人民法院已经受理当事人执行申请的除外：

（一）适用法律法规规章确有错误的；

（二）裁决遗漏当事人或者违法缺席裁决等严重违反法定程序，可能影响案件公正裁决的；

（三）法律法规规章规定的其他情形。

已经发生法律效力的仲裁调解书，有下列情形之一的，仲裁委员会应当予以撤销，但人民法院已经受理当事人执行申请的除外：

（一）调解违反自愿原则的；

（二）当事人之间恶意串通，损害国家利益、社会公共利益或者他人合法权益的；

（三）仲裁调解书内容违反法律法规强制性规定的；

（四）法律法规规章规定的其他情形。

当事人就仲裁裁决书或者仲裁调解书申请仲裁内部监督的，应当自仲裁裁决书或者仲裁调解书发生法律效力之日起六个月内提出。

第十条 仲裁委员会依照本规定第九条撤销仲裁裁决书或者仲裁调解书的，应当以仲裁决定书的形式作出。

仲裁委员会应当自作出撤销决定之日起 5 日内另行组成合议庭重新审理争议案件。

第十一条 仲裁员以及其他工作人员在争议案件处理中，有下列行为之一的，仲裁委员会应当进行仲裁内部监督：

（一）徇私枉法，偏袒一方当事人；

（二）滥用职权，侵犯当事人合法权益；

（三）利用职权为自己或者他人谋取私利；

（四）隐瞒证据或者伪造证据；

（五）私自会见当事人及其代理人，接受当事人及其代理人的请客送礼；

（六）故意拖延办案、玩忽职守；

（七）泄露案件涉及的国家秘密、商业秘密和个人隐私或者擅自透露案件处理情况；

（八）在受聘期间担任所在仲裁委员会受理案件的代理人；

（九）其他违法违纪的行为。

仲裁员以及其他工作人员有前款规定情形的，仲裁委员会视情节轻重，给予批评教育、解聘等处理；仲裁员被解聘的，5 年内不得再次被聘任。仲裁员以及其他工作人员所在单位根据国家有关规定对其给予处分；构成犯罪的，依法追究刑事责任。

第十二条 本规定由山东省人力资源和社会保障厅负责解释。

第十三条 本规定自发布之日起施行。

山东省人力资源和社会保障厅
关于修订印发山东省劳动人事争议仲裁简易办案规则的通知

（2018 年 6 月 27 日　鲁人社发〔2018〕24 号）

各市人力资源社会保障局：

现将新修订的《山东省劳动人事争议仲裁简易办案规则》印发给你们，请结合实际，认真贯彻执行。

山东省劳动人事争议仲裁简易办案规则

第一条　为贯彻落实合法、公正、及时、着重调解的原则，简化劳动人事争议（以下简称争议）仲裁办案程序，提高办案效率，根据《中华人民共和国劳动争议调解仲裁法》《劳动人事争议仲裁办案规则》《劳动人事争议仲裁组织规则》和《山东省劳动人事争议调解仲裁条例》，制定本规则。

第二条　争议案件有下列情形之一的，可以适用简易程序：

（一）标的额不超过本省上年度职工年平均工资的；

（二）权利义务明确、事实清楚的；

（三）双方当事人同意适用简易程序的；

（四）法律、法规、规章规定的其他情形。

适用简易程序的争议案件，应当自劳动人事争议仲裁委员会（以下简称仲裁委员会）受理之日起三十日内结案。

第三条　争议案件有下列情形之一的，不得适用简易程序：

（一）被申请人下落不明；

（二）集体争议；

（三）履行集体合同争议；

（四）涉及国家利益、社会公共利益，或者有重大社会影响；

（五）仲裁委员会认为不宜适用简易程序；

（六）法律、法规、规章规定的其他情形。

第四条　仲裁庭适用简易程序裁决案件过程中发现有本规则第三条规定情形的，应当在裁决期限届满前转为普通程序，并告知当事人。

案件转为普通程序处理的，裁决期限自受理申请之日起计算。双方当事人已经确认的事实，可以不再进行举证、质证。

第五条　经双方当事人自愿选择，可以向调解组织提出调解申请。当事人不愿调解、调解不成或者达成调解协议后不履行，一方当事人向仲裁委员会申请仲裁的，仲裁委员会应当及时受理。对符合本规则第二条第一款规定情形未经调解直接申请仲裁的争议案件，仲裁委员会立案前可以向双方当事人发出调解建议书，进行法律释明和仲裁风险提示。

第六条　对符合本规则第二条第一款规定情形的争议案件，申请人申请仲裁应当提交书面仲裁申请。书写仲裁申请确有困难的，可以口头申请，由仲裁委员会记入笔录，经申请人签名、盖章或者捺印确认。

第七条　双方当事人同时到仲裁委员会请求按照简易程序处理争议的，仲裁委员会可以当即立案审理。如有特殊情形，也可以择期另行审理。

第八条　适用简易程序的争议案件可以由一名仲裁员独任审理，并由记录人员负责记录。仲裁员不得自审自记。

第九条 适用简易程序的争议案件，仲裁委员会应当在受理之日起三日内，将申请书内容和适用简易程序处理的决定以电话、短信、传真、电子邮件等简便方式告知被申请人、证人，并通知当事人调解的时间、地点。

第十条 经仲裁调解达成协议的，除申请人撤回仲裁申请外，仲裁庭应当制作调解书，送达双方当事人。调解书送达前一方当事人反悔的，仲裁庭应当及时作出裁决。对发生法律效力的调解书，应当依照规定的期限履行。一方当事人逾期不履行的，另一方当事人可以依法向人民法院申请执行。

第十一条 经仲裁调解未能达成协议的，可以当即开庭审理，当庭作出裁决或者择期另行裁决。

第十二条 适用简易程序的争议案件，经与被申请人协商同意，仲裁庭可以缩短或者取消答辩期。

第十三条 适用简易程序的争议案件，仲裁庭可以采用本规则第九条规定的简便方式送达仲裁文书，但送达调解书、裁决书除外。以简便方式送达的开庭通知，未经当事人确认或者没有其他证据证明当事人已经收到的，仲裁庭不得按撤回仲裁申请处理或者缺席裁决。

第十四条 适用简易程序的争议案件，仲裁庭可以根据案件情况确定举证期限、开庭日期、审理程序、文书制作等事项，但是应当保障当事人陈述意见的权利。

第十五条 适用简易程序处理的争议案件结案后，仲裁委员会应当按要求将案件材料立卷归档。卷宗中应当具备以下材料：仲裁申请书或者口头申请笔录、证据、庭审笔录或者调解笔录、裁决书或者调解书、送达回证等。

第十六条 依照简易程序和依照普通程序作出的生效调解书、裁决书具有同等的法律效力。

第十七条 本规则未尽事宜，适用《中华人民共和国劳动争议调解仲裁法》《劳动人事争议仲裁办案规则》《劳动人事争议仲裁组织规则》和《山东省劳动人事争议调解仲裁条例》的有关规定。

第十八条 本规则由山东省人力资源和社会保障厅负责解释。本规则自发布之日起施行。2011年12月5日山东省人力资源和社会保障厅印发的《山东省劳动人事争议仲裁简易办案规则》同时废止。

山东省人力资源和社会保障厅、山东省发展和改革委员会、山东省经济和信息化委员会、山东省财政厅、山东省民政厅、山东省人民政府国有资产监督管理委员会、山东省总工会、山东省煤炭工业局
关于做好2018年重点领域化解过剩产能企业职工分流安置工作的通知

（2018年7月20日　鲁人社发〔2018〕34号）

各有关市人力资源社会保障局、发展改革委、经济和信息化委、财政局、民政局、国资监管机构、总工会、煤炭行业管理部门，有关省直企业：

2016年以来，各地和有关部门认真贯彻落实党中央、国务院关于供给侧结构性改革决策部署，积极稳妥推进化解钢铁、煤炭行业过剩产能（以下简称去产能）中的职工安置工作，助推了我省新旧动能转换，推动了全省经济更高质量发展，有力维护了社会和谐稳定，但各地工作进展不平衡、部门衔接不到位、奖补资金使用不规范等问题仍然存在。为进一步做好去产能中的职工安置工作，现就有关事项通知如下：

一、总体要求

以习近平新时代中国特色社会主义思想为指

引，深入贯彻落实党的十九大精神，按照中央经济工作会议、政府工作报告和省委、省政府《关于推进新旧动能转换重大工程的实施意见》中关于去产能的决策部署，将职工安置作为重中之重，坚持与去产能工作同谋划、同部署、同推进，夯实责任、加强协调、精准施策、防范风险，确保分流职工就业有出路、生活有保障，确保不发生因职工安置引发的规模性失业和重大群体性事件，实现职工安置工作平稳有序推进，为推进我省新旧动能转换、经济高质量发展和社会和谐稳定作出更大贡献。

二、明确安置范围和时间节点

2018 年去产能职工安置工作的对象包括：2018 年度钢铁、煤炭和煤电行业去产能企业的分流职工，上年结转的尚未分流安置职工；2016、2017 年度内部转岗但因企业继续去产能需再次分流安置的职工、未联系上现回找并核实的职工。已与企业依法解除、终止劳动关系或享受基本养老保险待遇的劳动者，不纳入 2018 年职工安置范围。在列入去产能计划年份前已经关停的企业，以列入去产能计划当年的一月份为统计职工人数的时间节点；在列入去产能计划当年关停的企业，以当年去产能计划发布的月份为统计职工人数的时间节点。去产能计划发布后，企业新招用的职工不得列入去产能职工安置范围。

三、完善实名制管理

各地、部门要组织企业全面掌握去产能涉及职工基本情况，建立完整人员台账，准确填报统计报表。要指导企业对联系不上的职工，通过数据比对、张贴公示、登报声明、上网公告等方式主动联系，并将有关情况报人力资源社会保障部门核查备案。要通过实地调查、电话抽查、社保数据比对、用工凭证或工资发放记录核查等手段，对企业填报的职工信息进行核实，及时录入实名制信息系统，动态跟踪分流安置进展。对不配合职工安置工作、不及时上报甚至故意虚报、瞒报分流安置职工信息的企业，当地人社部门要责令其进行整改。对拒不整改的，当地去产能领导小组办公室（机构）要向同级党委、政府汇报，加快推进解决。问题仍得不到解决的，要逐级上报至省去产能领导小组办公室。

四、完善专项奖补资金分配和使用办法

各地发展改革、经济和信息化、财政、煤炭行业管理等部门在研究确定本地区去产能具体项目时要充分考虑职工安置的需要，在分配奖补资金时要加大职工安置因素在分配中的占比，更多支持职工安置任务较重、困难较多的企业，不得按去产能任务量简单分配资金，杜绝按企业户数平均分配资金。专项奖补资金分配时，应适当向困难地区和困难企业倾斜，鼓励有条件的地区配套部分地方奖补资金，帮助企业妥善安置职工。

各市、有关省属企业要严格按照国家和省有关规定管理和使用中央奖补资金。去产能企业分流职工中经核实已经签订劳动合同且缴纳社会保险的人数和经劳动仲裁裁决、法院判决存在劳动关系的人数，可以作为使用中央专项奖补资金的依据；未签订劳动合同、缴纳社会保险的职工分流安置，不得使用中央专项奖补资金。

去产能企业可以统筹使用稳岗补贴、中央和省级专项奖补资金为内部转岗安置的职工开展技能培训、缴纳社会保险、发放一定期限的生活费。待岗职工生活费标准不得低于当地最低工资标准的 70%，使用中央专项奖补资金发放生活费的，不得高于当地的最低工资标准。在确保职工妥善安置、留足相关人员费用的前提下，可将 2016 年以来省级财政安排下达的奖补资金统筹用于去产能企业设备设施拆除、安全隐患防治、生态环境恢复、发展替代产业能支出。

五、拓宽安置渠道

各市要鼓励企业内部挖潜，通过转型转产、主辅分离、设立人力资源公司和创业孵化基地等举措，拓宽内部安置渠道。加快已落实产能置换要求的煤炭、煤电建设项目手续办理，符合条件的尽快核准建设，及早安置分流职工，产能置换指标交易收入要优先用于职工安置。及时为符合条件的企业发放失业保险稳岗补贴，补贴的重点向去产能企业倾斜，对列入国家、省和市去产能计划的钢铁、煤炭、煤电等行业的企业，可按照不高于上年度实际缴纳失业保险费总额的 70% 给予稳岗补贴。对依法参保、生产经营发生严重困

难且经批准缓缴社会保险费的企业，不视为欠缴失业保险费，缓缴期间可申请上年度已缴纳的稳岗补贴资金。对发展前景好但生产经营遇到暂时困难、未能按时足额缴费的企业，在补缴欠费后，符合条件的，可申请以前年度稳岗补贴政策。做细做实再就业帮扶行动，把下岗失业人员纳入就业创业服务和相关就业创业政策扶持范围，摸清就业需求，加强有针对性的职业指导和职业介绍，开展整建制购买就业技能培训，为每位分流职工至少提供 1 次职业指导、3 次岗位推荐，促进其尽快转岗再就业。加强创业培训和服务，对有创业意愿的，优先安排入驻各类创业孵化基地，优先落实创业担保贷款等扶持政策。对通过各种渠道确实难以就业的困难人员，新增及腾退公益性岗位优先安置。

六、优化指导服务

各地要强化企业主体责任，督促企业依法依规制定并实施职工安置方案，经职工代表大会或全体职工审议通过，耐心细致做好思想政治和心理疏导工作，多方筹措安置资金，妥善处理劳动关系，做好社会保障衔接，积极推进安置工作。指导未完全关停的企业，尽量避免与全国及省（部）级劳动模范、高技能领军人才、烈军属及残疾军人、残疾人解除劳动合同，避免与夫妻双方同时解除劳动合同。要增强服务意识，开设专门窗口、指定专人负责，主动提供政策咨询、工作手册、安置方案样本，优化就业创业、社保经办等服务，有条件的地区要开展企业负责人及具体工作人员培训。异地经营的去产能企业，职工安置工作由实际经营所在地负责，企业注册地相关部门要做好协调配合，及时向实际经营所在地相关部门提供企业相关信息，协助企业经营所在地相关部门做好职工安置工作。

七、切实防范风险

各地要增强底线思维，密切关注困难企业、困难职工和困难地区，盯紧规模性失业风险、劳动关系处理、社会保险衔接、经济补偿发放等风险点，加强形势研判，完善并落实职工安置工作中突发事件预防和应急处置机制，制定规模性失业风险应对预案，妥善化解矛盾和风险。对去产能职工安置任务重、情况复杂的企业以及拟出清的“僵尸企业”，要组成部门联合工作组，会同企业共同研究安置方案，共同做好安置工作。对符合条件的失业人员，要及时纳入失业保险金发放和社会救助范围。对分流职工多、就业渠道窄、失业水平高的困难地区，要大力实施就业创业攻坚计划，加大劳务协作、联合招聘、专项培训等工作力度，维护社会稳定。

八、强化组织实施

各地要完善协调协商机制，人力资源社会保障部门要发挥职工安置工作的牵头作用，会同领导小组成员部门和单位，形成工作合力，抓好组织实施。各地领导小组成员部门和单位要配合人力资源社会保障部门及同级工会组织共同研究重大问题，并及时通报去产能进展、奖补资金使用和去产能项目调整等情况。要切实转变工作作风，大兴调查研究，坚持问题导向，及时解决工作中存在的困难。要强化激励问责，把职工安置工作作为表扬激励、奖补资金清算的重要依据，加大专项督查、地方自查、抽查回访力度，对责任不到位、政策不落实的，要追究有关单位和人员责任，对虚报冒领、挤占挪用奖补资金的，要坚决查处。要加强宣传引导，大力宣传职工安置政策，宣传各地区、各部门经验做法和积极成效，宣传分流职工自强自立、就业创业的典型事迹，主动回应社会关切，为做好职工安置工作营造良好舆论氛围。

各地要按照本通知精神，结合本地实际，加快去产能职工安置工作部署，完善政策措施，加强监督检查，务求工作实效。有关工作进展情况要及时报送省人力资源社会保障厅。

山东省就业和农民工工作联席会议
关于印发《山东省2018年度市级政府保障农民工工资支付工作考核细则》的通知

（2018年9月30日　鲁人社发〔2018〕48号）

各市人民政府：

根据《山东省人民政府办公厅关于印发山东省保障农民工工资支付工作考核办法的通知》（鲁政办字〔2018〕52号）有关规定，现印发《山东省2018年度市级政府保障农民工工资支付工作考核细则》，请认真贯彻执行。

山东省2018年度市级政府保障农民工工资支付工作考核细则

特别说明：考核打分除允许阶梯打分外，余者皆为完全实现者得分，否则零分。

序号	类别	年度考核项目	评分项目	评分说明	分值
1	加强组织领导	1. 落实市县级政府具体负责的工作体制	1. 落实由政府负责人担任召集人的工作协调机制，定期研究会商，每年至少召开2次会议；1分 2. 制定本地区治欠保支年度工作计划。1分	2项年度工作计划具体形式不限，其中工作任务应当明确各部门责任分工、成果形式和完成时限。	2
		2. 市级政府对下级政府治欠保支工作进行考核	1. 制定对下级政府的年度考核办法并组织实施；1分 2. 按规定通报考核结果，采取措施督促整改。1分	1项中考核指标应明确属地和部门责任。	2
		3. 市级政府对下级政府治欠保支工作实施督查	1. 建立并落实市级政府对下级政府治欠保支工作的定期督查制度；1分 2. 市本级政府（含所属有关部门）督办或直接查处上级交办案件。1分	1项中的定期督查制度主要考核制度化的定期督查工作安排，督查制度的文件载体形式不限；2项重点考核按时提交书面情况报告、查清事实、依法妥善处理等情况；无上级交办案件情况的，可直接得分。	2
		4. 市级政府建立并落实治欠保支工作问责制度	1. 建立并落实治欠保支工作问责制度。2分	1项可单独制定问责制度办法，也可与其他工作的问责制度合并设立，形式不限，应有具体适用标准；1项中问责对象指对监管责任不落实、组织工作不到位的单位和个人，对因拖欠工程款引发欠薪的政府投资工程项目负责人；1项在自评后经核查，每发现1起应问责未问责的扣0.5分，扣完为止。	2
2	工程建设领域欠薪源头治理	5. 整顿规范建筑市场秩序	1. 工程建设领域行业主管部门落实行业监管责任，规范工程建设领域市场秩序，依法查处违法发包、转包或违法分包等违法违规行为；3分 2. 市级政府或行业主管部门制定建设单位对工程款支付实行担保制度等具体实施办法；1分 3. 全面推行施工过程结算；2分 4. 主管部门落实不得批准长期拖延工程款结算或拖欠工程款的建设单位新项目开工建设的规定。2分	1项在自评后经核查，发现有违法发包、转包或违法分包等违法违规行为的，每发现一起扣0.5分，扣完为止；2项主要考核制度的可操作性，具体实施办法可单独制定，也可与其他工程担保制度合并设立，形式不限；3项、4项在自评后经核查，发现未按规定落实的，每发现一起扣0.5分，扣完为止。	8

续表 1

序号	类别	年度考核项目	评分项目	评分说明	分值
2	工程建设领域欠薪源头治理	6. 推进解决政府投资工程项目欠薪	1. 审批政府投资工程项目的主管部门严格审查资金筹措方案，建设资金不落实的不得批准可研报告；2 分 2. 加强政府投资工程项目资金监管，按规定及时拨付财政资金，从源头上预防因拖欠工程款导致的欠薪；2 分 3. 政府投资工程项目严禁施工企业带资承包；2 分 4. 建立健全政府投资工程项目欠款、欠薪情况台账，并动态更新。2 分	2 项、3 项在自评后经核查，发现未按规定落实的，每发现一起扣 0.5 分，扣完为止；4 项中台账可单独设立，也可与其他领域欠薪台账合并设立。	8
3	工资支付保障制度	7. 健全欠薪预警机制	1. 市内劳动保障监察“网格化、网络化”（两网化）管理实现全覆盖；1 分 2. 建立并完善欠薪预警系统，根据市场监管、税务、银行、水电供应等部门和单位提供的监管信息和企业经营相关指标变化，定期研判，及时预警并做好防范；1 分 3. 对在建工程项目开展日常巡视检查。1 分		8
		8. 落实按月足额支付工资规定	1.90% 以上在建工程项目实现按月足额支付工资；2 分 2. 政府投资工程项目全部实现按月足额支付工资。2 分	1 项达到 80% 不足 90% 的评 1.5 分，达到 70% 不足 80% 的评 1 分，其他不得分；2 项达到 90% 不足 100% 的评 1.5 分，达到 80% 不足 90% 的评 1 分，其他不得分。	8
		9. 加强劳动用工管理，工程建设领域推行实名制管理	1. 在建工程项目劳动合同签订率达 85% 以上，其他行业劳动合同签订率 95% 以上；1 分 2. 在建工程项目推行实名制管理，各地区制定推行实名制管理的具体实施办法；0.5 分 3. 建立本地区建筑工人实名制管理平台；1 分 4. 实现本地区市县各级建筑工人实名制管理平台的互联共享；1 分 5. 实现与全国建筑工人管理服务平台的数据共享；1 分 6. 实名制管理制度覆盖 70% 以上在建工程项目；1 分 7. 对年度内未落实实名制管理的在建工程项目制定计划，明确落实的时间表和路线图。0.5 分	劳动合同应当由劳动关系双方签署、用人单位盖章后各自留存；2 项、6 项、7 项由各地区自评填报得分，最终得分由省联席会议办公室商有关行业主管部门核定；3 项、4 项、5 项指房屋市政类在建工程项目的建筑工人，由各地区自评填报得分，最终得分由省住房城乡建设厅根据各地平台对接情况评定。	6
		10. 建立并落实农民工工资专用账户管理制度	1. 制定适用于全市在建工程项目的农民工工资专用账户管理制度；2 分 2. 落实农民工工资专用账户制度，覆盖 80% 以上在建工程项目；2 分 3. 在建工程项目中由分包企业委托施工总承包企业，通过农民工工资专用账户直接向农民工代发工资，覆盖 80% 以上在建工程项目。2 分	1 项中的管理制度可全市统一制定，也可按行业领域分别制定，制度应当具有可执行性，仅做原则性要求不得分；2 项达到 70% 不足 80% 评 1 分，其他不得分；3 项达到 70% 不足 80% 评 1 分，其他不得分。	6

续表 2

序号	类别	年度考核项目	评分项目	评分说明	分值
3	工资支付保障制度	11. 落实工资保证金制度	1. 落实工资保证金差异化缴存办法；1 分 2. 在建工程项目工资保证金制度执行情况。2 分	如发生涉及工资保证金的违纪违法行为，扣除该考核项目分值。3 分。	3
		12. 落实清偿欠薪责任	1. 招用农民工的企业承担直接支付农民工工资的主体责任；建设单位或施工总承包企业承担在欠付工程款范围内先行垫付农民工工资的责任；建设单位或施工总承包企业承担因违法发包、转包或违法分包造成欠薪的清偿责任。2 分	1 项在自评后经核查，发现未落实相关规定的，每发现一起扣 0.5 分，扣完为止。	2
		13. 落实施工现场维权公示牌制度	1. 施工现场设立维权信息告示牌制度覆盖所有在建工程项目。1 分		1
4	工资支付诚信体系	14. 加强工资支付诚信体系建设，落实失信联合惩戒	1. 按规定组织开展重大劳动保障违法行为社会公布工作；1 分 2. 按规定组织开展企业劳动保障守法诚信 A、B、C 三级评价工作；1 分 3. 制定拖欠农民工工资“黑名单”实施办法等制度文件；1 分 4. 按规定开展拖欠农民工工资“黑名单”认定、推送等工作；1 分 5. 市级人力资源社会保障部门按规定向省本级报送拖欠农民工工资“黑名单”；1 分 6. 市级人力资源社会保障部门按规定向省本级报送重大劳动保障违法行为社会公布案件；1 分 7. 落实欠薪联合惩戒机制；1 分 8. 按规定向各信用信息平台推送欠薪信息，实现信用信息互认共享；1 分 9. 工程建设领域行业主管部门将本行业发生的欠薪情况纳入相应诚信信息平台。1 分	在自评后经核查，每发现 1 起应纳入“黑名单”而未纳入的扣 0.5 分，最多扣 3 分；每发现 1 起重大劳动保障违法行为应进行社会公布而未公布的扣 0.5 分，最多扣 2 分。	9
5	依法处置欠薪案件	15. 加大执法力度，严厉查处欠薪行为	1. 畅通举报投诉渠道，落实举报投诉案件省级联动处理机制；1 分 2. 落实“双随机”抽查和重点检查相结合的执法检查机制；1 分 3. 开展农民工工资支付情况多部门联合专项执法检查；2 分 4. 落实《关于进一步完善行政执法与刑事司法衔接机制加强拒不支付劳动报酬案件办理工作的通知》，出台本地拒不支付劳动报酬案件取证指引，建立并落实拒不支付劳动报酬案件分级督办制度；2 分 5. 落实欠薪案件快裁快审机制；1 分 6. 落实对被欠薪农民工提供法律援助制度；1 分 7. 工程建设领域行业主管部门负责查处和督办本领域因挂靠承包、违法分包、转包、拖欠工程款等造成的欠薪案件。2 分	1 项考核要点：举报投诉案件联动处理，欠薪违法案件及时录入信息系统，实现“一点举报投诉、全网联动处理”；1 分 2 项考核要点：市级建立“双随机”抽查“两库一单”；日常巡视检查落实“双随机”抽查；5 项指劳动争议仲裁案件。	10

续表 3

序号	类别	年度考核项目	评分项目	评分说明	分值
5	依法处置欠薪案件	16. 执法成效	1. 劳动保障监察举报投诉案件按期结案率达 96% 以上，其他行业主管部门督办案件结案率达 95% 以上；2 分 2. 被欠薪农民工比重；5 分 3. 政府投资工程项目因拖欠工程款导致的欠薪问题，在 2018 年底前全部清偿。5 分	1 项劳动保障监察举报投诉案件和其他行业主管部门督办案件结案率各占 1 分；2 项中的被欠薪农民工数是指经考核地区查实的欠薪案件中涉及的农民工人数，考核地区不填报该项自评分，只上报被欠薪农民工数。2 项按排名记分（比重由低到高，前 3 名计 5 分，4—8 名计 4 分，9—13 名计 3 分，14 名之后计 2 分）。	12
		17. 欠薪突发事件应急处置	1. 因欠薪引发 50 人以上群体性事件，每发生 1 起扣 1 分；5 分 2. 因欠薪引发极端事件并造成严重后果，发生 1 起扣 5 分；5 分 3. 依法打击以非法手段讨薪或以讨薪为名讨要工程款涉及的违法犯罪行为。2 分		12
6	加强执法能力建设	18. 落实《省人力资源社会保障厅省编办省财政厅关于加强劳动保障监察执法能力建设的实施意见》	1. 建立健全市、县（市、区）劳动保障监察机构，规范机构性质，市、县（市、区）劳动保障监察机构全部实现参照公务员管理；2 分 2. 市、县（市、区）劳动保障监察机构使用规范的机构名称；0.5 分 3. 劳动保障监察机构承担人社部门综合执法职能；0.5 分 4. 加强基层劳动保障监察执法力量，设区的市劳动保障监察员编制不少于 20 人，县（市、区）不少于 10 人；2 分 5. 劳动保障监察执法专项经费用于法律法规宣传、执法装备购置及维护、劳动保障监察员培训的情况；1 分 6. 各级劳动保障监察机构执法用车配备情况；0.5 分 7. 工作服装配置情况；0.5 分 8. 劳动保障监察执法规范化建设。1 分	1 项中本地区［指市和县（市、区），下同］每发现 1 个劳动保障监察机构未实现参照公务员管理的扣 0.5 分，扣完为止；发现市、县（市、区）没有建立独立的劳动保障监察机构的，此项不得分。4 项中每发现 1 个设区的市劳动保障监察员编制少于 20 人的扣 1 分；每发现 1 个县（市、区）劳动保障监察员编制少于 10 人的扣 0.5 分，最多扣 1 分；5 项中本地区各级劳动保障监察机构没有专项执法经费的扣 1 分，有专项执法经费但不能用于法律法规宣传、执法装备购置及维护、劳动保障监察员培训的扣 0.5 分；6 项中根据提供的本地区各级劳动保障监察机构执法车辆配备统计表，存在无执法车辆且无保障措施的扣 0.5 分；8 项主要检查各级劳动保障监察机构执法程序是否规范，是否建立执法裁量权基准制度，执法案卷管理是否规范。	8

备注：1. 评分项目中的“以上”均含本数；2. 在建工程项目指在行业主管部门领取施工许可证（或办理施工许可）的工程项目，涵盖房屋市政、交通、水利等所有领域工程项目；3. 政府投资工程项目是指全部使用财政预算内资金、专项建设基金、政府举借债务筹措的资金等财政性资金的；未全部使用财政性资金，财政性资金占项目总投资额的比例超过 50%，或投资占比不超过 50%，但建设单位为党政机关、事业单位、人民团体、国有或国有控股公司企业的涉及社会公共利益的基础设施和公用事业建设项目；其他政府拥有实际控制权的工程建设项目。

山东省人力资源和社会保障厅、山东省人民政府国有资产监督管理委员会
关于印发省属国有企业改制劳动保障有关问题处理办法的通知

（2018 年 7 月 25 日　鲁人社规〔2018〕8 号）

省直各部门，各省属国有企业：

现将《省属国有企业改制劳动保障有关问题处理办法》印发给你们，请认真贯彻执行。

省属国有企业改制劳动保障有关问题处理办法

第一条　为推进省属国有企业改革和发展，促进劳动力资源优化配置，维护企业和职工合法权益，根据《中华人民共和国劳动法》《中华人民共和国劳动合同法》《山东省劳动合同条例》等有关法律、法规的规定，制定本办法。省属国有企业改制为国有参股或国有资本退出的企业，适用本办法。

第二条　省属国有企业改制应按照因企制宜、依法操作、分类实施的原则，规范有序地处理劳动保障有关问题。

第三条　省属国有企业改制须经国有资产管理机构或主管部门批准，并制定职工安置方案。企业制订职工安置实施方案，要广泛听取工会和职工的意见，经职工代表大会或职工大会审议通过并形成决议，按规定组织实施。

第四条　改制企业应妥善安置职工和离退休人员，在职工自愿的前提下，改制企业原则上应当全部接收安置原企业职工。

第五条　企业应当根据改革的不同方式，分类确定计算职工安置费用基准日：改制企业以资产评估基准日为计算职工安置费用基准日；解散或撤销的企业，以企业股东大会（董事会）决议或上级主管部门批准解散或撤销之日为计算职工安置费用基准日。

第六条　企业改制后，按照《中华人民共和国劳动合同法》有关规定，原企业与职工签订的劳动合同继续履行。

第七条　企业改制时计算职工安置费用基准日在册的职工，经本人书面申请、企业同意不到改制后企业工作的，企业应当在国有资产处置日前与其办理解除劳动关系手续，并按照《中华人民共和国劳动合同法》有关规定支付经济补偿金等费用。

第八条　企业改制时计算职工安置费用基准日之前 12 个月的工资发放情况，省属一级企业报主管部门审核，权属企业按集团内部审核程序审核。

第九条　企业改制时，职工按照本办法第七条规定应享受的经济补偿金按照有关财务管理规定一次性扣除、预提，并由改制企业在与职工解除劳动关系时一次性支付给职工。

第十条　企业改制前已经与原企业解除或终止劳动合同的职工，不能再回原企业参加改制。

第十一条　省属国有企业使用的原“混岗集体职工”按照国有企业职工参与改制。省属国有企业出资但注册为集体企业的，改制时可以参照本办法安置职工。

第十二条　企业改制前，应当依照国家和省有关政策规定清理各种劳动关系不规范的人员，依法理顺劳动关系。对停薪留职、放长假等离岗人员，依照有关规定清理后仍保留劳动关系的，列入企业改制的人员范围。挂名挂靠等不存在劳动关系的人员，不得列入企业改制的人员范围。

第十三条 改制后的企业应当按照统筹管理的规定重新进行社会保险登记，参加各项社会保险。企业和职工按规定继续缴纳社会保险费，职工在改制前后的缴费年限（含视同缴费年限）合并计算。养老保险省直管参保企业改制为国有参股或国有资本退出企业的，企业和职工的社会保险关系应转入当地社会保险经办机构管理。离退休人员的管理，按《转发国家经贸委等八部门〈关于国有大中型企业主辅分离辅业改制分流安置富余人员的实施办法〉的通知》（鲁经贸企字〔2003〕63号）有关规定执行。

第十四条 企业改制时，企业的工伤职工、患病或非因工负伤的职工、离退休人员、劳模、因病或非因工死亡职工遗属、因工死亡职工供养亲属、60年代精减下放人员等群体按照相关法律、法规、政策应当预留的费用，按照有关财务管理规定一次性扣除、预提，由改制后的企业按规定支付。

第十五条 为企业离退休人员预留的医疗费，应当一次性缴给当地医疗保险经办机构。为依法解散企业职工核定的安置费用，除企业欠缴的社会保险费、预留的离休干部费用以及1—4级工伤职工和因工死亡职工供养亲属有关费用须向有关部门或机构缴纳或移交外，职工经济补偿金、5—10级工伤职工以及因病死亡职工遗属有关待遇等应当在企业解散程序终结前一次性支付给职工和有关人员。为改制企业职工预留的、需要在未来分期支付或缴纳的费用，由改制后的企业保管并按规定分期支付给职工或向社会保险经办机构缴纳。在改制后企业按期、及时、足项、足额地支付或缴纳职工安置费用的前提下，职工安置费用的结余部分归改制后企业所有，不足部分由改制后企业补足。企业改制时预留的有关费用，改制后新增支付项目或者调整支付标准的，由改制后企业按规定支付。

第十六条 企业改制前拖欠的职工工资、医药费、离退休人员养老金和欠缴的社会保险费，经主管或监管部门确认后，按照有关财务管理规定一次性扣除、预提，对已计入费用的，不得重复计算。

企业拖欠的职工工资（包括津贴、补贴等），按照省政府办公厅《关于进一步解决企业拖欠工资问题的通知》（鲁政办发电〔2002〕22号）的规定处理。

企业拖欠的职工医药费，按企业原医药费报销规定据实核定，并由企业在办理工商登记前向职工支付完毕。

企业欠缴的社会保险费，经社会保险经办机构证明，主管或监管部门确认，按照有关财务管理规定一次性扣除、预提，由改制后的企业补缴。

第十七条 企业改制时，须将职工安置方案和劳动保障费用中涉及职工权益等内容面向全体职工进行公示，公示期不少于7天。

第十八条 省属国有企业改制是一项政策性很强的工作，关系到职工群众的切身利益和社会稳定，要有计划、有步骤地组织实施。有关部门要加强指导和服务，密切配合，共同做好这项工作。

第十九条 本办法由省人力资源社会保障厅、省国资委依据职责负责解释。

第二十条 本办法自2018年7月26日起实施，有效期至2023年7月25日。《省属国有企业改制劳动保障有关问题处理办法》（鲁劳社〔2004〕5号）、《关于省属国有企业改制职工安置方案审核有关问题的通知》（鲁劳社函〔2005〕3号）、《关于省属国有企业改革职工安置有关问题的补充通知》（鲁劳社〔2006〕81号）同时废止。

山东省人力资源和社会保障厅、山东省财政厅
关于审核认定省属特困转制单位有关问题的通知

（2018 年 9 月 13 日　鲁人社规〔2018〕14 号）

省直各部门（单位）：

为加快推进省属事业单位转企改制工作，进一步健全完善省属特困转制单位认定办法，根据省委办公厅省政府办公厅《关于从事生产经营活动事业单位转制为企业的意见》（鲁办发〔2014〕31 号）现就省属特困转制单位的认定问题通知如下：

一、认定部门

省人力资源社会保障厅、省财政厅按职能负责省属特困转制单位的认定，核实确认转企改制相关费用，监督检查转企改制相关费用的落实和使用情况。

二、认定条件

省属转企改制事业单位出现下列情况之一的，可认定为特困转制单位：

1. 单位无力支付职工最低工资连续6个月以上。
2. 主营业务基本停顿，职工仅发生活费。

三、认定程序

（一）申报审核。符合上述认定条件的转制单位提出申请，填写《省属特困转制单位申请认定表》（见附件 1），同时附上年度财务决算、工资发放表等相关材料报主管部门（举办单位），由主管部门（举办单位）初审后，送省人力资源社会保障厅、省财政厅。

（二）审核认定。省人力资源社会保障厅对申报材料进行核实，提出初步审核意见后，送省财政厅会签。审核通过的，省人力资源社会保障厅、省财政厅分别将相关单位名单在本单位门户网站进行公示，公示期为 5 个工作日。公示期满无异议的，由省人力资源社会保障厅、省财政厅行文公布认定结论。

（三）资金申请。审核通过的单位向主管部门（举办单位）提交转企改制相关费用的详细台账，经审核同意后，由主管部门（举办单位）分别送省人力资源社会保障厅、省财政厅，相关费用纳入省财政保障范围。

（四）定期复核。已经认定为特困转制单位的，依据上年度单位经营状况、经济效益和职工工资发放情况，每年 1 月份填写《省属特困转制单位申请复核表》（见附件 2）向省人力资源社会保障厅、省财政厅申报复核，确定是否继续纳入特困转制单位范围，不按期申报复核的单位，自动取消特困单位相关费用支持，相关费用停拨。

四、有关要求

各转制单位和主管部门（举办单位）要严格相应政策规定，实事求是、认真负责的申报，不允许虚报、瞒报。省人力资源社会保障厅、省财政厅将采取“双随机、一公开”的方式，对批准认定的特困转制单位进行监督检查，建立举报制度。如发现虚报、瞒报等弄虚作假的单位，将取消其特困转制单位资格和待遇，依法依规依纪追究有关人员的责任。

本通知自 2018 年 11 月 1 日起施行，有效期至 2023 年 10 月 31 日。《山东省人力资源社会保障厅　山东省财政厅关于审核认定省属特困转制单位有关问题的通知》（鲁人社发〔2016〕36 号）不再执行。

附件：

1. 省属特困转制单位申请认定表（略）
2. 省属特困转制单位申请复核表（略）

山东省人力资源和社会保障厅、山东省司法厅、山东省总工会 关于印发山东省劳动人事争议法律援助实施办法的通知

（2018 年 12 月 4 日　鲁人社规〔2018〕20 号）

各市人力资源社会保障局、司法局、总工会：

现将《山东省劳动人事争议法律援助实施办法》印发给你们，请结合实际认真贯彻执行。

山东省劳动人事争议法律援助实施办法

第一章　总　则

第一条　为促进和规范劳动人事争议法律援助工作，依法及时为符合条件的劳动者提供法律援助，根据《中华人民共和国劳动争议调解仲裁法》《法律援助条例》《山东省法律援助条例》等有关法律法规规定，制定本办法。

第二条　本办法所称劳动人事争议法律援助，是指法律援助机构指派法律援助人员，依法为符合条件的劳动者参加劳动人事争议调解仲裁活动提供法律援助服务，以保障其合法权益得以实现。

第三条　各级人力资源社会保障行政部门及其劳动人事争议仲裁机构、司法行政部门及其所属法律援助机构、工会组织应积极推动在劳动人事争议仲裁机构设立法律援助工作站，健全劳动人事争议法律援助工作机制，为劳动人事争议法律援助工作开展创造良好条件。

第二章　劳动人事争议法律援助工作站

第四条　劳动人事争议法律援助工作站（以下简称法律援助工作站）的设立：

（一）设立法律援助工作站，由劳动人事争议仲裁机构向同级法律援助机构提出，经法律援助机构报主管部门批准设立；

（二）法律援助工作站设立在劳动人事争议仲裁机构，由劳动人事争议仲裁机构提供必要的办公场所和办公设施设备；

（三）法律援助工作站日常工作由劳动人事争议仲裁机构管理，接受法律援助机构的业务指导。法律援助机构或工会组织根据工作需要，定期派法律援助人员到工作站开展工作。

第五条　法律援助工作站的主要职能：

（一）受理并初审法律援助案件申请，将符合条件的申请报送法律援助机构核准；

（二）解答劳动人事争议仲裁申请者法律咨询；

（三）开展劳动人事争议调解仲裁法律、法规、政策宣传和法律援助宣传；

（四）向法律援助机构报送工作情况和信息；

（五）履行其他法律援助职能。

第六条　劳动人事争议法律援助人员，应当由热心劳动人事争议处理工作，公道正派，熟悉劳动人事争议相关法律专业知识的人员担任。

第三章　劳动人事争议法律援助范围和形式

第七条　依法参加劳动人事争议调解仲裁活动的劳动者具备以下条件之一的，可以申请劳动人事争议法律援助：

（一）因经济困难没有委托代理人的。经济困难的标准按照接受申请的法律援助机构所在县（市、区）城乡居民上一年度最低生活保障标准

的两倍执行；

（二）因重大疾病、自然灾害或者其他不可抗力因素导致无力支付法律服务费用的；

（三）符合其他法律援助条件的。

第八条 劳动人事争议法律援助的形式：

（一）接待来信来访，提供法律咨询；

（二）参与劳动人事争议调解；

（三）代拟法律文书；

（四）接受调解仲裁案件委托；

（五）其他形式。

第九条 符合本办法规定条件，经法律援助机构核准获得法律援助的申请人为受援人。

在劳动人事争议法律援助过程中，受援人享有以下权利：

（一）了解为其提供法律援助活动的进展情况；

（二）有权要求法律援助机构及相关部门对其提供的涉及个人的有关信息予以保密；

（三）有事实证明法律援助人员未依法履行职责的，可以要求法律援助机构予以更换。

在劳动人事争议法律援助过程中，受援人应当履行以下义务：

（一）提供能够证明其经济困难状况的证明或材料；

（二）及时提供有关证据材料，如实陈述案件事实及相关的情况；

（三）协助法律援助人员调查案件事实。

第四章 劳动人事争议法律援助程序

第十条 申请法律援助，除国家另有规定外，由申请人向有管辖权的劳动人事争议仲裁机构的法律援助工作站提出。

第十一条 申请法律援助，应当提交以下材料：

（一）居民身份证、户籍证明或其他有效的身份证明；

（二）有关单位出具的申请人及其家庭经济状况证明；

（三）与所申请法律援助事项相关的证明及证据材料。

第十二条 对法律援助案件的申请，按以下规定进行审查：

（一）是否属于本法律援助工作站受理范围；

（二）是否符合本办法规定的法律援助条件。

法律援助工作站认为申请人提供的材料不齐全或不符合法定形式的，应一次性告知申请人补充完备或作必要的说明。申请人未按照要求作出补充或说明的，视为撤销申请。

第十三条 法律援助工作站受理申请后，应当按照法律援助的条件进行初审，并在五个工作日内作出是否给予法律援助的初审决定。

（一）对经初审符合法律援助条件的申请人，提供法律咨询，必要时为其代拟法律文书，提供法律意见和进行调解，并对所做的上述工作进行登记，报法律援助机构备案。确需指派代理人进行仲裁的，指导当事人填写《法律援助申请表》，并将当事人的申请材料和与案件相关的证明材料，一并报送法律援助机构复核，经法律援助机构核准后，为受援人办理法律援助手续；

（二）对经初审不符合法律援助条件的申请人，作出不予法律援助的初审决定，及时通知申请人，并说明不予法律援助的理由。申请人对法律援助工作站的不予法律援助初审决定有异议的，可以要求重新审议一次，或者直接向法律援助机构提出申请；

（三）对经核准不符合法律援助条件的，由法律援助机构作出不予法律援助的书面决定，并说明理由。

第五章 工会劳动人事争议法律援助特别规定

第十四条 劳动者请求支付劳动报酬或者社会保险待遇的劳动人事争议案件，均可向工会组织申请法律援助，不受本办法规定的经济困难条件限制。

第十五条 劳动者向工会组织申请法律援助应当提交以下材料：

（一）居民身份证、户籍证明或其他有效的身份证明；

（二）与所申请法律援助事项相关的证明及证据材料。

第十六条 劳动者向工会组织申请法律援助

后，由工会组织按照工会法律援助程序办理，并指派法律援助人员。法律援助案件办结后，法律援助人员应当及时向工会组织提报有关材料。

第六章 法律援助人员职责

第十七条 法律援助人员在接受指派后，应当依照有关规定履行法律援助义务，无正当理由不得拒绝、延迟或者中止、终止法律援助。

仲裁后受援人提起诉讼仍需法律援助的，无特殊情况仍由仲裁时提供法律援助的法律援助人员继续提供法律援助。

第十八条 法律援助人员办理法律援助事项时，应当按照要求向有关机关、单位提交法律援助机构出具的公函，并为受援人保守秘密。

第十九条 法律援助人员在案件办结后，应当及时向法律援助工作站报送案件相关材料。

第二十条 法律援助人员应当遵守职业道德和执业纪律，依法开展法律援助工作。有下列行为之一的，法律援助机构应当取消其法律援助人员资格，并依照有关规定进行处理：

（一）索要、收受受援人财物的；

（二）收受对方当事人财物，损害受援人权益的；

（三）接受指派后，无正当理由拒绝、延迟或者中止、终止办理指定事项的；

（四）因违法犯罪被追究刑事、行政责任的；

（五）其他损害法律援助工作的行为。

第七章 附 则

第二十一条 各级司法行政部门要按照法律援助相关经费管理办法，对调解仲裁法律援助工作人员适当发放补助。各级司法行政部门和工会组织对办理法律援助案件的律师按规定申报法律援助案件补贴。

第二十二条 本办法由山东省人力资源和社会保障厅、山东省司法厅、山东省总工会负责解释。

第二十三条 本办法自 2019 年 1 月 7 日起施行，有效期至 2022 年 1 月 6 日。

山东省人力资源和社会保障厅

关于实施失业保险援企稳岗“护航行动”的通知

（2018 年 2 月 5 日 鲁人社办发〔2018〕9 号）

各市人力资源社会保障局，省社会保险事业局：

为贯彻落实《人力资源社会保障部办公厅关于实施失业保险援企稳岗“护航行动”的通知》（人社厅发〔2017〕129 号）精神，结合实际，经研究决定从 2018 年至 2020 年在全省范围内实施失业保险援企稳岗“护航行动”。现就有关问题通知如下：

一、护航行动目标

通过“护航行动”，推动各地全面、规范实施失业保险支持企业稳定岗位政策，实现“两个全覆盖”，即符合条件的统筹地区政策全覆盖，符合申领条件的企业政策全覆盖，为企业产业结构调整、新旧动能转换、脱困转型发展、防范失业风险、稳定就业局势保驾护航。

二、护航行动基本原则

（一）坚持全面落实和适度拓展并重原则。基金支撑能力一年以上的市，要全面、规范落实援企稳岗政策；基金支撑能力不足一年的市，要通过省级调剂资金，保障全面、规范落实援企稳岗政策，让所有符合条件企业受益，提高援企稳岗整体效能。

（二）坚持兜牢民生底线与助力企业发展并重原则。在确保按时足额发放失业保险待遇的前提下，突出对符合产业发展方向、暂时出现经营困难企业的政策支持，切实援助企业摆脱困境，实现产业结构调整、新旧动能转换。

（三）坚持加强管理和优化服务并重原则。既要加强基金监管，防范道德风险，又要以人为本，不断改进经办管理方式，积极推行信息化经办服务新模式。

三、护航行动措施

（一）坚持公平，在护航行动中全面落实政策。凡符合条件的企业，全部按规定享受稳岗补贴政策。实行内部退养的企业，退养期间企业和职工依法足额缴纳失业保险费的，享受稳岗补贴政策。劳务派遣企业按照以下情况分别享受稳岗补贴政策，劳务派遣企业的职工及签订劳动合同后没有派遣到用人单位的劳动者，劳务派遣企业为其缴纳社会保险费的，由劳务派遣企业享受稳岗补贴政策；劳务派遣企业派遣到用人单位的劳动者，且用人单位出资缴纳社会保险费的，由接受劳务派遣的用人单位享受稳岗补贴政策。

按照国家对失信责任主体实施联合惩戒的规定，严重违法失信企业，不享受稳岗补贴政策。根据国家规定，不符合产业发展方向、技术落后、没有市场前景、生产经营恢复无望的“僵尸企业”，不享受稳岗补贴政策。依据《中华人民共和国破产法》，进入破产程序且与职工解除劳动关系的企业，不享受稳岗补贴政策。

（二）强化管理，在护航行动中规范支出项目和科目。稳岗补贴主要用于职工生活补助、缴纳社会保险费、转岗培训和技能提升培训等支出，企业每年申请一次，可申报一项或多项，使用资金必须与审批项目相一致。企业申请的稳岗补贴资金，应于下次申请前使用完毕；企业集团申请的下属法人单位稳岗补贴资金，应及时拨付下属单位，不得到年底统一结算，不得留用。

（三）突破难点，使护航行动向纵深发展。一是合理界定困难企业。符合以下条件之一的企业，可认定为困难企业，单位面临生产困难出现较严重亏损情形的；单位连续3个月不能正常发放工资的；单位有20%以上职工处于待岗状态的。二是合理认定足额缴费。企业无欠缴失业保险费记录，且按上年度社会保险经办机构核定的缴费基数和规定费率缴费的，即可认定企业足额缴纳失业保险费。企业依法参加失业保险并长期足额缴纳失业保险费，申请时，因生产经营发生严重困难且按照规定经批准缓缴社会保险费的，不算欠缴失业保险费，缓缴期间可申请上年度已缴纳失业保险费的稳岗补贴资金。三是加大扶困扶危精准帮扶力度。对列入国家、省和市去产能任务较重的钢铁、煤炭、煤电等行业，可按照不高于上年度实际缴纳失业保险费总额的70%给予稳岗补贴。对发展前景好但生产经营遇到暂时性困难，未能按时足额缴纳失业保险费的企业，在补缴欠费后，符合条件的，可申请以前年度稳岗补贴政策。

（四）强化服务，在护航行动中增强企业的获得感。各市要增强主动服务意识，将稳岗补贴政策及时送到企业，特别是稳岗补贴发放率较低的市，要认真分析原因，主动对接，落实政策。各市要积极推广使用稳岗补贴实名制信息系统，减少手工操作环节，实现稳岗补贴申请、审批、公示、发放业务流程的全程信息化，为企业申报提供方便快捷服务。各市要通过信息化手段，努力实现稳岗补贴信息系统与其他信息系统的信息共享，积极运行信息比对等技术手段审核企业参保缴费及人员变化情况。各市要充分运用大数据思维，深度挖掘数据价值，对企业享受补贴等情况开展多角度分析，为各级政府决策提供翔实、准确、鲜活的一手材料，切实提高政策效应。各市要建立稳岗补贴政策落实情况督导检查制度，建立稳岗补贴政策实效评估机制，适时进行使用情况绩效评估。

（五）严格审批，在护航行动中维护基金安全。各市要强化享受稳岗补贴企业信息公示制度，主动接受社会监督；要深入梳理资金风险点，重点查找骗取套取、贪污受贿、利益输送等问题隐患，对违规问题，一经发现要按规定严肃处理。要建立稳岗补贴资金管理和使用监督制度，通过多种形式对稳岗补贴资金使用情况进行跟踪监督，确保稳岗补贴资金安全、规范使用。符合条件的企业，可定期申报、也可随时申报，经办机构要积极受理、及时审核。

（六）加大宣传，使护航行动家喻户晓。各市要充分利用电视专场、报刊专栏、在线访谈、网上对话和现场咨询等多种宣传形式，广泛宣传稳岗补贴政策，进一步增进企业、职工和社会各界政策的知晓度。要定期组织业务培训，做好政策解读，不断提高经办人员的政策水平，服务意识、业务素质和执行能力，为推进援企稳岗政策落实提供有力保障。要充分运用大数据思维，深度挖掘数据价值，对企业享受补贴等情况开展多角度分析，为各级政府决策提供翔实、准确、鲜活的一手材料，切实提高政策效应。

三、护航行动要求

各市要充分认识经济发展新常态下加强援企稳岗实施"护航行动"的重要性，高度重视，将"护航行动"作为助力企业脱困发展、稳定就业局势的一项重要举措，进一步增强责任感和使命感，切实加强组织领导，明确职责分工，抓好工作落实。各市要全面部署实施，定期检查、调度、通报各统筹地区稳岗补贴工作进展，及时解决遇到的问题，确保工作扎实推进。在活动期间，各市要在每年一季度组织开展一次护航行动宣传活动，并于每年 1 月 15 日前向省厅就业失业处报送上年度"护航行动"实施情况，包括进展情况、存在问题、典型经验和下步打算。省厅将视情在全省内推广宣传各市经验。

山东省人力资源和社会保障厅
关于认真贯彻落实"互联网 + 调解仲裁"2020 行动实施计划的通知

（2018 年 9 月 26 日　鲁人社办发〔2018〕28 号）

各市人力资源社会保障局：

近日，人力资源社会保障部办公厅印发了《"互联网 + 调解仲裁"2020 行动实施计划》（人社厅发〔2018〕83 号），明确了 2018 至 2020 年"互联网 + 调解仲裁"工作的指导思想、基本原则、总体目标和具体任务。为深入贯彻落实通知精神，加快推进我省"互联网 + 调解仲裁"工作，现将有关问题通知如下：

一、进一步提高对"互联网 + 调解仲裁"工作重要性的认识

"互联网 + 调解仲裁"是"互联网 + 人社"的重要组成部分，是推动调解仲裁工作创新发展的重要支撑和保障，对提高劳动人事争议处理效能和公共服务能力，提升调解仲裁工作标准化、规范化、信息化水平具有重要意义。近年来，全省各级人力资源社会保障部门积极推动调解仲裁信息化建设，取得了明显成效，调解仲裁办案系统实现了推广应用全覆盖，仲裁在线办案率达到 80% 以上，仲裁办案和仲裁员管理信息化水平不断提升。但是，调解仲裁信息化还存在认识不够到位、发展不够平衡、保障不够充分等问题，成为影响事业发展的"瓶颈"。各市要进一步提升对做好"互联网 + 调解仲裁"工作重要性和紧迫性的认识，将抓好"互联网 + 调解仲裁"2020 行动实施计划作为当前和今后一个时期调解仲裁工作的重要任务，以扎实的工作措施推动"互联网 + 调解仲裁"工作不断创新发展。

二、高质量推动"互联网 + 调解仲裁"工作开展

（一）推进调解仲裁办案系统建设。按要求做好办案系统升级工作，完善法律法规库和案例库，统一仲裁文书，实现类案法律政策推送等功能。加快推进仲裁线上实时办案，人力资源社会保障部发布《全国劳动人事争议仲裁案件信息监测指标》后，尽快对办案系统作修改完善，关闭办案系统"事后补录"功能，全面开展线上实时办案。各市要切实研究解决办案系统终端数量偏少、人员操作不熟练等问题，为在线实时办案打下良好基础。进一步提升仲裁在线办案率，2018 年底前要达到 90% 以上，2019 年底前要达到 95% 以上，2020 年底前达到 100%。积极推动数字仲裁庭和智能仲裁院建设，完善仲裁庭和仲裁院相关设施设备配置，为信息化开展提供硬件支撑。

（二）做好仲裁机构及其工作人员管理信息系统应用工作。

按照《全国劳动人事争议仲裁机构及其工作人员管理信息系统数据信息核准操作指南》，认真做好数据信息的核准填报工作，并从 2018 年第四

季度起按季度更新系统数据信息。加强对系统的实时动态管理，赋予县级仲裁机构对系统的管理维护权限，建立上下联动、分级负责、层层落实工作机制，及时更新机构人员数据信息，确保数据真实、完整、准确。强化系统应用，依托系统实施绩效考核，增强仲裁培训和工作指导的针对性。2018 年底前要建立全省仲裁员名册并以适当方式公开。

（三）推进仲裁案件实时监控系统建设和仲裁案件信息监测系统应用。结合本省实际，加快研究开发仲裁案件实时监控系统，实现对全省各级仲裁机构办案的全程实时监控。加强全国仲裁案件信息监测系统应用工作，2018 年积极配合做好系统的试运行工作；2019 年按月报送监测数据信息，落实校核标准，提高数据信息质量；2020 年实现争议案件情况实时监测，进一步提高数据信息质量，不断加强监测成果应用，做好争议风险防控。

（四）推进调解仲裁服务平台建设。强化调解平台的应用，2018 年第四季度配合做好平台试运行工作，建立网上调解员库，选派优秀调解员仲裁员开展网上调解工作，加强工作指导、考核及培训；2019 年加大调解平台使用力度，确保各市都有调解组织运用调解平台开展工作；2020 年全面推广应用调解平台。加快建立仲裁网上服务平台，2019 年研究开发并全面推广应用仲裁预立案系统，开展网上预约申请仲裁等服务；2020 年研究开发在线庭审系统，逐步实现争议案件网上处理，探索裁决书网上公开。加快建立裁审衔接数据信息共享平台，2019 年开展工作调研并制定裁审衔接数据信息共享平台建设方案；2020 年开发并全面推广应用裁审衔接数据信息共享平台。

三、加强组织领导，确保工作落实

（一）加强组织领导。各市要尽快成立“互联网 + 调解仲裁”工作领导小组，强化对调解仲裁信息化工作的组织领导。要建立工作责任制，指定专人负责“互联网 + 调解仲裁”推进工作，确保工作有序高效开展。

（二）加强沟通协调。各市调解仲裁机构要加强“互联网 + 调解仲裁”工作调研，及时提出需求。信息中心要积极支持调解仲裁信息化工作开展。调解仲裁机构和信息中心要强化沟通协调和工作配合，共同研究解决工作中遇到的问题，促进调解仲裁业务与信息技术融合创新，切实发挥信息化的引领保障作用。

六、工资收入分配改革

山东省人民政府
关于公布全省最低工资标准的通知

（2018 年 4 月 26 日　鲁政字〔2018〕80 号）

各市人民政府，各县（市、区）人民政府，省政府各部门、各直属机构，各大企业，各高等院校：

根据我省经济社会发展和职工工资水平增长等情况，经人力资源社会保障部审核，我省确定调整最低工资标准。现公布如下：

一、调整后的全省月最低工资标准为 1910 元、1730 元、1550 元；小时最低工资标准为 19.1 元、17.3 元、15.5 元（各市最低工资标准见附件）。

二、月最低工资标准适用于全日制就业劳动者；小时最低工资标准适用于非全日制就业劳动者。

三、调整后的最低工资标准从 2018 年 6 月 1 日起执行，鲁政字〔2017〕86 号文件同时废止。

四、各地要加强对《最低工资规定》（原劳动和社会保障部令第 21 号）和最低工资标准的宣传，在当地主要媒体上公布最低工资标准，让用人单位、劳动者和公众广为了解。要进一步加强对用人单位执行最低工资标准情况的监督检查，依法查处违反《最低工资规定》的行为，切实维护劳动者合法权益。

附件：各市最低工资标准表

各市最低工资标准表

地区	月最低工资标准	小时最低工资标准
济南市：历下区、市中区、槐荫区、天桥区、历城区 青岛市：市南区、市北区、黄岛区、崂山区、李沧区、城阳区、即墨区 淄博市：淄川区、张店区、临淄区 东营市所辖县（区） 烟台市：芝罘区、福山区、牟平区、莱山区、龙口市、莱州市、蓬莱市、招远市 潍坊市：潍城区、寒亭区、坊子区、奎文区、诸城市、寿光市 威海市所辖市（区）	1910 元	19.1 元
济南市：长清区、章丘区、平阴县、济阳县、商河县 青岛市：胶州市、平度市、莱西市 淄博市：博山区、周村区、桓台县 枣庄市：市中区、滕州市 烟台市：莱阳市、栖霞市、海阳市、长岛县 潍坊市：青州市、安丘市、高密市、昌邑市、临朐县、昌乐县 济宁市：任城区、兖州区、曲阜市、邹城市、微山县 泰安市：泰山区、新泰市、肥城市 日照市所辖县（区） 莱芜市所辖区 临沂市：兰山区、罗庄区、河东区 滨州市：滨城区、博兴县、邹平县	1730 元	17.3 元
淄博市：高青县、沂源县 枣庄市：薛城区、峄城区、台儿庄区、山亭区 济宁市：鱼台县、金乡县、嘉祥县、汶上县、泗水县、梁山县 泰安市：岱岳区、宁阳县、东平县 临沂市：沂南县、郯城县、沂水县、兰陵县、费县、平邑县、莒南县、蒙阴县、临沭县 德州市所辖县（市、区） 聊城市所辖县（市、区） 滨州市：沾化区、惠民县、阳信县、无棣县 菏泽市所辖县（区）	1550 元	15.5 元

山东省人民政府
关于发布 2018 年企业工资指导线的通知

（2018 年 4 月 26 日　鲁政字〔2018〕81 号）

各市人民政府，各县（市、区）人民政府，省政府各部门、各直属机构，各大企业，各高等院校：

根据我省经济社会发展和企业职工工资状况，经人力资源社会保障部审核，我省以 2017 年全省企业在岗职工平均工资估算数 62305 元为基数，确定了 2018 年企业工资指导线。现发布如下：

（一）企业职工货币工资增长上线：11%。

（二）企业职工货币工资增长基准线：7%。

（三）企业职工货币工资增长下线：3%。

各市人民政府应根据本通知制定实施意见。企业应当贯彻按劳分配、同工同酬原则，建立职工工资正常增长机制。企业应在政府发布工资指导线 30 日内，与职工开展工资集体协商，制定工资调整实施方案，并向人力资源社会保障部门备案。

山东省人民政府
关于改革国有企业工资决定机制的实施意见

（2018 年 12 月 29 日　鲁政发〔2018〕34 号）

各市人民政府，各县（市、区）人民政府，省政府各部门、各直属机构，各大企业，各高等院校：

为贯彻落实《国务院关于改革国有企业工资决定机制的意见》（国发〔2018〕16 号），结合我省实际，制定以下实施意见。

一、改革工资总额决定机制

（一）改革工资总额确定办法。进一步确立国有企业的市场主体地位，发挥企业党委（党组）领导作用，依法落实董事会的工资分配管理权。国有企业按照国家工资收入分配宏观政策要求，根据企业发展战略和薪酬策略、年度生产经营目标和经济效益，综合考虑劳动生产率和人工成本投入产出率、职工工资水平市场对标等情况，结合政府发布的年度企业工资指导线，合理确定年度工资总额。充分参与市场竞争、盈利水平高、法人治理结构完善、内部管理规范的国有企业，可以自主确定年度工资总额。

（二）完善工资效益联动机制。建立健全与劳动力市场基本适应、与国有企业经济效益和劳动生产率挂钩的工资联动机制，实现工资效益同向联动，职工工资能增能减。

1. 健全工资效益同向联动机制。国有企业经济效益增长的，当年工资总额适度增长；国有企业经济效益下降的，除受政策调整等非经营性因素影响外，当年工资总额原则上相应下降。

2. 明确企业工资总额增减限制。国有企业经济效益增长的，当年工资总额增长幅度不得超过经济效益增长幅度；国有企业经济效益下降的，当年工资总额下降幅度不得超过经济效益下降幅度。

国有企业工资分配要做到既有激励又有约束、既讲效率又讲公平。依据政府发布的企业工资指导线确定工资总额，工资总额年增幅原则上不得超过 30%，工资总额年降幅原则上不得超过 20%，职工工资固定部分原则上只增不减。

企业未实现国有资产保值增值的，工资总额不得增长，或者适度下降。

3. 合理调控工资总额增减幅度。国有企业经济效益增长，但当年劳动生产率未提高、上年人工成本投入产出率低于行业平均水平或者上年职工平均工资达到全国城镇单位就业人员平均工资 3 倍的，当年工资总额应适当少增；主业处于非充分竞争行业和领域的企业，上年职工平均工资达到全国城镇单位就业人员平均工资 2 倍的，当年工资总额应适当少增，且职工平均工资增长幅度不得超过政府发布的企业工资指导线基准线。

国有企业经济效益下降，但当年劳动生产率未下降、上年人工成本投入产出率明显优于行业平均水平或者上年职工平均工资低于全国城镇单位就业人员平均工资 80% 的，当年工资总额可适当少降。

国有企业按照工资效益联动机制确定工资总额，原则上增人不增工资总额、减人不减工资总额，但发生兼并重组、新设企业或机构、规模性增减人员等情况的，可以合理增加或者减少工资总额。

（三）分类确定工资效益联动指标。根据企业功能性质定位、行业特点，科学设置联动指标。工资效益联动指标原则上为 1 至 2 个，最多不超过 4 个。

1. 商业一类国有企业主要选取利润总额（或净利润）、经济增加值、净资产收益率等指标。

2. 商业二类国有企业主要选取利润总额、国有资本保值增值率、营业收入、任务完成率等指标。

3. 公益类国有企业主要选取营业收入或主营业务收入、利润总额等指标。

4. 金融类国有企业主要选取净利润（或利润总额）、营业收入、不良贷款率、案件风险率等指标。

5. 文化类国有企业应同时选取社会效益和经济效益指标。社会效益指标主要选取政治导向、文化创作生产和服务、受众反映、社会影响等指标；经济效益指标主要选取营业收入、利润总额、国有资本保值增值率等指标。

劳动生产率指标一般以人均利润、人均增加值为主，根据企业实际情况，可选取人均营业收入、人均工作量等指标；人工成本投入产出率指标主要选取人事费用率、人工成本利润率指标。

对缺少行业对标主体的，应选取同功能性质企业或具有较强可比性的竞争类行业对标。

二、改革工资总额管理方式

（一）全面实行工资总额预算管理。国有企业全面实行工资总额预算管理，工资总额预算方案由国有企业根据工资收入分配政策和企业实际自主编制，按规定履行内部决策程序后，履行出资人职责机构对所监管企业工资总额实行备案制或核准制管理。

（二）规范工资总额预算方案的编制范围和程序。国有企业年度工资总额预算方案编制范围，原则上与上年度财务决算合并报表范围一致。企业应当按照“自下而上、上下结合、分级编制、逐级汇总”的程序，依据企业国有资产产权隶属关系，以企业法人为单位，层层组织做好工资总额预算方案编制工作。

（三）完善工资总额预算监管方式。根据国有企业功能性质定位、行业特点和法人治理结构完善程度，结合工资分配管理规范情况，实行工资总额分类监管。

1. 对商业一类国有企业，工资总额预算原则上实行备案制。其中，未建立规范董事会、法人治理结构不完善、内控机制不健全的企业，经履行出资人职责机构认定，其工资总额预算应当实行核准制。

2. 对其他国有企业，工资总额预算原则上实行核准制。其中，已建立规范董事会、法人治理结构完善、内控机制健全的企业，经履行出资人职责机构同意，其工资总额预算可以实行备案制。

3. 实行备案制管理的企业，如果出现工资总额管理不规范或者工资分配存在重大违规行为，履行出资人职责机构可将其工资总额预算调整为核准制管理。实行核准制管理的企业，如果近三年工资总额管理规范、未发生工资分配重大违规行为，履行出资人职责机构可将其工资总额预算调整为备案制管理。

（四）合理确定工资总额预算基数。国有企业工资总额预算以履行出资人职责机构审核清算的上年度工资总额为基数。履行出资人职责机构未审核清算的，原则上以上年度实发工资总额为基数；上年度实发工资总额低于前三年平均数的，可以前三年工资总额平均数为基数。经济效益和劳动生产率明显高于行业平均水平，职工工资水平低于全国城镇单位就业人员平均工资 60% 的，工资总额预算基数可以适当调整。新组建的国有企业，可以按照同级同类国有企业职工平均工资和实有职工人数合理确定工资总额预算基数。

（五）合理确定工资总额预算周期。国有企业工资总额预算一般按年度进行管理。对行业周期性特征明显、经济效益年度间波动较大的或存在其他特殊情况的国有企业，工资总额预算可探索按周期进行管理，周期最长不超过三年，周期内的工资总额增幅不超过同期经济效益增幅。国有企业培养、引进高层次人才，其工资纳入企业工资总额，短期难以获得效益的，可以探索单独实行周期制管理。

（六）强化工资总额预算执行。国有企业应严格执行经备案或核准的工资总额预算方案。执行过程中，因企业外部环境或自身生产经营等编制预算时所依据的情况发生重大变化，需要调整工资总额预算方案的，应按规定程序进行调整。

履行出资人职责机构应加强对企业执行工资总额预算情况的动态监控和指导，并对预算执行结果进行清算。

三、完善企业内部工资分配制度

（一）完善企业内部工资总额管理制度。国有企业在经备案或核准的工资总额预算内，依法依规自主决定内部工资分配。

1. 国有企业应建立健全内部工资总额管理办法。根据所属企业功能性质定位、行业特点和生产经营等情况，指导所属企业科学编制工资总额预算方案，逐级落实预算执行责任，建立预算执行情况动态监控机制，确保实现工资总额预算目标。

2. 企业集团应合理确定总部工资总额预算。总部职工平均工资增幅原则上应低于本企业全部职工平均工资增幅。其中，集团总部属于企业利润中心的，集团总部职工平均工资增幅可适当调整。

（二）深化企业内部分配制度改革。国有企业要统筹考虑以具有竞争力的薪酬水平吸引和留住人才、提高劳动生产率、提升员工满意度、控制人工成本等因素，科学制定与企业发展战略相适应的薪酬策略。

1. 完善全员绩效考核制度。国有企业应建立健全全员绩效考核制度，使职工工资收入与其工作业绩和实际贡献紧密挂钩，合理拉开工资分配差距，调整不合理过高收入，切实做到考核科学合理、分配公平公正、工资能增能减、员工能进能出。坚持按劳分配为主体，统筹处理好劳动、资本、管理、技术等生产要素参与分配的关系，鼓励企业依据有关规定实行中长期激励，逐步完善按要素分配的体制机制。

2. 合理确定不同岗位工资水平。国有企业应在岗位评价的基础上，建立健全以岗位工资为主的基本工资制度，以岗位价值为依据，以业绩为导向，参照劳动力市场工资价位并结合企业经济效益、发展战略、薪酬策略，通过集体协商等形式合理确定不同岗位的工资水平。国有企业应当全面提高高层次领军人才待遇，推行年薪制、项目工资、技能津贴等灵活高效的人才薪酬制度，工资分配突出向生产一线岗位和高层次人才倾斜，提高关键岗位、关键人才的薪酬市场竞争力，确保能够有效吸引、激励和留住人才。企业非核心岗位的工资应逐步与劳动力市场价位接轨。

3. 强化人工成本调控管理。国有企业应逐步健全以工资总额管理为核心的人工成本调控管理体系，严格控制人工成本不合理增长。国有企业应当根据国家有关规定，结合自身实际，统筹规范所属企业福利保障制度，加强福利项目和费用管理。基本社会保险、住房公积金、企业年金、补充医疗保险、福利费等国家和省有明确规定的，要严格执行相关规定，不得超标准列支。经济效益下降的，福利性项目不得增加、水平不得增长；出现亏损的，原则上应当缩减福利性项目或降低水平。

（三）规范企业工资列支渠道。国有企业应调整优化工资收入分配结构，逐步实现职工收入工资化、工资货币化、发放透明化。严格清理规范工资外收入，将所有工资性收入一律纳入工资总额管理，不得在工资总额之外以其他方式列支任何工资性支出。

四、健全工资分配监管体制机制

（一）加强和改进政府对国有企业工资分配的宏观指导调控。各级人力资源社会保障部门负责对同级国有企业工资分配进行宏观指导和调控，改进和加强事前引导和事后监督。根据职责分工，负责建立企业薪酬调查和信息发布制度，定期发布不同职业的劳动力市场工资价位和行业人工成本信息；会同财政、国有资产监管等部门完善工资指导线制度，定期制定并提请政府发布企业工资指导线、非竞争类国有企业职工平均工资调控水平和工资增长调控目标。

（二）落实履行出资人职责机构的国有企业工资分配监管职责。履行出资人职责机构负责制定监管企业改革工资决定机制实施办法，做好所监管企业工资总额预算方案的备案或核准工作，加强对所监管企业工资总额预算执行情况的动态监控和执行结果的清算，并按年度将所监管企业工资总额预算执行情况报同级人力资源社会保障部门，由人力资源社会保障部门汇总报同级人民政府。同时，履行出资人职责机构可按规定将有关情况直接报告同级人民政府。

（三）完善国有企业工资分配内部监督机制。国有企业董事会应依照法定程序决定工资分配事项，加强对工资分配决议执行情况的监督。落实企业监事会对工资分配的监督责任。将企业职工工资收入分配情况作为厂务公开的重要内容，定期向职工公开，接受职工监督。

（四）建立国有企业工资分配信息公开制度。履行出资人职责机构、国有企业每年定期将企业工资总额和职工平均工资水平等信息通过履行出资人职责机构和国有企业官方网站等渠道向社会公布，接受社会公众监督。

（五）健全国有企业工资内外收入监督检查制度。人力资源社会保障部门会同财政、国有资产监管等部门，定期对国有企业执行工资收入分配政策情况进行监督检查，及时查处违规发放工资、滥发工资外收入等行为。加强与出资人监管机构和审计、税务、纪检监察、巡视等监督力量的协同，建立工作会商和信息共享机制，提高监督效能，形成监管合力。

国有企业应当依法依规合理确定年度工资总额，不得违反规定超提、超发工资总额。对企业存在超提、超发工资总额及其他违规行为的，应当扣回违规发放的工资总额，并视违规情形对企业负责人和相关责任人员依照有关规定给予经济处罚和纪律处分；构成犯罪的，由司法机关依法追究刑事责任。

五、做好组织实施工作

各市、各有关部门要切实加强对改革国有企业工资决定机制工作的领导，细化目标任务，明确责任分工，强化督促检查，及时研究解决改革中出现的问题，推动改革顺利进行。各市、县（市、区）可以结合当地实际研究制定改革国有企业工资决定机制实施办法，也可按照本实施意见，认真抓好贯彻落实。各级履行出资人职责机构要抓紧制定所监管企业的具体改革实施办法，由同级人力资源社会保障部门会同财政部门审核后实施。各级人力资源社会保障、财政、国有资产监管等部门和工会要各司其职，密切配合，共同做好改革工作，形成推进改革的合力。国有企业要自觉树立大局观念，认真执行国家有关改革规定，确保改革政策得到落实。要加强舆论宣传和政策解读，引导全社会正确理解和支持改革，营造良好社会环境。

本实施意见适用于我省各级政府出资的国有独资企业和国有控股企业。有关部门或机构作为实际控制人的企业，参照本实施意见执行。

本实施意见自2019年1月1日起实施，有效期至2023年12月31日。我省现行国有企业工资管理规定，凡与本实施意见不一致的，按本实施意见执行。

山东省人力资源和社会保障厅、山东省财政厅、山东省卫生和计划生育委员会、山东省中医药管理局关于扩大公立医院薪酬制度改革试点的通知

（2018年2月9日　鲁人社发〔2018〕8号）

各市人民政府：

根据人力资源社会保障部、财政部、国家卫生计生委、国家中医药管理局《关于扩大公立医院薪酬制度改革试点的通知》（人社部发〔2017〕92号）要求，经省政府同意，现就扩大我省公立医院薪酬制度改革试点范围通知如下：

一、认真学习把握有关政策精神

开展公立医院薪酬制度改革是深化医药卫生体制改革的重要组成部分，是实施健康中国战略的一项基础性工作。各市要以习近平新时代中国特色社会主义思想为指导，全面深入贯彻党的十九大精神，准确把握公立医院薪酬制度改革试点的指导思想、基本原则等，紧紧围绕改革主要内容，立足本地实际，明确工作思路，做好结合文章，高起点、高标准谋划好改革试点工作。

二、扎实有序推进改革试点工作

（一）摸清情况，搞好调查研究。各市要以这次改革试点工作为契机，开展调查摸底，全面掌握公立医院收入来源、工资水平、绩效考核及薪酬分配机制等情况。

（二）做好试点医院筛选工作。各市要在底子清、情况明的基础上，全面考虑前期综合医改

进展情况、财力状况、管理水平以及承担改革任务能力等因素，选取基础工作扎实、有代表性的公立医院开展试点工作。除潍坊市外，其他各市至少应选择1家公立医院开展薪酬制度改革试点工作。要坚持实事求是，与公立医院充分协商，在确保1家试点医院的基础上，宜多则多，合理确定试点医院数量，稳步推进改革。

（三）尽快制定试点实施方案。各市要按照人力资源社会保障部、财政部、国家卫生计生委、国家中医药管理局《关于开展公立医院薪酬制度改革试点工作的指导意见》（人社部发〔2017〕10号）精神，结合本地和试点医院实际，研究制定试点实施方案，明确路线图、时间表，细化改革措施，落实方法步骤，建立责任体系，并于2018年2月底前报省人力资源社会保障厅备案。试点工作从2017年12月开始，为期1年。

（四）积极推动试点实施方案落地见效。各市要加大工作推动力度，强化政策指导，充分发挥公立医院改革主体作用，完善体制机制，鼓励创新创造。加强工作调度，注重总结试点工作经验，加快形成可推广、可复制的改革模式，为全面深化改革打下坚实基础。

三、加强对试点工作的组织领导

为切实做好公立医院薪酬制度改革试点工作，省里成立了省公立医院薪酬制度改革试点工作协调指导小组，各市要参照省里做法，建立试点工作协调指导机制。进一步明确各部门责任分工和进度安排，抓好任务分解。人力资源社会保障部门牵头负责，发挥好综合协调作用；相关部门要凝聚改革共识，各司其职，密切配合。注重改革的整体性、系统性，坚持将公立医院薪酬制度改革与医院治理结构、运行机制、价格调整、医保支付、人事管理等改革协同推进，务求取得实效。

四、严肃工作纪律和要求

各市要加强对公立医院薪酬分配的监督管理，确保改革在正常轨道运行，督促试点医院严格执行国家工资政策，严肃分配纪律，对医务人员收受红包、回扣以及其他违反收入分配政策规定的，有关部门要依据《事业单位工作人员处分暂行规定》（人社部、监察部令第18号）、《违规发放津贴补贴行为处分规定》（监察部、人社部、财政部、审计署令第31号）等规定严肃处理。同时，要严格宣传工作纪律和要求，合理引导预期，避免无序炒作。

附件：山东省公立医院薪酬制度改革试点工作协调指导小组（略）

山东省人力资源和社会保障厅、山东省财政厅
关于山东省事业单位高层次人才收入分配激励机制的意见（试行）

（2018年11月20日　鲁人社发〔2018〕59号）

各市人民政府，省直各部门、单位：

为进一步激发我省事业单位高层次人才的创新创造活力，充分体现有效激励，根据《中共中央关于深化人才发展体制机制改革的意见》《国务院关于印发"十三五"国家科技创新规划的通知》（国发〔2016〕43号）、《国务院办公厅关于实行以增加知识价值为导向分配政策的若干意见》（厅字〔2016〕35号）、《中共山东省委关于深化人才发展体制机制改革的实施意见》（鲁发〔2016〕22号）等文件精神，经省政府同意，现就我省事业单位高层次人才收入分配激励机制提出以下意见。

一、总体要求

（一）指导思想。深入学习贯彻习近平新时代中国特色社会主义思想和党的十九大精神，实施人才强省和创新驱动发展战略，助推新旧动能

转换重大工程，深化人才发展体制机制改革，推进人才评价机制和事业单位人事制度改革，创新和改进分配方式，逐步形成符合事业单位高层次人才特点、有效激发活力、规范有序的事业单位高层次人才收入分配激励机制。

（二）基本原则。

坚持以增加知识价值为导向。通过明确分配导向、完善分配机制，使高层次人才收入与其创造的科学价值、经济价值、社会价值密切联系，切实增强事业单位高层次人才的荣誉感和获得感。

坚持效率优先，兼顾公平。引入市场分配机制，合理确定高层次人才待遇水平。同时，妥善处理高层次人才与其他工作人员之间的收入分配关系。

坚持灵活有效的分配形式。根据事业单位高层次人才特点和承担任务情况，采取灵活多样的收入分配激励办法，增强激励的针对性、实效性。

坚持分级分类管理。充分发挥地方政府和主管部门（举办单位，下同）主导作用，强化用人主体在高层次人才培养、吸引和使用中的主体责任，完善高层次人才收入分配管理体制机制，充分调动事业单位及高层次人才积极性。

二、实施范围

本意见实施范围为：经县以上党委政府人才工作部门认定的事业单位聘用或引进的高层次人才（含急需紧缺专业技术人才、管理人才和技能人才，以下简称高层次人才）。担任事业单位领导职务的高层次人才适用本规定，国家另有规定的，从其规定。

三、政策措施

（一）完善基本工资和人才津贴制度。事业单位正式聘用的编制内（人员控制总量内，下同）高层次人才执行国家统一的事业单位基本工资制度。我省事业单位中的中国科学院院士、中国工程院院士及为国家作出重大贡献的杰出人才，执行专业技术一级岗位工资标准；对其他高层次人才，可结合实际按规定及程序确定岗位等级，执行相应的岗位和薪级工资标准。

落实高层次人才特殊津贴政策。按照国家规定，适时提高院士津贴、政府特殊津贴标准。根据事业发展需要，适时建立基础研究、高新技术研究、重要公益领域、重大工程项目事业单位高层次人才特殊津贴项目。

（二）实行绩效工资倾斜。各级人力资源社会保障、财政部门在核定事业单位绩效工资总量时，要充分考虑事业单位高层次人才聚集情况。对高层次人才集中、知识技术密集、国家战略发展重点扶持、承担重大工作任务的单位给予倾斜，允许其突破一般事业单位绩效工资调控水平，适当高定绩效工资总量。

对事业单位聘用的中国科学院院士、中国工程院院士以及国家级人才项目人选等高层次人才所需绩效工资总量，原则上可在核定绩效工资总量时单列，并根据高层次人才使用情况及时调整。

对事业单位急需紧缺、业内认可的专业技术人才、管理人才和技能人才，可参考人才市场价格合理确定薪酬水平，经单位公示、报主管部门同意等程序后，向当地人力资源社会保障和财政部门申请核批所需绩效工资总量。主管部门要严格掌握人员标准，严格控制人员数量，处理好高层次人才与其他人员工资关系。

（三）实行灵活有效的分配方式。对事业单位高层次人才，可实行协议工资制、年薪制、项目工资制等灵活多样的分配办法。

1. 实行协议工资制。协议工资制是指事业单位对从事周期性较强、技术含量较高工作的急需紧缺高层次人才，可根据在聘用期内的岗位职责、目标要求，通过双方协商，以协议形式确定收入水平，协议工资应当包括国家规定的所聘岗位的基本工资。根据工作需要及拟聘用或已聘用的高层次人才的能力水平、市场价位，综合考虑预期效益及其周期性等因素，由双方协议确定工资水平，经主管部门同意后实施，并报同级人力资源社会保障部门备案。协议必须明确高层次人才的责任和目标任务、考核方式及奖惩等相关内容，协议工资期限一般一至三年。协议工资制适用于事业单位正式聘用的编制内高层次人才。

2. 实行年薪制。年薪制是指事业单位按照有关法律、法规和政策规定，对完成工作目标任务适宜以年度作为业绩考核周期、需要特殊激励的急需紧缺高层次人才，可以年度为单位，根据岗位职责和工作情况，确定高层次人才年度收入水平。事业单位对高层次人才实行年薪制，经主管部门同意后实施，并报同级人力资源社会保障部门备案。年薪一般包括基本年薪、效益年薪和奖金三部分。基本年薪应包括所聘岗位基本工资，按月发放。效益年薪根据年度任务指标完成情况，依据单位及主管部门对其考核结果发放。对超额完成预定任务指标、作出突出贡献的，可适当发放奖金。对不再适合实行年薪制的人员，应及时调整工资分配形式。年薪制适用于事业单位正式聘用的编制内高层次人才。

3. 实行项目工资制。项目工资制是指事业单位承担的重大科研项目、工程项目等工作任务中，根据高层次人才在项目周期内承担的阶段性任务，在项目经费中列支工资。项目工资分配办法由双方协商确定，在相关经费中列支，根据工作任务完成情况发放。项目工资制适用于事业单位因工作需要临时聘用或柔性引进的高层次人才。

高层次人才实行协议工资、年薪、项目工资制的，事业单位在协议工资、年薪、项目工资外不得再发放其他工资和工资性津贴补贴项目。高层次人才协议工资、年薪所需经费在绩效工资总量中单列，不作为本单位绩效工资调控基数。要建立高层次人才聘期任务目标考核制度，根据考核结果兑现相应薪酬。

（四）鼓励高层次人才创新创业。

1. 鼓励高层次人才积极参与科研创新。高层次人才及其所在团队承担本单位承接的财政科研项目、横向委托项目，可按规定从项目经费中领取报酬。其中，高层次人才及其所在团队成员属编制内人员的，其报酬纳入所在单位绩效工资总量管理，不作为绩效工资控制基数；按照《中华人民共和国促进科技成果转化法》及《国务院关于印发实施〈中华人民共和国促进科技成果转化法〉若干规定的通知》（国发〔2016〕16 号）等有关规定，对科研人员获得的职务科技成果转化现金奖励计入当年本单位绩效工资总量，但不受总量限制，不作为调控基数。高层次人才同时担任科研院所、高等院校正职领导，以及上述事业单位所属具有法人资格单位的正职领导，是科技成果主要完成人或对科技成果转化作出重要贡献的，可以按照促进科技成果转化法的相关规定获得现金奖励；高层次人才同时担任其他领导职务，可以按规定获得现金、股份或者出资比例等奖励和报酬。

2. 支持高层次人才兼职兼薪。高层次人才经单位同意，在履行好岗位职责、完成本职工作的前提下，到与本单位业务领域相近的企业、科研机构、高校、医院、社会组织等兼职的，或者利用与本人从事专业相关的创业项目在职创办企业的，除与单位另有约定外，兼职收入归个人支配，不纳入所在单位绩效工资总量管理。其中，高层次人才同时担任高等院校、科研院所正职领导的，不得到企业兼职；同时担任领导班子其他成员的，根据工作需要，经批准可在本单位出资的企业（包括全资、控股和参股企业）或者参与合作举办的社会服务机构兼职，兼职数量一般不超过 1 个，不得在兼职单位领取薪酬；同时担任高等学校、科研院所所属院系所及内设机构领导人员的，经批准可在社会服务机构或企业兼职，个人按照有关规定在兼职单位获得的报酬，应当全额上缴本单位，由单位根据实际情况给予相应奖励，奖励纳入单位绩效工资总量，不作为绩效工资调控基数。

3. 鼓励高层次人才离岗创业。按国家规定离岗创新创业的高层次人才，离岗期间由原单位发放国家规定的基本工资，离岗创业期间年度考核结果定为合格及以上等次的，正常增加薪级工资，离岗创业收入归个人支配，不纳入所在单位绩效工资总量管理；离岗期满返回原单位工作的，工资待遇根据所聘岗位等情况重新确定；离岗期满未按规定返回原单位的，原单位须与其解除人事关系，不再发放相关待遇。

（五）建立高层次人才突出贡献奖。按照《中华人民共和国促进科技成果转化法》及《国务院关于印发实施〈中华人民共和国促进科技成果转化法〉若干规定的通知》（国发〔2016〕16 号）等有关规定，对作出突出贡献、取得重大业绩的高层次人才，经主管部门同意，事业单位可以按照高层次人才工作周期，从科技成果转移转化收入单位留用部分等自有资金中提取突出贡献奖励资金，专项用于作出突出贡献和取得重大业绩人员的奖励。突出贡献奖励不得平均发放，提取和发放额度由单位根据自有资金情况和高层次人才贡献大小自主确定。突出贡献奖发放情况报同级人力资源社会保障、财政部门备案。

（六）完善高层次人才考核评价机制。事业单位要建立本单位高层次人才内部考核评价办法，根据岗位职责等因素合理确定高层次人才评价周期、分配办法，与目标任务完成情况挂钩，绩效评价要加快从重过程到重结果转变。对事业单位在编在岗高层次人才的考核评价，应与年度考核、聘期考核、平时考核相衔接。事业单位主管部门要健全高层次人才激励与约束相结合的考评机制，组织开展绩效评估，加强监督考核工作。各级党委政府人才工作部门要强化高层次人才目录式管理，加强对高层次人才收入分配激励工作的政策评估，不断完善相关政策。

（七）规范高层次人才社保缴费。实行协议工资制、年薪制、项目工资制等灵活多样分配办法的本单位编制内高层次人才，继续参加机关事业单位职工基本养老保险，其中实行协议工资制的人员，协议工资纳入个人缴费工资基数；实行年薪制的人员，基本年薪、效益年薪纳入个人缴费工资基数，奖金暂不纳入；实行项目工资制的人员，项目工资纳入个人缴费工资基数。个人工资超过省或市上年度在岗职工平均工资 300% 以上的部分，不计入个人缴费工资基数；低于省或市上年度在岗职工平均工资 60% 的，按 60% 计算个人缴费工资基数。

事业单位因工作需要临时聘用或柔性引进的高层次人才，在实行项目工资制期间，原则上继续在人事（劳动）关系所在单位缴纳养老保险费，单位缴费所需资金由临时聘用或柔性引进人才的事业单位与人事（劳动）关系所在单位协商解决。

（八）加强高层次人才收入分配激励事中事后监管。各级人力资源社会保障和财政部门及事业单位主管部门要建立和完善事业单位高层次人才收入分配激励事中事后监管制度，加强监督检查。事业单位要建立和完善高层次人才收入分配管理办法，强化考核评价结果的使用，充分发挥收入分配激励作用。相关部门单位要通过自查、定期书面审查、不定期随机抽查等方式，及时解决高层次人才收入分配激励工作中存在的问题。对未能按规定履行相关义务或丧失高层次人才认定条件的，应及时调整或停发相关待遇，对违纪违规人员要按有关规定及时处理。对因监管不到位造成“吃空饷”、滥发津贴补贴等问题或造成不良社会影响的，将根据《违规发放津贴补贴行为处分规定》（中华人民共和国监察部、中华人民共和国人力资源和社会保障部、中华人民共和国财政部、中华人民共和国审计署令第 31 号）、《山东省人力资源和社会保障厅等 4 部门关于转发人社部规〔2016〕6 号文件在全省建立机关事业单位防治“吃空饷”问题长效机制的通知》（鲁人社发〔2017〕12 号）等有关规定追究相关部门、单位和人员责任。

四、经费保障

事业单位高层次人才收入分配所需经费，按照现行财政管理体制分别由事业单位和财政负担。由事业单位负担的经费，其经费来源渠道和支出办法应符合国家有关规定。

五、组织实施

各级、各部门要充分认识事业单位高层次人才收入分配激励的重要意义，激发高层次人才创新创造活力，带动和促进各项社会事业发展。各级人力资源社会保障、财政等部门要充分发挥职能作用，与事业单位主管部门沟通协作，健全工作机制，指导事业单位做好高层次人才收入分配激励工作。同时，要按照我省高层次人才“绿色通道”“一事一议”等相关政策要求，统筹做好高层次人才安家、项目资助、税收以及社会保险费转移接续和缴纳等服务工作。

各级、各部门要做好政策宣传解释工作，营造事业单位高层次人才收入分配激励的良好氛围，鼓励和支持事业单位使用好、激励好高层次人才，充分调动事业单位高层次人才创新创业积极性。

山东省人力资源和社会保障厅
关于发布部分技能岗位工资基准价位和企业人工成本信息的通知

（2018 年 12 月 13 日 鲁人社发〔2018〕62 号）

各市人力资源社会保障局，省直有关部门，各大企业：

现发布 2017 年部分技能岗位工资基准价位和企业人工成本信息，并就有关事项通知如下：

一、近期我厅对 2017 年度我省 18 个行业门类 6481 户企业、138.9 万名职工的薪酬情况进行了调查，在对调查数据进行筛选、汇总、分析的基础上，形成了 2017 年部分技能岗位工资基准价位表（详见附件 1）和分行业企业人工成本信息（详见附件 2）。

技能岗位工资基准价位是抽样调查的人力资源市场工资价位中位数，即样本数据从低到高排序后，处于 50 分位的工资数据。企业人工成本信息包括我省不同行业企业人工成本水平以及劳动报酬、保险费用、福利费用、教育经费、劳动保护费用、住房费用和其他人工成本等构成情况。

二、企业要进一步加强成本管理，积极与技能岗位工资基准价位和企业人工成本信息对标，按照职工工作岗位和技能水平，根据企业经济效益情况，合理确定职工工资水平。中级技能水平劳动者，企业生产经营正常的，工资水平原则上与工资基准价位相适应；初级技能水平劳动者，企业生产经营困难的，工资水平可以适当低于工资基准价位；高级技能水平劳动者，企业经济效益较好的，工资水平可以适当高于工资基准价位。

三、各级公共就业服务机构和基层人力资源社会保障公共服务平台应在其平台及时公布人力资源市场工资价位和企业人工成本信息，并为用人单位和劳动者提供查询服务。

附件：

1.2017 年部分技能岗位工资基准价位表

2.2017 年分行业企业人工成本水平及构成表

附件 1

2017 年部分技能岗位工资基准价位表

序号	职业代码	技能岗位名称	平均工资报酬（元 / 月）
1	4010100	采购人员	4220
2	4010200	销售人员	3650
3	4020100	轨道交通运输服务人员	8180
4	4020200	道路运输服务人员	4500
5	4020500	装卸搬运和运输代理服务人员	3970
6	4020600	仓储人员	3570
7	4020700	邮政和快递服务人员	4710
8	4030100	住宿服务人员	2850
9	4030200	餐饮服务人员	3305
10	4040100	信息通信业务人员	4790
11	4050100	银行服务人员	8510
12	4060100	物业管理服务人员	3080

续表

序号	职业代码	技能岗位名称	平均工资报酬（元/月）
13	4070500	安全保护服务人员	3445
14	4090800	环境卫生服务人员	2565
15	4120100	汽车摩托车修理技术服务人员	4110
16	6010400	畜禽制品加工人员	3265
17	6010500	水产品加工人员	3520
18	6040100	纤维预处理人员	3350
19	6040200	纺纱人员	3150
20	6040300	织造人员	3960
21	6040600	印染人员	3510
22	6050100	纺织品和服装剪裁缝纫人员	3120
23	6070100	制浆造纸人员	3975
24	6100100	石油炼制生产人员	5315
25	6110100	化工产品生产通用工艺人员	4135
26	6110200	基础化学原料制造人员	4725
27	6110300	化学肥料生产人员	4425
28	6140100	橡胶制品生产人员	3460
29	6150100	水泥、石灰、石膏及其制品制造人员	3695
30	6160100	矿物采选人员	5685
31	6170100	炼铁人员	4510
32	6170600	轻有色金属冶炼人员	6305
33	6170900	金属轧制人员	4065
34	6180100	机械冷加工人员	4075
35	6180200	机械热加工人员	4520
36	6180300	机械表面处理加工人员	4005
37	6180400	工装工具制造加工人员	3810
38	6200100	通用基础件装配制造人员	4405
39	6220100	汽车零部件、饰件生产加工人员	5060
40	6250100	电子元件制造人员	3195
41	6250200	电子器件制造人员	4070
42	6280100	电力、热力生产和供应人员	5110
43	6280300	水生产、输排和水处理人员	5010
44	6290100	房屋建筑施工人员	3550
45	6290300	建筑安装施工人员	4170
46	6300500	通用工程机械操作人员	5095
47	6310100	机械设备修理人员	4675
48	6310300	检验试验人员	4000
49	6310500	包装人员	3430
50	6310600	安全生产管理人员	4850

附件 2

2017 年分行业企业人工成本水平及构成表

行业	企业平均人工成本（元/年）	各项费用占人工成本比重（%）						
		从业人员劳动报酬	福利费用	教育经费	保险费用	劳动保护费用	住房费用	其他人工成本
总计	75411	72.12	4.44	0.77	16.41	0.9	2.49	2.88
农、林、牧、渔业	68415	74.85	3.12	0.66	14.8	0.87	2.17	3.52
采矿业	82761	66.9	4.82	1.08	20.52	0.98	3.57	2.12
制造业	68781	73.82	4.65	0.71	16.27	0.96	1.88	1.71
电力、热力、燃气及水生产和供应业	91361	69.3	5.04	0.8	17.88	0.67	5.12	1.18
建筑业	91720	65.92	3.5	0.99	12.32	2	1.64	13.63
批发和零售业	62159	74.35	3.48	0.91	17.33	0.85	1.9	1.18
交通运输、仓储和邮政业	76681	67.4	7.83	0.38	17.89	0.5	3.99	2
住宿和餐饮业	59887	76.44	3.27	0.31	15.99	1.01	1.67	1.3
信息传输、软件和信息技术服务业	99107	75.72	2.82	0.49	15.71	0.1	3.6	1.56
金融业	159952	68.9	4.18	1.03	16.15	0.61	4.47	4.66
房地产业	70353	73.15	5.49	0.79	14.19	0.62	1.98	3.78
租赁和商务服务业	68497	73.87	3.66	0.49	17.44	0.38	2.98	1.19
科学研究和技术服务业	92744	71.21	7.74	0.86	13.2	1.21	3.5	2.29
水利、环境和公共设施管理业	80764	61.59	5.41	1.1	16.75	1.55	2.37	11.24
居民服务、修理和其他服务业	58017	73.81	3.18	0.44	18.9	0.39	1.4	1.89
教育	83491	77.56	2.54	1.75	14.26	0.32	3.01	0.56
卫生和社会工作	78163	79.38	2.72	0.46	14.54	0.44	1.58	0.87
文化、体育和娱乐业	79610	73.2	2.41	0.52	18.6	0.55	3.05	1.67

七、规划财务

山东省人力资源和社会保障厅 关于印发2018年全省人力资源社会保障工作要点的通知

（2018年1月29日　鲁人社发〔2018〕1号）

各市人力资源社会保障局，省厅各处室、直属单位，省公务员局：

现将《2018年全省人力资源社会保障工作要点》印发给你们，请结合实际，认真抓好贯彻落实。

2018年全省人力资源社会保障工作要点

2018年全省人力资源社会保障工作的总体要求是：以习近平新时代中国特色社会主义思想为指导，全面贯彻党的十九大精神，坚持稳中求进工作总基调，坚持新发展理念，认真落实省第十一次党代会和全省经济工作会议部署，紧扣社会主要矛盾变化，坚持人才优先、民生为本，促发展与惠民生相结合，全力促进就业创业，深化社会保障制度改革，加快人才队伍建设，推进人事管理创新，完善工资收入分配制度，构建和谐劳动关系，提升公共服务能力，持之以恒全面从严治党，大力推动人社工作高质量发展，为加快创新发展、持续发展、领先发展，决胜全面建成小康社会做出积极贡献。

一、努力推动更高质量和更充分就业

（一）全力完成就业工作目标任务。着力破解结构性就业矛盾，努力实现更高质量和更充分就业，城镇新增就业110万人以上，全省城镇登记失业率控制在4%以内，确保就业形势持续稳定。

（二）完善落实就业创业政策。贯彻落实《山东省“十三五”促进就业规划》和《关于助推新旧动能转换，做好当前和今后一段时期就业创业工作的意见》，加大政策宣传、督促检查力度，推动政策落地见效。贯彻落实《关于进一步引导和鼓励高校毕业生到基层工作的实施意见》，研究制定高校毕业生基层成长计划和高校毕业生创新创业指导意见，促进高校毕业生更好就业创业。深入研究新兴就业创业形态，探索建立支持通过新兴业态就业创业的政策服务体系。启动《山东省失业保险规定》修订工作，制定就业创业资金风险防控办法，修改完善就业补助资金管理暂行办法，充分释放就业创业政策的整体效力。

（三）突出抓好重点群体就业。实施好新一轮“三支一扶”计划，启动针对长期失业青年的青年就业启航计划，促进青年多渠道就业创业。组织高校大学生创新创业大赛，开展第四届“山东大学生十大创业之星”和“山东优秀大学生创业者”评选活动，提升创新实践能力。全力做好钢铁、煤炭等行业职工的分流安置和再就业工作，

落实失业动态监测预测预防调控“三位一体”工作机制，确保不发生区域性失业风险。组织开展农民工三项行动计划实施情况终期绩效评估，并根据评估结果，进一步完善政策，提升农民工就业质量。组织实施全省技工院校服务脱贫攻坚行动计划，创新运用好“就业扶贫车间”“互助扶贫公益岗位”“创业扶贫工坊”“劳务扶贫合作社”四种就业创业扶贫渠道，打赢脱贫攻坚战。

（四）大力促进创业带动就业。组织省级创业示范平台评估认定，建设创业服务云平台，为初创小微企业提供专业化、便利化、全过程创业服务。建立创业载体发展联盟，推动创业载体提档升级。创新创业大学培训模式，建立效能评估机制，提高创业培训水平，发挥创业担保贷款促进创业的作用。

（五）全面加强职业技能培训。把解决结构性就业矛盾摆在突出位置，改革就业培训机制，加大培训投入，推动劳动者终身职业培训体系建设。继续开展“创业齐鲁训练营”活动，开展网络创业培训，强化培训师资队伍建设和实训基地建设，全面提升劳动者就业创业能力。

（六）切实加强公共就业服务。开展创业型示范城市（县区）、街道（乡镇）、社区创建工作，举办第四届创业大赛、首届创业孵化平台服务能力大赛等竞赛，营造大众创业、万众创新的浓厚氛围，开展“山东——名校人才直通车”活动。建设“智能化”公共就业人才服务经办平台，创新社会化人才服务和基本公共服务。稳步实施公益招聘联盟推进计划，加快发展家庭服务业促进就业工作，认真完成对口支援重庆及援青、援藏、援疆任务。探索建立“更高质量和更充分就业”指标评价体系，明确实现路径和推进措施。

二、推进多层次社会保障体系建设

（七）完善社会保障制度。健全与中央调剂办法相衔接的企业养老保险省级调剂制度，有序做好全国统筹的衔接准备工作。深化机关事业单位养老保险制度改革，全面实现按新制度计发待遇。完善企业养老保险省级统筹，推行基金市级统收统支。制定医保支付方式改革方案，大力实施复合式支付方式。完善职工大病保险制度，扩大职工长期护理保险制度实施范围，完善职工生育保险制度。启动工伤保险基金省级统筹，全面推进工伤预防。全面推行居民养老保险费、医疗保险费统一征缴，提高参保续保率。健全居民大病保险制度。

（八）全面实施全民参保计划。以农民工、非公有制经济组织从业人员、灵活就业人员和新兴业态从业者为重点，加快实现社会保障法定人员全覆盖，努力实现应保尽保。对未参保人员和“断保”人员进行精确分类，精准制定措施，及时将其纳入相应社会保险。

（九）健全待遇调整和发放机制。调整退休人员养老保险待遇和居民基础养老金标准，努力推进形成兼顾公平与效率、企业与机关事业单位相统一的调整机制。完善居民医保政策，健全居民门诊保障制度，建立筹资动态调整机制。建立工伤保险待遇调整确定机制。实施社保精准扶贫攻坚，落实养老、医保扶贫倾斜政策，实现社保扶贫的动态全覆盖。

（十）积极应对社保基金支付压力。加大基金征缴力度，促进参保缴费增量提质，实现应缴尽缴。健全完善社会保险财政补助机制，督促各级政府承担发放兜底责任。进一步做好基金委托运营，实现保值增值。推进划转部分国有资本充实社保基金，研究弥补企业职工基本养老保险基金缺口的具体办法。

（十一）提高社保管理服务水平。加强基金收、支、存管理和内部控制，强化预算执行，扎实推进社会保险精算工作，确保基金安全。加强异地就医结算、医保监管、社保关系转移接续等系统建设，提高经办管理服务水平。积极参与全国统一的社会保险公共平台建设。

三、大力加强人才队伍建设

（十二）加大人才政策落实力度。以开展“人才政策落实年”活动为抓手，全面梳理已出台的人才政策，加强督查督办，加大宣传力度，大力推进政策的落实落地，打通政策落实“最后一公里”。落实《关于做好人才支撑新旧动能转换工作的意见》，制定相关配套政策，细化、实化各项工作任务。深化职称制度改革，落实《关于深化职称制度改革的实施意见》，健全完善“定向评价、定向使用”的基层职称制度。

（十三）推进高层次人才队伍建设。实施重大人才工程，做好高端领军人才的推荐选拔工作。聚焦高层次人才队伍建设，继续推进享受国务政府特殊津贴人员、“国家百千万人才工程”人选、泰山学者攀登计划、泰山产业领军人才工程、省有突出贡献的中青年专家、专业技术二级岗位人选、社会建设领域智库高端人才等人才工程的推荐选拔工作。扎实做好院士服务工作，加强博士后青年创新人才队伍建设，出台《山东省支持青年人才创新创业的若干措施》，大规模实施专业技术人才知识更新工程，培育一支规模宏大、结构合理、素质优良的高层次人才队伍。聚焦高技能人才队伍建设，创新政策，加大投入，强化载体，优化环境，推进技工院校内涵建设、特色发展，打造“技能兴鲁”技能大赛品牌，建设一支适应山东经济社会发展需求的知识型、技能型、创新型高素质技能劳动者大军。制定分类推进人才评价机制改革的实施意见。加强基层人才队伍建设，增强基层人才的生机和活力。

（十四）提升人才工作的国际化水平。举办第十届中国山东海内外高端人才交流会，按照“多元化、专业化、精准化、高端化”的办会理念，吸引更多海内外高端人才来鲁创新创业。实施“海创山东”人才发展计划，实施“千人计划”外专项目、“外专双百计划”等重大引才工程，支持重点产业、重点学科引进高端外国专家及团队。创新人才引进政策，认真组织实施《关于加强新形势下引进外国人才工作的实施意见》，研究制定《关于加快推进人才国际化的十项措施》《外国人在山东工作管理暂行办法》等政策，实施外国人才签证制度，加快构建具有国际竞争力、山东特色的人才引进政策体系。突出市场驱动力，充分发挥猎头、专家组织、协会、海外人才机构等作用，打造灵活有效的引才用才机制。加强留学人员创新创业示范园、引智试验区建设，促进成果推广转化。启动出国（境）培训“创新年”，提高管理服务科学化水平。实施民营企业培训工程，大力开发境外培训优质资源，引导各类企业开展出国培训。

（十五）营造优质高效的人才服务环境。加快高层次人才服务体系建设，修订《山东省高层次人才服务绿色通道规定》，建立人才服务专员制度，为高层次人才提供“保姆式”服务。加大外专工作的宣传力度，优化外国专家表彰奖励机制，提升引进海外人才软实力。建立柔性引才机制，深入开展专家服务基层活动。围绕促进产业集聚、园区建设、骨干企业培育、经营业态创新，加快推动人力资源服务业转型升级。

四、全面深化人事制度改革

（十六）加强公务员队伍建设。深入开展理想信念教育，把党的十九大精神作为公务员培训必修课。推进公务员职业道德建设工程，出台公务员诚信档案管理办法，开展全省“人民满意示范单位”和“人民满意公务员示范岗”、公务员“职业道德标兵”等创建活动，发挥考核奖励的正向激励作用。创新公务员制度，稳妥推进公务员分类管理改革。做好公务员考录、公开遴选、公开选调、奖励、培训、监管等工作。以本土人才、特殊岗位人才招考为突破口，积极探索分级分类考录模式，扎实推进公务员职务与职级制度试点，深入推进聘任制公务员试点。加强公务员日常管理，全面推行公务员平时考核制度。创新公务员教育培训模式，坚持围绕中心，服务大局，以需求为导向，切实提高培训精准性、实效性。

（十七）加强事业单位人事管理。根据中央部署，研究制定我省事业单位管理岗位职员等级晋升制度，开展县以下事业单位管理岗位职员等级晋升制度改革试点。出台事业单位人事管理监督办法，创建人事管理示范点。完善事业单位岗位管理、聘用合同、公开招聘、考核奖惩等制度，修订事业单位专业技术二级岗位设置管理、竞聘上岗试行办法等相关政策，提高管理的科学化、规范化水平。研究解决编外用人问题。

（十八）积极稳妥做好军转安置工作。坚持“阳光安置”，扩大“人岗相适”试点范围，促进军转干部人尽其才。认真做好军队现役干部转改文职人员的相关工作。加强企业军转干部解困稳定工作。做好军转干部培训工作，加大军转干部进高校专项培训推进力度，探索开展导师制、研修制培训。扎实做好自主择业军转干部管理服务指导工作，支持和鼓励自主择业军转干部就业创业。

五、稳慎推进工资收入分配制度改革

（十九）加强企业工资宏观指导调控。完善企业薪酬调查和信息发布制度，发布市场工资价位和行业人工成本信息，引导企业、职工对标市场动态。适时调整最低工资标准，科学发布企业工资指导线，适度提高企业一线职工特别是技能人才的收入水平。开展《山东省企业工资支付条例》立法调研，改革国有企业工资决定机制，深化国有企业负责人薪酬制度改革，缩小收入分配差距。

（二十）深入推进公务员工资收入分配制度改革。调整公务员基本工资标准，优化公务员工资结构。按照国家统一部署，建立地区附加津贴制度，完善公务员奖金制度，配合做好规范改革性补贴工作。适应分类管理要求，完善公务员工资制度体系。完善法官检查官工资制度改革、公务员职务与职级并行制度改革配套工资政策。

（二十一）深化事业单位收入分配制度改革。调整事业单位工作人员基本工资标准。研究制定符合行业特点的事业单位绩效工资实施办法，完善绩效工资总量核定和调控办法。出台事业单位高层次人才收入分配激励机制，探索年薪制、项目工资、协议工资等分配形式。扩大公立医院薪酬制度改革试点。

六、大力构建和谐劳动关系

（二十二）大力推进和谐劳动关系建设。加强和谐劳动关系试验区建设，健全多层次、全方位的和谐劳动关系工作格局。健全劳动关系三方协调机制，建立协调劳动关系三方委员会。完善政府、工会、企业共同参与的协商协调机制，加强协商能力培训、提高集体协商水平，提升集体协商质量和集体合同履行效果。

（二十三）提升劳动人事争议处理效能。深入落实“两规则两意见一条例”，制定出台配套制度文件，完善调解仲裁政策制度体系。加强调解仲裁工作制度建设，制定实施调解仲裁统计工作暂行规定、仲裁员证管理办法、仲裁内部监督暂行规定等规范性文件。全面提升劳动人事争议仲裁办案效能，推进调解仲裁标准化、规范化建设，积极创建标准化仲裁院。

（二十四）完善劳动保障监察制度机制。加强劳动保障监察执法能力建设，深入落实“双随机、一公开”制度，提高监管效能。以解决拖欠职工工资、欠缴社会保险、违法解除合同等突出违法问题为重点，统筹做好案件查办、监管创新、联动平台建设和风险防范工作，全面维护劳动者合法权益。扎实开展拖欠农民工工资专项整治，严格落实属地监管职责，健全长效机制，有效遏制拖欠农民工工资问题的发生。

七、加强综合性基础性工作

（二十五）积极推进法治人社建设。统筹做好“放管服”各项工作，确保如期完成简政放权改革任务。加快地方立法进度，进一步健全完善地方立法体系。加大依法行政指导力度，扎实做好“法治人社”培训工作，不断提高全系统依法行政能力和水平。

（二十六）做好规划统计财务工作。组织做好全省人社“十三五”规划实施的年度监测和中期评估工作，适时开展中期评估。积极开展人力资源社会保障领域社会信用体系建设，健全信用制度，建立联合奖惩机制。积极开展统计信息化建设，不断提高统计分析和研究成果质量，加快提升统计服务能力决策能力。夯实财务管理基础，健全资产管理体制机制。继续加大内部审计工作力度，充分发挥审计的监督作用。做好援疆、援藏、援青等对口支援工作。

（二十七）进一步加强调查研究。加强调研统筹协调，推进重要改革、重大政策调研，加快调研成果转化。严格落实基层联系点制度，定期到基层人力资源社会保障部门、企业和科研院所进行调查研究，开展政策宣传和上门送服务活动。充分发挥专家咨询作用，提高决策科学化水平。深入研究经济形势、社会风险等因素对人力资源社会保障工作的影响，为领导决策提供参考。

（二十八）扎实做好新闻宣传工作。坚持传统媒体宣传和新媒体宣传并重、提升宣传层次和扩大宣传覆盖面并重、政务信息和新闻宣传并重，不断提高宣传工作的主动性、针对性和影响力。精心策划发布主题、发布议程，提高新闻发布工作水平。做好网络舆情的监测、引导和处置工作。加大新媒体宣传力度，加快推进新媒体工作室建设。做大做强“山东人社”官方微信和微博，使之成为全省人社新闻宣传的主阵地、舆论引导的主力军、为民服务的新窗口。

（二十九）进一步推进政务公开。依法、及时受理依申请公开事项，切实做到依法公开、依法答复。加强门户网站建设，及时准确权威发布政府信息，加强网站整合工作力度，把门户网站打造为信息公开的第一平台。围绕群众和社会关注的热点、难点问题，创新公开形式，拓宽公开渠道，不断提高政务公开水平和公共服务能力。

（三十）切实提高信息化水平。加快推进“标准化、信息化、一体化”建设，创新“互联网 + 人社”工作模式、工作流程，大力开展网上服务、移动服务、自助服务，应用电子签章，打造线上线下一体化服务大厅。继续推动信息系统省级集中建设，实现跨业务、跨层级、跨地区、跨部门的信息共享和业务协同。牢固树立大数据思维，善于获取数据、分析数据、运用数据，推动数据集中和开放共享，深度开发便民应用。大力推广第三代社保卡，继续拓展社保卡应用，把社保卡打造成政府部门和人民群众的连心桥。加强 12333 电话办事能力建设，推广智能咨询，加大宣传力度，把 12333 打造成“电话线上的政务大厅”。加强自建私有云和省级政务云统筹部署，进一步推进人社行业云建设、政务信息系统整合共享。主动识别网络安全威胁，形成网络安全态势感知能力。

（三十一）加强和改进信访维稳工作。加大信访突出问题的分析梳理和政策研究，集中力量从源头上化解信访矛盾，确保把矛盾化解在基层，把问题解决在当地。健全社会稳定风险预警和评估机制，及时制定应对预案，认真排查和梳理矛盾风险点，对可能引发影响社会稳定的问题早发现、早处理。完善社会风险化解机制，明确主体、责任到位，确保不发生系统性、区域性风险。

（三十二）加强人事考试安全工作。加强试卷管控力度，不断完善考务组织管理的各个环节。加强巡视监督力度，对各考区考务组织进行持续监督。进一步加强考风考纪治理，持续保持打击考试违纪违规行为高压态势。加强省级标准化考点建设和省级人事考试指挥平台建设等基础建设，提高人事考试安全保障能力。继续开展人事考试专题培训，提升考试组织管理水平和队伍能力素质。进一步完善人事考试信息安全保障体系。

（三十三）进一步健全公共服务体系。加快推进以就业、社保等为重点的公共服务体系建设，进一步提升基层平台服务能力和水平。坚持以普惠性、保基本、均等化、可持续为方向，创新服务方式，健全公共服务制度，拓展服务渠道，提升服务能力，完善服务网络，细化服务标准和服务项目，推进服务对象、服务网络、服务功能的全覆盖。

八、着力加强党建和自身建设

（三十四）加强党的政治和思想建设。坚持以习近平新时代中国特色社会主义思想为指引，坚决维护以习近平同志为核心的党中央权威和集中统一领导。把深入学习贯彻党的十九大精神作为首要政治任务，在学懂弄通做实上下功夫，持续深化、常学常新、从严做实。扎实开展“不忘初心、牢记使命”主题教育，教育引导党员干部牢固树立“四个意识”，坚定“四个自信”。积极适应新时期党建工作规律和党员干部学习特点，推进“两学一做”学习教育常态化制度化，综合利用集中学习与个人自学、通读文件与专题研讨、重点选学与专家辅导、座谈交流与实地考察相结合等多种形式，不断将学习教育引向深入。

（三十五）全面加强党风廉政建设。深入学习贯彻习近平总书记关于作风建设的重要指示精神，认真落实中央八项规定实施细则和省委实施办法，持续纠治“四风”，加大对形式主义、官僚主义新表现的纠治力度，促进作风的根本好转。严格落实党风廉政建设主体责任，坚决履行“一岗双责”，层层传导压力，把全面从严治党各项要求落到实处。继续开展“七个专项治理”，严肃查处侵害群众利益的案件。持续加强窗口单位作风建设，加大窗口作风建设明察暗访力度，打造规范运行、勤政廉洁、优质高效的服务平台。

（三十六）持续加强干部队伍建设。健全干

部人事工作制度，树立正确用人导向，加强对干部的日常监督和管理，加大平时考核力度，调动干部职工的积极性主动性创造性。加强干部队伍高素质、专业化建设，通过多岗位锻炼、业务培训、考察学习等多种途径，大力培养专业知识、专业能力、专业作风、专业精神，打牢广大干部的业务功底，增强履职本领。开展全系统“学身边榜样做人社先锋”活动，不断完善选树办法，做好年度十大“山东人社先锋”的推选和表扬工作，加大宣传力度，发挥榜样示范效应。

山东省人力资源和社会保障厅
关于印发助推全省新旧动能转换重大工程建设工作方案的通知

（2018 年 4 月 27 日　鲁人社发〔2018〕20 号）

各处室、直属单位，省公务员局：

《山东省人力资源和社会保障厅助推全省新旧动能转换重大工程建设工作方案》已经厅长办公会审议通过，现印发给你们，请认真抓好贯彻落实。

山东省人力资源和社会保障厅助推全省新旧动能转换重大工程建设工作方案

为深入贯彻全省全面展开新旧动能转换重大工程动员大会精神，落实《山东新旧动能转换综合实验区建设总体方案》《山东省新旧动能转换重大工程实施规划》和《关于推进新旧动能转换重大工程的实施意见》（以下分别简称《总体方案》《实施规划》和《实施意见》），充分发挥人力资源社会保障部门职能作用，助推全省新旧动能转换重大工程建设，制定如下工作方案：

一、目标任务

深入学习领会刘家义书记在全面展开新旧动能转换重大工程动员大会上的讲话精神，准确把握《总体方案》《实施规划》和《实施意见》有关要求，立足全省人力资源社会保障事业发展实际，明确人力资源社会保障部门在新旧动能转换重大工程中的职责定位，重点在人才支撑、就业创业、人事制度改革、政务服务等方面研究提出助推新旧动能转换重大工程的主要任务、政策措施和重大项目，为全省实施新旧动能转换重大工程提供支撑和保障。

二、总体思路

（一）指导思想

以习近平新时代中国特色社会主义思想为指导，深入贯彻党的十九大精神，按照《总体方案》《实施规划》和《实施意见》的要求，聚焦聚力全省人力资源社会保障事业高质量发展，坚持突出重点、突出特色、打造亮点，着力解放思想、深化改革、开拓创新，努力打造政策新优势、制度新优势和服务新优势，为助推全省实施新旧动能转换重大工程提供人才支撑和民生保障。

（二）基本原则

一是坚持解放思想。坚决克服自满思想和畏难情绪，主动对标先进，查找差距，深入分析影响人力资源社会保障事业发展的重大问题、突出矛盾和薄弱环节，运用创新思维，推进体制机制改革，激发事业发展活力。二是坚持服务大局。以“四新”促“四化”实现“四提”为核心，站在服务全省经济社会发展的高度，全面分析新形势带来的新机遇、新挑战，用战略思维、开放视野和发展观点，谋划贯彻落实措施。三是坚持狠抓落实。对全省《总体方案》《实施规划》和《实施意见》，以及省委、省政府前期出台的新旧动能转换重大工程有关文件中涉及人力资源社会保障部门的工作任务，逐项明确时间表和路线图，不折不扣贯彻落实到位。四是坚持统筹协调。动员全系统力量参与全省新旧动能转换工程，增强工作的系统性、整体性和协同性。

三、工作安排

（一）认真组织学习

3 月份，认真学习刘家义书记讲话，研究吃透《总体方案》，切实把握《实施规划》《实施意见》以及省委、省政府制定出台的新旧动能转换重大工程有关文件部署要求，组织开展解放思想大讨论，以时不我待的使命感和责任感谋划推动新旧动能转换重大工程。

（二）开展调查研究

4 月份，结合省委开展的“大学习、大调研、大改进”，由厅领导带队，开展专题调研。走下去发现问题，找准加快新旧动能转换的切入点和突破口；走出去开阔视野，对标先进找准差距，进一步解放思想、理清思路；加强与上级部门沟通汇报，拿出解决问题的硬招实招。调研成果形成后，经主要负责同志签字后报省委。

（三）制定行动方案

5 月份，研究制定厅助推新旧动能转换重大工程行动方案。从人才支撑、就业创业、人事制度改革、政务服务等方面，理清主要任务、明确目标措施、细化分解责任，确保取得实效。行动方案按要求报经省委省政府审批。

（四）抓好贯彻落实

各有关处室、单位制定落实《行动方案》的具体措施，做好与规划、计划的衔接，推动各项任务措施尽快落实到位。按照鲁办发电〔2018〕51 号文件和省重大办《建立新旧动能转换重大工程协调推进体系的工作方案》要求，加强督导，按月调度汇报工作进展情况，积极参与省重大办季度视频推进活动，做好年度评估总结，确保各项工作任务落地见效。

四、组织保障

（一）加强组织领导

成立厅助推新旧动能转换重大工程建设领导小组，由厅主要领导任组长，有关厅（局）领导为副组长，有关处室、单位负责同志为成员，统一领导工作开展。领导小组下设综合协调、人事人才、就业创业、政务服务四个工作组，按职责具体开展推进工作。领导小组办公室设在规划财务处，承担领导小组日常工作。

（二）做好保障工作

在年度部门预算中安排专项经费支持相关工作。抽调工作人员专职从事综合协调工作。加强宣传引导，为工作开展营造良好舆论氛围。

附件：山东省人力资源和社会保障厅助推新旧动能转换重大工程建设领导小组及工作组成员名单（略）

山东省人力资源和社会保障厅
关于加强全省人力资源社会保障系统社会组织党的建设工作的通知

（2018 年 9 月 30 日　鲁人社发〔2018〕47 号）

各市人力资源社会保障局，省厅管理的各社会组织：

根据《中共中央办公厅印发〈关于加强社会组织党的建设工作的意见（试行）〉通知》（中办发〔2015〕51 号）、《中共中央办公厅印发〈关于加强民办学校党的建设工作意见（试行）〉的通知》（中办发〔2016〕78 号）、《中共山东省委办公厅印发〈关于加强全省民办学校党的建设工作的实施意见（试行）〉的通知》（鲁办发〔2017〕38 号）及全省非公有制经济组织和社会组织党建工作推进会议精神，现就加强全省人力资源社会保障系统社会组织（以下简称社会组织）党的建设工作通知如下：

一、深入学习贯彻习近平总书记关于社会组织党建工作的重要指示

党的十八大以来，习近平总书记对加强社会组织党建工作多次作出重要指示，深刻指出，“党要管党，党建要全覆盖”“社会组织面大量广，加强社会组织党的建设工作十分重要”“要理顺社会组织党建工作管理体制，积极探索党组织发挥作用的有效途径”，深刻阐述了社会组织党建工作的重要性，指明了社会组织党建工作的任务和重点，是新时代做好社会组织党建工作的根本遵循。

近年来，全省人力资源社会保障系统民办学校、协会、学会等社会组织得到了快速发展，活动范围涵盖人社工作的各个领域，社会功能和服务价值日益凸显。但各类社会组织的党建工作仍然存在薄弱环节，主要表现在：思想认识还不到位，存在重视不够甚至忽视的问题；工作力量上还不充足，存在“空架子”现象和不会干的问题；工作体制上还不顺畅，没有形成工作合力。由于这些问题的存在，党的组织和工作覆盖都还有较大差距。当前和今后一个时期，加强和改进我省人力资源社会保障系统民办学校等社会组织党的建设工作，要以习近平新时代中国特色社会主义思想和党的十九大精神为指导，全面落实习近平总书记对加强社会组织党的建设工作的重要指示，坚持政治引领、全面从严、问题导向、服务发展的原则，推动有形覆盖和有效覆盖相结合、抓个体和抓全面相结合，着力解决影响和制约社会组织党建工作的突出问题，推动人力资源社会保障系统社会组织党建工作水平全面提升，不断增强社会组织党组织的创造力凝聚力战斗力。

二、进一步明确社会组织党建工作重点

（一）完善管理体制，健全工作机构。各级人力资源社会保障部门要在各级党委的领导和组织部门的牵头指导下，按照党建工作与管理体制相适应、管党建与管业务相结合的原则，切实履行负责指导本系统社会组织党建相关工作的职责，明确各级各类社会组织的党建主体责任和监督管理责任。各级人力资源社会保障部门党委（党组）要按照各级党委及社会组织党工委要求，建立相应的工作机构，协调社会组织举办者（出资人）或驻地基层党委，共同做好社会组织党建的指导和管理工作。

（二）加大社会组织党组织组建力度。实现党组织和党的工作全面覆盖，做到哪里有党员、哪里就有党组织、哪里就有党组织和党员作用的充分发挥。凡有三名以上正式党员的社会组织，都要按照党章规定建立党组织，并按期进行换届。根据党员人数和工作需要，经上级党组织批准，可设立党委、党总支或党支部。党员人数不足三名的，可采取就近就便联合组建党组织和通过选派党建工作指导员、联络员或建立工会、共青团组织等途径开展党的工作，做好联系教职工、学生，培养推荐入党对象等工作，为建立党组织创造条件。

（三）选好配强党组织负责人和党务干部。明确党组织负责人选配标准，坚持把政治标准放在首位。加强对党组织书记的培训，每年至少组织参加1次党建工作集中培训。对工作认真负责、成绩突出的，要予以表彰奖励；对履职不到位、工作不负责任的，要及时批评教育，必要时按有关规定进行调整。成立党委（党总支）的，应按照守信念、重品行、有本领、敢担当、讲奉献的要求，配备专职党务干部。按照党组织隶属关系，经研究批准，可从各级人力资源社会保障部门和公办技工院校，选派在职或退休的党员干部担任社会组织党组织书记、副书记或党建工作指导员。选派的党务干部，不得领取薪酬和其他额外利益。

（四）做好党员发展和教育管理工作。注重吸收优秀职工、青年教师、教学科研管理骨干、学生中的先进分子到党的队伍中来。建立和完善团组织推优制度、党员发展培训制度、联系人谈话制度、发展党员公示制度以及发展党员票决制度等，提高党员发展质量。针对社会组织人员流动性强等实际，定期排查党员组织关系，规范党员组织关系管理，防止“口袋党员”“隐形党员”现象发生。严格党的组织生活，坚持“三会一课”制度，通过学习培训、专题辅导、结对帮扶、谈心交流等方式，增强党员主体意识和党性观念。

设立党员示范岗，推行党员承诺制和党员星级管理，引导党员充分发挥示范带动作用。

（五）全面推进服务型党组织建设。以深化党建品牌创建和党建工作方法创新为抓手，坚持强化政治属性和服务功能并举。围绕培育社会组织服务型党建工作示范点，创新服务载体，精心培育和塑造党建品牌。引导党组织把党建工作融入社会组织各项业务工作当中，围绕发展实际、发展需求、发展目标开展党的活动，增强党建工作的针对性、实效性，防止“两张皮”。充分利用各类党建宣传教育平台和山东“职校先锋”微信公众号、APP 等新媒体做好社会组织党建工作，及时对基层服务型党组织建设、深化党建品牌创建情况进行总结提升，发挥示范带动作用。

三、切实发挥社会组织党组织政治核心作用

（一）落实制度保障。各级人力资源社会保障部门要会同民政、工商等部门，通过提供章程范本等方式，推动社会组织把党组织设置形式、地位作用、职责权限等纳入组织章程，明确党组织在法人治理结构中的地位。推行“双向进入、交叉任职”，社会组织党组织书记应通过法定程序进入董（理）事会，规模大、党员人数多、社会影响力大的社会组织，符合条件的专职副书记也可进入董（理）事会；党组织班子成员应按照章程进入行政管理层，是党员的法人代表及行政领导班子成员，可按照党内有关规定进入党组织班子。健全党组织参与决策和监督制度，涉及本组织发展规划、重要改革、人事安排等重大事项，党组织要参与讨论研究，董（理）事会在作出决定前，要征得党组织同意。建立健全党组织与董（理）事会、监事会日常沟通协商制度，以及党组织与行政领导班子联席会议制度，处理好党组织与董（理）事会和行政领导班子的关系，不能以党政联席会、行政领导班子会议代替党组织会议。

（二）履行社会组织党组织职责。社会组织党组织的基本职责主要是：（1）保证政治方向。宣传和执行党的路线方针政策，宣传和执行党中央、上级党组织和本组织的决议，组织党员群众深入学习习近平新时代中国特色社会主义思想，教育引导党员群众遵守国家法律法规，引导监督社会组织依法执业、诚信从业。（2）团结凝聚群众。做好思想政治工作，教育引导职工群众增强政治认同，关心和维护职工群众的正当权利和利益，汇聚推进改革发展的正能量。（3）推动事业发展。激发从业人员的工作热情和主人翁意识，帮助社会组织健全章程和各项管理制度，引导和支持社会组织有序参与社会治理、提供公共服务、承担社会责任。（4）建设先进文化。坚持用社会主义核心价值观引领文化建设，组织丰富多彩的文化活动，营造积极向上的文化氛围，教育党员群众自觉抵制不良倾向，坚决同各种违法犯罪行为作斗争。（5）服务人才成长。关心关爱人才，主动帮助引导，不断提高从业人员的思想和业务素质，支持和保障各类人才干事创业。（6）加强自身建设。创新组织设置，健全工作机制，严格执行组织生活各项制度，做好发展党员和党员教育管理服务工作。维护和执行党的纪律，监督党员切实履行义务，做好党风廉政建设工作。领导本单位工会、共青团、妇联等群团基层组织工作。

四、加强对社会组织党建工作的领导

（一）明确党建工作责任制。各级人力资源社会保障部门党委要切实履行主体责任，把社会组织党建工作作为基层党建重要任务，强化指导和督促，定期听取工作汇报，每年至少专题研究 1 次社会组织党建工作；要把社会组织党建工作纳入各级人力资源社会保障部门党建工作述职评议考核内容，定期调度通报情况。对履行党建责任不力、党的建设和意识形态工作长期弱化的，要严肃问责。

（二）强化党建工作基础保障。强化经费和场所保障，推动落实党组织活动经费税前列支、党费全额返还、留存党费支持等规定。强化对社会组织举办者（出资人）的教育引导，将党建工作经费保障列入组织章程，将党组织活动和思想政治工作经费列入本组织年度经费预算，实行党建工作经费据实报销。强化活动阵地建设，建立党组织的社会组织都应有相对固定的党建活动场所和工作场地，提供必要的工作条件。

（三）抓好督导检查落实。各级人力资源社会保障部门要将所属社会组织党建工作列入日常

督导检查的重要内容，对不重视不支持党建工作的，要教育引导、督促整改；对党建工作不力的要加强督促指导，对出现严重问题的要依法依规及时予以纠正，直至撤销法人资格。要将党建工作贯穿到社会组织设立审批、注册登记、年检年审、评估考核、管理监督的全过程中，坚持党建工作与业务工作同步谋划、同步推进。

（四）营造重视支持社会组织党建工作的氛围。充分利用报刊、广播、电视、网络等多种形式，组织更多有吸引力、凝聚力、号召力的党建活动，推动党建工作在社会组织中真正落地生根。各市要分别选树和推出一批特色鲜明、带动力强、示范作用突出的社会组织党建工作先进典型和党建工作法，引领带动更多的社会组织通过抓党建促发展、抓党建促转型，为社会组织党组织更好地发挥作用营造良好社会氛围。

各市要进一步做好社会组织党建工作情况调查摸底工作，结合本地实际明确目标任务、创新工作举措，积极推进党的组织和党的工作全覆盖。建立社会组织党建工作报告制度，各市局于12月底前将年度工作情况形成书面报告报省厅，重要情况随时报告。

山东省人力资源和社会保障厅
关于印发山东省打赢人力资源社会保障扶贫攻坚战三年行动实施方案的通知

（2018年10月29日　鲁人社发〔2018〕50号）

各市人力资源社会保障局，省厅各有关处室、直属单位：

现将《山东省打赢人力资源社会保障扶贫攻坚战三年行动实施方案》印发给你们，请认真贯彻落实。

山东省打赢人力资源社会保障扶贫攻坚战三年行动实施方案

为贯彻落实《人力资源社会保障部关于印发〈打赢人力资源社会保障扶贫攻坚战三年行动方案〉的通知》（人社部发〔2018〕54号）和《中共山东省委山东省人民政府关于打赢脱贫攻坚战三年行动的实施意见》（鲁发〔2018〕37号）要求，进一步发挥人力资源社会保障部门职能作用，细化任务措施，压实工作责任，强化工作落实，推动人力资源社会保障扶贫攻坚工作更加有效开展，现结合山东省实际，制定本方案。

一、总体要求

（一）指导思想。以习近平新时代中国特色社会主义思想为指导，全面贯彻党的十九大和十九届二中、三中全会精神，坚决落实党中央、国务院关于打赢脱贫攻坚战的决策部署和习近平总书记视察山东重要讲话、重要指示批示精神，在我省“2018年基本完成、2019年巩固提升、2020年全面完成”的脱贫攻坚工作布局下，按照“稳中求进、尽力而为、量力而行、务求实效”的总基调，聚焦深度贫困地区和特殊贫困群体，坚持目标标准，突出问题导向，不断加大就业创业、技能培训、社会保险、人事人才扶贫工作力度，在精准、稳定、可持续上下功夫，显著增强人力资源社会保障服务农村经济社会发展和脱贫攻坚的能力和水平。

（二）目标任务。总体目标：到2020年，扩大建档立卡贫困劳动力（以下简称贫困劳动力）

就业规模，提高就业质量，使有职业培训需求的贫困劳动力都有机会接受职业培训，使有就读技工院校意愿的建档立卡贫困家庭应、往届两后生（以下简称贫困家庭学生）都能接受技工教育，实现贫困人口基本养老保险全覆盖。各类人才服务贫困地区的支持力度不断加大，人才智力支撑贫困地区脱贫能力显著增强。

年度目标：2018 年，促进全省 7000 名国定标准贫困劳动力实现就业，有意愿建档立卡贫困人口（以下简称贫困人口）及子女能够接受免费职业培训或入读技工院校，符合条件的贫困人口基本纳入社会保险范围；2019 年，对脱贫继续享受政策人口、新增贫困人口和返贫人口，采取巩固提升措施，提升人力资源社会保障脱贫攻坚成效；2020 年，贫困地区人力资源社会保障水平进一步提升，建档立卡贫困人口人力资源社会保障基本公共服务全面覆盖。

二、就业扶贫攻坚行动

（一）强化就业服务。将扶贫、扶志与扶智相结合，开展贫困人口就业情况摸查工作，依据贫困人口数据信息，准确掌握贫困人口中已就业和有劳动能力、就业意愿未就业人员的基本情况。根据贫困劳动力技能水平和就业需求，开展“一对一”精准帮扶，充分调动贫困劳动力就业积极性。各地公共就业服务机构深入摸查贫困劳动力的情况，针对其贫困特点，积极开展职业指导，加强职业介绍，推动就业意愿、就业技能与就业岗位精准对接，提高就业脱贫覆盖面。发挥人力资源服务机构作用，加强人力资源市场供求信息监测，开展精准对接、专场招聘、就业创业指导、技能扶贫和市场援助等活动。**（责任单位：省公共就业和人才服务中心、厅人力资源市场处，排在首位的为牵头单位，下同）**

（二）鼓励发展各类载体吸纳就业。在贫困乡镇、村建设一批扶贫车间、社区工厂、卫星工厂等就业扶贫载体。加强扶贫车间规范管理，设立“就业扶贫车间”名录库和项目库，举办车间项目对接交流会，为“就业扶贫车间”提供长效的项目支撑，促进有效利用、长效发展。鼓励发展农村“劳务扶贫合作社”，组织贫困劳动力统一培训、统一就业，到 2020 年，实现 20 个脱贫任务比较重的县（市、区）均有“劳务扶贫合作社”，提高劳务组织化程度。对“就业扶贫车间”、农民专业合作社、企业等生产经营主体吸纳贫困劳动力就业的，按规定给予补贴、奖补。**（责任单位：省公共就业和人才服务中心、厅就业促进与失业保险处（农民工工作处））**

（三）促进返乡下乡创业带动就业。推进创业孵化基地、创业园区建设，加大创业担保贷款力度，为创业者提供开业指导、创业担保贷款、税费减免、法律援助和后续扶持相结合的“一条龙”创业服务，吸引进城务工人员、大学生等返乡创业。通过承接产业转移、发展农村电商、创意农业、乡村旅游等措施，在贫困地区培育一批创业项目，对吸纳贫困劳动力稳定就业的按规定给予一定奖补。在山东省创业大赛、山东省大学生创业大赛、“山东省大学生十大创业之星”评选等活动中对投身农村干事创业的进城务工人员、高校毕业生以适当倾斜。**（责任单位：厅就业促进与失业保险处（农民工工作处）、厅高校毕业生就业处、省公共就业和人才服务中心）**

（四）开发农村互助扶贫公益岗位。统筹利用各类资金，积极开发养老、托幼、助残、照料病患等互助扶贫公益岗位，聘请有劳动能力的贫困人口特别是年龄偏大人群、留守妇女，与贫困人口结对帮扶，安置贫困劳动力就业。鼓励各地通过以工代赈、以奖代补、劳务补助等方式，动员更多贫困劳动力参与小型基础设施、农村人居环境整治等项目建设，增加劳务收入。**（责任单位：省公共就业和人才服务中心、厅就业促进与失业保险处（农民工工作处））**

三、技能扶贫攻坚行动

（一）实施技能脱贫专项行动。坚持就业导向，对接岗位需求信息，持续加大对农村贫困劳动力的职业培训力度，实现有意愿有条件的农村贫困劳动力培训全覆盖。统筹组织各类培训资源，根据建档立卡贫困家庭劳动者的培训需求和就业意愿，确定免费培训项目清单目录。着重开发服务于乡村振兴战略、新旧动能转换工程，具有脱贫潜力和规模就业效应的新兴项目，列入免费清单备选目录，适时更新项目清单。优化培训方式方法，根据实际情况采取集中培训、弹性培训、上门培训等方式，开展进乡镇、进社区、进家庭等“点对点”“一对一”精准培训。充分发挥企业在职工技能培训中的主体作用，鼓励各地企业特别是贫困地区企业招用贫困劳动力并开展培训，鼓励建设劳动力培训基地，推进企业新型学徒制培训。各地要加强培训资金监管，提升培训资金效益。（责任单位：省公共就业和人才服务中心，厅职业能力建设处）

（二）深入开展技工院校服务脱贫攻坚行动计划。为有就读技工院校意愿的贫困家庭学生提供免费技工教育。面向全省技工院校全日制建档立卡贫困家庭学生实行“五免一享”（免学费、免住宿费、免教材费、免费提供勤工俭学岗位、免费推荐就业岗位，享受国家助学金政策）优惠政策，助力贫困家庭学生完成学业。2018—2020年，每年公布全省承担精准技能扶贫任务的技工院校和专业名单。指导各地确定一批重点院校和专业，建立健全结对协作和对口支援工作机制，支援深度贫困地区技工院校发展。深化校企合作，广泛组织动员，鼓励社会各界参与，共同开展精准技能扶贫。强化资金投入保障，加强教学资源支持，强化激励措施引导，加强信息管理、统计和宣传等基础工作，确保技工院校服务脱贫攻坚行动取得更大成效。（责任单位：厅职业能力建设处）

（三）增强贫困地区职业培训供给能力。引导各类培训资源积极开展贫困劳动力职业培训，支持贫困地区合理增设职业培训机构和技工院校。通过多种渠道和方式援助贫困地区培训机构和技工院校改善办学条件、扩展办学规模。采取双向挂职、两地培训、委托培养和支教等方式，开展师资培训和“传帮带”等活动。

开发适合贫困劳动力特点的培训项目，打造适应县域经济发展、满足贫困劳动力个性化、差异化培训需求的精品课程。（责任单位：厅职业能力建设处、省公共就业和人才服务中心）

四、社会保险扶贫攻坚行动

（一）推进贫困人口社会保险应保尽保。全面实施全民参保计划，落实好贫困人口参加社会保险政策，适度提升贫困人口社会保障水平。积极主动为贫困人口开展社会保险经办服务工作，精准对接贫困人口信息，为符合参加居民养老保险条件的缴费年龄段贫困人口全额代缴最低标准的居民养老保险费。精准服务，为符合居民养老保险待遇领取条件的贫困人口按时足额发放居民养老保险待遇。支持和引导符合条件的乡村医生按规定参加城镇职工基本养老保险。对行动不便的贫困人口，提供上门服务，推动应保尽保。（责任单位：省社会保险事业局、厅居民养老保险处、厅信息中心）

（二）逐步提高城乡居民基本养老保险待遇水平。研究制定《关于建立居民基本养老保险待遇确定和基础养老金正常调整机制的实施意见》，统筹考虑经济社会发展、城乡居民收入增长、物价变动等情况，逐步提高居民基本养老保险最低缴费标准和基础养老金标准，推动居民基本养老保险待遇水平随经济发展逐步提高。（责任单位：厅居民养老保险处、省社会保险事业局）

（三）防范因工伤致贫返贫。全面推进工程建设领域按项目参加工伤保险。巩固建筑业按项目参保成果，加强调度通报督查，大力推进铁路、公路、水运、水利、能源、机场等工程建设项目参加工伤保险，建立按项目参保长效机制，将在各类工程建设项目中流动就业的农民工纳入工伤保险保障，切实维护农民工工伤权益。研究探索新业态从业人员职业伤害保障制度，防止快递业等行业从业人员因工伤返贫致贫。鼓励有条件的市探索灵活就业人员参加工伤保险。（责任单位：厅工伤保险处）

（四）发挥失业保险扶贫功能。发挥省级失业保险调剂金的作用，确保深度贫困地区失业保险基金运行平稳，各项待遇切实得到落实。积极推进农民工参加失业保险，关注贫困人口就业后的参保情况，推动各地适当上调失业保险金标准，确保失业保险金应发尽发，为包括贫困人口在内符合条件的失业人员提供基本生活保障。（责任单位：厅就业促进与失业保险处（农民工工作处））

五、人事人才扶贫攻坚行动

（一）积极引导各类人才向贫困地区流动。在贫困地区县乡事业单位公开招聘中可适当放宽年龄、学历和专业条件，对采取统一考试方式招聘的，可根据工作需要适当降低开考比例，或不设开考比例划定合格分数线。对52个省财政困难县（市、区）、20个脱贫任务比较重的县（市、区）和长岛县，可按照县（市、区）、乡镇（街道）事业单位分别不高于本年度招聘计划30%、50%的比例招聘具有本县（市、区）及周边县（市、区）户籍人员（或生源）。鼓励支持高校和科研院所等事业单位专业技术人员带着科研项目或成果，到贫困地区创新创业。对具有硕士以上学历或者副高级以上职称，基层急需且本人自愿到乡镇事业单位工作的，可直接聘用到上一层专业技术岗位，相应岗位没有空缺的，使用特设岗位直接予以聘用，在乡镇工作累计满5年且考核合格的，可以申请换发相同级别全省统一的职称证书。全面下放基层高级职称评审权，由各设区的市结合本地实际情况，研究制定本地区“定向评价，定向使用”的基层职称制度，基层职称系列均可设置到正高级。取得基层职称人员在乡镇事业单位岗位聘用时，与取得全省统一职称人员同等对待。（责任单位：厅事业单位人事管理处、厅专业技术人员管理处）

（二）为贫困地区提供智力支持和人才服务。优先在贫困地区遴选建设乡村振兴专家服务基地，鼓励贫困地区积极申报国家和省级专家服务基地。2020年，全省建成30家左右省级乡村振兴专家服务基地，柔性引进1500名以上院士、千人计划专家等急需紧缺的高层次人才。鼓励支持各设区市建立市级乡村振兴专家服务基地。贫困地区申报国家博士后科研流动站、工作站，予以优先支持。对贫困地区新设立的博士后科研流动站、工作站招收首位博士后研究人员进站启动创新项目后，给予设站单位10万元招收补贴。继续组织开展西部经济隆起带和省扶贫开发重点区域基层人才挂职研修工作，从西部经济隆起带、省级扶贫开发重点区域、重点革命老区县域范围内选派学校、医疗、农业、文化等领域中青年业务骨干，到我省范围内的高校、科研院所、医疗机构、文化单位进行为期1年的挂职研修工作，发挥省级人才和科教资源优势，帮助受援地培养中青年业务骨干。全面组织实施高校毕业生“三支一扶”人员能力提升专项计划，畅通高校毕业生面向基层工作渠道，强化基层工作能力培训，提高“三支一扶”人员服务基层效果。（责任单位：厅人才开发处、厅高校毕业生就业处、厅人力资源市场处、省留学人员和专家服务中心）

（三）落实向贫困地区倾斜的工资政策。按照省委、省政府关心关爱基层干部减轻基层工作负担的有关要求，切实加大对县乡基层工作人员各项工资福利待遇的保障力度。严格落实国家统一的基本工资政策，确保基本工资标准调整工作落实到位，认真执行公务员年终一次性奖金政策。全面落实乡镇工作补贴政策，保证省定政策标准足额兑现，有条件的地方可在省定政策基础上进一步提高乡镇工作补贴标准。对上级政府长期（6个月以上）派驻乡镇机构的工作人员发放乡镇工作补贴。推进完善县乡各类事业单位绩效工资政策，落实事业单位内部分配自主权，事业单位可根据实际加大奖励性绩效工资比重，切实按照多劳多得、优绩优酬、向基层一线和条件艰苦岗位倾斜等原则搞活内部分配。严格执行带薪年休假制度，各级领导干部要带头休假，支持和鼓励基层工作人员休假。（责任单位：厅工资福利处）

六、深度贫困地区扶贫攻坚行动

（一）加大就业扶贫支持力度。进一步加大就业补助资金对深度贫困地区的转移支付力度，将就业扶贫任务纳入就业补助资金分配因素。依托省内扶贫协作机制，结合产业援助、项目援助和其他脱贫攻坚措施，开发适合当地贫困劳动力的岗位，创造更多就业机会。有条件的市可组织贫困劳动力、贫困地区基层公共就业服务人员到经济发达地区实地观摩、短期培训、实习锻炼，帮助他们开阔视野、转变观念、提升能力。（责任单位：厅就业促进与失业保险处（农民工工作处）、省公共就业和人才服务中心）

（二）加大失业保险政策倾斜力度。对深度贫困县的失业保险参保企业，将稳岗补贴标准提高到该企业及其职工上年度实际缴纳失业保险费总额的60%。将深度贫困地区参保职工申领技能提升补贴条件由参保缴费累计满3年放宽至满1

年。深度贫困地区失业保险金标准上调至最低工资标准的90%。扩大深度贫困县稳岗补贴和技能提升补贴范围，对深度贫困县吸纳建档立卡贫困人员就业并签订劳动合同的事业单位，可以享受稳岗补贴政策和技能提升补贴政策。（责任单位：厅就业促进与失业保险处（农民工工作处））

（三）加大干部人才支持力度。在援藏援疆援青工作中，选派优秀后备干部和专业技术人才到“三区三州”等深度贫困地区挂职任职，按规定落实相关待遇。加强协调指导和服务保障，为人力资源社会保障部门第一书记、驻村支部书记、干部下基层服务队开展工作提供有力支持。（责任单位：厅人事处）

七、劳务扶贫协作和黄河滩区脱贫迁建扶贫攻坚行动

（一）深化劳务扶贫协作。加强我省对口重庆、湖南、贵州等地劳务扶贫协作工作，构建多层次、宽领域、广覆盖的劳务扶贫协作工作机制，提高劳务组织化程度。推进职业技能培训服务，依托我省职业技能培训优势资源，采取结对帮扶的方式，加强与劳务协作地的职业技能培训合作，由输出地汇总培训需求，我省有对接任务的各市制定专项培训计划，负责组织实施。推进招聘和实时信息对接服务，定期组织输入地人岗匹配度高的优质企业到输出地，特别是深度贫困地区开展“送岗进村、进乡镇”定向招聘。开展扶贫协作巡回招聘活动，吸纳输出地各类劳动者，重点是建档立卡的贫困劳动者异地就业。推进家庭服务对接扶贫，发挥家庭服务龙头企业、家庭服务职业培训省级示范基地的资源优势，针对缺乏劳动技能的留守贫困人员开展定点培训，鼓励支持具有一定规模的知名家庭服务企业赴输出地开展对接活动。（责任单位：省公共就业和人才服务中心、厅就业促进与失业保险处（农民工工作处））

（二）推进黄河滩区脱贫迁建。配合全省黄河滩区居民迁建总体规划实施，有效促进黄河滩区人力资源社会保障整体水平的全面提升。重点针对转移就业需求较多的迁建县区，持续举办黄河滩区“乐业迁建”专场招聘会，积极对接滩区居民转移就业需求，提升求职招聘成交率，实现滩区劳动力的多渠道就业创业。组织开展迁建居民就业创业能力提升培训，加强与家政、手工艺等特色培训机构对接，研究探索适合黄河滩区居民的就业技能培训方式方法。结合乡村振兴战略，面向迁建县（区）加大返乡创业工作力度，积极引导黄河滩区在外务工人员、高校毕业生、企业家等群体回乡创业，支援滩区迁建。稳定滩区居民社会保险参保率，落实各项社会保险扶贫政策，不断提高滩区居民社会保险管理服务水平。加大迁建地区人才支撑力度，将人才服务覆盖到有需求的迁建区县。（责任单位：厅精准扶贫工作领导小组办公室、厅职业能力建设处、厅居民养老保险处、省社会保险事业局、省公共就业和人才服务中心）

八、组织保障

（一）强化攻坚责任落实。各级人力资源社会保障部门要把脱贫攻坚工作作为主业来抓，发挥各级人力资源社会保障部门精准扶贫工作领导小组作用，加强组织领导，层层分解任务、层层压实责任，强化政策落实落地。落实定点扶贫工作责任，加强工作力量，加大帮扶工作力度。各市要结合当地实际，细化实施方案，指导县级人力资源社会保障部门抓好落实，确保人力资源社会保障脱贫攻坚工作取得实效。（责任单位：厅精准扶贫工作领导小组各成员单位）

（二）强化基础信息管理。依托山东省人力资源社会保障精准扶贫信息系统，加强与省扶贫开发综合平台的对接，定期开展数据比对，实现我省人力资源社会保障领域扶贫人员信息的动态管理和分析展示。积极应用农村贫困劳动力就业信息平台，及时核实、更新贫困劳动力就业信息、职业技能培训人次等。推动技工院校学籍管理系统与雨露计划信息服务管理系统的及时对接，建立技工院校电子注册和统计信息管理系统与贫困人口信息系统精准比对机制。按季度开展贫困人口与全国社会保险参保人员数据比对，动态掌握贫困人口参保信息。（责任单位：厅精准扶贫工作领导小组办公室、厅职业能力建设处、厅居民养老保险处、省社会保险事业局、厅信息中心）

（三）强化服务能力建设。着力加强全省人

力资源和社会保障基层平台工作人员的教育培训，不断提高一线经办人员素质能力、工作作风和服务质量。指导地方多措并举改善基层公共服务条件，增强公共服务能力，提升公共服务标准化、信息化、便民化水平，为群众提供更加优质便捷高效的基本公共服务。进一步加强人力资源社会保障系统行风建设，不断提升窗口经办人员服务意识和服务作风。组织行风建设和窗口工作人员专题培训，进一步提高工作人员综合素质。加强干部培训，提高人力资源社会保障干部脱贫攻坚能力，培养锻炼过硬的脱贫攻坚干部队伍。（责任单位：厅规划财务处、厅人事处、厅行风办）

（四）强化作风问题专项治理。持续开展扶贫领域作风问题专项治理，对人力资源社会保障扶贫领域“四个意识”不强、责任落实不到位、资金管理使用不规范、工作作风不扎实等问题，严肃查处，为人力资源社会保障脱贫攻坚提供坚强有力的纪律和作风保障。（责任单位：厅精准扶贫工作领导小组办公室和各成员单位）

（五）强化舆论宣传引导。加强人力资源社会保障脱贫攻坚政策和典型做法的宣传报道，多角度宣传和全方位展示工作新进展、新成效，充分发挥示范引领作用。举办全省人社扶贫摄影大赛等专题活动，多渠道宣传全省人力资源社会保障脱贫攻坚的亮点和成效，营造良好的舆论氛围。（责任单位：厅政策研究处、厅精准扶贫工作领导小组办公室和各成员单位）

各市人力资源社会保障局具体实施方案于2018年11月底前报送省人力资源社会保障厅。每年9月底前报送工作开展情况，省人力资源社会保障厅将按要求向人力资源社会保障部报告工作情况。

山东省人力资源和社会保障厅
关于印发山东省人力资源和社会保障厅助推新旧动能转换重大工程建设行动方案的通知

（2018年9月10日　鲁人社办发〔2018〕26号）

各市人力资源社会保障局，省厅各处室、直属单位，省公务员局：

现将《山东省人力资源和社会保障厅助推新旧动能转换重大工程建设行动方案》（以下简称《行动方案》）印发给你们，并将有关事项通知如下：

一、各市人力资源社会保障部门要进一步增强责任感和使命感，按照《行动方案》要求落实工作责任，完善工作机制，认真贯彻落实《行动方案》提出的各项政策措施。

二、省厅各有关处室、单位要加强协调配合，按照行动方案确定的主要任务，制定具体落实措施，建立任务时间配档表，确保各项任务顺利完成。

三、省厅建立定期调度和督导工作机制，各牵头单位要于每月10日前向省厅助推新旧动能转换重大工程建设领导小组办公室（设在厅规划财务处）反馈《行动方案》各项任务落实情况，规划财务处定期总结行动方案落实情况向厅领导汇报。

山东省人力资源和社会保障厅助推新旧动能转换重大工程建设行动方案

为助推全省实施新旧动能转换重大工程，充分发挥人力资源社会保障部门人才支撑和民生保障职能作用，制定如下行动方案：

一、实施人才支撑专项行动

（一）加强人才培养

1. 实施“企业博士（后）集聚计划”。支持“十强”产业博士后队伍建设，对省内企业博士后科研工作站新招收的重点知名高校博士毕业生入站进行博士后研究的，给予每人每年5万元生活补贴，最长补贴3年，出站后留鲁工作并签订5年以上劳动合同的，给予每人15万元一次性生活补贴。（人才开发处牵头，省留学人员和专家服务中心配合）

2. 实施“千名博士进企业”行动。利用5年时间，每年从高等学校、科研机构选派200名左右青年博士到企业挂职服务。（人才开发处牵头，专业技术人员管理处配合）

3. 实施非教育系统政府公派出国留学项目，每年组织选派300名中青年人才出国留学。（人才开发处牵头，省留学人员和专家服务中心配合）

4. 实施专业技术人才知识更新工程，将新旧动能转换专业知识纳入专业技术人员继续教育公需科目范围。（专业技术人员管理处负责）

5. 实施“新技能”人才载体培育行动。每年分别建设高技能人才培训基地建设项目和技能大师工作室建设项目各5个，建设“1+N”个世界技能大赛省级集训基地，推动职业教育对接国际标准。（职业能力建设处负责）

6. 实施“高技能人才素质提升计划”。重点面向“十强”产业，每年组织200名左右优秀高技能人才赴国内知名企业和欧美等制造业强国进行技能研修学习，为大国工匠储备技能人才。（职业能力建设处负责）

（二）大力引进人才

7. 实施“外专双百”计划，加快引进一批“十强”产业领域的高层次外国专家和团队。（外国专家管理处负责）

8. 实施“海创山东”人才发展计划。面向“十强”产业领域，引进一批海外高层次创新性人才，组织开展海外人才招聘活动，制定面向全体留学来鲁人员的普惠性政策。（人才开发处牵头，省留学人员和专家服务中心配合）

9. 提升“山东——名校人才直通车”活动质量，每年以省委、省政府的名义组织不少于5次知名高校集中招聘活动，加强与知名高校的对接交流。（省公共就业和人才服务中心牵头，事业单位人事管理处、引智综合处、省留学人员和专家服务中心配合）

（三）推进制度创新

10. 分类推进人才评价机制改革，加快形成导向明确、竞争择优的人才评价机制。进一步改革职称评审制度，修订完善职称标准条件，打破户籍、地域、身份、档案、人事关系等限制，更加注重工作绩效、技术创新和成果转化等。（专业技术人员管理处负责）

11. 贯通高技能人才与工程技术人才职业发展通道，高技能人才可参加工程系列专业技术人才职称评审，工程技术人才也可参加高技能人才评定。（专业技术人员管理处、职业能力建设处负责）

12. 建立高校岗位设置与“十强”产业发展联动机制，对与“十强”产业对接紧密的省部共建高等学校、国家重点学科和国家重点实验室依托高等学校、承担国家和省重大科研攻关任务的高等院校，教师高级岗位可按照《山东省高等学校岗位设置结构比例指导标准》不超过10%的比例适当提高。（事业单位人事管理处负责）

13. 进一步完善省属事业单位绩效工资管理办法，扩大事业单位分配自主权，在核定的绩效工资总量内由事业单位自主分配。探索实行事业单位高层次人才协议工资制、项目工资制和年薪制等灵活多样的分配方式；对知识技术密集、高层次人才集中的事业单位，核定绩效工资总量时可给予适当倾斜。积极推进国有企业职业经理人薪酬制度改革试点工作。（劳动关系处、工资福利处按分工负责）

14. 推进事业单位人事制度改革。制定创建全国事业单位人事制度改革综合试验区意见和工作方案，推动事业单位人事管理制度改革创新。（事业单位人事管理处牵头，厅属有关单位参加）

15. 研究拟订《外国人在山东工作管理暂行办法》，放宽外籍高层次人才到山东工作条件限制，进一步提升外国人来鲁工作、出入境便利度。（外国专家管理处负责）

（四）提升人才服务水平

16. 大力发展人力资源服务业。积极培育人力资源服务骨干企业，发展专业化、国际化人力资源服务机构。持续推进人力资源服务产业园建设，支持济南、青岛创建国家级人力资源服务产业园，争取到 2020 年，建成 3 家以上国家级标准、15 家左右省级人力资源服务产业园。（人力资源市场处负责）

17. 深化“中国海内外高端人才交流会”活动品牌，引导“十强”产业领域企业加强与海内外高端人才对接交流，引进一批规模大、素质优的高层次人才。绘制“齐鲁英才”地图，以“十强”产业为重点，建立齐鲁人才数据库。（人才开发处、引智综合处牵头，外国专家管理处、省留学人员和专家服务中心、省人力资源社会保障信息中心配合）

18. 加强高层次人才服务。健全完善高层次人才服务绿色通道，完善部门协同机制，提升绿色通道服务能力。建立高层次人才服务专员队伍，为符合条件的高层次人才每人配备 1 名服务专员。（省留学人员和专家服务中心负责）

二、实施创业助推专项行动

（一）激发创新创业活力

19. 鼓励支持高校、科研院所等事业单位科研人员离岗创业，允许高校、科研院所设立一定比例的流动岗位，吸引有创新创业实践经验的企业家、科技人才兼职。（事业单位人事管理处负责）

20. 实施高校毕业生就业创业促进计划，落实好创业补贴政策及创业担保贷款等政策。推动省内高校、技工院校与开发区、产业园等对接、融合，为经济园区发展提供人才支撑。（高校毕业生就业处、职业能力建设处牵头，省公共就业和人才服务中心配合）

21. 促进农民工等各类人员返乡创业，依法办理工商登记注册的可按规定享受小微企业创业扶持政策。（省公共就业和人才服务中心牵头，就业促进与失业保险处配合）

22. 创新开发区人员管理。完善全员聘任制等制度，打破行政事业企业单位人员身份界限，积极探索灵活的用人机制和分配机制。（事业单位人事管理处、劳动关系处、省公务员局按分工负责）

（二）加强创业平台载体建设

23. 成立山东省创新创业服务发展联盟，整合政府、企业、社会等多方资源，共同建设众创、众包、众扶、众筹支撑平台，推动政策、技术、人才、资本等各类要素向创新创业集聚。（省公共就业和人才服务中心牵头，就业促进与失业保险处、高校毕业生就业处配合）

24. 打造山东创业服务云平台，为创业者提供良好的交流和资源共享空间，为初创小微企业提供专业化、全过程创业支撑服务。（就业促进与失业保险处牵头，高校毕业生就业处、省公共就业和人才服务中心配合）

25. 建设山东省级公共实训基地，筹建山东创业大学。（规划财务处牵头，就业促进与失业保险处、高校毕业生就业处、职业能力建设处、省公共就业和人才服务中心、省城镇劳动就业训练中心配合）

26. 定期组织创业大赛，推选一批符合新旧动能转换方向的优秀创业项目、创业团队，给予最高 20 万元奖励。深入推进创业型城市（县、区）和创业型街道（乡镇）创建活动。（省公共就业和人才服务中心牵头，就业促进与失业保险处、高校毕业生就业处配合）

三、实施企业护航专项行动

（一）进一步减轻企业社会保险费负担

27. 企业养老保险单位缴费比例继续按 18% 执

行，按规定为符合条件的困难企业办理社会保险费缓缴、延缴手续，缓缴、延缴期间免收滞纳金。（职工养老保险处牵头，省社会保险事业局配合）

28. 延长阶段性降低失业保险费率至 1% 的政策，执行期限至 2019 年 4 月 30 日。（就业促进与失业保险处牵头，省社会保险事业局配合）

29. 工伤保险基金累计结余可支付月数在 18（含）至 23 个月的统筹地区，以现行费率为基础下调 20%，累计结余可支付月数在 24 个月（含）以上的统筹地区，以现行费率为基础下调 50%，执行期限至 2019 年 4 月 30 日。工伤保险费率下调期间，统筹地区工伤保险基金累计结余达到合理支付月数范围的，停止下调。（工伤保险处牵头，省社会保险事业局配合）

（二）实施积极的失业保险援企稳岗政策

30. 对“十强”产业企业，将稳岗补贴标准由 30% 提升到 50%；全省每年认定不少于 100 家“十强”产业企业，将稳岗补贴标准由 30% 提升到 60%，用于职业技能培训；对“十强”产业企业职工，将初级、中级和高级职业资格证书或职业技能等级证书的补贴标准提升 30%。（就业促进与失业保险处牵头，职业能力建设处、省社会保险事业局、省职业技能鉴定指导中心、省人力资源社会保障信息中心配合）

31. 除国家规定的 81 项职业资格目录外，研究认定“十强”产业企业发展紧缺急需职业（工种）目录，给予技能提升补贴。（就业促进与失业保险处牵头，职业能力建设处、省社会保险事业局、省职业技能鉴定指导中心、省人力资源社会保障信息中心配合）

（三）做好去产能企业职工分流安置工作

32. 破产企业清算资产优先用于清偿职工欠薪、欠缴的社会保险费、支付经济补偿等劳动保障费用，妥善做好去产能职工养老保险、职工医疗保险等社会保险关系转移接续工作。对再就业困难人员，优先安排新增及腾退的公益岗位。（劳动关系处牵头，就业促进与失业保险处、职工养老保险处、职工医疗保险处、省社会保险事业局、省公共就业和人才服务中心配合）

四、实施优化服务专项行动

33. 深入开展削权减证、流程再造、精准监管、体制创新、规范用权“五大行动”，依法将部分省级行政权力事项下放或委托市级实施。（法规处牵头）

34. 在省人力资源社会保障“12333 咨询服务热线”中开通“人才服务专线”，实时受理我省高层次人才服务政策落实问题。（省留学人员和专家服务中心牵头，省人力资源社会保障信息中心配合）

35. 积极推动“一次办好”改革，2018 年底省级政务服务事项网上可办率不低于 80%，市县级不低于 50%；2019 年底省级政务服务事项网上可办率不低于 90%，市县级不低于 70%。（行风办牵头，办公室、法规处、省人力资源社会保障信息中心配合，厅属有关单位参加，地方人力资源社会保障部门分别负责）

八、法治建设

山东省人力资源和社会保障厅 关于在全省人力资源社会保障系统贯彻落实“谁执法谁普法”普法责任制的通知

（2018 年 7 月 4 日　鲁人社发〔2018〕26 号）

各市人力资源社会保障局，省厅各处室、直属单位，省公务员局：

根据中共中央办公厅国务院办公厅《关于实行国家机关“谁执法谁普法”普法责任制的意见》（中办发〔2017〕31 号）部署，按照省委、省政府和人力资源社会保障部要求，为健全我省人力资源社会保障法治宣传教育机制，落实普法责任，进一步做好普法工作，现就有关事项通知如下：

一、总体要求

（一）指导思想

以习近平新时代中国特色社会主义思想为指导，深入贯彻党的十九大精神，认真落实省第十一次党代会精神，按照“谁执法谁普法”“谁主管谁普法”“谁服务谁普法”要求，明确普法职责任务，健全工作制度，加强督促检查，建立系统上下联动、部门齐抓共管、社会广泛参与的工作格局，推进人力资源社会保障普法工作深入开展。

（二）基本原则

坚持普法工作与业务工作相结合。把法治宣传教育融入业务工作全过程，在业务工作中加强法治宣传教育，不断提高人力资源社会保障领域法治宣传教育的实际效果。

坚持系统内普法与社会普法并重。努力提高工作人员的法律素质，在履行好系统内普法责任的同时，围绕依法履行职责，向执法对象、服务对象、主管对象以及社会公众开展普法，增强社会公众的法治意识。

坚持条块结合、密切协作。实行上级部门业务指导和当地普法办管理相结合，加强双方衔接配合，完善分工负责、共同参与的普法工作机制，形成普法工作合力。

坚持从实际出发、注重实效。立足人力资源社会保障系统实际，围绕民生为本、人才优先工作主线，创新普法理念、工作机制和方式方法，切实增强普法的针对性和实效性，积极推动各项普法责任的落实。

二、职责任务

（一）深入学习宣传习近平总书记关于全面依法治国的重要论述，学习宣传以习近平同志为核心的党中央关于全面依法治国的重要部署。坚持以习近平新时代中国特色社会主义思想为指导，牢固树立“四个意识”，坚定“四个自信”，进一步增强走中国特色社会主义法治道路的自觉性和坚定性。把学习宣传习近平总书记关于全面依法治国重要论述作为法治宣传教育重大任务，大力宣传习近平总书记关于全面依法治国的新思想新观点新论断新要求。

（二）全面宣传以宪法为核心的中国特色社会主义法律体系。要把学习宣传宪法摆在突出位置，大力宣传宪法的基本内容、基本原则和依宪治国、依宪执政等理念，弘扬宪法精神，树立宪法权威。深入学习宣传中国特色社会主义法律体系，重点学习宣传立法法、行政许可法、行政处罚法、行政强制法、行政复议法、行政诉讼法、国家赔偿法和《山东省行政执法监督条例》《山东省法治宣传教育条例》《山东省行政程序规定》等法律法规规章。

（三）深入学习宣传党内法规。积极落实全面从严治党、依规治党新要求，加大党内法规宣传力度，进一步加强廉政和惩防体系建设。突出学习宣传《中国共产党章程》，大力宣传《关于新形势下党内政治生活的若干准则》《中国共产党廉洁自律准则》《中国共产党纪律处分条例》《中国共产党党内监督条例》和《中国共产党问责条例》等各项党内法规，注重党内法规宣传与国家法律宣传的衔接和协调，坚持纪在法前、纪严于法，把纪律和规矩挺在前面，教育引导全系统广大党员做党章党规党纪和国家法律的自觉尊崇者、模范遵守者、坚定捍卫者。

（四）重点学习宣传人力资源社会保障法律法规规章和规范性文件。重点抓好劳动法、劳动合同法、就业促进法、劳动争议调解仲裁法、社会保险法等法律，以及《山东省就业促进条例》《山东省人力资源市场条例》《山东省专业技术人员继续教育条例》《山东省劳动合同条例》《山东省劳动人事争议调解仲裁条例》《山东省劳动和社会保障监察条例》等法规规章和人力资源社会保障领域规范性文件的学习宣传，增强工作人员依法履职能力，特别是领导干部运用法治思维和法治方式加快改革、推动发展、化解矛盾的能力，提高社会公众对人力资源社会保障法律法规的知晓度。

（五）学习宣传法治政府建设纲领性文件。突出宣传法治政府建设方面的法律法规，学习宣传中共中央国务院《法治政府建设实施纲要（2015—2020年）》，人力资源社会保障部《人力资源和社会保障法治建设实施纲要（2016—2020年）》，《山东省法治政府建设实施纲要（2016—2020年）》《山东省人力资源和社会保障厅关于全面推进“法治人社”建设的实施意见》《山东省人力资源和社会保障法治建设实施纲要（2016—2020年）》等纲领性文件，深入推进普法活动。

三、职责分工

（一）各级法制工作机构责任。各级人力资源社会保障部门法制工作机构是普法责任制的统筹主体，要切实负起统筹规划、综合协调、督促指导、考核评价职责，完善落实“谁执法谁普法”普法责任制。

1. 抓好统筹规划。制定普法工作规划、普法责任清单和年度普法工作计划，明确普法任务、时间安排、普法形式等要求。

2. 健全学法制度。健全常态化的法治培训制度，把法治教育课程纳入人力资源社会保障系统干部教育培训总体规划。

3. 强化跟踪问效。对“谁执法谁普法”普法责任制落实情况进行跟踪问效。定期组织对普法责任制落实情况开展督促检查，对检查中发现的问题，及时反馈并督促整改。

（二）各级业务机构责任。各级人力资源社会保障部门业务机构是普法责任主体，要充分发挥业务机构的主导作用和职能优势，结合工作特点和重点工作任务开展相关普法工作。

1. 借助立法工作开展普法。充分利用法规规章和规范性文件起草制定过程向社会开展普法。对社会关注度高、涉及公众切身利益的重大事项，要广泛听取公众意见。除依法需要保密的外，法规规章和规范性文件草案要向社会公开征求意见，并说明相关制度设计，动员社会各方面广泛参与。加强与社会公众的沟通，及时向社会通报征求意见的有关情况，增强社会公众对文件的理解和认知。法规规章和规范性文件出台后，以通俗易懂的语言进行解读，及时通过官方网站、微信公众号、新闻媒体等进行宣传普及，方便社会公众理解掌握。

2. 通过依法履行职责普法。在组织开展重大活动、专项检查、专项行动时，要把普法作为重要环节，对普法内容、普法形式、普法责任等作出具体部署。在“春风行动”“民营企业招聘周”“高校毕业生就业服务月”“就业援助月”“护航行动”“展翅行动”等活动中，要结合工作对象特点，全面宣传促进就业创业、社会保险等方面涉及劳动者权利义务的法律法规，为广大劳动者和用人单位提供高效便捷的服务。在组织开展用人单位遵守劳动用工和社会保险法律法规情况、社会保险基金监督、农民工工资支付、清理整顿人力资源市场秩序等专项检查活动，以及推进“全民参保计划”“同舟计划”等专项行动时，要把向管理服务对象宣传普及相关法律知识作为工作流程的必备步骤，在依法履行职责、提供公共服务的过程中答疑解惑，使人民群众及时、准确了解相关政策法规。针对人力资源社会保障领域热点问题和事件，要组织执法人员和专家学者进行权威解读，弘扬法治精神，正确引导舆论。

3. 开展以案释法活动。建立并落实工作人员以案释法制度。在行政处罚、行政强制、行政检查、劳动人事争议调解仲裁、行政争议案件处理、信访事项处理、工伤认定等过程中，要结合具体案情向当事人进行释法说理，把矛盾纠纷排查化解与法治宣传教育有机结合起来，让群众在解决问题中学习法律知识，树立法治观念。加强典型案例的收集、整理、研究和发布工作，发挥典型案例的引导、规范、预防与教育功能。结合法律“六进”活动，组织开展经常性以案释法活动，以身边人说身边事，用身边事教育身边人，推动法治宣传教育贴近基层、贴近百姓、贴近生活。

四、工作要求

（一）加强组织领导。各级人力资源社会保障部门主要负责人是第一责任人，对法治宣传教育工作负总责。要认真落实领导干部学法制度，把宪法法律和党章党规列入党组（党委）理论学习中心组年度学习计划，每年至少组织1次集体学法。要进一步建立健全法治宣传教育工作领导小组和办事机构，把法治宣传教育工作经费纳入本级部门预算，切实予以保障。法治宣传教育工作领导小组要切实发挥组织、协调、指导和监督作用，通过定期听取汇报、召开专题会议等方式研究解决重大问题。各业务工作机构要按照普法责任制要求，认真做好本业务领域相关政策法规的宣传教育工作，形成各负其责、各司其职、紧密配合的普法工作合力。

（二）建立工作报告制度。厅属各相关业务处室、单位于每年11月底前向厅法治宣传教育工作领导小组办事机构报送当年落实“谁执法谁普法”普法责任制的情况以及下一年度普法工作安排。各级人力资源社会保障部门于每年年底前向上一级人力资源社会保障部门法治宣传教育工作领导小组办事机构报告当年落实“谁执法谁普法”普法责任制的情况以及下一年度普法工作计划。

（三）创新普法模式。在巩固橱窗、板报等基础宣传阵地的同时，探索电子显示屏、电子触摸屏等新型载体的运用，建好用好法治宣传教育基地。积极推进“互联网 + 人社”，注重依托网站、微博、微信、微视频和移动应用等新媒体新技术开展普法活动，努力构建多层次、立体化、全方位的法治宣传教育网络，提高普法宣传的时效性、多样性。加强对人力资源社会保障部门工作人员的法治培训，继续做好对广大用人单位的普法宣传，探索将人力资源社会保障法律法规作为技工院校必修课程的重要内容。要充分利用国家宪法日、法律颁布实施纪念日、12333全国统一咨询日等时间节点，积极组织开展集中普法活动，不断增强法治宣传实效。

（四）强化责任考核。要把“谁执法谁普法”普法责任制落实情况纳入考评体系，加强对工作人员学法用法的考试考核，不断完善考核体系、标准及办法，注重对考核结果的运用，确保普法责任制落到实处、见到实效。

附件：

1．山东省人力资源和社会保障厅“谁执法谁普法”普法责任清单（略）

2．山东省人力资源和社会保障厅“谁执法谁普法”普法任务分工（略）

山东省人力资源和社会保障厅
关于废止和宣布失效一批规范性文件的决定

（2018 年 8 月 27 日 鲁人社发〔2018〕41 号）

各市人力资源社会保障局，省厅各处室、直属单位，省公务员局：

经研究，决定对 10 件规范性文件（详见附件）予以废止和宣布失效，现予以公布。

附件：废止和宣布失效规范性文件目录

废止和宣布失效规范性文件目录

序号	文件名称	文号	处理意见
1	《山东省企业退休人员基本养老保险待遇领取资格认证实施办法》	鲁社保发〔2011〕32 号	废止
2	《转发劳动和社会保障部等三部门〈关于印发城镇职工基本医疗保险定点医疗机构管理暂行办法的通知〉的通知》	鲁劳社发〔1999〕86 号	失效
3	《转发劳动和社会保障部、国家药品监督管理局〈关于印发城镇职工基本医疗保险定点零售药店管理暂行办法的通知〉的通知》	鲁劳社发〔1999〕87 号	失效
4	《关于印发山东省二级地震安全性评价工程师制度暂行规定及考试实施办法和考核认定办法的通知》	鲁人发〔2006〕26 号	失效
5	《关于印发〈山东省工伤职工辅助器具配置管理暂行办法〉的通知》	鲁劳社〔2008〕13 号	失效
6	《关于印发山东省人力资源和社会保障厅与市人民政府共建留学人员创业园暂行办法的通知》	鲁人社〔2009〕56 号	失效
7	《关于印发〈山东省劳动人事争议调解工作暂行办法〉的通知》	鲁人社发〔2010〕73 号	失效
8	《关于加强事业单位人事管理的意见》	鲁人社发〔2013〕13 号	失效
9	《关于印发山东省中小学岗位设置结构比例指导标准的通知》	鲁人社办发〔2013〕37 号	失效
10	《山东省引进高层次高技能人才绿色通道规定（试行）》	鲁人社发〔2015〕63 号	失效

山东省人力资源和社会保障厅
关于印发《关于深化“一次办好”改革深入推进行政审批服务便民化工作方案》的通知

（2018年7月6日 鲁人社发〔2018〕27号）

各处室、直属单位，省公务员局：

《关于深化“一次办好”改革深入推进行政审批服务便民化工作方案》已于2018年6月30日经第9次厅长办公会审议通过，现印发给你们，请结合实际认真贯彻执行。

关于深化“一次办好”改革深入推进行政审批服务便民化工作方案

为贯彻落实《山东省委办公厅山东省政府办公厅关于印发〈关于深化“一次办好”改革深入推进审批服务便民化实施方案〉的通知》（鲁厅字〔2018〕31号）要求，进一步深化“一次办好”改革工作，结合我厅实际，制定如下工作方案。

一、总体要求

（一）工作目标

深化“一次办好”改革是全面推进放管服改革的具体响应和落实，是指以“一次办好、群众满意”为目标、以权责清单为基础、以流程再造为核心、以“互联网+”为支撑，推动政务服务理念、模式、制度、作风全方位深层次变革，全力打造“审批事项少、办事效率高、服务质量优”的发展环境，建设人民满意的服务型机关。

（二）基本原则

——坚持人民中心、统筹推进。把党的群众路线贯彻到“一次办好”改革全过程，推动“以部门为中心”向“以人民为中心”管理模式转变。注重政务服务的系统性和整体性，以群众视角和需求，有效整合各方资源，促进线上线下融合，提升协同服务和综合管理水平。

——坚持精准发力、敢于创新。全面梳理影响群众和企业办事的难点、堵点、痛点问题，见端知本，重点突破，推动政府管理创新与互联网、大数据、人工智能等信息技术深度融合，彻底解决长期制约政务服务水平提升的难点问题。

——坚持固本强基、结果评价。全面梳理“一次办好”事项，优化业务流程，实现数据标准化和全面共享，筑牢工作基石。树立结果导向，强化结果评价，狠抓工作落实，让企业和群众成为改革的监督者、推动者和受益者。

二、主要任务

（一）规范办事标准

1. 梳理事项清单。对依申请权力事项和服务事项进行梳理，按照“一次办好”要求规范事项名称、适用依据、申请材料、办事流程、业务经办流程、办理时限。通过反复征求处室、单位和市、县级人力资源社会保障部门意见，形成全省统一的“一次办好”事项指导目录，推进同一事项无差别受理、同标准办理。分两批公布“一次办好”事项清单，9月底前实现全覆盖。

2. 规范表单内容。规范申请表单和办理结果表单，整合相似表单，推行一次告知、一表受理，方便群众办事。

3. 清理配套文件。及时制定配套文件，修改或废止不适应“一次办好”要求的文件，确保改革于法有据。

（二）优化事项办理

1. 精简申请材料。消除属于兜底性质的“其他材料”“有关材料”等，逐一加以明确；不能明确的，不得要求申请人提供。按照“三个不提交”原则，即法律法规规章规范性文件无明确规定的不提交、由本部门出具或可通过本部门信息系统数据交换获取的不提交、可自行查验的不提交，逐个事项、逐份材料研究精简的办法，年底前实现申请材料精简20%以上。

2. 缩短办理时限。有法定时限的，列明法定时限；没有法定时限的，设定合理的承诺时限。提高即来即办事项比例，能够即时办结的不再运转到后台缓办。按照减环节、减时限、减成本的要求，大力减少盖章、审核、备案、确认、告知等繁琐环节和手续，年底前压缩办理时限20%以上。

3. 实行全链条办理。以群众办理“一件事”为标准，把分散在不同处室、单位的事项按办理流程进行优化整合，将“一事一流程”整合为“多事一流程”，实现关联事项“一链办理”。

（三）推进数据共享

1. 整理基础信息。基础信息是指基于信息技术形成的业务资料和信息，高质量的基础信息是实现网上办事的重要支撑。制定基础信息整理规范和标准，明确信息整理指标项，按照实现网上办事的要求，以群众办事急需的社保、就业信息为突破口，对基础信息进行对比、修改、补充，切实提高信息质量，到2020年底90%以上业务基础信息实现同人同城同库和准确唯一。

2. 推进业务板块间数据共享。推进公共就业、社会保险、劳动关系、人事人才等业务板块之间数据共享，通过关联业务数据共享和相互印证，实现业务一体化和整体协同。

3. 推进层级间和部门间数据共享。实时归集就业创业、社会保险等业务数据，形成跨业务、跨层级的基础信息共享，加大人社数据省集中。明确信息共享的种类、标准、范围、流程，加快数据向省政务信息资源共享交换平台的共享，整合数据资源，加快实现“一平台、一张网、一个库”，推动层级间、部门间数据共享。

（四）推动网上办事

1. 提高网办事项比例。逐步实现所有政务服务事项在省政府政务服务网上受理、转办和反馈，年底前实现政务服务事项网上可办率不低于80%；2019年底前，实现政务服务事项网上可办率不低于90%。深度开发各类便民应用，为群众提供多样性、多渠道、便利化服务。以业务智能化、服务自助化、办事移动化为重点，把网上平台、移动客户端、自助终端等结合起来，实现功能互补、融合发展。

2. 实现配套应用支撑。完善网上实名身份认证体系，明确电子证照、电子公文、电子印章法律效力，建立健全基本标准规范，完成人力资源社会保障部电子签章平台试点建设工作，积极申请省政府电子证照和电子印章应用试点，实现“一次采集、一库管理、多方使用、即调即用”，打通网上办理“最后一公里”。

3. 推进电子档案应用。明确电子档案效力，规范电子档案的采集、应用、管理和存储，实现电子档案重复使用和网上流转，从而减少证明材料、提高工作效率。

（五）创新服务模式

1. 优化窗口服务。全部政务服务事项进大厅，推行分类综合柜员制，实行一窗受理、集成服务，实现“一窗通办”。推广容缺后补、绿色通道、告知承诺、邮政或者快递送达等便利化措施，配备复印机、打印机等便民设施，提供“店小二”“保姆式”服务，切实解决反映突出的排号等号、耗时长、来回跑等问题。

2. 推进全省通办。取消区域限制，推行同城通办、异地代办、跨层联办等多种服务方式，即时办结业务在属地当场办结，限时办结业务前台受理，推送至有管辖权的后台审核办理，实现全省“通收通办”。

3. 延伸服务网络。夯实基层服务平台，大力提升工作人员能力和素质。鼓励各级人社部门，借鉴浙江省“社银联办”和威海市推广“农金通”智能服务终端的工作经验，对量大面广的高频服务事项利用银行网点实现服务端口前移，针对农村地区交通不便、居住分散的实际情况，在村庄建立服务站点，加快完善人社乡村便民服务体系。

（六）健全监管机制

1. 明确监管职责。改变重审批轻监管的行政管理方式，按照权责对等、权责一致和“谁审批谁监管、谁主管谁监管”原则，厘清审批和监管权责边界，强化落实监管责任，健全工作会商、联合核验、业务协同和信息互通的审管衔接机制，做到明规矩于前。

2. 强化事中监管。加强对取消、下放和委托事项的监管，加强制度保障和人员培训，防止权力下放“自由落体”“消化不良”；加大对容缺受理、告知承诺办理事项的抽查力度，追究提供虚假材料者的法律责任，降低改革风险；重视运用科技手段和信息化手段创新过程监管方式，探索实行“互联网＋监管”模式，提高监管效能，做到寓监管于中。

3. 健全事后监管。全面推行“双随机、一公开”监管，将其从劳动保障监察领域扩大至行政许可、行政确认等执法领域，及时向社会公布抽查结果；推进一体执法，实行“一个领域一支队伍”执法，避免多头执法；强化信用监管，将“信用山东”“信用中国”网站公布的红黑名单信息嵌入人力资源社会保障业务系统，与行政审批、市场监管、公共服务等信息进行比对，加大失信联合惩戒和守信联合激励力度，做到施严惩于后。

（七）加强考核评价

1. 加强窗口作风建设。加强对窗口单位服务情况的督查，通过第三方评估、12333电话回访、明察暗访等方式发现问题，找准原因，采取有效措施，集中力量解决，不断提升窗口服务水平。

2. 完善考核机制。完善政务服务考核评价机制，优化考核标准，让办事企业和群众对窗口服务进行打分评价。建立健全过程控制和问效制度，倒逼服务窗口落实政务服务承诺，提升群众满意度。

3. 强化跟踪调度。严格落实考核通报制度，每月及时调度和通报各项改革任务进展情况，坚决杜绝推诿扯皮、办事拖拉等行为，确保各项改革任务按时保质保量完成。

三、组织实施

“一次办好”改革是我省深化放管服改革的重要举措，是实现观念更新、作风转变、服务优化和效能提升的总抓手。着力从以下三个方面推进：

（一）加强组织领导。结合工作实际，调整厅推进政府职能转变领导小组组成人员，由于富华同志任组长，夏鲁青同志、侯复东同志任副组长，各相关处室、单位主要负责人为成员，领导小组办公室设在法规处。把深化“一次办好”改革列入人力资源社会保障重点工作，作为处室、单位年度考核评优的重要参考。分管领导定期召开专题会议，及时调度工作进展情况和研究解决改革中存在的难点、痛点问题。明确时间表和施工图，通过挂图推进、按月通报、实地督查等形式，蹄疾步稳扎实推进。

（二）做好上下结合。积极主动争取人力资源社会保障部在政策法规、重点项目应用试点、信息化技术指导、人才支撑等方面予以支持。省、市、县上下联动，在规范办事标准、推进数据共享和推动“互联网＋”等方面，力求形成全省统一的业务规范，及时在全省范围内征求意见，必要时召集市、县级人力资源社会保障部门进行专题研讨，为全程网办和全省通办奠定基础。同时，鼓励各地在创新服务模式、健全监管机制和加强考核评价等方面因地制宜大胆探索，形成各具特色的经验做法，创造更多管用可行的“土特产”“一招鲜”。省厅有关处室、单位要主动服务基层，为市、县改革创新提供及时有效的制度支持。

（三）落实工作责任。各处室、单位根据任务分工表，确定专人负责，细化分解任务，层层压实责任。牵头处室加强统筹规划和沟通协调，成员单位全力配合，形成工作合力。加强群众评价、群众监督，通过第三方评估和满意度回访等形式，找准工作中的难点、堵点，下大力气解决。坚持“三个区分开来”，允许改革有失误，但决不允许不改革，对敢于担当的干部担当，对敢于负责的干部负责，充分激发干部干事创业积极性。通过多措并举、精准发力，确保“一次办好”改革各项要求落到实处。

附件：工作任务分解表（略）

山东省人力资源和社会保障厅
关于延长部分规范性文件有效期的通知

（2018 年 9 月 7 日　鲁人社规〔2018〕12 号）

各市人力资源社会保障局，省厅各处室、直属单位，省公务员局：

根据《山东省行政程序规定》要求，现对截至 2018 年 12 月 31 日有效期届满的 10 件规范性文件延长有效期，请遵照执行。

附件：延长有效期的规范性文件目录

延长有效期的规范性文件目录

一、《转发中共中央组织部人事部〈关于印发《流动人员人事档案管理暂行规定》的通知〉的通知》，鲁人〔1997〕21 号，规范性文件登记号 SDPR-2016-0140046，延长有效期至 2019 年 12 月 31 日。

二、《转发中组部人社部关于进一步规范事业单位公开招聘工作的通知》，鲁人社发〔2011〕9 号，规范性文件登记号 SDPR-2016-0140052，延长有效期至 2023 年 12 月 31 日。

三、《关于印发〈山东省实施大学生创业孵化基地和大学生创业园项目管理办法〉的通知》，鲁人社发〔2011〕97 号，规范性文件登记号 SDPR-2016-0140007，延长有效期至 2019 年 12 月 31 日。

四、《关于印发〈山东省技师工作站管理办法〉的通知》，鲁人社发〔2012〕41 号，规范性文件登记号 SDPR-2012-0140005，延长有效期至 2020 年 7 月 31 日。

五、《关于印发山东省被征地农民参加居民基本养老保险办法的通知》，鲁人社发〔2013〕35 号，规范性文件登记号 SDPR-2013-0140007，延长有效期至 2021 年 11 月 30 日。

六、《关于转发人社部发〔2013〕34 号文件明确工伤保险工作若干问题的通知》，鲁人社发〔2013〕39 号，规范性文件登记号 SDPR-2013-0140009，延长有效期至 2023 年 12 月 19 日。

七、《关于对〈山东省被征地农民参加居民基本养老保险办法〉有关条款进行修改的通知》，鲁人社发〔2014〕39 号，规范性文件登记号 SDPR-2014-0140009，延长有效期至 2021 年 11 月 30 日。

八、《转发人力资源社会保障部办公厅〈关于做好劳务派遣行政许可工作的通知〉的通知》，鲁人社办发〔2013〕78 号，规范性文件登记号 SDPR-2013-0140005，延长有效期至 2021 年 7 月 11 日。

九、《关于参加企业职工基本养老保险人员因病或非因工死亡有关待遇纳入统筹的通知》，鲁人社办发〔2013〕92 号，规范性文件登记号 SDPR-2013-0140006，延长有效期至国家出台贯彻《社会保险法》的相关政策正式实施之日，最长不超过 2023 年 9 月 30 日。

十、《关于调整企业职工防暑降温费标准的通知》，鲁人社发〔2015〕45 号，SDPR-2015-0140013，延长有效期至 2021 年 12 月 31 日。

大 事 记

一月

9—10 日 全省人力资源和社会保障会议在济南召开。会议全面落实全国人社工作会议和全省经济工作会议的部署要求，总结党的十八大以来工作，安排 2018 年的工作任务。

16 日 省人力资源社会保障厅赴莱芜市开展 2018 年高校毕业生“三支一扶”新春慰问暨调研活动。

18 日 省人力资源社会保障厅党组理论学习中心组举行专题学习研讨，深入学习贯彻党的十九大精神和习近平新时代中国特色社会主义思想。

31 日 省人力资源社会保障厅组织召开厅属基层党组织书记抓党建述职评议考核会议，部分党（总）支部书记向厅直属机关党委现场述职。

本月 “高层次专家走进沂南”服务基层活动在临沂市沂南县举行。

本月 省人力资源社会保障厅在省人才工作领导小组办公室书面评议中位列第二位。

二月

7 日 由省人力资源社会保障厅、省扶贫办、省总工会、省妇联和济宁市人民政府联合举办的山东省 2018 年“春风行动”启动活动暨“春风送岗”济宁市集中招聘活动在任城区举行。

8 日 山东省失业保险援企稳岗“护航行动”在济南启动。

12 日 省人力资源社会保障厅在济南召开 2017 年度总结表彰大会。

24 日 省人力资源社会保障厅召开厅务会，深入学习贯彻全省新旧动能转换重大工程动员大会精神，全面落实《山东新旧动能转换综合实验区建设总体方案》和《山东省新旧动能转换重大工程实施规划》，充分发挥人社部门助推新旧动能转换重大工程的人才支撑、民生保障作用。

26 日 省人力资源社会保障厅召开援派和挂职干部工作汇报会。

三月

2 日 全省引进国外人才智力工作联席会议在济南召开。

5 日 第 45 届世界技能大赛山东省选拔赛在山东工程技师学院启动。

6 日 山东省人力资源和社会保障厅、重庆市人力资源和社会保障局联合举办的就业鲁渝行——“春风送岗助脱贫”活动在重庆市云阳县、酉阳县两个会场同步启动。

15 日 省人力资源社会保障厅召开厅务会，传达学习习近平总书记在参加十三届全国人大一次会议山东代表团审议时的重要讲话和在十九届中央政治局第四次集体学习时的重要讲话精神。

20 日 省直单位第 29 期计划分配军转干部培训班开班典礼在济南举行。

30 日 省人力资源社会保障厅召开处级以上干部大会，宣布省委对厅主要负责同志的任命决定。

四月

1 日 省人力资源社会保障厅召开“大学习、大调研、大改进”推进会。

2 日 省人力资源社会保障厅在济南召开技工院校服务新旧动能转换重大工程、加速高端技能人才培养座谈会。

4 日 省人力资源社会保障厅召开厅人才工作领导小组会议。

8 日 省人力资源社会保障厅召开厅党组扩大会议，传达学习习近平总书记全国两会期间参加内蒙古、广东、山东、重庆、解放军和武警部队代表团分组审议时的重要讲话和在十三届全国人大一次会议上的重要讲话精神，贯彻落实全省领导干部会议精神，进一步统一思想，明确任务，确保中央决策部署和省委省政府工作要求的落地落实。

9—13 日 由山东省人力资源和社会保障厅主办的山东省高校创新创业师资培训班在济南市举办。

10 日 全省人社系统人才工作座谈会在济南召开。

12 日 省人力资源社会保障厅在济南举办外国人才签证制度实施部署培训会。

13 日 省人力资源社会保障厅联合省教育厅、省总工会、省工商联在烟台大学举办“2018 山东省民营企业招聘周启动活动暨服务新旧动能转换高校毕业生专场招聘会”。

18 日 省人力资源社会保障厅党组举办宪法修正案专题辅导报告会。

20 日 2018 年“山东——名校人才直通车”首场活动在清华大学举办。

24—25 日 全省人力资源社会保障脱贫攻坚现场推进会暨就业扶贫车间项目对接交流活动（临沂站）在临沂市沂南县举办。

27 日 山东省高技能领军人才先进事迹巡回宣讲首场报告会在济南召开。

五月

2 日 省人力资源社会保障厅党组召开专题务虚会，学习贯彻习近平新时代中国特色社会主义思想，围绕助推“乡村振兴”战略、“脱贫攻坚”和“新旧动能转换重大工程”，深入查摆差距和不足，进一步统一思想、践行初心和使命，推动人力资源社会保障事业高质量发展。

14—15 日 省人力资源社会保障厅在泰安市召开全省人社系统职称工作会议。

18 日 省人力资源社会保障厅举办全面从严治党责任书签字仪式。

23—25 日 人力资源社会保障部副部长邱小平一行来山东调研就业创业、人社领域扶贫、农民工工资支付等重点工作、重点改革进展情况。

29 日 省人力资源社会保障厅举办的全省人事人才创新政策研讨班在济南开班。

本月 由团省委、省人力资源社会保障厅、省教育厅、省科技厅、省科协、省学联共同主办，山东财经大学承办，海尔集团协办的 2018 年“创青春·海尔山东省大学生创业大赛”决赛在山东财经大学落下帷幕。

六月

8日　省人力资源社会保障厅组织第10次党组理论学习中心组集体学习。

同日　全省就业创业和农民工工作电视会议召开。

12日　省人力资源社会保障厅召开精准扶贫工作领导小组成员单位第一次全体会议。

19日　省人力资源社会保障厅专门召开厅党组会议，传达学习习近平总书记视察山东省时的重要讲话精神，研究具体的贯彻落实措施。

21日　省委组织部、省人力资源社会保障厅在济南召开全省高层次人才服务工作座谈会。

26—27日　全省人事考试宣传工作专题培训班在济南举办。

30日　省人力资源社会保障厅召开厅党组（扩大）会议，学习传达省委十一届五次全体会议精神，全面贯彻落实习近平总书记视察山东重要讲话精神。

七月

3日　省人力资源社会保障厅以电视会议形式举办廉政教育专题报告会。

同日　山东省人力资源和社会保障厅、西藏自治区人力资源和社会保障厅在日喀则市共同举办2018就业援藏专场招聘活动。

9日　山东省人力资源和社会保障厅在重庆分别与重庆市人力资源和社会保障局、山东扶贫协作重庆挂职干部管理组举行劳务扶贫协作落实方案签约活动。

12日　省人力资源社会保障厅召开党组扩大会议，传达学习山东省党政代表团赴苏浙粤三省学习交流会精神，认真借鉴三省的好经验好做法，进一步查找工作中的差距和不足，研究改进措施。

17—19日　第三届“中国创翼”创业创新大赛选拔赛暨“齐鲁银行杯”山东省第四届创业大赛复赛在山东省人力资源市场举行。

20日　为进一步贯彻落实党中央国务院战略部署和省委省政府关于东西部扶贫协作工作要求，全省鲁渝劳务扶贫协作推进工作会在东营召开。

23日　省人力资源社会保障厅党组召开理论中心组专题学习暨南方调研交流会。

31日　省人力资源社会保障厅召开深化“一次办好”改革推进会，会议传达全省推进“一次办好”改革优化营商环境视频会议精神，介绍浙江省“最多跑一次”改革经验做法，深入分析“一次办好”改革面临的新形势新要求，剖析工作中存在的问题及原因，研究部署推进措施。

八月

8月2日　首届山东省退役军人创新创业大赛启动仪式在济南解放军某部举办。

8月8日　全省人社系统行风建设暨“一次办好”改革推进会议在济南召开。

9日　全省人力资源社会保障系统2018年中务虚会在济南召开。

13日　省人力资源社会保障厅党组理论学习中心组开展第16次集体学习，围绕“提高政治站位，落实主体责任，切实担负起意识形态工作重大政治责任”进行专题学习研讨，通过深入学习习近平总书记关于意识形态方面的重要论述、重要讲话精神，深入学习中央和省委关于意识形态方面的决策部署，进一步增强意识形态领域的领导权、主动权和话语权。

15—16 日　由山东省人力资源和社会保障厅等 9 部门联合举办的第三届“中国创翼”创业创新大赛选拔赛暨“齐鲁银行杯”山东省第四届创业大赛总决赛和颁奖典礼在山东广播电视台成功举办。

21 日　全省军队转业干部安置工作视频会议在济南召开。

21—25 日　由人力资源社会保障部批准，山东省具体组织的“全国县镇供水水质监测预警及污染控制技术”国家级高级研修班在济南举办。

28—30 日　全省人社系统行风建设暨“一次办好”改革培训班在威海成功举办。

28—31 日　省人力资源社会保障厅组织对全厅处级以下党员干部和公职人员进行党纪法规和德廉知识集中测试。

30—31 日　“技能中国行 2018——走进山东”技能展示交流活动在日照市举行。

九月

6 日　全国人社大数据平台建设应用研讨会在青岛召开。

同日　全省“齐鲁人才大讲堂”宣讲培训活动启动仪式在济南举行。

11 日　省政府新闻办召开新闻发布会，通报山东省印发《推进乡村人才振兴若干措施》的有关情况。

同日　全国人力资源社会保障电子认证体系建设研讨会暨人社部电子签章首个试点地区（山东省）应用启动仪式在济南举行。

12 日　省人力资源社会保障厅召开全省人事人才政策媒体恳谈会，进一步贯彻落实全省招商引资招才引智工作会议精神，通报近年来山东省人事人才新政，与中央和省属主流新闻媒体广泛交流，并听取意见建议。

12—13 日　全省人力资源社会保障系统助推新旧动能转换专题培训班在济南举办。

13—14 日　省人力资源社会保障厅在日照、枣庄举办“高端专家日照行”“产业专家进枣庄”活动，全面拉开“万名专家服务三农”行动的序幕。

21 日　省人力资源社会保障厅召开干部下基层座谈会，为全厅参加“千名干部下基层”的工作人员送行。

26 日　省人力资源社会保障厅党组理论学习中心组召开会议，传达省委办公厅关于认真学习贯彻《中国共产党纪律处分条例》的通知，学习《条例》的主要内容和亮点。

27 日　由省人力资源社会保障厅（省外国专家局）主办，山东省国际人才交流协会、硅谷中国创新发展中心承办，银丰集团、美国沃元创投协办的 2018 年山东省海外创新创业大赛在美国硅谷举办。

同日　全省人力资源社会保障宣传工作会议在济南召开。

28 日　省人力资源社会保障厅厅属技师学院党委书记座谈会在济南召开。

十月

16 日　省委第九巡视组巡视省人力资源社会保障厅党组工作动员会召开。

18—19 日　第十届“海洽会”推介会暨山东省博士后工作站专场招聘活动（武汉站）在湖北省武汉市成功举办。

21 日　由山东省公共就业和人才服务中心、山东省摄影家协会联合主办的山东省就业创业服务暨人社扶贫摄影大赛摄影展开幕式在山东省博物馆举办。

26 日　由省人力资源社会保障厅联合省总工会、团省委、省妇联主办，北京华普亿方教育科技股份有限公司、北京大学创业训练营、浙江大学公共管理学院承办的山东省“创业齐鲁训练营”成果展示交流活动在山东省博物馆顺利举行。

30—31 日　中国山东第十届海内外高端人才交流会暨威海国际英才创新创业大会在威海成功举办。

十一月

7 日　全省劳动保障监察工作会在济南市召开，会议专题调度推进保障农民工工资支付工作。

同日　省人力资源社会保障厅党组理论学习中心组围绕“助推民营企业高质量发展”开展专题学习研讨，深入学习贯彻习近平总书记在民营企业座谈会、首届中国国际进口博览会开幕式上的重要讲话精神，认真贯彻刘家义书记在全省民营企业座谈会上的指示要求，结合人社部门职能，畅谈学习体会，研究贯彻措施。

同日　省人力资源社会保障厅召开离退休干部工作座谈会。

14 日　全省人社信息化工作座谈会在东营召开。

15 日　省政府新闻办召开新闻发布会，解读省人力资源社会保障厅、省财政厅印发的《关于建立居民基本养老保险待遇确定和基础养老金正常调整机制的实施意见》。

28 日　省人力资源社会保障厅召开“制度落实月”启动动员会暨全厅主要服务运转制度培训会。

30 日　省委组织部、省人力资源社会保障厅共同组织开展山东省 2018 年度专家休假考察活动，邀请 34 位国家和省重点人才工程人选代表参加。

本月　省人力资源社会保障厅与中国农业银行山东省分行共同签署《高层次人才服务乡村振兴战略合作框架协议》。

十二月

17 日　全省就业工作座谈会在济南召开，会议全面落实全国就业工作座谈会精神，研究部署当前和今后一个时期的重点任务，确保就业形势持续稳定。

21 日　全省公共就业和人才服务暨失业保险工作座谈会在济南召开。

25 日　全省高校毕业生就业创业工作推进会在烟台召开，会议贯彻落实党中央、国务院和省委、省政府关于稳定就业和促进高校毕业生就业创业工作的重要决策部署，研究部署今后一个时期山东省高校毕业生就业创业工作，确保全省高校毕业生就业形势稳定。

统计资料

一、全省人社主要统计数据简析

（一）就业

全省实现城镇新增就业 136.8 万人，完成年度计划的 124.4%，同比增长 6.7%。失业人员实现再就业 54.5 万人，完成年度计划的 121.1%。就业困难人员实现就业 10.1 万人，完成年度计划的 167.6%。

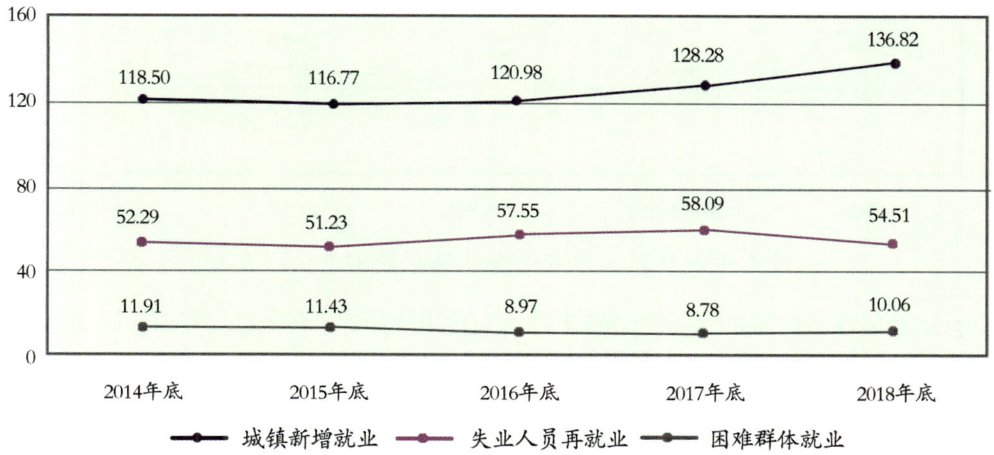

图 1　近五年城镇新增就业、失业人员再就业和困难群体就业情况（单位：万人）

期末实有城镇登记失业人员 46.5 万人，城镇登记失业率 3.35%，同比下降 0.05 个百分点。

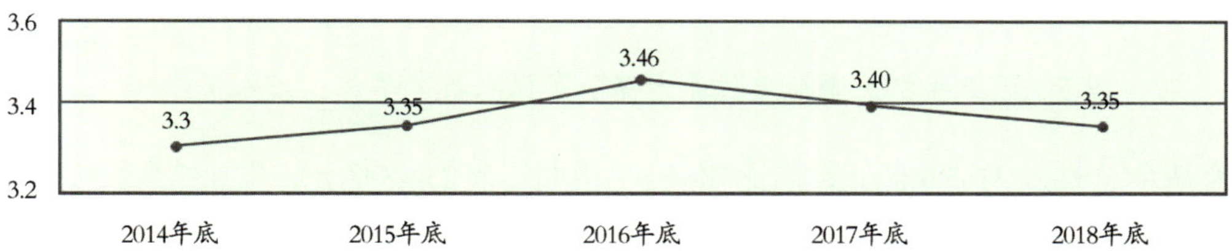

图 2　近五年城镇登记失业率情况（单位：%）

全省共有 58.5 万毕业生落实了就业单位，总体就业率为 94.4%，同比增长 0.2 个百分点。其中非师范类高校毕业生共有 54.6 万人落实了就业岗位，同比增长 2.4%，毕业生总体就业率为 94.7%，同比提高 0.35 个百分点。

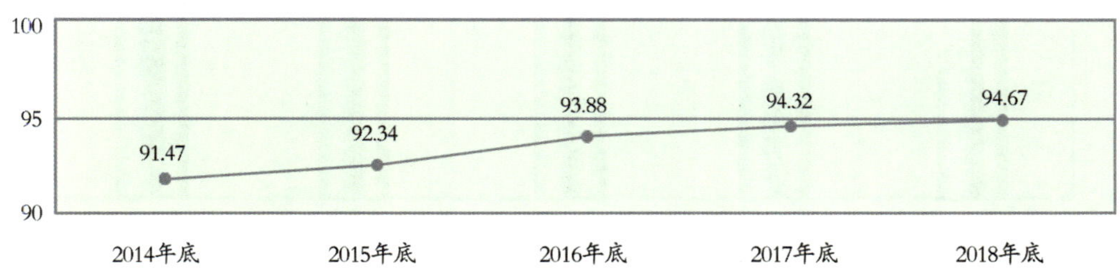

图 3　近五年非师范类高校毕业生就业情况（单位：万人、%）

创业扶持资金支出 2.9 亿元，4.7 万人享受到创业扶持资金政策；就业补助资金支出 19.8 亿元，89.0 万人享受到就业补助资金政策；发放创业担保贷款 79.98 亿元；59.2 万人参加职业培训。

（二）社会保险

1. 养老保险。期末，参加养老保险总人数达 7314.6 万人，比去年底增加 123.0 万人，增幅 1.7%。其中，职工基本养老保险的总人数达到 2762.7 万人，比去年底增加 101.7 万人，增幅 3.8%；居民基本养老保险参保人数为 4551.9 万人，比去年底增加 21.3 万人，增幅 0.47%。

参加企业职工基本养老保险的人数为 2399.5 万人，比去年底增加 96.1 万人，增幅 4.2%。其中：在职职工 1838.7 万人，比去年底增加 63.4 万人，增幅 3.6%；离退休人员 560.7 万人，比去年底增加 32.7 万人，增幅 6.2%。实际缴费人数为 1494.5 万人，比去年底增加 43.7 万人，增幅 3.0%。

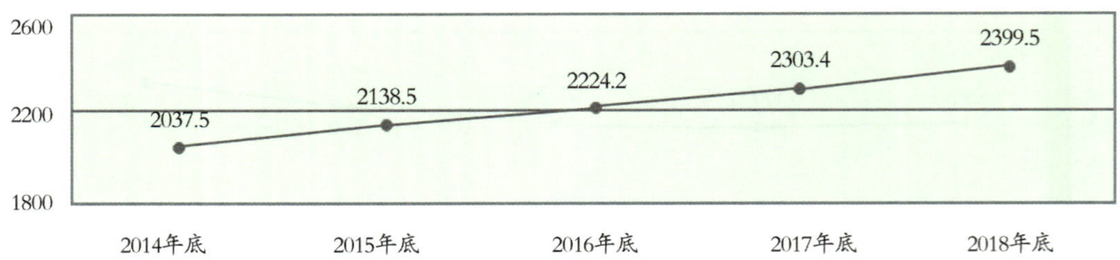

图 4 近五年企业职工养老保险参保人数（单位：万人）

参加机关事业单位养老保险的人数为 363.2 万人，比去年底增加 5.6 万人，增幅 1.6%。其中：在职职工 246.8 万人，与去年底基本持平；离退休人员 116.4 万人，比去年底增加 5.7 万人，增幅 5.1%。

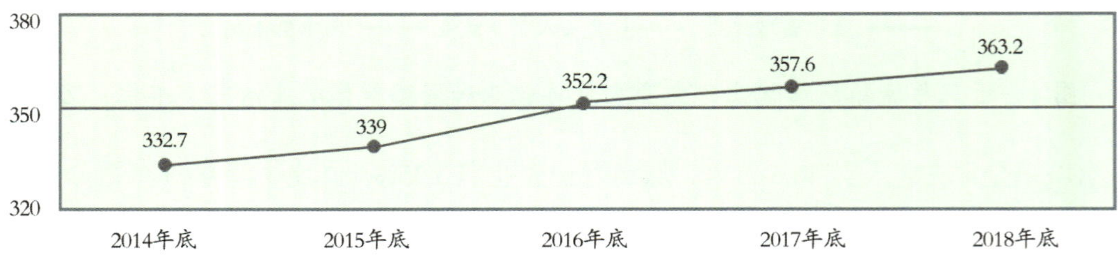

图 5 近五年机关事业单位养老保险参保人数（单位：万人）

养老保险基金总收入 3165.6 亿元，同比增长 19.0%；基金总支出 2930.7 亿元，同比增长 13.2%；当期结余 234.8 亿元，累计结余 3373.1 亿元，比去年底增长 7.5%。

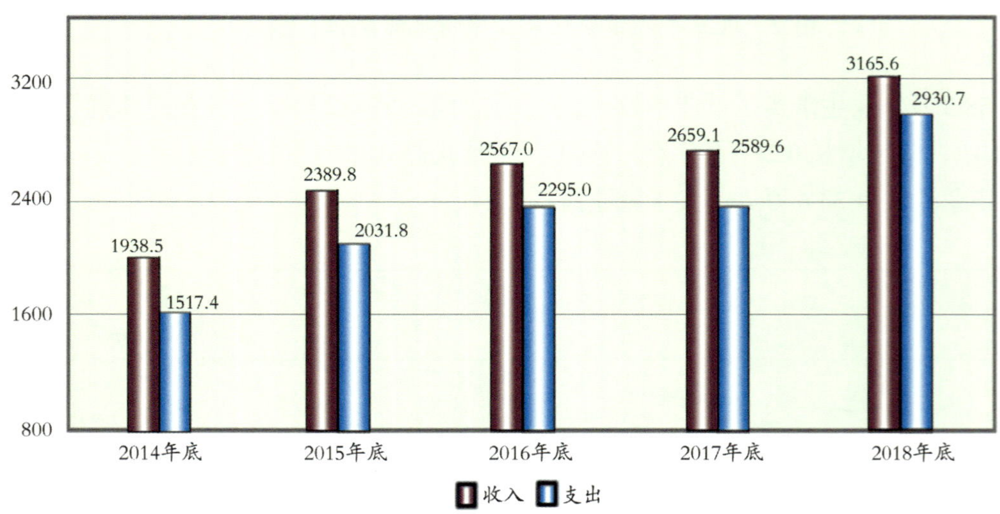

图 6 近五年养老保险基金收支情况（单位：亿元）

企业养老保险基金收入 2028.5 亿元，同比增长 23.9%，其中征缴收入 1740.8 亿元；基金支出 1946.4 亿元，同比增长 13.3%；当期结余 82.1 亿元，累计结余 2307.9 亿元，比去年底增长 3.7%。

机关事业单位养老保险基金收入 699.5 亿元，同比增长 7.3%，其中征缴收入 509.2 亿元；基金支出 710.1 亿元，同比增长 10.8%；当期缺口 10.6 亿元，累计结余 79.3 亿元，比去年底减少 11.8%。

居民养老保险基金收入 437.5 亿元，同比增长 18.3%，其中个人缴费 141.0 亿元；基金支出 274.2 亿元，同比增长 18.8%；当期结余 163.3 亿元，累计结余 985.8 亿元，比去年底增长 19.9%。

2. 失业保险。期末，参加失业保险的人数为 1318.5 万人，比去年底增加 50.2 万人，增幅 4.0%。

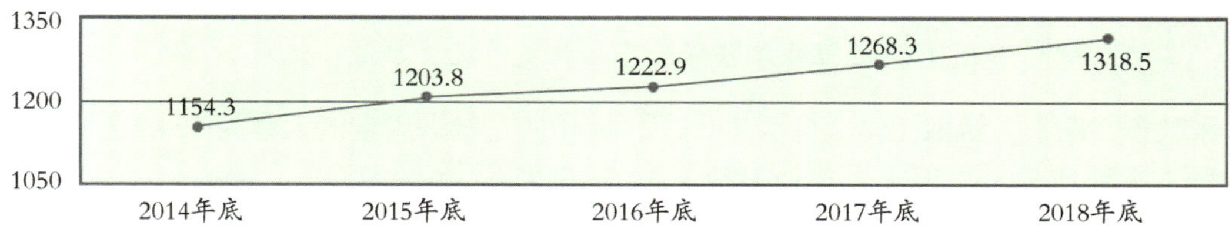

图 7　近五年失业保险参保人数（单位：万人）

失业保险基金总收入 74.1 亿元，同比增长 9.6%，其中征缴收入 66.2 亿元，同比增长 12.0%；基金总支出 64.5 亿元，同比下降 1.2%；当期结余 9.6 亿元，累计结余 309.8 亿元，比去年底增长 3.2%。

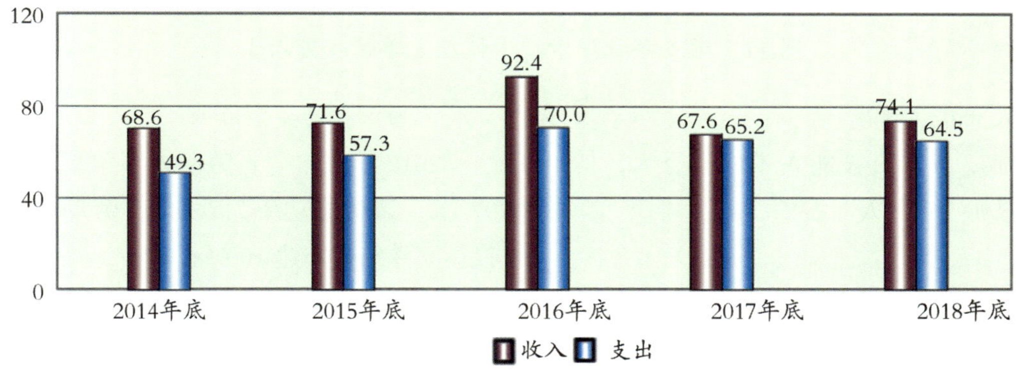

图 8　近五年失业保险基金收支情况（单位：亿元）

3. 工伤保险。期末，参加工伤保险的人数为 1633.0 万人，比去年底增加 63.8 万人，增幅 4.1%。

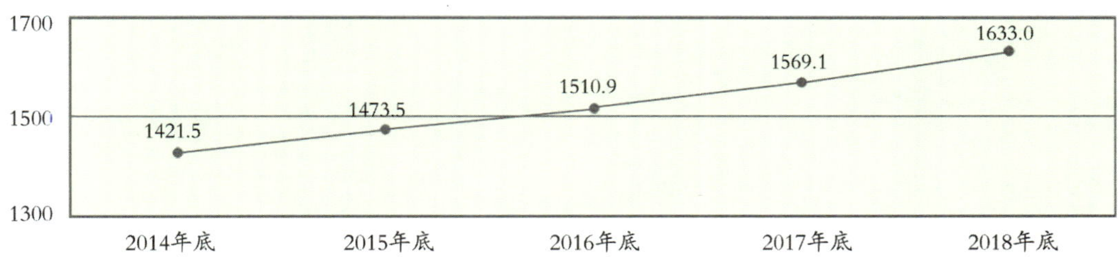

图 9　近五年工伤保险参保人数（单位：万人）

工伤保险基金总收入 64.1 亿元，同比增长 8.8%，其中征缴收入 57.3 亿元，同比增长 2.4%；基金总支出 47.8 亿元，同比增长 13.1%；当期结余 16.3 亿元，累计结余 116.9 亿元，比去年底增长 16.2%。

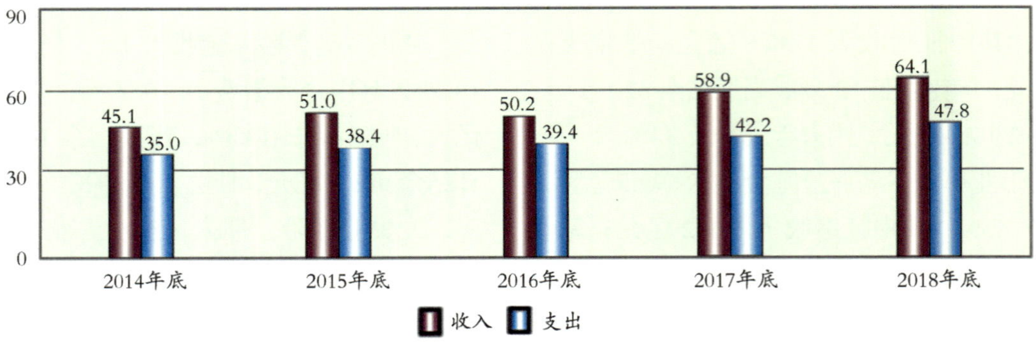

图 10 近五年工伤保险基金收支情况（单位：亿元）

4. 社保服务。期末，新增社保卡持卡 888.8 万人，期末持卡人数达 8460.8 万人；企业退休人员中实行社区管理的人数为 524.3 万人，社区管理比例为 99.8%。

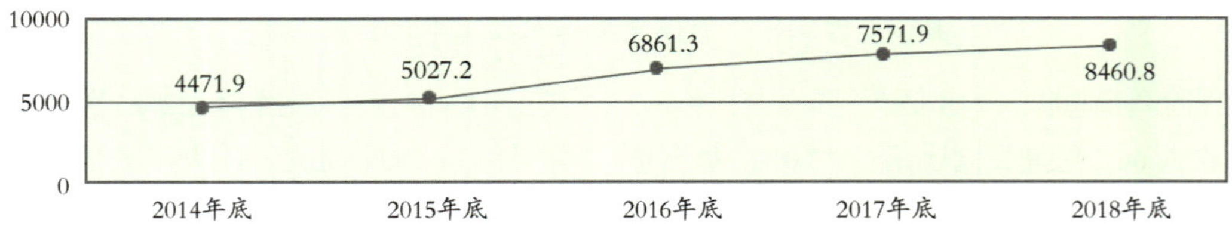

图 11 近五年社保卡持卡情况（单位：万人）

（三）人才队伍建设

2018 年底，新增高技能人才 13.4 万人，其中技师和高级技师 2.2 万人，占 16.8%。

（四）劳动关系协调

2018 年底，全省劳动人事争议仲裁结案率为 97.1%，调解成功率为 68.2%，劳动保障监察举报投诉案件结案率达 100%。

二、全省人社主要统计数据

全省人社主要统计数据

序号	指标	单位	2016 年	2017 年	2018 年	同比或比上年末（%）
一、就业						
1	城镇新增就业人数	万人	120.98	128.28	136.82	6.66
2	城镇失业人员再就业人数	万人	57.55	58.09	54.51	-6.17
3	就业困难人员就业人数	万人	8.97	8.78	10.06	14.5
4	城镇登记失业人数	万人	45.84	45.75	46.54	—
5	城镇登记失业率	%	3.46	3.40	3.35	下降 0.05 个百分点
6	非师范类高校毕业生总体就业率	%	93.88	94.32	94.67	提高 0.35 个百分点
7	创业扶持资金支出	万元	26396.15	25404.95	29017.51	14.22
8	一次性岗位开发补贴金额	万元	635.93	1108.9	973.06	-12.25
9	享受一次性岗位开发补贴人数	人	3684	4433	3785	—
10	一次性创业补贴金额	万元	25760.22	22880.86	27147.7	18.65
11	一次性创业补贴人数	人	38003	34671	42075	—
12	一次性创业场所租赁补贴	万元	—	1415.19	896.75	-36.63
13	一次性创业场所租赁补贴人数	人	—	1954	1463	—
14	就业补助资金支出	亿元	25.25	15.19	19.75	30.02
15	职业培训补贴	万元	39529.44	30812.19	40253.27	30.64
16	职业技能鉴定补贴	万元	3442.71	2566.87	2242.22	-12.65
17	社会保险补贴	万元	91580.23	79725.91	95339.44	19.58
18	公益性岗位补贴	万元	44618	33405.96	25724.02	-23.00
19	就业见习补贴	万元	2776.34	1683.42	2327.51	38.26
20	求职创业补贴	万元	—	2323.76	2767.04	19.08
21	就业创业服务补助	万元	—	1041.23	10421.27	—
22	高技能人才培养补助	万元	—	352	300.06	—

续表 1

序号	指标	单位	2016 年	2017 年	2018 年	同比或比上年末（%）
23	享受就业补助资金人数	万人	148.87	108.56	88.95	—
24	本期享受职业培训补贴人数	人	520331	377297	380789	—
25	本期享受技能鉴定补贴人数	人	—	193782	163070	—
26	本期享受社会保险补贴人数	人	472977	307715	253740	—
27	本期享受公益性岗位补贴人数	人	230119	164576	43119	—
28	本期享受就业见习补贴人数	人	10174	6846	6730	—
29	本期享受求职创业补贴人数	人	—	35369	3161	—
30	就业创业服务补助享受人数	人	—	—	12845	—
31	创业担保贷款发放金额	亿元	117.80	83.34	79.98	-4.03
32	实际参加职业培训人数	万人	84.01	65.71	59.16	-9.97
二、社会保险						
（一）企业职工养老保险						
33	在职职工参保人数 *	万人	1722.3	1775.3	1838.7	3.6
34	离退休人员参保人数 *	万人	501.9	528.1	560.7	6.2
35	基金收入	亿元	1656.8	1637.6	2028.5	23.9
36	征缴收入	亿元	1486.1	1515.0	1740.8	14.9
37	基金支出	亿元	1541.0	1717.9	1946.4	13.3
38	当期结余	亿元	115.9	-80.3	82.1	—
39	累计结余 *	亿元	2306.1	2225.8	2307.9	3.7
（二）机关事业单位养老保险						
40	在职职工参保人数 *	万人	246.7	246.8	246.8	0
41	离退休人员参保人数 *	万人	105.5	110.7	116.4	5.1
42	基金收入	亿元	585.7	651.7	699.5	7.3
43	征缴收入	亿元	445.5	483.0	509.2	5.4
44	基金支出	亿元	549.3	640.8	710.1	10.8
45	当期结余	亿元	36.4	10.9	-10.6	—
46	累计结余 *	亿元	79.6	89.9	79.3	-11.8
（三）居民基本养老保险						
47	参保人数 *	万人	4538.9	4530.6	4551.9	0.47
48	基金收入	亿元	324.4	369.8	437.5	18.3
49	个人缴费	亿元	121.5	129.9	141.0	8.6

续表 2

序号	指标	单位	2016 年	2017 年	2018 年	同比或比上年末（%）
50	基金支出	亿元	204.8	230.9	274.2	18.8
51	当期结余	亿元	119.6	138.9	163.3	17.6
52	累计结余 *	亿元	683.6	822.5	985.8	19.9
（四）失业保险						
53	参保人数 *	万人	1222.9	1268.3	1318.5	4.0
54	基金收入	亿元	92.4	67.6	74.1	9.6
55	征缴收入	亿元	74.9	59.1	66.2	12.0
56	基金支出	亿元	70.0	65.2	64.5	–1.2
57	当期结余	亿元	22.4	2.4	9.6	300
58	累计结余 *	亿元	297.8	300.1	309.8	3.2
（五）工伤保险						
59	参保人数 *	万人	1510.9	1569.1	1633.0	4.07
60	基金收入	亿元	50.2	58.9	64.1	8.8
61	征缴收入	亿元	47.8	55.9	57.3	2.4
62	基金支出	亿元	39.4	42.2	47.8	13.1
63	当期结余	亿元	10.7	16.7	16.3	–2.4
64	累计结余 *	亿元	83.9	100.6	116.9	16.2
（六）社保服务						
65	社保卡新增持卡人数	万人	524.5	710.6	888.83	—
66	社保卡累计持卡人数 *	万人	6861.3	7571.9	8460.76	11.7
67	企业退休人员社区管理服务率	%	99.61	99.66	99.78	—
三、人才队伍建设						
68	新增高技能人才	万人	26.0	21.83	13.39	—
69	技师和高级技师	万人	4.1	2.84	2.25	—
四、劳动关系协调						
70	劳动人事争议仲裁结案率	%	96.9	97.52	97.11	—
71	劳动人事争议调解成功率	%	—	71.93	68.20	—
72	劳动保障监察举报投诉案件结案率	%	100	99.96	100	—

备注：加 * 指标为时点指标，数据为统计期末时点数。

三、各市人社主要统计数据

各市就业数据

单位：万人、%

地区	城镇新增就业人数	失业人员再就业人数	就业困难人员就业人数	城镇登记失业人数 *	城镇登记失业率 *
全省	136.82	54.51	10.06	46.54	3.35
济南	16.92	8.80	0.54	3.49	2.06
青岛	16.15	8.16	3.04	7.38	2.94
淄博	12.91	7.30	0.52	3.43	2.44
枣庄	4.10	1.75	0.24	2.61	3.00
东营	5.16	2.30	0.22	1.37	2.54
烟台	13.39	2.65	0.42	4.96	2.94
潍坊	10.53	3.24	0.52	3.96	2.90
济宁	7.74	4.14	0.65	3.12	2.95
泰安	5.76	3.39	0.53	2.39	2.21
威海	3.94	1.28	0.51	1.03	1.81
日照	4.02	0.79	0.25	1.57	2.25
莱芜	1.70	0.78	0.07	0.72	2.72
临沂	11.50	3.55	0.82	2.78	2.27
德州	6.27	1.37	0.24	1.95	2.44
聊城	7.24	1.62	0.30	2.55	3.05
滨州	4.15	1.34	0.61	1.45	2.62
菏泽	8.64	2.07	0.57	1.78	2.69

各市企业职工养老保险数据（一）

单位：人、元

地区	参保人数 *			实际缴费人数 *	月人均缴费工资	月人均养老金
		在职职工 *	离退休人员 *			
总计	23994641	18387453	5607188	14944531	3848.0	2748.8
省直	1640242	987978	652264	955830	8675.6	4300.3
济南	3065947	2629334	436613	1707989	4188.5	3238.0
青岛	4119775	3212214	907561	2509282	4029.0	2728.6
淄博	1480231	1124303	355928	900602	3309.0	2623.3
枣庄	724355	596773	127582	560670	2188.8	2674.7
东营	506849	468926	37923	309697	3653.8	2590.0
烟台	2282507	1685235	597272	1269987	4042.0	2578.6
潍坊	1676703	1245834	430869	1110212	3662.3	2540.4
济宁	1277616	1009768	267848	852622	3046.0	2724.5
泰安	1068749	841789	226960	701790	3018.1	2342.9
威海	1122312	759015	363297	688708	3550.1	2084.9
日照	645658	455906	189752	388069	3090.2	1796.4
莱芜	414272	278672	135600	239306	3044.1	2163.8
临沂	1223755	938313	285442	846750	2994.5	2203.3
德州	682312	529547	152765	430326	3493.7	2526.1
聊城	618200	465866	152334	429601	3225.9	2556.5
滨州	658524	507926	150598	462557	3300.4	2109.5
菏泽	786634	650054	136580	580533	2121.2	2406.2

各市企业职工养老保险数据（二）

单位：人、万元

地区	基金收入		基金支出		当期结余	累计结余 *
		征缴收入		实支养老金		
总计	20285391	17407773	19464048	17937317	821343	23079413
省直	3359391	2725388	3586678	3280774	-227287	5379628
济南	2300392	2119265	1886885	1653121	413508	1676123
青岛	3310663	2995803	3082982	2896510	227681	2003637
淄博	960835	886911	1155672	1090760	-194838	347897
枣庄	395970	369680	423303	393238	-27334	165888
东营	420049	330946	156153	112616	263896	1601846
烟台	1754933	1511897	1874716	1787196	-119783	1340785
潍坊	1356915	1188668	1365389	1265779	-8474	844630
济宁	966917	811799	906660	845437	60256	864562
泰安	779043	631562	675334	616269	103709	1202748
威海	861920	706174	936431	891217	-74511	2376875
日照	485137	363498	430216	398901	54921	1072959
莱芜	275986	231990	358858	343719	-82872	386294
临沂	883109	737510	785579	725797	97530	1282881
德州	602206	515937	494769	443340	107437	472459
聊城	553703	462501	477266	449437	76437	398516
滨州	529356	464270	418165	367683	111192	1106627
菏泽	488867	353974	448992	375523	39875	555056

各市机关事业单位养老保险数据（一）

单位：人、万元

地区	参保人数 *			实际缴费人数 *	月人均缴费工资	月人均养老金
		在职职工 *	离退休人员 *			
总计	3632081	2468102	1163979	2468102	5873.6	4985.1
省直	120860	77387	43473	77387	8514.1	5907.7
济南	250633	160203	90430	160203	6144.5	5134.3
青岛	340922	225853	115069	225853	7487.0	5812.1
淄博	172138	113377	58761	113377	6350.2	5303.2
枣庄	141272	98525	42747	98525	5829.2	5087.1
东营	88125	65498	22627	65498	6004.5	5046.1
烟台	270753	167992	102761	167992	6054.7	5163.5
潍坊	321496	215584	105912	215584	5860.3	4975.4
济宁	288923	198533	90390	198533	5521.8	4759.2
泰安	177761	116200	61561	116200	5521.6	4861.4
威海	112735	73478	39257	73478	6156.6	5127.3
日照	96340	69490	26850	69490	6152.3	5139.0
莱芜	44240	29947	14293	29947	5568.0	4730.9
临沂	318526	228231	90295	228231	5652.8	4851.1
德州	207375	141237	66138	141237	4791.5	4296.9
聊城	210847	150868	59979	150868	4781.0	4384.2
滨州	135694	92548	43146	92548	5272.2	4645.8
菏泽	333441	243151	90290	243151	5072.9	4305.8

各市机关事业单位养老保险数据（二）

单位：人、万元

地区	基金收入		基金支出		当期结余	累计结余 *
		征缴收入		实支养老金		
总计	6995469	5091750	7101380	6806413	-105911	792834
省直	367028	216037	363498	302434	3530	67022
济南	589747	385330	597937	545606	-8190	135440
青岛	770437	653808	892554	786488	-122116	156542
淄博	387805	241260	373996	365959	13809	27426
枣庄	261858	218147	257248	255326	4610	23396
东营	143862	131524	138553	133090	5309	78810
烟台	622878	344103	624128	624132	-1250	43724
潍坊	662432	433005	638250	617740	24182	75168
济宁	499594	365112	501505	507598	-1911	30089
泰安	338244	215169	357437	350138	-19193	-16537
威海	222943	150557	224967	236863	-2024	19549
日照	174984	142166	164538	161528	10446	55128
莱芜	64762	56028	78948	78855	-14186	-82510
临沂	504032	431835	529580	512663	-25548	12411
德州	337621	235087	331951	331494	5670	53104
聊城	356095	283933	324818	307923	31277	52615
滨州	231907	176653	234443	234463	-2536	17596
菏泽	459238	411996	467027	454113	-7789	43863

各市居民基本养老保险数据（一）

单位：人

地区	参保人数 *		缴费人数	
		待遇领取人数 *		政府代缴保费人数
合计	45519103	15245824	21879630	688575
济南	2447609	842610	1473744	62866
青岛	2901368	1038591	890784	20216
淄博	1484760	629202	746435	30416
枣庄	1914153	555014	805985	39274
东营	747104	281499	426589	15092
烟台	3162983	1201916	933924	20397
潍坊	4730934	1585576	2551518	42456
济宁	4472203	1308913	2317611	90407
泰安	2785072	911715	1209925	33694
威海	911460	388492	354386	10127
日照	1390158	460041	713929	28251
莱芜	500661	171373	135750	12969
临沂	5399668	1809568	2843557	96462
德州	3046992	964076	1531950	45472
聊城	3043521	944764	1706850	39617
滨州	1906185	678750	795136	14872
菏泽	4674272	1473724	2441557	85987

各市居民基本养老保险数据（二）

单位：万元

地区	基金收入		基金支出		当期结余	累计结余
		个人缴费		养老金支出		
合计	4375078	1410075	2742092	2669674	1632986	9858287
济南	456965	58618	161657	157456	295308	753546
青岛	413416	129349	336973	323454	76443	726460
淄博	145254	40545	105867	104228	39387	446930
枣庄	102674	30698	88813	88019	13861	265233
东营	137535	65329	68172	67113	69363	348693
烟台	469537	211406	287266	273583	182271	1540900
潍坊	455151	191550	263998	267921	191152	1157200
济宁	346541	121794	211167	208686	135374	862691
泰安	201871	48635	155099	139053	46771	345669
威海	115842	47022	74104	74036	41739	376287
日照	126584	47724	71738	70651	54846	240970
莱芜	32225	5307	27873	26784	4352	53296
临沂	419471	127648	270039	266320	149432	887502
德州	247733	93946	143911	142059	103822	463862
聊城	209063	57742	140488	138666	68575	470283
滨州	178162	46996	107764	106154	70398	273843
菏泽	317053	85763	227163	215492	89891	644923

各市失业保险数据

单位：人、万元

地区	参保人数＊	累计领取失业保险金人数	基金收入		基金支出	当期结余	累计结余＊
				征缴收入			
合计	13185159	341391	740733	661809	644601	96132	3097607
省直	809235	172	91968	81100	34118	57850	706226
济南	1582877	29712	93758	83564	49236	44522	532015
青岛	2236931	75672	128388	108040	154063	−25675	314312
淄博	839563	35082	36825	34889	53900	−17075	79557
枣庄	444256	13370	17128	16676	20259	−3131	91552
东营	301362	4746	16049	14902	14802	1247	85691
烟台	1152539	39425	72609	63567	52079	20529	285073
潍坊	1011792	36891	53824	50007	63536	−9712	106614
济宁	843113	12760	44483	39337	48136	−3653	159122
泰安	634149	15969	27995	25151	25949	2046	121516
威海	590662	23908	27228	25625	35015	−7787	66157
日照	286771	7139	13840	13141	15709	−1869	50852
莱芜	218625	3439	10529	8422	6509	4020	75867
临沂	648322	15140	34559	32612	25243	9316	128656
德州	404635	6934	20547	18307	11961	8586	92296
聊城	366852	6597	16972	15437	8668	8304	73420
滨州	412475	5284	18289	17360	9104	9185	76853
菏泽	401000	9151	15743	13674	16314	−571	51829

各市工伤保险数据

单位：人、万元

地区	参保人数 *	累计享受工伤保险待遇人数	基金收入		基金支出	当期结余	累计结余 *
				征缴收入			
合计	16329723	114076	640944	572980	477545	163399	1169343
省直	101638	147	2569	2307	935	1634	35893
济南	2204673	11369	63788	56626	41958	21830	126492
青岛	2696896	8876	60126	57057	60867	–742	195623
淄博	1086094	11103	41378	40784	38534	2844	35081
枣庄	483733	3656	20104	19707	16211	3893	38952
东营	656540	4934	61875	31574	22283	39591	94303
烟台	1303717	15237	76666	73692	60392	16274	85245
潍坊	1335122	7464	43271	38985	32150	11120	122483
济宁	977985	6108	41011	27844	28377	12633	84549
泰安	895215	11950	44417	43752	42619	1798	36621
威海	622268	7137	37615	37031	29609	8006	28867
日照	385215	2490	14404	14497	9264	5141	40868
莱芜	269153	1962	10375	9982	7345	3030	21571
临沂	1027549	5387	33749	32727	20489	13260	75192
德州	607960	3931	22307	21697	15198	7110	42471
聊城	525671	4748	19858	18960	18117	1741	40988
滨州	491758	2288	16796	16007	12469	4327	27590
菏泽	658536	5289	30635	29751	20727	9908	36553

各市社保服务数据

单位：万人、%

地区	社保卡新增持卡人数	社保卡累计持卡人数 *	企业退休人员社区管理服务率 *
合计	888.83	8460.76	99.78
济南	82.39	665.33	100.00
青岛	34.85	838.35	99.52
淄博	4.10	425.20	100.00
枣庄	35.90	336.00	99.94
东营	1.60	163.50	100.00
烟台	53.09	621.09	99.35
潍坊	14.37	790.80	99.82
济宁	0.77	816.52	99.59
泰安	97.25	498.00	99.78
威海	16.94	220.50	99.92
日照	10.48	200.58	100.00
莱芜	14.27	100.30	100.00
临沂	177.23	882.23	100.00
德州	132.30	453.30	99.87
聊城	96.00	400.06	100.00
滨州	14.00	386.00	99.89
菏泽	133.73	634.00	99.90

各市高技能人才数据

单位：万人、人

地区	新增高技能人才人数	
		技师和高级技师人数
合计	13.39	22459
济南	0.60	943
青岛	1.16	1825
淄博	0.79	1400
枣庄	0.49	327
东营	0.32	222
烟台	0.40	1125
潍坊	0.70	2493
济宁	2.67	1080
泰安	0.77	2768
威海	0.32	171
日照	0.18	299
莱芜	0.10	393
临沂	0.84	1361
德州	0.38	502
聊城	0.50	776
滨州	0.21	247
菏泽	0.13	325

各市劳动关系协调数据

单位：%

地区	劳动人事争议仲裁结案率	劳动人事争议调解成功率
合计	97.11	68.20
济南	100.00	70.15
青岛	94.38	64.39
淄博	98.25	68.43
枣庄	97.72	63.18
东营	99.36	71.98
烟台	99.13	72.28
潍坊	100.00	67.29
济宁	99.16	77.22
泰安	95.60	64.96
威海	98.09	70.61
日照	97.43	61.15
莱芜	96.38	66.57
临沂	97.96	69.39
德州	92.43	66.74
聊城	91.16	59.48
滨州	90.87	64.22
菏泽	97.49	73.69

四、2018 年人社事业发展计划执行情况

2018 年全省人力资源和社会保障事业发展计划执行情况

序号	指标名称	单位	2017 年	2018 年		
				计划	全年	完成情况（%）
一、就业						
1	城镇新增就业人数	万人	128.28	110	136.82	124.38
2	城镇失业人员再就业人数	万人	58.09	45	54.51	121.13
3	就业困难人员就业人数	万人	8.78	6	10.06	167.64
4	城镇登记失业人数	万人	45.75	< 53	46.54	目标内
5	城镇登记失业率	%	3.40	≤ 4	3.35	目标内
6	非师范类高校毕业生就业率	%	98.85	>85	97.05	已完成
7	引领大学生自主创业人数	万人	2.29	2	2.21	已完成
二、社会保险						
（一）参保人数						
8	参加基本养老保险人数	万人	7191.60	7217	7314.58	—
9	参加职工基本养老保险人数	万人	2660.94	2715	2762.67	188.18
10	执行企业制度职工人数（不含离退休）	万人	1775.32	1810	1838.75	182.88
11	执行机关事业单位制度职工人数（不含离退休）	万人	246.84	245	246.81	已完成
12	参加居民基本养老保险人数	万人	4530.64	4502	4551.91	101.11
13	参加失业保险人数	万人	1268.34	1295	1318.52	188.20

续表

序号	指标名称	单位	2017年	2018年		
				计划	全年	完成情况（%）
14	参加工伤保险人数	万人	1569.13	1569	1632.97	已完成
15	建筑业新开工项目工伤保险参保率	%	100	100	100	已完成
（二）基金征缴收入						
16	职工基本养老保险	亿元	1997.95	2061	2249.95	109.17
17	企业	亿元	1514.98	1578	1740.78	110.32
18	机关事业单位	亿元	482.97	483	509.18	105.42
19	失业保险	亿元	59.10	58	66.18	114.11
20	工伤保险	亿元	55.94	59	57.30	97.12
三、人才队伍建设						
21	新增高技能人才人数	万人	21.83	5	13.39	267.8
22	技师和高级技师	万人	2.84	0.415	2.25	541.18
四、劳动关系协调						
23	企业劳动合同签订率	%	92.8	93.2	93.2	已完成
24	劳动人事争议仲裁结案率	%	97.52	90	97.10	已完成
25	劳动人事争议调解成功率	%	71.93	60	68.20	已完成
26	劳动保障监察举报投诉案件结案率	%	99.96	96	100	已完成
五、能力建设						
27	社会保障卡持卡人数	万人	7571.93	8460	8460.76	100.09
28	企业退休人员社区管理服务率	%	99.66	99.52	99.78	已完成

注：

1. 参保人数计划完成率＝实际净增人数 / 计划净增人数 ×100%；机关事业养老保险只测算比去年底增减人数；居民基本养老保险和居民基本医疗保险参保人数计划完成率＝实际到达数 / 全年计划数 ×100%；社会保障卡持卡人数计划完成率＝新增发卡数 / 计划净增发卡数 ×100%。

2. 计划执行情况通报中的高校毕业生就业率为山东生源的离校未就业高校毕业生就业率，全省人社主要统计数据中的高校毕业生就业率为山东高校毕业的大学生就业率，两者统计口径不同。

附 录

荣获 2018 年度齐鲁友谊奖获奖专家名单

2018 年 8 月 10 日，山东省人民政府印发《关于授予皮特·谭伯格先生等 20 名外国专家齐鲁友谊奖的决定》，为表彰外国专家在推动我省经济建设和社会发展中作出的突出贡献，省政府决定授予皮特·谭伯格等 20 名外国专家齐鲁友谊奖。名单如下：

2018 年度齐鲁友谊奖获奖专家名单

序号	专家姓名	国籍	申报单位
1	皮特·谭伯格	德国	盛瑞传动股份有限公司
2	白守信	美国	青岛市市立医院
3	特兹亚·弗拉基米尔	英国	山东大学
4	卡米莉娅·艾米莉娅	白俄罗斯	山东碧蓝生物科技有限公司
5	茹科夫斯基·奥斯塔普·米拉斯拉沃维奇	乌克兰	山东江泉农牧产业发展有限公司
6	古萨科夫·弗拉基米尔	白俄罗斯	山东省科学院
7	托马斯·比安奇	美国	中国海洋大学
8	安纳多利·马尔采夫	俄罗斯	济宁科力光电产业有限责任公司
9	雷百瑞	加拿大	山东财经大学
10	威廉姆·弗雷德里希·郝勒	德国	山东中航和辉航空标准件有限责任公司
11	柴垣英二郎	日本	淄博博山孟友钢化玻璃制品厂
12	钟建文	新加坡	山东纬科国际石油人才有限公司
13	威廉·马迪亚斯·温迪施	德国	山东海之宝海洋科技有限公司
14	迈克·休斯	澳大利亚	岚桥集团有限公司
15	彼得里琴科·弗拉基米尔	俄罗斯	烟台高新国际科技合作有限公司
16	金锡起	韩国	曲阜师范大学
17	克劳斯·席林	德国	大国重器自动化设备（山东）股份有限公司
18	洛奇·克里斯托夫	法国	聊城大学
19	约翰·拜伦	美国	山东建华阀门制造有限公司
20	洪思忠	美国	滨州茂通电子科技有限公司

2018 年度齐鲁首席技师名单

2018 年 11 月 29 日，山东省人民政府办公厅印发《关于公布 2018 年度齐鲁首席技师名单的通知》，经逐级推荐、选拔，省人才工作领导小组研究同意并报省政府批准，现将 2018 年度齐鲁首席技师名单（150 名）公布如下：

吴洪波　济南二机床集团有限公司
姜冬子　山东中烟工业有限责任公司济南卷烟厂
葛庆阳　济南黄河特钢有限责任公司
邴文法　山东交院机械厂
卓长立（女）　济南阳光大姐服务有限责任公司
杨　勇　历下区回中至尊源菜馆
傅天一　上海汽车集团保险销售有限公司山东分公司
王桂荣（女）　山东中维天翔物业管理有限公司
赵国栋　青岛百洋制药有限公司
陈　雷　国网山东省电力公司青岛市黄岛区供电公司
王宝昌　中车青岛四方机车车辆股份有限公司
朱　蕾（女）　青岛啤酒股份有限公司
王显其　青岛雪达集团有限公司
于秦峰　山东即墨妙府老酒有限公司
王阳阳　青岛海尔（胶州）空调器有限公司
安立强　青岛港国际物流有限公司
宋爱利　青岛黄海学院
张玉军　功力机器有限公司
周国青　山东锐泽自动门有限公司
刘立瑞　高青县光明电力服务有限公司
郑珊珊（女）　山东扳倒井股份有限公司
张　鹏　淄博周村宾馆有限公司
耿启龙　青岛赛维电子信息服务股份有限公司淄博分公司
周彬广　山东金诚石化集团有限公司
王　涛　国网山东省电力公司东营市垦利区供电公司
刘燕韶（女）　华泰集团有限公司
温玉平　东营市公路管理局河口分局公路养护中心
史彩言　上汽通用东岳动力总成有限公司
赵有正　山东蓬翔汽车有限公司
豆存印　山东核电设备制造有限公司
梁　洁　烟台港芝罘湾港埠公司
王　毅　烟台市福山区技工学校
张兴业　烟台兴业职业技能培训学校
王树军　潍柴控股集团有限公司
郭　飞　山东豪迈机械科技股份有限公司
郭光吉　国网山东省电力公司寿光市供电公司
尹学军　山东景芝酒业股份有限公司
王浩名　北汽福田汽车股份有限公司诸城奥铃汽车厂
张耀武　潍坊市寒亭区同升汽车修理厂
高春海　山东昌邑石化有限公司
于永遂　昌乐县高级技工学校
孙高立　山东博特精工股份有限公司
徐西雷　山推工程机械股份有限公司
孙守营　山东红太阳酒业集团有限公司
刘　军　汶上如意技术纺织有限公司
荣凤启　山东如意毛纺服装集团股份有限公司
温广勇　泰山玻璃纤维有限公司
张　文　山东傲饰集团有限公司
郝传发　泰山酒业集团股份有限公司
苏　涛　泰安蓝海御华大饭店有限公司
孙建刚　泰安瑞泰纤维素有限公司
刘自友　山东华阳农药化工集团有限公司
张福伟　肥城市高级技工学校
阮树升　中航威海船厂有限公司
王胜忠　文登威力工具集团有限公司

李明华 山东华鹏玻璃股份有限公司
谷昭阳 威海市火炬高新技术开发区味道名家海鲜酒店
牟群善 岚桥集团有限公司
张 燕（女） 山东日照尧王酒业集团有限公司
刘兰普 莒州大众汽车维修有限公司
孔 玉 日照金禾生化集团股份有限公司
杨增强 山东泰山钢铁集团有限公司
吕占美（女） 山东莱芜润达新材料有限公司
张在才 山东临工工程机械有限公司
齐玉祥 山东华源锅炉有限公司
秦立刚 国网山东省电力公司蒙阴县供电公司
张之万 沂水大众劳务有限公司
尹 福 山东兰陵美酒股份有限公司
庄 园（女） 临沂市社会福利院
严孝波 山东省倪来顺餐饮管理有限公司
牛司余 临沂职业学院
段德军 山东交通技师学院
许树强 景津环保股份有限公司
毛 军 德州梁子黑陶文化有限公司
谈振永 中椒英潮辣业发展有限公司
孙 鲁 山东福田药业有限公司
孔令强 德州天元集团有限责任公司
王英博 德州市技师学院
赵培振 聊城市金帝保持器厂
孟昭立 山东太平洋光纤光缆有限公司
徐 敏 滨州渤海活塞有限公司
苏海涛 香驰控股有限公司
李兴芝（女） 山东魏桥创业集团有限公司
徐 辉 滨州市技术学院
牛德成 国网山东省电力公司成武县供电公司
孔 晶（女） 国网山东省电力公司菏泽市定陶区供电公司
张林轩 菏泽黄河河务局牡丹黄河河务局
邵世权 菏泽技师学院
赵法钦 巨野县技工学校
王春丽（女） 菏泽烟草发屋美容美发职业培训学校
吕志远 济南趵突泉酿酒有限责任公司
陈华丽（女） 古贝春集团有限公司
李克银 鲁泰纺织股份有限公司
贾乾峰 中国铁路济南局集团有限公司济南西机务段
侯海亭 济南握奇通信科技有限公司
安绪军 山东省公路桥梁建设有限公司
张 永 济南市舜耕山庄集团公司
田占军 山东省家用电器工业总公司
李冰华 山东金都大酒店
甄育军 济南南郊宾馆
甘信广 山东城市建设职业学院
丁雪松 山东公路技师学院
乔卫方 山东银鹰炊事机械有限公司
李云虎 玫德集团有限公司
周海涛 中国电建集团核电工程有限公司
顾曙光 青岛市技师学院
任 杰 国网山东省电力公司青岛供电公司
魏春涛 中国石油天然气第七建设有限公司
张山卫 中国石油天然气第七建设有限公司
李慧同 山东博山陶瓷琉璃艺术研究院
李金平 中国石油化工股份有限公司齐鲁分公司胜利炼油厂
徐天志 山东中保康医疗器具有限公司
孙云浩 淄博爱美琉璃制造有限公司
阎培军 山东新华制药股份有限公司
耿 宁 国网山东省电力公司淄博供电公司
毕立刚 山东中保康医疗器具有限公司
吕高健 山东威达重工股份有限公司
刘亚群（女） 山东化工技师学院
尤春光 中石化胜利石油工程有限公司井下作业公司
李新跃 中石化胜利石油工程有限公司黄河钻井总公司
李兆杰 黄河河口管理局东营黄河河务局
崔 斌 山东凤凰制药股份有限公司
高永强 国网山东省电力公司东营供电公司
都兴波 山东丽鹏股份有限公司
綦希斌 山东黄金矿业（莱州）有限公司三山岛金矿

王京芳（女） 山东黄金矿业股份有限公司新城金矿
王振海 安丘市人民政府招待所
苏美亭 山东工业技师学院
王 平 潍柴控股集团有限公司
蔡建建 淄博矿业集团有限责任公司岱庄煤矿
陈忠合 兖州煤业股份有限公司济宁二号煤矿
潘兴波 兖州煤业股份有限公司东滩煤矿
崔克诚 山推工程机械股份有限公司
张禄洲 山东东山古城煤矿有限公司
王 震 泰安王震文化发展有限公司
高立霞（女） 山东医药技师学院
段慧龙 泰安技师学院
滕德强 石横特钢集团有限公司
谭红霞（女） 金猴集团威海鞋业有限公司
李春青 中国铁路济南局集团有限公司日照车辆段
王华明 山东钢铁集团日照有限公司
吕新刚 山东钢铁股份有限公司莱芜分公司
谷 峰 山东华鲁恒升化工股份有限公司
祝 超 国网山东省电力公司夏津县供电公司
程 平 华能国际电力股份有限公司德州电厂
孙 伟 山东聊城鲁西国家粮食储备库
乔传亮 愉悦家纺有限公司
李 跃 花冠集团酿酒股份有限公司
董再森 菏泽安源黄河水利工程维修养护有限公司
唐丽云（女） 山东沂蒙老区酒业有限公司

山东省留学人员回国创业奖获奖人员名单

2018 年 12 月 1 日，山东省人民政府印发《关于表彰山东省留学人员回国创业奖获奖人员的通报》，表彰全省广大留学回国人员充分发挥自身优势，艰苦创业，奋力拼搏，积极参与我省新旧动能转换、乡村振兴、海洋强省建设重大战略实施，为促进我省经济社会高质量发展作出了突出贡献。为表彰先进，更好激励各类人才奋发有为、干事创业，进一步营造尊重劳动、尊重知识、尊重人才、尊重创造的社会环境，省政府决定，对青岛至慧新材料科技有限公司付国东等 19 名优秀留学回国人员予以通报表彰，公布名单如下：

付国东 青岛至慧新材料科技有限公司
杨东凯 山东航向电子科技有限公司
时 晨 威海纳川管材有限公司
禹晓辉 济南观澜数据技术有限公司
秦荣基 山东陆海蓝圣生物科技股份有限公司
温庆超 山东闻远通信技术有限公司
马小航 海信集团有限公司
颜景川 山东镭泽智能科技有限公司
王坤鹏 潍坊瑞孚冷弯设备有限公司
周 震 山东希格斯新能源有限责任公司
袁黎明 威海索尔生物科技有限公司
曹志月 山东重工－潍柴动力股份有限公司
王春林 潍坊市华以农业科技有限公司
于浩海 山东大学
郑元杰 山东师范大学
梁文星 青岛农业大学
杨 明 山东省肿瘤防治研究院
陈蕾蕾 山东省农业科学院农产品研究所
张 潇 齐鲁股权交易中心有限公司

2017年度山东省有突出贡献的中青年专家名单

2018年12月14日，山东省人民政府印发《关于授予林栋等119名同志山东省有突出贡献的中青年专家荣誉称号的通报》，为表彰我省广大专业技术人员认真履行岗位职责、刻苦钻研、创新实干、甘于奉献的精神，经逐级推荐、评选、评审委员会评审和公示、考察，决定授予林栋等119名同志“山东省有突出贡献的中青年专家”荣誉称号。名单如下：

林 栋 齐鲁制药有限公司齐鲁药物研究院化学所副所长，高级工程师
赵金龙 山东鲁能智能技术有限公司研发中心副主任，高级工程师
李新生 济南市历城第二中学校长，高级教师
丁 南 青岛市旅游规划建筑设计研究院高级工程师
国德防 青岛海尔空调电子有限公司总工程师，高级工程师
杨晓云 青岛市农业科学研究院蔬菜所副所长，研究员
泮思林 青岛市妇女儿童医院心脏中心副主任，副主任医师
李呈顺 山东鲁阳节能材料股份有限公司总工程师，高级工程师
熊立新 山东科汇电力自动化股份有限公司总工程师，工程技术应用研究员
贾益芹 淄博市特殊教育中心高级教师
高裕弟 枣庄维信诺电子科技有限公司董事长，高级工程师
高庆堂 山东省枣庄市第八中学高级教师
王 智 东营方圆有色金属有限公司副总经理，高级工程师
魏瑞霞 东营市实验小学高级教师
仲崇岳 东营市畜牧兽医工作站高级兽医师
郭大为 烟台同立高科新材料股份有限公司董事长，工程师
高安江 丛林集团有限公司总工程师，高级工程师
徐继亮 莱州联友金浩新型材料有限公司高级工程师
仲 琳 烟台毓璜顶医院心内科副主任，主任医师
李兴盛 山东省华盛农业股份有限公司董事长，高级农艺师
赵庆柱 山东省潍坊市农业科学院科研处副主任，副研究员
董良军 寿光富康制药有限公司高级工程师
孙长岗 潍坊市中医院肿瘤中心主任兼血液科主任，主任医师
李 勇 山东通佳机械有限公司高级工程师
安 波 济宁市实验初中校长，高级教师
肖立军 石横特钢集团有限公司高级工程师
李武松 威海晨源分子新材料有限公司总经理，高级工程师
孙晓俊 威海市第二中学正高级教师
孙 军 天润曲轴股份有限公司总经理助理兼研究所所长，工程技术应用研究员
王海峰 日照华轩新能源有限公司总经理，高级工程师
刘莉莉 临沂市柳琴戏传承保护中心一级演员
张凤伟 临沂市人民医院心脏外科主任，主任医师
郝贵周 鲁南制药集团股份有限公司高级工程师
李克文 保龄宝生物股份有限公司副总经理，高级工程师
张海军 山东百多安医疗器械有限公司总经理兼研发中心主任，教授
杜孟成 山东阳谷华泰化工股份有限公司

高级工程师
张国清 愉悦家纺有限公司副总经理，工程师
赵　霞 滨州职业学院教授
冯增建 滨州渤海活塞有限公司工程技术应用研究员
丁书兵 山东东明石化集团有限公司工程技术应用研究员
吴复学 鄄城县农业技术推广站高级农艺师
陈阿莲 山东大学教授
刘战强 山东大学教授
刘　培 山东大学教授
赵小刚 山东大学第二附属医院副院长，主任医师
赵　玮 中国海洋大学教授
董　波 中国海洋大学教授
王志远 中国石油大学（华东）教授
蒋文春 中国石油大学（华东）化学工程学院副院长，教授
张春阳 山东师范大学化学化工与材料科学学院院长，教授
李向东 山东农业大学植物保护学院院长，教授
储昭辉 山东农业大学教授
满忠晓 曲阜师范大学教授
刘华军 山东财经大学教授
付先军 山东中医药大学副教授
蔡红珍 山东理工大学副教授
孙　霞 山东理工大学教授
陈　健 山东建筑大学副教授
陈绍杰 山东科技大学副教授
谷亦杰 山东科技大学教授
牛光夏 山东艺术学院教授
傅小青 山东青年政治学院舞蹈学院院长，教授
黄世峰 济南大学教授
赵　玉 济南大学教授
王建勋 青岛大学教授
吴昭景 烟台大学教授
白成林 聊城大学光通信研究所副所长，教授
尹文强 潍坊医学院公共卫生与管理学院院长，教授
夏江宝 滨州学院教授
田　梗 滨州医学院研究生处副处长，教授
宋晓冬 滨州医学院教授
刘　涛 济宁学院化学与化工系办公室副主任，教授
史卫峰 泰山医学院教授
王东伟 青岛农业大学机电工程学院副院长，副教授
杨庆利 青岛农业大学食品安全研究室主任，教授
张春巍 青岛理工大学教授
兰红波 青岛理工大学教授
王德宝 青岛科技大学教授
贺爱华 青岛科技大学教授
王晓通 鲁东大学农学院副院长，教授
吉兴香 齐鲁工业大学科技处副处长，教授
唐炳涛 齐鲁工业大学教授
孙洪兆 齐鲁师范学院生命科学学院副院长，教授
高福一 山东省宏观经济研究院经济研究所所长，研究员
张永伟 山东省地质环境监测总站高级工程师
相恒茂 山东省国土测绘院第二测绘院副院长，工程技术应用研究员
范明元 山东省水利科学研究院高级工程师
刘方春 山东省林业科学研究院工程技术应用研究员
傅　强 山东省立医院主任医师
卢　云 青岛大学附属医院胃肠外科病区主任，主任医师
贾红玲 山东中医药大学第二附属医院（山东省中西医结合医院）主任医师
田延军 山东省食品发酵工业研究设计院工程技术应用研究员
林振强 山东省计量科学研究院院长，工程技术应用研究员
李云岗 山东省动物疫病预防与控制中心农业技术推广研究员
姜慧新 山东省畜牧总站高级畜牧师
丁正江 山东省第八地质矿产勘查院院长，工程技术应用研究员

李常锁　山东省地矿工程勘察院工程技术应用研究员
陈庆锋　山东省分析测试中心研究员
吴晓明　山东省计算中心（国家超级计算济南中心）副研究员
杨恩玉　山东社会科学院研究员
刘　红　山东省皮肤病性病防治研究所科教科科长兼中心实验室主任，副研究员
邢力刚　山东省肿瘤防治研究院（山东省肿瘤医院）放十病区主任兼科研科科长，主任医师
万发春　山东省农业科学院畜牧兽医研究所副所长，研究员
路兴波　山东省农业科学院植物保护研究所研究员
梁吉军　山东莱芜煤矿机械有限公司洗选设备设计室副主任，高级工程师
王中学　山东钢铁股份有限公司莱芜分公司技术中心主任，高级工程师
于　军　山东省环境保护科学研究设计院有限公司环境工程研究所副所长兼总工程师，工程技术应用研究员
王宝胜　山东黄金矿业（莱州）有限公司三山岛金矿选矿车间主任，高级工程师
刘丽梅　山东特种设备检验检测集团有限公司工程技术应用研究员
黄家明　浪潮电子信息产业股份有限公司高级工程师
郭婷婷　山东省地震局高级工程师
陈令新　中国科学院烟台海岸带研究所研究员
季乃云　中国科学院烟台海岸带研究所研究员
周　毅　中国科学院海洋研究所研究员
史大永　中国科学院海洋研究所研究员
栾　生　中国水产科学研究院黄海水产研究所研究员
王　涛　胜利油田石油工程研究院工程技术应用研究员
张卫国　海洋化工研究院有限公司副总工程师兼研究中心主任，工程技术应用研究员
张　超　中电科仪器仪表有限公司高级工程师

2017 年度山东省突出贡献技师名单

2018 年 4 月 20 日，山东省人力资源和社会保障厅印发《关于公布 2017 年度山东省突出贡献技师的通报》，根据省人力资源社会保障厅等部门《关于加强高技能人才工作助推产业转型升级的意见》规定，经各市、各行业、企业申报推荐，为表彰山东省突出贡献技师立足本职，钻研技术，为新旧动能转换重大工程提供的技能保障和人才支撑，省人力资源社会保障厅组织评审委员会评审并公示，决定对吴洪波等 100 人授予“山东省突出贡献技师”称号。公布名单如下：

吴洪波　济南二机床集团有限公司
卓长立　济南阳光大姐服务有限责任公司
姜冬子　山东中烟工业有限责任公司济南卷烟厂
邴文法　山东交院机械厂
徐秀玲　济南市中徐秀玲鲁绣坊
井立太　山东电力建设第一工程公司
侯海亭　济南握奇通信科技有限公司
孙培丽　山东大厦
郑玉婵　中国邮政集团公司济南市分公司
周传水　中铁十四局集团第四工程有限公司
张文宏　中国石油化工股份有限公司济南分公司
刘　震　山东鲁信天一印务有限公司
董凤岐　山东省工艺美术学院
王振国　胶州市光明电力服务有限责任公司
于海滨　青岛昊川电子科技有限公司
王阳阳　青岛海尔（胶州）空调器有限公司
孙慧彬　青岛琅琊台集团股份有限公司
仲积峰　中车青岛四方机车车辆股份有限公司
吕海磊　中车青岛四方机车车辆股份有限公司
李　臻　中国邮政集团公司青岛市分公司
范金梅　淄博金捷天然气管道运输服务有限责任公司
张玉军　功力机器有限公司
齐元章　鲁丰织染有限公司
路　滨　中石化第十建设有限公司
刘国辉　中铝山东有限公司
李　军　山东新华制药股份有限公司
孙　娟　山东东华水泥有限公司
吕高健　山东威达重工股份有限公司
张会峰　滕州鼎源汽车销售维修有限公司
刘燕韶　山东华泰纸业股份有限公司
张翠翠　三阳纺织有限公司
贾学志　中国石油化工股份有限公司胜利油田分公司海洋采油厂
王建军　中石化胜利石油工程有限公司
李　军　中石化胜利石油工程有限公司
张兴瑞　中国石油化工股份有限公司胜利油田分公司
豆存印　山东核电设备制造有限公司
郭晓东　山东国大黄金股份有限公司
吴训忠　山东康达精密机械制造有限公司
赵有正　山东蓬翔汽车有限公司
梁　洁　烟台港联合公司
李红新　国网烟台供电公司
宋　旭　烟台海博鲁菜研究中心
崔淑林　山东黄金矿业（玲珑）有限公司
张　琳　龙矿集团梁家煤矿
张爱国　国网山东省电力公司昌乐县供电公司
高新祥　国网山东省电力公司青州市供电公司
胡道军　临朐县兴隆建安有限公司
李国亮　潍坊宏源防水工程有限公司
杨　洁　山东景芝酒业股份有限公司
吉海东　高密市富源印染有限公司
刘增文　国网山东省电力公司潍坊供电公司
王树军　潍柴控股集团有限公司
田洪波　潍坊市工艺美术协会

赵百里　山东景芝酒业股份有限公司
王　建　山东太阳纸业股份有限公司
周长建　汶上如意技术纺织有限公司
韩庆申　山东鲁抗医药股份有限公司
刘呈虎　山推工程机械股份有限公司
陈忠合　兖州煤业股份有限公司济宁二号煤矿
徐晓晓　兖州煤业股份有限公司兴隆庄煤矿
徐建新　兖州煤业股份有限公司济宁二号煤矿
张矿军　兖矿集团有限公司鲍店煤矿
杜新磊　山东方健制药有限公司
赵艾青　泰安技师学院
王　新　泰安航天特种车有限公司
王宁宁　泰安开发区明瑞大酒店
陈　宝　新泰市润民农机有限公司
刘玉强　泰山玻璃纤维有限公司
于海游　文登奥文电机有限公司
汤晓非　黄海造船有限公司
丁德刚　威海汤泊温泉度假有限公司
郭同安　亚太森博（山东）浆纸有限公司
来逢华　莒县福利服装加工厂
苏兆起　日照市兆启黑陶文化研究院
毛瑞国　山东泰山钢铁集团有限公司
吕新刚　山东钢股份有限公司莱芜分公司
秦立刚　国网山东省电力公司蒙阴县供电公司
王善卿　国网山东省电力公司郯城县供电公司
庄　园　临沂市社会福利院
严孝波　山东省倪来顺餐饮管理有限公司
张家铭　临沂经济技术开发区福来喜酒店
张在才　山东临工工程机械有限公司
尹　福　山东兰陵美酒股份有限公司
许树强　景津环保股份有限公司
郭仁峰　德州市澳德乐大酒店
孔令强　德州天元集团有限责任公司
毛　军　德州梁子黑陶文化有限公司
吴旭阳　山东华鲁恒升化工股份有限公司
张前保　中国石油化工股份有限公司胜利油田分公司
李　军　山东奥克特化工有限公司
曲金标　聊城交通汽运集团有限责任公司
孟昭立　山东太平洋光纤光缆有限公司
郭　娜　山东魏桥创业集团有限公司
孙建勇　中国石油化工股份有限公司胜利油田分公司
李然然　山东魏桥创业集团有限公司
魏洪森　国网山东省电力公司巨野县供电公司
张　强　国网山东省电力公司菏泽供电公司
张林轩　菏泽黄河河务局牡丹黄河河务局
侯鲁建　菏泽美容美发职业中等专业学校
董再森　菏泽安源黄河水利工程维修养护有限公司

2018 年度山东省突出贡献技师名单

2018 年 12 月 20 日，山东省人力资源和社会保障厅印发《关于公布 2018 年度山东省突出贡献技师名单的通知》，根据省人力资源社会保障厅等 11 部门《关于加强高技能人才工作助推产业转型升级的意见》和《关于做好 2018 年山东省突出贡献技师推荐选拔工作的通知》有关规定，经逐级推荐、选拔，现将 2018 年度山东省突出贡献技师名单（100 名）公布如下：

王永学　中国重汽集团济南桥箱有限公司
韩　师　济南二机床集团有限公司
段志勇　山东中烟工业有限责任公司济南卷烟厂
富　强　济南市中富强发缘美发店
王原野　济南水务集团有限公司
陈先云　济南吉尔宾馆有限公司
张德胜　中国重汽集团济南桥箱有限公司
陈　伟　济南市公共交通总公司
刘德功　济南德功龙山黑陶艺术有限责任公司
程玉龙　上汽通用五菱汽车股份有限公司青岛分公司
郝全青　青岛啤酒股份有限公司青岛啤酒厂
赵玉刚　青岛经济技术开发区海尔热水器有限公司
陈　勇　泰能天然气有限公司
谢圣斌　山东凯盛新材料股份有限公司
徐万米　国网山东省电力公司淄博供电公司
翟慎宝　淄博德源金属材料有限公司
白秀彬　山东扳倒井股份有限公司
陈　宇　山东威达重工股份有限公司
房丽丽　兖矿鲁南化工有限公司
皮士海　枣庄中联水泥有限公司
王海涛　山东万得福实业集团有限公司
孙　江　东营联合石化有限责任公司
侯典玉　东营市金宇宾馆有限公司
陈改玲　东营市宏远纺织有限公司
郭明昌　山东齐文笔业传承发展有限公司
宋　强　山东蓬翔汽车有限公司车桥厂
孙明智　龙口通力汽车零部件制造有限公司
孙序志　山东蓬翔汽车有限公司车桥厂
张宝维　山东航天电子技术研究所
陈建龙　招金矿业股份有限公司金翅岭金矿
于基林　烟台维汀花园酒店
汤海威　潍柴控股集团有限公司
孙秀平　山东美晨工业集团有限公司
姜　楠　潍坊市奎文区广文得时堂商行
王奕翔　潍坊滨海旅游集团有限公司
吕　鹏　青州中联水泥有限公司
王效平　国网山东省电力公司寿光市供电公司
孟凡德　山东景芝酒业股份有限公司
李法磊　汶上义桥煤矿有限责任公司
文国华　济宁中联水泥有限公司
孙永刚　济宁市东郊热电有限责任公司
王海忠　山东金贵酒业有限公司
王丽军　东平杰鑫热力有限公司
安　健　山东中选机械设备有限公司
李震宇　特变电工山东鲁能泰山电缆有限公司
刘　涛　泰山酒业集团股份有限公司
张丽丽　金猴集团威海鞋业有限公司
于永幸　文登奥文电机有限公司
佟绍海　威海索通节能科技股份有限公司
王培亮　威海虹润海洋科技有限公司
张凤年　日照港股份有限公司
迟　鹏　山东五征集团有限公司
刘文峰　鲁中矿业有限公司
纪利华　山东温岭精锻科技有限公司
张华涛　山东泰山钢铁集团有限公司
徐芝法　山东临工工程机械有限公司
王超远　山东临工工程机械有限公司

韦洪超 临沂沂通酒店管理有限责任公司
张建志 德州市德城区建志剪纸艺术制作中心
刘 欣 德州经济开发区陶石工坊陶艺工作室
周志岐 景津环保股份有限公司
高德峰 德州天元集团有限责任公司
张爱忠 山东信发化工有限公司
马 刚 中色奥博特铜铝业有限公司
高文平 聊城市东昌府区义安成鲁菜馆总店
崔建珍 山东滨化瑞成化工有限公司
卜庆河 滨州渤海活塞有限公司
桑爱芹 山东菏泽烟草发屋美容美发有限公司
黄兰香 花冠集团酿酒股份有限公司
赵俊杰 国网山东省电力公司菏泽供电公司
赵 亮 山东梵果家居有限公司
张韶明 山东黄金矿业（莱州）有限公司焦家金矿
王 超 山东华鲁恒升化工股份有限公司
付廷伟 玫德集团有限公司
李士勇 泰安璞卓造型艺术有限公司
张 玲 山东益寿堂药业集团有限公司
杨恭利 兖矿集团南屯煤矿
王万松 莱芜钢铁集团银山型钢有限公司板带厂热轧车间
康与峰 山东钢铁股份有限公司莱芜分公司能源动力厂天元气体公司
宋西存 山东钢铁集团日照有限公司炼钢部
苏立平 山东高速轨道交通集团有限公司益羊铁路管理处
郝建广 中国石油化工股份有限公司胜利油田分公司油气井下作业中心
许红燕 中国石化集团胜利石油管理局有限公司电力分公司
于 健 中石化齐鲁分公司烯烃厂裂解车间
张金玲 中车青岛四方机车车辆股份有限公司质量管理部
安 勇 中车青岛四方机车车辆股份有限公司总装分厂
赵斌财 国网山东省电力公司潍坊供电公司
李 涛 德州翔宇黄河水利工程维修养护有限责任公司
杨军燕 中国邮政集团公司聊城市分公司
张传慧 山东凤凰制药股份有限公司
贺兴旺 国网山东省电力公司高唐县供电公司
李 伟 山东新华制药股份有限公司
危志斌 山东太阳纸业股份有限公司
庄友斌 山东环润环保科技有限公司
李金明 青岛渔夫花园酒店有限公司
王 良 烟台市福山宾馆
张 磊 济南舜耕山庄酒店管理有限公司
朱 淼 山东大厦
丁 峰 潍柴控股集团有限公司
蔡 肖 山推工程机械股份有限公司

索 引

H

J

K

L

M

N

P

Q

R

S

T

W

X

Y

Z

省委常委、济南市委书记王忠林（中）在济南市农民工综合服务中心调研

济南市召开人社系统深化“假如我是他”服务实践暨窗口单位服务大提升会议

中国济南人力资本产业高端论坛暨人力资源服务博览会圆桌论坛

全国第二届智能制造应用技术技能大赛在济南市举办

济南市劳动人事争议仲裁机构建立法律援助工作站

济南市历下区燕山街道人社服务中心做有温度的民生服务，树立人社服务新形象

青岛市委副书记、市长孟凡利（中）在第十八届“蓝洽会”展区调研

青岛市副市长朱培吉（左一）在 2018 年“青岛招才引智名校行”活动（中国人民大学）推介会致辞

贵州省安顺市人力资源和社会保障局驻青岛劳务协作工作站揭牌

青岛市举办首届“青岛市十佳创业明星”“青岛市十佳大学生创业之星”评选

淄博市第四届创业大赛

淄博市 2018 年“春风行动”招聘会

淄博市举办纪念《劳动争议调解仲裁法》实施十周年活动

淄博市就业社保业务服务事项“一窗通办”

"枣庄—高校人才直通车（天津站）"大型招聘活动在天津理工大学举办

枣庄市举办"创响新时代，助力新动能"第四届创业大赛

枣庄市将身份证、就诊卡、银行卡等功能集成到社保卡，实现就医全程“一卡通用”

枣庄市“鲁班传人”职业技能大赛

东营市委组织部副部长，市人力资源社会保障局党组书记、局长石循刚（右）参加行风热线栏目

东营市举办高校英才进东营暨“东营学子家乡行”大型人才招聘活动

东营市开展外国专家基层行活动

东营市 56 个人社公共服务事项全市通办

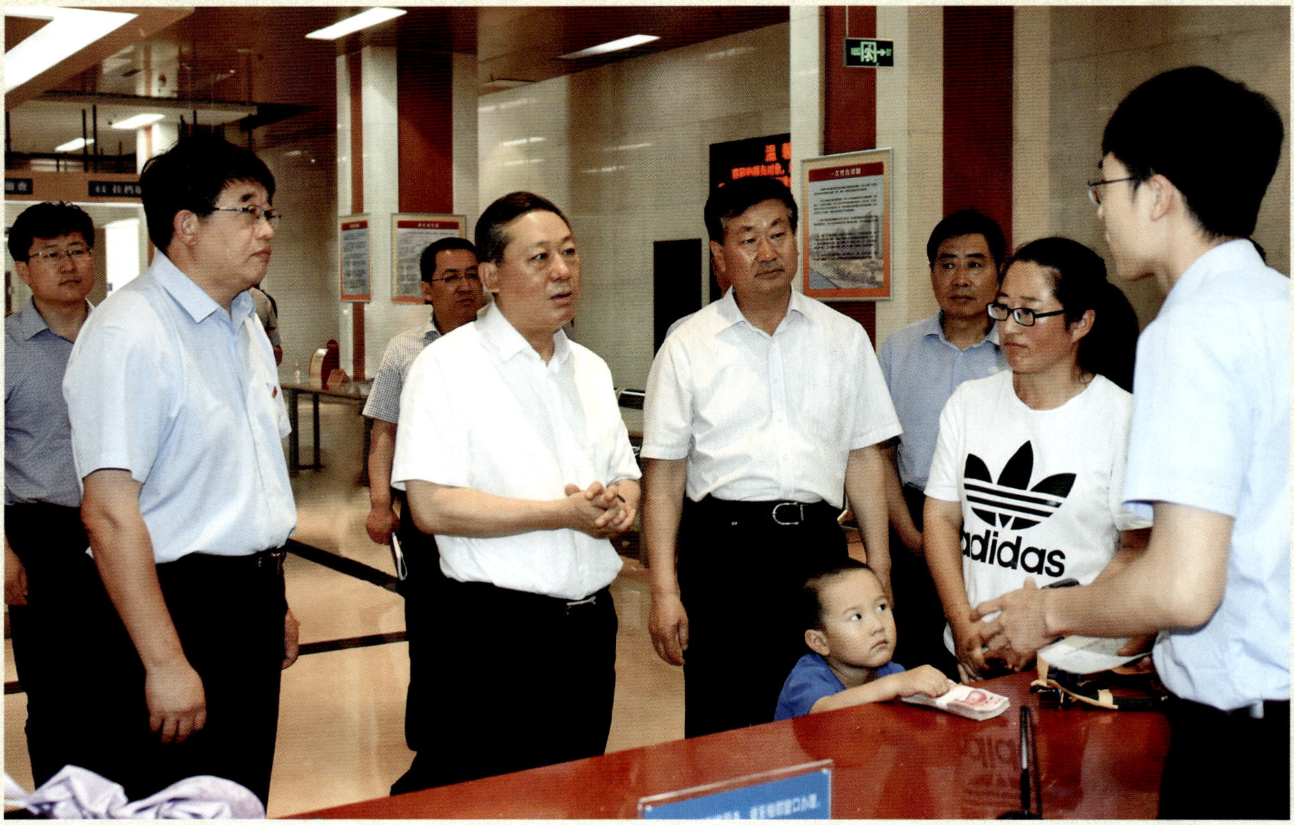

烟台市委书记张术平（左二）在烟台市就业服务大厅调研

烟台市举办“创业烟台·放飞梦想”第四届创业大赛

莱阳市团旺镇居家式“扶贫车间”

开展“12333 全国统一咨询日”活动，下乡普及社保政策

山东半岛潍坊春季人才交流洽谈会

潍坊市第七届“鸢都友谊奖”颁奖仪式

潍坊市双创论坛

潍坊市“互联网＋职业培训”试点工作启动

济宁市人力资源和社会保障局走进政风行风热线

济宁市举办第四届创业大赛

济宁市人力资源和社会保障局组织党员赴红旗渠开展党性教育

济宁市推进教育“县管校聘”管理改革，促进县城师资均衡配置

泰安市委组织部副部长，市人力资源社会保障局党组书记、局长蒋永斌（右）接听 12345 政风行风热线

泰安市人力资源和社会保障局到徂徕山开展主题党日活动

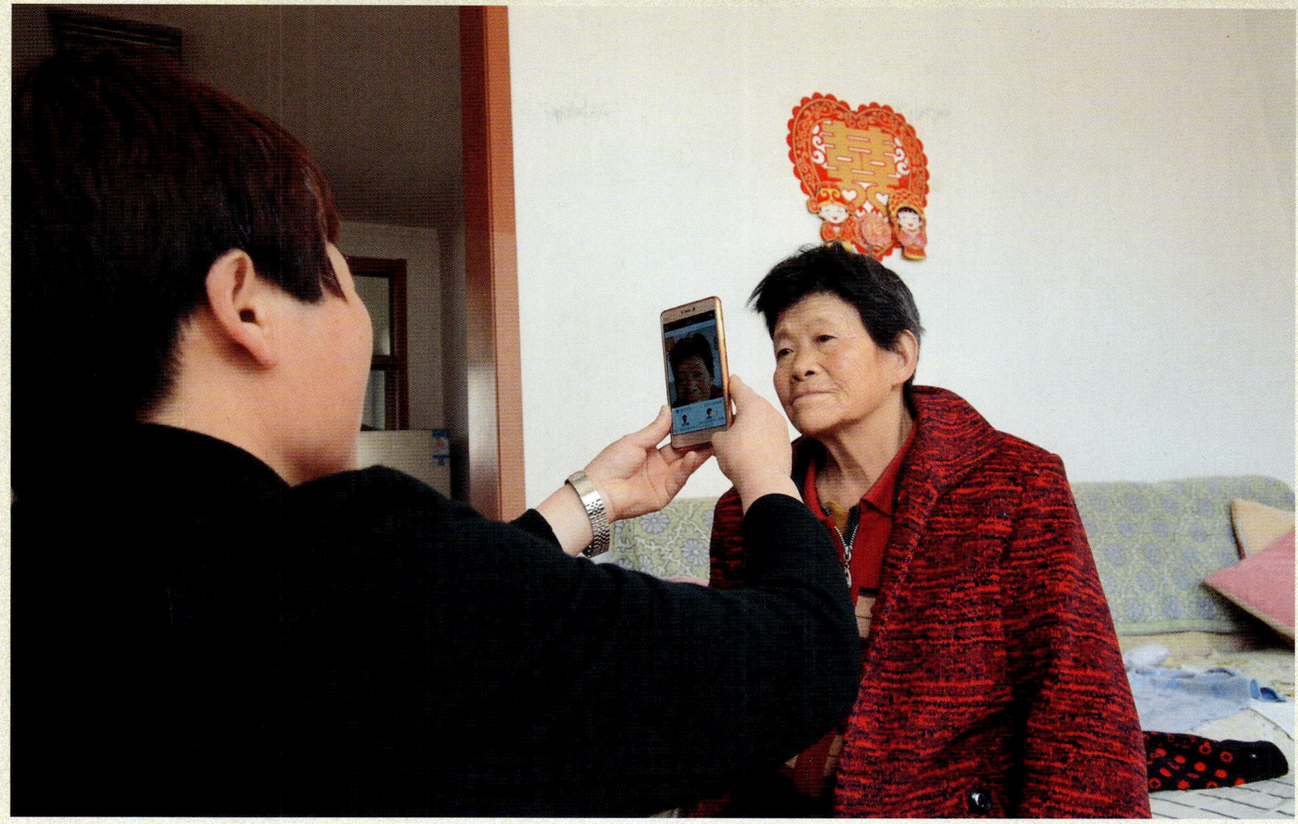

泰安市实现居民养老保险手机 APP 刷脸认证

东平县通过“企业 + 基地 + 农户”等方式把贫困户纳入产业化链条，拓宽群众增收致富渠道

威海市委副书记、市长张海波（右二）在第十届“海洽会”暨威海“英创会”调研

威海市举办“创业威海，扬帆未来”大学生创业大赛

威海市组织 16 家企业赴重庆市云阳县扶贫送岗

威海市围绕乡村振兴，组织专家开展“就业创业培训下基层”活动

“技能中国行 2018—走进山东”鲁南苏北十市技能人才联盟签约仪式

“汇聚专家智慧，助力乡村振兴”专家服务基层日照行活动

中国国际技能大赛冠军邓欣为日照市技师学院学生进行技能提升培训

日照市启用人才公寓

临沂市“春风行动”启动仪式在费县举行

临沂市举办第十六届“社会保障杯”门球赛

沂南县马牧池乡沂蒙大姐家庭手工业就业创业扶贫车间

平邑县人社部门开展“综合柜员制”改革，让群众只进一扇门、只取一个号、一窗通办、一站式服务、一次办好

德州市市长陈飞（中）在德州市社保服务大厅调研

德州市举办第三届智汇德州人才创新创业周活动

德州市组团赴国内名校开展“百企校园行”招聘活动

德州市人力资源和社会保障局参加“清风德州廉政辩论赛”

聊城市人力资源和社会保障局党组书记、局长程继峰（中）接听行风热线

聊城市举办院士专家聊城行活动

聊城市邀请外国专家开展技术培训

聊城市举行“12333 全国统一咨询日”活动

滨州市人力资源和社会保障局积极开展省级文明单位创建活动

滨州市举行“12333 全国统一咨询日”活动

滨州市血友病协会向滨州市社保中心赠送锦旗

惠民县人社部门推动行风建设和"一次办好"改革

菏泽市返乡创业（济南）服务站揭牌

郓城县返乡创业（大连）服务站成立

菏泽市委常委、常务副市长王磊（左）为菏泽市返乡创业承办银行揭牌

2018 菏泽返乡创业推介会在南京召开

菏泽市第五届创业大赛

菏泽市开展全方位、多功能电商培训活动

图书在版编目（CIP）数据

山东人力资源和社会保障年鉴 . 2019 / 山东省人力资源和社会保障厅编 . -- 北京 : 中国文史出版社，2019.8

ISBN 978-7-5205-1260-2

Ⅰ . ①山… Ⅱ . ①山… Ⅲ . ①人力资源管理 - 山东 - 2019 - 年鉴②社会保障 - 山东 - 2019 - 年鉴 Ⅳ . ① F249.275.2-54 ② D632.1-54

中国版本图书馆 CIP 数据核字 (2019) 第 185907 号

责任编辑：赵姣娇

出版发行：**中国文史出版社**

社　　址：北京市海淀区西八里庄69号院　邮编：100142

电　　话：010-81136606　81136602　81136603（发行部）

传　　真：010-81136655

印　　装：山东新华印务有限责任公司

经　　销：全国新华书店

开　　本：889 × 1194　1/16

印　　张：26

字　　数：626千字

版　　次：2019年11月北京第1版

印　　次：2019年11月第1次印刷

定　　价：298.00元